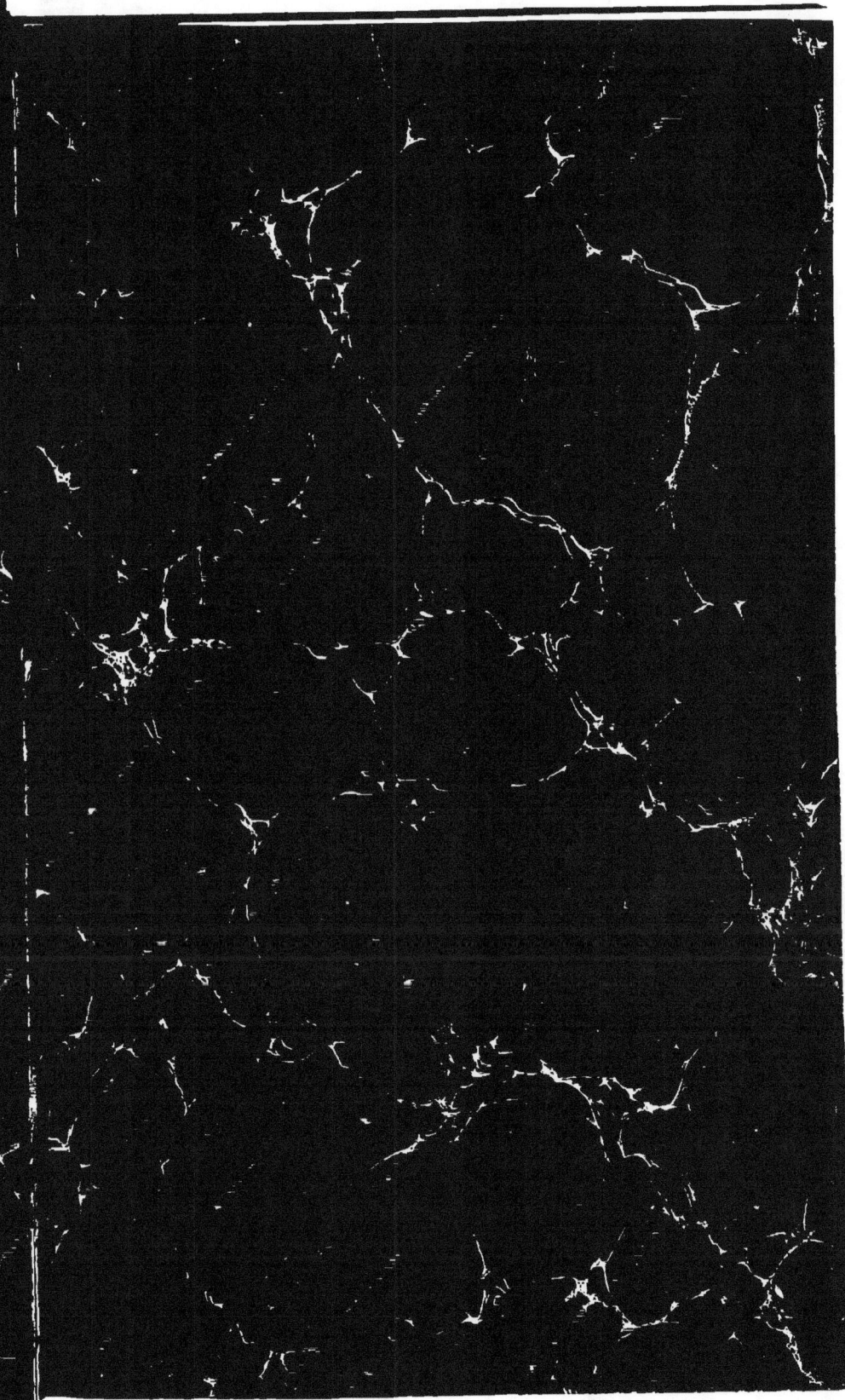

NOUVEAU VOYAGE

DANS LE

PAYS DES NÈGRES

MANIERE DE RÉCOLTER LE VIN DE PALME.

T. 1. Titre.

NOUVEAU VOYAGE

DANS LE

PAYS DES NÈGRES

SUIVI

D'ÉTUDES SUR LA COLONIE DU SÉNÉGAL

ET DE

DOCUMENTS HISTORIQUES, GÉOGRAPHIQUES ET SCIENTIFIQUES

PAR

ANNE RAFFENEL

COMMANDANT PARTICULIER DE SAINTE-MARIE DE MADAGASCAR,

Chevalier de l'Ordre impérial de la Légion d'honneur.

EXÉCUTÉ PAR ORDRE DU GOUVERNEMENT ET PUBLIÉ AVEC AUTORISATION

DE SON EXCELLENCE LE MINISTRE DE LA MARINE.

TOME PREMIER.

PARIS

IMPRIMERIE ET LIBRAIRIE CENTRALES DES CHEMINS DE FER

DE NAPOLÉON CHAIX ET Cie,

Rue Bergère, 20, près du boulevard Montmartre.

1856

PRÉFACE DE L'ÉDITEUR.

La France compte un bien petit nombre de voyageurs qui ont pénétré dans l'Afrique centrale. Lorsque nous voulons étudier ce qui se rattache à ces curieuses contrées, nous sommes obligés de recourir aux ouvrages des Anglais.

M. Raffenel a voulu combler cette lacune dans notre littérature ethnographique; et, après avoir parcouru le Sénégal, examiné ces contrées avec l'autorité que lui donnait une mission officielle, il publie son ouvrage en deux volumes. Le premier renferme tout le côté descriptif et pittoresque : c'est la partie anecdotique, littéraire et amusante de son travail. Le second volume contient les observations météorologiques et scientifiques, et des documents historiques.

Des gravures, faites d'après les dessins exécutés sur les lieux mêmes par l'auteur, complètent le texte en l'expliquant.

Nous croyons que cet ouvrage est destiné à un grand succès

La France a des établissements en Afrique sur deux points principaux : l'Algérie et le Sénégal. C'est par ces deux points que l'esprit français, cet esprit si éminemment civilisateur et initiateur, doit pénétrer dans l'Afrique centrale, et la conquérir pacifiquement à nos mœurs, à notre religion, à notre commerce.

M. Raffenel indique lui-même ce résultat à obtenir comme une grande chose ; nous ne pourrions mieux dire que lui ; nous nous bornons donc à citer ses belles paroles, qui résument admirablement son ouvrage, et peuvent lui servir de préface :

« La régénération de l'Afrique est la grande œuvre de notre époque. Peu de siècles se sont déroulés dans le temps sans laisser à la postérité un monument de leurs travaux, peu de nations ont fourni leur carrière sans laisser dans l'histoire quelques belles pages que les générations lisent avec respect.

» De toutes les œuvres des temps passées, il n'en est pas de plus belle, il n'en est pas de plus digne d'immortalité que la régénération des Africains, et la nation qui l'accomplira sera grande entre toutes.

» La civilisation de l'Afrique est la découverte d'un monde, et cette découverte dominera toutes les autres, parce que seule elle aura le caractère de désintéressement et de dévouement ; parce que ce ne sera ni la soif des richesses, ni l'ambition d'ajouter des royaumes à des provinces qui l'aura fait entreprendre.

» Quelle gloire plus rayonnante de pures clartés, plus digne d'un grand peuple, que celle d'accomplir cette difficile réforme des sociétés nègres, d'arracher une race à la barbarie, de lui apprendre à connaître le vrai Dieu, à se connaître elle-même ; et, dans des temps plus éloignés, de faire peut-être disparaître le stigmate de la couleur, marque traditionnelle de l'esclavage, qui met entre deux races une barrière plus difficile à renverser que le granit, — la barrière du préjugé.

» Les fleuves sont les routes naturelles de l'Afrique, ce sont les artères de ce grand corps ; et leur fonction est de porter la vie, non, comme les artères de notre corps, du cœur aux extrémités, mais des extrémités au cœur, au cœur qui souffre. Les Français ne comprendront-ils pas un jour que leur sang est le meilleur pour opérer une transfusion dans les robustes veines du géant ? Ne comprendront-ils pas qu'un temps viendra où l'intérêt sordide et l'égoïsme lâche ne régneront plus que sur des natures dégradées, et qu'alors on leur demandera : Qu'avez-vous fait de votre beau fleuve d'Afrique, que vos marchands remontaient jusqu'à 200 lieues de ses bouches ? Qu'avez-vous fait de votre Sénégal ?

» Le Sénégal, à 200 lieues de la barre, est coupé par les cataractes du Félou ; 20 lieues plus haut, sa navigation est interrompue de nouveau par d'autres cataractes, celles de Gówina. De tous les fleuves de l'Afrique, le Sénégal est le plus avantageusement placé pour servir de route vers l'intérieur. Qui nous empêcherait d'y entreprendre des travaux, soit pour tourner les cataractes par des bras de canaux, soit pour les percer par des écluses, de manière à gagner le Bâ-fing, qui possède peut-être un canal naturel communiquant au Ghiolibâ ?

« Le Ghiolibâ est navigable depuis Bamakou, ville située à environ 40 lieues au-dessus de Ségo, jusqu'à Boussa, où s'est accomplie la terrible catastrophe qui coûta la vie à Mungo-Park. Boussa est situé sur le cours oriental du fleuve, à 130 lieues de son delta. L'illustre martyr de la science dont je viens d'écrire le nom a prouvé que les eaux du Ghiolibâ pouvaient porter des navires jusque-là (1). L'expédition anglaise de Laird et Olfied a

---

(1) Nous savons que ce n'est pas une certitude acquise aux sciences géographiques, et que, tout en acceptant la triste vérité de la mort de Mungo-Park aux rapides de Boussa, on n'est pas certain que sa navigation depuis Bamakou se soit effectuée sans discontinuité sur le même fleuve. Mungo-Park avait avec lui des charpentiers, et d'ailleurs il aurait bien pu, sans ce secours, acheter des pirogues pour continuer sa navigation sur un autre cours d'eau. Ce qui peut donner une certitude morale sur la navigation non interrompue du voyageur, c'est son désir formellement exprimé de résoudre le problème de la navigation du Niger. Il a prouvé, en tout cas, qu'une expédition partie par eau de Bakamou pouvait parvenir par eau à Boussa.

prouvé qu'on pouvait parvenir à Boussa en partant de l'embouchure. Le problème est donc résolu. Le Niger peut se parcourir dans toute son étendue et conduire à l'Océan, et cette étendue a 800 lieues !... La Tchadda, qui, selon certains voyageurs, communique au lac central de l'Afrique, se jette dans la Quorra au-dessous de Boussa.

» Maîtres du Niger, nous serions maîtres de l'Afrique. Des steamers français naviguant sur le Tchad !... Il y a de quoi tenter l'ambition d'un grand peuple et lui faire dépenser des millions !

» Résumons : Dans cinq ans, nous pouvons avoir une ville florissante dans l'île à Morphil, des jardins, des fermes, des maisons de campagne, des routes ; nous pouvons avoir des usines établies depuis Saint-Louis jusqu'aux portes du Soudan, et fournissant au commerce : du fer, de l'or, de la cire, de l'huile, des peaux, des cuirs, des matières colorantes, des viandes préparées ; nous pouvons avoir centuplé les revenus actuels de notre commerce.

» Dans dix ans, nous pouvons avoir, dans le Ségo et sur le Ghioliba, des établissements en pleine voie de prospérité ; nous pouvons avoir rendu le Sénégal navigable jusqu'au Bâ-fing et trouvé une issue à nos navires pour pénétrer dans le grand fleuve du Soudan ; dans dix ans, nous pouvons déployer au milieu de l'Afrique le pavillon de France, et montrer aux yeux ravis des nègres de ces régions un bateau à vapeur, pour eux merveille et mystère, cause de terreur et d'admiration.

» Dans vingt ans, nous pouvons avoir converti au catholicisme les peuples de race malinkièse et tous ceux qui ne sont pas de race foulha, c'est à-dire près de la moitié de la population du Soudan ; dans vingt ans, nous pouvons avoir des relations permanentes entre l'Algérie et l'Afrique centrale, et exercer sur cette immense contrée un protectorat salutaire pour la civilisation de ses habitants, et profitable à nos intérêts commerciaux.

» Et tout cela est simple, facile, réalisable avec trois choses : de la volonté, de la persévérance et trois millions par an. Tout cela est, en effet, simple et réalisable, parce qu'il ne s'agit pas d'un établissement *à créer*, mais d'un établissement tout *créé*, auquel il ne faut que des soins, certaines réformes et une augmentation de frais d'entretien pour amener, et peut-être plus vite que nous ne l'avons dit, des résultats qui tiennent du prodige et qu'on se refuserait à croire possibles s'ils n'étaient rigoureusement déduits d'un enchaînement de faits authentiques et d'observations positives. »

L'ouvrage de M. Raffenel n'est pas le premier que nous publions sur la contrée si intéressante de l'Afrique ; déjà nous avons donné au public *le Grand Désert ou Itinéraire d'une caravane au pays des nègres*, par le général Eugène Daumas et M. Ausone de Chancel.

Avant *le Grand Désert*, les auteurs de cet ouvrage ont publié *le Sahara algérien*. Ils ont sondé sur tous les points ce fameux Désert dont se sont occupés tous les géographes et tous les voyageurs. A mesure qu'ils se sont avancés dans ses plaines, sa limite gagnait au large. En effet, partout ou presque partout ils ont trouvé des villes et des villages, partout des tentes, partout la vie : vie exceptionnelle il est vrai, mais active, importante à étudier pour les relations communes du commerce curieuse pour tout ce qu'elle doit révéler à la science.

Ainsi, dans ce premier ouvrage, on voit que ce grand Sahara de toutes les géographies, cet océan de sable, comme l'ont appelé les voyageurs, n'a existé sous cette forme que dans leur imagination. Les auteurs y ont trouvé des tribus nomades, des populations sédentaires, et partout le mouvement et le commerce.

Dans l'ouvrage du *Grand Désert*, qui est la suite du premier, les auteurs nous donnent l'histoire de la caravane qui va faire la traite au royaume de Haoussa. Ils en marquent pas à pas l'itinéraire, les campements, les épisodes, les péripéties ; ils relèvent, chemin faisant, les villes, les tribus, les productions, les denrées des différents pays. Leur ouvrage est un panorama continuel de toutes ces contrées. C'est une initiation complète à la vie, à la religion, à la littérature, au commerce, aux pratiques de ces races rebelles, depuis des siècles, aux influences de la civilisation. Détails de mœurs, tableaux saisissants, récits réels, légendes, chasses ou bivouacs, défilent et se renouvellent sans cesse sur ce fond mobile d'une caravane.

« Par la multiplicité de ses recherches, la rapidité de son récit, » cet itinéraire échappe à toute analyse. C'est un ouvrage de » science, d'érudition, de style et de poésie. C'est un recueil » complet des mœurs, des cérémonies des Arabes, de l'organisa- » tion et de la marche d'une caravane. Ce sera un jour le bré- » viaire des nouveaux Caillié qui voudront franchir le Sahara. » C'est de ces livres qu'il faut mettre dans sa bibliothèque, si l'on » veut y mettre en même temps une des contrées les plus inex- » plorés de la mappemonde. » Tel est le jugement porté sur ce livre par le journal *la Presse.*

Outre ces deux ouvrages, où l'on trouve réunies la science et les descriptions les plus attrayantes, nous avons édité la *Bibliothèque du Voyageur en chemins de fer et en bateaux à vapeur ;* elle forme une collection complète de nouveaux Guides en France et à l'étranger.

Cette Bibliothèque est le manuel complet de quiconque se déplace pour ses plaisirs ou ses affaires. Les mille renseignements nécessaires y sont exposés avec ordre; les détails les plus minutieux y ont trouvé place; tous les besoins, tous les accidents sont prévus. Il suffit au voyageur embarrassé de consulter avec intelligence nos ouvrages pour apprendre tout ce qu'il lui est nécessaire de savoir. Il n'a plus à interroger ni à s'enquérir; il n'est plus exposé aux erreurs des renseignements incomplets. Avec nos petits livres, son esprit peut être tranquille : ils contiennent toute la science pratique des voyages.

Tous ces *Guides* embrassent actuellement la France entière et quelques pays de l'étranger. Ils sont faits surtout au point de vue des chemins de fer, et suivent les lignes de circulation. Ils mentionnent avec exactitude toutes les stations ; le parcours des voies ferrées est leur centre d'observation et d'étude. De ce centre, de grands rayons s'étendent tout autour et pénètrent dans toutes les villes importantes où l'on trouve soit un souvenir historique, soit un monument intéressant.

Aujourd'hui cette jolie collection est une véritable histoire de France, qui sort toute vivante des ruines, des châteaux, des abbayes et des villes que l'on parcourt ou que l'on interroge. Mais ces ouvrages, qui forment actuellement la *Bibliothèque du Voyageur*, ne doivent pas se borner seulement à notre pays.

Une nouvelle série de cette bibliothèque est sous presse. De nouveaux *Guides* prennent le voyageur à l'extrémité de nos chemins de fer et à nos frontières, et de là les conduisent dans tous les grands États de l'Europe. Ils passent en revue toutes les grandes villes et toutes les capitales des royaumes, et ils complètent ainsi la *Bibliothèque du Voyageur*, non plus seulement pour la France, mais pour toute l'Europe.

Ce n'était pas assez que d'avoir rempli avec une certaine perfection la collection qui forme la *Bibliothèque du Voyageur*, il fallait encore la rendre accessible à tout le monde, à toutes les fortunes, par la modicité de son prix. Ce problème a été résolu, et nos *Guides* offrent en librairie une réduction égale, quand on compare ce chiffre aux prix des autres livres de voyage, à la réduction opérée par les chemins de fer dans le tarif de la circulation des personnes et des marchandises.

Grâce à cette modicité de prix, quiconque voyage peut acheter le *Guide* spécial à la ligne qu'il parcourt. Il trouve ainsi un moyen assuré d'ajouter un agrément nouveau à ses impressions de voyage.

Il n'a plus à consulter au hasard sur sa route ceux qui, trop souvent, ne peuvent répondre à aucune de ses demandes. Il n'a plus à subir le cicérone vantard et ignorant, dont les improvisations maladroites sont le tourment du voyageur instruit, qui a besoin de se recueillir pour bien voir.

Mais à l'aide de nos nouveaux *Guides*, chaque voyageur trouve tous les renseignements nécessaires sur les hommes, les choses, les monuments et les villes du pays qu'il visite, et à côté de cette statistique historique, descriptive et pittoresque sont encore des épisodes empreints de la couleur locale, et qui offrent dans une forme variée et attachante une lecture pleine de distraction et toujours instructive.

Aujourd'hui, chaque ligne de Chemin de fer a son *Guide* spécial. Chaque *Guide*, à son tour, est complété par un atlas chorographique.

Ces *Guides* et ces *petits Atlas* forment une série de notre *Bibliothèque du voyageur*. Ils montent avec le touriste dans les wagons, et répondent à tout ce qui leur est demandé, sur les stations, sur le paysage, les villes, les fleuves, les châteaux et les monuments. Ils donnent l'histoire pittoresque et animée, mais toujours vraie, de tout ce qui intéresse le voyageur. Ici, un drame de deuil et de sang; là, un souvenir de fête et de splendeur; dans ce château, une conquête de suzeraineté féodale; plus loin, un grand acte de la royauté, une mystérieuse légende d'abbaye; une ville avec les grandes luttes de sa charte et de sa commune jurée; plus loin, une idylle, une douce expansion du cœur; enfin, toute la variété dont se compose l'unité de l'histoire de notre patrie, dont les moindres souvenirs ont droit à notre intérêt, à notre étude et à notre préférence. Voilà la part des *Guides* et des *Atlas*.

Mais, pour ne rien laisser à désirer, notre *Bibliothèque* devait comprendre encore d'autres publications. Avant de monter en voiture, avant d'avoir fixé l'heure du départ, on a besoin de connaître en détail les services de toutes les Compagnies ; il faut savoir les heures d'arrivée et de départ; il faut apprendre où et quand on doit changer de ligne pour arriver au but du voyage que l'on s'est proposé. Pour tous ces documents si utiles à connaître, donnant au voyageur cette certitude et, par suite, cette tranquillité, ce calme de l'esprit dont connaissent si bien l'avantage tous ceux qui se déplacent, l'*Indicateur officiel des chemins de fer* et le *Livret-Chaix*, qui existe depuis bientôt dix années, fournissent tous ces détails.

Des *Livrets spéciaux de chaque ligne*, un *Livret des Environs de Paris*, et un *Livret des Rues de Paris* complètent cet ensemble de documents, et mettent sous les yeux du lecteur les services relatifs à chaque ligne, que l'on trouve ainsi réunis, et qu'il est facile de consulter.

Or, nulle part on ne peut voir exposé avec plus d'exactitude et de fidélité tout ce qui touche aux nombreux services des Compagnies de Chemins de fer.

Toutes ces publications sont faites avec les renseignements mêmes fournis par les Compagnies; ils sont, vis-à-vis du public, leurs organes officiels.

L'*Indicateur* s'adresse plus spécialement au simple voyageur en France, au touriste, il se renouvelle toutes les semaines, et il le tient toujours au courant des moindres modifications apportées dans les services.

Le *Livret-Chaix* est un joli volume, avec des cartes spéciales pour chaque ligne; il paraît tous les mois. Il entre dans les moindres détails des services divers de voyageurs et de marchandises, et donne les tarifs des différentes vitesses. Il ne se borne pas seulement aux chemins de fer français; il franchit la frontière, et embrasse les lignes étrangères et les bateaux à vapeur. Le *Livret-Chaix* est le véritable *Moniteur* détaillé de la circulation générale dans toute l'Europe. C'est le livre des Ministères, des Ambassades, des Consulats, de la Direction des postes, des Administrations de tous les services publics, et des grandes Maisons industrielles et commerciales.

Les *Livrets spéciaux de chaque ligne* donnent des renseignements détaillés sur les divers services de chaque Compagnie avec une carte spéciale. Ne s'occupant que d'un seul réseau, ils permettent de se reporter très-facilement aux documents dont on a besoin.

Le *Livret des Environs de Paris* donne sommairement la description de toutes les localités, avec une jolie carte, et mentionne les départs des lignes de chemins de fer et la direction des voitures de messageries et des omnibus.

Le *Livret des Rues de Paris* est le tableau le plus fidèle de la circulation parisienne ; il renferme le service de tous les omnibus et de toutes les voitures ; il contient un dictionnaire complet des rues avec un joli plan.

Un voyage n'est un plaisir qu'à la condition d'être préparé sérieusement comme une affaire. On doit y apporter cet esprit de prévoyance que la Providence impose à tous comme une loi générale, et dont les infractions sont punies par le désappointement et souvent par la douleur, cette triste compagne de l'homme sur la terre.

Nous avons voulu que notre expérience pût servir à tout le monde, et nous publions, sous le titre de *Conseils aux Voyageurs en Chemins de fer, en Bateaux à vapeur, en Poste et en Diligence*, les renseignements les plus intéressants sur la manière de voyager, et les soins à prendre en état de santé ou de maladie. Ce livre indique aussi les préparatifs à faire avant le voyage, et la conduite à tenir pendant et après ; il doit être consulté toutes les fois que le Voyageur a perdu ses bagages ou qu'il a quelques réclamations à adresser à une Compagnie.

Paris et Londres, les deux grandes métropoles de l'Europe, ces deux centres d'intelligence, d'industrie, de richesses et de chemins de fer, méritaient bien une monographie particulière, et nous venons de publier une nouvelle édition de notre *Guide à Paris*, traduite en allemand et en anglais,—et un *Guide à Londres*, où sont décrits les monuments, les mœurs, les habitudes et tous les souvenirs du passé de ces deux grandes capitales.

L'*Almanach officiel des Chemins de fer, des Bateaux à vapeur et de la Télégraphie électrique* donne des notions élémentaires sur tout ce qu'il importe le plus de connaître dans le mécanisme et dans l'organisation des Chemins de fer.

Tels sont les premiers ouvrages qui composent actuellement la *Bibliothèque du Voyageur*. Leur utilité spéciale a été reconnue du Public, et nous nous faisons un devoir de compléter chaque jour notre œuvre en ajoutant de nouveaux livres à cette collection.

En dehors de cette *Bibliothèque*. notre Maison a édité d'autres livres d'une utilité pratique pour toutes les personnes qui ont besoin du service des Compagnies de Chemins de fer.

Ainsi a été publié le *Manuel du Voyageur et de l'Expéditeur en France et à l'Étranger*. Il enseigne les droits et les devoirs des Voyageurs, Expéditeurs et Commissionnaires. Il traite toutes les questions de responsabilité, de douane et d'octroi, et rapporte tout ce que la législation, la jurisprudence ou l'usage ont consacré sur cette matière importante.

L'*Essai administratif sur l'Exploitation pratique des Chemins de fer* contient des instructions générales et particulières sur tous les emplois qui dépendent de l'Administration des Compagnies et sur les soins à donner au matériel.

Le *Guide commercial, à l'usage des Chefs de Gares et Stations*, comprend toutes les instructions nécessaires au service commercial, à celui du mouvement et au contrôle des Compagnies.

Pour les savants et pour ceux qui veulent connaître la situation administrative et financière des Compagnies de chemins de

fer, leurs cahiers des charges, leur législation et leur jurisprudence, nous publions chaque année, depuis 1847, un volume intitulé : *Annuaire officiel des Chemins de fer*, qui, par son importance
et son utilité, est devenu aujourd'hui le livre classique des chemins de fer.

L'Annuaire de 1855, outre les nombreux documents administra-
tifs, législatifs et judiciaires de l'année, contient une publication
très-curieuse : l'enquête faite en 1850 au Conseil d'État sur l'application des tarifs des Chemins de fer.

Cette enquête a eu pour but utile de constater d'un côté, comment les Compagnies de chemins de fer, en France, ont appliqué
les tarifs approuvés par les lois de concession ; de l'autre, comment
les intérêts généraux du commerce et de l'industrie exigeaient
que cette application fût faite ; enfin quelles sont les conséquences
actuellement appréciables de ce qui se passe dans les divers chemins de fer en matière de tarifs. La commission a mis complètement en lumière toutes les conséquences générales de cette question délicate. Cette enquête, imprimée pour être distribuée
seulement à quelques conseillers d'État, n'a jamais existé dans
le commerce. Elle présente ainsi tout l'intérêt d'une publication
nouvelle sur les questions les plus difficiles et les plus délicates
que les chemins de fer aient fait naître.

Nous avons aussi édité plusieurs ouvrages spéciaux, et notamment le *Traité juridique de la construction, de l'exploitation et de la
police des chemins de fer.*

Dans le courant de l'année dernière, nous avons publié deux
autres ouvrages qui méritent une mention particulière :

I. Le *Précis historique et statistique des voies navigables de la
France et de la Belgique* contient les renseignements relatifs à la
perception des droits de navigation et de péage, avec une carte
commerciale de la navigation et des chemins de fer de France, de
la Belgique et des États riverains du Rhin. Ce que l'industrie fran-

çaise a si heureusement fait pour les chemins de fer, elle doit aujourd'hui l'accomplir pour la navigation. Les mêmes causes
doivent produire les mêmes effets. C'est dans la protection éclairée
du gouvernement, c'est dans l'association intelligente des capi-
taux qu'il faut chercher les moyens d'assurer les progrès que notre
navigation et notre commerce doivent accomplir.

Les canaux appartiennent à une époque avancée de l'art et à
une période récente de la civilisation. L'invention des écluses, en
permettant l'ouverture des canaux et l'amélioration des rivières, a
créé un ordre de choses tout nouveau. Les relations des hommes
se sont multipliées et agrandies ; les transports lointains sont devenus à la fois plus faciles, moins dispendieux, plus considérables ;
le commerce a étendu ses échanges ; l'industrie a pu porter au
loin ses produits, et les diverses contrées se sont unies par des
liens plus étroits.

Tout ce qui tient aux voies navigables intéresse l'économie des
transports et le commerce, et trouve une place dans l'ouvrage
que nous venons de citer.

Chaque cours d'eau y est la matière d'un article spécial, et chaque article est divisé en quatre parties principales.

En un mot, ce précieux ouvrage est un traité complet sur les
voies navigables. Toutes les questions qui se rattachent à l'économie des transports y sont approfondies et résolues.

II. Le *Répertoire de la législation des chemins de fer, indiquant
les dispositions législatives et réglementaires insérées dans le* Bulletin
des Lois, a été rédigé sur les documents fournis par le bureau de
statistique de la direction générale des chemins de fer du ministère
de l'agriculture, du commerce et des travaux publics.

Le développement rapide et l'importance croissante des chemins
de fer augmentent chaque jour le besoin de compléter les nombreuses dispositions législatives ou réglementaires qui ont con-

stitué le réseau de nos lignes de fer et qui en régissent l'exploitation.

Ces documents sont épars dans les recueils officiels et difficiles à trouver. Pour simplifier les recherches et pour faciliter l'étude, le *Répritoie* présente l'énumération complète et la classification méthodique des dispositions législatives et réglementaires.

Le *Répertoire des chemins de fer* a une utilité générale; il ne s'adresse pas seulement au cercle limité des fonctionnaires, mais à tout le monde; car aujourd'hui les questions de chemins de fer se relient à tous les intérêts, et chacun peut avoir besoin de les étudier et de les connaître, ou comme actionnaire des Compagnies, ou comme commerçant ou agriculteur empruntant la voie et les services des lignes ferrées. Ce livre est ainsi, par le fond et par la forme, le véritable manuel pratique de la législation des chemins de fer.

A côté de ces publications de livres existent, dans le même but, plusieurs séries de Cartes géographiques, qui donnent pour l'Europe, l'Amérique et la France le réseau complet de toutes les lignes.

La *Carte générale des Chemins de fer de l'Europe* embrasse tous les chemins de fer étrangers; elle met sous les yeux le résultat obtenu par ces travaux gigantesques. C'est en quelque sorte un tableau complet de la force et de la puissance commerciale de chaque pays. Le principal office du commerce est, en effet, de distribuer partout les produits suivant les besoins. Les chemins de fer, qui relient les mers et les territoires, sont aujourd'hui l'instrument nouveau du commerce qu'ils renouvellent sans cesse.

La *Carte générale des Chemins de fer et des voies navigables de la France* n'embrasse que notre territoire; mais elle donne avec le plus grand soin toutes les lignes exploitées, celles qui sont en construction, et celles seulement concédées. Toutes trois se distinguent les unes des autres, et rendent visible le réseau actuel de nos lignes de fer. Cette carte indique ainsi tout le parti pratique que l'industrie, le commerce, l'agriculture, peuvent tirer de ces nouvelles voies de communication, combinées avec les anciennes grandes routes, avec les canaux et les fleuves.

Les *Cartes spéciales de chaque réseau français*, également sur format grand-aigle, donnent, d'une manière très-étendue, le parcours complet, avec l'indication des stations, des localités et des routes desservies par les voitures de correspondance.

Le *Grand Atlas* des principaux chemins de fer du monde, des canaux, des fleuves et de la télégraphie électrique, contient une série de cartes qui présentent dans tous leurs développements le vaste réseau de tous les moyens de circulation existants actuelle ment en Europe et en Amérique.

Le *Nouveau Voyage aux pays des Nègres* vient ajouter un intéressant ouvrage à notre Bibliothèque des Voyages. L'accueil favorable qui a été fait à cette publication par l'Académie des sciences, qui a reçu communication de plusieurs documents et de diverses parties de ce livre, a une autorité trop grande pour n'être pas reçu comme un jugement décisif sur le mérite de ce grand travail. L'auteur y a exposé toutes les recherches qu'il a faites par suite de la mission officielle dont il avait été chargée. Les soins apportés à cette publication lui mériteront sans doute le succès toujours obtenu jusqu'à présent par les livres édités par la Librairie centrale des Chemins de fer.

INTRODUCTION.

———

La mission dont je rends compte dans ce livre m'a été donnée par le gouvernement, comme une récompense des fatigues que j'avais supportées et des dangers que j'avais courus en remplissant une autre mission dans la Sénégambie.

Voici la lettre de M. l'amiral de Mackau, qui m'invitait à me mettre en route :

« Paris, le 21 avril 1846.

» Monsieur, je vous ai déjà fait connaître que je donnais mon approbation au voyage d'exploration dans l'intérieur de l'Afrique centrale, dont vous m'avez exposé le plan (1).

» Vos préparatifs étant aujourd'hui terminés, le moment est venu de vous rendre au Sénégal, où vous avez à prendre

———

(1) Voir, à la fin de l'introduction, le document n° 1, page x.

encore diverses dispositions indispensables au succès de l'entreprise. J'ai donné des ordres à l'administration maritime du Havre pour que vous soyez embarqué avec tous vos bagages sur le premier navire du commerce qui fera voile pour la colonie, et je vous invite en conséquence à partir sans délai pour ce port.

» Vous trouverez ci-joint les instructions que j'ai réclamées et obtenues pour vous de l'Académie des sciences, du Muséum d'histoire naturelle, du Dépôt général des cartes et plans de la marine et de la Société de géographie. Les recommandations et les indications qu'elles renferment me dispensent de vous donner moi-même des instructions détaillées sur les points qui doivent être particulièrement l'objet de vos investigations (1). D'ailleurs, votre relation d'un voyage au Bambouk et les développements dans lesquels vous êtes entré sur le nouveau voyage que vous allez entreprendre, montrent que vous avez la parfaite intelligence des diverses questions qui peuvent se présenter à votre examen.

» Les relations que notre commerce pourrait entretenir par la suite avec les populations des régions inconnues que vous allez parcourir, l'étude de la situation politique de ces différentes populations et celles de tous les faits qui, directement ou indirectement, se rattacheraient à nos possessions de l'Algérie, sont les points sur lesquels les départements du commerce, des affaires étrangères et de la guerre, qui ont bien voulu contribuer aux frais de votre entreprise, désirent vous voir porter surtout votre attention.

» En ce qui touche le département de la marine, je vous invite à recueillir soigneusement toutes les notions qui seraient de nature à intéresser les établissements que la France possède

(1) Ces instructions sont trop étendues pour que je les reproduise toutes. Je me borne à faire connaître celles de l'Académie qu'on trouvera à la fin de cette introduction, document n° 2, page XIII.

sur la côte occidentale d'Afrique, et surtout nos comptoirs de la côte d'Or ; dans le cas, prévu par vous-même, où, arrivé à Sakkatou et venant à y rencontrer des obstacles qui vous empêcheraient de pénétrer plus avant dans l'intérieur du continent africain, vous prendriez le parti de vous rabattre sur le golfe de Guinée, vous chercheriez notamment à constater les moyens de communication de ces comptoirs avec la Sénégambie et le pays des Bambaras. Réduit dans son exécution à ces dernières proportions, votre projet me semblerait présenter encore un champ suffisamment vaste à votre ardeur, et pouvoir même être très-fécond en résultats utiles aux sciences géographiques comme aux intérêts positifs de l'industrie, du commerce et de la politique de la France en Afrique.

» Si, à partir de Sakkatou, de trop grands obstacles ne s'opposent point à la continuation de votre voyage, et si vous êtes assez heureux pour le mener à fin, ainsi que vous l'avez conçu, en le poussant jusqu'à la côte orientale d'Afrique, vous aurez là une question spéciale à étudier, celle des ressources que les populations des pays voisins du littoral pourraient offrir pour des recrutements de travailleurs libres à destination de nos colonies, et principalement de Bourbon. Je vous signale cette question comme méritant votre attention particulière. Je vous invite à observer en outre avec soin l'influence qu'exerce sur toutes les populations que vous visiterez, le commerce de traite qui se fait encore sur une partie des côtes orientales et occidentales du continent africain.

» J'écris sous la date de ce jour à M. le gouverneur du Sénégal pour l'entretenir du voyage d'exploration que vous allez entreprendre. Je lui fais connaître qu'indépendamment de la somme de 24,000 fr. mise à votre disposition par MM. les ministres de la guerre, des affaires étrangères, du commerce et de l'instruction publique, pour concourir aux frais de l'entreprise, il vous sera alloué, pour le même objet, une somme de 10,000 fr. sur le budget du Sénégal (1). M. le capitaine de vaisseau Ollivier est en même temps prévenu par moi que l'intervalle de temps qui s'écoulera entre le moment de votre arrivée et celui de votre départ pour Bakel, sera employé par vous à compléter les apprêts de votre voyage et à vous livrer exclusivement à des études spécialement appropriées au but que vous vous proposez d'atteindre. Enfin, sans avoir à réclamer pour vous une sympathie personnelle qui vous est assurée de sa part, je le prie de vous accorder toute l'assistance et toutes les facilités qui pourront dépendre de l'administration locale.

» Je fais des vœux bien sincères, Monsieur, pour que vous réussissiez à surmonter heureusement les difficultés et les dangers de la courageuse entreprise à laquelle vous vous dévouez avec tant d'abnégation. J'aime à espérer que vous rapporterez de ce voyage à travers des régions que l'on peut dire inconnues à l'Europe, des notions fructueuses pour les sciences, pour la civilisation et pour le commerce, et que vous inscrirez votre nom parmi ceux des explorateurs qui ont le plus honoré notre époque. L'appui comme les sympathies du gouvernement sont d'avance acquis à votre entreprise.

» Vous me ferez part de vos progrès dans l'intérieur, autant que les circonstances le permettront, et vous ne cesserez notamment de donner de vos nouvelles à M. le gouverneur du Sénégal, qu'autant que vous vous croiriez privé de tous moyens, même éventuels, de communication avec lui.

» Recevez, etc.

« *Le vice-amiral, pair de France, ministre de la marine et des colonies,*

» *Signé* Baron DE MACKAU. »

_____

(1) Ce chiffre s'est trouvé dépassé. Mes dépenses excédèrent mes recettes de 5,000 fr., par suite d'éventualités imprévues, et notamment de

Quand on reçoit une pareille lettre, dans laquelle la plus
haute bienveillance s'allie de la manière la plus gracieuse à
l'expression des sentiments les plus flatteurs, on marche devant soi, sans autre pensée que de justifier les témoignages
qu'elle renferme, sans autre désir que de répondre à l'attente
de celui qui vous envoie.

C'est ce que j'ai cherché à faire ; j'ai marché malgré l'hostilité des populations, malgré la fièvre, malgré la dyssenterie,
cet horrible mal impitoyable aux Européens ; et je ne me
suis arrêté que devant l'impossible.

Prisonnier huit mois des Bambaras, j'ai su, seul de ma
race, en présence d'une puissance qui pouvait mettre cinquante mille hommes sous les armes, préserver de tout ou-
trage la dignité de la nation que je représentais.

Rendu à la liberté par une de ces fantaisies de sauvage
dont on profite, mais qu'on n'explique pas, je suis revenu à
l'île de Saint-Louis après seize mois d'absence, seize mois
passés sans toit pour abriter ma tête, sans lit pour reposer
mon corps, sans soins pour garantir ma santé violemment
atteinte par un climat meurtrier, et, chose plus pénible encore, sans un compatriote qui pût adoucir mes ennuis, soutenir mon courage et redire mes souffrances.

J'avais parcouru environ 1,000 lieues, et je m'étais avancé
vers l'intérieur du continent africain, à plus de 250 lieues
de l'Océan.

A Saint-Louis, l'état d'épuisement où m'avait réduit mon
voyage me valut un congé de convalescence qu'on me força
d'accepter. « Si vous restez, me disait-on, c'est un suicide
que vous accomplissez. » Je partis donc, et j'arrivai en France
en 1848, au mois de juin !...

---

la nécessité qui me fut faite de payer fort cher les hommes qui devaient
me servir d'escorte. Cette somme m'a été remboursée intégralement et
avec une grande courtoisie par le gouvernement.

Les exigences du service obligèrent mes chefs à me replacer, un an après mon retour d'Afrique, dans le cadre réglementaire de mon corps, et à me donner une destination.

Cette décision, dont je compris la nécessité, ne me découragea pas; j'avais trop à cœur de répondre à la confiance qu'on m'avait témoignée. N'avait-on pas, d'ailleurs, mis à ma disposition une somme fort élevée dont mon honneur avait besoin de justifier l'emploi ?

Prenant sur mes veilles et sur les loisirs que me laissaient mes fonctions, je parvins, quoique malade encore des suites de mon voyage, à terminer la mise en ordre des nombreux matériaux qu'il m'avait permis de recueillir. A la fin de 1850 j'étais prêt à publier mon travail.

Quoi qu'il en soit, ce ne fut qu'au mois de mars 1855 que j'obtins de S. Ex. M. le ministre de la marine l'autorisation d'imprimer mon ouvrage, à la condition toutefois que je pourvoirais à tous les frais que nécessiterait cette publication. Je me soumis à cette clause et remerciai vivement S. Ex. d'avoir bien voulu me permettre de montrer aux personnes qui avaient encouragé mon entreprise, que les difficultés rencontrées dans ma route ne m'avaient pas tout à fait empêché d'observer les pays que j'avais traversés.

Trois années auparavant, j'avais éprouvé une satisfaction bien flatteuse : j'avais été recherché avec beaucoup d'insistance par le docteur anglais James Richardson, l'infortuné compagnon de l'heureux docteur Barthe, qui vient de jeter un nouvel éclat sur sa patrie qu'avait déjà illustrée de Humboldt.

Honneur à lui! honneur à ses héroïques compagnons glorieusement tombés sur le champ de bataille de la science!

Moi aussi je voulais partager leurs périls ; je ne pus obtenir cette faveur.

Oui, l'Afrique est toujours le mystérieux continent où vont

se briser les mâles courages, où viennent échouer les réso-
lutions les plus hardies.

Honneur donc au docteur Barthe! Que ne puis-je dire au
Français Barthe? Honneur à cet homme intrépide et dévoué
qui va nous révéler une partie des mystères que nous cachent
ces contrées barbares !

Depuis le XVe siècle, que de voyageurs, en effet, ont essayé
d'y pénétrer! Combien ont succombé! combien peu ont dit
ce qu'ils avaient vu! combien moins encore ont pu parvenir
au but qu'ils avaient donné eux-mêmes à leur course aventureuse !

Parmi ces voyageurs, tantôt curieux sublimes, avides de
soulever le voile que la studieuse antiquité avait renoncé à
écarter, tantôt intelligents courtiers d'une œuvre commerciale, tantôt enfin intrépides apôtres de la civilisation, de la
science et de la religion, on ne compte que quelques Français.

Tous les autres, et le nombre en est grand, tous les autres
étaient Arabes, Italiens, Portugais et surtout Anglais.

Je n'ai jamais compris ce prétendu patriotisme qui ne
veut pas souffrir qu'une autre patrie ait aussi ses gloires et ses
grandeurs : sentiment d'égoïsme étroit, de jalousie mesquine
qui rapetisse celui qui le professe, sans rien ajouter à la gloire
de sa nation, qu'il rapetisse aussi en abaissant les autres.

Toutes les nations du globe ont leur valeur ; c'est n'être
que juste de le proclamer ; mais c'est manquer à sa propre
dignité que de le taire.

« J'aime ma patrie plus que ma famille, disait Fénelon,
mais j'aime le genre humain mieux que ma patrie. » Combien y en a-t-il de ceux dont le patriotisme ne se manifeste que par le dédain des autres nations, qui pourraient
parler comme Fénelon ?

Disons-le donc bien haut : dans l'ordre des découvertes,

dans le domaine des excursions aventureuses en Afrique, ce sont les Anglais qui ont parcouru les plus grandes distances. Disons que dans ces contrées ignorées où la mort, sous vingt formes diverses, semble si pressée de saisir sa proie, Hougton, Mungo-Park, Laing, Oudney, Clapperton, Richard Lander, et plus récemment James Richardson, marchent au premier rang des victimes de la science et des martyrs de leur génie aventureux.

Disons plus encore; disons que c'est à ces hommes héroïques, et au petit nombre de leurs compatriotes qui ont échappé aux périls de la route, que nous devons les notions les plus complètes que nous possédons aujourd'hui sur ce continent; car ils joignaient à l'indomptable énergie qui pousse aux grandes entreprises, les connaissances qui savent les rendre fécondes en résultats utiles.

Un voyageur français paraît seul digne d'élever son nom à côté de ces noms célèbres, et peut-être les aurait-il surpassés en éclat et en immortalité si Dieu eût voulu qu'il joignît la science et l'érudition à la force d'âme et à la supériorité d'intelligence dont il s'était montré si prodigue envers lui.

Caillié néanmoins est une gloire française; c'est lui qui représente de la manière la plus brillante notre nation au milieu des sables et des forêts de l'Afrique intérieure; mais sans la prodigieuse mémoire dont il était doué, la plume savante de M. Jomard eût été impuissante à faire connaître l'intéressant récit de son voyage.

Quelques autres noms français viennent ici sous ma plume, et je m'estime heureux d'avoir l'occasion de les faire revivre un instant dans ces pages. Grout de Beauford, jeune officier de marine et savant distingué, mourut à Bakel en 1824, après avoir parcouru une partie des bords de la Falémé et une partie du Kaarta; le botaniste Heudelot, auteur d'un ouvrage estimé sur la *Flore du Sénégal*, y mourut également quelques années plus tard ; Duranton, nature fortement trempée, tête ardente, donnait aussi de grandes espérances ; il mourut vers 1834, dans le Kasson, qu'il avait adopté pour patrie. Huard-Bessinières enfin, compagnon de mon premier voyage, cœur généreux, imagination vive et brillante, passionné pour la vie d'aventures, vient clore dignement ce martyrologe des dévouements français.

Depuis mon retour, le Sénégal a vu trois nouveaux voyageurs quitter ses bords pour se lancer aussi vers l'inconnu. Le premier, M. Auguste Bouët, lieutenant de vaisseau, a fait au bas de la côte une exploration des plus intéressantes dans la rivière de Bassam et d'Assiné ; le second, M. Panet, mulâtre du Sénégal, mon secrétaire dans le voyage dont ce livre rend compte, a traversé le désert du Sahhrâ, de l'escale des Trarzas à Mogador ; le troisième, M. Hecquard, sous-lieutenant de spahis, a visité le Djallon et a rendu compte de sa mission dans un volume publié à Paris en 1855. Tous trois ont échappé aux mille dangers de leur route périlleuse.

J'ai voulu, moi aussi, apporter mon grain de sable à la montagne bien petite, hélas ! qu'ont élevée au péril de leur vie mes devanciers et mes successeurs.

J'ai voulu, non, comme me l'écrivait M. l'amiral de Mackau dans la lettre qu'on vient de lire, inscrire mon propre nom *parmi ceux des explorateurs qui ont le plus honoré notre époque ;* mais y inscrire celui de ma nation, qui n'y occupe qu'une petite place ; y inscrire celui de la marine, de ce corps qui donne chaque jour à son pays tant de preuves de son dévouement.

Je n'ai qu'une crainte en publiant ces pages, c'est qu'elles ne soient trop inférieures à la tâche que je m'étais donnée.

DOCUMENT N° 1.

*A S. Exc. le vice amiral de Mackau, ministre de la marine
et des colonies.*

Paris, le 8 mai 1845.

 AMIRAL ,

Par sa lettre du 4 avril dernier, Votre Excellence m'ordonne de lui
soumettre un plan détaillé du voyage d'exploration pour lequel j'ai fait
l'offre d'un zèle plus ardent qu'éclairé peut-être, mais sincère, réfléchi,
et qui demande avec confiance qu'on accepte ses services.

En désignant à Votre Excellence les deux termes extrèmes de la longue
route que j'aurais l'ambition de parcourir, j'ai voulu indiquer la tendance
générale de mon projet bien plus que je n'ai prétendu déterminer à l'a-
vance ce qu'il me sera donné d'accomplir. On ne traverse pas l'Afrique
par cela seul qu'on est résolu à le tenter, et je serais bien mal préparé
à l'accomplissement d'une mission aussi grave, si je n'en avais aperçu et
considéré mûrement les périls et les difficultés, pour échapper aux uns et
surmonter les autres.

Quoi qu'il en soit, c'est bien de nos établissements du Sénégal que je
désire partir, et c'est bien par l'Égypte que je désire opérer mon retour.
J'aurai ainsi l'avantage de prendre mon point de départ d'un poste français
déjà avancé dans l'intérieur, et de tendre vers les domaines du prince
africain notre allié, dont la puissance réelle et l'influence s'étendent le
plus loin dans le continent à l'autre bout de ma route. La ligne que j'ai
dessein de suivre, sans diminuer d'importance et de nouveauté, est ainsi
considérablement réduite dans son étendue. Les expéditions que le pacha
d'Égypte envoie avec une si noble persévérance à la découverte des sources
du Nil Blanc tendent d'ailleurs à rapprocher de plus en plus le terme des
périls de ma propre exploration, puisque c'est vers ces mêmes sources
qu'elle serait dirigée.

Cette ligne même, tirée de Bakel aux sources du Nil Blanc, a l'avantage
de présenter, dans quelques points où elle a été coupée par les itinéraires
antérieurs de certains voyageurs européens, des relâches pour ainsi dire
connues, d'où je pourrais faire parvenir de mes nouvelles et d'où il serait

possible, sous l'empire d'une nécessité imprévue, d'opérer vers la côte, au sud ou au nord, un retour dont la voie serait déjà tracée.

Ainsi, me joignant à une caravane de Bambaras qui se rendrait, suivant des habitudes de commerce déjà établies, à ce qui m'a été assuré, au Haoussa et même jusqu'au Bornou, j'aurais à traverser, entre Ségo et Sakkatou, une vaste région inconnue, facile peut-être à traverser, peut-être, au contraire, infranchissable pour moi; alors s'offrirait la ressource de la route des mêmes caravanes vers le Grand-Bassam ou Assiné, où nous avons des comptoirs et où les officiers qui y sont allés ont vu de ces marchands bambaras.

Ainsi encore, parvenu à Sakkatou, si la route vers l'est m'était fermée, je pourrais suivre celle qu'ont frayée Clapperton et Lander vers notre ancien établissement de Juida. Si, au contraire, j'arrivais au Bornou, et que là dût se trouver interrompue mon exploration vers l'est, j'aurais, pour regagner la côte à Tripoli, la route de Denham, de Clapperton, d'Oudney, de Tirwhik, de Toole.

Cependant, peut-être l'intérêt même de mon voyage, au lieu de me conduire de Sakkatou au Bornou, devrait-il me faire préférer une autre voie : les circonstances, les lumières que j'acquerrais de proche en proche sur les dispositions relatives et les communications mutuelles des pays et des peuples échelonnés entre Sakkatou et les sources du Nil Blanc (présumées du moins à leur point le plus occidental, directement au sud du Dârfour), me porteraient peut-être à choisir la route qui se rend au Mandharah, dans le sud du Bornou. De là, côtoyant au sud les pays de Begharmi et de Borghou, j'arriverais dans les districts de Fertit et de Donga, où prennent, dit-on, leur source les affluents les plus occidentaux du Nil. Rendu à ce point, je me trouverais à une courte distance des pays où se fait sentir l'influence du pacha d'Égypte, et mon retour n'offrirait plus aucune difficulté.

Quelque ignorant que puisse être le voyageur qui aura accompli cette grande traversée de l'Afrique, n'apportât-il d'autre résultat que le relevé de sa route au pas et à la boussole, il aurait déjà fait une chose immense. Je pourrais ajouter à cette tâche d'autres résultats intéressants : l'étude des produits du sol et du développement qui pourrait être imprimé à notre commerce; celle de la situation politique des peuples; la détermination de positions géographiques inconnues, des principaux cours d'eau et des chaînes de montagnes; des observations ethnographiques, toujours intéressantes dans des pays nouveaux. Je pourrais enfin joindre à ces documents quelques autres remarques, incomplètes peut-être, mais consciencieuses, sur diverses branches de l'histoire naturelle, et notamment sur la géologie.

Mais je dois déclarer à Votre Excellence que, quels que soient l'intérêt et l'importance des objets d'études et d'observations que je viens d'énumérer, je songerais bien plus, en risquant ma vie pour réussir dans mon entreprise, à un autre résultat plus grand plus noble encore : à la civilisation de l'Afrique.

Je n'ai pas la folie de croire que mon passage laisserait des germes de civilisation sur les peuples que je rencontrerais; mon ambition serait uniquement de frayer une route vers le centre du vaste continent que la France occupe déjà au nord, à l'ouest et au sud.

Je sais que la régénération des nègres semble aujourd'hui une utopie; je sais qu'on n'y croit pas. Et pourtant n'est-il pas permis de demander ce qui a été fait jusqu'ici pour trancher de cette sorte une question aussi grave? Il y a en Afrique des esclaves dans une condition affreuse; il y a des sacrifices humains; il y a même, dit-on, des peuples qui consacrent encore leurs réjouissances par d'odieux festins.

Devons-nous rester impassibles témoins de ces horreurs?

Non, certes, cela ne peut pas, cela ne doit pas être. Il faut donc commencer l'œuvre, œuvre lente, bien lente sans doute, comme toutes celles de cette nature qui se sont accomplies dans l'histoire de l'humanité; mais, avant tout, il faut jalonner la route à suivre; il faut prouver qu'elle peut être parcourue; il faut pouvoir dire ce qu'on y rencontre. A moi cette tâche de pionnier; à d'autres plus grands que moi la gloire de réaliser les réformes qui donneront aux innombrables peuples de l'Afrique les joies d'une vie plus douce!

Je demande 20,000 fr. pour entreprendre mon voyage. Cette somme, calculée approximativement, suffira, je l'espère, aux dépenses indispensables d'une si longue route. Je vous demanderai aussi, Amiral, mais en sus de cette allocation, les divers instruments qui seront jugés nécessaires pour les observations que je compte faire.

Si vous me faites l'honneur, Amiral, de me confier la mission que je sollicite avec la plus vive instance, je prierai Votre Excellence de vouloir bien faire rédiger, le plus tôt possible, les instructions concernant la partie scientifique du voyage, afin que je puisse en étudier la portée et me préparer à les remplir.

Je suis avec un profond respect, etc.

A. RAFFENEL.

DOCUMENT N° 2.

Instructions demandées à l'Académie des sciences par M. le ministre de la marine, pour un voyage d'exploration dans l'intérieur de l'Afrique qui va être fait, par ordre du gouvernement, par M. Raffenel, officier du commissariat de la marine royale.

SÉANCE DU 15 JUIN 1846.

Présidence de M. Adolphe BRONGNIART.

Commissaires : MM. ARAGO, CORDIER, ISIDORE GEOFFROY-SAINT-HILAIRE, GAUDICHAUD et DUPERREY.

Géographie et physique générale : M. DUPERREY, rapporteur.

« Dans son Mémoire sur le grand plateau de l'intérieur de l'Afrique, publié en 1805, Lacépède débute ainsi :

« L'un des objets les plus dignes de notre curiosité est la connaissance
» du globe que nous habitons. Le siècle qui vient de finir et celui qui
» l'a précédé ont vu d'habiles et courageux voyageurs se dévouer à toutes
» les fatigues, à tous les sacrifices, à tous les dangers, pour achever de dé-
» couvrir la surface de la terre. Ils ont été aidés dans leurs efforts géné-
» reux par tous les secours des sciences et des arts perfectionnés; et
» cependant, l'homme qui, par les travaux des Newton, des Lagrange et des
» Laplace, est parvenu à mesurer le volume des corps célestes, à peser
» leur masse, à décrire leur route, est bien éloigné de connaître toute la
» surface de la planète à laquelle il appartient. Les Bougainville, les Cook,
» ont reconnu presque toutes les mers; mais une grande portion de la
» surface sèche du globe s'est dérobée aux recherches des voyageurs les
» plus intrépides. »

» Depuis que Lacépède a exprimé ces pensées, les découvertes se sont considérablement accrues dans toutes les parties du globe. Les mers ont été explorées jusque dans les régions des pôles; de nombreux voyageurs ont pénétré dans l'intérieur des continents, et, grâce à leurs efforts, à leurs talents, à leur courage, l'Asie et les deux Amériques ne laisseront bientôt plus rien d'essentiel à désirer. Mais il n'en est pas ainsi des parties centrales de l'Afrique : malgré les voyages si pleins d'intérêt de Hornemann, Mungo-Park, Brown, Laing, Denham et Clapperton, Caillié, et de plusieurs autres non moins instructifs, l'obscurité la plus profonde couvre encore une grande partie de l'intérieur de ce continent, qu'un climat dévorant, le manque de routes, des chaînes de montagnes, de vastes solitudes, de nombreuses tribus sans cesse en guerre les unes contre les autres, enfin le fatalisme et l'ombrageuse barbarie des habitants, semblent devoir rendre à jamais inabordable.

» Tel est cependant le but que M. Raffenel se propose d'atteindre : c'est à franchir ces dangereux obstacles, c'est à remplir quelques-unes de ces immenses lacunes laissées en blanc dans les cartes par les géographes, que ce jeune voyageur, déjà connu par une exploration exécutée avec succès dans la haute Sénégambie, destine aujourd'hui son ardente activité.

» M. Raffenel nous a fait connaître que son intention était de traverser l'Afrique de l'est à l'ouest, entre les parallèles de 10 à 15 degrés de latitude septentrionale, c'est-à-dire dans la zone la plus étendue en longitude et l'une des moins connues de ce continent. Dans cette zone, l'espace d'environ 48 degrés, qui sépare la Sénégambie du Sennaar, ne présente, en effet, que quelques portions du Haoussa, du Bornou et du Dârfour qui aient été passablement explorées par les Européens. Tout le reste, à l'exception de quelques localités décrites d'après des renseignements plus ou moins vagues donnés par les pèlerins, les caravanes ou les indigènes, est entièrement ignoré.

» M. Raffenel, ne se dissimulant pas les dangers d'une entreprise aussi aventureuse et dans laquelle tant de généreux courages ont déjà succombé, avait pris d'abord la résolution de voyager aussi furtivement que possible, afin de ne point attirer sur lui la défiance ou la cupidité des indigènes; mais, d'après les renseignements qui lui sont parvenus sur certains peuples du Soudan, notamment sur les Fellatahs, que l'on dépeint comme une race paisible et dont les tribus s'étendent, disséminées çà et là, de la Sénégambie jusque dans le Dârfour, ainsi que l'ont d'ailleurs démontré Seetzen et Veter par leurs savantes recherches linguistiques, il a maintenant l'espoir d'être plus favorisé dans ses excursions qu'il ne l'avait préalablement espéré, et il part muni d'instruments de précision, peu nombreux il est vrai, mais avec lesquels il pourra du moins aborder diverses questions de géographie, de météorologie et de physique générale, qui ne manqueront pas de donner à son voyage un caractère remarquable d'utilité scientifique.

» Nous avions l'intention de présenter ici un aperçu des documents les plus authentiques et par conséquent les plus propres à faire apprécier à sa juste valeur l'état actuel de nos connaissances sur l'Afrique centrale; nous avions pour cet effet consulté les relations de tous les voyageurs qui ont déjà osé pénétrer dans cette mystérieuse partie du globe, les nombreux mémoires qui sont résultés de ces tentatives plus ou moins fructueuses, et enfin les géographies spéciales où les faits qui nous occupent se trouvent développés et coordonnés de la manière la plus convenable : telle est notamment la *Géographie générale comparée* du célèbre Karl Ritter, laquelle a pour objet l'étude du globe terrestre dans ses rapports avec la nature et avec l'histoire de l'homme.

» Mais, ayant acquis depuis peu la certitude que M. Raffenel était lui-même parfaitement au courant de tous ces voyages et qu'il possédait d'ailleurs devers lui des renseignements et des itinéraires inédits dont il espérait tirer un grand secours, nous ne pouvons que l'inviter à mettre tous ces documents à profit, à les rectifier lorsque l'occasion s'en présentera, et à en étendre le domaine autant que son habileté et les circonstances de son voyage le lui permettront.

» L'art d'observer est le seul moyen d'acquérir des connaissances utiles ; mais l'art de questionner est aussi l'art de s'instruire ; et c'est pour ces motifs que nous avons mis à la disposition de M. Raffenel un tableau très-étendu des observations, des questions et des recherches à faire pendant le cours d'un voyage.

» Ce tableau, que nous devons à M. de Freycinet, nous a été d'une grande utilité dans nos expéditions de l'*Uranie* et de la *Coquille;* c'est un aide-mémoire que l'on ne peut se dispenser de consulter si l'on veut ne rien omettre d'essentiel dans la description d'un pays dont on désire faire connaître non-seulement la position, l'étendue, l'aspect, le climat et tous les produits, etc., mais aussi les mœurs, les usages, le caractère, l'industrie et la constitution physique, morale et politique des habitants.

» Les instructions de l'Académie rédigées pour le voyage de la *Bonite;* celles qui ont été adressées aux commissions scientifiques de l'Algérie et de la Morée ; plusieurs rapports faits sur les voyages qui ont le plus contribué aux progrès des connaissances humaines; des instructions très-étendues, rédigées spécialement dans l'intérêt du voyage qui nous occupe, par notre savant confrère M. Jomard, au nom d'une commission choisie dans le sein de la Société de géographie ; plusieurs relations de voyages; la *Géographie de l'Afrique* de Ritter et le *Traité de météorologie* de Kœmtz, sont également entre les mains de M. Raffenel, qui en profitera, nous en sommes certains, pour donner à ses propres recherches la clarté, l'étendue et la précision que nos connaissances actuelles nous font chercher avant tout dans les travaux de l'intelligence.

» Les instructions dont nous venons de parler sont trop étendues pour qu'il soit possible d'y rien ajouter. Nous nous bornerons donc à ne reproduire ici que quelques faits généraux sur lesquels il n'est peut-être pas hors de propos d'insister.

» *Traditions historiques.* — Les renseignements historiques qui pourront être obtenus pendant de courts séjours seront nécessairement peu nombreux; on doit espérer toutefois quelques notions intéressantes sur les circonstances qui ont accompagné l'époque de la découverte ou de la conquête du pays, sur les nations auxquelles il a successivement appartenu; les divers noms qui lui ont été donnés, leur étymologie, et les modifications que les conquérants ont dû apporter à l'état primitif des peuples.

» Clapperton a apporté de l'intérieur de l'Afrique un manuscrit arabe contenant une relation historique et géographique du royaume de Takrour, qui était gouverné à cette époque par le sultan Mohammed-Bello. Un cheik égyptien, Mohammed-el-Tounsy, a fait, il y a peu d'années, dans le Dârfour et le Ouadây, un voyage très-intéressant qui a été traduit par le docteur Perron, et qui vient d'être publié par les soins de M. Jomard. Ces documents sont précieux; nous en possédons plusieurs du même genre dans nos bibliothèques. Espérons que M. Raffenel sera assez heureux pour en augmenter le nombre.

» *Gouvernement.* — C'est une question importante que de savoir quelle est la forme du gouvernement du pays; quelles sont les lois civiles et criminelles, l'état militaire et les finances, l'état habituel de paix ou de guerre, les causes connues des hostilités, les alliances entre les peuples, les traités de paix les plus remarquables, ceux de commerce conclus, soit forcément, soit par suite des avantages que l'État y trouve; quel est enfin le plan apparent de la politique.

» *Observations à faire sur l'espèce humaine.* — Les observations à faire sur l'espèce humaine sont très-développées dans le tableau que nous avons mis à la disposition de M. Raffenel. Il suffit de rappeler ici qu'elles portent principalement sur la constitution et les qualités physiques de l'homme; sur les circonstances de la vie physique et domestique; sur l'étendue de la population, la diversité des castes; les mœurs, la religion, le caractère, les idiomes et les usages particuliers des peuples.

» *Industrie.* — Les questions relatives à l'agriculture, la chasse, la pêche, les arts et métiers, le commerce et les manufactures, ne manqueront pas sans doute de fixer l'attention de M. Raffenel, qui en connaît d'ailleurs toute l'importance.

» *Description générale du pays.* — M. Raffenel sait qu'il ne devra négliger aucun des moyens qui sont à sa disposition pour déterminer aussi exactement que possible la position géographique des principaux lieux qu'il visitera. Dans l'immense route en longitude qu'il veut parcourir, on ne compte guère que trois points dont la position ait été préalablement fixée; ces points sont : Sakkatou, capitale du Haoussa; Kouka, capitale du Bornou, et Kobey, l'une des principales villes du Dârfour. M. Raffenel fera connaître aussi la surface totale du pays, son degré de fertilité et la diversité de ses productions, puisés dans les trois règnes de la nature. Il fera des vues sous forme de panoramas, sur lesquelles seront écrits les angles observés, soit avec la boussole, soit avec le cercle à réflexion. Il notera les inégalités du sol; la hauteur et la direction exactes ou présumées des montagnes; la profondeur des cavernes; le nombre des rivières, leur largeur et profondeur, la direction et la longueur de leurs cours; le nombre et la situation des ruisseaux, torrents, lacs, étangs, marais et cascades; les sources, fontaines, puits, et eaux thermales, dont il prendra la température. Les détails géologiques et minéralogiques, au point de vue géographique, auront au moins pour objet de constater si le sol est de première, de deuxième ou de troisième formation; si le terrain est d'alluvion ou s'il est volcanique; si les sables sont fins ou gros, quartzeux ou coquilleux; s'il y a des galets ou des poudings; quels sont la direction et l'angle d'inclinaison des couches stratifiées; si l'on trouve des coquilles, des madrépores, des plantes et des ossements d'animaux fossiles, dont on fera connaître l'élévation au-dessus du niveau de la mer. On dira s'il y a des volcans éteints ou en activité, et aussi quelles sont les mines exploitées ou non exploitées, leur nature et leur plus ou moins grande richesse.

» *État physique.* — Il importe surtout de décrire avec soin l'état du vent et celui du ciel, l'aspect et la marche des nuages et des orages dans les différentes régions de l'atmosphère; la pluie, sa durée, son abondance; la rosée, la grêle, la neige, la glace, la brume, les brouillards et le mirage; puis les phénomènes tels que les éclairs et la foudre, les étoiles filantes et les globes de feu, les arcs-en-ciel, les halos, les couronnes, les parhélies, les parasélènes, la lumière zodiacale et les aurores polaires.

» L'étude des vents dans l'intérieur de l'Afrique semble promettre des faits curieux : il sera intéressant de noter leur température ainsi que la direction dans laquelle ils soufflent pendant la durée des tempêtes les plus violentes. On dit qu'au Bornou, et même dans le Dârfour, les vents du sud sont toujours les plus chauds : cela semblerait annoncer qu'il n'y a pas de hautes montagnes dans le midi de ces deux contrées, à moins qu'elles ne soient à une distance très-considérable vers l'équateur, et non pas sur le parallèle de 10° degrés de latitude nord, comme on le présume aujourd'hui.

» Tous les marins savent qu'il existe dans le tropique septentrional de l'Océan atlantique, un peu au nord de l'équateur, une zone de vents d'ouest dont les plus habiles savent très-bien profiter pour franchir la ligne équinoxiale le plus avantageusement possible. Ces vents exceptionnels, qui soufflent incessamment vers l'Afrique au lieu de suivre le cours ordinaire des vents alizés, ne peuvent être occasionnés que par une raréfaction considérable de l'air dans l'intérieur de ce continent. Quelle est la cause de ce phénomène? C'est là une question que nous posons à M. Raffenel, pour lui prouver combien nous comptons sur les observations hypsométriques qu'il fera durant son voyage.

» Si, comme nous l'espérons, M. Raffenel réussit à faire, en certains points de sa route, quelques séries complètes d'observations horaires du thermomètre à l'air libre, du baromètre et du thermomètre de ce dernier instrument, on connaîtra les lois que suivent les périodes diurnes de la température et de la pression atmosphérique, au fur et à mesure que l'on s'éloigne du bord de la mer pour pénétrer dans l'intérieur de l'Afrique, et l'on trouvera d'ailleurs dans ces précieux documents le moyen de tirer parti de toutes les observations isolées qui seront sans doute très-nombreuses durant le cours de cette campagne.

» Nous rappellerons aussi à M. Raffenel qu'il a un excellent moyen d'obtenir la température diurne, en l'observant à deux heures homonymes de la journée, comme, par exemple, à huit heures du matin et à huit heures du soir; et que, s'il fait usage du procédé extrêmement simple de M. Boussingault, qu'il trouvera décrit dans les instructions rédigées pour la *Bonite*, il aura immédiatement en chaque point la température moyenne annuelle du lieu d'observation. Ces documents sont vivement désirés, mais ils ne dispensent pas d'observer les températures extrêmes *maxima* et *minima* de la journée ; ces dernières sont d'un intérêt capital.

» Les indications barométriques et thermométriques prises, aussi souvent que possible, vers l'heure de midi, et celles qui résulteront de l'appareil à ébullition de notre confrère M. Regnault, auront aussi un degré d'utilité très-remarquable; car elles feront connaître si le relief de l'Afrique, pris dans sa plus grande étendue en longitude, présente, comme nous sommes portés à le croire, des élévations et des dépressions considérables relativement au niveau de l'Océan. MM. Rochet d'Héricourt et le docteur Beck ont trouvé, par des procédés différents, que le lac Salé, qui est à 15 milles du rivage de la mer Rouge et entouré de tous côtés de volcans éteints de 5 à 6 mètres d'élévation, était à environ 200 mètres au-dessous du niveau de la mer. Il n'est pas probable qu'il en soit ainsi du lac Tchad, à en juger du moins d'après les belles recherches auxquelles M. Jomard s'est livré avec une profondeur de raisonnement qui semble devoir exclure toute objection à cet égard; mais il ne paraît pas impossible que le fait relatif au lac Salé ne soit plus commun qu'on ne le pense.

» M. Arago rapporte, dans sa Notice sur le tonnerre (voir l'*Annuaire du Bureau des longitudes pour l'an* 1838), quatre faits relatifs aux petits nuages isolés qui, sous un ciel pur, laissent échapper la foudre. A ces faits nous pouvons en ajouter un cinquième, dont nous avons été témoin. Étant, en 1818, entre les îles de Timor et d'Ombay, nous vîmes un soir un petit nuage blanc qui tout à coup lança la foudre de tous les côtés; il montait avec lenteur malgré la force du vent, et il se trouvait isolé à une grande distance de tous les autres nuages, qui paraissaient comme fixés à l'horizon. Ce petit nuage était rond et pouvait occuper en surface une étendue égale à la surface apparente du soleil. De tous ces points s'échappaient des éclairs en zigzag et une multitude de détonations successives imitant parfaitement le bruit de la mousqueterie de tout un bataillon auquel on aurait commandé de faire feu à volonté. Ce phénomène, que nous n'avons vu que cette seule fois, ne dura pas moins d'une demi-minute, et le nuage disparut complétement avec la dernière détonation. Si M. Raffenel est témoin de ce singulier et rare phénomène, il sera le sixième qui l'aura observé.

» *Observations astronomiques*. — Nous donnons dans une notice annexée à ces instructions diverses méthodes promptes et faciles à l'aide desquelles M. Raffenel pourra, en se servant de la boussole nivelatrice qui lui a été confiée, obtenir simultanément, en chaque point de la route, la latitude du lieu de la déclinaison magnétique. Néanmoins, nous lui recommandons de toujours recourir au cercle à réflexion de Borda, et à l'horizon artificiel dans les stations principales de son voyage, où les observations ne seront jamais ni trop exactes, ni trop multipliées.

» Si M. Raffenel peut observer la longitude en plusieurs points de l'intérieur de l'Afrique, il rendra un grand service à la géographie; car, dans la zone qu'il va parcourir, il n'y a, ainsi que nous l'avons dit plus haut, que trois villes dont la position soit à peu près connue. Les distances de la lune au soleil, aux étoiles et aux planètes; les occultations d'étoiles et les éclipses des satellites de Jupiter, observées avec soin, auront une grande valeur; mais à défaut d'observations absolues, M. Raffenel pourra du moins prendre des angles horaires et faire usage de son chronomètre, dont il a les moyens d'obtenir l'état et la marche diurne aussi souvent qu'il le jugera convenable.

» Indépendamment de la notice ci-jointe, nous avons dressé pour M. Raffenel, mais pour le cas seulement où il ne pourrait pas observer la déclinaison de sa boussole, un tableau dans lequel les déclinaisons magnétiques, pour toute la partie de l'Afrique comprise entre l'équateur et le 30e degré de latitude nord, sont présentées de 5 en 5 degrés de latitude et de longitude. Ce tableau sera d'autant plus nécessaire pour la correction provisoire des routes et des relèvements, que la déclinaison varie d'une manière notable, d'un lieu à l'autre, dans toute cette partie du globe. »

Botanique. — M. GAUDICHAUD, *rapporteur*.

« M. Raffenel, dans un premier voyage fait en 1843 et 1844, dans l'inérieur du Sénégal, voyage qui avait principalement pour objet la reconnaissance du cours de la rivière Falémé et l'exploration des mines d'or de Kéniéba, dans le Bambouk, s'est pour ainsi dire familiarisé aux fatigues aux privations et aux dangers de ces sortes de pérégrinations aventureuses.

» M. Raffenel étant maintenant en quelque sorte éprouvé par le plus rude et peut-être le plus dangereux des climats, tout doit nous porter à espérer qu'il résistera de même à ceux des régions de l'Afrique qu'il se propose de parcourir, puisque, d'après son itinéraire, ces régions sont situées, à quelques degrés près, par les mêmes latitudes.

» Si M. Raffenel avait fait une étude plus spéciale de la botanique, et s'il ne se proposait qu'une exploration ordinaire dans une contrée limitée du contour de l'Afrique, par exemple dans la Sénégambie, la tâche que l'Académie nous a confiée à son égard serait facile à remplir, puisqu'il nous suffirait de lui tracer une esquisse rapide de la végétation de ce pays, de lui signaler les points essentiels sur lesquels il serait utile de diriger ses investigations, et enfin de lui indiquer les nombreux végétaux sur lesquels nous manquons de renseignements convenables ou qui sont encore mal représentés dans nos vastes collections.

» Mais non-seulement M. Raffenel, qui jusqu'à ce jour n'a pu s'occuper que très-accessoirement de la botanique, n'est pas encore assez avancé dans l'étude des classes, des familles et des genres, pour que nous puissions lui désigner convenablement, c'est-à-dire par les noms et par les caractères botaniques essentiels, les documents qui nous manquent encore sur quelques végétaux intéressants de la Sénégambie; mais, de plus, il part avec le dessein bien arrêté de traverser, dans sa grande largeur, tout le continent africain, et par conséquent de visiter des contrées dont les productions végétales sont presque entièrement inconnues et plus que suffisantes pour fixer son attention.

» Relativement à la Sénégambie, d'où il va s'aventurer vers des pays nouveaux, nous sommes maintenant assez riches en plantes de cette terre pour qu'il ne soit pas même nécessaire de les recommander à un naturaliste passager, qui, devant porter ses regards beaucoup plus loin, ne pourrait naturellement les étudier que d'une manière superficielle.

» En effet, nous possédons presque tous les herbiers des savants botanistes français : spécialement, parmi les modernes, ceux de MM. Perrottet, Le Prieur, Heudelot, etc. Les collections de ce dernier voyageur, qui a étendu ses explorations jusqu'à Galam, à la Falémé, au Fouta-Djallon et aux bords de la Gambie supérieure, nous ont fait connaître dans leurs moindres détails, et, sans nul doute, à peu d'espèces près, toutes les richesses végétales de ces contrées.

» Nous conseillons donc à M. Raffenel de ne pas trop s'attacher, à moins toutefois de circonstances particulières ou de longs séjours obligés dans des localités favorables, aux productions végétales de nos possessions de cette partie de l'Afrique, s'il ne veut s'exposer à recueillir des plantes connues ou que nous avons déjà.

» Ce ne sera qu'à partir de Bakel ou des bords de la Falémé, qu'il a précédemment visités et qu'il connaît bien, que devront commencer ses études suivies de botanique, s'il veut avoir des chances certaines de rencontrer des espèces intéressantes ou nouvelles.

» Au delà de ce point, vers le centre de l'Afrique et jusqu'à la proximité de l'Égypte, de la Nubie ou de l'Abyssinie, à l'exception de ce que le major Denham et le capitaine Clapperton ont rapporté de leurs collections et de celles du regrettable docteur Oudney (1), dont le célèbre Robert Brown nous a dévoilé la nature (2), et de quelques rares plantes du Dârfour et du Kordofan, recueillies par MM. Rüppel, Hey, Kotschy, etc., tout nous est à peu près inconnu, nous manque absolument, et, dès lors, sera digne de son intérêt et de ses soins.

» Ne pouvant rien indiquer de spécial à M. Raffenel sur la végétation de ces vastes contrées inexplorées ou à peine entrevues sur quelques points du centre de l'Afrique, nous nous bornerons à lui recommander :

» 1° D'étudier particulièrement les grands arbres, ceux surtout qui, par leur nombre dans chaque localité, par leur aspect particulier ou par des caractères saillants et essentiels, lui paraîtront donner un cachet spécial aux contrées diverses qu'il traversera, et serviront un jour de jalons ou peut-être même de base à la géographie botanique de ce continent;

» 2° Rechercher avec beaucoup d'attention les végétaux employés dans le commerce, les arts et la médecine des indigènes, spécialement ceux qui produisent des gommes, des résines, des huiles fixes ou volatiles, les matières textiles, tinctoriales, etc., et, avant tout, les plantes usuelles, cultivées ou non cultivées, formant la base de la nourriture des peuples sédentaires de ces contrées; ce qui le conduit naturellement à connaître la nature, l'étendue et l'état actuel de leur agriculture;

» 3° Enfin, il s'attachera d'une manière particulière à recueillir les documents propres à nous éclairer sur les ressources alimentaires végétales des tribus nomades, sur les plantes vénéneuses qui servent à empoisonner leurs flèches, leurs lances, etc.

» Nous appellerons encore l'attention de M. Raffenel : 1° sur le *bassia Parkii*, arbre de la famille des sapotacées, dont les grains fournissent le beurre dit de Galam, et dont on n'a encore vu que les feuilles et les semences; arbre qui provient non des bords du fleuve Sénégal, comme son nom français semblerait l'indiquer, mais de ceux de la Gambie, où il est connu sous celui de *shea-toulou*; 2° sur les végétaux monocotylés ligneux des régions centrales, tels que les palmiers, et notamment les dattiers, qui doivent offrir de nombreuses espèces ou variétés; les *dracœna*, qui sans nul doute sont dans le même cas; les pandanées, et spécialement, parmi

(1) On a perdu la plus grande partie des plantes de ce voyage.
(2) R. Brown, *Observ. plant. of centr. Afric.*, etc.

celles-ci, l'espèce très-curieuse que les peuples des bords de la Gambie nomment *faudiané*, et dont les fruits, au dire de l'infortuné Heudelot, possèdent la singulière faculté de s'enflammer à l'époque de leur maturité.

» Nous ne possédons encore que les fleurs femelles ou plutôt les jeunes fruits de ce végétal (1) qui est certainement dioïque, et dont il est bien à désirer que M. Raffenel puisse étudier ou même, s'il est possible, nous apporter les fleurs mâles.

» M. Raffenel se proposant de faire des recherches générales sur les idiomes divers des peuples de l'Afrique, il n'est certainement pas besoin de lui demander de noter avec le plus grand soin les noms indigènes des plantes de toutes les localités qu'il aura l'occasion de visiter, de celles surtout sur lesquelles il pourra nous donner d'utiles indications.

» Enfin, M. Raffenel, guidé par ses goûts dominants pour la géologie, ne négligera, sans nul doute, pas plus les fossiles végétaux que ceux de l'autre règne organique; car il sait que tous sont dignes du plus haut intérêt.

» Dans des notes particulières que déjà, depuis quelques mois, nous avons fournies à M. Raffenel, nous lui avons enseigné à distinguer nettement, à décrire et à figurer les parties des fleurs et des fruits, à dessécher et à conserver les plantes, les graines, etc.

» Cet intrépide voyageur est donc aujourd'hui assez convenablement préparé pour que, les circonstances le favorisant, on puisse espérer de son voyage de nombreux, utiles et précieux matériaux pour la science.

» Nous ne terminerons pas cette note sans prier l'Académie de nous permettre d'offrir à M. Raffenel, que depuis longtemps nous connaissons personnellement, les vœux que nous formons pour sa grande et courageuse entreprise. »

M. *Cordier*, un des commissaires désignés, a déclaré que les observations qu'il pourrait recommander à l'attention de M. Raffenel sont toutes indiquées dans une instruction générale rédigée par MM. les professeurs du Muséum, et imprimée par ordre de l'administration. Un exemplaire sera remis au voyageur.

---

(1) Voyez *Heterostigma heudelotianum*, dans les galeries phytologiques du Muséum de Paris; et Gaudichaud, voyage de la *Bonite, Botanique*, pl. XXV, fig. 15 à 31.

NOUVEAU VOYAGE

DANS LE

PAYS DES NÈGRES.

CHAPITRE PREMIER.

Départ de France. — Cadix et Séville. — Les Canaries. — A qui appartient l'honneur de la
première occupation de ces îles. — Le village de Guet'ndar. — Singulière manière d'y
prendre terre. — Saint-Louis du Sénégal. — Description de cette ville. — Embarras qu'on
éprouve pour s'y loger. — Exposé des motifs qui m'ont déterminé à entreprendre le voyage.
— Plan général d'exécution.

Il n'est pas de voyage, si court qu'il soit, qui ne demande des préparatifs. Mais quand il s'agit de parcourir un pays sans aucune ressource,
dans lequel la monnaie et le papier, ces deux éléments d'échange
des nations civilisées, sont remplacés par des marchandises destinées
à satisfaire les bizarres fantaisies de plus de vingt peuplades; quand,
en outre, le voyage peut durer trois, quatre et même cinq ans, c'est
une véritable expédition, et s'y préparer n'est pas chose facile.

Je me croyais prêt, cependant, lorsque j'eus terminé l'achat des
nombreux objets de tout genre que je jugeai indispensables pour une
si longue absence; mais de fâcheuses circonstances m'obligèrent à des

courses répétées pour trouver un bâtiment. Par une sorte de fatalité, tantôt sa destination était changée au moment où j'atteignais le port, tantôt c'était un départ précipité qui venait contrarier mon impatience et m'obligeait à reconduire ailleurs mes lourds bagages. Commencées au mois de mai 1846, ces pérégrinations ne cessèrent qu'au mois d'août de la même année.

Le 9, j'appareillai enfin de la rade de Brest avec la corvette à vapeur *l'Élan*, qui portait au Sénégal un nouveau gouverneur, M. le capitaine de corvette de Grammont. On devine mes impressions : elles étaient à la fois gaies et tristes. La pensée que bientôt, enfant perdu de la civilisation, j'allais affronter un climat meurtrier et braver les inévitables dangers d'un voyage accompli chez des peuples barbares et fanatiques, me rendait plus enthousiaste encore que joyeux. Ma tristesse était de laisser après moi des amitiés éprouvées, des affections de famille, et peut-être de voir pour la dernière fois la terre natale.

L'Élan était commandé par M. Lelieur de Ville-sur-Arce, et portait, outre le gouverneur et sa famille, un certain nombre de passagers. On remarquait parmi eux M. le lieutenant-colonel Caille, commandant supérieur des postes militaires du fleuve; M. de Percin, procureur du roi à Saint-Louis; une dame allant rejoindre son mari, officier d'infanterie de marine, et plusieurs autres personnes distinguées.

Nous fûmes, en partant, favorisés par un temps magnifique qui nous conduisit, en cinq jours, dans la belle rade de Cadix, où la corvette devait s'arrêter pour prendre du charbon. Une relâche, quelle qu'elle soit, est ordinairement la bienvenue, parce qu'elle rompt la monotonie de la vie de bord; mais une relâche en Espagne est un événement qui toujours épanouit les plus sombres visages. N'en déplaise d'ailleurs aux *mangeurs d'écoutes de foc* (1), un bâtiment n'a rien qui charme, et le passager, fût-il du métier, y est complétement dépaysé. On a beau faire pour lui rendre la vie douce, toujours il trouve que les heures qui séparent le lever du coucher sont lentes à s'envoler; toujours il souffre de n'avoir pas un pauvre petit coin pour être seul et songer, si l'envie lui en vient. Il est bien entendu que cette remarque générale n'est pas une critique déguisée. Les officiers de *l'Élan*, je tiens particulièrement à le dire, surent s'acquitter des devoirs de l'hospitalité avec une rare affabilité et une courtoisie dignes d'éloges.

---

(1) Qualification ironique donnée aux marins qui affectent d'aimer leur état avec passion.

A Cadix je mis le temps à profit. Dès le lendemain de mon arrivée, je pris passage, avec plusieurs de mes compagnons, sur le bateau à vapeur espagnol qui fait les voyages de Séville, pour aller visiter cette merveille des Espagnes chantée par tous les poëtes. Séville mérite son nom. Oui, vraiment, c'est bien une merveille, non par la régularité et le grandiose de ses constructions, car la riche demeure s'y trouve près de la pauvre masure, dans la même rue mal pavée; mais par un je ne sais quoi qui parle à l'imagination. Il faut dire aussi que le ciel est bien beau et les parfums bien suaves, parfums d'orangers, de jasmins, de citronniers, de roses, qui montent au cœur et à la tête et vous enivrent malgré vous. Tout est poésie sur cette terre de femmes, de fleurs et de palais, de fontaines monumentales, de mosquées changées en églises; tout, depuis la magnificence orientale, accumulée avec une prodigalité que le temps et les révolutions ont respectée, et qui rappelle mille souvenirs de chevalerie et d'amour, jusqu'aux vulgaires détails de la vie.

En posant le pied sur ce sol embaumé, on est pris d'une sorte de vertige, on est comme transfiguré; on subit un charme indicible qui donne aux objets les plus simples une forme distinguée, une couleur, presque une voix. Le monument aux arcs surbaissés, aux vitraux colorés, qu'éclaire un soleil splendide; la *Giralda* fameuse, aux formes élancées, qui scintille comme une armure d'or; le jet d'eau ignoré qui lance brusquement vers la nue ses belles gerbes d'argent; tout cela est sublime, tout cela élève l'âme et la tient suspendue. Mais ce qui saisit d'une façon plus intime, ce qui touche, en un mot, ce sont ces mille riens qui disent les mœurs d'une nation : c'est l'échoppe du glacier en plein vent dont les appels joyeux attirent les chalands; c'est le plat d'étain qui sert d'enseigne au barbier, au barbier de Séville, entendez-vous? et que balance capricieusement la brise du soir; c'est un muletier qui a la tournure d'un roi; une femme du peuple qui parle comme une duchesse; c'est la tenture que mettent dans les rues les habitants pour abriter des feux du jour le passant forcé de sortir; un *Velasquez* dans une *confiteria*; un *Moralès*, un *Murillo* dans la boutique d'un figaro à un réal; enfin, c'est cette senteur de la terre, ce parfum des Espagnes que les matelots respirent avec tant de bonheur quand, au retour d'un long voyage, le vent l'apporte à leur navire.

Le temps passe vite dans un pareil lieu. Les églises, les couvents, l'*Alcasar*, étalèrent tour à tour leurs mystérieuses richesses à nos yeux éblouis. Les églises surtout, déjà si riches en tableaux, en statues, en sculptures, étaient encore plus riches en ornements consacrés au culte. Les moines et les prêtres nous montrèrent avec orgueil leurs lourds ostensoirs d'or ciselé, incrustés de pierres précieuses, leurs grands chandeliers d'argent massif, leurs croix, leurs châsses, leurs autels, leurs tombeaux, débris fastueux d'une splendeur perdue. L'une des curiosités qu'on montre aux étrangers est la maison qu'occupait Pilate quand il était proconsul en Espagne ; elle est semblable, disent les *ciceroni*, à celle qu'il occupait en Judée.

Nous vîmes aussi un combat de taureaux, cette récréation suprême du peuple espagnol. Le dirai-je? je n'ai pas de goût pour ce genre de spectacles, et si je n'avais craint de provoquer autour de moi des marques d'indignation, je me serais éloigné avec horreur de cette arène de mort que l'homme, le cheval, le taureau, rougissaient de leur sang. Certes on y rencontre de fortes émotions, mais elles ressemblent trop à celles qu'on éprouve en assistant à l'exécution d'un condamné.

Nous revînmes à Cadix par le Guadalquivir, fleuve poétique dont le nom emprunté à l'arabe signifie le grand fleuve (Oued el Kebir). Si l'on ne connaissait l'imagination exaltée des Orientaux et des Espagnols, leurs dignes émules, on ne se rendrait pas compte de ce nom pompeux en examinant les eaux bourbeuses du Guadalquivir et ses rivages arides.

Quand *l'Élan* eut embarqué son charbon, nous levâmes l'ancre pour la laisser retomber, trois jours après, dans la rade foraine de Las Palmas, capitale de la Grande-Canarie.

Ce n'était plus Cadix, encore moins Séville ; mais c'était aussi une ville espagnole, et à ce titre nous lui devions un hommage. Vue du mouillage, Las Palmas développe, dans une étendue médiocre, sa ligne de maisons de briques rouges. La verdure manque à l'œil, qui n'a pour point d'appui qu'un fond de montagnes arides et volcaniques.

Je note en passant que la priorité d'occupation de l'archipel des Canaries appartient à un gentilhomme normand, Jehan de Béthancourt, qui partit de Normandie pour en faire la conquête au commencement de l'année 1402. Avant cette époque, cet archipel n'avait point été occupé, bien qu'il fût depuis longtemps connu des Génois, des Espagnols et d'autres *cursaires* de mer, ainsi que s'expriment les aumôniers de Jehan dans leur chronique.

Les mœurs des Canariens ont quelque chose de particulier ; on sent que c'est un passage, une transition d'un monde à l'autre. Ce n'est plus l'Espagne ; ce n'est pas encore l'Afrique.

En quittant la Grande-Canarie, nous continuâmes à jouir d'un temps délicieux. Le baptême du tropique vint rompre un instant la monotonie de la traversée. Tout le monde connaît les bouffonneries de cette journée si chère aux marins, si remplie d'effroi pour les passagers et les passagères. La cérémonie se passa avec calme, avec trop de calme peut-être : les passagers ne reçurent que la goutte d'eau dans la manche, et les matelots firent bonne collecte. Les acteurs manquaient complétement de cette verve populaire, dont l'absence se fait remarquer avec d'autant plus de regret qu'on a mieux gardé le souvenir du cachet original que portaient, il y a seulement vingt ans, ces sortes de divertissements. Les pompes à incendie, la farine, la suie des chaudières, les dimensions exagérées de l'astrolabe et des faux-cols des acteurs firent seuls les frais de cette fête de bord. Je ne sais à quoi attribuer la disparition des loustics de gaillard d'avant, et des vieux conteurs à qui j'entendais raconter, à mes débuts dans la marine, les merveilleuses histoires du Voltigeur hollandais et du grand Chasse.... diable.

Le 27 août, nous essuyâmes, pour la première fois, du mauvais temps en approchant des basses terres du Sénégal. C'était un coup de vent de sud-ouest, assez fort pour qu'un voyageur moins familier que moi aux choses de la mer pût, sans engager sa conscience, le décorer du nom de tempête et en faire le thème d'un de ses chapitres les plus émouvants. La grosse mer et la violence du vent nous obligèrent à gagner le large.

Nous eûmes même la crainte que la durée de ce coup de vent nous tînt plusieurs jours éloignés de la côte ou devînt, en rendant la barre impraticable au petit bateau à vapeur de la colonie qui devait venir nous prendre à bord de *l'Élan*, un obstacle sérieux à notre entrée dans le fleuve. Mais cette crainte ne se réalisa pas ; car le lendemain, 28, dix-neuf jours après notre départ, ce qui, défalcation faite de six jours de relâche, donne à notre traversée la courte période de treize jours, nous laissâmes tomber notre ancre devant Guet'ndar, village nègre situé en face de l'île de Saint-Louis, sur l'étroite langue de sable qui sépare le fleuve de la mer.

La ville de Saint-Louis, qui occupe plus des trois quarts de la superficie de l'île de ce nom, présente un point de vue d'un très-bel effet, quand on l'examine du mouillage de Guet'ndar. Ses maisons blanches, garnies de terrasses, son hôpital, son hôtel du Gouvernement, avec sa façade et son haut pavillon, ses deux belles casernes qui forment deux côtés de la place où cet hôtel s'élève, tout cela donne à Saint-Louis un aspect plus imposant que joli. Malheureusement ces teintes blanches, réfléchissant un soleil ardent, lassent le regard; et c'est en vain qu'il interroge l'espace pour lui demander un peu de verdure . il n'y en a pas à Saint-Louis. Quelques arbres, mal venus dans un sable marin, et dont le feuillage triste atteste la langueur, voilà la végétation du Sénégal; car ce n'est pas seulement Saint-Louis qui manque de verdure, c'est toute l'étendue des deux rives du fleuve que l'œil peut embrasser.

Nous étions donc mouillés en face de la ville de Saint-Louis, et si près, que nous pouvions à la longue-vue reconnaître les personnes; mais nous n'y étions pas débarqués. Il fallait, pour cela, ou redescendre sept lieues dans le sud, à la barre qui forme l'entrée du fleuve, et le remonter ensuite l'espace de sept autres lieues sur un autre navire, car *l'Élan* calait trop d'eau pour franchir cette barre; ou bien braver le passage de Guet'ndar et se résigner à être vomi sur la plage comme le monstre d'Hippolyte.

Rien de simple d'ailleurs pour des hommes que ce débarquement, même pour des hommes qui ne savent pas nager; mais pour des femmes et pour un gouverneur, la chose était plus difficile. Sans doute, dans les grandes circonstances, les femmes savent montrer une intrépidité à rendre jaloux les hommes les plus braves; mais survienne le plus léger dérangement de toilette, une situation grotesque compromettant leurs grâces naturelles, et le cœur défaillit à ces énergiques natures. Or, il y avait certitude que les lames de Guet'ndar causeraient beaucoup de ces perturbations.

C'était bien autre affaire pour le gouverneur. Qu'on se représente un personnage grave et sérieux, comme tout gouverneur doit l'être, roulant sur la grève comme un galet en compagnie de sa malle et de son cuisinier, et prenant en cet équipage possession de son empire; et l'on conviendra que cette manière de voyager prête peu aux honneurs militaires et aux harangues officielles.

Mais tout le monde fut d'avis que ce n'étaient là des difficultés que pour des âmes vulgaires, et comme il n'y en avait pas à bord de *l'Élan*, on se décida incontinent à entreprendre ce voyage aventureux. Les canots de la corvette furent armés, et bientôt hommes, femmes et enfants entrèrent dans les pirogues qui les attendaient sur la barre. Les piroguiers imprimèrent à leur frêle navire le mouvement rapide qui devait leur faire franchir les premières lames; puis vint le moment suprême où chacun se trouva comme plongé dans un gouffre et entouré de tous côtés par des masses d'eau qui grondaient sur sa tête, menaçantes et écumeuses ; puis on prit terre dans un désordre et un pêle-mêle inexprimables, les uns par la tête, les autres par le ventre, peu par les pieds.

Saint-Louis est un étrange pays. On se figure peut-être qu'une fois arrivé, il ne reste plus qu'à confier ses bagages à un commissionnaire et à suivre un garçon d'hôtel. Pas du tout : il n'y a pas d'hôtel à Saint-Louis, et les nouveaux venus sont hébergés par leurs amis. — Et quand on n'a pas d'amis ? — La chose est également toute simple : quand on n'a pas d'amis, on va à l'hôpital, où des lits sont toujours préparés pour la circonstance ; et l'on y reste jusqu'à ce qu'on ait trouvé.... une chambre vide. Je dis une chambre vide, parce qu'il n'y a pas non plus de chambres meublées à Saint-Louis, ou du moins il en existe en si petit nombre que c'est un grand hasard d'en trouver une vacante.

Tel est l'usage, et quelque singulier que cela puisse paraître, personne ne s'en plaint. Il est vrai qu'on pratique généreusement l'hospitalité au Sénégal, et que chacun finit par trouver bon lit et bonne table. Je fus reçu par M. B...., qui s'acquitta de ce soin avec une cordialité qui m'a pénétré de gratitude.

J'étais donc sur cette terre d'Afrique où m'appelait je ne sais quelle voix intérieure. Ce qui m'y amenait, ce n'était pas, comme beaucoup le pensaient alors, le stérile orgueil de faire faire un peu de bruit autour de mon nom. Mon orgueil, mon ambition souveraine, c'était de préparer quelque bien dans cette contrée barbare et d'en faire profiter mon pays. Je ne me dissimulais pas les difficultés qui m'attendaient ; je les avais mûrement étudiées, froidement calculées ; et cependant elles ne m'arrêtaient pas ; elles ne m'arrêteraient même pas aujourd'hui, tellement est grande encore ma foi dans le succès ; succès éloigné qui fera la gloire d'hommes encore à naître, mais succès certain, tant que Dieu mettra sur la terre des âmes généreuses et des cœurs résolus.

Mon itinéraire est assez connu pour que je me dispense d'en parler. Ceux qui ont pris intérêt à mon entreprise n'ignorent pas, d'ailleurs, qu'elle avait reçu l'approbation de l'Académie des sciences, du Dépôt des cartes et plans de la marine, de la Société de géographie ainsi que des cinq départements ministériels qui avaient bien voulu contribuer aux frais de mon voyage. Mais si je crois inutile de reproduire ici le plan de mon expédition, il n'en est pas de même des motifs qui m'ont déterminé.

Au mois de juillet 1846, quelques jours avant de quitter Paris, j'entendis une personne qui disait : A quoi bon entreprendre un pareil voyage? Si cette personne s'était adressée à moi, je lui aurais répondu :

Je vais en Afrique, parce que j'ai la ferme conviction que ses habitants peuvent recevoir des Européens une direction utile. La direction à donner aux Africains est une direction religieuse, industrielle et commerciale.

Le nègre est plongé dans la barbarie; il semble frappé de réprobation; il est esclave et ne sent pas ses fers; il ne comprend pas qu'en ses mains inhabiles se perdent d'incalculables richesses; il est fier et défiant, défiance et fierté du sauvage qui arrêteront toujours son premier pas vers nous. Il faut donc aller à lui. Mais il nous repoussera, me crie-t-on. Eh bien, s'il nous repousse, il faudra s'avancer de nouveau.

Chaque peuple a eu son ère de barbarie; mais Dieu en a toujours marqué la durée. Il me semble que le temps est proche pour les nègres, et que c'est à la France qu'est réservée la gloire d'en préparer l'avénement.

Ainsi, que cela soit bien établi, je partais pour la grande traversée de l'Afrique, conduit par l'espérance d'être suivi par d'autres dans cette voie difficile. Peu m'importait d'y rester. Les résultats immédiats de l'entreprise pouvaient être nuls au point de vue des intérêts positifs; mais ils pouvaient aussi être féconds; et c'est ainsi, sans doute, que pensait le gouvernement qui m'envoyait, puisqu'il m'allouait des subventions dépassant 35,000 fr. Quant à son exécution matérielle, les explications qui précèdent doivent suffire pour convaincre que je ne songeais pas à imiter Caillié et à prendre, comme lui, un travestissement.

Je voulais aborder l'Afrique à visage découvert, sans cacher ma nationalité, sans déguiser ma religion. Je voulais même plus : je tenais à paraître en Afrique avec des bagages, me disant que si je travaillais à une régénération, certaine pour moi, incertaine pour beaucoup, je devais aussi favoriser la satisfaction de tous les intérêts matériels qui ne seraient pas nuisibles à ces grands projets. On saisit sans doute les avantages que je comptais tirer de mes *impedimenta*. J'y voyais une belle question commerciale à résoudre. Et n'était-il pas évident que si je réussissais à porter mes bagages seulement jusqu'à Ségo, j'avais démontré que les caravanes européennes parties du Sénégal pouvaient conduire leurs marchandises jusqu'au Niger?

J'ai été, mes amis le savent, vigoureusement attaqué sur ce point. Au Sénégal comme en France, on ne m'a pas compris ou on n'a pas voulu me comprendre.

Dans une conception de ce genre, il faut pourtant laisser quelque liberté à celui qui l'exécute. La prudence, en pareille matière, est rarement une bonne conseillère. Mais, dira-t-on, vous repoussiez les leçons de l'expérience et les conseils des hommes compétents qui vous avertissaient que vous vous exposiez à être tué pour être plus facilement dépouillé.

Je réponds à cela que si j'avais tenu compte des leçons de l'expérience et écouté ses conseils, je ne serais pas parti pour l'Afrique.

COSTUMES DE SAINT-LOUIS

AMÉDÉE ROUSSEAU SC.

CHAPITRE II.

Séjour à Saint-Louis. — Un chef de pèlerins se propose à m'accompagner. — Il ne tient pas sa parole. — Inondation qui retarde mon départ. — Le fleuve. — Arrivée à Bakel. — La traite au Galam. — Quelques détails sur le commerce.

Dès mon arrivée, je me mis en campagne, par les rues sablonneuses de Saint-Louis, pour recruter le personnel qui devait former mon escorte. Je n'avais encore trouvé que deux hommes, quand j'appris qu'une caravane de pèlerins, dont le chef était dans l'île, se formait au Rio-Nuñez pour aller, selon la coutume mahométane, offrir leur pieux hommage au tombeau du prophète.

On insista si vivement auprès de moi pour me déterminer à profiter de cette occasion, que je me laissai gagner. Ce n'était plus sans doute le plan d'exécution que j'avais conçu; mais, en tenant compte de la vénération accordée, par les vrais croyants, aux pèlerins qui vont à la Mecque, c'était un voyage offrant de si grandes chances de succès, qu'il y eût eu de ma part plus que de l'entêtement à ne pas l'entreprendre. D'un autre côté, mon déplaisir (il y en a toujours à renoncer à ses plans) se trouvait considérablement amoindri par la nécessité qui

m'était faite de rester, en plusieurs points principaux, dans les conditions de mon programme : me faire passer pour nègre était en effet
chose impossible; et, vu la couleur de mes yeux et de mes cheveux,
prendre le travestissement arabe qu'on me conseillait ne semblait
pas moins impraticable. J'acceptai donc, consolé par la pensée que je
ne pouvais accompagner les pèlerins qu'en conservant ma double qualité de chrétien et de Français.

Leur chef m'avait fait bon accueil; il s'engageait à tout arranger
avec ses compagnons, et ne doutait pas du succès. Il applaudissait
surtout à ma détermination de rejeter toute feinte, moyen dangereux,
disait-il, qui trompe rarement et compromet toujours.

J'avoue qu'oubliant les mœurs nègres, je m'abandonnai de bonne
foi aux promesses du pèlerin, et je ne saurais dire combien de temps
eût duré mon illusion, si un ami ne m'eût à propos rappelé le caractère fourbe et versatile des nègres mahométans. J'étudiai mon homme,
et bientôt je découvris que jamais il n'avait eu l'intention de tenir la
parole qu'il m'avait donnée.

Je revins, dès lors, à l'exécution pure et simple de mon plan primitif, et m'occupai de suite à chercher du monde pour m'accompagner.
La conduite du pèlerin, en me rendant plus circonspect, me servit à
échapper à de nouvelles tromperies.

Je fis mes préparatifs, complétai mes achats, et, six semaines après
mon débarquement, j'étais en mesure de partir avec une escorte composée d'un petit nombre d'hommes d'élite, liés à mon entreprise par
un acte en bonne forme, qui leur assurait, en cas de réussite, une
bonne récompense pécuniaire, indépendamment d'une solde mensuelle
fort élevée qu'ils avaient exigée.

Mon départ se trouva arrêté par le débordement du fleuve. Les
terres, dans une immense étendue, étaient couvertes de plusieurs
mètres d'eau. Les rives du Sénégal, dont l'élévation est, en certains
endroits, de 7 à 8 mètres, avaient partout été franchies. Les villages
qui bordent le fleuve, les postes militaires de Richard-Toll, Dagana,
Bakel, établis dans des lieux choisis pour échapper aux débordements
ordinaires, étaient complétement noyés; le pays ressemblait à une
vaste mer.

Saint-Louis même ne fut pas épargné, et bientôt il ne resta de sec
que la place du Gouvernement. Les rues étaient devenues des rivières;
dans les principales, les communications avaient lieu à l'aide de
planches posées, en manière de trottoir, sur des pieux placés le long

des maisons ; ailleurs, on allait et venait dans des chaloupes, des canots, des pirogues, voire même des charrettes traînées à bras par les nègres.

C'était un spectacle si étrangement nouveau, qu'on oubliait volontiers les craintes qui agitaient les habitants pour ne penser qu'aux bizarres nécessités de la situation. Il est, en effet, peu commun de héler, pour sortir de chez soi, un bateau qui vient vous prendre dans votre chambre à coucher et qui accoste à la fenêtre ; encore moins est-on dans l'usage de pêcher des carpes par la croisée de son salon. On trouvait aussi dans cette scène de désolation une inépuisable source de rêveries et d'extases. Je garderai longtemps le souvenir du tableau magique qui s'offrait à l'œil, de dessus les terrasses, par ces belles nuits étincelantes d'étoiles, si remplies de charme pour qui sait en comprendre la poétique beauté, et dont le Sénégal n'est pas plus déshérité que les autres contrées tropicales.

Des milliers de feux scintillaient dans les eaux ; les ombres déformées des maisons semblaient de noirs géants agités de mouvements convulsifs ; un souffle de brise, la respiration d'un poisson, le déplacement d'un atome, en plissant l'onde, changeaient, brouillaient, rompaient l'image qui, bientôt, se reformait plus capricieuse pour redevenir, l'instant d'après, confuse et incertaine encore. L'œil ébloui se fermait sous le mobile éclat de cette riche lumière ; la pensée s'envolait vers les régions fantastiques révélées par Hoffmann. Il y avait dans ce mirage quelque chose de sublime comme l'œuvre de Dieu, d'effrayant, de terrible comme une page du Dante. Le solennel silence de la nuit, la liberté de se laisser conduire à ce monde de chimères, seul et sans craindre la sotte réflexion d'un fâcheux, donnaient un indicible attrait à cette contemplation. Le charme était bien vif ; car, je me le rappelle, j'ai plus d'une fois, oubliant l'heure, maudit le chant monotone et le bruit cadencé des pileuses qui venaient annoncer le matin, en préparant le couscous du dîner.

Ces inondations, toujours désastreuses dans leurs suites, sont assez fréquentes au Sénégal ; mais, heureusement, ce n'est que par exception qu'elles présentent, comme celle dont j'ai été témoin, le caractère d'une calamité publique. Des maisons écroulées, des cases enlevées, des récoltes détruites, sont les accidents ordinaires qu'elles amènent, accidents graves sans doute, et qui cependant ne sont rien auprès des terribles malheurs d'une épidémie. C'étaient ceux-ci que l'on redoutait, et c'était à les prévenir que travaillait avec le plus d'ardeur M. le gouverneur du Sénégal.

Le 28 novembre, les eaux ayant notablement baissé, je reçus de M. de Grammont l'invitation de me tenir prêt à prendre passage sur le bateau à vapeur *le Serpent*. Il était temps ; je commençais à me lasser de consommer en pure perte des moments que j'aurais pu si bien employer.

Mes achats terminés et mes grandes installations finies, je n'avais effectivement plus rien à faire à Saint-Louis ; tandis qu'à Bakel, véritable point de départ de mon expédition, j'avais mille préparatifs à compléter. Puis, je commençais à m'apercevoir que trois mois de repos et d'attente disposent mal aux entreprises aventureuses. Durant une période aussi longue, il est presque impossible d'échapper aux influences de la raison qui discute et de l'amitié qui s'inquiète. Ce n'est pas ainsi qu'on entretient, au degré de chaleur nécessaire, l'enthousiasme et l'amour des périls.

Mon séjour forcé dans l'île de Saint-Louis fut donc pour moi un temps d'épreuves. J'y rencontrai de précieuses sympathies, j'y reçus de nombreuses marques d'intérêt ; mais aussi, et pourquoi le taire ? j'y subis de véritables ennuis, des tracasseries incessantes dont le motif est resté un mystère pour moi. Tout ce que je pus comprendre, c'est que le voyageur n'avait pas plu à tout le monde. C'était inévitable, sans doute ; mais j'avais pris tant de peine pour me faire ce que j'étais, et surtout ce que je croyais être, c'est-à-dire petit parmi les petits, que je pensais avoir désarmé les plus impitoyables critiques.

Le 3 décembre au matin, je pus enfin quitter Saint-Louis. Par une attention aussi délicate que touchante, beaucoup de personnes marquantes de l'île vinrent me faire leurs adieux à l'embarquement, et plusieurs d'entre elles poussèrent la courtoisie jusqu'à m'accompagner quelque temps à bord du bateau à vapeur. On eût dit que les principaux fonctionnaires et habitants de Saint-Louis, réunis spontanément pour me donner un dernier encouragement, ne voulaient me laisser emporter de leur ville qu'une consolante impression. J'éprouve du plaisir et de la reconnaissance à dire qu'ils ont bien réussi, et que je n'ai gardé et ne garderai jamais de Saint-Louis qu'un souvenir de gratitude pour la bienveillance qu'on m'y a témoignée. Je n'oublierai pas non plus les deux familles de cette ville qui m'ont comblé de bontés ; mes meilleures pensées seront toujours pour elles.

Le capitaine du *Serpent* était le lieutenant de vaisseau de Maricourt, l'un de mes compagnons de voyage de *l'Élan*, aux relations duquel j'attachais le plus de prix. Il y avait quelque chose de triste dans cette continuation de bons rapports qui, par un des mille caprices du sort, allaient se trouver rompus juste au moment où ils eussent eu pour moi plus de valeur. M. de Maricourt me rappelait en effet la France que nous avions quittée ensemble depuis quatre mois à peine, et, lui parti, j'allais être seul, sans personne pour me la rappeler, sans une main amie à presser.

Le bateau à vapeur remorquait un lourd chaland qui retardait sa marche. Cette lenteur concordait mal avec l'impatience qui me dévorait ; j'étais pressé de toucher terre une nouvelle fois dans ce pays de Galam où, trois ans auparavant, j'avais débuté dans la carrière que je continuais. A mon retour en France, j'avais reçu du gouvernement des encouragements si flatteurs, que je considérais comme une obligation de conscience, presque comme une dette, d'offrir mon dévouement au service de la même entreprise.

Le Sénégal a été bien souvent décrit, et moi-même, dans le volume que le ministère de la marine a publié en 1846, et qui contient le récit de mon premier voyage, j'ai ajouté bon nombre de pages aux détails déjà connus. Je ferai donc grâce ici des descriptions topographiques du fleuve.

Nous passâmes successivement devant les postes militaires de Richard-Toll et de Dagana, et devant l'ancien fort de Podor, aujourd'hui ruiné et abandonné, constatant, à mesure que nous remontions, les traces de l'invasion des eaux. A Richard-Toll, quoique considérablement retirées, elles envahissaient encore la cour, baignaient la porte et s'étendaient au loin dans la plaine. Partout on voyait des éboulements, des arbres brisés, des villages détruits ; partout on éprouvait un sentiment de douleur ; car la population sédentaire qui occupe la rive gauche du fleuve, ordinairement peu gâtée par les joies de la vie matérielle, venait d'être frappée d'un véritable fléau.

Le bas fleuve est triste à contempler. Des sables et des graminées chétives alternent avec les mangliers et les palétuviers pour en couvrir les rives. Cet ensemble de verdure terne, d'herbes fanées et de teintes blafardes, se marie, d'une façon désagréable à l'œil, avec des plaines marécageuses bornées par un horizon brumeux. Mais à mesure que l'on remonte le fleuve, cette disposition s'efface graduellement pour faire place à un tableau plus pittoresque. A Richard-Toll déjà tout est changé, des bois verdoyants remplacent les dunes de sable et les marais insalubres. Plus haut apparaissent les roches, inconnues aux terrains d'alluvion récente qui forment l'embouchure ; le sol s'accidente, les bords s'animent et découpent, sur un horizon clair, leurs festons de feuillages et de collines.

Notre navigation se fit sans événements intéressants. Deux fois *le Serpent* s'échoua sur un fond de sable, et se retira avec une facilité et une promptitude qui garantissent à la navigation du Sénégal la plus complète sécurité. Rien d'ailleurs de moins dangereux que ces échouages, toujours effectués dans un sable ferme.

Selon l'usage, nous tirâmes beaucoup de balles sur les caïmans qui commencent, après la saison des pluies, à reprendre possession des bords du fleuve. Ils sont craintifs et gagnent, au moindre bruit, l'eau dont ils ne s'éloignent jamais que d'une courte distance. Le caïman n'est dangereux que dans l'eau, et encore les naturels, qui traversent journellement le fleuve à gué ou à la nage, et souvent avec leurs troupeaux, se préservent-ils presque toujours de ses attaques en frappant l'eau avec des bâtons et en poussant des cris. Pendant la saison des pluies, la rapidité du courant du fleuve et l'élévation du niveau de l'eau, qui couvre tous les bancs de sable, éloignent les caïmans. Ils vont alors chercher dans les nombreux bras du Sénégal des eaux plus tranquilles et des sables secs, afin de pouvoir s'y coucher au soleil, demeurant ainsi, pendant de longues heures, dans une immobilité complète.

En passant près de Saldé, nous vîmes sur le bord du fleuve un éléphant mort, que des Foulhs étaient en train de dépecer. Les éléphants paraissent quelquefois en troupes nombreuses sur les rives du fleuve, attirés par la soif. Les plus hardis chasseurs se mettent alors en campagne pour leur faire une guerre à outrance. La chair de l'éléphant est, comme celles des caïmans, un régal pour les nègres.

Tels furent les événements remarquables de notre traversée ; il n'y a rien, comme on le voit, qui puisse procurer les fortes émotions que les voyageurs qui m'ont précédé (je parle des voyages d'autrefois, et par conséquent, je ne nomme ni Mungo Park, ni Gray, ni Caillié) ont presque toujours eu le talent d'exciter chez leurs lecteurs. Il faut que l'Afrique ait bien changé ou que mes confrères d'il y a cent ans aient usé avec une grande liberté du privilége octroyé à ceux qui *viennent de loin*. Ouvrez, pour votre complète édification sur ce point, une relation un peu âgée, et j'affirme que vous ne suivrez pas son auteur une journée sans l'avoir vu échapper miraculeusement à la griffe d'un lion, à la dent d'un tigre ou à la voracité d'un affreux reptile. Je lisais dernièrement l'histoire merveilleuse d'un crocodile de je ne sais

BAKEL AU MOMENT DE LA TRAITE.

AMÉDÉE ROUSSEAU SC.

T. 1. p. 17.

plus quel fleuve, qui avait avalé toute une *coffle* d'esclaves : « On trouva
— dit l'auteur — dans le ventre du monstre les fers et six esclaves
encore entiers. »

Sept jours après son départ, *le Serpent* jetait l'ancre devant le fort
de Bakel, plus connu sous le nom de Galam, que nous avons donné
au pays où il est construit. Ce fort, éloigné de Saint-Louis d'une distance de 180 lieues environ, a été bâti en 1819, dans le but d'établir
des relations de commerce avec les populations de l'Afrique centrale.
Sous le rapport sanitaire, la situation n'est pas bien choisie, et l'on
peut dire, sans calomnie, que c'est le point le plus malsain du
fleuve.

Au moment de notre arrivée, nous trouvâmes au pied du fort une
véritable flotte de navires de tout tonnage et de toute forme, serrés
les uns près des autres et, selon leur tirant d'eau, mouillés au large ou
amarrés à terre. Chacun de ces navires avait une triple ceinture de
canots et de pirogues, chargés à couler bas, de gens qui escaladaient
le bâtiment par toutes ses parties. On entendait un effroyable bruit de
voix qui parlaient toutes les langues de l'Afrique, depuis l'arabe vulgaire des nomades du Sahhrà, jusqu'au patois mêlé de yoloff des
gens de Saint-Louis. On riait, on se querellait, on chantait, on se battait, on dansait ; le tamtam, si cher aux oreilles nègres, fournissait
aussi à ce tumulte son contingent de vacarme. Ici, on repêchait une
femme tombée entre deux pirogues ; là, on se distribuait des horions
pour accoster le premier ; plus loin, c'étaient des nègres se faisant la
courte échelle, et dérangés dans leur équilibre par une intempestive
secousse ; ailleurs, une pirogue conduite par une main sans expérience accostait debout une autre pirogue et renversait son chargement de femmes et d'enfants dont les cris d'épouvante se perdaient
dans les rires.

Sur les rives, l'animation était encore plus grande. C'étaient des caravanes qui arrivaient et dont les chefs se trouvaient à l'instant entourés par vingt maîtres de langue (on appelle ainsi les interprètes),
cherchant tous à la fois à les attirer, par mille caresses, par mille séduisantes promesses, sur le navire de leur traitant ; c'étaient d'autres
caravanes qui partaient, escortées de clients satisfaits, faisant répéter
cent fois à leurs conducteurs le serment de revenir l'année suivante
et de ne pas traiter avec d'autres ; c'étaient les mugissements des
bœufs et des chameaux, les cris aigus des nègres chassant les oiseaux
et les bestiaux de leurs champs qu'ils dévastaient ; c'étaient aussi des

danses organisées avec musique et tamtam, coups de fusil et vociférations d'enthousiasme.

Ajoutez à cela une poussière épaisse, l'originalité des costumes, ou leur absence presque complète, autre genre d'originalité; ajoutez encore le feu et la fumée des cuisines en plein vent, où l'on grillait sur la braise une côtelette d'autruche à côté d'un filet de caïman; et vous n'aurez qu'une idée fort incomplète du spectacle de la traite à Bakel. Et encore je ne parle que des spectacles de jour, où les affaires marchent de pair avec les plaisirs. La nuit, c'est le plaisir pur, c'est-à-dire un bruit affreux et continuel; puis l'orgie, l'orgie nègre, quelque chose qui n'a pas de nom parmi les hommes.

Quant à la traite en elle-même, si on la dégage de cette mise en scène qui distrait un instant, on n'y trouve rien que de triste. C'est une lutte de ruse et de fraude dans laquelle les faux poids et les mesures percées par le fond deviennent des moyens de négoce d'une irréprochable moralité:

Cela se nomme, au Sénégal, la liberté d'échange.

Le traitant ordinaire n'a qu'un but : traiter, c'est-à-dire emplir son navire; c'est sa gloire, c'est la preuve de son habileté. Peu lui importe après le gain ou la perte. Le traitant blanchi sous la tente de l'escale, celui qui est revenu des illusions de la jeunesse et a appris à ses dépens combien est vaine la gloire qui ruine, celui-là seul réalise des profits.

On comprend les conséquences de cette manière de faire le commerce : les prix sont *gâtés*, comme parlent les traitants de sang-froid, et les indigènes, surabondamment pourvus de guinées et des autres marchandises nécessaires à leur consommation, n'abandonnent plus désormais leurs produits qu'à des prix fabuleux.

On échange, au Sénégal, ou plutôt on y traite, car c'est l'expression consacrée, des gommes qui viennent du Sahhra et qui sont récoltées par deux grandes tribus arabes, les Trarzas et les Braknas. Ce commerce a une importance incontestable et emploie beaucoup de monde. C'est d'ailleurs le commerce normal du pays et, en même temps, la seule industrie de la population de Saint-Louis. Il a donné lieu à de nombreuses réglementations dont je m'abstiendrai de parler ici (1). Ce qu'il importe de savoir, c'est qu'aujourd'hui il est libre, ce qui veut dire qu'il n'est pas exploité par une compagnie; car, pour libre, il ne l'est

(1) Voir aux études historiques du commerce de la gomme.

ni pour moi, ni pour vous qui me lisez, si vous êtes né en Europe, en Asie ou en Amérique.

Pour faire le commerce de la gomme, il faut quatre choses : 1° être mulâtre ou nègre; 2° être né à Saint-Louis ou à Gorée; 3° n'être ni marchand ni négociant patenté; 4° avoir fait trois années de stage en qualité d'aide-traitant. Ces conditions remplies, on reçoit un diplôme, et on est libre.... d'aller se ruiner, ce qui n'arrive que trop souvent; ou bien encore d'aller ruiner les autres, ce qui parfois arrive aussi.

Il manque quelque chose à ce commerce, c'est de pouvoir se développer et s'améliorer. En effet, la gomme est un produit naturel forcément limité dans sa récolte, parce que nous n'exerçons aucune action sur ceux qui le recueillent, en d'autres termes, parce que nous ne pouvons pas, vu que le Sahhrâ n'est pas à nous, régler par des mesures conservatrices, comme nous le faisons en France pour nos chasses et nos pêches, l'économie du produit des acacias de cette région.

Ce vice du commerce de la gomme n'avait point échappé à la clairvoyance des hommes de génie que la Compagnie des Indes avait su choisir pour diriger ses affaires du Sénégal, et ce fut pour obvier aux inconvénients d'une telle situation qu'elle tourna ses vues vers le haut pays, dans le but d'y créer un commerce susceptible de progrès. C'était principalement sur l'or qu'elle comptait pour imprimer un essor nouveau à ses opérations, qui embrassaient pourtant alors une branche de commerce fort lucrative : le trafic des esclaves.

A l'époque où fut dissoute la dernière Compagnie, il existait dans le fleuve, outre Podor, qui depuis n'a pas été relevé (1), trois comptoirs fortifiés au delà du lieu où s'élève aujourd'hui Bakel : c'étaient le fort Saint-Joseph, situé sur le Sénégal, à 20 lieues plus loin que Bakel; Saint-Pierre, sur la Falémé, et le fort Farabana, sur le Sénou-Colé, l'un des affluents de cette rivière, qui, à son tour, afflue au Sénégal.

Indépendamment de Bakel, conçu dans les mêmes vues que ces trois établissements de l'ex-Compagnie, il y a aujourd'hui dans la Falémé, au village de Sénou-Débou, un blockhaus-comptoir. Ces deux places résument actuellement tout notre matériel commercial du haut pays; et encore celle de Bakel a-t-elle seule quelque importance militaire.

A Bakel, le mode de commerce n'est pas le même qu'aux escales.

---

(1) Depuis la rédaction de ce travail, une brillante expédition, conçue et exécutée par le gouverneur Protet, capitaine de vaisseau, a rendu à la France cette importante position.

(c'est le nom donné aux trois marchés de gomme échelonnés sur le fleuve). Dans les premières années de sa fondation, on y avait essayé de la libre concurrence; mais les rivalités personnelles qui divisaient les traitants et les portaient, comme aux escales, à consommer leur propre ruine, dans le seul intérêt de contrarier les opérations de leurs compétiteurs, ont fait abandonner ce régime.

Mettant à profit ces enseignements, le gouvernement y établit, en 1824, une compagnie soi-disant privilégiée; car, par une de ces nécessités locales que j'expliquerai ailleurs, cette compagnie ne jouissait de son privilége que pendant la saison où le manque d'eau suspend les communications par le fleuve, les seules qui existent entre Saint-Louis et Bakel. Lorsque les pluies ont grossi les eaux du Sénégal supérieur de manière à leur permettre de porter des navires, les traitants, qui, à ce moment, ont terminé leurs opérations aux escales, affluent à Bakel et se livrent à cette concurrence effrénée que j'ai signalée plus haut (1).

On troque à Bakel de la gomme (c'est, comme aux escales, l'élément principal des transactions), de l'or, un peu de cire et des peaux. Les marchandises données en échange de ces produits sont : de la guinée, des verroteries, du tabac, des cotonnades de Rouen, beaucoup de mousseline commune, du calicot blanc et jaune, de la poudre et des balles, du sucre, de l'eau-de-vie, du sel et beaucoup d'articles de quincaillerie grossière. Il est utile de savoir que les nègres et les négresses sont très-capricieux en fait de couleurs et qu'ils ont une aversion signalée pour le rouge. Le bleu, le blanc et le jaune sont les couleurs qu'ils préfèrent.

(1) Depuis 1848, on a substitué à ce régime commercial une liberté absolue. Il en est de même aujourd'hui pour les escales du fleuve; mais cette dernière réforme est toute récente.

CHAPITRE III.

Séjour forcé à Bakel causé par les troubles du pays. — Détails sur un conflit survenu entre les Français et un chef nègre. — Relation du combat qui en est la suite. — Opinion des nègres relativement aux balles de plomb. — Moyen qu'ils emploient pour se mettre à l'abri du feu de nos bâtiments.

Je croyais pouvoir partir de Bakel aussitôt que je me serais procuré les bêtes de somme qui m'étaient nécessaires pour transporter mes bagages. Un événement, plus désagréable encore pour moi que l'inondation de Saint-Louis, vint contrarier mes projets et m'obliger à un séjour forcé dans ce pays malsain.

En tous lieux et en toutes choses le temps est précieux; mais cela est surtout vrai en Afrique, où un ajournement de deux mois peut quelquefois amener une année de retard. Les pluies périodiques, en effet, interrompent en certains endroits les communications d'une manière complète; et comme elles durent cinq mois, on peut, à la seconde saison de pluie, se trouver arrêté de nouveau avant d'avoir atteint un point de station important qu'on aurait pu atteindre dix ou douze mois plus tôt si le départ eût été avancé de deux mois.

Ce fut une querelle de peuplades nègres qui vint jeter son brandon de discorde au travers du pays et me tint bloqué dans le fort. On craignait pour moi les représailles dont pourraient user les vaincus. Ces disputes ont une part assez large dans les difficultés que notre occupation rencontre en Sénégambie pour que je n'hésite pas à faire connaître la nature de celle qui a, si malencontreusement arrêté ma marche. Toutes ont à peu près la même origine et la même terminaison.

Posons d'abord en principe que les brouilles, les contestations, les conflits entraînant *casus belli*, sont aussi fréquents entre nègres que les procès entre Normands.

Maintenant voici les faits : un conflit, renouvelé des premières années de notre installation au Galam, tenait en délicatesse deux branches de la famille souveraine de ce pays, et, depuis quatre ou cinq ans, attendait, pour être arrangé, l'apparition que fait annuellement le bateau à vapeur. Mais la distance est si grande entre Saint-Louis et Bakel, les stations du bateau forcément si courtes, les exigences du commerce si impérieuses, que l'arrangement était sans cesse ajourné.

La cause apparente de cette querelle était frivole et en quelque sorte inappréciable, tandis que sa vraie cause était une de ces haines de famille aussi vive et aussi terrible chez les nègres que chez les Corses. Il y avait environ trente ans, des prétentions à la souveraine puissance avaient armé l'une contre l'autre deux fractions de la tribu des bakiris (1). L'incendie et le meurtre, moyens expéditifs d'un usage fréquent chez les nègres, vidèrent le différend ; mais les rancunes restèrent et se transmirent aux fils des acteurs de ce premier drame. Cette lutte avait eu pour résultat la division en deux provinces, avec chacune un chef, du pays de Galam, qui auparavant obéissait à un seul maître. La rivière Falémé forma la limite des deux nouveaux États, qui prirent, celui en aval du fleuve, le nom de Goye, et celui en amont, le nom de Kaméra.

Depuis quatre ou cinq ans, disions-nous, cette vieille dispute s'était ravivée pour un motif des plus futiles. Deux mois avant l'époque où arrivèrent les événements que j'entreprends de raconter, un bakiri du Kaméra allant faire visite à son cousin germain, reçut de celui-ci, à brûle pourpoint, un coup de feu qui lui brisa le bras. A cet accueil sauvage, les hommes qui accompagnaient le visiteur avaient tiré leurs poignards et l'assassin était tombé mort.

_____

(1) On désigne sous ce nom la tribu souveraine.

Remarquons en passant qu'il n'y a en Afrique que les gens de rien, les *mousqinn*, comme disent les Arabes, qui sortent seuls. Un nègre de bonne maison ne sort jamais de sa case sans être armé jusqu'aux dents et suivi de ses parents, griots et captifs, armés aussi. La puissance du personnage se mesure au nombre de ses suivants, à la profusion de leurs armes et à la recherche de leur costume. Il n'y a d'ailleurs rien là qui puisse surprendre; car chez nous, jusqu'en 89, les gentilshommes sortaient armés, et aujourd'hui, les laquais, les livrées, les équipages témoignent que les sauvages ne sont pas les seuls qui aiment à étaler leur splendeur.

Celui que ses gens avaient vengé en tuant son assassin, était frère du représentant du pouvoir dans le Kaméra, de Barka, en un mot, que j'aurai plus tard occasion de citer souvent, et qui était l'ennemi naturel du tounka (1) du Goye et de ses adhérents. Ravis de l'occasion, ces derniers prirent fait et cause pour le mort, dont jusque là ils s'étaient peu souciés; et, malgré la notoriété publique, s'obstinèrent à considérer le meurtre de cet homme comme ayant été accompli, non dans un cas de légitime défense, mais dans un dessein prémédité de longue main.

Ces ennuyeux débats se lient d'une façon si directe aux intérêts de notre commerce, qu'il ne nous est pas permis de garder toujours la neutralité; mais nous préférons d'ordinaire le rôle de médiateur, rôle plus dangereux quelquefois qu'une intervention effective, car il nous rend suspect aux deux partis.

Nous avions d'ailleurs, dans le même temps, un démêlé assez sérieux avec le chef de Goutubé, village du Kaméra, situé à l'embouchure de la Falémé et commandant l'entrée de cette rivière.

Ambitieux et rusé, Souraké, c'est le nom de ce chef, avait su prendre, depuis plusieurs années, une très-grande influence sur les autres chefs ses voisins, sur le tounka du Goye et même sur l'almamy du Bondou (2), en un mot, sur tous les chefs intéressés à la liberté du passage de la Falémé, que Souraké pouvait, disait-il, en raison de la position de son village, ouvrir ou fermer à volonté. Il était également parvenu à se créer des relations avec un des commandants du fort de Bakel, en lui faisant croire qu'il pourrait se servir de l'ascendant qu'il exerçait sur ses compatriotes pour favoriser notre commerce.

(1) Titre que prennent les chefs du Galam.
(2) État foulh limitrophe du Galam; almamy est le titre du chef qui le gouverne.

À un voyage de bateau à vapeur, deux ans avant l'époque où se place ce récit, Souraké se montra auprès du commandant du fort si dévoué à nos intérêts; il fit valoir avec tant d'habileté que l'influence qu'il exerçait déjà dans le pays recevrait une force nouvelle si on lui tirait des coups de canon, que, cédant à ses instances, l'agent français engagea le capitaine du vapeur à saluer le chef de Goutubé. Les nègres sont très-friands d'honneurs. Tirer des coups de canon à un nègre, c'est flatter au plus haut point, non-seulement son orgueil à lui, mais l'orgueil de tout ce qui l'approche, de tout ce qui lui obéit.

On tira donc le canon en l'honneur de Souraké; mais le résultat n'en fut pas heureux, car cet honneur mécontenta les chefs suprêmes auxquels les traités le réservaient d'une manière exclusive, et excita la jalousie de tous les confrères de l'orgueilleux nègre.

L'année suivante, autres coups de canon, mais aussi autres exigences. Souraké avait réfléchi sans doute que le bruit et la fumée ne durent qu'un moment, et qu'il y a quelque chose qui laisse de plus longs et surtout de plus matériels souvenirs. Bref, cette année-là, Souraké voulut des coutumes (1); dès lors grand émoi dans le fort et au comptoir de Bakel; car des coutumes, quelque faibles qu'elles soient, cela coûte toujours cher; puis il faut savoir où les prendre.

C'était au moment où les chaloupes des traitants se disposaient à entrer dans la Falémé pour se rendre à Sénou-Débou, que Souraké fit connaître ces nouvelles prétentions. Le bateau à vapeur était reparti; il n'y avait conséquemment aucun arrangement possible. Aussi le commandant de Bakel, à bout de ressources, crut-il devoir engager les traitants à faire chacun un présent au chef de Goutubé pour ne pas être entravés dans leur commerce.

Le meurtre du bakiri du Kaméra eut lieu l'année d'après, ainsi que nous l'avons vu, et deux mois avant l'ouverture de la traite à Bakel. Ce fut pour Souraké une véritable faveur de la fortune. Il recueillit la

---

(1) Le mot *coutumes* paraît si extraordinaire à ceux qui ne sont pas familiers avec les choses du Sénégal, qu'il faudrait à chaque instant en expliquer le sens. On entend généralement, par cette expression, des redevances annuelles payées par nous aux chefs arabes et aux chefs nègres qui sont *censés* faciliter ou protéger notre commerce. Je souligne le mot censé, parce que, la plupart du temps, cette protection et ces facilités sont des fictions. Coutume signifie aussi une rente, le loyer d'un terrain cédé. On désigne encore par ce mot l'espèce de liste civile que nous payons à certains chefs pour acheter leur neutralité, c'est-à-dire pour les empêcher de nous nuire. Il est bien rare qu'on atteigne le but qu'on se propose en acquittant ces tributs.

famille du mort, fit prévenir les chefs du Goye et du Bondou qu'un assassinat venait d'être accompli dans un odieux guet-apens; puis, se posant en protecteur zélé du faible et de l'opprimé, il proposa d'organiser une ligue pour exterminer Barka, son propre chef et son parent. Ces manœuvres cachaient le projet de se substituer à Barka et d'embarrasser la situation, de manière à retarder indéfiniment les explications qu'il savait avoir bientôt à fournir au gouverneur du Sénégal.

L'avis de Souraké fut adopté avec empressement; la ligue se forma et l'almamy du Bondou y entra. L'alliance fut scellée par un de ces serments terribles, comme en font les nègres; et peu de temps après, l'armée des coalisés se mit en campagne. Quand elle se présenta devant Makana, résidence de Barka, elle trouva le village vigoureusement défendu par les habitants, aidés des Guihimahas (c'est le nom d'une tribu nègre très-redoutée dans le pays à cause de ses intelligences avec les Maures qui, chaque année, viennent piller les villages du Sénégal et de la Falémé). Le siége dura trois jours et se termina par un *fiasco* complet. Le Bondou y perdit trois hommes et le Goye un troupeau, perte qui prouve surabondamment que les assaillants ne montrèrent pas une grande intrépidité.

Un mois avant mon arrivée à Bakel, Souraké, enhardi par ses succès de l'année précédente, avait renouvelé ses exigences vis-à-vis des traitants, appelés par leurs opérations à entrer dans la Falémé; mais les circonstances étaient changées. Les traitants se plaignirent vivement, et leur réclamation étant parvenue au gouverneur, un bateau à vapeur vint bientôt signifier au chef de Goutubé qu'il n'aurait à l'avenir ni coups de canon, ni coutumes. Souraké, se sentant appuyé par le tounka et par l'almamy, mécontents tous les deux de notre neutralité dans l'affaire du meurtre, répondit avec insolence qu'il arrêterait les navires qui n'acquitteraient pas ce tribut, menace qui ne tarda pas à se réaliser.

Tel était l'état des choses au moment où je mouillai avec *le Serpent* devant le fort de Bakel. Peu satisfait de la réponse de Souraké, le gouverneur avait expédié *le Serpent* et *le Basilic* qui nous avait précédé de quelques jours, afin de ramener ce nègre impertinent à des sentiments plus soumis, ou de le châtier s'il persistait dans ses déraisonnables exigences.

L'artillerie des deux vapeurs se composait de 8 obusiers de 12 centim.; ils étaient pourvus de bastingages en fer, élevés de 2 mètres au-dessus du plat bord, et garnis de créneaux pour la mousqueterie. On avait aussi disposé à leur bord les choses nécessaires pour lancer des fusées à la congrève. Leurs équipages comprenaient, outre le chiffre réglementaire en laptots noirs, quarante voltigeurs d'infanterie de marine, armés de carabines Delvigne.

L'expédition était commandée par le lieutenant-colonel Caille, venu sur *le Basilic*, et qui déjà avait eu avec les différents chefs intéressés dans l'affaire plusieurs entretiens infructueux. Ces assemblées sont désignées au Sénégal par le mot *palabre*, emprunté de l'espagnol, et devenu trivial en passant dans notre langue; il a vraisemblablement été choisi, à cause du sens que nous lui donnons, pour qualifier les délibérations politiques des nègres. Le colonel avait ajourné le pala-bre décisif jusqu'à l'arrivée du *Serpent*, sans doute pour exercer une plus grande influence sur la nombreuse assistance qui se promettait d'y prendre part.

L'assemblée eut lieu le lendemain. Le tounka du Goye y figurait en personne, et l'almamy y était représenté par son premier ministre.

Malgré l'ennui, et il y en a, un palabre est un spectacle fort cu-rieux. Il y avait déjà longtemps que je m'étais trouvé, pour la pre-mière fois, à une de ces réunions; et je dois dire ici, pour rendre hommage à la vérité, que j'y allais avec de grandes préventions et qu'elles furent loin de se justifier. Autant, en effet, les nègres sont prolixes, rabâcheurs, insupportables dans leurs causeries familières; autant ils sont concis et lucides dans leurs assemblées politiques. Ils exposent leur sujet avec clarté, écoutent avec calme les réponses, et surprennent par l'à-propos, quelquefois même par la finesse de leurs réparties. La dignité la plus parfaite préside à ces réunions; et, chose digne de remarque, j'oserai dire digne d'exemple, en songeant à cer-tain souvenir parlementaire, il est rare qu'on y interrompe l'orateur; ou du moins, la voix de l'interrupteur est tellement éteinte par l'ex-plosion de l'indignation générale, qu'il se trouve peu de gens qui osent s'y exposer. Mais ce qui rend les palabres ennuyeux et dignes de leur nom, c'est la persistance des nègres à revenir sur la même idée. Il n'est pas rare de palabrer pendant quatre heures sans avoir fait faire un pas à la question; ce fut précisément ce qui arriva dans celle qui nous occupe.

La pensée des coalisés était que Souraké, devenu leur allié par le serment du feu et du poignard, ne pouvait être attaqué sans qu'ils fussent tenus de le défendre. On comprend que la situation se compli-quait énormément; car il ne convenait à personne d'avoir la guerre avec tout le pays, et à moi moins qu'à tout autre. Il y eut même un moment où, à ma grande terreur, les choses semblèrent tout à fait compromises. Je voyais déjà mon voyage manqué et mon rôle rapetissé à celui d'un chef de partisans guerroyant à la tête d'une troupe de nègres indisciplinés. Cependant, après cinq heures de débats, je crois, le colonel triompha des résistances de la coalition, et il fut décidé que, le lendemain, les deux bateaux à vapeur iraient châtier Souraké.

La distance qui sépare Bakel de Goutubé étant à peine de 15 à 16 milles, les bateaux y arrivèrent en quelques heures et ouvrirent immédiatement leur feu. Les fusées ne réussirent pas ; mais les obus produisirent leur effet accoutumé, et bientôt les cases s'enflammèrent dans plusieurs parties du village. Les gens de Goutubé répondirent à notre attaque par un feu assez vif de mousqueterie (on sait que les nègres n'ont pas d'artillerie), et, sans leurs bastingages en fer, les bateaux à vapeur auraient eu certainement beaucoup de monde hors de combat ; car on se battait à moins de 40 mètres de distance. Le feu continua une partie de la nuit, et cessa vers deux heures du matin ; mais pour recommencer avec un redoublement d'ardeur de part et d'autre.

Le village avait pris les dispositions de défense en usage parmi les nègres. Sur la plage on avait élevé de petits retranchements en terre, formant plusieurs lignes, et, derrière, on avait creusé de grands trous dans lesquels s'étaient placés les plus intrépides défenseurs du village. De là ils tiraient sur les vapeurs sans avoir rien à en craindre, puisqu'on ne pouvait les découvrir, même des hunes.

Pendant la seconde journée, le feu des nègres fut encore extrêmement vif ; plusieurs balles traversèrent d'outre en outre les bastingages en fer de nos bateaux ; les cases du village brûlaient en grand nombre. Vers deux heures du soir, le colonel, impatienté de ne tirer que sur des cases, fit embarquer soixante laptots d'élite et les quarante voltigeurs pour essayer, par cette démonstration, de faire sortir les défenseurs du village des trous où ils s'étaient retirés. A cet effet, les embarcations se dirigèrent sur un point non retranché, comme si elles devaient y opérer un débarquement ; mais les nègres ne se laissèrent pas prendre au piège, et se bornèrent, sans quitter leurs trous, à faire pleuvoir une grêle de balles sur nos canots.

Ici se place un épisode assez curieux : une de ces balles renversa M. de Maricourt, qui se tenait debout à l'arrière de son embarcation.

On s'empressa autour de lui ; mais, à la surprise générale, on le vit se relever de lui-même et reprendre sa place, en affirmant qu'il n'était pas blessé. La balle, qui était en fer et l'avait frappé en pleine poitrine, n'avait produit qu'une forte contusion, bien qu'elle eût été tirée d'une distance de 20 mètres à peine et, chose plus surprenante, qu'elle l'eût atteint dans un endroit qui n'était garanti que par l'épaisseur de sa chemise. Si je n'avais tenu la balle restée dans l'uniforme, si je n'avais entendu de vingt témoins le récit de cet incident, j'aurais cru à une mystification.

Cette histoire, qu'on peut appeler merveilleuse, car une balle morte ne renverse pas un homme, me conduit à parler incidemment d'une des mille opinions absurdes répandues parmi les nègres. Beaucoup d'entre eux sont convaincus que les balles de plomb ne font pas de mal, et ils ne veulent pas s'en servir. Ils prétendent aussi que, plus on met de poudre et de balles dans un fusil (de balles en fer, c'est entendu), plus le coup est sûr et le tir juste. J'ai souvent essayé de leur persuader qu'ils étaient dans une complète erreur, citant à l'appui de ma réfutation, d'une part, le grand nombre de pauvres diables qui, grâce au plomb, passent journellement de vie à trépas; et, de l'autre, les fréquentes explosions de leurs propres fusils; mais j'ai toujours échoué dans mes tentatives.

« Va conter, disaient-ils, visiblement contrariés de mon insistance, va conter ces choses à nos enfants; quant à nous, jamais tu ne feras croire à des gens qui ont de la barbe qu'une boule que nous pourrions écraser sous nos pieds perce la peau d'un homme aussi bien qu'un morceau de fer. Jamais tu ne nous persuaderas que les petits cornets de papier que vous autres blancs donnez à vos soldats pour mettre dans leurs fusils, envoient les balles aussi loin et *aussi fort* que la bonne poignée de poudre que nous introduisons dans les nôtres. »

Après une journée et deux nuits employées à lancer des obus sur le village, les bateaux appareillèrent. Les cases étaient partout brûlées ou renversées, et les nègres étaient demeurés invisibles.

Voilà comment nous traitons habituellement les nègres du Sénégal, quand nous voulons les châtier de leurs méfaits. Ce récit doit, ce me semble, faire disparaître bien des préventions; car il prouve que les naturels de l'Afrique ne sont pas si stupides qu'on le croit généralement en Europe. Que dire de cette obstination à rester blottis dans leurs trous? Il faut convenir que ces drôles-là ont trouvé une bonne manière d'accepter le combat et d'égaliser les forces.

« Ah! vous avez des canons, des bâtiments protégés par des murs de fer, des canonniers habiles; eh bien, attrapez-nous dans nos trous si vous le pouvez! »

Que de plaisanteries ils doivent faire quand ils sont là-dedans, et comme ils doivent se moquer de nous et de nos *bouroum sacar* (1)! -

Quant au résultat matériel, il est certain que le village délinquant est détruit; mais il est certain aussi qu'il est vite reconstruit. Il ne faut pour cela que quatre choses qui ne coûtent pas cher : de l'eau, de la terre, de la paille et des bras. J'ai de plus entendu dire très-sérieusement à des nègres qui avaient passé par les émotions de ces journées, émotions inconnues de bien peu d'entre eux, grâce à notre empressement à les leur procurer, que, le premier moment de crainte passé, ils se réjouissaient de voir leurs vieilles cases détruites et leur paresse contrainte à s'en bâtir de neuves. Ceci s'explique de soi; car, au bout de deux ou trois ans, leurs habitations deviennent la demeure de myriades de reptiles et d'insectes de toutes les espèces.

Pour ce qui est de leur perte en hommes; avec les précautions dont l'expérience leur a révélé le succès, elle se réduit la plupart du temps à quelques individus trop confiants dans les vertus préservatrices de leurs grigris ou poussés, par un mouvement d'orgueil inhérent à leur race, à braver, sans utilité, une mort certaine pour laisser dans leur famille une réputation de héros. Leur perte se résume donc à un petit nombre de fous qui paient cher leur vaniteuse fantaisie ou leur aveugle confiance. On devine sans doute qu'à la première apparition de la fumée du vapeur, les femmes, les enfants, les vieillards et les troupeaux se retirent dans l'intérieur, loin de la portée des projectiles.

Je reviens à ces vilains trous qui nous embarrassent. Pour en avoir raison, il faudrait des grenades ou une charge à la baïonnette, en d'autres termes, il faudrait opérer un débarquement. Or, c'est précisément en cela que nous nous montrons circonspects. Je comprends qu'il soit mal plaisant de se faire tuer pour un motif aussi futile qu'un salut, un pain de sucre, une pièce de guinée dont un nègre a envie; ce qui, après tout, est bien naturel. Qui songe, en effet, en France, à Goutubé, aux Sarraccolets, voire même à ce scélérat de Souraké? On a donc considéré, en thèse générale, que le sang de nos

---

(1) Mot à mot *le roi de la fumée*, expression pittoresque que les nègres du fleuve emploient pour désigner nos bateaux à vapeur.

officiers et de nos soldats était trop précieux pour qu'on l'exposât à couler à propos de pareilles niaiseries.

C'est là une opinion, et qui peut être très-bien soutenue ; mais ce n'est pas la mienne. J'ai toujours été fort opposé au système des demi-mesures et des demi-moyens. A mon sens, il n'y a pas de champ de bataille obscur pour un soldat qui y trouve bravement la mort ; en second lieu, une insulte est une insulte, une provocation est une provocation. Quelle qu'en soit la cause, quelque sauvage que soit celui qui insulte, quelque infime que soit l'agent insulté, l'effet est produit ; et c'est l'effet seul que nous devons considérer. Et puis, ne faut-il pas envisager avant tout le résultat obtenu ? Qui ne sait que les corrections que nous donnons aux nègres sont d'une inefficacité manifeste ; qu'ils en glosent même avec nous ? Et n'est-il pas évident, pour tout esprit juste, que si nos châtiments étaient plus sévères et surtout plus prompts, nous y aurions recours moins souvent ? N'est-il pas encore plus évident que notre influence, à peu près nulle aujourd'hui sur le Sénégal, deviendrait toute-puissante par cette modification à nos habitudes, et que nos intérêts commerciaux s'en trouveraient mieux ?

CHAPITRE IV.

Départ pour Boulébané. — Difficultés pour acheter des ânes. — Nourriture du voyageur en Afrique. — Incroyable appétit des nègres. — Une visite indiscrète. — Dimension des baobabs. — Arrivée à Boulébané. — Un singulier quiproquo. — Les griottes et leur tamtam. — Comment on *chante* quelqu'un. — Visites à l'almamy. — Palabre politique.

Le calme qui régna dans le pays, après la correction infligée à Souraké, éloigna la crainte que j'avais de le voir, lui et ses amis, essayer de venger sur moi le désastre de leurs espérances. Cela m'encouragea à me risquer à sortir du fort et à faire quelques promenades aux environs pour tromper l'ennui que me causait mon inaction forcée. La prudence d'ailleurs me commandait ces précautions; car, vingt ans auparavant, un assassinat avait été commis à Bakel dans des circonstances toutes semblables. Le projet était de tuer le commandant; mais, par un hasard providentiel pour celui-ci, il advint que, bien qu'il eût l'habitude de se promener à cheval chaque matin, il ne sortit pas le jour marqué pour le crime. Le lieutenant du poste, fatalement inspiré, prit le cheval du commandant et sortit à sa place; ce fut lui qu'on assassina.

Les bateaux à vapeur demeurèrent à l'ancre, sous le fort, plusieurs jours après leur expédition ; puis, voyant que le pays était tranquille, ils reprirent la route de Saint-Louis. Leur départ fit un grand vide autour de moi ; le lien qui m'attachait encore à la patrie venait de se rompre ; j'étais bien seul désormais sur cette terre d'Afrique!...

Quelque rassurées que fussent les personnes qui m'entouraient et que je le fusse moi-même en ce qui touchait Bakel et ses environs, les haines et le bruit d'armes qui agitaient la contrée ne laissaient pas de m'inquiéter très-sérieusement. Les routes cessaient d'être sûres, et il me fallait cependant les traverser pour pénétrer au cœur du pays. Mais la préoccupation qui m'absorbait le plus, c'était l'achat de mes bêtes de charge.

Trompé par les facilités que j'avais eues, trois ans plus tôt, pour faire cet achat à Bakel, je n'avais pris à cet égard aucune mesure de prévoyance avant de quitter Saint-Louis. Quand j'arrivai à Bakel, les caravanes indigènes, qui vont chaque année à Ségo, se disposaient à partir et cherchaient, comme moi, des bêtes de somme pour porter leurs bagages. De plus, une épizootie s'était étendue sur les ânes et en avait fait périr beaucoup. Or, l'âne est, en Sénégambie, l'animal préféré pour porter les fardeaux, et le seul qui réunisse les qualités de taille et de stabilité jugées nécessaires par les *dioulas* (1) pour traverser des contrées montagneuses et passer dans des sentiers étroits et obstrués d'épaisses broussailles. Le chameau et même le bœuf ne servent guère qu'aux voyages du Sahhrà, dans les caravanes conduites par les Maures.

Je passai quatorze jours à Bakel en recherches pour acheter des ânes, ayant contre moi leur extrême rareté et la concurrence des *dioulas;* c'est dire que je me trouvai, au bout de ce temps, exactement dans les mêmes conditions qu'à mon arrivée. Je pris alors la résolution d'aller moi-même faire ma remonte chez l'àlmamy du Bondou, avec lequel d'ailleurs je n'étais pas fâché de renouveler connaissance.

Dans l'après-midi du 24 décembre 1846, je partis donc du fort en compagnie du *tamsir* de l'almamy, espèce de magistrat, moitié laïque et moitié prêtre, qui a pour mission de rendre la justice et de dire les prières solennelles. C'était aussi une de mes anciennes connaissances, dont je m'étais, autrefois, bien trouvé. A ma petite troupe, composée de neuf personnes, se joignirent M. André, mulâtre de Saint-Louis,

(1) Marchands nègres qui conduisent les caravanes dans la Sénégambie.

nommé au commandement de Sénou-Débou, et douze laptots qui l'accompagnaient. Nous formions, ainsi réunis, un effectif de vingt-deux
hommes, bien armés et bien résolus à repousser toute attaque.

Le chemin que je devais suivre pour me rendre à Boulébané, et que
j'avais parcouru quatre fois déjà, en 1843 et 1844, ne m'offrait plus
d'intérêt. Je savais que j'y rencontrerais des arbres épineux, des roches
basaltiques, quelques schistes, du sable, de la poussière en abondance,
et des villages dont je donnerai, au chapitre suivant, une description
générale aussi complète que possible.

Dans cette première marche, je ne voyageai que deux heures; je fis
halte au village de Kouniam-Sissé, où je pus obtenir, grâce à l'influence du tamsir, non pas bon lit et bonne table, mais une place
assez propre pour y jeter nos nattes et y faire cuire la poule de fondation du voyageur en Afrique. — La poule de fondation! mais il est
bien des gens qui se contenteraient d'un ordinaire de poulet rôti!!

Cette réflexion tombe si à propos, que je serais bien surpris qu'on ne
la fît pas. Oui, l'on mange des poulets rôtis en Afrique : à chaque repas,
cela devient un peu pâté d'anguilles ; on les mange maigres, mais
d'une maigreur telle que des zouaves en campagne, la classe la moins
difficile qui soit au monde, n'y mettraient la dent qu'avec terreur; on
les mange coriaces ou nauséabonds, car six heures de soleil suffisent
pour corrompre la viande, et il faut plus de six heures pour la rendre
tendre.

Qu'on m'envie, après cela, mon ordinaire de poulet rôti! Et encore
n'ai-je rien dit de la rôtissoire, appareil primitif s'il en fut, qui se
compose de deux petites fourches de bois fichées en terre, et d'une
baguette de fusil embrochant l'animal, lequel se trouve, la plupart
du temps, en face d'un fagot de bois vert qui l'enveloppe de fumée.

Cette première nuit passée à la belle étoile ne me causa aucune
impression désagréable. J'avais souvent songé, durant mon séjour en
France, alors que je jouissais en sybarite des douceurs de la vie civilisée, au moment où s'opérerait pour moi le brusque passage de cette
vie de *comfort* à la vie toute sauvage et toute de privation d'un voyageur qui parcourt l'Afrique. Mais, à ma grande satisfaction, j'acceptai
sans regrets le bivouac en plein air, le sol pour matelas et le dîner
épicé de poussière, pris couché sur le coude et servi sur la terre, dans
une assiette de fer battu. J'acceptai aussi sans murmure l'odieuse compagnie des curieux, armés jusqu'aux dents et accroupis par centaines
autour de moi.

Le lendemain, au jour, nous partîmes et allâmes coucher au village de Namardé. L'accueil que nous y reçûmes fut moins empressé qu'à Koumiam. Le chef s'exécuta bien sans trop mauvaise grâce; mais, soit qu'il voulût nous faire payer la contrariété qu'il éprouvait à nous héberger, soit tout autre motif, il ne nous fournit des vivres qu'à dix heures du soir.

Le moment où nous voyagions n'était pas non plus très-propice; car il y avait disette au Bondou, et la population ne parvenait qu'à grand'-peine à se procurer sa subsistance. Cette calamité n'est pas rare en Afrique, où la paresse est souveraine et la prévoyance inconnue.

Dans le Bondou, lorsque des étrangers voyagent sous la protection de l'almamy, il est d'usage de les faire héberger par les habitants. Chaque chef de village est responsable de ce devoir d'hospitalité, qui s'accomplit au moyen d'un tribut en nature frappé sur les familles. Cette coutume est exactement suivie lorsque l'almamy a pris le soin de faire accompagner les voyageurs par un de ses officiers; mais si ce soin a été négligé, les voyageurs courent risque d'être fort mal traités. On comprend, au surplus, que les gens sur lesquels pèse une pareille obligation, gens généralement d'une grande pauvreté, cherchent tous les moyens d'en éluder l'accomplissement; car elle est lourde à remplir à l'égard des hôtes qui en profitent habituellement.

Rien, en effet, de comparable à l'appétit du nègre, et il n'y a pas d'exagération à dire qu'en bonne santé il consomme près de 2 kilog. d'aliments à chaque repas. Or, comme il fait communément ses trois repas par jour, cela donne un total de 6 kilogrammes de substances absorbées, dans les vingt-quatre heures, par un nègre qui se porte bien. Il faut ajouter, chose non moins étrange, que l'estomac du nègre unit à cette énorme capacité une complaisance extraordinaire qui lui permet de faire son *plein* d'un seul coup. Le nègre dédaigne ce que l'on appelle le morceau sur le pouce; il lui faut du solide, il lui faut ses douze livres; et il les attendra douze heures sans se plaindre, pourvu qu'il soit sûr de les avoir.

Les aventures, si communes autrefois, au dire de mes devanciers, sont devenues tellement rares aujourd'hui, qu'il ne faut pas dédaigner de raconter toutes celles qui vous arrivent, sous peine d'en laisser son récit complétement dépourvu.

J'ai parlé plus haut du bivouac en plein air dans lequel le voyageur trouve le repos réparateur qui lui permet de continuer sa route. A Namardé, j'avais établi le mien dans la cour de mon hôte, et je dormais d'un sommeil profond, quand une légère fraîcheur, accompagnée de petits attouchements répétés, me réveilla brusquement, interrompant un agréable rêve qui m'avait transporté bien loin de ma situation : c'était, je crois, un bal resplendissant de lumières, de parures et de fleurs. J'ouvris les yeux, et, au lieu de danseuses haletantes, emportées par la valse au son d'un orchestre joyeux, je vis, couchée sur moi, son museau touchant ma figure, une bête fauve dont la taille me parut colossale aux lueurs des étoiles. Je me levai pour saisir un pistolet; mais ce mouvement mit la bête en fuite. C'était une hyène ou un loup de grande taille qui venait, évidemment attiré par la faim, chercher à la satisfaire, et qui, faute de mieux, eût bien pu m'enlever une oreille ou le nez, deux choses, la dernière surtout, auxquelles on tient généralement. J'appelai quelques hommes pour donner la chasse à l'impertinent visiteur, tout discret qu'il fût; mais ils revinrent bientôt m'annoncer qu'ils n'avaient rien vu.

A partir de ce moment, j'établis dans mon escorte une garde avec un factionnaire, et je veillai moi-même à ce que celui-ci ne s'endormît pas; chose familière à tous les hommes chargés de ce soin, mais plus familière encore aux nègres, qui sont bien les plus intrépides dormeurs que je connaisse.

Le lendemain, à six heures du matin, nous partîmes. Après dix heures de fatigue, après avoir marché dans des bois et des plaines, traversé des lits de torrents ou de marigots desséchés, nous parvînmes à un joli village, placé au milieu d'un bouquet d'arbres. Quelques incidents de cette étape méritent d'être racontés.

C'est d'abord la rencontre d'une immense quantité de baobabs, ce géant des végétaux, auquel on prête des dimensions fabuleuses dans les ouvrages de botanique et les relations de voyages. : je me souviens d'avoir lu que leur circonférence dépassait 120 pieds.

Déjà, à mon premier voyage, je m'étais promis de vérifier cette assertion par moi-même. Je vis alors un assez grand nombre de baobabs et ils me semblèrent si gros, que je n'imaginai pas que leur grosseur pût être surpassée. Le mesurage fait, il se trouva que ces bombacées *(bombax Adamsonia)* atteignaient à peine 12 mètres.

Les baobabs que je rencontrai dans la route dont je décris les incidents, occupaient une vaste plaine et s'y trouvaient en nombre considérable. Comme en 1843, je fis mesurer avec un grand soin ceux qui me parurent les plus gros : un seul me donna 14 mètres 58 cent. de circonférence, soit à peu près 45 pieds. C'était loin de ce que j'avais lu. Les fruits dont ils étaient chargés étaient renfermés dans une capsule de la grosseur d'un œuf de canard. Leurs racines, tortueuses et saillantes, s'étendaient autour de leur tronc dans un rayon de plus de 15 mètres, et faisaient croire de loin à un groupe de gigantesques serpents.

J'étais descendu de cheval avec M. André et quelques hommes pour cette opération. Quand nous nous remîmes en route, nous nous trouvâmes dans un grand embarras. Le tamsir, prenant, comme de juste, un médiocre intérêt au mesurage des baobabs, et très-peu soucieux de demeurer au soleil en nous attendant, avait pris les devants sans songer que, cent pas au delà du théâtre de nos recherches, la route se bifurquait et que nous ne saurions dans lequel des deux embranchements il conviendrait de nous engager.

Personne n'était près de nous pour diriger notre choix; d'un autre côté, nous n'avions plus l'espoir de voir cesser notre hésitation en obtenant un renseignement utile; car il était plus de midi, et, passé cette heure, on ne trouve, sur les chemins de l'Afrique, que des gazelles et des pintades effrayées, fuyant le chacal ou l'hyène. Nous choisîmes donc nous-mêmes, et nous choisîmes mal, ce qui arrive souvent en pareille occurrence. Après avoir parcouru un assez long espace, nous acquîmes la triste conviction que nous faisions fausse route.

Quand on a faim et soif, une pareille déconvenue est très-désagréable. Nous voilà donc rebroussant chemin d'une humeur affreuse, maugréant contre le tamsir et maudissant l'indolence incroyable des naturels, qui les tient claquemurés dans leurs cases au moindre soleil un peu chaud. Ainsi grondant, nous gagnâmes à grand'peine le point de bifurcation; et, rendus là, les chevaux de bât s'abattirent de fatigue.

La situation devenait très-perplexe. Nous mourions de soif et n'avions pour abri, contre un soleil de feu qui tombait d'aplomb sur nos têtes, que les branches sans feuilles des baobabs cause de notre disgrâce. Il n'y avait qu'un seul parti à prendre : c'était d'envoyer un de nos hommes au dernier village que nous avions traversé, afin d'y louer un guide et des ânes pour remplacer nos chevaux de bât.

Plusieurs heures se passèrent dans l'attente; car le village était éloigné, et les nègres, toujours lents à prendre une décision, se pressaient d'autant moins que la chaleur était plus forte. Enfin, et honneur en soit à l'intervention de l'honnête tamsir, qui était revenu sur ses pas, inquiet de ne pas nous voir, nous pûmes nous remettre en route en bon ordre. Cette halte me coûta cher : mon cheval, fatigué par la marche

et la chaleur, se coucha avec ses harnais et brisa ma carabine dans
sa fonte. C'était une arme élégante et légère dont plusieurs de mes
amis avaient pronostiqué le sort funeste.

Mais ce n'est pas tout encore. Il y avait une heure que je cheminais,
songeant aux contrariétés de cette journée et surtout à ma carabine
brisée, quand tout à coup mon coquin de cheval se dressa sur ses
jambes de derrière et se précipita sur celui que montait M. André.
L'élan de mon cheval fut si inattendu que je dus borner mes efforts à
garder les arçons. Pendant que je m'occupais de moi, mon compagnon
recevait sur les épaules les deux pieds de devant de mon bucéphale
et était violemment renversé sur la route. Je le croyais tué, mais
heureusement il en fut quitte pour quelques contusions et quelques
égratignures. Ce qui rendait sa chute dangereuse, c'est que le chemin
où elle eut lieu était bordé, d'un côté, par un versant abrupt, hérissé
de rochers, et de l'autre, par des broussailles épineuses cachant une
profonde excavation.

Je laisse à penser si, après une pareille journée d'accidents, de fatigues et de privations, j'appréciai la natte hospitalière et le souper ordinaire.

Le jour suivant nous conduisit d'assez bonne heure à Boulébané, capitale du Bondou et résidence de l'almamy Sadda-Hamed (lisez Mamady,
ainsi que l'appellent nos traitants et que nous l'appelons nous-même.)

Aussitôt que je fus arrivé. Sadda m'envoya complimenter et me fit
prier d'aller le voir. Il me reçut avec de vives démonstrations d'affection, et nous causâmes, comme de vieux amis, du principal objet de ma
visite. Je le trouvai mieux qu'à mon premier voyage, mais toujours en
proie à une toux violente, signe évident d'une affection bronchique et
catarrhale passée depuis longtemps à l'état chronique. C'est un homme
sec, assez grand, d'une figure intelligente et d'une couleur qui tient
le milieu entre le beau noir des Yolofs et la teinte bistrée des Foulhs.

Après une assez longue causerie sur ce qui me touchait personnellement, il entama le chapitre de la politique, et il me fallut subir,
avec la prolixité familière aux nègres, une longue liste de récriminations. J'en connaissais parfaitement le motif, et savais qu'elles
s'appliquaient à de petites irrégularités commises dans l'acquittement
des coutumes qui lui sont allouées pour la location du terrain où
s'élève le blockhaus de Sénou-Débou.

Des coutumes on passa à la question d'actualité : à l'affaire Souraké et à la querelle des bakiris. L'Almamy ne m'eût certes pas

compris si je lui avais dit que cela ne me regardait pas. Je me dévouai donc, par esprit de nationalité, à entendre ses amertumes sur la sévérité que nous avions déployée envers Souraké, et sur notre indifférence touchant le meurtre du bakiri de Makana. Lassé de cette conversation qui prenait une tournure embarrassante pour moi, je la rompis en disant que le gouverneur qui venait d'arriver préférait les actes aux paroles, et qu'il traiterait désormais les conflits à coups de canon. Les gens qui entouraient l'almamy me demandèrent si le gouverneur était un grand guerrier. Je m'empressai de répondre oui, et j'ajoutai que les grands guerriers de mon pays n'aimaient pas les palabres.

Là-dessus je pris congé de Sadda. J'étais demeuré au soleil près de trois heures, assis sur un escabeau très-bas, reposant sur le sol au moyen d'un pied dont la surface n'avait pas un pouce carré, abominable siége qui condamne celui qui l'occupe, à un mouvement perpétuel, pour ne pas perdre l'équilibre.

Mon logis était établi chez le ministre de l'almamy, qui, selon l'usage des Foulhs, joint à ses fonctions politiques celle d'hôtelier des personnes qui viennent traiter avec son maître. Je m'y rendis en quittant Sadda, et mon premier soin fut d'expédier au plus vite le présent que je lui destinais. Comme il peut être utile de connaître la composition d'un présent offert à un chef nègre, je vais en donner le détail : un fusil fin à deux coups et à percussion, avec tournevis, cheminées de rechange et trois mille capsules ; un sabre de cavalerie avec fourreau de cuivre doré ; trois pièces de soierie, une rouge, une jaune et une verte ; quatre pièces de guinée bleue ; une pièce d'indienne ; une boîte à musique, et un assortiment de divers petits objets désignés dans le langage de traite sous le nom de *bagatelles*.

L'almamy voulut voir tout de suite ce que je lui envoyais. Mes hommes s'empressèrent de satisfaire son impatience ; et quand il eut bien contemplé les objets qui composaient mon cadeau, il en témoigna une joie si vive, qu'oubliant sa dignité, il se mit à sauter en faisant claquer ses doigts

Le lendemain, il me fit appeler. Quand je parus, je le trouvai entouré de divers personnages du pays ; devant lui étaient étalées, sur des nattes les armes et les étoffes que je lui avais données la veille. Il me remercia beaucoup de ma générosité, se montrant particulièrement flatté de posséder en ses mains un fusil comme ceux des blancs ; il m'adressa ensuite plusieurs questions sur l'usage du tournevis, défit lui-même les cheminées et brûla quelques capsules, comme pour faire voir à son entourage qu'il savait se servir de son arme. Après, il me présenta la boîte à musique, à laquelle, me dit-il, il n'avait. pas osé toucher dans la crainte de la casser. Je poussai le ressort, et les notables de Boulébané écoutèrent avec un ravissement mêlé de stupeur la *polka des Salons* et la *valse de la reine de Prusse*. Sadda battait la mesure avec la tête, et promenait sur l'assemblée, dont quelques membres paraissaient saisis d'épouvante, un regard satisfait qui semblait dire : « Pauvres sauvages, vous n'entendez rien à cela ! »

En dépit des douces sensations que, grâce à mes largesses, je venais de lui faire éprouver, Sadda ne put résister au besoin de me parler encore des affaires du pays. Je subis un temps convenable ses épanchements douloureux, puis je le quittai après lui avoir de nouveau fait promettre qu'il m'aiderait dans mon achat d'ânes.

Le soir, je fus me promener dans le village. En passant devant une case, une femme en sortit et s'approcha de moi, agitant dans ses bras un enfant de deux ans, qu'elle s'efforçait d'appeler Huard, du nom de mon infortuné compagnon de 1844 (1). Comme elle riait beaucoup en disant ce nom, qu'elle estropiait affreusement, je crus comprendre ; d'autant que son rire avait gagné mes propres hommes et les badauds accourus sur mes pas. J'allais continuer ma promenade quand parut une autre femme, portant également un enfant de deux ans auquel elle donnait mon propre nom, mais encore plus estropié que celui d'Huard, et que je n'aurais certes pas reconnu si mes hommes ne me l'eussent fait remarquer. Les rires redoublèrent et attirèrent d'autres badauds qui, une fois au courant de l'affaire, prirent à l'hilarité générale une part extrêmement vive. J'étais entouré d'une foule compacte en proie à un rire violent qui contrastait avec mon sérieux ; car je ne comprenais absolument rien à ce que je voyais et entendais. « Passe pour Huard, me disais-je ; mais, à moins que ces gens-là, qui certes n'ont pas lu Molière, ne veuillent faire de moi un nouveau Monsieur de Pourceaugnac, je suis, pardieu ! bien sûr que cette dernière paternité m'est complétement étrangère ! »

On voulut bien enfin m'apprendre que les premiers rires avaient été provoqués par la méprise qu'on me voyait commettre, et les autres,

---

(1) M. Huard-Bessinières, pharmacien de 1re classe de la marine, mourut à Saint-Louis, peu de temps après son retour, d'une maladie contractée pendant notre voyage.

par l'étonnement qu'exprimait ma figure, étonnement dont le motif n'était un secret pour personne. On compléta cette explication en me faisant savoir que l'usage du pays était de donner aux enfants le nom des personnes remarquables que l'on avait connues.

Pleinement satisfait de cette double explication, je repris ma promenade, mais non sans avoir aussi payé mon tribut de rire à ce singulier quiproquo.

Un peu plus loin, le bruit du tamtam, des chants joyeux et une grande clarté m'amenèrent sur une place où l'on dansait. C'étaient les griottes de l'almamy qui faisaient les frais de cette fête nègre, à la lueur d'un immense feu de paille. Aussitôt que la conductrice du chœur m'eut aperçu, elle s'élança sur moi avec sa troupe, et toutes ensemble se livrèrent, à mon intention, à des chants d'une effrayante harmonie et à un luxe effréné de balancés, d'avant-deux et de mouvements de bras. Le geste qu'elles choisirent pour me faire honneur était semblable en tout point au geste universellement répandu qui imite, je crois, les perruquiers d'autrefois quand ils poudraient leurs clients. Elles tenaient à la main une espèce de marotte, attribut de leur profession, qui, par une étrange coïncidence, avait une ressemblance parfaite avec un goupillon. La position était intolérable ; car les griottes, parvenues au paroxysme de leur exaltation, se ruaient convulsivement sur moi ; elles ne riaient plus, elles grimaçaient ; elles ne chantaient plus, elles poussaient des cris rauques de bêtes féroces. Je voulais me soustraire à cette infernale ovation ; mais la fuite m'était interdite à cause de la foule qui m'enveloppait. Mes efforts pour échapper à cette légion de démons furent enfin aperçus de quelques âmes charitables qui favorisèrent ma retraite. Il était temps !

Cela s'appelle *chanter* quelqu'un, c'est-à-dire chanter ses vertus ou ses exploits. On dit d'abord le nom de celui ou de celle que l'on chante, et on le fait suivre de phrases louangeuses que le chœur répète en hurlant. La variété et la finesse de ces phrases improvisées constituent le mérite des griots.

Je rentrai à ma case, suffoqué par la poussière, et je demeurai sourd jusqu'au lendemain. Il fallut néanmoins me conformer à l'usage, et envoyer un présent aux affreuses mégères qui m'avaient fait passer cette pénible soirée.

Les jours s'écoulaient ainsi en visites à l'almamy, en promenades dans le village et en courses aux environs, glanant de ci et de là quelques remarques nouvelles sur le pays et sur les mœurs; cela n'avançait pas mes affaires. Depuis quatre jours que j'étais à Boulébané, je n'avais pas encore pu acheter un seul âne. Je priai l'almamy de m'accorder une entrevue, afin de l'entretenir de l'insuccès de mes tentatives touchant cet important objet.

En me voyant, Sadda me présenta la boîte à musique d'un air de satisfaction et me fit signe de la faire jouer. Je répondis à cette politesse de la façon de mon interlocuteur, en montant la boîte, et l'entretien commença aux sons de la *valse de la reine de Prusse*.

Il entrait dans mes projets de visiter avec plus de soin les mines que nous avions examinées déjà en 1844, avec la commission dont je faisais partie, et de pousser, au travers du Bambouck, une reconnaissance plus étendue des richesses aurifères de cette région; mais, pour effectuer ce projet, il me fallait absolument le concours de Sadda, dont les États touchent au Bambouck. Sadda me promit un guide sûr, et me répéta qu'il avait donné les ordres les plus formels pour que l'on m'amenât tous les ânes disponibles du pays.

Le 31 décembre, je fus pris de douleurs de tête et, bientôt après, de frissons qui ne me laissèrent aucun doute sur mon état : c'était la fièvre qui arrivait. Le lendemain, je m'administrai une bonne dose de sulfate de quinine.

L'almamy me fit appeler dans la matinée et me reçut, selon son habitude, en plein soleil. Il me fallut, en outre, entendre encore l'histoire de Souraké, représenté dans le palabre par son frère et un cousin. Il s'agissait cette fois de débattre des intérêts positifs, et l'almamy me faisait prier d'assister à la réunion, afin de me montrer, disait-il, qu'il savait être juste, même contre ses amis. Je pus en effet remarquer l'insistance qu'il mit à exiger de Souraké la restitution de certains objets que celui-ci avait pillés sur des embarcations de la Compagnie.

Au retour, ce qui était très-présumable après deux heures de station au soleil, la fièvre me reprit plus violente que la veille, et je commençai la nouvelle année plus mal encore que je n'avais fini l'autre.

Le 2 janvier j'achetai mes deux premiers ânes à des prix fort élevés; et les jours suivants je pus en acheter de nouveaux : l'almamy avait en ceci tenu sa parole. Le séjour de Boulébané commençait à me devenir fort désagréable. Mes hommes se plaignaient de ne pas être bien nourris ; moi, je me plaignais d'être harcelé sans relâche par des mendiants de toutes conditions, qui ne me quittaient jamais contents, parce qu'il m'était complétement impossible de satisfaire leur convoi tise. Mais j'avais un autre motif de me déplaire à Boulébané : j'y perdais mon temps, et cette perte, pour peu qu'elle continuât, pouvait déranger tous mes plans.

Ces circonstances réunies me faisaient donc vivement désirer mon départ, et j'allais mettre ce désir à exécution quand l'almamy me fit prier de rester jusqu'au palabre solennel qu'il avait organisé en vue de terminer, s'il le pouvait, les divisions qui troublaient le pays.

Je me décidai, par la seule considération que ma présence pourrait procurer quelque avantage à notre commerce.

J'attendis cinq jours la venue des personnages que Sadda m'avait annoncés. Pendant ce temps, j'eus presque constamment la fièvre, en dépit du sulfate de quinine que je continuais à consommer largement, en dépit même d'un vésicatoire que je m'étais décidé à m'appliquer. J'avais déjà expérimenté sur moi-même que ce remède, très-déplaisant, je le sais mieux que personne, est néanmoins, pour une fièvre rebelle, le seul qui puisse promettre quelque succès. Il ne guérit pas ; mais il adoucit assez les accès pour que le malade, dans les intervalles, puisse vaquer à ses travaux ordinaires.

Le jour du palabre s'annonça par un mouvement inaccoutumé. Barka et Souraké avaient envoyé beaucoup de gens pour faire cortége à leurs représentants, et leur arrivée produisait dans le village une certaine émotion.

Vers dix heures du matin on se rendit chez l'almamy. Barka avait chargé un de ses frères de le représenter, et c'était également un frère de Souraké qui devait parler à sa place. Chacun de ces personnages fit son entrée avec une suite nombreuse de clients et de captifs, vêtus de leurs habits de fête. J'avais dû aussi me conformer à l'usage, et me faire escorter de tous mes hommes, couverts de leur costume de cérémonie.

On prit place par terre, les jambes croisées devant soi, en faisant cercle autour de l'almamy assis sur une natte à l'entrée de sa case. Je remarquai avec plaisir qu'au lieu du tabouret incommode qu'on m'avait donné jusqu'ici, on m'offrit une sorte de canapé ou plutôt de lit en bambou.

Sadda ouvrit le palabre par un discours exprimant son désir d'être en paix avec ses voisins, et de les voir en paix les uns avec les autres. Chaque partie prit ensuite la parole et exposa froidement ses griefs. Après, vint mon tour : je répétai ce que j'avais dit à Sadda dans une occasion semblable, insistant particulièrement sur la politique d'action que le nouveau gouverneur voulait substituer à la politique de temporisation ; je parlai aussi de l'indigne conduite de Souraké dans ces circonstances ; enfin, des ressources que le gouvernement français venait de mettre à la disposition du gouverneur, et notamment de l'escadron de spahis qui était arrivé de France depuis mon départ de Saint-Louis.

Des conversations fort animées s'engagèrent ensuite. On s'y entretenait beaucoup des spahis, que mes hommes se plaisaient à représenter comme des espèces de centaures, transperçant trois hommes à la fois de leur terrible sabre.

Le résultat de ce palabre fut que Barka et l'almamy firent la paix ; et que Souraké demeura réduit à ses propres forces. Je rentrai pour faire mes préparatifs de départ, irrévocablement fixé au lendemain, heureux de voir que Souraké, cet odieux brouillon, cause principale de tout ce tapage, avait été abandonné par l'almamy.

CHAPITRE V.

Description des villages nègres. — Nomenclature des mets du pays.

On trouve dans le Galam, le Bondou le Kasson et les États mandingues voisins de la Falémé ou de la Gambie supérieure, deux sortes de villages : ceux qui ont une forteresse, une *kasba*, comme disent les Arabes, et ceux qui n'en ont pas.

Les villages de la première catégorie, que j'appellerai villages de premier ordre, se composent de deux parties principales : l'une est le *tata*, c'est le nom sous lequel les nègres désignent leurs forteresses; l'autre, divisée quelquefois en plusieurs groupes, comprend les cases habitées par les cultivateurs, les tisserands, les forgerons, les pasteurs et leurs captifs. Il y a ensuite la mosquée, le cimetière et les puits.

Le tata est la demeure du chef, de sa famille, de ses captifs et souvent de ses troupeaux. Presque tous les tatas que j'ai vus ont une muraille d'enceinte en boue mêlée de paille hachée; cette muraille, d'une épaisseur moyenne de 0^m,15, est ordinairement garnie de créneaux pour la mousqueterie et de bastions placés aux angles ou aux saillies principales. Les bastions sont très - rapprochés et ressemblent bien plutôt à des pavillons ou à des guérites; quand ils sont couverts, leur couverture est pareille à celle des cases.

L'entrée du tata est fermée par des portes au nombre de deux, quelquefois de trois, placées à la suite les unes des autres, et laissant entre elles une distance de 10 à 12 mètres. En dedans de chacune de ces portes, se trouve une sorte de vestibule, servant sans doute de corps de garde. Ces portes, très-étroites et très-basses, livrent à peine passage à un homme à cheval, et encore faut-il que le cavalier se couche sur l'encolure de son cheval.

Les villages situés sur les frontières ou ceux qui, par leur importance, sont particulièrement exposés aux invasions de l'ennemi, ont ordinairement, outre le tata, une muraille continue : Boulébané est dans ce cas. Il est alors d'usage d'établir, en dehors de cette enceinte, une banlieue destinée à la population pauvre et aux troupeaux. A la première alerte, au moindre bruit d'invasion, bêtes et gens abandonnent la banlieue et rentrent dans le village.

Les voies de communication dans l'intérieur des villages sont très-étroites; le nom de rue ne leur convient pas. Ce sont des sentiers tortueux, inégaux en largeur, et bordés par des haies vives ou par des buissons d'épines mortes, pour garantir les habitations ... l'invasion des bestiaux.

Les cases n'ont aucun alignement; chaque ménage en possède plusieurs, disposées sans symétrie autour d'une cour qui a son entrée sur la voie. Au milieu de cette cour, il y a communément un grand arbre, planté ou réputé planté par l'aïeul. Cet arbre, dans le rayon que trace l'ombre de son feuillage, est entouré, au pied, d'un terre-plein fait de sable et d'argile, et renouvelé souvent pour qu'il présente toujours une surface nivelée et durcie. C'est là que se réunit la famille, couchée plutôt qu'assise sur des nattes ou sur des peaux de mouton, ou bien encore, mais c'est moins commun, sur des peaux de bœuf, d'antilope, même de lion. La meilleure place, celle qui a le tronc d'arbre pour appui, appartient de droit au chef, et il s'en montre très-jaloux. Cependant, il consent quelquefois à la partager, mais ce n'est qu'avec les personnes de distinction dont il reçoit la visite, et encore faut-il que se soient des hommes. C'est sur ce terre-plein, à l'ombre de l'arbre de l'aïeul, que se fait la prière.

On trouve encore, dans l'intérieur des cours, d'autres dispositions prises contre les brûlantes ardeurs du soleil; ce sont généralement des

hangars couverts de nattes en grosse paille de mil, tressée ou juxta-
posée. Cette toiture, souvent double, est soutenue par des pieux fourchus. Quelquefois on la complète au moyen de nattes latérales que
nous nommons *tapades*, et qui empêchent le soleil de pénétrer en
dessous; mais il est plus ordinaire de prévenir cet inconvénient en
donnant une très-faible hauteur aux piquets qui supportent la couver
ture. Il en résulte que si, sous cette tapade, on est abrité des feux du
jour, on y manque d'air, et on peut à peine y demeurer assis; autre
genre de supplice que je dénonce comme cent fois plus cruel que de
recevoir d'aplomb, fût-ce sur la tête, le plus ardent soleil zénithal. Une
chose qui m'a beaucoup surpris, c'est que les nègres fuient le soleil avec
encore plus d'empressement que nous, et que tout moyen préservatif
leur est bon pour échapper à ses atteintes.

On rencontre aussi dans certains villages une construction du même
genre, mais qui a une destination toute différente. C'est une précaution prise contre un ennemi plus intime, dont les attaques inexo-
rables se font particulièrement sentir pendant la nuit. J'ai nommé les
moustiques, ces odieux insectes si redoutés des marins. Les nègres ont
imaginé, pour échapper aux piqûres de ces hôtes incommodes, de per-
cher leur lit, c'est-à-dire huit ou dix bûches alignées et recouvertes de
nattes, sur des poteaux de 3 à 4 mètres de hauteur. On grimpe dans
ces lits d'une nouvelle espèce, comme font les perroquets sur leur bâton, par le moyen d'échelons en saillie, disposés autour des poteaux.
Le dormeur ou plutôt les dormeurs, car ces sortes de lits se partagent
toujours, font allumer un grand feu en dessous, et il s'ensuit qu'ils
sont fumés, grillés, etc.; mais.... ils n'ont pas de moustiques. Cette
installation est, me dit-on, une importation exotique venue du bas de
la côte.

Dans l'enceinte réservée aux habitations des gens riches, on a, en
outre, disposé entre les cases de petites constructions de terre ou de
paille destinées à renfermer les grains. Ces magasins ont généralement
la forme d'une ruche, de même que les cases ordinaires; mais ils sont
beaucoup plus petits et plus pointus. Le cylindre repose sur une plate-
forme moitié terre et moitié paille hachée; le tout est isolé du sol au
moyen de grosses pierres, pour éviter l'humidité. L'espace étant très-
mesuré dans l'intérieur des tatas, on a converti en plantations de mil,
de cotonniers et de tabac, non-seulement les cours particulières des
habitations, mais toutes les issues qui aboutissent à la voie publique.

Les parties du village en dehors du tata, ainsi que les villages sans tata ou de second ordre, présentent d'ordinaire deux dispositions · quelquefois les cases sont réunies en un seul groupe; quelquefois, au lieu d'un seul massif de cases, elles se trouvent éparpillées dans une grande étendue, et formées en groupes distincts, au nombre de quatre, de cinq, même de dix, séparés les uns des autres par un intervalle qui varie entre 500 et 2,000 mètres.

Dans les portions de village qui n'ont pas de mur d'enceinte, l'espace n'étant point resserré, on a adopté le système de cases entourées de plantations, formant une espèce de jardin qui fait suite à l'habitation; c'est pareillement dans le but d'utiliser le terrain, et de placer les cultures sous la main et sous l'œil du cultivateur, qu'on a pris, pour certains villages, la disposition des groupes séparés.

Les cases ont diverses formes : la plus commune est la forme cylindrique. Le cylindre, qui appuie sur le sol, est indifféremment en paille ou en terre séchée; il est recouvert d'une toiture en paille terminée en pointe. Cette case ressemble à une ruche.

Il y a aussi la case parallélipipédique, entièrement construite en terre. Cette case ne se trouve guère que dans la demeure des riches et des puissants. C'est, chez les nègres, le *nec plus ultrà* du luxe dans l'industrie du bâtiment.

Il y a enfin la case hémisphérique, particulièrement en usage chez les Foulhs ou Peuls pasteurs. Celle-ci est tout en paille, et figure, j'imagine, d'une manière plus rigoureuse que les autres habitations, la tente que ces peuples nomades ont eue longtemps pour demeure.

Le diamètre des cases cylindriques ou hémisphériques varie entre 5 mètres et 3 mètres. Les dimensions des cases parallélipipédiques ne sauraient être établies, même d'une manière approximative; ces cases sont ordinairement tout en longueur, et n'ont d'autre ouverture que la porte.

L'entrée des cases est basse et étroite, et se trouve toujours élevée au-dessus du sol d'au moins $0^m,30$. Cette précaution a été prise contre les reptiles, qui abondent dans les villages; mais elle est rarement utile, car presque toutes les cases donnent asile aux serpents, aux lézards, aux crapauds surtout, sans parler des myriapodes, scorpions, punaises, poux, etc., riche collection d'espèces rares, et de variétés inconnues qui feraient la fortune d'un naturaliste. L'entrée des cases est fermée par une porte garnie, principalement au Bondou, d'une serrure et d'une clef, assez primitives toutes deux pour qu'elles ne soient pas indignes d'une description (1).

L'intérieur des cases ne présente aucune particularité remarquable. Les habitants y couchent pêle-mêle, et il est très-commun d'y faire du feu pendant la nuit, pour se garantir du froid et des moustiques. La fumée ne pouvant s'échapper que par les interstices laissés entre les brins de paille (car la porte est close), on y est étouffé par la chaleur et la fumée, incommodités dont les naturels semblent d'ailleurs peu soucieux.

Quelques cases, et ce sont les plus somptueuses, ont une petite cloison intérieure en terre, qui les divise en deux compartiments. Cette cloison, qui ne dépasse jamais la hauteur du cylindre (celui-ci n'a pas plus de 1^m,50), est surmontée de grosses boules, également en terre, et espacées convenablement pour qu'on puisse y accrocher des vêtements, des armes et les harnais des chevaux. Ces mêmes cases comportent aussi quelquefois un badigeon, fait avec les couleurs du pays, ainsi que des moulures et des listels en relief, le tout d'un fort mauvais goût.

Le mobilier est d'une étonnante simplicité : il se compose d'une ou de plusieurs nattes, de quelques escabeaux à un seul pied, en bois grossièrement façonné; et, pour les habitants opulents, d'une manière de canapé, sans bras ni dossier, fait avec des bambous liés ensemble et dont la hauteur atteint 0^m,12 à 0^m,15 au plus. On place une natte sur ce canapé, qu'on nomme *tara*, et on en fait un lit (2). Les coffres, malles, commodes, et généralement tous les meubles fermant à serrure sont inconnus des nègres de l'intérieur. Leurs objets précieux (ce sont communément leurs grigris) sont renfermés dans des sacs en cuir, clos au moyen d'un cordon ou d'un cadenas acheté à nos comptoirs.

Dans l'intérieur des villages, il existe des terrains vagues que je n'ose appeler des places, et qui sont ornés d'un, quelquefois de plusieurs grands arbres; c'est à l'ombre de leur feuillage que se réunissent les oisifs du lieu. Ils y viennent disserter sur les affaires publiques, ou jouer une sorte de jeu qui ressemble aux échecs. On joue

---

(1) Voir les planches.

(2) Ne pas confondre les bûches alignées et perchées sur des pieux avec les lits ordinaires; ces derniers sont le *tara* pour les riches, et la terre de l'habitation pour les pauvres.

aussi sous ces arbres à un jeu qui consiste à mettre de petits cailloux ou des noyaux de tamarin dans différentes cavités pratiquées dans l'épaisseur d'une planche; c'est encore un jeu de calcul, et il offre assez d'intérêt pour captiver l'attention des spectateurs.

Il est peu de villages de premier ordre qui n'aient au moins deux places, celle du tata et celle de la mosquée.

Les villages de second ordre possèdent presque tous un parc banal, ordinairement placé au centre; on y réunit pendant la nuit les bestiaux appartenant aux différents habitants. Des captifs armés veillent dans ces parcs pour repousser les attaques des lions, des panthères et des hyènes; mais ces redoutables voleurs parviennent quelquefois à enlever leur proie, malgré les gardes et malgré les hautes clôtures palissadées qui entourent le parc.

La mosquée est rarement monumentale. A Boulébané, elle est peu riche d'architecture; mais au moins elle ressemble à une construction quelconque; elle est en terre, comme toutes les constructions du pays, et offre la figure d'un rectangle surmonté d'une terrasse, mais effondrée en maint endroit; le classique minaret n'y montre pas sa flèche élancée, et le *moudzin,* ce personnage inévitable des poésies orientales, est réduit à jeter son appel aux fidèles, du parvis même du temple, où il se tient mêlé à la foule vulgaire. Dans les villages pauvres, au lieu d'un édifice, quelque piètre qu'il soit, on a consacré aux exercices religieux une partie de terrain circonscrite par une haie d'épines ou, ce qui est plus simple encore, par un tracé angulaire de pierres alignées.

Les cimetières sont établis dans les endroits les plus pittoresques et les plus riches en ombrage. Il est traditionnel chez les Orientaux et les Arabes, auxquels les nègres ont emprunté leurs coutumes, de consacrer les jardins aux champs de repos. Là où il n'y a pas de jardins, on choisit les sites que la nature s'est plu à parer de la végétation la plus belle, et où s'élèvent les arbres les plus majestueux. Une haie vive, un entrelacement de plantes grimpantes, l'isolement, et principalement cette terreur vague, solennelle et superstitieuse qui, chez les peuples musulmans, entoure l'asile des morts, écartent en tout temps de ces lieux de tristesse l'enfant, le curieux, le voyageur ou le pâtre.

Le respect pour les tombeaux est moins grand chez les Sarracolets et les Mandingues. Aussi trouve-t-on fréquemment, dans leurs villages, les cimetières placés aux abords des chemins ou sur le chemin même;

quelquefois encore, une tombe isolée se remarque à l'entrée d'une case; et le passant la foule avec indifférence sous l'œil d'un fils, d'une mère ou d'une épouse.

Les tombes n'ont pas d'ornement; elles sont indiquées par un tertre, long et étroit, fait en gazon rapporté et terminé par une ligne courbe qui indique la place de la tête. Souvent on ajoute à cette indication un piquet surmonté d'une calebasse ou d'une torque de paille, couverte de vieux vêtements. Ces objets sont mis pour effrayer les chacals, les hyènes et les vautours qui viennent défouir les cadavres. Dans le même but, on allume des feux sur les tombes, pendant les trois ou quatre premières nuits de la sépulture.

Les puits, cachet particulier des temps primitifs, sont toujours situés en dehors des villages. On choisit, pour les creuser, les endroits qui avoisinent les routes. Généralement on n'apporte à ce travail aucun soin pour prévenir l'éboulement des terres; aussi n'est-il pas rare de voir, durant la saison de sécheresse, des puits qui se ferment tout seuls : on en creuse d'autres à côté et tout est dit. Dans certains villages où l'édilité paraît s'exercer d'une façon à la fois plus prévoyante, plus protectrice et plus énergique, on trouve des puits qui présentent des étayages en bois, disposés avec autant d'art que de solidité, et, ce qui est du plus grand luxe, une bordure de pièces de bois sur laquelle frottent les cordes qui tiennent les seaux. Le plus souvent ces cordes frottent sur la terre même, et chaque frottement en détache inévitablement quelque partie qui tombe dans l'eau et la salit. Je me suis très-improprement servi du mot seau : on emploie, pour prendre l'eau, des calebasses, des vases de bois ou des capacités informes et mal commodes construites avec du cuir de bœuf.

Attirés par la fraîcheur non moins que par les causeries, qu'on est toujours sûr d'y trouver engagées, les oisifs des deux sexes hantent volontiers les puits. Les ménagères, les bergers et les voyageurs y sont toujours en grand nombre. Les uns racontent les histoires merveilleuses des génies; d'autres y passent en revue, comme chez nous, les faits et gestes du voisin et de la voisine; on y parle de la férocité de son maître, de la brutalité de son mari; et les amoureux, — il y a des amoureux partout, — les amoureux s'y donnent rendez-vous.

La statistique est tout à fait ignorée des nègres, et chacun peut aisément le concevoir; mais on comprend moins que toute question qui s'y rapporte les jette dans une irritation furieuse. Il est donc impossible de fournir, sur la population des villages et des pays, des rensei gnements quelque peu précis. « C'est une impiété de se compter, disent-ils; Dieu a écrit là destinée des peuples et des hommes, et tout ce que nous ferons n'y changera rien: » Et ils appliquent cette sainte horreur du nombre à la population, à leur âge, à la quantité des cases de leurs villages, à tout enfin, excepté à ce qui leur appartient en propre. « Ceci est différent, disent-ils, et Dieu permet de connaître exactement son bien. »

J'ai essayé bien des fois de pénétrer le motif de cette violente répulsion et je n'y suis jamais parvenu. « Nos pères nous ont dit que c'était mal et que Dieu en serait courroucé. » Et ils retombaient dans un silence profond. J'ai cru qu'il y avait peut-être dans cette réserve une raison politique, quelque défiance; mais cette explication ne saurait s'appliquer à leur âge, et force m'a été d'en chercher une autre que je n'ai pas encore trouvée.

Abandonné à mes simples moyens d'évaluation, je ne puis donc fournir sur la population que des chiffres très-incertains. J'estimerai qu'il y a dans Boulébané 2,800 à 3,000 habitants, et je prendrai cette unité pour les très-grands villages; pour les grands, ceux que j'ai désignés par le nom de villages de premier ordre, je la réduirai à peu près de moitié, et j'aurai un chiffre flottant entre 1,000 et 1,500; enfin, pour les petits, ceux qui n'ont pas de tata et que j'ai compris sous la désignation générale de villages de deuxième ordre, je leur assignerai une population de 400 à 600 âmes. Ces derniers sont les plus nombreux et se trouvent, dans le Bondou, assez rapprochés les uns des autres pour qu'on rencontre, quelquefois confondues, leurs cultures respectives.

Il n'y a, dans les parties de l'Afrique que j'ai déjà parcourues, ni fermes, ni maisons de campagne. La nécessité de se défendre contre la surprise d'un ennemi a sans doute empêché l'éparpillement des habitations. C'est que, dans ce pays-là, il ne suffit pas de ne rien posséder pour être à l'abri des voleurs. Quand il n'y a ni troupeaux, ni chevaux, ni récoltes, il y a toujours des hommes, des femmes et des enfants, et les voleurs s'en accommodent très-volontiers.

Les ustensiles de ménage sont peu variés : c'est d'abord le mortier, qui remplace le moulin et qui sert à réduire en farine les céréales indigènes telles que le mil, le maïs et le riz. Ce mortier est un tronc d'arbre creusé aux deux tiers, dont la hauteur varie entre 1 mètre et 1^m,50. Le pilon est une branche de caïlcédra, façonnée avec assez de soin, et longue de 1^m,65 à 2^m; son diamètre est sensiblement diminué vers le milieu; chaque bout est disposé pour piler. Les femmes, vouées exclusivement à la manœuvre de cet instrument, s'associent quelquefois au nombre de trois ou de quatre, et il n'est pas sans intérêt de voir comment elles s'y prennent pour donner tour à tour leur coup de pilon dans le même mortier. Il faut voir surtout les *fantasias* dont elles font précéder et suivre chaque coup, jetant en l'air leur pilon, le faisant pirouetter, le rattrapant de l'autre main ; et tout cela avec une adresse si parfaite, que le coup tombe toujours juste au moment où il est attendu. Cet exercice est invariablement accompagné d'un chant aigre et monotone.

Des calebasses, des gamelles de bois, des marmites de terre, des marmites de fer composent la batterie de cuisine ; la fourchette est inconnue parmi les ustensiles de table, et la cuiller, dans les rares circonstances où elle est indispensable, est remplacée par une petite calebasse emmanchée sur un morceau de bois. Il va sans dire qu'on prend sa nourriture en commun et au même plat, mais avec la main droite seulement ; se servir de la main gauche, pour cet usage, constituerait une grossièreté inouïe.

Les mets sont généralement solides. Voici la nomenclature des principaux, telle qu'elle m'a été fournie par un gastronome du pays :

Je commence par le *couscouss* ou *couscoussou*, connu de tout le monde, au moins de nom, mais dont la préparation est généralement fort ignorée. On sait seulement que c'est une pâte très-compacte, mêlée de viande ou de poisson, et qu'on la mange avec la main. Si on disait cela à un nègre, il sourirait de pitié et tournerait le dos. Le couscouss est au contraire le mets le plus difficile à bien préparer, et les femmes qui le font avec quelque perfection sont citées à dix lieues à la ronde. On dit en Afrique : Dans tel village on fait bien le couscouss, comme on dit chez nous : Dans tel pays il y a de bon vin, de bonnes truffes ou de bons chapons.

Le couscouss est fait, en Sénégambie, avec du mil ou avec du maïs pilé dans le mortier que j'ai décrit. Les femmes qui font cette besogne sont presque toujours des captives ; on les nomme, au Sénégal, *pileuses*. Elles sont en même temps chargées de l'épuration finale de la farine, et quelquefois aussi de la préparation culinaire ; mais, le plus souvent, cette tâche est prise par la maîtresse de la case ou par ses filles. On n'imagine pas tous les petits soins que réclament les opérations successives qui font passer le mil ou le maïs de l'état où il se trouve, au sortir du mortier, à l'état de farine épurée. Viennent ensuite d'autres soins pour le transformer en grains de la grosseur d'une très-petite tête d'épingle, ce qui le rend à peu près semblable à la semoule.

Pour donner une idée de la peine qu'on prend à cette préparation dont j'abrége les détails, qu'il suffise de savoir qu'une pileuse habile met au moins huit heures à rendre le couscouss comestible, et encore ne réussit-elle pas toujours; car il y a bien des couscouss que l'on manque en précipitant la levûre ou en ne le purgeant pas du son d'une manière complète. On emploie, pour levûre, une feuille d'arbre qu'on désigne au Sénégal sous le nom d'*aloo* ou de *laloo*. Quand il s'agit d'un couscouss délicat, on doit en outre tenir compte de l'espèce de mil qu'on emploie. La variété préférée est le mil rouge (*sorghum rubens*). On prépare le couscouss avec de la viande ou du poisson, en y mêlant du piment, du sel et d'autres ingrédients, sans oublier une grande quantité de beurre; on le mange chaud.

Après le couscouss, qui est le roi des ragoûts africains, vient le *sanglet*, en suivant un ordre de préférence basé sur le goût des indigènes.

Le *sanglet* se compose indifféremment de riz, de mil, de maïs. Ces deux dernières graines sont préparées de la même manière que pour le couscouss, mais avec moins de soin; le riz n'est pas pilé. On mêle au sanglet du lait, ordinairement du lait aigre, et on y ajoute du beurre, du sucre ou de la mélasse; il se mange chaud ou froid.

Le *gar* est un mets grossier qui se prépare avec de la viande ou du poisson séché au soleil et du *sancal* (on nomme ainsi le mil concassé et non purgé de son).

Le *niangal* est encore plus grossier; c'est le mil naturel cuit à l'eau avec du sel.

Le *perki* se compose de viande cuite dans du beurre, avec ou sans riz.

Le *pétatal* est du mil nouveau grillé dans un plat de terre ou de fer.

Le *gossi* est fait avec du mil entier cuit au beurre. On y ajoute du lait aigre pour le délayer.

Le *ghinéghiop* rentre dans la classe des entremets : c'est un composé de pistaches de terre (*arachis*) et de fruits de tamarin pilés en semble et sucrés.

Je passe un grand nombre de ragoûts et de friandises, dans lesquels sont confondus le sucre et la viande séchée au soleil, les melons cuits et le poisson, le piment et le tamarin, les épis de maïs grillés sous la cendre et les dattes, et je termine par le *dabéra*, mélange de sancal, de poisson et d'une très-grande quantité de piment. Cette préparation, qui ne répond pas à son joli nom, sert aux individus qui ont fait abus de boissons fermentées, et on la dit souveraine pour calmer en peu d'instants l'ivresse la plus complète.

CHAPITRE VI.

Ainsi que je l'avais décidé, je quittai Boulébané le lendemain du palabre politique de l'almamy. Il était sept heures du matin, et déjà le soleil était intolérable. Sadda m'avait promis un guide; mais, après l'avoir attendu en vain une grande heure, je pris le parti de m'en passer, et m'aventurai seul sur la route.

A Dandé, premier village où je m'arrêtai, je regrettai mon impatience; j'y trouvai, en effet, le plus maussade accueil qu'on puisse faire à un voyageur : non-seulement on ne nous aida point à nous procurer des vivres, mais on ne voulut même pas nous donner de l'eau. La marche avait été pénible et ennuyeuse; je n'avais eu pour distraction qu'une halte à l'ombre d'un figuier sauvage que les Yoloffs nomment *gan*. Ses fruits, d'une couleur verte veinée de rouge, avaient la forme et la gr..os seur de la figue de Provence, mais étaient loin d'en avoir le goût. Fi! la mauvaise chose, surtout avec les vers dont ils étaient remplis!

Le chef du village où nous campâmes, patriarche très-attaché à ses richesses, se décida cependant, vers onze heures du soir, à m'offrir un mouton maigre et boiteux, que mes hommes s'empressèrent de tuer dans la crainte que le vieil avare ne changeât d'idée.

De très-bonne heure, le jour suivant, je quittai ce village inhospitalier, après avoir généreusement payé le mouton malade qu'on m'avait abandonné de si mauvaise grâce.

L'étape fut tout aussi dénuée d'intérêt que la précédente, sous le rapport des incidents; et si je n'avais rencontré, sur la lisière du chemin, plusieurs hauts-fourneaux pour fondre le minerai de fer, je n'aurais eu absolument rien à noter. Je m'arrêtai pour questionner les ouvriers, et je recueillis divers échantillons du fer qu'ils avaient obtenu.

Voici le traitement auquel ils soumettent le minerai, qui paraît très-abondant dans la contrée :

On creuse un trou en entonnoir d'environ 0,80 centimètres de profondeur et on le remplit de paille allumée. Après cette opération, qu'on renouvelle jusqu'à ce que les parois et le fond du trou soient parfaitement secs, on le remplit de nouveau de paille, à laquelle on ajoute du charbon de bois. On en ferme ensuite l'ouverture au moyen d'un plan en maçonnerie de terre. Sur ce plan, percé au centre, on place encore de la paille et du charbon, ainsi que des branches sèches; puis, par-dessus, du bois coupé court, en inclinant les bûches les unes contre les autres. Quand on est parvenu à une certaine hauteur en suivant cette disposition, on place le minerai, et on bâtit ensuite, avec de la terre mouillée, un fourneau, percé par le bas de plusieurs soupiraux. On donne à ce fourneau, qui enveloppe les plans de bûches superposées et le minerai, une hauteur qui varie entre 3m,50 et 4 mètres. Sa forme est un cône tronqué au sommet. On met le feu et on l'alimente pendant huit heures, dix au plus. La coulée de fonte résultant de ce grillage se rend au fond du trou, d'où on la retire en démolissant le fourneau; elle est soumise ensuite à la forge.

Ce fer, qui a d'excellentes qualités et qui est très-fusible, puisqu'il ne lui faut que huit ou dix heures pour entrer en fusion, sert à confectionner divers objets dont les principaux sont : des houes, le seul instrument aratoire en usage; des haches, des poignards, des fers de lance et de flèche, des fers à esclaves, des rasoirs, des ferrures pour les portes, des bracelets et même des bagues.

On emploie aussi, pour le traitement du minerai de fer, des creusets dans lesquels on place, pêle-mêle, du minerai et des matières combustibles. La combustion est activée au moyen d'un petit soufflet à main. Par ce procédé expéditif on n'obtient qu'une petite quantité de fonte; mais néanmoins c'est celui qu'on préfère.

Au village où je fis halte pour déjeuner, j'essuyai un accueil encore plus malveillant que celui dont j'avais eu à me plaindre dans ma précédente station : on voulut me renvoyer d'un endroit où nous avait établis un homme du village. Cette brutale manière de traiter les étrangers qui ne voyagent pas sous la protection d'un agent de l'almamy, est, du reste, très-familière aux habitants de la Sénégambie qui vivent en relations avec ce qu'ils appellent des *blancs.* Les nègres qui ont des rapports ordinaires avec les traitants, dont, chose singulière, ils n'ont pourtant qu'à se louer, ne sont, en effet, ni respectueux, ni hospitaliers avec ceux qui les leur rappellent; de plus, par une confusion très-fâcheuse, la qualification de *blanc* est donnée, dans les pays où paraissent nos traitants, à tout individu qui habite Saint-Louis, sans distinction de couleur. Ainsi, à ce compte, mes nègres étaient des blancs, les traitants cuivrés sont des blancs, et ce qu'il y a de plus drôle, c'est qu'ils s'appliquent à eux-mêmes cette expression. « Nous autres blancs, » disent-ils à chaque instant.

Il n'y avait donc rien de personnel dans le mauvais accueil que je recevais. Du reste, grâce à ma couleur, qui commençait à passer au pain d'épice, la méprise était très-pardonnable. Mais tout en abandonnant la question d'amour-propre, il restait encore la question de bien-être; et, comme il ne me convenait pas d'être chassé ainsi d'un village, sans avoir au moins bu à ma soif et m'être reposé quelques heures, je pris mes airs croque-mitaine et déclarai tout net au drôle qui voulait me renvoyer, que j'entendais quitter en effet ce mauvais lieu, mais pour un autre plus convenable. Mon attitude produisit l'effet que j'attendais, et le même individu, subitement adouci par ma feinte colère, me conduisit dans des cases très-propres, occupées par deux vieilles femmes. En voyant les *blancs* envahir leur demeure, elles firent une horrible grimace et essayèrent d'en défendre l'entrée; mais, enhardi par mon premier succès, je les poussai dehors, et m'installai sans façon à leur place. Usant ensuite de mon droit de vainqueur, je fis main basse sur tout ce que je rencontrai. Les vieilles n'étaient pas riches, et mon butin se réduisit à une jarre d'assez bonne eau et à quelques bûches de bois.

Je passai un certain temps dans le domicile de ces vieilles femmes, me prélassant sur leur tara et les narguant, par gestes et par regards, comme un écolier facétieux. Leur vexe était à son comble en m'apercevant, du coin de leur cour où elles s'étaient blotties, user ainsi en maître de leur propriété, boire leur eau, brûler leur bois, me moquer d'elles et, chose plus indigne, me réjouir du dommage que mes ânes causaient à leurs plantations de mil et de tabac.

Au moment de les quitter, je m'adoucis pourtant, et leur laissai quelques verroteries et quelques *coudées* de guinée, accompagnées d'un sermon dont la morale était qu'il fallait toujours être aimable avec les *blancs*... de toutes les couleurs.

Sait-on que le *cubitus* romain est passé dans les usages domestiques des nègres, et qu'il constitue la seule mesure de longueur connue? Il y a, comme on doit le penser, bien des tricheries à propos de cette mesure que chacun porte avec soi, et qui varie nécessairement selon la taille du personnage. On entend par coudée la longueur comprise entre le coude et l'extrémité du médium.

J'arrivai le lendemain à Bakel, après dix-neuf jours d'absence. Cette résidence apportait un si grand changement dans ma vie, que j'éprouvais toujours de la joie à y revenir.

A Bakel, j'employai mon temps à faire des expériences sur la marche de ma future caravane. J'étais parvenu, grâce à l'assistance de M. Hecquard et de M. Zéler, l'un commandant du fort, l'autre gérant du comptoir, à me procurer tous les ânes et tous les chevaux qui m'étaient nécessaires. Il ne me restait plus qu'à les habituer à leur fardeau, et à disposer ceux-ci de telle sorte qu'ils pussent être facilement chargés et déchargés. J'avais aussi écrit à l'almamy pour lui rappeler que je n'attendais plus, pour effectuer mon voyage au Bambouk, que le guide qu'il m'avait promis.

Malgré mon impatience, la missive de mon ami Sadda me prit à l'improviste. Son épître avait le laconisme arabe qui n'admet pas les formes gracieuses de notre correspondance.

« Si dans trois jours tu n'es pas arrivé à Boulébané, disait-il, tu ne m'y trouveras plus, et tu n'auras pas l'homme que tu m'as demandé. *Salam aleik.* »

Je fis immédiatement mes dernières dispositions, et le lendemain de la réception de la lettre de l'almamy, j'étais prêt à partir. Le fort n'était encore que ma première halte, toute remplie de souvenirs du pays. On y vivait de la vie civilisée ; on y pouvait échanger des pensées, et, à part l'aspect sauvage des habitants, on pouvait encore se croire sur une terre amie; car on y parlait la langue natale, si douce aux oreilles de l'exilé.

Ce fut le 26 janvier 1847, quarante-huit jours après mon débarquement du *Serpent*, que j'abandonnai la dernière forteresse française de nos possessions du Sénégal. Mes nègres ne voulurent pas partir avant d'avoir offert un sacrifice, coutume moitié païenne et moitié juive, qui fait couler le sang des victimes pour se rendre Dieu favorable. Dans ces sortes d'holocaustes, la victime doit être en rapport avec l'importance de la faveur à obtenir et le nombre des mauvaises chances qu'on a supputées contre soi. Mes nègres, estimant sans doute que la réussite de l'entreprise n'avait pas beaucoup de chances, sacrifièrent au pied du fort un bœuf gras et de haute taille. Le marabout du lieu fit l'office de sacrificateur, en prononçant les paroles sacramentelles, que mes nègres répétèrent le front dans la poussière. Après quoi ils trempèrent leurs mains dans le sang de l'animal et en abandonnèrent les dépouilles aux pauvres.

Il est temps de faire connaître le personnel de mon expédition, la composition des objets destinés aux cadeaux des chefs et à l'achat de ma subsistance, ainsi que les moyens de transport de ces objets.

J'avais d'abord pour secrétaire M. Panet, mulâtre de Saint-Louis. C'était un jeune homme qui avait rempli les fonctions de trésorier de la colonie et m'avait été chaudement recommandé. Il était venu s'offrir lui-même, mettant pour toute condition d'avoir un titre d'employé du gouvernement ; modeste désir que le gouverneur s'était empressé de réaliser, en lui donnant une commission d'employé auxiliaire du commissariat de la marine.

Après M. Panet venait, dans l'ordre hiérarchique, un noir de Saint-Louis, qui avait beaucoup voyagé dans la haute Sénégambie, et avait la prétention de parler toutes les langues de l'Afrique. Je donnai à cet homme le titre pompeux de chef de caravane, accompagné de 1,500 fr. d'appointements.

Deux gourmets (1), six laptots, deux anciens spahis, mon domes-

---

(1) Grade équivalent à celui de quartier-maître dans la marine (caporal). Je ne me charge pas de donner l'étymologie de ce mot.

tique et celui de M. Panet, complétaient mon personnel et en élevaient le chiffre, moi compris, à quinze personnes.

Un vieux marchand voyageur, cordonnier de son état, que mes hommes avaient nommé le père Ségo, par allusion aux fréquents voyages qu'il avait faits dans ce pays, dont il se plaisait à parler sans cesse, s'était en outre joint à nous.

Mon matériel se composait d'objets variés à l'infini. On y trouvait de la soie et des lorgnons, de la mousseline et des kaléidoscopes, des boîtes à musique et du drap rouge, des coupes en argent, du corail, de l'ambre, des dragées, des pièces de 5 fr., des lunettes pour les myopes, des robes de chambre en cachemire de couleur tranchante, des miroirs, des tabatières, de la vraie et de la fausse bijouterie, des sonnettes et des hameçons, des couteaux de toutes formes et de toutes valeurs, depuis l'eustache à deux sous jusqu'au couteau-poignard à manche incrusté d'ivoire et d'argent.

Il y avait aussi, dans mes caisses de voyages, des fusils, des sabres et des pistolets, de la poudre et des balles, des verroteries assorties, du calicot, de la guinée, du fil à voile, et des foulards imprimés représentant la vie illustrée de l'amiral Cécille et la prise de Constantine.

Pour transporter ces formidables bagages, j'avais un cheval de bât et quinze ânes.

Quant à mes provisions particulières, elles se composaient de livres, de 2 kilog. de fécule et d'autant de cacao, d'un peu de sucre, de six bouteilles de Madère, qui devaient, hélas! bien peu durer, car elles furent cassées le même jour; d'une de vinaigre, de quelque effets, et de 500 grammes de sulfate de quinine. Cette dernière provision était celle que je comptais le plus soigner.

Tous mes bagages étant placés sur le dos des bêtes de somme, je donnai le signal du départ. Je savais par expérience qu'il y avait toujours du désordre au début d'un voyage; mais il y a désordre et désordre, et je déclare que la langue française n'a pas de mots pour exprimer ce qui se passa dans ma caravane à deux cents pas du fort. Plusieurs ânes avaient jeté leur fardeau et couraient dans toutes les directions, poursuivis par la moitié de mes hommes; d'autres ânes se roulaient par terre, tout chargés; d'autres, abandonnés par leurs conducteurs, s'en allaient à l'aventure, faisant des efforts désespérés pour imiter leurs camarades et conquérir, à leur tour, la liberté dont ils les voyaient jouir.

On fit halte; on rallia les fugitifs; on rechargea et on repartit. Cette première mésaventure me trouva impassible.

Un peu plus loin recommença la révolte de mes roussins. Je visitai ma caravane de la tête à la queue ; et je vis, tantôt un âne couché avec sa charge et refusant de marcher, tantôt une charge abandonnée, tantôt un âne qui traînait sur le sol son fardeau dont il n'avait pu parvenir à se débarrasser tout à fait. Mes hommes, complétement inexpérimentés dans la profession d'âniers, avaient perdu la tête ; ils criaient, battaient les ânes, se mettaient dix pour en recharger un seul, sans songer qu'ils en abandonnaient neuf à leur indiscipline.

Une partie de mes charges avaient déjà éprouvé des avaries graves ; ma boussole nivellatrice avait été jetée à terre avec violence, et différentes pièces d'appui se trouvaient décollées ou brisées dans sa boîte ; son pied était cassé. Plusieurs cantines étaient à moitié défoncées. Outre ces accidents, quatre ou cinq ânes avaient disparu.

La nuit était venue. Je fis arrêter. Nous avions parcouru un kilomètre en quatre heures.

Nous campâmes dans une plaine garnie de petits arbres ; et, dès que nous eûmes réuni toutes les charges, qu'il fallut très-souvent porter à dos d'homme, je pus m'abandonner librement aux charmes d'une belle nuit, éclairée par un magnifique clair de lune. Je me promenai longtemps autour de mon bivouac, songeant que les désagréments que je venais d'essuyer n'étaient rien en comparaison des difficultés que j'allais rencontrer ; et je finis pas considérer les chutes de mes charges et l'insurrection de mes ânes comme un avertissement adressé à ma patience.

J'avais envoyé demander à Bakel un renfort d'hommes et de bêtes de somme. Au point du jour, le commandant m'expédia trois soldats noirs, et me fit dire que quatre autres allaient bientôt les suivre. On avait rattrapé déjà les ânes disparus la veille ; une fois libres, ils avaient pris le chemin de leur écurie, et on les trouva broutant tranquillement l'herbe du fort.

La disposition des charges était devenue fort difficile à cause des événements de la veille, à la suite desquels presque toutes mes installations avaient été détruites. Nous nous mîmes courageusement à l'œuvre, et après trois heures d'un travail très-actif, nous eûmes la satisfaction de voir tous les ânes en marche.

A huit heures et demie, je montai à cheval et abandonnai le dernier, comme le capitaine d'un navire naufragé, le théâtre de ce que je puis bien nommer aussi mon naufrage. Après m'être assuré qu'il n'y avait rien d'oublié et que tout le monde était parti, je parcourus, impatient de connaître comment les choses se passaient, l'immense ligne qu'occupait la caravane. Hélas ! le spectacle de désolation que j'avais vu la veille et que voilaient à demi les ombres du crépuscule, s'offrit encore à mon regard affligé, mais éclairé par un soleil de feu et varié à rendre fou.

J'avais quinze ânes à passer en revue, pas un seul ne se trouva dans une condition naturelle. Charges abattues, ânes renversés, ânes en fuite, voire même ânes tout chargés suspendus à des arbres, et abandonnés ainsi au milieu de bois épineux ; tel fut, dans un développement de plus de 2 kilomètres, ce qu'il me fallut contempler.

J'avouerai que j'eus un instant l'idée de réunir toutes mes charges et d'y mettre le feu, tellement je fus saisi de désespoir à la vue de la déplorable confusion qui, pour la seconde fois, venait se jouer de mes combinaisons. J'avais pris en effet tant de peine pour organiser mon matériel ; j'avais fait faire des cantines ferrées, des bâts avec boucles, courroies et crochets, et tout cela était arraché, brisé, déchiré !

Et quel pays aussi ! Dire que voilà deux cents ans que nous y sommes, et que nous n'avons pas encore pu déterminer les habitants à accepter notre monnaie en échange de leurs produits ! Conçoit-on que pour une jatte de lait il faille déballer vingt articles, et voir souvent, après toute cette peine, remporter le breuvage qui vous a tenté pendant une heure, faute d'avoir pu satisfaire le désir de celui ou de celle qui cherchait à l'échanger ? Et ainsi de tout !

Nous parvînmes à midi et demi, quatre heures après notre départ, à Kouniam-Sissé, village distant de notre point de halte de la nuit précédente, de 6 kilomètres seulement. C'était plus que dans la première marche ; mais, en considérant qu'hommes et bêtes étaient exténués, il n'y avait pas beaucoup à se réjouir d'un pareil progrès.

J'obtins du lait aigre et du mil pour les hommes, et après une légère collation, nous repartîmes. Cette troisième étape fut plus satisfaisante que les précédentes ; mes hommes commençaient à s'accoutumer à la conduite des ânes, et ceux-ci semblaient se résigner à supporter un joug dont ils ne parvenaient à se délivrer qu'un moment, pour le retrouver bientôt après, encore plus dur et plus pesant.

Par suite des accidents habituels, la caravane se divisa, et je parvins, avec la partie la moins agile, à un village du nom de Dara, renonçant à rattraper la portion qui me précédait. Les routes étaient sûres et je n'avais rien à craindre.

Le court délai fixé par l'almamy m'avait empêché de me préoccuper d'un guide; et bien que j'eusse eu, tout récemment, à souffrir de l'absence de ce précieux secours, je n'hésitai pas à m'aventurer encore à travers le pays inhospitalier de mon trop indifférent ami Sadda.

A Kouniam, les choses s'étaient néanmoins bien passées. J'avais obtenu, moyennant une assez convenable quantité de verroteries, de poudre et de coudées de guinée, les denrées nécessaires aux premiers besoins. A Dara, nous trouvâmes d'abord un officieux qui fit toutes sortes de frais pour nous; il nous offrit de l'eau et une place dans l'enclos de ses cases. Encouragé par cet accueil, je fis demander, pour mes nègres et pour moi, de quoi préparer notre repas. Le village assembla son conseil; et, après une longue délibération, pendant laquelle j'avais pris le parti de tromper l'ennui et l'appétit en dépeçant, *coram populo*, l'inévitable poule africaine, le chef du village me fit savoir qu'il n'avait rien à me donner ni à me vendre. C'était au fond la même chose; car donner, c'est vendre sans prix arrêté, c'est-à-dire avec des difficultés imprévues. Mon repas avait été pris, comme de coutume, en nombreuse et bruyante compagnie, et au son d'un instrument à cordes qui joua le même air pendant une heure, et quel air! L'instrument dont je parle est une espèce de violon fait avec des crins de cheval tendus sur une moitié de callebasse; l'archet est en bambou.

La réponse du chef ne pouvait satisfaire mes nègres. Ils venaient de mériter un meilleur traitement par la manière dont ils s'étaient acquittés de leur difficile besogne. J'insistai, menaçai de l'almamy, criai bien haut; rien n'y fit. Mes pauvres nègres furent forcés, après une longue et pénible marche, de se coucher sans souper.

Le lendemain, quand il fallut partir, j'avais au milieu de mes bagages un cercle très-épais de curieux insolents que j'eus beaucoup de peine à écarter.

Je rencontrai à Samba-Counté, où nous arrêtâmes vers midi, les ânes qui nous avaient devancés la veille. C'était à Samba-Counté que j'avais déjoué les mauvaises dispositions des habitants en employant, avec plus de succès qu'à Dara, la méthode des effets de voix et des froncements de sourcils. Je n'eus pas besoin cette fois d'avoir recours à ce procédé; car le chef du village, absent lors de mon premier passage, se mit de lui-même en devoir de nous bien traiter; et grâce à lui, mes hommes purent réparer les outrages de leur jeûne de la veille, en faisant honneur à un copieux sanglet au mouton préparé par les soins d'une de ses femmes.

On eût dit que ce n'était plus la même population qu'à mon précédent et tout récent voyage; hommes, femmes et filles se pressaient à l'envi autour de nous, avec des démonstrations presque affectueuses. La fille du chef, une fort jolie fille, ma foi, m'accabla particulièrement de prévenances que je m'empressai de reconnaître en lui offrant des bracelets en grains de verre, un miroir et des dragées. On voit que je n'avais rien négligé pour me faire bien venir des filles du Bondou; mes dragées surtout faisaient fureur.

Lorsque je fus un peu reposé, le chef du village m'emmena à l'écart; il avait un air de mystère qui me fit trembler : c'est, en effet, le moyen ordinairement employé pour exposer un besoin urgent. Mais j'avais, dans ma pensée, calomnié l'honnête chef. Chose inouïe, c'était lui qui voulait me donner; le digne nègre désirait m'offrir un grigri qu'il avait fabriqué, tout exprès pour moi, de ses mains vénérées, car c'était un saint marabout.

« Va, me dit-il, va, ô voyageur blanc; le prophète te protégera si tu gardes fidèlement le commandement que voici : A chaque village où tu arriveras, place ce grigri dans de l'eau, et baigne-toi ensuite dans cette eau. »

Le commandement semblait facile à suivre; mais, emporté par son zèle, le bon marabout avait oublié qu'il présentait certaines difficultés d'exécution dont la première était le manque d'eau dans la plupart des villages. Quoi qu'il en soit, je m'empressai de reconnaître son excellente intention, en promettant de suivre ponctuellement sa recommandation... chaque fois que je rencontrerais une baignoire, ajoutai-je tout bas en français, pour calmer les troubles ultérieurs de ma conscience. Avec cette restriction rationelle, car la baignoire est un meuble aussi inconnu des nègres que le cercle de Borda, je pouvais hardiment promettre.

Dès que je fus éloigné du chef, je soumis à une profane investigation mon précieux talisman, qui se composait tout prosaïquement de graines de cotonnier entourées d'un fil de coton.

Je profitai de cette patriarcale hospitalité pour louer deux ânes destinés à soulager mes bêtes. Je leur devais cette preuve d'intérêt en récompense de la soumission qu'elles montraient depuis la veille.

Au moment de monter à cheval, le marabout me prit encore à l'écart pour me recommander de suivre ponctuellement ses instructions, et de ne parler à personne de ce qui s'était passé entre nous.

La marche se serait faite en assez bon ordre si le père Ségo, le vénérable *sapatero*, n'eût mis une désespérante opiniâtreté à monter sur son âne. L'âne, qui ne voulait pas se plier à cette fantaisie de son maître, le jetait impitoyablement à terre, lui et son chargement, aussitôt qu'il était parvenu à s'établir sur la bête. Ce manége, qui se renouvela plus de trente fois, nous prit beaucoup de temps, car le vieil écuyer était peu agile. Impossible d'ailleurs de faire comprendre au bonhomme qu'il choisissait mal le moment pour l'éducation à laquelle il se dévouait. Je finis par arrêter court la persévérance du père Ségo en lui signifiant que je l'abandonnerais, lui et sa monture, s'il persistait dans son dessein.

Le conducteur des ânes que j'avais loués était un jeune nègre amputé d'une jambe. Son air doux me toucha, et je m'approchai de lui pour m'enquérir des causes de l'accident qui l'avait privé, si jeune, d'un de ses membres. Le pauvre enfant m'apprit qu'il était affligé de cet horrible mal extrêmement commun chez les individus de race noire, qu'on appelle, je crois, dans les colonies, le *mal rouge* des nègres. C'est une espèce de lèpre qui ronge les chairs, faisant tomber successivement les articulations des doigts et des orteils, et remontant ainsi jusqu'aux bras et aux jambes, qui tombent eux-mêmes rongés par ce mal dévorant.

Cette lèpre peut aussi se communiquer aux Européens. J'ai vu à Saint-Louis, il y a une dizaine d'années, un de mes compatriotes en mourir, après avoir passé par toutes les horribles phases que je viens d'indiquer.

Ce jeune nègre avait donc eu la jambe attaquée par cette effroyable maladie. Déjà le pied avait disparu, et l'os de la jambe, dénudé jusqu'aux environs du genou, montrait que l'articulation de ce membre allait bientôt être atteinte, quand le malade, prévenant les ravages du mal, se décida à couper lui-même les téguments qui tenaient encore sa jambe, et à brûler avec un fer rouge la plaie qu'il venait de se faire. Il avait obtenu par cet acte de courage une guérison complète, et il s'en réjouissait beaucoup en me racontant ces détails. Il marchait avec une jambe de bois semblable à celles qui sont en usage parmi nous, quoique d'un travail plus grossier, et ne paraissait pas, tellement il était gai et leste, regretter la jambe qu'il n'avait plus.

J'abandonnai un instant le père Ségo et l'amputé pour aller en avant jeter un coup d'œil sur mes bagages.

Après avoir cheminé assez longtemps sans voir mes hommes, je regardai le sol, et je m'aperçus que je m'étais perdu. J'étais seul au milieu d'une forêt d'acacias, et depuis longtemps je ne suivais plus le sentier frayé. J'essayai en vain de le reprendre; mes efforts n'aboutirent qu'à m'enfoncer plus avant au centre de la forêt. Les arbres, d'abord espacés, se rencontraient déjà par masses serrées, et je n'avais même plus pour me guider les empreintes des pas de mon cheval : elles s'étaient, dans mes recherches, tellement multipliées sur le sol, qu'il était impossible de retrouver le sentier qui m'avait conduit où j'étais.

Je résolus de prendre une direction au hasard, et de la suivre jusqu'à ce que je rencontrasse un chemin. Mais cette détermination ne s'accomplit pas sans accidents, à cause des épines qui garnissaient les arbres, et que je ne pouvais éviter qu'en renonçant à examiner le sol. J'avais déjà aux mains et au visage de profondes égratignures, quand je me trouvai tout à coup enlevé de ma selle et accroché par la tête, exactement comme Absalon de sinistre mémoire, aux branches épineuses d'un robuste acacia. Heureusement mes cheveux étaient courts, et je pus sortir de cette situation difficile en abandonnant aux odieuses épines du mimosa une portion de mon chapeau, un mouchoir qui était dedans, et quelques cheveux attenant à un morceau de mon cuir chevelu.

Le soleil commençait à baisser lorsque je reconnus sur le sable les traces du passage d'une troupe assez nombreuse de gens et d'ânes. Je lançai mon cheval au galop, et une heure après j'arrivais sur le père Ségo, qui, me croyant devant lui, faillit mourir d'épouvante en m'apercevant par derrière, les vêtements déchirés et la figure en sang.

Il me tardait de rejoindre la caravane. Tout s'était admirablement passé; mes roussins avaient porté fièrement leur charge et marchaient encore d'un pas ferme. Il advint même de mon aventure que mes hommes, n'ayant pas d'ordre pour s'arrêter, avaient dépassé de 12 à 13 kilomètres le point où je comptais camper. Les meilleurs marcheurs s'étaient cependant déterminés à m'attendre au village de Dandé, où je les trouvai établis au milieu d'un parc à bœufs, que les habitants du village avaient bien voulu leur permettre de partager avec ses occupants ordinaires.

Les gens de Dandé parurent vouloir me faire oublier l'accueil désagréable que j'en avais reçu récemment. Je les aurais même trouvés aimables s'ils n'eussent poussé la curiosité jusqu'à l'indiscrétion. Les femmes aussi daignèrent s'humaniser et faire trêve à leur maussaderie habituelle. L'une vint m'apporter du lait, une autre du mil; et tout cela sans condition, chose rare dans le Bondou, mais rare surtout de la part du beau sexe. J'insiste sur ce point et j'ai mes raisons. En effet, sauf un très-petit nombre d'exceptions, je n'ai jamais pu inspirer à la plus belle moitié du genre humain de la Sénégambie qu'un sentiment d'indicible terreur.

Je m'empressai de répondre à ces prévenances inusitées en envoyant à ces bonnes âmes ce qui pouvait le mieux leur plaire des objets renfermés dans mes bagages, et je n'eus garde d'oublier les dragées et les miroirs.

Excitée par ma galanterie, la générosité des femmes de Dandé ne connut plus de bornes. Tantôt c'étaient de grandes callebasses de lait, du contenu de 3 à 4 litres; tantôt des ragoûts de toute sorte, à nourrir quinze nègres affamés. Des jeunes filles furent même jusqu'à me préparer une de ces abominables friandises de leur pays, dans laquelle le beurre rance, le miel, les pistaches et le poisson sec se trouvaient confondus. Mes nègres, qui profitaient de tout cela, étaient dans l'enchantement.

Le soir il y eut réception autour de moi. J'étais accablé de mille questions bizarres, ridicules, comme pouvaient en faire des gens ignorants et barbares. Une des opinions des nègres, rapportée par tous les voyageurs, et qui n'en est pas moins bonne à consigner ici, est que les blancs sont des gens vivant dans l'eau, ou du moins sur la mer. Je m'efforçai de les désabuser, mais je ne me flatte pas d'y être parvenu.

J'oubliais de dire que cette confiance avait été déterminée par une de ces causes fortuites qui viennent, au moment où on y compte le moins, vous conquérir des sympathies là où on croit souvent ne rencontrer que des défiances et de l'aversion. C'était une cravache, une simple cravache qui avait mis tous ces gens en liesse et m'avait gagné leurs bonnes grâces. La pomme de la mienne représentait une tête de chien, qu'un curieux plus effronté que les autres avait distinguée dans ma main. Cette imitation lui parut un prodige; il en causa avec ses camarades, et bientôt chacun sut dans le village que le blanc avait un grigri — tout est grigri pour ces bons nègres — dont la ressemblance était parfaite avec une tête... d'éléphant. Ma cravache passa de main en main, et ce fut ma complaisance à la montrer qui me valut tout ce succès.

Je dormis cette nuit-là d'un meilleur sommeil. Je venais de rencontrer une bonne veine à cette mine si pauvre que nous nommons la

race noire. Je me trouvais aussi allégé d'un grand poids en voyant s'é-
vanouir les craintes que m'avaient d'abord causées la marche de ma
caravane.

De bonne heure, le lendemain, nous nous remîmes en route. En
quatre ou cinq heures nous pouvions atteindre Boulébané : aussi chacun se montra-t-il empressé à faire son travail. Le repas avait été copieux et succulent la veille; et Boulébané, cette Babylone des nègres
de mon escorte, était là devant eux avec ses séduisantes griottes et
ses bruyants tamtams.

Arrivé au village où je comptais faire ma première halte, j'appris
que l'almamy était parti. Grâce aux lenteurs de notre marche, les
trois jours qu'il m'avait fixés étaient en effet écoulés depuis le matin.
A cette nouvelle je continuai ma route, accompagné seulement d'un
interprète, et laissant la caravane sous la conduite de M. Panet. Je ne
voulais pas manquer Sadda; car il me fallait absolument, pour exécuter mon voyage au Bambouk, l'agrément de ce chef et un guide pour
me diriger.

Une heure après avoir quitté mon monde, je parcourais les rues désertes de Boulébané. On m'avait dit vrai : tous les hommes en état de
porter les armes avaient suivi Sadda, qui s'en était allé guerroyer contre
les Mandingues de la Gambie; mais je sus bientôt qu'il attendait, à trois
lieues de Boulébané, les derniers détachements de son armée.

Sans mettre pied à terre, je pris avec mon trucheman la route qu'on
m'indiqua. Je n'avais pas parcouru un kilomètre, que je me trouvai
en présence de son ministre Tsapatto, accourant au-devant de moi, par
ordre de son maître, pour m'annoncer que le lendemain il me recevrait au lieu où il était campé.

Nous revînmes ensemble à Boulébané, où l'on m'installa, sur ma
demande, dans la banlieue, chez d'honnêtes captifs chargés de la garde
des troupeaux de *Sa Majesté*. J'avais motivé cette demande sur ce
que mes charges auraient de la difficulté à passer par les portes du
village; mais la véritable raison, c'était l'espoir d'échapper aux ennuis
que m'avaient fait éprouver à Boulébané les griots, les griottes et les
mendiants; espérance vaine, ainsi qu'on le verra bientôt.

CHAPITRE VII.

Dernière entrevue avec l'almamy à sa maison de campagne. — Le Poulh Adama et sa collation. — La princesse Penda. — La fille de l'almamy. — Le guide et ses prétentions. —
Sénou-Débou. — Réflexions sur cet établissement.

—————

Il ne faisait pas encore jour quand Tsapatto et le tamsir vinrent
m'arracher aux douceurs du sommeil. Je me réveillai brusquement,
tout surpris de me trouver couché au milieu des bœufs confiés à la
garde de mon nouvel hôte. Dès que je fus prêt, nous partîmes.

Deux heures suffirent pour m'amener, à travers un pays pittoresque,
à la résidence de Sadda.

Au lieu du palais d'été que m'avait prétentieusement annoncé le tamsir, je trouvai des cases médiocrement propres et d'une architecture peu
recherchée. J'étais désappointé; car j'avais espéré rencontrer, sinon un
Alcazar, du moins quelque construction originale qui n'eût pas été
indigne d'une description. Je me calmai, comptant me rattraper sur l'armée : je m'étais dit qu'une troupe de nègres en équipage de guerre
devait offrir un spectacle assez curieux, et je m'en réjouissais d'avance.
Nouveau mécompte! l'armée était partie. Je frissonnai en songeant que

ma seule distraction allait être vraisemblablement un vulgaire palabre avec mon interlocuteur habituel.

En route, mes deux compagnons m'avaient averti que ma requête serait bien accueillie si je l'accompagnais de quelque don. Le conseil était tardif ; mais je pouvais néanmoins tout arranger en prétextant un oubli.

L'almamy me reçut avec un bon visage ; puis il se mit à s'adresser à lui-même force compliments pour avoir, à cause de moi, enfreint les règles du décorum : « Un almamy — me répétait-il fréquemment d'un air d'importance, — un almamy n'attend jamais personne ; vois comme je suis bon prince ; comme je suis simple, aimable, complaisant... » J'applaudis à ces louanges en m'inclinant profondément.

Après avoir demandé à Sadda un guide qui connût le pays et qui eût sa confiance, je commis le mensonge convenu, en rejetant, avec toutes les apparences d'une vive contrariété, sur la précipitation de mon départ de Boulébané l'oubli de divers objets que j'avais préparés pour lui. Il s'épanouit tout à fait à cette déclaration, et me répondit qu'il allait les envoyer chercher. Il s'entretint ensuite avec mes deux compagnons du sujet de ma visite. A ma grande joie, l'entretien fut court : il était pressé de suivre son armée.

Je restai avec son ministre et son tamsir, qu'il venait de charger de me conduire à l'homme qui devait me servir de guide, et qui demeurait sur la route de Boulébané. Cet homme ne se trouvant pas chez lui, je continuai mon chemin, fort contrarié de ne pas avoir pu terminer de suite cette importante affaire. Tsapatto ne me quittait pas du regard ; c'était lui qui devait rapporter à Sadda les objets que j'avais été forcé de lui promettre.

J'étais depuis une heure de retour à mon logis, lorsque mon attention fut attirée par un homme qui rôdait autour de moi en me faisant de grands saluts accompagnés de sourires bienveillants. Quand il vit que je l'avais remarqué, il s'approcha d'un air timide et visiblement embarrassé. Cette attitude me surprit, car ce n'est pas celle que prennent les nègres qui font leurs demandes habituelles. J'appelai un interprète, et je sus bientôt que cette homme se nommait Adama-Samba, qu'il était Poulh, et qu'il avait eu l'idée de me préparer un mets de son pays ; mais qu'une fois préparé, il n'avait plus osé m'inviter à l'accepter.

Il y avait dans cette invitation, et principalement dans la manière dont elle était faite, quelque chose de si neuf pour moi, que je me hâtai de répondre à l'honnête Adama que sa politesse me flattait beaucoup, et que j'étais prêt à le suivre à sa case. Le brave homme exprima par des démonstrations très-vives la satisfaction que lui faisait éprouver mon empressement, et se mit en marche aussitôt.

Un instant après j'étais en présence de deux immenses callebasses contenant des poules et du riz cuits dans le beurre. Adama (Adam) avait nécessairement mesuré la capacité de mon estomac sur le sien; car le contenu de ces callebasses représentait au moins 3 kilog. de riz, et, à en juger par les têtes qui nageaient à la surface du ragoût, on pouvait penser que le nombre des volailles était au moins égal à une demi-douzaine.

Adam, dont la physionomie exprimait la satisfaction d'un homme qui vient de réaliser un grand dessein, m'observait avec une attention marquée : « Tu fais les choses en roi, » lui dis-je, comprenant sa préoccupation. Pour toute réponse, il jeta une natte par terre, et, me faisant signe d'y prendre place, il y posa les deux callebasses. Ce fut mon tour d'être embarrassé.

« Il est impossible, me disais-je, que je n'invite pas mon amphitryon à prendre sa part du festin qu'il m'a préparé. Or cette politesse aura nécessairement pour conséquence de m'obliger à plonger avec lui ma main droite dans la sauce abondante de son *perki;* — et je regardais avec défiance la main d'Adama qui me semblait d'une propreté très-équivoque. — Si je ne fais pas cela, je me conduis comme un rustre, je passe pour ne pas avoir d'*usage*, et, de plus, je blesse au cœur cet homme vertueux.... »

J'en étais là de mon monologue quand j'aperçus, à l'entrée de la case, tous mes nègres écarquillant les yeux en contemplant le *perki* d'Adama. Calculant, plus juste que lui, la puissance de mon appétit, ils avaient prévu que je ne ferais qu'une faible brèche à son dîner, et ils se tenaient là à tout événement.

« Nous croyons savoir ce qui t'embarrasse, me dit l'un d'eux, et nous allons faire comprendre à ce sauvage que les blancs ne sont pas faits pour manger à la gamelle avec un gardeur de vaches comme lui. » Et tout aussitôt il me présenta une fourchette et une assiette de fer.

Loin de se fâcher, Adama prit lui-même ces ustensiles et me les apporta, en me faisant de nouveau signe de me servir; puis, appelant mes nègres, qui ne se firent pas prier, comme on le pense, ils se mirent tous ensemble à attaquer le perki avec une si grande vigueur,

qu'en quelques minutes il ne resta plus que les callebasses, aussi pro·
prement nettoyées que si elles n'eussent jamais rien contenu ; les os
mêmes avaient disparu.

De retour à mes bagages, je m'empressai d'envoyer à ce type des
anciens jours, fourvoyé dans cette société dégénérée, un présent assez
beau pour conserver et encourager en lui les saines traditions de
l'hospitalité.

J'avais oublié Tsapatto et son maître, lorsque je fus rappelé à l'exécution de ma promesse de la matinée par la présence du ministre, en
tenue de guerre. Il n'attendait plus, me dit-il, pour rejoindre l'almamy, que les objets que je devais lui remettre.

Je viens d'employer une locution qui peut donner lieu à une équi-
voque. La tenue de guerre des nègres n'est ni le casque, ni la cuirasse,
ni rien qui rappelle à l'œil d'un Européen l'homme qui va combattre ;
l'équipement du nègre pour la bataille se distingue de son équipement
ordinaire par une plus grande abondance de grigris et par la manière
dont il ajuste son boubou ou son coussab. On sait déjà que ce vêtement est en étoffe de coton, qu'il enveloppe le nègre du cou à la che-
ville, et que, pour beaucoup, il est seul et unique. La différence qu'il
y a entre le costume de guerre et le costume de ville, c'est que, pour
la guerre ou la marche, le coussab et ses longues manches sont ra-
menés sur les épaules et autour de la ceinture, à peu près comme autrefois les soldats romains portaient leur toge ; et que, dans les circonstances ordinaires, il tombe librement. Dans ce dernier cas, il rappelle
d'une manière exacte la robe des magistrats. Quant aux armes, les
nègres en portent toujours avec eux ; c'est une affaire de tenue, un
complément indispensable de l'habillement. L'arme principale est le fusil ;
presque toujours on y ajoute le poignard, mais très-rarement le sabre.

Mon ami Tsapatto apparut donc comme un trouble-fête, représentant
trop fidèle de la réforme, ou, si vous aimez mieux, de l'idée révolutionnaire appliquée aux coutumes patriarcales, dont mon amphitryon
Adam venait de se montrer religieux conservateur.

Le parallèle qui s'établit dans mon esprit entre ces deux hommes, et
qui ne fut pas, comme on doit bien le penser, à l'avantage de Tsapatto, gâta la courte joie que je venais d'avoir. Il fallait, de plus, pour
satisfaire les cupides fantaisies de Sadda, défaire et refaire vingt caisses.

Cette journée se termina par un petit conflit entre mes hommes et
moi. Leur terrible appétit en était le prétexte. J'avais bien entendu
déjà quelques murmures à propos des repas qui n'étaient pas assez

NÈGRES DU BONDOU

Princesse Penda.   Homme de Boulébanc.   Ministre Tsepatto.   Jeune garçon, coiffure très à la mode

T. 1. p. 73.

copieux et des couscouss qui n'étaient pas assez gras; mais je n'y avais prêté aucune attention. Je pensais que ces estimables nègres finiraient par comprendre que le voyage que nous accomplissions ensemble n'était pas une partie de plaisir. Les murmures grossissant, je dus intervenir, afin de bien leur faire entendre que je n'avais pas engagé des gens amollis par le loisir et la bonne chère, mais des hommes énergiques, faits pour braver les privations et les dangers. Je terminai en leur déclarant que s'il s'en trouvait parmi eux qui craignissent la misère, ils devaient se retirer immédiatement. Un seul se trouva, et le pauvre diable fut tellement hué par les autres, qu'il eût bien voulu, je pense, retirer son aveu.

La matinée du lendemain commença gaîment. Je vis entrer, dans la case où l'on me permettait de résider, une jeune femme d'une taille élégante et d'une démarche presque majestueuse. Elle se présenta d'un air dégagé, avec un sourire gracieux, et en me disant bonjour en français. Sa figure ne manquait pas d'agrément, bien qu'elle offrît aussi, sauf la couleur qui était celle des Poulhs, les traits caractéristiques de la race nègre. Son costume, le plus gracieux et le plus recherché que j'aie encore vu sur une peau noire, mérite d'être décrit en détail.

Son front était entouré d'une couronne de corail rouge qu'on appelle au Sénégal *piment* : ce sont de petites branches de corail, noueuses et extrêmement irrégulières, qui ne peuvent être comparées à aucune chose connue. Au-dessous de cette couronne on voyait une tresse d'un bleu tendre; au-dessus, trois gros grains d'ambre, formant diadème. Chacune de ses joues était garnie de deux nattes de cheveux qui venaient se réunir au-dessous de la lèvre inférieure; un léger tatouage se remarquait au front, au menton et aux joues; celles-ci portaient, en outre, les trois incisions longitudinales et parallèles particulières aux Bambaras. Sa poitrine était couverte d'un immense voile de mousseline blanche, attaché au sommet de la tête et descendant jusqu'à ses genoux; son cou était orné d'un collier en gros grains d'ambre, d'un autre collier de cuir et de plusieurs prismes également en cuir, renfermant sans doute des grigris; les pagnes qui lui servaient de jupe étaient d'une étoffe de coton luisante, de couleur bleu foncé; ses pieds étaient chaussés d'élégantes bottines en maroquin mi-partie jaune et rouge; ses bras étaient chargés de gros bracelets d'argent.

La fraîcheur de ce costume, sa disposition, sa coupe, les couleurs variées qui s'y rencontraient, formaient l'ensemble le plus original que l'on puisse imaginer.

Mon élégante visiteuse, qui portait fort bien sa toilette, m'apprit qu'elle se nommait Penda; qu'elle était femme du tounka du Goye et fille du roi des Bambaras. Ce dernier titre eût suffi pour me décider à la traiter avec la plus grande distinction, car j'allais bientôt avoir besoin de son père.

La princesse, puisque princesse il y a, accepta mon déjeuner, et, à ma très-grande surprise, se montra familière, non-seulement avec nos usages, mais encore avec nos ustensiles de table.

Selon la coutume des grandes dames du pays, elle avait avec elle plusieurs captives et son griot. Celui-ci était l'objet de ses attentions les plus délicates; elle lui offrait les meilleurs morceaux de tout ce qu'elle prenait. Penda daignait aussi ne pas m'oublier dans cette distribution; mais c'était l'inverse : quand elle ne voulait plus d'une chose, elle me la jetait gracieusement dans mon assiette, et, sous peine de lui causer un grand déplaisir, me souffla tout bas un de mes nègres, je dus me montrer très-sensible à cette attention.

Jusque là, les choses allaient à merveille. Penda avait bien voulu me permettre de prendre d'elle un croquis que je parvins à rendre un peu ressemblant; j'étais très-content d'avoir fait une connaissance qui pouvait m'être utile; ses façons, son affabilité, me plaisaient aussi beaucoup.

Après avoir bien déjeuné et s'être fait donner, entre autres objets, plusieurs pièces de 5 francs, sous prétexte de réparer un de ses bracelets, Penda me soumit, comme elle l'eût fait à son fournisseur, un aperçu de ses besoins les plus urgents. J'aurais vidé toutes mes caisses que je fusse à peine parvenu à la satisfaire; aussi, quelque ennui que j'éprouvasse à refuser mon illustre convive, je dus demeurer inébranlable et résister à ses caressantes suppliques. A bout de moyens, Penda se livra à la colère la plus violente, m'accabla de paroles injurieuses, et quitta brusquement ma case, en emportant, bien entendu, ce qu'elle avait d'abord obtenu de ma galanterie.

Cette aventure, quoique très-commune parmi les nègres, me causa une pénible impression; mais elle s'effaça vite en apercevant Adam qui avait assisté à cette scène et s'efforçait de m'exprimer, du regard et du geste, combien il en était peiné. Je donnai à Adam des étoffes et de l'argent, obéissant à un mouvement de sympathie, mais cédant aussi au besoin de donner une leçon à cette vilaine race. Le pauvre homme ne comprenait rien à cette recrudescence de générosité; et comme j'étais fort animé, il me crut fâché et montra de l'hésitation à accepter ce que je lui présentais : « Prends, prends, lui dis-je, je te donne parce que tu ne demandes rien. »

J'allais sortir pour faire ma promenade, quand une femme que j'avais remarquée auprès de Penda s'approcha de moi et me dit : « C'est une *Bambara*, et les Bambaras ne sont pas raisonnables. Tu as bien fait de ne lui rien donner. Moi, qui suis plus discrète, je ne te demanderai que de la mousseline, de la guinée, du sucre, des verroteries, du corail... » Il me prit une violente envie de faire jeter hors de ma case cette nouvelle mendiante; et je me serais certainement passé cette fantaisie, si un de mes nègres ne m'avait dit bien vite que c'était une fille de l'almamy.

Si jamais je deviens un personnage dans le gouvernement du Sénégal, je demanderai, comme la plus morale des réformes, la suppression absolue des coutumes officielles et la prohibition des dons volontaires. Dût-on se battre pendant vingt ans pour inaugurer ce régime, on y gagnerait encore; car il est clair comme le jour que l'habitude contractée par les nègres de voir dans les blancs des caissiers obligés, est la principale cause de nos embarras politiques et de la dégradation de la race noire.

Le soir arriva le guide annoncé par l'almamy. Encore sous l'impression des incidents désagréables qui m'avaient assailli dans la journée, je le reçus avec des préventions peu favorables qu'il s'empressa de justifier. Je le congédiai dès les premiers mots : il me demandait 1,000 francs de valeurs pour me faire voyager huit jours.

Tout cela m'avait agacé extrêmement et me faisait éprouver un violent besoin de verser sur quelqu'un le trop-plein de ma colère. De tous les hommes du Bondou que je connaissais, le tamsir était celui qui m'avait paru le plus sympathique aux ennuis que depuis longtemps déjà je subissais dans son pays. Ce fut pourtant lui que je choisis pour me plaindre de ses compatriotes, et particulièrement de l'indignité de Sadda, qui, après avoir été comblé par moi de toutes sortes de présents, me faisait traiter avec une pareille insolence par un de ses captifs.

Pour bien comprendre mon mécontentement, il faut savoir qu'au Bondou une valeur de 1,000 fr. est aussi considérable que 5,000 fr. chez nous, et que, dans les habitudes des naturels, les services que j'attendais eussent été récompensés d'une manière splendide avec 30 ou 40 fr. Le tamsir s'associa à mes amertumes; puis, cette satisfaction donnée à ma mauvaise humeur, il me promit de partir le lendemain pour aller exposer mes griefs à l'almamy. Il fut décidé, en outre, que pour leur donner un caractère plus solennel, j'adjoindrais M. Panet à la députation.

Le lendemain, dès l'aube, mes hommes étaient debout et procédaient à la difficile besogne de charger les ânes. Je reconnus par un présent les bons services de l'homme chez qui le ministre m'avait établi; c'était aussi un pauvre Poulh. Je pressai affectueusement la main du brave Adam, qui nous avait aidés avec un dévouement admirable; et le dernier, selon mon habitude, je suivis la caravane.

Il était dit que Boulébané ne me laisserait que des souvenirs pénibles. En sortant du groupe de cases où était notre campement, j'aperçus une foule compacte de gens du pays qui gesticulaient et parlaient avec force; et, au milieu, mes nègres, mon cheval de bât et mes ânes. C'étaient les hommes du village qui s'opposaient au départ de la caravane, parce que l'un de mes nègres n'avait pas acquitté le prix d'un service qui lui avait été rendu. Je payai le prix réclamé, et pus enfin continuer ma route, priant Dieu de me préserver dans mon voyage de la peste, du tonnerre, de la famine et d'une autre Boulébané.

Une enveloppe opaque, qui souvent voile le ciel à cette époque de l'année et cache entièrement le soleil, nous permit de cheminer sans avoir sur la tête ses rayons brûlants, toujours désagréables et souvent dangereux.

Après quatre heures et demie de marche, j'entrais dans le blockhaus de Sénou-Débou, où m'accueillait de la manière la plus aimable M. André, avec lequel j'avais tout récemment voyagé. A peine arrivé, je reçus une lettre de Barka qui m'invitait à aller chez lui pour, de là, me conduire au Kaarta et me remettre sous la protection du chef de ce pays.

Le ton de la lettre de Barka commandait la confiance. J'avais du reste à attendre de l'almamy une réponse à la réclamation que le tamsir était allé lui présenter; en second lieu, et quelle que fût cette réponse, il entrait dans mon plan d'accomplir un voyage au Bambouk, pour lequel la protection de Barka eût été une difficulté. Il résultait de tout cela que j'avais devant moi un temps plus que convenable pour peser et examiner mûrement les avantages et les désavantages des propositions qui m'étaient faites.

Bien que je n'eusse pas de projet arrêté, j'avais toujours un peu compté sur l'assistance de Barka, qu'on disait homme de parole et qui était notoirement, par suite d'alliances de famille, dans des rapports de parfaite amitié avec le chef des Bambaras.

Sénou-Débou est situé sur les bords de la Falémé, à une distance de Bakel d'environ 60 kilomètres. En 1843, la commission dont je faisais partie avait signalé ce village comme pouvant être avantageusement affecté à l'établissement d'un comptoir. Cette proposition ayant été acceptée, le gouvernement y fit élever un blockhaus l'année suivante.

L'établissement de Sénou-Débou se compose, en outre, de deux baracons enfermés dans une enceinte rectangulaire de 60 mètres environ de côté, présentant à chaque angle un bastion en maçonnerie armé d'un obusier de 12 c. La garnison de Sénou-Débou se compose de trente-six hommes, et quels hommes! Il y a bien longtemps que j'ai sur le cœur les pénibles impressions recueillies dans nos postes détachés; je veux le dégonfler une bonne fois.

Il semble rationnel que la garde des postes les plus éloignés, de ceux qui sont le moins susceptibles de ravitaillement et de secours, doive être confiée à des hommes choisis et dont le nombre soit assez élevé pour préserver l'établissement des attaques de l'ennemi. A Bakel et à Sénou-Débou, qui se trouvent dans cette catégorie, il n'y a pas un homme capable de servir une pièce et moins encore de la pointer.

L'autorité supérieure, j'en conviens, ne peut pas tout voir par elle-même. C'est bien fâcheux; car si les gouverneurs du Sénégal se transportaient à Bakel et à Sénou-Débou, et qu'ils examinassent ces positions, non au point de vue restreint d'une attaque qui, je le sais, n'a jamais été tentée, mais au point de vue plus élevé de l'influence française et de la protection à donner aux populations qui avoisinent nos postes militaires, — ou je suis un pessimiste qui ne mérite pas d'être écouté, ou ces gouverneurs seraient douloureusement affectés en voyant ce que j'ai vu. Je dirai le mot tout net : cela fait rougir.

Renonçons à nos prétentions d'avoir des forteresses et de l'artillerie, si nous n'avons pour les défendre que les soldats que je vois. Assurément les choses n'en iront que mieux. A chaque instant nos conflits commerciaux se trouvent compliqués d'une question d'offense au pavillon, et cette dernière est forcément écartée à cause des difficultés qu'on éprouve à prendre sur-le-champ une mesure énergique. Si l'on n'a pas pour nous au Bondou le respect que nous obtenons partout; si l'on n'y ressent pas cette crainte que nous avons su inspirer dans tous les temps aux peuples civilisés, c'est que nous nous sommes faits *trop nègres* devant l'almamy et devant ses gens.

J'en demande pardon à ceux qui ne considèrent les choses qu'à la surface : on ne semble comprendre, ni en France ni à Saint-Louis, l'importance d'avoir une attitude digne et ferme avec les peuples du haut pays; ou ne comprend pas la question des établissements éloignés; on ne comprend pas que le Sénégal n'est pas à Saint-Louis, mais qu'il est à Bakel, à Sénou-Débou, au delà surtout.

On m'objectera que les hommes manquent. Eh! bon Dieu, je ne le sais que trop; mais au lieu des 2,000 fr. que vous donnez au commandant de Sénou-Débou et des 4,000 que vous donnez à celui de Bakel, doublez, triplez même s'il le faut, et vous aurez des hommes. Les dépenses sont souvent des économies, a dit Machiavel.

Sous le rapport commercial, Sénou-Débou ne sera jamais un établissement de premier ordre, à cause de son extrême voisinage de Bakel. Les dioulas qui fréquentent aujourd'hui Sénou-Débou ont un peu moins de chemin à faire que pour aller à Bakel; mais si le nouvel établissement n'existait pas, tout porte à penser (je parle de l'état actuel des choses) qu'ils conduiraient de même à Bakel une grande partie des produits qu'ils échangent à Sénou-Débou. Il n'y a donc pas aujourd'hui accroissement sensible dans le commerce, mais seulement changement de destination d'une partie des objets qu'on traite.

On fait à ce comptoir pour 40,000 à 50,000 fr. d'affaires par an. Les dioulas qui y conduisent leurs produits viennent principalement du Bambouk, du Bondou et du Kasson; quelques Sarracolets et quelques Maures viennent, en outre, y échanger divers objets, et notamment de l'ivoire.

Les produits du pays amenés à Sénou-Débou sont l'or, l'ivoire, la cire, le beurre végétal, les pagnes en laize et la gomme.

L'or provient du Bambouk presque en entier. On en a traité, dans les trois derniers mois de 1846, 7 livres 25 gros.

L'ivoire est extrait du Bambouk, du Kasson, du Kaarta et des contrées parcourues par les Oulad-el-Koissis.

La cire vient du Bondou méridional, et principalement des bords de la Falémé supérieure.

Le beurre végétal, fruit du *bassia-parkii*, se récolte dans le Bambouk.

Les pagnes sont des tissus de coton indigène faits dans le pays, à l'aide du métier en usage. Leur largeur est extrêmement faible; elle est à peine de 15 centimètres. Ces tissus servent à la fois d'appoint dans les marchés et de marchandise d'échange aux naturels, qui en font un grand usage pour confectionner leurs vêtements. Les pagnes constituent donc une marchandise d'entrepôt provenant de l'industrie locale; c'est le seul produit fabriqué dans le pays.

La gomme est récoltée dans le Bondou même; elle est de qualité inférieure et très-peu abondante. Il semble résulter des explications que j'ai reçues que cette récolte serait plus considérable si les habitants du Bondou n'étaient pas forcés de s'en occuper, précisément dans le temps où les Maures accomplissent leurs pillages périodiques de chaque année. Quelque plausible que paraisse cette raison, je pense qu'on serait mieux dans la vérité si l'on se bornait à dire que la paresse du nègre, fortifiée, je veux bien l'admettre, par le prétexte des invasions des Maures, est la cause fondamentale de la médiocrité de cette récolte. On comprend que si nous avions au Bondou une autre position, nous pourrions amener les habitants à prendre au sérieux la récolte des gommes, résultat précieux si l'on considère qu'il sert la morale en combattant la paresse, et enrichit le commerce en augmentant ses produits. Sans ascendant et sans influence, nous devons renoncer à toute tentative de ce genre.

Si nous examinons maintenant Sénou-Débou sous le rapport de nos relations futures, il va prendre des proportions considérables; c'est à ce point de vue que s'était placée la commission qui, en 1843, se prononça pour l'établissement.

Sénou-Débou est venu, en effet, remettre dans l'esprit des naturels le souvenir de temps déjà éloignés où la France visait à l'extension indéfinie de ses relations commerciales. Avec les usages admis de donner des coutumes aux chefs des pays où nous fondons des comptoirs, et d'y héberger un nombre plus ou moins considérable de fainéants, il est certain que tout projet d'établissement doit être bien accueilli.

On peut donc dire, dans cet ordre d'idées, que Sénou-Débou est un établissement nécessaire, car le désir qu'il a fait naître et les souvenirs qu'il a ravivés démontrent les facilités que nous aurions pour pénétrer plus avant dans le pays. On peut dire aussi que nos intérêts politiques et commerciaux voulaient que nous prissions pied au Bondou, de manière à agir sur le chef du pays. Malheureusement, nous venons de voir que cette partie importante du programme de la commission de 1843 n'avait pas obtenu le succès espéré.

Finalement, Sénou-Débou ne peut être considéré que comme un ballon d'essai : à nous de profiter des découvertes qu'il pourra nous conduire à faire.

M. Panet, dont je commençais à être inquiet, arriva le soir du deuxième jour de ma station. Il me dit que l'almamy avait montré ou paru montrer une sincère indignation en apprenant les exigences monstrueuses du guide, et qu'il s'était beaucoup défendu de toute solidarité avec cet homme, qu'il avait promis de corriger d'importance. Ce n'étaient là que des paroles, et je savais de longue main que Sadda n'en était pas avare. Pressé de se prononcer sur la demande d'un autre guide, l'almamy avait parlé des embarras du commandement, qui ne lui donnaient pas le loisir de faire un bon choix; et sur ce, il avait congédié M. Panet en le chargeant de me dire bien des choses.

Tout cela était triste. Je soupçonnais déjà Sadda de vouloir imiter avec moi la conduite de son prédécesseur avec le major Gray. On sait que, de délais en délais, l'almamy Toumané, père de Sadda, était parvenu à retenir l'officier anglais au Bondou, et qu'à bout de ruses et de finesses, il avait fini par lui déclarer qu'il n'irait pas plus loin. Cette affaire du guide démontrait jusqu'à l'évidence que Sadda n'agissait pas franchement. Je n'avais plus le temps d'attendre son retour de la guerre, et je trouvais d'ailleurs sa manière de congédier M. Panet d'un trop grand sans façon pour que je ne cherchasse pas à lui jouer un tour du même genre. Je pris donc la résolution de faire tout seul mon exploration du Bambouk et de me passer de son guide. Dans cette pensée, je ne me préoccupai plus que d'un simple conducteur connaissant assez les chemins pour ne pas me faire faire fausse route.

Le hasard vint à mon aide et m'envoya tout à point l'homme que je voulais. C'était un bon garçon que je connaissais déjà pour l'avoir employé en 1844, et qui m'avait montré alors, plus que les nègres n'en montrent d'ordinaire, du dévouement et même de l'affection. Moyennant un fusil à deux coups, il s'engageait à me piloter dans toute la partie du Bambouk qui borde la rive gauche de la Falémé, et à me remettre ensuite aux mains d'un des chefs de village de cette rive, qui me ferait transporter sur l'autre. Il fut convenu entre nous que je partirais aussitôt que M. Panet et son cheval se seraient suffisamment reposés de la marche de trois jours qu'ils venaient d'effectuer.

On imagine sans doute qu'à Sénou-Débou j'avais abandonné mon campement en plein vent et varié mon ordinaire. Je m'y trouvais heureux comme un roi, ce qui veut dire tout simplement que je couchais sur un *tara*, mangeais à table des ragoûts de pieds de mouton, buvais dans un verre de bonne eau fraîche, et que j'en avais à discrétion pour faire ma toilette. Cela prouve une fois de plus que tout est relatif dans ce bas monde, et que le bonheur est une chose d'imagination.

CHAPITRE VIII.

————

Le 6 février, avant le jour, je fis sonner le clairon du départ, vieil instrument réformé que je devais à la libéralité du commandant de la garnison de Saint-Louis, et dont le son flattait encore très-agréablement l'oreille de mes hommes.

Notre caravane se composait de sept ânes portant divers objets, et principalement du sel; il est tellement rare au Bondou qu'on l'échange contre de l'or. Je ne dirai pas que l'échange se fait à poids égal, ainsi que je l'ai lu; mais il offre assez d'avantages pour engager des spéculateurs *heureux*, c'est une condition qu'il est toujours prudent de poser, à tenter ce commerce sur une certaine échelle. Des caravanes de sel parcourant le Bambouk pourraient, je crois, réussir. A Saint-Louis, du reste, on connaît la valeur de cette denrée; car dans les engagements de laptots qui partent pour la traite de Bakel, une des principales clauses est que chacun d'eux recevra une barrique de sel.

Tous mes hommes m'accompagnaient. Il s'agissait de parcourir un pays peu sûr, sous la conduite d'un garçon rempli de bonne volonté, mais qui n'avait, en raison de sa condition obscure, ni pouvoir, ni influence sur les populations. C'était en outre l'époque de l'année où les Maures font leurs razzias.

Je traversai d'abord une contrée qui m'était connue, circonstance que j'apprécie beaucoup ; car je n'ai pas alors à me préoccuper du tracé de ma route. C'est une affaire très-simple sans doute ; mais si l'on considère qu'il faut sept ou huit fois par heure, et souvent davantage, examiner sa montre et sa boussole, écrire les directions sur son cahier, et faire les relèvements nécessaires pour établir sa carte, on trouvera peut-être que cette occupation n'a rien d'agréable.

Nous allâmes d'un vrai train de poste dans notre première marche, traversant successivement les villages de Débou, Denghi et Déghi ; de Guénékou, dont les habitants, plus couards que ceux des autres villages, ont déserté leurs pénates pour échapper à la razzia qu'ils redoutent ; enfin de Fétou, le plus joli de tous, où nous nous arrêtâmes.

Rien d'ailleurs de nouveau dans cette marche : des épines crochues, des lits de torrents encaissés, puis un chemin accidenté et d'un parcours très-difficile, surtout pour des ânes. Je tiens à dire en passant que la soumission des miens est devenue exemplaire. Je m'arrêtai plusieurs fois pour contempler les capricieuses figures que les eaux qui débordent chaque année ont taillées dans l'argile du sol. De loin, on les prendrait pour des villes en miniature, des tentes d'une grande caravane ou des cimetières d'Orient ornés de riches mausolées.

Ce que je remarquai le plus ensuite, ce fut une très-grande quantité de toucans. Ils n'ont de commun avec leurs collègues du Brésil qu'un bec plus disgracieux encore que monstrueux, qui concourt à leur donner la physionomie la plus déplaisante qu'on puisse imaginer. Au Brésil, on pardonne à leur laideur en faveur de leur éclatant plumage ; mais, en Sénégambie, cela n'est pas possible, car leur plumage gris et noir est aussi laid que leur personne.

Mon guide se nomme Amar-Lamba. C'est un *Diavandou*; je dirai plus loin ce que c'est. Il se donne beaucoup de mal pour me plaire, et sait aussi tirer bon parti de sa langue pour chanter mes vertus et les siennes; excellent moyen d'agir sur ses compatriotes et de les porter à nous bien traiter.

Le pauvre garçon est affligé d'une maladie qui n'a pas les horribles conséquences de la lèpre, mais dont les symptômes, quoique moins repoussants, n'en sont guère plus agréables à voir. On donne à cette affection, qui attaque les membres inférieurs, le nom d'*éléphantiasis*, et on la rencontre fréquemment dans les pays tropicaux, surtout parmi les nègres. L'expression est bien choisie : Amar-Lamba possède véritablement un pied et une jambe d'éléphant; c'est bien le même aspect rugueux et écailleux, et c'est bien aussi la même couleur, qui est devenue gris de souris, de noire qu'elle était auparavant. Du reste, cette difformité ne semble pas nuire à l'agilité de mon guide et ne lui cause aucune douleur.

Décidément, c'est l'humanité dans son enfance que l'on trouve en Afrique. Voilà en effet une maladie quelque peu antédiluvienne ; j'ai vu déjà des lépreux en grand nombre, et voici venir maintenant les possédés, les démoniaques et les convulsionnaires, dont mes nègres m'apprennent l'existence en me racontant d'épouvantables histoires. Ils m'assurent même que je n'irai pas loin sans rencontrer des femmes ayant le *diable au corps* : selon eux, le diable accuse une préférence marquée pour ce sexe enchanteur.

Ainsi se trouvent fidèlement conservés, dans l'intérieur de l'Afrique, les lépreux et les possédés de la tradition biblique.

Mes hommes furent très-satisfaits des procédés de leur hôte de Fétou. Il est vrai que celui-ci les traita d'une façon si somptueuse qu'ils ne purent consommer tout ce qu'on leur servit, chose si rare que je la constatai alors pour la première fois, et qu'elle ne se renouvela jamais depuis. Le chef étendit aussi sa munificence jusqu'à moi, et m'accabla de sanglets, de perkis et de couscous.

Fier de ces succès, Amar-Lamba renchérissait sur mes mérites, et brodait en mon honneur une foule d'aventures merveilleuses et d'exploits fabuleux tout au plus dignes d'Hercule. J'étais, d'après lui, un grand conquérant, un grand navigateur, un sage, un savant, un magicien, et bien autre chose encore. Puis il prenait un air de mystère et disait bas à ses voisins : « C'est l'homme (l'ami) de l'almamy ; et il tue des oiseaux dans les airs. » A ces derniers mots qui me posaient agréablement, car les nègres ont même de la peine à tuer un animal qui ne bouge, je recueillais une salve de *Bismi Allah* d'admiration que mon guide savourait avec délices.

Les gens de Fétou me semblaient du reste de mœurs plus hospitalières que ceux de Sénou-Débou et de Boulébané, heureuse différence que j'attribuai sans hésiter au peu de communication qu'ils ont avec nos traitants. Ils sont aussi moins mendiants que dans ces deux localité, et par conséquent moins enclins à la paresse. On est particulièrement porté à faire cette remarque, en voyant le soin avec lequel ils ont établi leurs cultures, et la beauté des produits qu'elles promettent.

On trouve encore à Fétou certaines choses qui révèlent chez ses habitants des goûts industrieux, et voici, entre autres, un appareil de pêche qui ne manque pas d'originalité : il se compose d'un cylindre en tiges de mil très-serrées, haut de 2 mètres et d'un diamètre de 70 à 80 centimètres ; il pose sur le fond, et y est maintenu par des pierres et des piquets. Dans toute sa hauteur est ménagée une ouverture de 30 à 40 centimètres, fermée par le moyen d'une porte à coulisses. Lorsque l'appareil est disposé pour la pêche, cette porte est soulevée, la partie inférieure posant en équilibre sur un petit bâton, appuyé sur un autre bâton vertical et terminé au bout qui touche le fond par deux baguettes en croix ; chacune des extrémités de cette croix est pourvue d'un gros bouchon de paille. Quand le poisson est entré dans l'appareil, au fond duquel est placé un appât, il suffit du moindre contact avec l'un des quatre bouchons de paille pour déranger l'équilibre et faire tomber la porte. Le poisson est alors pris comme dans une souricière que cet appareil reproduit exactement.

A Fétou, pour plaire à mon guide, j'avais établi ma tente avec tous ses ornements, dont le plus beau est, sans contredit, le pavillon qui se déploie au sommet. Cette exhibition, qui, pour les nègres, est quelque chose de merveilleux et excite toujours à un haut point leur étonnement, avait certainement inspiré la verve louangeuse de mon guide et contribué à faire accepter par son auditoire les héroïques récits de mes prétendus exploits. Un homme qui possède de pareilles choses est, à coup sûr, capable de tout, se disaient-ils sans doute.

Le lendemain, aussitôt que le jour se fit, je m'éloignai du village, laissant à mon hôte un témoignage de ma générosité en rapport avec son hospitalité magnifique. Nous longeâmes la Falémé, admirant le paysage qui s'embellit à mesure qu'on avance vers le sud.

Dans cette partie du Bondou, les habitants sont à la fois pêcheurs et pasteurs. L'engin que j'ai décrit plus haut montre qu'ils s'entendent à merveille à capturer le poisson de leurs eaux. Maintenant voici pour le bétail : en marche, j'avais remarqué, de distance en distance, de petites corbeilles de bambous, tressées non moins artistement que leur pêcherie. Il me tardait de connaître la destination de ces jolis paniers, et j'appris, non sans surprise, qu'ils contenaient du sel et qu'ils étaient destinés aux bestiaux. C'est là un soin digne de toute attention, et qui contraste étrangement avec l'ignorance habituelle et l'incurie des nègres.

Nous passâmes vers la fin de notre étape au milieu d'une admirable forêt de caïlcédras. Ces arbres, hauts et touffus, donnaient au paysage un aspect grandiose, tranchant d'une manière remarquable sur la végétation ordinaire, qui, depuis Bakel, ne sort pas du mimosa et de ses désagréables épines. Le caïlcédra (*caya senegalensis*), rival de l'acajou, est beaucoup employé en Afrique aux usages domestiques : on en fait des pirogues, des gamelles, de grandes calebasses, et presque tous les meubles et ustensiles dont se servent les naturels. Son bois dur, veiné, et d'une belle couleur, a donné l'idée d'une exploitation en grand pour l'ébénisterie; mais, de même que toutes les entreprises industrielles tentées au Sénégal, lesquelles, on ne sait pourquoi, semblent fatalement prédestinées, elle a été couronnée du plus bel insuccès qui se puisse concevoir.

Vers le milieu du jour, nous faisions notre entrée triomphale dans le tata du village de Malogniaki, à l'entrée duquel se trouvait, pour me recevoir, un nègre de bonne et douce figure qui m'accueillit par un : *Good morning, how do you do*, prononcé avec un accent africain des plus purs. Ce brave nègre avait une physionomie si ouverte et tenait si respectueusement son bonnet à la main, que je fus séduit tout d'abord et résolus de lui consacrer le reste de ma journée, que je comptais passer dans le village qui suit le sien. Son *good morning* m'avait gagné le cœur.

Gardant toujours son bonnet à la main, il me précéda dans son domaine comme l'eût fait un maître d'hôtel empressé de plaire à un voyageur opulent. Dès qu'il sut le but de mon voyage, il s'offrit à m'accompagner et me vanta son crédit dans la contrée. Il était, ainsi que je l'avais deviné, le chef du village, et il joignait à ce titre celui de marabout. Un nègre parlant anglais est une trouvaille dans la Sénégambie; aussi me gardai-je bien de le refuser. Le seul inconvénient que je voyais à accepter son offre était d'exciter la jalousie d'Amar-Lamba; mais j'avais à peine eu le temps de songer à cela que je les vis tous deux fraterniser de la plus tendre façon.

Abdarraman, c'est ainsi que se nommait ce personnage, était un ancien traitant de la Gambie qui était venu se fixer dans son pays natal, en se retirant des affaires. J'eus d'abord beaucoup de peine à com-- prendre dans quelle partie du monde était situé le pays où il avait appris l'anglais. Il s'obstinait à l'appeler *Gandioul;* et, fort de mes con- naissances en géographie, je mettais une obstination égale à lui soute- nir qu'aucune colonie anglaise n'était, en Afrique, décorée de ce nom barbare. Nous pûmes enfin nous entendre : *Gandioul* était une légère corruption de *Gambie.* Ces fantaisies sont très-communes parmi les nè- gres, et on ne saurait trop se prémunir contre les dangers qu'elles en- traînent. La carte de l'Afrique est pleine de noms de fantaisie qui jettent un voyageur consciencieux dans d'inextricables embarras. Je me borne à signaler ici cette étrange identité, en priant, dans l'intérêt de la vérité, de s'en ressouvenir à l'occasion. Qui sait si un jour un de mes successeurs ne viendra pas mettre en émoi les savants, en leur livrant ce *Gandioul* comme le nom d'un pays nouveau ou d'un peuple ignoré jusque là? Qui sait si moi-même je n'ai pas fait et ne ferai pas quelque bévue pareille?

Abdarraman avait donc passé ses jeunes années en Gambie et en avait rapporté, outre une connaissance très-passable de la langue an- glaise (malgré son accent nègre), une habitude de propreté, un cer- tain flegme, un je ne sais quoi de civilisé, enfin, qui le distinguaient de ses compatriotes. Il semblait aussi, à en juger du moins par l'air d'opulence qui régnait dans son tata et par le nombre de ses captifs, avoir fait passablement ses affaires au temps où il faisait celles des Anglais. Tout cela était pour moi de l'imprévu, et l'imprévu plaît en voyage.

Je profitai de cette heureuse rencontre en homme qui sait apprécier une case propre, une natte sans punaises et surtout une conversation dans une langue d'Europe. Je pensais aussi que le concours d'Abdar- raman me serait d'une grande utilité, et je me réjouissais à l'avance du dépit de l'almamy, quand, au retour de sa campagne, il apprendrait que j'avais fait mon affaire sans lui, aussi bien et peut-être mieux que s'il s'en fût mêlé.

La soirée se passa à deviser avec mes deux guides et à me di- vertir aux dépens d'Amar-Lamba, qui m'accablait de questions sur nos villes, nos palais, nos monuments; sur Paris, qui, chose singulière, sert souvent, sans que nous nous en doutions, à alimenter les cause- ries des nègres. Un *blanc* de Paris est pour eux un blanc supérieur aux autres, et ils le traitent en conséquence. Je répondis aussi à des questions sur la population de la France, sur nos armées, nos théâ--

tres, nos églises; Amar voulait tout savoir et me faisait dire les plus
petits détails. Ce qui le surprenait le plus, c'était le costume des cuirassiers : convaincu qu'un homme ne pouvait couvrir son corps que
d'un seul vêtement, ainsi qu'il le faisait pour lui-même et qu'il le
voyait faire autour de lui, il demeura persuadé que les cuirassiers
portaient leur cuirasse sur la peau, comme un gilet de flanelle, et il
me fit, à ce sujet, de fort drôles de réflexions. Il demeura également
convaincu que le sucre, le vin, les étoffes étaient des produits naturels
récoltés tels quels.

Mon amour-propre de professeur s'offensa bien un peu de la manière
dont Amar-Lamba profitait de mes enseignements; je fis même quelques
efforts pour l'arracher à ses erreurs; mais il semblait tenir si fortement à ses convictions, que je finis par les respecter. Quelques jours
après, je le remarquais pérorant dans un village, au milieu d'un
cercle nombreux de nègres, qui l'écoutaient comme un oracle : il leur
répétait, telles qu'il les avait comprises, les choses que je lui avais dites
ce soir-là, et me citait comme son auteur.

Cet entretien m'en rappelle un autre du même genre qui eut lieu
dans mon premier voyage. J'étais alors d'un zèle immense pour la
moralisation par la parole. Mon auditeur était un vieux chef, fort
émancipé à l'endroit de certaine pratique religieuse de son pays, ce
qui veut dire en langue vulgaire qu'il adorait l'eau-de-vie. Comme il
paraissait absorbé par mon discours, je m'échauffais beaucoup et l'acca-
blais de toute mon éloquence; j'avais choisi pour sujet de mon sermon
que le travail était la source de toute grandeur et de toute richesse. Je
ne m'interrompais que pour jeter un regard de satisfaction sur le vieux
chef, qui, les coudes sur les genoux, les mâchoires dans les mains,
fixait sur moi des yeux pleins d'enthousiasme. Mon ravissement était
complet; je voyais déjà l'Afrique régénérée par la puissance de ma parole et par l'apostolat de mon vénérable disciple. Tout à coup il se
leva, la figure rayonnante de bonheur, et s'écria comme frappé d'une
idée subite : « Je pourrai donc faire pousser de l'eau-de-vie dans mes
champs, et m'enivrer tous les jours! »

Ma prédication avait eu le même succès que mes descriptions. On conviendra qu'il y avait de quoi renoncer à l'enseignement.

Abdarraman, qui m'avait établi dans sa plus belle case, vint de
grand matin s'informer de ma santé, accompagné d'une tasse, une vraie
tasse de porcelaine anglaise, remplie d'un excellent lait. Une heure
après, nous cheminions ensemble à la tête de la caravane.

Nous traversâmes le village de Tamboura-Sékou, remarquable par les *papayes* qui ornent le cylindre de ses cases, en embrassant de leurs larges feuilles et de leurs fruits en régime leur toit circulaire et pointu. Les fruits sont si rares en Afrique, ils sont surtout si mauvais, que je m'arrêtai pour admirer la belle couleur dorée des papayes, manifestant, comme l'eût fait un enfant, le vif désir d'en posséder. L'attentif Abdarraman devina mon désir et s'empressa de le satisfaire.

Nous passâmes ensuite dans un petit village du nom d'Ariara, occupé par des Poulhs. Le chef, grand vieillard, au noble maintien, fixa mon attention d'une manière toute particulière. Il y a certainement un sang noble dans les veines de cette race, et plus j'examine ce type, plus je demeure convaincu que ces Poulhs, objet de tant de recherches, de tant d'hypothèses, hasardées quelquefois, mais toujours soutenues avec talent, n'ont rien de commun avec le nègre vulgaire, à la figure d'orang-outang.

Après avoir marché près de sept heures, j'ordonnai d'arrêter. Nous étions à Sasâdig, village pauvre, déjà visité par moi en 1843, avec mon infortuné camarade Huard.

Ce village n'a d'intéressant que ses dépôts aurifères, que je m'empressai d'examiner aussitôt que j'eus pris quelque nourriture. J'avais été gâté la veille par la case élégante et les soins empressés dont mon hôte m'avait fait jouir. La transition me parut donc un peu brusque, quand je me vis condamné à passer une partie de la journée au pied d'un arbre sans ombrage, pressé, froissé par la cohorte ordinaire des curieux et des mendiants.

L'endroit où l'on extrait l'or est au bord de la rivière. Lorsque j'y arrivai, une seule femme y était employée. Son travail de la journée ne lui avait donné que quelques molécules d'or, microscopiques pour ainsi dire, qui adhéraient encore aux parois de sa callebasse. La grande quantité de sable et de terre pressée répandue autour d'elle attestait pourtant que ce mince résultat n'avait pas été obtenu sans peine.

On croit peut-être que chez les nègres il suffit, pour avoir une réponse, de poser carrément une question. Erreur! Il faut palabrer pendant deux heures et y consacrer tout son génie. Dieu sait s'il m'en a fallu pour parvenir à faire dire aux femmes de Sasâdig à peu près ce que je voulais savoir!

Une femme laborieuse, m'apprit-on, qui, durant toute une année, serait occupée au lavage des sables, obtiendrait tantôt rien (je traduis fidèlement), tantôt quelques noyaux de tamarin, tantôt cent noyaux · ce sont là de très-riches récoltes. Le noyau de tamarin, de la grosseur d'un haricot rouge, mais se rapprochant davantage de la forme sphérique, sert dans le pays de poids pour peser l'or. Six de ces noyaux correspondent au gros. Ainsi cent noyaux donnent seize gros et trois quarts, ce qui porte, en évaluant à 12 fr. le prix du gros d'or (cours ordinaire du Sénégal), à la modique somme de 201 fr. ce que pourrait gagner à ce métier une femme laborieuse lavant des sables, pendant les mois de l'année où ce travail est praticable.

A Sasàdig le lavage est peu suivi. C'est moins une industrie qu'une occupation accessoire, exclusivement réservée aux femmes. Elles se bornent à creuser des trous sur la rive, et à en extraire la terre et le sable qu'elles broient et lavent plusieurs fois : l'opération est peu savante, mais exige beaucoup de soins et d'habileté. Le résidu des sables lavés est placé dans des callebasses et subit encore une multitude de lavages ; quand il est parvenu à l'état de sable fin, ce résidu est placé dans une valve de coquille. La séparation de l'or d'avec ce sable laisse le métal en poudre, mais lamellaire plutôt que grenue : on expose à cet effet la coquille au soleil, et quand son contenu est parfaitement sec, le souffle de l'orpailleuse opère la séparation. La poudre d'or obtenue ainsi est ensuite placée dans une petite corne de chevreau ou de gazelle, jusqu'à ce que les forgerons, qui sont tout à la fois orfévres, joailliers et bijoutiers, aient fondu et transformé en anneaux tordus les parcelles du métal précieux. L'anneau tordu est la forme finale sous laquelle l'or est livré au commerce.

Les habitants ont remarqué que l'or est plus abondant dans les années où il n'a pas fait de grandes pluies. J'explique cette remarque par la dispersion au travers des terres, quand il a beaucoup plu, des molécules d'or, entraînées avec les eaux par-dessus les berges de la rivière. On m'a dit aussi qu'au-dessous de Sasàdig on trouve des dépôts aurifères, mais qu'ils sont plus pauvres encore que ceux de ce village. A Tamboura ils n'existent plus.

Je pris, avant de continuer ma route, des échantillons de roches, de terre, de sable et de poudre d'or. Nous marchâmes jusqu'à la nuit, traversant des bois, des ravins et des marigots. Je n'ai pas encore dit ce qu'on entend par cette expression.

Au Sénégal elle sert à désigner tout cours d'eau qui afflue à un fleuve et à une rivière ; mais il est plus correct de ne l'employer que pour désigner un bras formé dans les terrains submergés par le trop-plein des eaux du fleuve où des rivières qui s'y jettent. C'est ainsi, du reste, que les géographes l'emploient; ils ont même trouvé un mot heureux, synonyme de celui-ci, pour exprimer cette disposition des eaux : le mot *effluent*, qu'ils opposent au mot *affluent*. Au Sénégal, où l'on n'y regarde pas de très-près pour le langage, marigot veut dire à la fois *effluent* et *affluent*. J'ai même entendu quelquefois appeler la Falémé un marigot.

Le village de Karé servit de terme à ma troisième étape. La Falémé n'a dans cette partie ni plage, ni rochers. L'eau vient baigner le pied des hautes falaises qui dominent la rive, et elle en a déjà tellement creusé le flanc, qu'un éboulement prochain semble imminent. Un immense banc de sable forme, un peu au-dessus, un gué qui serait totalement découvert sans cette disposition particulière du bord taillé à pic. On n'extrait point d'or à cet endroit.

Le chef du village de Karé était un enfant de quinze ans. L'almamy Sadda lui avait donné ce poste en récompense des services de son oncle, mort en combattant pour la patrie, et aussi, me dit-on tout bas, parce que Sadda avait tué son père, un jour qu'il était en colère. Il ne fallait rien moins que de pareils motifs pour déroger au principe consacré, qui n'admet au commandement des villages que des vieillards, ordinairement les chefs des familles nobles.

Quant à moi, je me réjouis médiocrement de cette innovation; car je fis maigre chère et dus me contenter, pour dormir, d'une place extrêmement malpropre : le jeune chef m'avait fait entendre qu'il n'exerçait pas une grande autorité sur ses administrés, situation qui expliquait bien jusqu'à un certain point le piètre couscouss qu'on me servait; mais comment comprendre qu'elle ne permît pas à mon hôte de me donner au moins un endroit propre pour y passer la nuit?

Abdarraman avait deviné ma pensée, en me voyant jeter un regard étonné sur mon campement, établi au milieu d'une accumulation insolite de fiente de bestiaux qui, depuis la naissance du jeune chef, ne semblait pas avoir été enlevée.

« Mais c'est un honneur qu'on te fait, me dit il.

— Un honneur !

— Oui, car ce que tu regardes là avec dégoût prouve la richesse des familles et le grand nombre des bestiaux qu'elles ont possédés. C'est l'usage des pâtres de laisser ainsi s'accumuler les excréments de leurs troupeaux et de les montrer avec orgueil. »

Le jeune chef, qui s'était approché en entendant parler Abdarraman, et qui sut bientôt de quoi il s'agissait, se mit à me faire avec la tête des signes d'assentiment.

Je me rendis à d'aussi bonnes intentions et poussai même l'amabilité jusqu'à complimenter mon hôte de la riche collection qu'il me montrait, comme j'eusse fait en France pour une galerie de tableaux ou une bibliothèque. Ce procédé parut lui plaire infiniment.

Il prit ensuite la peine de m'expliquer en détail les mœurs des Poulhs pasteurs. C'est ainsi que j'appris qu'ils vivaient dans une compagnie intime avec leurs troupeaux, et que bœufs, hommes, femmes, enfants, couchaient pêle-mêle, les premiers ayant souvent la meilleure place.

Quand le père de Sadda devint almamy, le Bondou se terminait au village de Sasàdig. Plus conquérant que son fils, il voulut augmenter ses États et enleva aux Malinkiés du Bambouk toute la partie de la rive gauche de la Falémé comprise entre Sasàdig et Farabana-La-houdi, c'est-à-dire environ 18 lieues. Sur la rive droite, ses conquêtes s'étendirent jusqu'à la hauteur du même village, mais elles n'embrassèrent que le littoral. N'ayant pas assez d'habitants pour peupler cette partie de son territoire, il fit venir des Poulhs pasteurs du Fouta-Djallon et la leur donna à garder, pensant qu'ils sauraient la défendre contre les Malinkiés, leurs ennemis les plus acharnés. Telle est l'histoire des habitants de Karé et des villages de cette zone.

De grand matin, le lendemain, je me rendis aux mines, situées à plus de 4 kilomètres du village. La route qui y conduit traverse de fort beaux sites dont l'aspect sauvage relève encore le charme.

L'exploitation comprend un grand nombre de trous, plus vastes que ceux que j'avais vus à Sasàdig, mais d'une profondeur égale (environ 50 à 60 centimètres). Elle a lieu sur la rive gauche, plus abrupte que la rive droite. A Karé, on ne se borne pas à laver les terres et le sable; on joint à cette opération le bocardage d'agglomérats ferrugineux et de feuilles de schiste argileux qu'on lave ensuite comme les sables.

D'après les orpailleuses, l'or se trouve en plus grande quantité au pied d'une variété de mimosa que les Yoloffs appellent *gonaké* et les Poulhs *gahody*. Le terrain où croissent ces arbres doit nécessairement contenir plus de parties végétales que les autres portions de la rive, ordinairement composées de galet et de sable sec. Cette opinion, résultat, du reste, de l'expérience, n'a donc rien d'inacceptable ; car le terrain étant plus pénétrable autour des *gahodys*, doit conséquemment mieux conserver les molécules aurifères charriées par les eaux de la rivière.

Il y a à Karé des orpailleuses spéciales, ce qui montre que l'exploitation n'est pas aussi éventuelle qu'à Sasâdig. Le produit moyen y est aussi plus avantageux. En prenant pour base les mêmes données qu'à Sasâdig, c'est-à-dire le travail annuel d'une femme laborieuse, on trouve 92 gros d'or au lieu de 17; et 1,114 fr. au lieu de 201. On m'affirme que cette progression croissante des richesses aurifères de la Falémé se continue, en remontant son cours, jusqu'à un point dont on ne me fixe pas au juste la distance.

Je soldai l'hospitalité du chef de Karé avec du sel, des verroteries blanches, de la poudre et du tabac, monnaie courante de la localité. On me demanda aussi des pagnes en laize; mais je n'avais pas pris le soin de m'en pourvoir. Je me mis en route ensuite, rêvant aux sentiments aristocratiques des nègres, qui venaient de se prononcer à Karé d'une façon très-marquée.

Mon oreille avait été déjà, pendant la route, très-agréablement flattée en entendant les naturels me saluer du titre de *roi*. Ma venue parmi eux était un événement qui semblait les rendre fiers et dont ils s'enorgueillissaient visiblement. Quand je séjournais dans un village, les habitants des villages voisins, enviant le bonheur de celui qui me possédait, envoyaient des députations pour contempler ma *royale* personne.

A Karé ma renommée grandit de cent coudées : je n'étais plus un roi ordinaire, mais un grand *roi*, une sorte de demi-dieu. Le motif de cette haute admiration était pourtant bien vulgaire : c'était tout simplement parce que j'avais fait mettre une couverture sur le dos de mon cheval. « Quel est donc celui-ci, disaient les nègres de Karé, qui traite son cheval mieux que nous ne traitons nos enfants? Assurément c'est un homme comme on n'en voit pas. » Et ils m'accablaient de témoignages de respect, et accordaient à mon cheval une grande considération.

Quelle différence, pensais-je en cheminant dans un étroit sentier, au travers des épines qui lui servaient de bordure; quelle différence entre ces sauvages et les civilisés! Tous les deux ont de l'orgueil, tous les deux sont fiers; tous les deux se laissent doucement aller vers ce double penchant, la plaie de notre pauvre espèce; et pourtant, combien ils se ressemblent peu!

Ceux-ci placent leur orgueil dans leur propre grandeur, et sous prétexte de n'avoir que des égaux, ne veulent que des subalternes; ceux-là le placent dans la grandeur des autres et se glorifient eux-mêmes dans autrui; en d'autres termes, ils se trouvent grands de la grandeur de leur supérieur, de leur chef, parce qu'il est homme, et qu'ils se sentent hommes aussi.

N'y a-t-il pas là un grand enseignement?

Ce bon nègre qui s'extasie sur la grandeur qu'il me suppose et trouve à ma présence dans son pays, une satisfaction d'orgueil, n'est-il pas plus sage, n'est-il pas surtout plus heureux que le civilisé qui souffre la jalousie et la haine en voyant un homme plus honoré et plus riche que lui?

J'atteignis ainsi, devisant avec moi-même, d'abord les cultures, puis les huttes d'un village de pasteurs : c'était Fattendi, que je ne fis que traverser. Peu après je me trouvai sur un chemin montueux, tracé sur le bord de la Falémé, au travers d'excavations et de déchirements si profonds, que je craignis plusieurs fois de disparaître avec mon cheval dans un abîme. Ce sont les débordements de la rivière qui minent et dégradent ainsi le sol.

Non loin de Fattendi, je traversai le village de Karé-Mayo, tout récemment abandonné de ses habitants parce qu'ils le trouvaient trop exposé aux invasions des Malinkiés.

Au sortir d'un marigot aux bords escarpés, j'aperçus sur un côté du chemin un amas considérable de pierres et de branches d'arbres, que mes hommes s'empressèrent d'augmenter avec un religieux respect. Il n'en fallait pas tant pour exciter vivement mon intérêt, et je m'empressai de demander à mon ami Amar-Lamba, qui se trouvait alors près de moi, l'explication de ce singulier usage.

Amar, d'ordinaire si bavard, me fit une de ces réponses laconiques et niaises qui viennent souvent désoler le touriste, et que fournissent trop volontiers les sots de tous les pays :

« A cette place, me dit-il, s'est assis un voyageur; pour la reconnoître, son ami y a jeté une branche d'arbre.

— Mais au moins était-il blessé pour que l'ami fidèle prît ainsi le soin de transmettre à la postérité le souvenir du repos de son compagnon?

— Il était seulement fatigué, répliqua-t-il. »

Je me promis de ne pas m'en tenir à cette trop insuffisante explication, et le soir même, Abdarraman m'en fournissait une qui satisfaisait complétement ma curiosité.

Deux voyageurs, m'apprit-il, en traversant la contrée, avaient été attaqués par des maraudeurs malinkiés, et l'un d'eux avait été frappé mortellement à cette place. Son compagnon, plus heureux, s'était soustrait aux coups des meurtriers, et, après leur départ, était revenu rendre les derniers devoirs à son ami. Par ses soins, le corps du mort avait été enseveli au lieu même où il avait été frappé; et pour consacrer le souvenir de cet événement et appeler la prière du passant sur cette tombe, il y avait déposé quelques rameaux et quelques pierres (1). De cette manière, ajouta le marabout, le mort se souviendra de ceux qui pensent à lui, et il les recommandera aux anges.

Ce dépôt, que chacun s'empressait d'augmenter, marquait donc la place où s'était accompli un meurtre, accompagné peut-être d'horribles circonstances; car les Malinkiés passent pour les plus cruels d'entre les nègres. Ces grossiers débris, c'étaient des fleurs sur une tombe; c'était un *De profundis clamavi* écrit sur un sépulcre avec de la pierre et du bois.

Abdarraman m'apprit encore que ces amas n'indiquaient pas toujours un tragique événement; mais que, souvent aussi, ils désignaient un endroit choisi par un voyageur inquiet pour y déposer sa prière, et demander à Dieu protection et soutien contre les dangers de la route.

Je fus profondément surpris en entendant ce dernier détail de la bouche de mon guide. J'avais bien songé à quelque funeste aventure arrivée en ce lieu; et en voyant mes nègres y déposer leur mystique offrande, ma curiosité avait été éveillée, de même qu'elle l'eût été en lisant aux faits divers d'un journal : « Un terrible événement vient de jeter la ville de.... dans la plus grande consternation....; » mais j'étais loin de m'attendre à trouver chez les nègres une coutume si touchante et si délicatement religieuse.

Cette invitation mystique, en effet, ou plutôt cette invocation adressée aux sentiments d'un passant inconnu, pour qu'il s'associe au regret ou à la pensée religieuse de l'étranger qui l'a précédé, appartient à cette belle poésie des temps primitifs, dont l'Afrique et quelques parties de l'Orient ont seules conservé la tradition. Je compris tout ce qu'il y avait d'irrésistible dans cet appel muet, cent fois plus éloquent, cent fois plus entraînant que les phrases ambitieuses qui demandent aux visiteurs de nos cimetières d'Europe une prière qu'ils ne donnent jamais.

J'ai vu souvent des croix de granit au coin d'un carrefour breton,

---

(1) Il est remarquable que le même usage soit pratiqué en Corse et dans certaines parties de l'Italie, pour consacrer aussi le lieu où quelqu'un a péri de mort violente; on nomme cela un *muchio*.

des bonnes vierges incrustées dans des chênes; et jamais, je puis le
le dire, je n'ai ressenti, à la vue de ces emblèmes de notre foi, un besoin de prière et de recueillement. C'est sans doute parce que rien ne
restait de la pensée qui agitait le voyageur pressé ou le promeneur
distrait, quand il passait dans ces lieux, rappelant autant de joyeux
rendez-vous que de pieuses préoccupations; mais dans les chemins
sauvages de l'Afrique, hantés par les bêtes féroces et les assassins,
lorsque la piété a élevé de ces agrestes monuments, on se sent poussé
par une force indicible à s'associer à ceux qui, à cette même place,
ont élevé leur âme vers Dieu; tout, en effet, vous y convie, car la
pierre, la branche d'arbre, la feuille, le brin de paille sont autant de
prières qui demandent d'autres prières.

Nous allâmes coucher ce jour-là au village d'Alinkel, remarquable
par un tata construit avec une élégance et un soin tout particuliers. On
y voit des tourelles en forme de clochetons qui rappellent les vieux
châteaux de certaines parties de la France. Ces clochetons, malgré leur
couverture en paille de maïs, donnent à l'ensemble de la construction
un faux air féodal qui plaît et surprend à la fois : ce n'est pas, en effet, au milieu de l'Afrique qu'on s'attend à trouver de ces sortes d'i-
mitations. Ils servent de guérites pendant la guerre, et de greniers
d'abondance pendant la paix.

Le chef d'Alinkel était un ami particulier d'Abdarraman, qui, après
avoir ri beaucoup de ce qui m'était arrivé à Karé, s'empressa de me
dédommager du parc orné d'immondices séculaires que son jeune collègue m'avait assigné pour résidence.

Les dépôts aurifères sont à environ un kilomètre au-dessous du village; l'extraction se fait au pied d'escarpements très-abrupts. En arrivant sur les lieux, je trouvai une centaine de femmes occupées à extraire les sables et à les laver. Cette extraction est tellement facile
qu'on n'emploie même pas la pioche; les mains des orpailleuses suffisent à cette besogne. Les trous ont la même profondeur qu'à Karé;
mais il y a cette différence, qu'au lieu d'être creusés arbitrairement
dans les parties sèches du lit de la rivière, on les pratique sur le bord
même, au fur et à mesure que les eaux l'abandonnent.

La seule remarque particulière que je fis à Alinkel, c'est que, outre
les roches d'alluvion, plus ou moins imprégnées d'oxyde de fer, que
j'avais rencontrées jusque là, on y trouve des roches granitiques et du
quartz, qui annoncent une modification notable dans la constitution
géologique de la contrée. Les naturels font beaucoup de cas de la

roche granitique, qui existe à l'état de fragments assez gros et dont le bocardage procure, disent-ils, une bonne récolte d'or.

Les orpailleuses d'Aliukel, beaucoup plus nombreuses que dans les autres endroits en aval, peuvent gagner jusqu'à 1,824 fr. par an. Il y a donc décidément, en remontant la rivière, une progression croissante dans la richesse aurifère de ses sables.

Le travail paraît plus actif sur la rive droite que sur la rive gauche; il est concentré autour d'un banc de roches considérable, qu'à la distance où je me trouvais, je pris pour des trachytes; ce banc forme un barrage s'étendant en diagonale d'une rive à l'autre. Dans un développement d'environ 15 mètres à partir de la rive gauche, le barrage présente une petite chute d'eau de 2 mètres tout au plus. Le paysage est fort joli en cet endroit, et malgré son peu d'élévation, cette cascade lui donne beaucoup de grâce et d'animation.

Après mon dîner, qui se composa de lait et de galette de maïs, je fus errer de case en case, et questionner ceux et celles qui voulurent bien causer avec moi, ainsi que doit faire tout voyageur qui désire s'instruire. J'arrivai bientôt sur une place où un marabout aveugle donnait la leçon aux enfants du village.

La classe avait lieu en plein vent, à la lueur d'un grand feu. Autour, des enfants, dont plusieurs étaient complétement nus, marmottaient tous ensemble leur leçon écrite sur une planche. Un grand gaillard, qui paraissait faire l'office de *pion*, gourmandait et parfois soufletait les distraits et les paresseux. Le professeur expliquait en chantant, les élèves récitaient aussi en chantant, ce qui faisait un caquetage ressemblant assez exactement au cri d'une vingtaine de poules pondant leurs œufs. Il était difficile de conserver son sérieux en assistant à ce cours; et mon attitude, non moins que ma présence, y produisirent un tel désordre, que le grand gaillard, fatigué de distribuer des soufflets à ses disciples, s'en fut, après m'avoir lancé un regard d'indignation, s'adresser au marabout. Je m'éloignai vite pour ne pas exciter la fureur de ce saint personnage, déjà fort ému de l'inattention de ses élèves.

Il n'y a point d'écoles proprement dites dans le Bondou méridional. Les marabouts du lieu se chargent de l'éducation des enfants qu'ils prennent à titre de pensionnaires. La pension se paie en services rendus par l'élève, services de domesticité qui vont jusqu'à garder les vaches du maître quand il en a. Le soir, après la rentrée des champs, est donc le moment de la leçon; les planches et le sable remplacent le papier; le doigt et le roseau servent de plume. On m'a dit qu'il fallait, terme moyen, six ou sept ans pour apprendre à lire et à écrire.

Je me remis en route le lendemain, au lever du soleil, avec une nouvelle recrue; c'était un ancien captif de M. le commissaire de marine Thomas, l'un des derniers gouverneurs du Sénégal. Ce nègre se nommait Louis Abdoullah, parlait fort bien le français et connaissait également bien la langue du pays, qui était sa langue maternelle. On est toujours heureux, en pays étranger, de rencontrer quelqu'un qui puisse vous entendre, et il est rare, dans ce cas, qu'on soit très-scrupuleux sur la qualité du personnage. Je me sentis donc pris subitement d'une vive sympathie pour l'ancien esclave de M. Thomas, et j'oubliai complétement, en causant avec lui, l'humble condition qu'il avait occupée.

Le chef d'Alinkel m'avait fait de très-pressantes recommandations de me tenir sur mes gardes. Son village étant le dernier du Bondou, je n'allais plus désormais avoir, me disait-il, que la protection de mes fusils. Il insistait pour que je marchasse avec précaution et veillasse à ce que ma troupe fût constamment réunie. « Défie-toi des Malinkiés, me criait-il au moment où je m'éloignais; ils sont braves quand ils sont vingt contre un. » L'avertissement était plus rassurant qu'inquiétant; mais ma préoccupation était moins d'avoir une rencontre, ce qui au contraire eût été un épisode très-intéressant à raconter, que d'empêcher mes nègres de se débander et de tomber isolément au pouvoir de ces lâches pillards.

A très-petite distance du village, je remarquai dans un marigot, et pour la première fois depuis mon départ de Sénou-Débou, un gisement assez considérable de granit, mélangé de gneiss, qui m'expliqua la provenance des fragments que j'avais vus la veille aux mains des orpailleuses d'Alinkel. Le marigot où je trouvai ces roches se nomme Gandamaka; mes guides prétendent qu'il va jusqu'au Fouta-Djallon.

Je traversai des contrées désertes, semées de villages détruits ou abandonnés, ce qui n'empêchait pas que la campagne fût charmante, la végétation riche et le pays pittoresque. Avant de parcourir ces lieux sauvages, c'était en hésitant que j'avais donné le nom de forêts aux bois que j'avais aperçus; mais là, c'était bien de véritables forêts aux arbres grands et beaux, serrés et vigoureux, également respectés de la cognée du bûcheron et de l'incendie qu'allume le laboureur; un feuillage épais en couronnait les cimes, et tout le long du chemin des oiseaux aux vives couleurs, seuls hôtes de ces lieux, semblaient, par leurs chansons, me souhaiter la bienvenue dans leur domaine. De même, au lieu des mouvements de terrain que j'osais à peine appeler des collines, c'étaient de vraies montagnes aux pics élevés, aux flancs ornés d'une luxuriante verdure ; au lieu des quelques cailloux roulés par les torrents et des petits amas de trachytes et de basaltes qui semblaient fourvoyés dans ces terrains d'alluvions, c'étaient de belles masses de granit gris et rose, couvrant le sol de colossales figures.

La route, dont la direction est sud-est, cotoie la Falémé. Ses bords, dans cette partie, sont, au dire de ma nouvelle recrue, d'une grande richesse en sables aurifères ; mais la terreur qu'inspirent les Malinkiés interdit aux pacifiques pasteurs poulhs toute exploitation de ce genre. A ce propos, il me raconta les malheurs éprouvés par les habitants du village de Farabana-Lahoudy, qui n'avaient pas écouté les avertissements des vieillards d'Alinkel. Confiants dans leur nombre, ils attendirent de pied ferme les Malinkiés, alors renforcés d'une troupe de Bambaras. « Vain orgueil — dit Abdoullah avec un soupir, car il est de la même nation que les vaincus, mais guerrier et non pasteur — vain orgueil de bergers qui veulent lutter contre des gens de guerre ! tous ceux qui résistèrent furent tués ; l'incendie acheva la destruction, et les assaillants, chassant devant eux les vieillards, les femmes et les enfants, reprirent le chemin de leur pays, joyeux du riche butin qu'ils avaient fait. »

Après huit heures de marche au soleil, j'atteignis enfin le village de Kaour, le premier du Bambouk. Peu avant ce village, dans un de ces nombreux marigots qui coupent les routes de l'Afrique, un de mes hommes avait fait une chute et s'était blessé gravement à la jambe. Le paysage avait perdu de sa beauté sauvage ; les forêts avaient fait place aux hautes herbes et les montagnes vertes aux buttes arides.

Abdarraman, que j'avais envoyé en ambassade, me rejoignit quelques minutes avant d'entrer à Kaour, et m'apprit que le chef était animé de fort bonnes intentions. Cette diplomatie était indispensable, et j'avais naturellement songé à l'ancien traitant des Anglais pour lui confier cette délicate mission.

Niamady, le chef de Kaour, suivait de près mon ambassadeur. Il venait m'annoncer qu'il avait fait préparer pour moi des cases dans son tata. Cet homme offrait un type nouveau, complétement différent du type yoloff et du type poulh. Agé d'environ soixante ans, sa taille était au-dessus de la moyenne ; des épaules larges, surmontées d'un cou court et gros, une forte tête à la chevelure épaisse et inculte, des membres nerveux, une corpulence qui tenait le milieu entre la maigreur des Foulhs et l'embonpoint des chefs yoloffs, engraissés de nos *coutumes* ; une physionomie ouverte sans être souriante, sévère sans être dure ; un maintien réservé, un abord discret, une grande sobriété de paroles, ne faisaient de Niamady ni un Adonis, ni un homme agréable ; mais un nègre fort convenable et digne de fixer l'attention.

Après quelques compliments, il s'éloigna pour, dit-il, me laisser à mes affaires. Voilà, pensai-je, un sauvage bien élevé et un début qui promet de bons rapports.

Je n'eus pas, il est vrai, les mêmes louanges à donner à ses administrés. Les uns, avec tous les signes d'un profond étonnement, m'examinaient en détail : mes mains, mon visage, mes cheveux surtout, excitaient leurs réflexions qui se traduisaient par des rires et des lazzis ; les autres, plus hardis, touchaient ma barbe et mes cheveux et faisaient aussitôt part de leurs impressions à leurs voisins ; d'autres, encore plus hardis, délégués sans doute par des observateurs plus subtils, allèrent jusqu'à mouiller leurs doigts et à les passer sur ma peau pour bien s'assurer qu'ils n'étaient point dupes d'un artifice.

Je me prêtai de bonne grâce à ces investigations, regrettant seulement qu'elles ne fussent exercées que par les hommes. Les enfants avaient fui en poussant des cris ; et le beau sexe, qui, par parenthèse, était fort laid, en proie à une terreur indicible, se tenait, le regard effrayé, la tête et la jambe en avant, à une respectueuse distance de ma personne. Chacun de mes mouvements, chacun de mes pas, produisait dans cette foule inquiète un épouvantable désordre. Si je n'avais pas été si fatigué, je me serais assurément beaucoup amusé de cette scène, que mes nègres rendaient tout à fait grotesque par leur air superbe et méprisant. « Quels sauvages, disaient-ils ; ils n'ont donc jamais vu un homme ? »

CHAPITRE IX.

Séjour à Kaour. — Le chef est effrayé de mes projets. — Détails sur les Malinkiés. — Dépôts aurifères de Kaour. — Remarquable beauté des sites. — Tamtam donné en mon honneur. — Sanimoussa, chef d'un village de l'intérieur, m'offre un autre tamtam. — Description des danses des nègres.

Dès que je fus reposé de ma longue marche au soleil, je m'entretins avec Niamady de la continuation de ma route, et principalement du passage de la rivière. En entendant mes premières paroles, le vieux chef poussa des exclamations de surprise, et ne voulut jamais me promettre son assistance dans une entreprise qui lui semblait aussi folle que d'aller attaquer un lion à coups de poing.

« Mais je ne suis pas forcé de suivre tes avis — lui dis-je, fatigué de son insistance et dépité de voir mes projets entravés par cette sollicitude inattendue.

— Tu feras ce que tu voudras; mais il ne sera pas dit que Niamady t'aura, sans t'avertir, laissé courir à une perte certaine. »

Le palabre avait duré près de deux heures. Mon zélé protecteur se retranchait avec une persévérance désespérante pour moi, sur les devoirs de sa position qui ne lui permettaient, à aucun prix, de laisser un blanc s'exposer à des dangers inévitables, pour accomplir un voyage dont, malgré mes explications, il ne pouvait comprendre l'intérêt.

J'interrogeai Abdarraman et Abdoullah pour connaître leur opinion. Le premier village habité qui se trouve sur la rive gauche est éloigné de Kaour de plus de 15 lieues, me dirent-ils, et la route qui y mène est très-dangereuse, parce qu'elle est incessamment parcourue par des bandes nombreuses de maraudeurs. Quant au village situé sur la rive droite, il est en guerre avec Kaour, et ses habitants, qui sont de très-méchantes gens, ne feraient pas de quartier à ceux qui auraient été reçus par leurs ennemis. Ils m'apprirent ensuite que, tout récemment, une caravane avait été attaquée par ces coquins et que plusieurs des hommes qui la composaient avaient été tués.

Ces détails, quoique peu rassurants, ne me convertirent pas à la doctrine de prudence de mes interlocuteurs. Je venais en effet d'apprendre que les mines de Sirmana et de Netako ne se trouvaient qu'à deux jours de marche de Kaour, et je tenais absolument à les visiter. C'était même pour moi une obligation de conscience; car, trompé par les faux renseignements d'un ignorant, j'avais affirmé, dans la relation de mon premier voyage, que ces mines n'existaient pas, et laissé entendre que Compagnon, mon collègue d'il y a cent ans, avait été mal informé. Or je ne voyais qu'un moyen d'accorder une réparation à ce voyageur si injustement calomnié; c'était de dire : « Les mines de Netako existent; je les ai vues. Je reconnais donc que, non-seulement j'ai été indigne envers Compagnon en doutant de ses allégations, mais encore que j'ai porté une atteinte à sa gloire; car on ne parvient aux lieux qu'il a visités qu'en s'exposant à de grands périls. »

Abdoullah comprit enfin mon insistance. Il me dit qu'il connaissait une autre route plus courte et plus fréquentée que la route par Kaour; qu'elle présentait sans doute des dangers, mais que, déterminé, comme je paraissais l'être, à tout braver pour arriver à Netako, il ne pensait pas devoir insister sur les difficultés qu'il m'avait déjà signalées.

Cette route passait à Toronka, village de la rive droite, situé à peu près vis-à-vis de Karé. Il me fallait donc, pour la prendre, revenir sur mes pas et renoncer à mon itinéraire arrêté d'avance et mûrement étudié, de remonter la rive gauche jusqu'au dernier village, de traverser la rivière en cet endroit; puis, une fois sur la rive droite, d'explorer en détail toute la partie aurifère du Bambouk oriental. Ce plan, qui satisfaisait complétement mon ambition, était, comme on le voit, bien modifié; mais néanmoins, accomplie telle que me la proposait Abdoullah, ma nouvelle excursion avait encore assez d'intérêt pour me consoler de mes regrets.

Après avoir pris mon repas habituel, je m'étendis sur les nattes de Niamady, et je dormis de ce bon sommeil que connaissent si bien les chasseurs, les touristes et les soldats, après une grande course ou une forte étape.

Le lendemain, je fus parcourir le village et en examiner les cases, les sites, et surtout les habitants.

Les Malinkiés de Kaour m'apparurent sous un aspect bien moins désagréable que les Malinkiés de la Gambie, dont l'air repoussant m'avait frappé lors de mon premier voyage. Sans doute, leur physionomie est dure, leurs formes sont grossières et anguleuses, leur face large, aux pommettes saillantes, leur couleur d'un noir terreux, leurs lèvres épaisses et développées en largeur d'une façon extraordinaire; fâcheux ensemble, qui, j'en conviens, n'est pas fait pour prévenir favorablement. Cependant, du milieu de ces traits vigoureusement accentués, qui ont quelque chose de farouche et même de cruel, ressort un caractère qui n'est pas l'intelligence, qui n'est pas la distinction, comme chez les Foulahs, qui n'est pas non plus la placidité, et qui pourtant retient le regard.

Les femmes, celles du moins qui veulent se laisser voir, me paraissent affreuses; et, au contraire des hommes, on éprouve un irrésistible besoin de détourner ses yeux de leur vilaine image. Elles manquent de grâce et s'habillent mal; leur formes sont communes, leur maintien gauche. Elles n'ont ni la légèreté d'allure, ni la finesse de formes des femmes foulhas, ni leur goût original pour se parer.

Les hommes sont vêtus de *boubous* très-courts, faits en pagne du pays, et teints avec la matière colorante extraite de l'arbre appelé *fayar* ou *ratt* (le *cochleospernum tinctorium* de M. Perrotet). Cette couleur, d'un rouille très-obscur, ne contribue pas peu, j'imagine, à enlever aux Malinkiés la distinction et la majesté que l'on remarque chez les autres nègres quand ils sont enveloppés de leurs longs *coussabs* blancs ou bleus. L'armement des gens de Kaour est, comme partout, le fusil; mais avec cette différence qu'il est de fabrique anglaise. Ils portent aussi de petits sabres travaillés dans le pays. L'arc et la flèche empoisonnée, arme primitive des peuples de l'Afrique centrale, ne se rencontrent presque plus en leurs mains.

Le costume des femmes n'a pas, si l'on veut, de différence tranchée avec celui des négresses du Fouta et du Bondou; mais elles le portent d'une façon déplaisante; et, en outre, les étoffes qui le composent sont également teintes avec l'écorce du *fayar*, c'est-à-dire en une couleur incertaine où le noir domine sur le rouille, disgracieuse couleur s'il en fut jamais pour embellir celles qui l'adoptent. Leurs objets d'ornements sont l'ambre à grains petits et moyens, les clous de girofle, les grains d'une légumineuse de couleur groseille, et les verroteries bleues; elles placent celles-ci sur leur front en bandeau. Les autres objets servent à faire des colliers et des bracelets.

On me conduisit de bonne heure aux lieux où l'on extrayait les sables aurifères. J'avais écrit *mines* par vanité; mais ma conscience m'invite à effacer ce mot ambitieux. En effet, des dépôts alluvionnaires, renouvelés chaque année, ne sont pas des mines.

L'endroit où l'on m'amena, situé à 400 ou 500 mètres du village, se nommait Sansabadioubé. Il était d'une beauté remarquable. Un groupe d'îlots formés de basaltes et de granits aux formes capricieuses, d'où se détachaient en élégants festons des arbustes et des plantes grimpantes riches de verdure et de fleurs, frappèrent d'abord mes regards. Entre ces rochers jetés, dans un gracieux désordre, autour d'un grande île cultivée, couraient des eaux transparentes sur un lit de cailloux luisants. Une haute falaise couronnée d'arbres, au flanc profondément incisé par les eaux, venait, en se penchant sur la grève, ajouter son ombrage au charme de ces lieux.

Je m'abandonnai un instant à la contemplation de cette poétique solitude; puis je m'approchai du bord, afin de boire de cette belle eau qui m'eût tenté, tellement elle était pure, quand même je n'eusse pas éprouvé une soif brûlante contre laquelle nul ne sait se défendre après une heure de marche dans les chemins de l'Afrique. Ainsi que j'avais coutume de le faire, je me plaçai la partie antérieure du corps en avant, les genoux et les mains appuyés sur la plage, et je bus à ma fantaisie, me reposant de temps en temps pour mieux savourer ce breuvage, qui me parut cent fois préférable aux vins les plus estimés.

Lorsque je me relevai, un bruit sec et prolongé, comme celui que produirait dans l'eau la chute d'un corps lourd, me fit tourner la tête. A deux pas de moi, sur le sable, était une large empreinte de caïman. Je venais de réveiller le monstre, et c'était lui qui, en plongeant, avait causé le bruit que j'avais entendu. Je pus même contempler à loisir ses proportions formidables, grâce à la transparence des eaux. Peu s'en était fallu que j'allasse m'appuyer sur lui; quelle surprise et quelle terreur, si cela fût arrivé; si, au lieu de l'eau limpide que j'allais chercher, j'eusse trouvé la mâchoire ouverte de cette affreuse bête! Et cela était possible; car la sueur qui ruisselait de mon front me tombait dans les yeux, les sables blancs des grèves réfléchissaient un soleil ardent; et les caïmans sont de la couleur des sables.

Cet endroit était parsemé de trous en grand nombre, creusés tantôt au bord de l'eau, tantôt entre les massifs de granit, tantôt au pied même de la falaise. J'y vis une roche micacée toute semblable à celle qu'en 1843 j'avais aperçue à Kéniéba. Son altération moins avancée me permit de reconnaître un *gneiss*, riche en mica, ayant emprunté une coloration jaune aux oxydes de fer abondamment mêlés aux terres de ces contrées. Trompés par la couleur et l'éclat, les hommes qui m'accompagnaient se précipitèrent sur ces fragments de mica jaune, qu'ils prirent pour de l'or, et s'en chargèrent outre mesure, malgré les moqueries que je leur prodiguai.

Il y a deux variétés de granit à Sansabadioubé : l'un gris de fer, à grains très-serrés, avec du mica noir; l'autre rose, avec du mica blanc : ce dernier est remarquable par la grosseur de ses cristaux de quartz.

Après m'être convaincu que les terres et les sables se composaient des mêmes éléments géologiques que dans les dépôts d'Alinkel, je grimpai sur le dos d'un de mes nègres, et je l'entraînai sur la grande île cultivée, dont je n'étais séparé que par un ruisseau étroit et peu profond. Le courant était si fort dans ce petit ruisseau, que plusieurs fois nous faillîmes être renversés, malgré la précaution que j'avais prise de choisir pour cette expédition le plus vigoureux de mes nègres.

L'île était magnifique; le granit gris et rose y montrait par instants ses belles masses; mais ce qui dominait, c'était une brillante verdure empruntée au mil et au maïs qui, sans doute à cause de la fraîcheur du lieu, avaient des proportions énormes. De nombreux mimosas de l'espèce qui, au dire des nègres, retiennent à leurs pieds les molécules d'or, étendaient leurs branches touffues sur ces lignes symétriques dont ils rompaient l'uniformité, ou bien dessinaient les contours de l'île par une bordure d'ombre.

Aux endroits que les cultures n'avaient pas envahis, je vis beaucoup de trous vastes et profonds; et la terre fraîchement remuée m'apprit que l'extraction s'y faisait d'une manière suivie.

Je voulus aussi obtenir à Kaour l'évaluation du produit du lavage, calculée sur les noyaux de tamarin; mais je dus y renoncer bientôt, et me contenter de données générales, qu'à force de persévérance je réussis à me procurer, pour déduire moi-même l'estimation que je cherchais. Par des calculs plus ou moins précis, j'ai trouvé qu'une orpailleuse ou un orpailleur habile (les hommes de Kaour concourent au travail, ce qui prouve qu'il est plus lucratif) pouvait se faire un revenu de 2,700 fr. par an. La progression croît, ainsi qu'on me l'avait annoncé, et si mes calculs ne m'ont pas induit en erreur, chose qui me surprendrait, car je les ai faits avec soin, il y aurait à songer sérieusement aux richesses aurifères de la Falémé supérieure.

Je m'éloignai avec regret de ce site sauvage, si varié d'aspect et si riche de détails. On aimerait à y vivre, malgré les grandes peaux de serpents accrochées aux fentes de ses rochers et les visibles traces laissées par les caïmans sur ses belles plages sablonneuses. Cette profonde solitude, ces granits qui se mirent dans des eaux limpides, ces ombrages frais, ces oiseaux qui se jouent en chantant sur les arbres et sur les eaux, procurent une foule de sensations si douces qu'on voudrait toujours les garder. Quelles charmantes grottes on taillerait dans ces roches! Quelles riantes maisonnettes on poserait sur ces bords! Que d'agréables rêveries au milieu de cette nature vierge!

Et dire que toutes ces beautés sont à de vilains nègres habillés de jaune!

Au retour, je fus parcourir la campagne, non plus comme un conducteur responsable de sa troupe d'hommes et de bêtes, et les tenant incessamment sous son regard inquiet; mais en touriste, en curieux qui veut tout voir en détail, depuis le nid du petit oiseau jusqu'à l'antre qui sert de demeure à la panthère et au lion.

Je ne sais pas pourquoi ce pays me plaît tant. Sans doute il est beau; mais il en est d'autres tout aussi beaux, et qui pourtant me plaisent moins. Peut-être ai-je trouvé là plus qu'ailleurs à satisfaire amplement mon orgueil. Ne m'a-t-on pas dit, en effet, que j'étais le premier homme blanc qui eût marché sur ces granits et monté sur les arbres de ces forêts? Car je veux tout dire: oui, je monte sur des arbres, et je pousse même l'enfantillage jusqu'à y écrire mon nom.

Rentré dans ma case, après deux heures de courses de ce genre, je reçus la visite de Niamady qui venait m'inviter à un tamtam. Un tamtam nègre dans un pareil moment! C'était la nuit après le jour, la pluie succédant au soleil, le réveil d'un songe heureux. Mais refuser était impossible, et je suivis avec un sourire contraint mon hôte inexorable.

Les danses des Africains sont au fond peu variées. Ce sont toujours des gestes et des torsions de corps, accompagnés de bruit. Mais il y a plusieurs sortes de danses : la danse des hommes, des guerriers, des femmes, des adolescents, des jeunes filles. C'est à cette dernière que Niamady me fit assister.

Le bal commença par une manière de pas de deux exécuté avec lenteur par deux jeunes filles à la mine si sérieuse qu'on les eût dites en colère. Après, vint une figure dans laquelle elles semblaient imiter les mouvements d'une personne qui nage; puis une autre où elles marchaient en arrière avec des gestes fort singuliers; puis enfin, et ce fut à coup sûr la plus originale qu'on puisse imaginer, une autre encore dans laquelle une des danseuses saisit de la main droite son gros orteil gauche et courut en cadence, changeant de main et d'orteil, en gesticulant du bras resté libre. La danseuse s'acquitta à la satisfaction générale de cette figure, d'une exécution fort difficile, si l'on se représente bien la position qu'elle avait; et reçut, en récompense, de bruyants applaudissements.

Les figures qui suivirent ne présentèrent rien d'extraordinaire. Ce furent d'abord des mouvements à désarticuler les omoplates et à rompre les vertèbres, mais les jambes n'y prenaient aucune part. Bientôt, par une brusque transition, le mouvement se communiqua aux pieds. Les cris et les battements de mains, joints aux huit tamtams de l'orchestre, parurent enivrer la jeune fille, qui se livra alors à des poses et à des gambades d'un si grand négligé, que des dragons en auraient rougi sous leur casque. Un tonnerre de bravos accueillit ce chef-d'œuvre de chorégraphie. La danseuse, épuisée par ce violent exercice, se retira en chancelant; et chacun, profitant de ce moment d'interruption, discuta, comme à l'Opéra, sur le talent des artistes, et sans doute sur le progrès de l'art.

Personne ne songeait plus au tamtam. Les spectateurs ravis se disposaient à rompre le cercle; les griots, qui avaient pris une part si active au divertissement, commençaient à se lever, quand tout à coup une petite vieille, laide, ridée, édentée, se précipita dans l'arène, poussant devant elle la danseuse haletante; et, comme si elle eût voulu lui montrer tout ce que pouvait faire une artiste expérimentée, exécuta, en lui lançant un regard dédaigneux, une véritable danse échevelée. Ce furent alors des transports d'enthousiasme qui tenaient de la frénésie et que je renonce à rendre.

Pendant ce temps, les yeux étaient fixés sur moi. J'avais à mes côtés le vieux chef, la face épanouie de bonheur, excitant les danseuses du geste et de la voix, et n'interrompant cette occupation que pour

me jeter des regards interrogateurs que je traduisais à peu près ainsi :
« Eh bien, homme blanc, as-tu, dans ton pays, quelque chose d'aussi
beau à montrer aux étrangers ? »

Il est de bon ton chez les nègres de témoigner sa satisfaction aux
danseuses et de les remercier du plaisir qu'elles ont procuré, en leur
déchargeant aux oreilles son fusil chargé jusqu'à la gueule. Mes hommes, qui se piquaient de connaître les belles manières, ne laissèrent
pas échapper l'occasion de le montrer : ils firent, au moment où le
tamtam finissait, leur entrée dans le cercle, brandirent leur arme en
sautillant, la lancèrent en l'air, comme faisaient autrefois les tam-
bours-majors, puis, cherchant les héroïnes de la fête, sans en excepter
la petite vieille, ils les régalèrent de plusieurs décharges qu'elles reçurent en faisant la révérence.

Je me croyais quitte d'honneurs et de représentation, au moins pour
cette journée, et je me disposais, de retour à ma case, à mettre quelque ordre dans mes notes, quand le bruit d'instruments qu'on es-
sayait vint me rappeler à ma situation : c'étaient les griots et leurs
familles qui s'apprêtaient à me rendre leurs devoirs. Je savais que
c'était le comble de la grossièreté de se montrer insensible aux douceurs de la musique indigène ; et chez les nègres, pas plus qu'ailleurs,
on n'aime à passer pour un homme *sans usage*. Je sortis donc de ma
case.

Jamais plus majestueux charivari ne frappa à bout portant les
oreilles d'un enfant de la France. L'orchestre, que j'avais eu déjà le
malheur d'entendre, se composait de huit tamtams de la grande
espèce. Un chant aigre, ayant pour motif la litanie ordinaire des griots,
compléta cette sérénade qui dura une grande heure. Abdarraman
voulut bien enfin y mettre un terme en remerciant les griots de ce
bruyant témoignage de leur estime.

Je demeurai un troisième jour à Kaour, à cause de mon blessé,
trop malade pour me suivre. J'employai encore la matinée de ce jour
en courses dans la campagne, mais dans une autre direction que les
jours précédents.

On me conduisit à environ un kilomètre du village, à un endroit
d'extraction nommé Koliki; c'était aussi un lieu charmant. Le mode
d'exploitation des richesses aurifères de Koliki différait complétement
de celui en usage dans les autres dépôts. Au lieu de femmes arrachant de leurs mains le sable et la terre des bords de la rivière,
c'étaient des hommes, des plongeurs, allant à une certaine profondeur

saisir au pied des roches les sables et les cailloux. Cette opération avait lieu au moyen d'une callebasse qu'on faisait couler en y plaçant une grosse pierre. Quand la callebasse avait touché le fond, le plongeur remplaçait la pierre par des sables et des cailloux ; on remontait ensuite la callebasse à l'aide d'une corde. De cette manière, on obtient des produits beaucoup plus riches, et il n'est pas rare, me dirent les orpailleurs, de recueillir des grains d'or de la grosseur d'un grain de maïs, quelquefois même de la grosseur d'un noyau de tamarin.

Cette promenade, que je complétai d'une course à travers bois, me fit rentrer à onze heures à mon logis. Mon séjour à Kaour avait fait bruit, et la nouvelle s'en était répandue aux environs. Plusieurs chefs avaient formé le projet de me venir voir, et l'un d'eux, m'apprit-on, un *grand roi* (style du pays) avait exécuté ce dessein.

Vers le milieu de la journée, ce nouvel arrivant me conviait, par l'entremise d'une députation composée de gens de fort mauvaise mine, à aller lui faire visite chez le forgeron du village. Les forgerons, dans les États mandingues, sont des personnages considérables qui reçoivent et hébergent les grands seigneurs. J'ignorais ce détail, de même que l'usage ou plutôt l'étiquette qui ne permettait pas à ce sauvage de venir me voir le premier.

Je déjeunai et je me rendis chez le forgeron. Sanimoussa, tel était le nom du chef qui m'attendait, était doué d'une de ces figures qui inspire la défiance et repousse toute sympathie. Ses gens, dont plusieurs s'étaient déjà montrés à moi, avaient, comme leur maître, tout l'air de méchants garnements. Leur village, situé à 24 kilomètres à l'ouest de Kaour, se nommait Sandicounda.

Je trouvai le chef nègre fumant avec une gravité magistrale dans une longue pipe à fourneau de fer, genre de pipe très à la mode chez les Malinkiés. Il me reçut avec une dignité hautaine, et après quelques compliments échangés de part et d'autre, il me fit savoir qu'il était très-puissant, que c'était lui qui était souverain du pays, et que Niamady n'était qu'un tout petit garçon.

Ces préliminaires épuisés, il s'établit entre nous un dialogue dans le genre de celui-ci :

« Comment se portent tes femmes ? Sont elles grasses ? Tes captifs sont-ils forts ? En as-tu un grand nombre ? Tes cases sont-elles belles ? Tes bestiaux ont-ils bon appétit ? etc., etc. » On répond *maraba* ou *bismi Allah* à chaque question, et la litanie continue, sans rien oublier de ce qui peut être utile dans l'intérieur d'un ménage nègre. Cet usage est généralement observé par les peuples africains.

Jusque là tout allait bien. Sanimoussa, à part ses vanteries, était demeuré très-convenable ; j'avais fini par m'accoutumer à sa figure et même par le trouver assez bonhomme. Toutefois, sa conversation n'ayant pas grand charme, je me disposais à lui tirer ma révérence quand il me retint.

« J'ai appris, me dit-il, que tu avais éprouvé hier un vif plaisir au tamtam de Niamady. J'ai beaucoup mieux à te faire voir, et j'espère que tu vas demeurer. »

Comme une victime vouée par état à ce genre de supplice, je répondis par un *maraba* affirmatif à cette politesse, qui me sembla, à la manière dont elle était faite, la plus odieuse des mystifications. Par qui cet affreux nègre avait-il donc appris que le tamtam de Niamady m'avait réjoui ?

Tout était du reste préparé, et pour assister au spectacle je n'avais qu'à me retourner ; car le forgeron demeurait précisément sur la place consacrée aux réjouissances de cette nature.

De même que les princes d'Orient, Sanimoussa avait voyagé en grande pompe. Sa *musique*, ses femmes, ses serviteurs, ses griots et les captifs de sa maison l'avaient suivi à Kaour. Pour un Européen qui n'y est pas habitué, ces splendeurs orientales, cette cour nombreuse faisant cortége à un roitelet d'Afrique, causent généralement une grande surprise. Chez nous surtout, où la royauté est descendue au niveau de la vie bourgeoise, où le prestige qui la décorait s'en est allé emporté par le vent des révolutions, ce contraste est saisissant (1).

La suite de Sanimoussa comprenait plus de soixante individus des deux sexes. Sa *musique* comptait une douzaine de petits tamtams et deux grands dont la forme allongée rappelait les tambourins de la Provence. On y voyait aussi quelques guitares, et, chose curieuse, des castagnettes.... de longues castagnettes en fer (2). Il y a des rapprochements singuliers, d'étranges coïncidences, dont aiment beaucoup à tirer parti les gens amoureux des rapprochements. Quelle belle occasion pour eux que cette rencontre, sur les bords de la Falémé, de l'in-

---

(1) Il faut se rappeler que le journal d'où ce livre est extrait a été fait en 1847.

(2) Ces castagnettes sont très-répandues dans l'intérieur de l'Afrique. On les nomme *keghrakeb*, par imitation du bruit qu'elles font.

UNE DANSE NÈGRE.

strument chéri des enfants de l'Hérault et du Var, et de cet autre, si gracieusement, si coquettement manié par les belles filles de l'Andalousie !

L'orchestre donna le signal et la danse s'ouvrit. On ne s'arrêta pas, comme la veille, à de fades sentimentalités ; dès le début, les danseuses s'enflammèrent. La bouche écumante, les yeux brillants comme des étoiles, les vêtements en désordre, elles étaient horribles à voir ; la sueur coulait en ruisseau sur leur corps à moitié dévêtu. Je vis des bonds à faire frémir, des tortillements d'épileptiques, des pirouettes à faire trouver mal. La tête surtout prenait une si grande part à cet effrayant exercice, que j'éprouvais presque la crainte de la voir rouler sur le sable. La foule rugissait d'enthousiasme.

Après ce prélude qui m'avait donné le vertige, on passa à une scène mimique et à une façon de ballet. La scène n'avait qu'une actrice dont l'allure et les gestes impudiques semblaient d'abord simuler une lutte, puis une défaite, puis des supplications adressées au vainqueur. Comme j'avais l'honneur de remplir ce rôle, ce fut vers moi qu'elle se dirigea en se traînant sur les genoux. Ses longs bras se levaient vers le ciel, ses mains se joignaient convulsivement ; elle murmurait des sons mal articulés qui semblaient être une prière ; et, de temps à autre, prenait du sable dans sa main et le dispersait en soufflant, voulant sans doute exprimer par là sa propre misère et le néant de la vie.

Quand elle ne fut plus qu'à une petite distance de la place que j'occupais, elle pirouetta brusquement sur ses genoux, et continuant ses gestes suppliants, elle vint, toujours rampant, mais à reculons, se placer entre mes deux genoux qu'elle avait elle-même écartés. Rendue là, ses supplications devinrent plus pressantes ; sa tête renversée en arrière se levait et s'abaissait alternativement ; son visage venait effleurer le mien ; un laid visage, par ma foi, et tout inondé de sueur et de beurre rance que le soleil avait pris à ses cheveux (1).

Il me tardait de mettre fin à cette scène, attendrissante pour l'assemblée, torturante pour l'artiste et abominable pour moi. J'interrogeai du regard Abdarraman, qui comprit ma question et y répondit affirmativement. Alors je déposai sur cette noire figure le baiser de paix et de pardon.

---

(1) Les négresses emploient, en guise de pommade, le beurre qui n'est plus assez frais pour leur cuisine ; or, comme elles n'ont pas le goût très-raffiné, celui qui est repoussé de leur table est d'ordinaire plus que nauséabond.

Comment rendre l'enthousiasme qui éclata tout à coup? La danseuse se releva radieuse, et, en signe d'allégresse, se livra à des gambades inimaginables. L'assemblée, les griots, Sanimoussa, Niamady trépignèrent d'ivresse et hurlèrent en se tordant de plaisir. Au silence de la tombe avaient succédé les clameurs d'une foule en délire. En un instant ce ne furent que danses frénétiques; les sexes, les âges se confondirent dans une joyeuse mêlée; Sanimoussa et Niamady eux-mêmes, oubliant leur gravité, dansaient comme des forcenés en agitant leurs longs bras.

Je profitai de l'entraînement général, du bruit, des coups de fusils, de la fumée, de la poussière, pour m'esquiver sans être vu. A peine avais-je marché quelques pas, que j'aperçus une pauvre fille poussant des cris désespérés, et faisant de vains efforts pour se débarrasser d'un gros chiffon incandescent ayant servi de bourre de fusil, qui s'était engagé dans ses cheveux et lui brûlait horriblement le cou. Je fus assez heureux pour secourir cette malheureuse à laquelle nul ne prenait garde, et après cet exploit je me sauvai assourdi, aveuglé, asphyxié.

Je songe encore, en écrivant ceci, à la persistance du parfum de négresse échauffée qui avait saisi mes organes; et rien que cette réminiscence me fait horreur.

Si encore cet exécrable spectacle eût été fini là; mais il restait le quart d'heure fatal, inconnu de Rabelais, qui pourtant savait tant de choses. Il fallait payer mes assassins; car de quel nom plus doux décorer Sanimoussa et ses odieux acrobates? Je tins conseil pour cette grave affaire, et d'un accord unanime il fut décidé qu'un sabre d'officier d'infanterie, une pièce de guinée, de la poudre, des balles et divers objets de quincaillerie composeraient un salaire très-convenable.

Cette chose réglée, j'envoyai mon offrande et je me mis en devoir d'attaquer un copieux couscouss, en songeant avec joie au lendemain pour quitter cette trop joyeuse compagnie.

CHAPITRE X.

Il s'était écoulé une grande heure, et l'homme chargé de porter mon cadeau à Sanimoussa n'avait pas reparu. Je le fis chercher pour lui administrer une sévère réprimande sur la négligence qu'il avait mise à me rendre compte de sa mission.

Il arriva en faisant une moue de mauvaise humeur.

« Tu seras cause que je ne saurai pas ce qu'ils vont décider.

— Décider quoi?

— Mais ce que va faire Sanimoussa. »

C'était plus qu'il n'en fallait pour m'apprendre que mon présent avait été mal accueilli et qu'il se tramait contre moi quelque chose de très-sérieux.

Je sus de mon nègre, qui depuis une heure assistait au palabre, que Sanimoussa, dont la figure m'avait si fort déplu (ce qui faisait honneur

8

à ma sagacité), n'était pas venu à Kaour pour avoir le plaisir de me voir, mais bien pour prendre sa part de *mes marchandises.*

Les nègres désignent sous ce nom les objets possédés par les blancs. En Afrique, tous les blancs sont des marchands, et à ce titre, doivent être exploités à merci par les chefs. Ceci prouve une fois de plus que le trafic et ses nécessités ont fait plus de mal que de bien aux peuples de l'Afrique et à nous (1).

Sanimoussa avait donc rêvé un riche présent, et sa cupidité avait été très-déçue en découvrant la composition de mon offrande.

A la surprise avait succédé la colère, puis les menaces : « Demain, je ferai voir — s'était-il écrié — que je sais me venger des injures. » C'est bien là la formule de ces bons nègres que nous gâtons, marchands ou autres, pas nos imprudentes concessions. L'injure, pour eux, c'est de ne pas recevoir une aumône assez grosse.

Il avait fait ensuite appeler ses gens et leur avait demandé, leur montrant mon présent, s'ils souffriraient qu'on offrît de pareilles choses à leur maître.

La nuit était venue quand mon nègre m'apprit ces inquiétants débats. C'était au fort des amertumes de Sanimoussa que je l'avais fait appeler. Je le renvoyai aussitôt, et après avoir recommandé aux autres de faire bonne garde et de me prévenir s'il survenait quelque événement, j'essayai d'oublier ces nouveaux ennuis en prenant quelque repos.

De grand matin, le lendemain, on vint m'annoncer que Sanimoussa et Niamady avaient eu, à mon sujet, une vive discussion pendant la nuit. Le premier, par une opiniâtre insistance, s'était attaché à gagner Niamady pour *tomber sur moi* avec lui; mais celui-ci avait résisté, et les deux chefs s'étaient séparés fort mécontents l'un de l'autre. A la suite de ce violent entretien, Niamady avait réuni les hommes de Kaour et leur avait parlé ainsi :

« Nous avons reçu des blancs qui sont venus en amis, conduits par des hommes de l'almamy du Bondou, avec lequel nous sommes en paix. Ces blancs sont menacés d'être attaqués par des gens qui ne sont pas du village; je désire savoir ce que vous comptez faire.

— Nous ferons ce que tu feras toi-même, » avaient-ils répondu.

_____

(1) Les marchands ont besoin des chefs, au moins pour que ceux-ci n'empêchent pas les naturels de leur conduire les objets qu'ils veulent échanger; et c'est ce prétendu service qu'on paie ostensiblement.

Cette assurance des bonnes intentions de Niamady me rendit à propos le calme dont j'avais besoin pour affronter la tempête qui allait inévitablement éclater. Sûr du concours de mon hôte et de ses gens, ma position n'était plus désespérée.

Avant de m'endormir, la veille, j'avais donné l'ordre de tout préparer pour quitter Kaour au petit jour; mais malheureusement mon blessé se trouvait en proie à un violent accès de fièvre, et comme je ne voulais pas l'abandonner, je dus faire suspendre les préparatifs de mon départ.

Vers huit heures, on vint m'avertir que Sanimoussa recommençait ses clameurs, que ses hommes chargeaient leurs armes de plusieurs balles et qu'ils prenaient leurs grigris de guerre, signe certain d'intentions hostiles. Peu après, informé que mon blessé se trouvait mieux, je fis porter les bagages en dehors du *tata* et j'ordonnai de charger les ânes.

Cette opération était à peine commencée, qu'une députation de Sanimoussa, envahissant mon logement, me rapporta les présents que je lui avais faits la veille.

Je m'attendais à ce petit moyen stratégique, fort en usage chez les nègres, espérant ainsi forcer la générosité de ceux qui ne satisfont pas leur cupidité; mais j'étais décidé, si Sanimoussa y avait recours, à ne rien ajouter aux objets que je lui avais envoyés, et à les reprendre, pour les donner à Niamady s'il persistait dans son dessein.

Je fis répondre à ses ambassadeurs que je trouvais tout cela insupportable; que leur maître était libre de garder ou de rendre ce que je lui avais donné; mais qu'il pouvait se tenir pour assuré que je n'y ajouterais rien. Les ambassadeurs disparurent en remportant le cadeau.

Bientôt ce fut le tour de Sanimoussa. Il arriva entouré de ses gens, armés et couverts de grigris, ainsi qu'on me l'avait annoncé. Leur nombre montait au moins à cinquante. Je le reçus en homme peu disposé à donner à la conversation un tour gracieux, et bien résolu à lui faire sauter la cervelle au premier mouvement suspect que j'apercevrais. Six de mes nègres bien armés étaient près de moi; les autres s'occupaient des apprêts du départ.

Je voulais prendre la parole le premier et lui reprocher sa conduite en termes énergiques; mais il ne m'en laissa pas le temps, et saisissant ma main d'une façon amicale, il essaya de se justifier dans un discours qui menaçait de devenir effrayant de longueur. Je l'interrompis pour lui dire que j'étais pressé, et que je le priais de me faire connaître le but de sa visite.

« Il ne faut pas écouter tout le monde, me dit-il alors un peu déconcerté de mon interruption ; mes intentions étaient pures ; si personne ne se fût mêlé à nos affaires, nous nous serions bien compris, etc., etc. » Puis il termina par cette phrase :

« Je suis peiné de ce qui est arrivé, et je viens te prier de demeurer ici un jour de plus pour mieux faire ma paix avec toi. »

Sachant ce que je savais, le piége était grossier. Je répondis que j'étais satisfait de sa démarche, et que ses regrets me suffisaient ; mais que je ne resterais pas une heure de plus à Kaour. Il insista ; je tins bon dans ma résolution. Voyant qu'il n'y gagnait rien, il prit le parti de s'en aller.

Je pus enfin partir. Les charges avaient été placées sur les ânes, et mon blessé sur le cheval d'Abderraman. Il était dix heures du matin, et nous avions douze lieues à faire dans un pays désert et dévasté.

En sortant du *tata*, j'aperçus les hommes de Niamady qui semblaient postés là pour me protéger ; et, à côté, ceux de Sanimoussa ayant tout l'air de gens qui viennent d'éprouver un mécompte. J'allais monter à cheval quand Sanimoussa, remarquable entre tous par sa mine décontenancée, témoigna le désir de m'entretenir à part. Montrer de la crainte eût été lui faire trop d'honneur ; je me rendis donc à son appel avec un seul de mes hommes qui me servait d'interprète.

C'étaient de nouvelles instances pour me faire rester à Kaour, mais expliquées cette fois par le regret qu'il éprouvait de ne m'avoir pas fait de présent. « Que cette crainte ne trouble pas ton sommeil, lui répliquai-je vivement ; les blancs donnent pour *donner* et non pour *recevoir*. » Un coup d'éperon appliqué à mon cheval força mon interlocuteur à en rester là de sa conversation.

Dans cette ennuyeuse affaire, j'ai eu beaucoup à me louer d'Abdarraman et d'Amar-Lamba. C'était grâce à leur courageuse intervention que le vieux Niamady avait tenu la conduite noble et ferme qui nous avait soustraits aux dangers d'une lutte inégale. Je laissai, en partant, à ce brave nègre une juste récompense des services qu'il m'avait rendus, et j'eus, chose bien rare, la satisfaction de ne pas demeurer au-dessous de ses espérances.

Nous reprîmes la même route et nous la parcourûmes sans autre incident que les haltes fréquentes que mon blessé nous obligeait à faire pour lui donner des soins. A six heures et demie du soir, je mettais pied à terre à la porte du *tata* d'Alinkel.

En prenant à huit heures mon premier repas de la journée, je songeai aux événements de Kaour. Je savais certes à quoi m'en tenir sur la mansuétude de Sanimoussa, et j'étais bien persuadé que ce n'était pas cette vertu qui l'avait empêché de nous attaquer. Ce n'était pas non plus l'opposition de Niamady ; car, en supposant que Sanimoussa eût connu les intentions protectrices dont ce chef m'avait donné l'assurance (par prudence il s'était borné à lui refuser son concours), rien ne l'empêchait de partir pendant la nuit et d'aller m'attendre sur la route. Autre chose l'avait donc retenu, et c'était la lâcheté... Soixante contre douze, il avait eu peur. Ceci doit nous rassurer contre les attaques des nègres du Bambouk.

Mody (ainsi se nommait mon blessé) était arrivé à Alinkel dans un tel état de prostration, que je me déterminai à y passer la journée du lendemain. Le chef du village et plusieurs de ses hommes me fournirent durant cette station de fâcheux renseignements sur la route de Toronka, que j'étais résolu à prendre pour réparer mon échec de Kaour. Outre les bandes de Malinkiés qui la parcourent journellement, me dirent-ils, elle est, en ce moment, sillonnée en tous sens par des Maures qui ont traversé le Sénégal et se sont réunis dans ces contrées pour piller les caravanes. Mais les mines de Netako exerçaient sur mes décisions une trop irrésistible influence pour que je tinsse compte de ces avertissements, accueillis par mes deux guides avec un empressement qui me contraria beaucoup.

Quand ils me virent bien déterminé à tenter, malgré tout, les risques du voyage, ils secouèrent la tête d'un air chagrin et déclarèrent qu'ils ne me suivraient pas. Je fis cependant tout préparer pour partir le lendemain, répondant brusquement à cette déclaration que je saurais me passer d'eux.

Je dormais depuis quelques heures quand je fus réveillé par mon interprète. Il m'amenait un homme arrivant de Kaour, qui prétendait avoir à me faire une communication pressée et d'un grand intérêt.

« Après ton départ, me dit cet homme, Sanimoussa et Niamady ont eu une querelle violente. Le premier reprochait amèrement à l'autre son défaut d'assistance dans une affaire qu'il considérait comme toute simple. (Nous voler et nous tuer !!)

« Sanimoussa a dit ensuite qu'il ne t'avait laissé partir que parce qu'il savait que tu allais à Netako, et que là il n'aurait pas pour associés des trembleurs et des imbéciles. En même temps, il a donné l'ordre à deux de ses captifs de se mettre en route pour informer de ton passage les Malinkiés de la rive droite. — Qu'on laisse *les blancs* s'engager sans défiance, leur disait-il, qu'on les traite même avec distinction, puis après.... » Un geste significatif me fit suffisamment comprendre.

Cette communication impressionna beaucoup mes nègres jusque là très-décidés à me suivre. Elle fit moins d'impression sur moi qui connaissais par expérience toutes les finesses, toutes les inventions à l'usage d'un nègre, tant soit peu madré, pour se faire octroyer un cadeau. Une seule chose pourtant me frappait : c'est que je n'étais resté à Alinkel qu'à cause de la blessure de Mody, et que sans cette circonstance, sur laquelle mes nègres bâtissaient tout un dogme, je n'aurais pas été instruit des dangers qui me menaçaient. Ma confiance ne se donnait pas cependant ; mais soit pénétration, soit rapport fortuit de pensée, l'homme qui me parlait s'écria :

« Je pars, afin que tu croies à mes paroles ; si je restais tu penserais que j'ai agi par intérêt. Je ne veux rien et ne recevrai rien de toi. Je suis captif du roi des Bambaras, et j'aime les blancs parce qu'ils sont les amis de mon maître. Je suis venu aussitôt que je l'ai pu pour t'avertir ; je serai payé de ma peine si tu tiens compte de mes avertissements. »

N'est-ce pas là, pensé-je, une comédie arrangée avec mes hommes pour arrêter l'exécution de mes projets, ou quelque nouveau tour d'imagination pour surprendre ma générosité ? Mais l'homme avait continué sa route vers Karé, et mes nègres protestaient de leur obéissance à mes volontés.

Abdarraman, Amar-Lamba, le chef d'Alinkel, et ceux de ses hommes qui m'avaient parlé dans la journée, s'efforçaient d'appeler mon attention sur l'avertissement que *Dieu m'envoyait par un de ses esclaves*, et qui venait si à propos corroborer leurs propres assurances.

Malgré tout, je ne me rendais pas : échouer dans mes desseins à une journée seulement des mines de Netako, dont on m'avait fait de si intéressantes descriptions, était un désappointement cruel ; d'un autre côté, négliger des avertissements s'accordant tous entre eux, et trop bien justifiés par ce qui venait de m'arriver à Kaour, c'était pousser l'imprudence jusqu'à la déraison.

Je cédai donc enfin, et, renonçant pour la seconde fois à mon voyage au Bambouk, je m'efforçai de trouver des consolations dans la pensée que toute restreinte, toute contrariée qu'elle venait de l'être, mon excursion dans ce pays aurait encore de l'intérêt.

La Falémé, en effet, bien que placée dans la situation la plus favorable pour servir de but aux explorateurs du Sénégal, est aujourd'hui à peine connue. Il y a cent ans, une reconnaissance de cette rivière a été faite par un employé de la Compagnie. Duliron, c'est le nom de cet homme courageux et dévoué, semble avoir eu le mérite d'y pénétrer le premier ; mais, malheureusement pour ceux qui sont venus après lui, il n'a laissé de son intéressante exploration qu'un trop court rapport, remarquable seulement par sa simplicité. A Duliron, soixante-dix-sept ans plus tard, succéda l'intrépide de Beauford : il s'arrêta à Sasâdig, et la mort, qui, peu de temps après, le frappa à Bakel, rompit le cours de ses entreprises audacieuses. Vingt ans après eut lieu le voyage que dirigeait Huard-Bessinières, dont le nom a pris place aussi dans le nécrologe des martyrs de la science ; j'étais de ce voyage, et de même que de Beauford, nous ne dépassâmes pas Sasâdig.

La reconnaissance que je venais d'effectuer comprenait moins d'étendue que celle de Duliron, mais elle dépassait d'environ vingt lieues celle de de Beauford et celle d'Huard. Elle m'a permis de faire des observations entièrement neuves sur dix villages de la rive gauche qui possèdent des dépôts aurifères ; enfin elle pourra servir, du moins j'en ai l'espoir, à pousser dans la même voie des voyageurs plus heureux, plus heureux même que Duliron, celui d'entre nous qui a été le plus loin.

Oui, c'est surtout comme enseignement, et au point de vue de l'avenir, que cette course peut être utile. Pour pénétrer dans le Bambouck, il y a deux conditions de succès : la première est le temps ; la seconde l'argent. Je n'avais pas assez de temps, pressé que j'étais d'exécuter mon grand voyage, pour me ménager des intelligences avec les chefs et attendre l'issue de leurs interminables palabres ; je n'étais pas assez riche, toujours en raison de mes projets ultérieurs, pour payer généreusement leurs services et satisfaire les exigences d'une cupidité dont Sânimoussa m'avait donné la mesure.

Mes regrets et les réflexions qui les accompagnèrent me tinrent éveillé une partie de la nuit. Bien m'en prit, car si j'eusse été endormi, j'aurais sans aucun doute rêvé de Malinkiés et de Maures et cru à une attaque de toutes leurs forces, en entendant les coups de fusil et les cris d'alerte qui, vers deux heures du matin, vinrent brusquement troubler mes méditations. Fort inquiet de ce tumulte, je fis lever mon monde, prendre les armes, et envoyai savoir ce que c'était ; mais Amar-Lamba, qui avait vaillamment saisi son fusil et, malgré son pied d'éléphant, avait été plus agile que mon nègre, revint presque aussitôt m'annoncer, en riant aux éclats, que ce n'étaient que des lions. Je ne trouvai pas la chose aussi plaisante que mon guide, et comme les portes du tata demeuraient ouvertes toute la nuit, j'avouerai à ma honte, si honte il y a, qu'il eut beau affirmer que les lions du Bondou étaient des animaux fort aimables, je n'en passai pas moins le reste de la nuit avec mon fusil et mes pistolets aux mains. Je l'avouerai en toute franchise, n'est pas Gérard qui veut!

Le lendemain de cette journée d'émotions, je me mis en marche pour Sénou-Débou. Mody était assez bien pour faire la route à cheval. Abdarraman, tout heureux de me voir renoncer à mon voyage de Netako, s'était empressé de lui offrir encore le sien.

A onze heures, j'arrivai à Karé et je campai sous un arbre en plein soleil. Je pris mon repas au milieu d'un cercle immense de gens assis sur les talons, leur fusil entre les jambes. Bien que ce soit l'usage du pays et que maintes fois déjà j'aie eu pour compagnie des hommes armés jusqu'aux dents, je n'avais pas encore fait la remarque que la position était tout au moins originale.

En voyageant en Afrique, il faut savoir mettre de côté la prudence et s'abandonner aux événements. Sans cela on serait trop malheureux. Il est vrai que pour me faire passer de vie à trépas il suffirait de rencontrer dans la foule qui m'entoure d'ordinaire un fanatique, un maniaque, un maladroit, voire même un curieux qui voudrait savoir, par exemple, si les blancs ont le sang de la même couleur que les nègres. Pour satisfaire sa haine, son caprice ou sa curiosité, il n'aurait qu'à incliner son arme et poser le doigt sur la détente.... Et quels risques courrait-il? Ce qui pourrait lui arriver de pire serait de payer la *dïa* (le prix du sang), usage très-commode qui des Arabes est passé chez les nègres, comme beaucoup d'autres (1).

_____

(1) J'ai pensé qu'on lirait avec plaisir quelques détails, sur cette coutume, empruntés au livre trop peu connu de MM. le général Daumas et Ausone de Chancel, intitulé *le Grand Désert, ou Itinéraire d'une caravane du Sahara au pays des nègres*.

« Selon la loi, le meurtre involontaire (khrata) est puni par la *dïa*, qui, pour les gens de l'*or* (des villes), est de mille dinars; pour les gens de l'*argent* (du Tell), douze mille derhem; et pour les gens à chameaux (du Sahara), cent chameaux, à moins qu'il n'y ait des arrangements entre le meurtrier et les parents du mort.

» Quand il est prouvé que le meurtrier a frappé pour sa défense, la *dïa* n'est point due, non plus dans le cas de meurtre avec préméditation, qui est puni par le talion.

» L'usage de la *dïa* remonte au temps de l'aïeul du prophète, Abd-el-Mettaleb.

Et encore qui réclamerait ?

. Ces réflexions ne m'empêchèrent pas de faire honneur à mon déjeuner et, tout en savourant l'eau de la rivière et le maïs grillé sous la cendre, de promener mon regard sur la foule de curieux qui m'entourait, mais de curieux discrets, car ils bornaient leur occupation à m'examiner. L'un des individus qui faisaient partie de ce cercle et paraissait le plus absorbé dans sa contemplation, était un jeune homme d'une figure distinguée, qui n'avait aucun des traits de la race éthiopique. N'étaient ses cheveux lainés et frisés comme la toison d'un mouton noir, je me plairais à saluer en lui un de ces descendants polynésiens dont M. Gustave d'Eichtal nous a montré les migrations dans ses études sur les Foulhas; n'était, en outre, sa couleur de cuivre rouge, je le prendrais pour un de ces beaux types de la race ariane, d'où sont sorties, comme on l'admet généralement aujourd'hui, les races européennes. Je fis asseoir près de moi ce jeune homme dont les manières et la grâce répondaient à la distinction des traits. Il m'apprit qu'il se nommait Ibrahim (Abraham); qu'il était originaire du Fouta-Djallon, et qu'il voyageait pour son instruction. Je vis, en effet, qu'il était muni de l'écritoire en cuivre et de la planchette, attributs que n'abandonne jamais le *taleb* en voyage. Il m'assura que le type qu'il représentait était fort commun dans son pays.

J'allai coucher ce jour-là à Tamboura, où j'eus une peine infinie à m'établir dans un endroit propre. Ce village m'avait paru charmant quand j'y passai quelques jours auparavant pour me rendre à Kaour, sans doute à cause des papayes qui ornaient les toits de ses cases et pendaient en régimes dorés autour de leur cylindre. C'est évidemment sous cette impression gastronomique que je l'avais noté dans mes souvenirs

---

» Abd-el-Mettaleb n'avait qu'un seul enfant, et dans sa douleur il fit cette prière :
« Seigneur, si vous me donnez dix enfants, je jure de vous en immoler un en
» actions de grâces. »

» Dieu l'entendit et le fit père neuf fois encore. Abd-el-Mettaleb, fidèle à sa promesse, remit au sort à décider quelle serait la victime ; et le sort choisit Abdallah. Mais la tribu s'élevant contre le sacrifice, il fut décidé qu'Abdallah serait mis d'un côté et dix chameaux de l'autre ; que le sort serait de nouveau consulté jusqu'à ce qu'il se prononçât pour l'enfant, et qu'autant de fois qu'il se prononcerait contre lui, dix chameaux seraient ajoutés aux premiers.

» Abdallah ne fut racheté qu'à la onzième épreuve, et cent chameaux furent immolés à sa place.

» Quelque temps après, Dieu manifesta qu'il avait accueilli favorablement cet échange, car il fit naître d'Abdallah notre seigneur Mohamed ; et depuis, le prix du sang, la *dia* d'un Arabe, est fixé partout à cent chameaux. »

comme devant me servir de station, si jamais j'y repassais. On trouve à Tamboura une des mille colonies de Soninkiés (Sarracolés) qui couvrent la Sénégambie et le Soudan.

Le jour suivant, à neuf heures du matin, je faisais mon entrée sur les domaines d'Abdarraman. J'étais certain de trouver dans sa demeure tout ce qui peut rendre agréable le séjour d'un village nègre ; aussi étais-je résolu d'avance à y stationner tout un jour. J'avais à régler un compte avec ce brave compagnon de mon voyage au Bambouk, et cette affaire me préoccupait beaucoup. Je voulais prévenir ses désirs, et surtout les satisfaire ; mais j'avais une terrible crainte de voir le contraire arriver.

Ces pauvres nègres ont si peu de délicatesse, lorsqu'il s'agit de posséder ; ils taxent, en outre, si haut leurs services, que pour peu qu'on tienne à garder d'eux un souvenir passable, il faut user de mille précautions pour ne pas exposer ses illusions aux tempêtes de leur avidité. Je ne sais rien de pénible comme une demande ou même une simple insinuation venant malencontreusement suspecter la générosité de celui qui est bien décidé à être généreux. Avec Abdarraman, je faisais de cela une question de sentiment, et j'eusse été excessivement malheureux de discuter avec lui-même le prix de ses services.

Je me hâtai donc d'offrir à ce défenseur infatigable, à ce protecteur incorruptible que Sanimoussa n'avait pu gagner à ses odieux desseins, un présent que je m'évertuai de composer de tout ce qui me restait de plus précieux. Sa joie et sa reconnaissance furent si vives en le recevant, que je rougis jusqu'au fond de l'âme de l'avoir tacitement calomnié, et comme une juste expiation de ma mauvaise pensée, je l'invitai à m'accompagner à Sénou-Débou, afin, lui dis-je, de laisser de meilleures marques de mon attachement à celui qui savait allier au dévouement le plus absolu le désintéressement le plus rare.

Abdarraman accepta ma proposition, et en homme qui sait vivre et qui a vécu avec des gens civilisés, il me pria de recevoir en souvenir de lui un anneau d'or. Sa générosité ne s'arrêta pas là : il fit un pareil présent à M. Panet et à mon domestique ; et, ce qui paraîtra prodigieux à ceux qui connaissent les mœurs nègres, il me donna une quantité assez considérable de riz, refusant, avec une obstination parfaitement sincère, la rétribution que je voulais absolument lui faire accepter pour ce dernier cadeau.

Cet assaut de générosité, si rare parmi les nègres, surtout quand ils en sortent vainqueurs, produisit en moi une émotion vive et d'autant plus douce, que je venais tout récemment d'être affecté de sensations bien différentes. Je me sentis pris subitement d'une grande tendresse pour ce nègre aux sentiments élevés, qui, sans le savoir, m'avait donné une bonne leçon.

Le soir, je le fis venir près de moi, ainsi qu'Amar-Lamba, et nous eûmes ensemble une de ces causeries où le cœur se mêle. Je fus étonné des sentiments, de l'intelligence et du jugement d'Abdarraman. M. Panet nous servait de trucheman. Je répète que je fus surpris, non-seulement des pensées, mais des expressions imagées qui les traduisaient et que M. Panet m'assura reproduire avec une fidélité rigoureuse.

Le lendemain, Abdarraman vint de très-bonne heure me supplier de rester un jour de plus. J'étais trop pressé d'arriver à Sénou-Débou pour me rendre à son désir; mais je consentis volontiers à retarder mon départ jusqu'à midi.

Je quittai Malogniaki accompagné par une partie de sa population qui semblait vouloir aussi témoigner ses sympathies à l'étranger que son chef avait accueilli. Je pressai les mains de ces bons nègres, en employant, pour les remercier, les mots les plus aimables que je savais dans leur langue.

« Quelle différence avec ceux qui nous approchent, me dis-je quand ils furent éloignés ; et combien l'on s'abuse quand on croit à la civilisation..... par le commerce ! »

Mes ânes, fatigués par les longues marches des jours précédents, allèrent si lentement que nous n'étions qu'aux environs du village de Fanira quand le soleil disparut. Il n'y avait pas de lune ; le ciel était sans étoiles, et les chemins horriblement mauvais. J'atteignis cependant ce village, mais avec beaucoup de difficultés.

Fanira est un village de pasteurs. Ses cases, réunies en petits groupes, occupent un grand développement de terrain, par suite de la distance qui isole ces groupes les uns des autres. Les troupeaux y sont nombreux, et de même qu'à Karé, je pus constater au quartier occupé par le chef une accumulation de matières malpropres dont l'origine se perdait dans la nuit des temps. Trop fidèle observateur de l'étiquette, ce chef ne voulut jamais souffrir que le *blanc* allât chercher ailleurs que sur ses terres une place pour y reposer sa tête. Mais je lui pardonnai de bon cœur sa rigidité à l'endroit des mœurs de sa race, quand je le vis, en hôte généreux, me conduire lui-même une chèvre et un mouton de fort bonne mine.

La route du lendemain se fit encore avec lenteur, et grâce à l'amour-propre d'Amar-Lamba, qui tint à montrer qu'il était un bon guide, nous nous engageâmes, par ses conseils, dans un prétendu chemin de traverse, qui se trouva plus long et cent fois plus mauvais que le chemin ordinaire.

Je rencontrai près de Fétou une troupe assez nombreuse de jeunes gens marchant en ordre et armés, la plupart, de longs bâtons. Ils étaient précédés d'un tamtam et d'une guitare, et accompagnés d'une meute de ces vilains chiens d'Afrique, à poil si ras qu'on dirait qu'ils n'en ont pas. On m'apprit que c'étaient des chasseurs.

Ces chasses se font au temps des grandes chaleurs, par les jeunes gens de plusieurs villages réunis; ils cernent un endroit, ordinairement un bois, reconnu d'avance pour servir de retraite aux chevreuils, aux gazelles, aux lièvres, aux pintades et aux perdrix, gibiers très-abondants dans la Sénégambie et le Soudan. Lorsque le taillis est cerné, ils y mettent leurs chiens pour en faire sortir le gibier qui vient, tout effaré et accablé par la chaleur, se livrer au bâton des *Nemrods* africains. Si j'en croyais mes guides, pas une perdrix, pas une pintade n'échapperait à l'adresse des chasseurs et à l'agilité de leurs chiens; mais je sais, par expérience, que croire le quart de ce que disent les nègres est leur faire encore une belle part. Quoi qu'il en soit, ces chasses sont assez productives, et j'ai entendu plus d'une fois, depuis cette rencontre, des nègres m'en parler avec enthousiasme, comme d'un de leurs meilleurs souvenirs de jeunesse. Les hommes, les guerriers, trouvent cette occupation indigne de leur valeur; c'est pour cela que les jeunes gens seuls s'y consacrent.

A midi j'arrivai à Sénou-Débou. J'y trouvai des hommes de Barka qui m'attendaient pour me conduire à Makana, plusieurs lettres de France et une de Saint-Louis, où l'on m'annonçait la perte de la frégate à vapeur *le Caraïbe* et l'attaque de la flottille des traitants de Bakel à son passage à Kasga. C'étaient là deux mauvaises nouvelles, mais qui ne me causèrent pas une égale affliction. Je m'intéressais sans doute beaucoup aux traitants de Bakel; mais, on le comprend, je m'intéressai encore plus aux naufragés de la frégate. La lettre, écrite au moment même, ne contenait aucun détail, et involontairement je me mis à songer, avec une indicible anxiété, à l'affreux événement qui rendit à jamais célèbre le nom de la *Méduse*.

Mon ami Abdarraman vint le lendemain au blockhaus me faire ses adieux et payer sa dette d'amitié, en exerçant sur moi ses talents de marabout. De même que son collègue de Samba-Counté, il eut recours à tous les efforts de son art pour me rendre invulnérable.

Je me livrai aux mains du brave homme avec une louable complaisance, et je subis sans rire, chose plus méritoire qu'on ne peut le
croire, les formules grotesques de ses enchantements, dont sa conscience sans doute ne lui permit pas de m'épargner le moindre détail.
Il parlait avec une animation extraordinaire, et gesticulait avec tant
de force, qu'on voyait la sueur inonder sa figure. Mes hommes assistaient à la cérémonie, le chapelet à la main et priant avec onction.

Abdarraman s'interrompit tout d'un coup; d'un air inspiré, il me
commanda de m'asseoir à terre et demanda ma jambe droite. J'obéis,
mais ce ne fut pas sans inquiétude. Il s'empara de ma jambe, la tint
élevée pas mal de temps; et, paraissant s'adresser tour à tour à elle
et à un être invisible, il se décida à écrire sur la semelle de ma
botte. A un signe de lui, deux de mes nègres, qui paraissaient initiés,
me saisirent sous les bras et me relevèrent, un troisième prit ma
jambe pour empêcher qu'elle ne posât à terre. Sur un nouveau signe,
on me laissa libre et on me fit savoir qu'il fallait traîner trois fois
mon pied droit sur le sol.

Abdarraman était très-fatigué. Il s'assit, me fit asseoir près de lui,
s'essuya le visage avec sa manche, et demandant avec autorité du papier et un verre d'eau, il me présenta le papier afin que j'y écrivisse
mon nom en arabe ; il écrivit le sien à côté, plongea le papier dans
le verre et lava l'encre avec beaucoup de soin.

Je suivais des yeux cette scène bizarre, me demandant comment
elle allait se terminer. Abdarraman se leva brusquement, me présenta
le verre d'eau et me fit signe de boire. J'eus l'air de ne pas comprendre, car je venais de reconnaître que les mains du marabout avaient
contribué, plus encore que l'encre, à donner à l'eau une couleur très-
foncée. Mon refus parut l'inquiéter, mais comme pour m'enlever toute
crainte il but lui-même à peu près la moitié de cette singulière boisson
et me rendit le verre en insistant de nouveau ; je l'avalai d'un trait, résolu
à terminer à tout prix des épreuves qui cessaient d'être plaisantes.

Il paraît, d'après ce que me dirent mes nègres, que cette manière
de communier, si je puis ainsi parler, a quelque chose de sacré. C'est
la consécration d'une amitié fraternelle que rien ne peut détruire.

Abdarraman répara le désordre de ses vêtements, et me dit d'un air
avantageux en achevant de rajuster ses manches :

« A présent tu peux aller, et si tu n'es pas garanti contre les
mauvais esprits, je t'autorise à proclamer en tout lieu qu'Abdarraman
est un imposteur. — Bismi Allah, » répondis-je avec recueillement.

CHAPITRE XI.

Voici quelques considérations déduites de ma course au Bambouk.

On a vu déjà que les villages établis sur les rives de la Falémé possédaient, à partir de Tamboula, des sables et des terres aurifères dont la richesse augmentait à mesure qu'ils se rapprochaient de sa source. Mais il y a un point où finit cette progression croissante et où elle devient décroissante dans le même ordre et dans le même rapport. D'après les indications qui m'ont été fournies, ce point se trouverait à environ 80 kilomètres en amont de Kaour.

Je donne ci-après le nom de ces villages, inscrits par ordre de position sur la rivière, en partant de l'embouchure. Ils m'ont été désignés par Abdoullah et Abdarraman. J'ai pris le soin de vérifier, avec des voyageurs nègres, l'orthographe des noms et la position relative des localités. En regard de chaque village sur une rive, j'ai fait figurer le village qui se trouve placé en face ou à peu près, sur la rive opposée. Cette disposition symétrique est presque générale sur le cours de la Falémé.

RIVE GAUCHE.	RIVE DROITE.
Tamboula.	Samba-Yaya.
Tamboura-Sékou.	Tamboura-Patémoudou.
Sasàdig.	Sasàdig.
Karé.	Toronka.
Alinkel.	Koba.
* Maréna. (1)	* Dioubéba.
* Farabana-Kinbo-Toumané.	* Kounkouna.
* Karéla.	* Minan-Soutou.
* Farabana-Laboudi.	Mansa-Konko.
»	* Gogoro.
Kaour.	* Koulandiansita.
* Dougoulakoto.	* Totonkonko.
* Kobaniamaïa.	Ouaïaka.
»	Kobokotou.
»	Sabosiré.
»	Diaghila.
* Dikiakiri.	Balandougou.
»	Sisella.
* Séniébou.	»
Siramana.	»

Il suffit d'examiner cette nomenclature pour voir combien les guerres et les razzias dépeuplent les pays nègres; le nombre des villages abandonnés augmente chaque année, et ce n'est que très-difficilement qu'ils se regarnissent d'habitants.

Abdoullah et les hommes qui l'assistaient ne connaissaient pas assez bien les villages du cours supérieur de la Falémé pour que je pusse ajouter foi aux renseignements qu'ils m'ont donnés à ce sujet. Ils ne voulaient pas, d'ailleurs, en garantir l'exactitude.

Pour avoir la distance des points principaux, j'ai pris pour terme de comparaison une distance connue, et j'ai prié Abdoullah de rapporter à cette mesure les distances que je voulais connaître. De cette manière je suis arrivé à des estimations qui laissent à désirer sans doute,

----

(1) Le signe * indique les villages abandonnés par leurs habitants.

mais qui, du moins, s'appuient sur quelque chose. Dans cette évaluation approximative, le village de Sirmana serait à 80 kilomètres de
Kaour, et le village de Sisella, à 60 kilomètres seulement.

Sirmana ainsi que Sisella possèdent des sables aurifères extrème-
ment riches. De plus, ce dernier village a, dans ses environs, des
mines de fer abondantes, dont l'exploitation est très-suivie. C'est à Sisella que Duliron s'est arrêté.

Voici encore des renseignements, puisés à la même source, sur deux
autres routes conduisant aux mines de Netako. Les distances sont éva-
luées de la même manière.

Route de Toronka à Netako, direction est, distance 60 kilomètres.

De Toronka à Kakadian. . . . . 45 kilom.
De Kakadian à Netako. 15

Route de Koulandiansita à Netako, direction nord-nord-est, dis-
tance 90 kilomètres.

De Koulandiansita à Kassaoko. . . . . . . 6 kilom.
De Kassaoko à Ghiangounté 45
De Ghiangounté à Ghialimakana 25
De Ghialimakana à Netako. 14

De Nétako à Sirmana (qu'il ne faut pas confondre avec le village
du même nom placé sur la rive gauche de la Falémé), la direction
est à l'est, et la distance de 25 à 30 kilom.

Tous ces villages ont des mines d'or d'une grande richesse ; ici j'é-
cris *mines* avec intention. Ils sont situés sur la rive droite de la rivière, et à une distance de cette rive qui, pour le plus éloigné, ne
dépasse pas 40 kilomètres. Cette région est montagneuse. Les villages
en occupent généralement les points élevés, ainsi qu'il résulte de diverses observations faites contradictoirement. Les montagnes sont cons-
tituées par des granits, autre indication pareillement confirmée. Les
mines sont très-profondes ; on y descend par un grand trou, et on les
parcourt ensuite sous la terre pendant longtemps. On y rencontre l'or,
quelquefois en gros grains, attaché à des cailloux très-durs qu'on a
beaucoup de peine à briser.

Ceci établit d'une manière précise que les mines de cette partie du
Bambouk ont des galeries, et que l'or s'y trouve associé au quartz, de
même que les roches de ces districts sont identiquement semblables
aux roches de Kaour et des environs. Il n'est d'ailleurs pas douteux
que les dépôts aurifères de la rivière aient pour origine des produits

enlevés à des mines abondantes par les torrents rapides que forment chaque année les eaux pluviales. Pour ceux qui connaissent la puissance de courant de ces ruisseaux éphémères et les profonds sillons qu'ils creusent dans le sol le plus solide, rien n'est plus facile que de déduire de la richesse des dépôts, la richesse des mines; et de la nature des roches transportées, la composition des terrains traversés par les torrents. On trouve depuis Alinkel des fragments de granit et de quartz.

Il n'y a pas de mines d'or dans le pays situé à l'ouest de la Falémé, et ce n'est qu'accidentellement qu'on y rencontre quelques dépôts, généralement peu riches, faits par les eaux des marigots.

Au dire des naturels, la Falémé coule dans une grande étendue de terres; elle prend sa source au village de Sangala, dans le pays où ont été refoulés les Djallonkés après la conquête du Djallon par les Foulhs. Ces Djallonkés, habitants aborigènes du Djallon, sont idolâtres et cruels; ils ne portent pour vêtement que les peaux des animaux qu'ils tuent à la chasse. Le pays dans lequel ils se sont retirés est éloigné du Djallon de 400 kilomètres environ, au sud-est.

La Falémé a un cours très-tourmenté, du moins dans les parties que j'ai observées. Son lit est généralement parsemé de roches qui forment quelquefois des barrages et des cascades, et présentent des masses très-élevées, particulièrement dans son cours supérieur. Il est bon de remarquer toutefois qu'il existe des traces visibles des débordements annuels de la rivière, débordements souvent terribles et dans lesquels des falaises dépassant de 3 mètres au moins le sommet des plus hautes roches, sont entièrement couvertes. On peut donc conclure que la Falémé est navigable pendant les mois de juillet, août et septembre, qui sont les mois de l'année où les eaux sont parvenues à leur maximum de crue.

Je citerai à l'appui de cette allégation l'opinion de Duliron, qui admet aussi, dans une grande étendue, la navigation de la rivière. J'ai cru cependant devoir supprimer le mois d'octobre, qu'il désigne comme un de ceux où la navigation est possible. Sans doute, les années ne se ressemblent pas quant au commencement des pluies et à leur durée, et nous avons peut-être raison tous deux; mais il s'agit d'établir une proposition absolue, et dès lors il me semblerait préférable de dire que la Falémé est navigable, année moyenne, pendant une période de trois mois, comprise entre le 1er juillet et le 31 septembre.

Quand Duliron faisait sa reconnaissance de la Falémé, les moyens de navigation étant peu variés, il se bornait à indiquer de petites chaloupes pontées à un seul mât, comme remplissant le mieux les vues qu'il se proposait. Aujourd'hui, la vapeur nous offre des ressources bien autrement puissantes pour la navigation des rivières, et l'emploi de petits bateaux en fer, comme *le Basilic* et *le Serpent*, ne laisserait rien à désirer sous ce rapport.

Pour épuiser ce sujet important, je citerai encore l'avis de mon informateur Abdoullah. Il a été laptot, connaît la Falémé, sait ce qu'est un tirant d'eau, et a vu *le Basilic* à Sénou-Débou : son opinion a donc tous les moyens de se produire en connaissance de cause. Abdoullah affirme, de la manière la plus formelle, que nos bateaux en fer pourront, l'hiver (ainsi qu'il l'exprime, c'est-à-dire durant les pluies), naviguer très-aisément sur la rivière *bien au-dessus de Kuour*.

La navigation de la Falémé étant admise, nous pouvons, nous devons en tirer parti. D'incalculables avantages y sont attachés. Toute ligne, toute voie de communication nouvellement ouverte, devient une conquête, lorsqu'il s'agit de commerce et d'industrie; je n'ose pas encore dire de civilisation.

Les peuples riverains que j'ai visités sont bienveillants pour nous, et verraient avec plaisir des établissements s'élever dans leur pays. Abdarraman, qui est marabout et chef d'un grand village, et qui, en raison de cette double qualité, exerce une influence réelle autour de lui, est complétement de cet avis.

La question d'établissement est très-sérieuse, je le sais, en présence du peu de bien sorti de Sénou-Débou; cependant, si l'on se place à un point de vue élevé, on considérera qu'il ne s'agit pas de faire immédiatement une riche récolte, mais d'abord de préparer le terrain, ensuite d'y semer, et de ne point être surpris de semer beaucoup et souvent avant de moissonner.

N'oublions pas que nous avons à prendre possession des lieux, et que nous ne saurions, sans être déraisonnables, vouloir tout de suite réaliser des profits.

Des avantages commerciaux immédiats sont donc très-incertains; mais il y a à tenir compte des dépôts aurifères que nous aurions sous la main, et du très-grand voisinage des mines auxquelles, selon toute vraisemblance, les matières de ces dépôts sont empruntées.

Les naturels semblent peu jaloux de leurs richesses, en tant qu'il s'agit de la matière brute, et je ne suppose pas qu'ils cherchent à s'opposer à notre installation sur leurs terres. Sans doute, le produit des dépôts, tel que je l'ai fait connaître aux chapitres précédents, ne paraît pas assez considérable pour défrayer un établissement quelconque; mais il faut se rappeler les facilités qu'on rencontre pour obtenir ce produit : elles sont si grandes, qu'on doit espérer d'une exploitation quelque peu-intelligente un produit au moins triple.

Je suis donc, par toutes ces raisons, conduit à penser qu'on peut, sans trop de risques, essayer de l'extraction et du lavage des sables de la rivière, sous la direction d'un homme compétent; car, même en admettant un échec, il resterait toujours un avantage politique considérable. Supposons, en effet, ce qui est possible, que l'on fasse des pertes matérielles, ne regagnerait-on pas ces pertes au centuple par l'influence qu'on prendrait dans le pays? Et puis, — je parle ici sans réticence — pourquoi ne songerait-on pas à devenir un jour propriétaire de ces riches districts aurifères dont l'existence, mise en doute un moment, nous est démontrée par les livres mêmes du commerce de Bakel et de Sénou-Débou?

Les naturels ne retirent pas de leurs mines tout ce qu'elles peuvent produire, il ne saurait y avoir aucune incertitude à cet égard. Et cela pour deux raisons : la première, c'est qu'ils sont d'une ignorance profonde sur les procédés d'exploitation en usage chez les peuples civilisés, et qu'ils n'ont à leur service aucun appareil pouvant aider à ce travail, aussi difficile que dangereux; la seconde, c'est qu'ils sont paresseux et qu'ils ont peu de besoins.

La conquête du Bambouk étant posée, comme le problème à résoudre, dans la question d'un nouvel établissement sur la Falémé, il reste à en dire quelques mots. Ayant un blockhaus placé entre Alinkel et Kaour, à l'un des villages abandonnés qui se trouvent sur la route, il suffirait d'une compagnie d'infanterie, de 300 laptots et de 2 obusiers de montagne, pour s'emparer des mines de Netako et de Sirmana. En profitant de la saison des pluies, cela ne coûterait pas 10,000 fr.

Les bateaux à vapeur débarqueraient un blockhaus en face de Karé, et on le transporterait à loisir sur les lieux, une fois les Malinkiés en déroute. Pour assurer le succès complet de cette campagne, il faudrait pouvoir compter sur la neutralité du Bondou. Avec bien peu d'habileté, et en employant les moyens diplomatiques de la pièce de guinée et du collier d'ambre, on y parviendrait facilement. Quelles que soient, en effet, les défiances de Sadda à notre égard, elles seront toujours au-dessous de sa haine contre les Malinkiés. Je répéterai que nous avons, avant tout, à regagner le terrain que nous a fait perdre notre humble attitude à Sénou-Débou.

L'érection d'un poste fortifié à l'endroit que j'indique procurerait en outre à notre commerce un avantage précieux et qui ne serait pas à dédaigner. Il y a des caravanes qui coupent la Falémé pour se rendre en Gambie, attirées par des offres plus séduisantes ou par l'espérance d'une vente plus lucrative. Ces caravanes viennent du Bambouk, du Kasson, du Ségo quelquefois, et sont conduites par les infatigables *dioulas* sarracolés. Notre nouveau comptoir se trouverait juste sur leur passage, et il faudrait que l'agent commercial fût bien peu capable pour ne pas retenir ces marchands.

Voilà comment je conçois un nouvel établissement sur la Falémé. J'ai choisi un des villages abandonnés pour éviter une concurrence à l'industrie des naturels, ce qui est toujours d'un fâcheux effet. Notre établissement offrirait à la population riveraine une protection puissante contre les razzias qu'elle subit chaque année, et il deviendrait rapidement un lieu de refuge qui nous fournirait des alliés intéressés à conserver nos sympathies.

Durant ma station à Sénou-Débou, on m'accabla d'avertissements ayant pour but de m'inspirer de la défiance contre les hommes de Barka; on cherchait aussi à m'effrayer en me parlant de Souraké, qui, me disait-on, m'attendait dans le *désert* avec une *armée*, et avait juré de demeurer là jusqu'à mon passage. La route à suivre pour me rendre à Makana passait en effet dans un pays désert et non loin de la résidence de notre ennemi. Tout cela était assez vraisemblable, et les donneurs d'avis n'avaient pas eu grand'peine à faire naître des inquiétudes dans mon esprit. Je n'étais pas venu en Afrique pour guerroyer; et bien que, dans mes prévisions, j'eusse tenu compte de la possibilité d'une lutte, je n'étais nullement préparé, et encore moins disposé à engager un combat, avec mes lourds bagages, contre des forces qui ne pouvaient manquer d'être toujours très-supérieures aux miennes.

J'hésitai entre le parti de suivre purement et simplement Barka, ou bien de revenir à Bakel, de traverser le Sénégal et de me confier aux Ghihimakhas, qui m'auraient complètement garanti contre les embûches de Souraké. J'en étais là de mes indécisions quand je me pris à songer à tout ce qui m'était arrivé au Bondou ; aux délais ménagés par Sadda pour contrarier mon voyage; à ses craintes vraies ou simulées sur sa réussite; à la conduite toute semblable qu'avait autrefois tenue son père envers le major Gray ; et, rapprochant ces souvenirs des avertissements que je recevais tous les jours, je finis par me dire qu'évidemment Sadda avait pour me retenir un autre intérêt que celui de ma conservation. Ces réflexions me déterminèrent à suivre le frère de Barka et, chance pour chance, à donner la préférence à celui qui me ferait faire du chemin.

Une fois cette résolution prise, je fis mes préparatifs pour partir au plus tôt. L'arrivée d'un exprès de Barka vint d'ailleurs m'obliger à me prononcer : il m'annonçait qu'il donnait l'ordre à ses hommes de revenir immédiatement si je n'acceptais pas ses offres.

L'avant-veille de mon départ, j'étais très-occupé à l'installation de mes bagages, quand des coups de fusil et des cris d'effroi, partis du village, retentirent dans le fort et jetèrent l'alarme dans sa garnison. Les Maures attaquaient un village situé à moins d'une demi-lieue du blockhaus. C'était en plein jour, en vue de notre pavillon, que s'accomplissait cet acte audacieux.

On voit que ce n'est pas sans raison que je me plains de notre impuissance à faire respecter nos domaines. N'est-il pas permis de penser que les naturels nos alliés auraient pour nous plus de déférence si nous pouvions les protéger ? Je persiste à croire qu'il serait d'une bonne politique d'avoir dans nos postes détachés une garnison respectable.

Cet épisode servit d'occasion aux gens de l'almamy pour renouveler leurs conseils prudents, qui, cette fois, empruntaient de la circonstance un certain à-propos.

« Vois-tu — s'écriaient-ils en m'entourant — vois-tu que nous avons raison de chercher à te retenir, et qu'il te faut attendre, pour partir, que l'almamy te fournisse une escorte.

» Mais il ne me semble pas, leur répliquai-je, que cette escorte puisse m'être fort utile ; car je vois vos guerriers tremblants devant une poignée de Maures. Comment croire qu'ils seraient, pour me défendre, plus braves qu'ils ne le sont pour se défendre eux-mêmes ? »

L'argument parut les convaincre.

Le lendemain, le fort était attaqué et pris. L'attaque fut si brusque, si imprévue, que tout le monde s'enfuit, en proie à une indicible terreur, abandonnant à l'ennemi le fort, ses munitions, ses approvisionnements, et, ce qui me touchait personnellement, mes bagages.

Le premier moment d'effroi passé, il fallut cependant, ne fût-ce que par amour-propre, songer à rentrer en possession du magasin dans lequel s'étaient retirées les légions ennemies ; mais personne n'osait affronter les vainqueurs. On délibérait : chacun offrait son plan de campagne ; on s'ingéniait pour débusquer l'ennemi par ruse ou par trahison ; un vieux nègre, qui avait fait la guerre à Madagascar, alla même jusqu'à proposer de mettre le feu aux poudres.

La situation était perplexe ; le désespoir se peignait sur les visages ; les yeux étaient mornes et les têtes baissées. En ce moment suprême, je me souvins qu'un jour le maréchal Lobau, de glorieuse mémoire, avait eu recours aux pompes, à de vulgaires pompes de pompiers, pour disperser une colonne profonde d'émeutiers. Jamais déroute ne fut plus complète, dirent les bulletins du temps ; jamais on n'avait vu une victoire plus décisive et.... moins de sang répandu.

Cette réminiscence historique fut pour tous un trait de lumière ; en dix minutes des batteries hydrauliques furent établies et ouvrirent leur feu. L'ennemi fut anéanti, et chose précieuse, je dormis assuré que le *Charivari* de l'endroit ne me représenterait pas, le lendemain, armé du cylindre portatif que Molière aimait tant à mettre aux mains de ses acteurs.

Faut-il dire ce qu'était cet ennemi si terrible, entré par la fenêtre, dont les armes n'étaient ni en fer, ni en acier, ni en cuivre, pas même en bois ; armes pourtant bien meurtrières et qui feraient pâlir les plus braves ?

Je n'abuserai pas plus longtemps de l'attention de mes lecteurs (si j'en ai!). Le fort de Sénou-Débou avait été pris par des abeilles, des abeilles sauvages et voyageuses, qui affectionnent particulièrement les vieux arbres, et, bois pour bois, avaient sans doute pris le poste français pour un tronc d'arbre ; funeste erreur qu'elles ont payée cher !

Je reviens à l'attaque des Maures. Elle eut pour résultat la capture d'un troupeau et de deux ou trois nègres. Ces sortes d'événements me jettent toujours dans des réflexions infinies que j'allai continuer ce jour-là sur le bord de la Falémé. Je songeai aux moyens d'occuper l'Afrique occidentale et aux progrès de tout genre que nous pourrions accomplir dans ce pays, si on le connaissait en France ; je songeai surtout au peu d'autorité d'une parole comme la mienne, perdue, noyée au milieu de toutes les dénégations des hommes qu'on écoute. Cette question de défense et de garnison qui me tient particulièrement au cœur, sait-on comment on la traite au Sénégal ? — Comme toutes les questions, comme une affaire de budget. — Pas même ; car alors il y a ordinairement un regret exprimé, une nécessité financière mise en avant.

Au Sénégal, on traite ces sortes de questions comme un propriétaire imprévoyant traite sa maison quand un locataire lui demande des réparations : il dit non en se bouchant les oreilles. On a beau lui représenter que la maison perd de sa valeur, qu'elle se détériore, qu'elle finira par crouler ; il demeure sourd. Je ne puis comprendre une pareille indifférence. Qui ne sait que dans un pays barbare il faut avant tout inspirer du respect aux habitants? Et croit-on que les nègres du fleuve soient pour nous plus respectueux que les autres sauvages? Ce serait une erreur profonde.

Bref, je me dis que pour être écouté il faut avoir une position supérieure, indépendante de l'administration coloniale; et je fais la remarque que de tous les services publics, celui qui aurait le plus besoin d'être inspecté est le service colonial, et que c'est le seul qui n'ait pas d'inspecteurs. Les colonies sont cependant d'une importance incontestable, je puis bien dire incontestée ; elles sont comme un miroir ardent, qui concentre à son foyer des rayons de lumière, et en multiplie la puissance. Les colonies offrent des positions militaires qui garantissent à nos flottes des points de ravitaillement ; elles développent le commerce maritime qui forme des marins à l'État, et assure l'existence des populations pauvres de nos côtes ; elles procurent un débouché aux produits de la métropole, qui reçoit en échange d'autres produits qu'elle n'a n'a pas.

L'inspection des colonies me paraît donc une mesure de première nécessité; la mission des inspecteurs serait de voir par eux-mêmes. Le Sénégal et Cayenne ont particulièrement besoin d'être soumis à des inspections fréquentes, précisément parce qu'ils se trouvent dans une situation exceptionnelle. Ce sont, en effet, les seules possessions d'outre-mer sur lesquelles il est permis de fonder des espérances d'agrandissement.

Voilà ce qu'on peut appeler une réflexion à propos de mouches; on en fera ce qu'on voudra.

L'insistance du frère de Barka pour presser mon départ eut, entre autres inconvénients fâcheux, celui de me faire négliger la réinstallation de ma caravane. Ma marche de Bakel à Sénou-Débou, on ne l'a sans doute pas oublié, avait été féconde en incidents désagréables et en avaries dans mon matériel ; de plus, la rapidité de ma course au Bambouk, en augmentant ces avaries, avait fatigué mes ânes; plusieurs même étaient blessés ou malades. La longue route que je me préparais à faire allait se ressentir nécessairement de ces contre-temps ; mais les gens de Barka ne voulurent rien entendre.

Amar-Lamba, mon très-prudent ami, m'accablait d'avertissements sous forme de discours à perdre haleine, dont le pauvre garçon faisait d'ordinaire un usage abusif. Il avait épousé, comme sujet de l'almamy, l'opinion des hommes du Bondou, et il allait jusqu'à me bouder quand je le priais très-vivement de me laisser en paix. Il y eut même, au moment critique où il fallut régler mes comptes avec lui, de la brouille entre nous : mon honnête guide avait rêvé des monts d'or, et le fusil à deux coups que je lui donnai, et qui était le prix convenu, ne combla pas ses espérances. Je ne me préoccupai pas de cet incident, comptant assez sur son bon naturel pour être certain que son dépit ne durerait pas. Il tint bon deux jours pourtant ; puis, comme je l'avais prévu, il se rapprocha de moi franchement. Son ambition s'était modérée pendant cette retraite, et il se borna à solliciter un certificat que je m'empressai de lui donner.

Ce certificat lui servira à tourmenter mes compatriotes et à leur arracher quelque cadeau à force d'importunités ; mais comme, tout bien considéré, il eût fait cela sans moi, je le lui délivre en bonne forme, le signalant, à tous présents et à venir, comme un garçon marchant bien malgré son épouvantable jambe, un peu bavard, modeste comme un Gascon, au demeurant bon compagnon et guide complaisant.

CHAPITRE XII.

Départ de Sénou-Débou. — Les gens du Bondou essaient de me retenir. — Palabres à cette occasion. — Une marche de nuit au désert. — Nos souffrances dans la route. — Nous sommes sur le point de périr de soif. — Daramané. — Arrivée à Makana.

———————

J'avais essayé de remédier aux désordres de mes harnais et à leur insuffisance en faisant confectionner, par les ouvriers du blockhaus, des bâts à la mode du pays. Ce sont des espèces de doubles chevalets en bois très léger; leurs branches supérieures servent à accrocher les far- deaux; leurs branches inférieures, beaucoup plus longues, embrassent les flancs de l'animal, préservés du frottement, ainsi que le garrot, par le moyen d'un coussin de paille; ces dernières sont en outre, à leurs extrémités, garnies de sangles qui viennent s'attacher à une petite plan- chette servant de sous-ventrière.

Sur dix-sept ânes que j'avais en quittant Bakel, dix seulement étaient munis de bâts confectionnés en France; ce furent ceux qui résistèrent le mieux aux fatigues du voyage et gardèrent le plus longtemps leur charge. Les bâts indigènes ont l'avantage d'être plus légers; mais aussi ils sont moins solides, et manquent de beaucoup de choses utiles : telles

sont par exemple les croupières, indispensables pour maintenir solidement le bât et la charge.

J'eus, comme d'habitude, beaucoup de difficultés et d'ennuis pour me
mettre en marche, et je fus obligé, pour remplacer deux de mes ânes
hors de service, de louer deux nègres du village.

J'abandonnai Sénou-Débou le 27 février. Il me fallut cinq heures pour
parvenir au village de Nayé, où je devais traverser la Falémé. On jugera de mes contrariétés dans cette route, en comparant à la distance
franchie le temps mis à la parcourir : Nayé n'est séparé de Sénou-Débou que par 8 kilomètres.

Arrivé là, j'avais à effectuer une opération fort délicate : celle de décharger les bêtes de somme et de faire porter leur fardeau sur l'autre
bord, à bras ou sur la tête, selon les aptitudes de la nation à laquelle
appartient le porteur. Ce travail exige une grande surveillance, si l'on
tient à préserver ses bagages de la rapacité des habitants, qui
sont des voleurs émérites.

En deux heures nous avions traversé la rivière; hommes, bêtes et
bagages étaient passés sur l'autre rive. Le soleil étant encore très-
élevé, j'attendis sous un arbre, pour me remettre en route, que ses
rayons fussent moins ardents. Je songeai seulement alors que le *tamsir*
m'avait promis de m'accompagner jusqu'au Kaarta, et que la précipitation de mon départ m'avait fait oublier cette promesse.

Je me reposais à l'ombre d'un bel arbre, le *n'boul* des Yoloffs, contemplant à mes pieds les eaux limpides de la rivière et les champs
du Bondou tout brillants de verdure, quand on m'amena un homme,
se prétendant envoyé par le commandant du blockhaus pour m'inviter
à y retourner.

« M. André — disait ce prétendu messager — m'a chargé de t'avertir
que Souraké, renforcé d'une nombreuse bande de Poulhs, t'attend sur
la route à quelques lieues d'ici. »

Je ne m'expliquais pas comment M. André, qui partageait mes
doutes sur la véracité de ces allégations, eût négligé de me donner par
écrit un avis aussi important; je ne m'expliquais pas davantage comment, se décidant à me le transmettre verbalement, il eût choisi un
homme qui n'était point de son poste. Je parlai de cela au frère de Barka, il accueillit ma communication par un sourire d'incrédulité. L'individu partit désappointé, car je lui annonçai que je ne tenais aucun
compte de son avertissement, et que je me mettrais en route dans une
heure.

Peu après parut un second messager, répétant ce que m'avait dit le premier; puis un troisième, un quatrième, un cinquième, et successivement leur nombre s'augmenta jusqu'à former une troupe considérable. Rien dans leur attitude n'annonçait les intentions débonnaires qu'ils s'attribuaient. Des propos circulaient parmi mes hommes et parmi ceux de Barka : ils prétendaient que l'almamy s'était ravisé, et que ses gens n'agissaient ainsi que par suite d'ordres de lui récemment arrivés. Un de mes interprètes m'apprit, en outre, qu'il avait surpris le chef de la troupe disant qu'il ne me laisserait pas quitter le Bondou avant le retour de son maître.

Sur ces entrefaites, on me remit un lettre du commandant de Sénou-Débou. Il m'informait qu'après mon départ les habitants étaient venus le prier d'user de toute son influence pour m'engager à retourner au fort; mais qu'il s'y était refusé, et qu'alors ils avaient pris le parti de tenter, dans ce but, un dernier effort en cherchant à m'intimider.

J'étais suffisamment éclairé. Je fis mander le chef de la bande et lui dis que je savais par M. André, qui venait à l'instant de m'écrire, qu'il ne l'avait chargé d'aucune mission près de moi; que, par conséquent, lui et ses hommes mentaient affreusement; que sans doute ils avaient une intention en agissant ainsi, et que je l'invitais à me la faire connaître. Je faisais en même temps charger les bagages.

L'homme que j'interrogeais, visiblement embarrassé de me trouver si bien instruit, s'apprêtait à engager avec moi un palabre en règle, c'est-à-dire sans fin. Je l'interrompis pour lui dire que je voulais uniquement savoir s'il était vrai, oui ou non, qu'il eût l'ordre d'employer la force pour m'arrêter. Il répondit qu'il n'avait reçu aucun ordre semblable.

« S'il en est ainsi, pourquoi donc es-tu là avec tous ces gens? Je n'ai pas besoin de tes avis, et il me convient d'aller à Makana. »

J'ai vu rarement d'homme plus vexé. Il rallia ses acolytes et s'éloigna avec eux, mais non sans m'avoir tous ensemble accablé de leurs malédictions.

Ce fut ainsi que je quittai le Bondou, sans regret, comme on doit le penser, et bien convaincu que si, au lieu de payer d'audace et d'envoyer au diable ces faux amis, j'eusse montré de la condescendance à suivre leurs avertissements, j'aurais eu le même sort que le major Gray.

Mes ânes étaient si chargés que mes hommes, imprévoyants comme des nègres qu'ils sont, vidèrent, pour les alléger, les outres remplies d'eau que j'avais ordonné d'emporter : nous avions vingt-cinq lieues à faire dans un pays qui en était complétement dépourvu. J'avais décidément trop de bagages, et je pris dès lors la résolution d'en laisser une partie chez Barka.

La nuit vint presque aussitôt. La lune brillait au ciel et éclairait notre marche de son plus vif éclat; seule, la voix des âniers troublait le silence de cette nature sauvage. Fréquemment des ânes abattus sous le poids de leur charge ralentissaient notre course que pressait en vain le frère de Barka. Qui n'a senti tout ce qu'il y a de doux et de mélancolique dans la contemplation d'une belle nuit, d'une nuit blanche et sereine, si chère aux poëtes et aux amants? Qui n'a senti son âme transformée, quand, à ce sommeil de la nature, effrayant dans sa solennité, s'ajoute une pensée intime, une idée généreuse, un dessein vaste? Et quand à cette source de sensations multiples se joint le mouvement; quand on va à l'aventure, conduit par le *destin aveugle,* pour courir après l'inconnu, oh! alors ce ne sont plus des sensations qu'on éprouve, mais de l'exaltation, presque du délire.

J'étais demeuré en arrière, pour ne pas être troublé dans mes rêveries, quand je vis tout à coup des torches s'allumer, et des hommes, qui me parurent des Titans, les brandir au travers des grandes herbes qui se dressaient en double haie sur le chemin (1).

En un instant l'incendie embrasa tout l'espace; nous marchions entre deux champs de feu, au bruit du pétillement des herbes et des arbustes. On eût dit d'un combat terrible entre deux puissantes armées. Tout autour de nous, hommes, pierres, arbres, buttes de terre formées par les termites, empruntaient aux lueurs de la flamme des formes bizarres et des reflets étranges. Épouvantés par ces clartés soudaines, les oiseaux de nuit volaient tout effarés, en poussant des cris sinistres. On s'attendait à voir sortir, du milieu de ce feu, quelque redoutable bête féroce, venant demander compte du dérangement de son sommeil.

Je contemplais avec ravissement cette scène, belle à force d'être horrible, retenant toujours mon cheval, afin de rester à l'écart. Mais bientôt, lassé de ce rôle passif, je voulus être acteur, ne fût-ce qu'en pensée.

(1) Cet usage est suivi par les nègres pour enlever aux rôdeurs de bois les facilités d'embuscade que leur offrent les graminées sauvages qui bordent les chemins de l'Afrique.

Cette vaste destruction, cette flamme dévorante et rapide qui semblait obéir à ma voix, en venant mourir à mes pieds, portèrent mon exaltation jusqu'à l'ivresse; je subis l'ivresse de la poudre, de l'assaut, de la mêlée, cette ivresse du soldat, irrésistible, entraînante, et qui fait les héros. Je rêvais aventures terribles, abordages sanglants, combats de cavalerie tels que Salvator Rosa les représente; je défiais les lions et les tigres; je les appelais, je les insultais dans ma folle colère.

Et ce n'était pas forfanterie, ce n'était pas vaine bravade. Personne ne m'entendait, car je ne parlais pas; personne ne savait ce qui se passait en moi, car je ne le disais pas. Qui, d'ailleurs, eût pu me comprendre?

L'état de surexcitation auquel j'étais livré m'empêcha de remarquer la désertion des deux hommes de Sénou-Débou, qui avaient déguerpi dans la crainte de déplaire à leur maître. Mais mes nègres, qui heureusement étaient plus calmes, s'en étaient aperçus, et assez à temps pour que les drôles n'emportassent pas leur charge.

A deux heures l'incendie était éteint; des masses de roches basaltiques et l'absence complète d'aliment avaient arrêté la flamme. Nous nous réunîmes dans un espace resserré, et, après avoir placé des sentinelles, chacun de nous chercha à réparer ses forces, afin de pouvoir continuer sa route dès que le soleil se montrerait. Nous n'avions pas fait beaucoup de chemin dans notre marche nocturne, et quand le jour parut, nous étions encore loin de notre destination.

Nous repartîmes, ayant en perspective une longue journée, et peut-être une partie de la nuit suivante, à marcher encore. Déjà mes hommes et moi avions ressenti, durant notre court repos, les atteintes de la soif; plusieurs, et j'étais de ce nombre, en avaient même tellement souffert, qu'ils n'avaient pu ni manger, ni dormir.

On marcha jusqu'à une heure du soir, sous un soleil ardent, et dans une inexprimable confusion; la fatigue, la faim, la soif, nous accablaient. Mes hommes, jusque là très-vaillants, commençaient à éprouver comme une crainte vague de voir apparaître l'armée de Souraké, dont le village n'était, au demeurant, qu'à sept ou huit lieues de nous, ou d'entendre le cri de guerre d'une troupe de Maures se dressant tout à coup devant eux comme des démons (1).

---

(1) Les Maures, habitués à la guerre des chemins, se cachent dans les herbes, et quand la caravane qu'ils veulent surprendre est parvenue au lieu où ils sont embusqués, ils poussent un cri et se lèvent le fusil à l'épaule.

Quand nous nous arrêtâmes, tout le monde était exténué. Il y avait trente heures que personne n'avait mangé; car les palabres des gens du Bondou m'avaient empêché de faire préparer de la nourriture. La soif était devenue si terrible, que plusieurs de mes hommes ne pouvaient plus parler; moi-même j'en souffrais cruellement, et l'expédient des petits cailloux placés dans la bouche ne me réussissait plus.

Nous nous jetâmes sur le sol, pêle-mêle, sans même prendre la peine de chercher un abri contre le soleil, alors dans toute sa force. Un nègre de Barka, touché de compassion, s'approcha de moi et m'emmena à l'écart avec un air de mystère. Je crus qu'il allait me donner de l'eau, et machinalement, je portai la main à ma poche pour vider son contenu dans la sienne. J'aurais donné à cette heure toutes mes richesses pour un verre d'eau. L'homme déploya lentement un petit paquet qu'il avait sous le bras, en sortit la peau d'une chèvre tuée de la veille, et qui déjà exhalait une odeur putride, et me fit signe d'y approcher les lèvres. Je me trouvai soulagé après avoir, à plusieurs reprises, pressé de mes lèvres sèches cette peau infecte.

Le lieu où nous étions arrêtés présentait les traces d'un récent campement; on y voyait encore des *tapades* en paille, comme en établissent pour leurs chefs les armées nègres : c'était le camp qu'avait occupé l'almamy, lorsqu'il était venu, l'année précédente, guerroyer contre Barka. Non loin de là, le lit entièrement desséché d'un marigot simulait, à l'aide des roches qui en garnissaient la surface, un carrelage si parfaitement symétrique et d'une horizontalité si irréprochable, qu'on l'eût pris pour un travail humain. Cette particularité, extrêmement curieuse et qui me frappa alors pour la première fois, n'est pas rare dans le Soudan.

Lorsqu'il fallut partir, je trouvai mes nègres dans un état de prostration absolue. J'allai moi-même les pousser pour les faire lever; mais ils retombaient aussitôt; les animaux ne voulaient pas non plus se relever. Après bien des efforts, nous pûmes enfin nous remettre en marche. Il restait encore huit heures avant d'arriver à Daramané, et ce n'était pas sans effroi que je songeais, en voyant l'état d'épuisement dans lequel nous étions tous, à la longueur de cette étape.

Mamady avait bien expédié un courrier pour nous faire envoyer de l'eau par les gens de Daramané; mais, quelque diligence qu'il pût faire, nous devions toujours compter sur au moins cinq heures d'attente, et au plus fort de la chaleur. J'eus fréquemment recours à la peau de chèvre; plusieurs de mes nègres chancelaient autour de moi et m'approchaient les poings serrés en criant : « De l'eau ! » d'une voix presque éteinte ; d'autres, ne pouvant plus parler, se contentaient d'ouvrir la bouche et de me montrer leur langue sèche et noircissante. C'était un spectacle navrant ; je m'attendais à chaque instant à les voir tomber pour ne plus se relever.

A six heures du soir, l'eau arriva. Mes hommes se jetèrent dessus avec une telle furie qu'il y en eut beaucoup de perdu. Les forts en buvaient outre mesure, les faibles étaient violemment écartés. Je voyais déjà les poignards apparaître, et Dieu sait ce qui serait arrivé si je n'étais descendu de cheval pour mettre de l'ordre dans la distribution ; pour obtenir que chacun eût sa part, il me fallut menacer de sabrer les plus entêtés. Que la soif est un horrible besoin !

Je me fis verser le contenu d'une outre dans une espèce de cuvette en fer-blanc, où se trouvaient encore, je me le rappelle, les restes d'un couscouss au poisson ; et je vidai d'un seul trait cette énorme capacité, qui contenait certainement plus de deux litres, sans m'inquiéter des débris insolites de mil et de poisson qui se mêlaient à l'eau et devaient lui donner un goût affreux.

A onze heures du soir, je fis mon entrée triomphale dans la banlieue du village de Daramané. Barka avait envoyé au-devant de moi ses frères et toute sa cavalerie. Quand je dis cavalerie, je veux dire simplement ceux de ses parents et de ses amis qui possédaient des chevaux (1).

Le tamtam, les guitares, les griots et les griottes furent mis en mouvement pour me faire fête. Je marchais en tête, suivi de plus de quarante chevaux, et je répondais, sur mon passage, aux *salam aleik* des sujets de mon amphitryon, comme l'eût fait un roi pour son peuple. Si je n'avais eu l'habitude de ces ovations, j'aurais pu me laisser prendre aux vanités de ce quart d'heure de grandeur ; mais je ne savais que trop ce que coûtent ces pompes, et je supputais, tout en répondant aux *salam* que m'adressaient, courbés jusqu'à terre, les clients et les captifs de Barka, je supputais les quantités de pièces de guinée, de fusils, de verroteries, de poudre et de tant d'autres choses qu'il faudrait faire sortir de mes sacs pour payer ces honneurs.

Dieu soit loué ! je mets pied à terre, mais sous un arbre, ce qui me

(1) Les nègres n'ont pas d'organisation militaire régulière, et en fait de cavalerie, il n'y en a pas à proprement parler. Les chefs et les membres de leur famille sont les seuls qui possèdent des chevaux.

désappointe un peu. Au train où allaient les choses, je m'attendais à descendre dans un palais et à y trouver un repas servi dans le style d'A-roun-al-Raschid. Pour un homme qui vient de marcher quarante heures et qui a l'estomac vide, le pied d'un arbre ne promet ni bon lit, ni bonne chère. Je faisais cette triste réflexion en jetant un regard impatient autour de moi, dans l'espoir de découvrir un mets indigène tout fumant, fût-ce le *gar*, fût-ce même le *dabéra*; mais, hélas! je n'aperçus que les griots du lieu qui perçaient la foule en accordant leurs instruments, et qui, j'en frémis encore quand j'y songe, se chargèrent de m'apprendre qu'en Afrique *ventre affamé a des oreilles*.

Je ne souhaite rien de pire à mon ennemi : quarante heures sans manger, et dix tamtams accompagnés de cent voix criant les trois mêmes mots pendant une heure !

Je n'y tenais plus. Je fis de vifs reproches à Mamady, qui s'excusa disant qu'à Daramané il n'était pas chez lui, mais qu'à Makana j'aurais quelque chose de plus substantiel qu'une sérénade de griots; force fut donc de me contenter pour ce soir-là de quelques épis de maïs arrosés de copieuses libations d'eau du Sénégal. Le sommeil vint ensuite; et je passai auprès de l'arbre où j'étais campé une des meilleures nuits de ma vie.

Le soleil éclairait depuis longtemps la terre quand je me réveillai. Je n'avais pas grande toilette à faire pour me remettre en route : on a sans doute déjà compris que les draps de lit, les bonnets de nuit, les pantoufles, etc., etc., n'étaient pas les objets qui empêchaient mes ânes de marcher.

Le village de Daramané est grand et bien tenu; on y trouve des rues et une mosquée ornée de quatre tourelles terminées en pointe. Chaque pointe est décorée d'un vase de terre, de forme hémisphérique, surmonté d'un œuf d'autruche. Daramané est entouré d'une muraille en bon état, et renferme un certain nombre de palmiers, rondiers et pandanées qui lui donnent un certain air oriental. Le dattier est rare dans les villages nègres, et bien qu'il y vienne parfaitement et y donne d'excellents fruits, on n'en trouve que par exception. Daramané est habité par des marabouts sarracolés; il est bâti au sommet d'une falaise élevée. Au sud-ouest s'étend une vaste plaine, nivelée et crevassée en maint endroit; les joncs qui la couvrent témoignent que les eaux du Sénégal y font de fréquentes apparitions.

Un peu avant de partir, une femme portant une calebasse de lait demanda à l'échanger contre un collier de verroteries rouges. Son lait avait bonne mine et me tenta beaucoup. Je fis déballer les caisses et les verroteries rouges; elle les examina toutes les unes après les autres; puis, prétextant que la nuance qu'elle désirait ne s'y trouvait pas, elle remporta son lait, sans vouloir l'échanger pour autre chose. Telle est la coutume du pays; et je ne dis rien de la durée des pourparlers, des hésitations, des consentements retirés.

Depuis Nayé, la route moyenne a été à peu près le nord-est. Nous avons traversé le territoire des anciens villages de Noumori, Kourouka-rabé, Sabousiré, Kaghia-Ali, et Koulouboul. Tous ces villages ont été détruits dans les guerres de Samba-Yacinn.

CHAPITRE XIII.

Séjour chez Barka. — Déception. — Caractère de cette famille. — A quelles conditions un établissement à Makana peut être utile à la France.

Il était déjà tard quand je quittai Daramané. Je suivis un chemin tracé au milieu de vastes champs de mil étalant au soleil leurs grappes mûres. En quelques endroits on faisait la moisson. Tout le monde était à son poste : là, un vieillard, perché sur une estrade, poussait des cris d'une voix chevrotante ; ici, une vieille femme agitait des cordes roides qui vibraient aigrement en frottant sur des piquets fourchus et dentelés ; plus loin, des enfants secouaient de toutes leurs forces un panier rempli de petites pierres et de vieilles ferrailles. Cet abominable vacarme a pour objet d'éloigner les oiseaux ; mais, en dépit de ces précautions, ils ne laissent pas toujours intacte la moisson. Les hommes et les femmes valides font les récoltes ; les vieillards et les enfants sont chargés de les disputer aux oiseaux. De cette manière, tout le monde est utile, et aucune force n'est perdue.

Nous passâmes aux lieux qu'occupaient naguère encore les villages de Makana et de Makadougou, et nous arrivâmes à la demeure de

Barka en une heure de la marche de nos ânes : on eût dit qu'en cette circonstance ils avaient voulu se piquer d'honneur pour nous épargner les mésaventures accoutumées.

Le village de Barka se nomme Toubabo-Kané (le pays ou la ville des blancs), mais on l'appelle plus ordinairement Makana, du nom d'un des villages détruits, qui n'en était distant que d'un kilomètre à peine. Toubabo-Kané ne comprend guère que la maison de Barka et de sa famille, et celles de ses captifs. On y remarque un air de propreté qui donne tout d'abord une favorable idée du maître.

Barka montre avec orgueil les murailles et les canons de l'ancien fort, qui a pris successivement les noms de Saint-Joseph et de Saint-Charles. Lui et sa famille sont fiers de posséder ces débris, et ils se plaisent à répéter avec emphase que, de père en fils, ils ont toujours été des *blancs*.

Le fort Saint-Joseph, bâti en 1698, à la suite des voyages de Brüe, directeur général de la compagnie, a été florissant pendant tout le temps que dura le régime des compagnies. Une révolte d'esclaves, provoquée par la conduite cruelle d'un commandant, eut pour résultat la prise du fort et le massacre de tous les Européens qui s'y trouvaient en ce moment ; les esclaves étaient alors la branche de commerce la plus lucrative du haut pays. Depuis ce malheureux événement, arrivé, je crois, vers 1738, Saint-Joseph n'a pas été occupé, et le fort Saint-Charles, baptisé en 1825, n'a jamais été autre chose qu'un établissement *in partibus infidelium*.

On me fit un très-bon accueil dans la maison de Barka. Ses frères, et surtout une de ses femmes, se mirent en frais pour me rendre agréable le séjour de leur habitation, et, grâce aux soins qu'ils prirent d'éloigner de moi les mendiants, je pus m'y installer assez commodément. Celle des femmes de Barka (il en a six me dit-on) qui se montrait si empressée à me plaire était une des cent cinquante ou deux cents sœurs de la princesse Penda d'onéreuse mémoire, qui me fit à Boulébané une scène affreuse parce que je n'avais pas voulu satisfaire ses nombreux caprices. Cette réminiscence me taquina, et ce ne fut pas sans défiance que je reçus les soins de cette femme. Elle semblait, il est vrai, de meilleure composition que sa sœur; d'abord, elle était beaucoup moins jeune, et sa mise, autre considération rassurante, n'avait pas l'élégante recherche qui caractérisait Penda.

Il y a sur Toubabo-Kané une légende que Barka s'empressa de me raconter. Un de ses ancêtres, me dit-il, pour rendre la ville imprenable, fit enterrer en dehors de la porte principale une jeune fille, un jeune garçon et un âne, tous trois richement parés et chargés de grigris; on les enterra vivants, et on les couvrit de pierres et de terre au son de la musique et aux acclamations du peuple.

Barka prit naturellement texte de cette tradition pour me raconter en détail son triomphe dans le siége qu'il avait soutenu récemment contre les armées réunies du Bondou et du Galam. J'ai trouvé une tradition semblable chez d'autres peuples de l'Afrique.

Je passai chez Barka dix jours pour réorganiser ma caravane. La trop grande quantité de bagages étant la cause principale du désordre de mes marches antérieures, je me décidai à faire des suppressions qui portèrent sur mes propres effets et sur des livres. Je poussai même l'abnégation jusqu'à me débarrasser de mes boîtes de légumes et de julienne, me réservant, pour tout rafraîchissement, une bouteille de vinaigre et quelques petits pains de sucre. Les objets abandonnés emplissaient trois caisses; c'était un poids assez lourd de moins dans mes bagages. Barka se réservait, d'ailleurs, ainsi qu'on va le voir, de diminuer aussi le fardeau de mes ânes.

Le temps ne m'a pas manqué pour faire sur ce chef et sur sa famille des études très-complètes. Je les crois assez intéressantes pour être reproduites; elles montreront combien peu notre influence a modifié leurs penchants cupides et développé leurs bons sentiments.

Barka est le digne fils de son père Samba-Yacinn, devenu tristement célèbre dans le Galam occidental par les horreurs qu'il y a commises. Ambitieux, orgueilleux et fin, Barka, par suite d'intrigues qu'il serait trop long de faire connaître, est aujourd'hui souverain de fait du Kaméra. Le chef réel, son oncle, est un vieillard tout à fait nul, qui ne parait jamais et qu'il ne m'a même pas présenté. Barka a épousé une fille de tous les chefs des environs : les Bambaras, les Kassonkiés, les Bamboukiés de l'Est sont devenus ainsi ses alliés; bref, par adresse et par intrigue, il est parvenu à fonder une maison princière et à obtenir, quoique d'après la loi de son pays il n'y ait aucun droit, l'honneur et la considération accordés aux chefs puissants.

Son attachement pour nous, dont il aime à faire parade, n'est qu'un ressort de plus dans ses mains ambitieuses. Son vœu est d'avoir un fort chez lui; avec ce secours, il serait imprenable et pourrait tout à son aise s'abandonner à ses penchants de domination. Sa pensée secrète serait de nous dominer aussi, et c'est cet espoir qui lui fait si ardemment désirer le rétablissement de l'ancien fort français.

Pour déjouer les desseins de cet homme habile, il faudrait une politique bien adroite; et je doute que nous puissions soutenir, aussi loin de Saint-Louis, le rôle qu'il conviendrait de prendre vis-à-vis de lui. Un établissement à Makana ne serait avantageux à la France que si on se déterminait sérieusement à renoncer aux errements de la politique actuelle du Sénégal, politique de temporisation qui compromettrait, sans profit pour nos intérêts commerciaux, la dignité de notre pavillon.

Celui des frères de Barka qui vient immédiatement après lui par ordre de naissance, se nomme Yassa; c'est un nègre pur sang. Il ne paraît pas avoir beaucoup d'influence dans sa famille.

Après Yassa vient Souley. Élevé à Saint-Louis, parlant et écrivant le français, il semblerait qu'on dût trouver en lui des idées et des sentiments plus nobles que chez ses frères, et que l'influence de notre éducation eût au moins servi à lui faire perdre cette cupidité native qui rend nos relations si pénibles avec les nègres. Au contraire, soit que ses fonctions d'interprète lui en fissent une obligation, soit qu'il traduisit ses propres désirs et ses vrais sentiments, je l'ai trouvé dépassant tous ses frères en cupidité.

Tambo est le puîné de Souley. Je n'ai jamais rien vu de plus ignoble. Voici, du reste, une anecdote qui suffira à le faire juger :

Nous étions à Boulébané, et le croyant vraiment attaché aux Français, je m'étais plaint à lui des ennuis que me faisaient éprouver les exigences des gens du Bondou; il avait eu l'air d'être de mon avis. Le lendemain il m'envoyait une carte que le colonel Caille lui avait remise pour se faire reconnaître comme notre allié, et il s'en servait pour me demander trois pièces de guinée, ce qui équivalait à une centaine de francs. Je lui renvoyai sa carte en lui recommandant d'en faire un autre usage. Depuis ce temps, nous n'étions pas ensemble dans de très-bons termes, et je pense qu'il n'aura pas eu une petite part dans les tribulations que son estimable famille me ménageait.

Mamady, notre guide de Sénou-Débou, occupe le dernier degré de l'échelle collatérale de la maison de Barka. La sollicitude qu'il avait déployée pour moi durant la route pénible que nous avions faite ensemble, l'apparente douceur de son caractère, sa discrétion extrême dans ses désirs de posséder, m'en avaient déjà donné une très-bonne opinion, et mon séjour à Toubabo-Kané la confirma pleinement. Mamady, s'il n'est le plus adroit de ses frères, en est à coup sûr le meilleur, c'est-à-dire le seul qui ne soit pas mauvais.

En arrivant chez Barka, j'avais besoin de diplomatie pour préparer son entourage aux désillusions que j'allais inévitablement lui causer; car, à en juger par l'accueil que je recevais, il avait de grandes espérances. J'avais eu pour compagnon, depuis Sénou-Débou, un homme du nom de Tamba, ancien soldat noir attaché au fort de Bakel, et bien supérieur aux autres nègres en intelligence et en sentiments. Il s'était volontiers chargé de faire comprendre à Barka et à sa famille qu'il m'était complétement interdit d'être généreux.

Trompé par les antécédents de Soûley, qui avait été élevé chrétiennement, j'avais, en outre, cru pouvoir révéler à ce renégat ma position difficile, et il avait pris l'engagement hypocrite de faire part de mes embarras à ses frères.

Je croyais donc le terrain suffisamment disposé, et je le croyais d'autant plus que rien dans les manières de mes hôtes, ne m'avait fait pressentir qu'ils eussent mal accueilli les aveux qui leur avaient été transmis. Malgré tout, cependant, le cœur me battait fort quand arriva le jour fixé pour régler le présent d'usage. En faisant sortir de mes cantines les objets qui devaient le composer, j'étais inquiet et tristement préoccupé ; je voyais l'énorme vide pratiqué dans mes richesses par cette détestable coutume de solder d'équivoques services, et je me disais avec douleur que mon voyage était à peine commencé. Je songeais aussi aux conseillers officieux qui donnent souvent un avis qu'on ne leur demande pas et qui voulaient absolument me faire partir sans bagages. Bons nègres! combien l'on vous connaît peu! Que serais-je devenu parmi vous si je n'avais pu vous jeter mes richesses à la tête?

J'avais pris, pour composer mon présent, l'avis de Tamba et de plusieurs nègres de mon escorte. Quand chaque objet fut convenablement étalé pour en faire ressortir l'agrément, je fis mander Barka. Ces objets réunis représentaient une valeur de 700 à 800 francs.

Barka ne se pressa pas et fit dire qu'il avait affaire. C'est l'usage des nègres; ils convoitent avec une avidité puérile ce qu'on se propose de leur offrir; ils éprouvent une vive tentation de palper ce qu'on leur destine et de s'en saisir; mais le décorum veut qu'ils aient l'air d'en faire fi. Il y a plus : c'est que jamais un nègre de qualité ne recevra lui-même; il fera signe de la main de remettre à son esclave, sauf à se dédommager, quand il sera seul avec ses familiers, de cette contrainte d'apparat.

Barka vint enfin après une heure d'attente. Il regarda d'un œil distrait, écouta mon discours et me répondit par cette figure : « Le tronc ne peut rien sans les branches. » Puis il s'éloigna, me laissant stupéfait au milieu de ma marchandise déployée.

Il était nuit quand parurent les cinq frères. Barka me pria de redire mon discours. Un long silence se fit, pendant lequel, on doit le comprendre, j'étais très-humilié de jouer un pareil rôle.

Yassa prit enfin la parole ; car, chez les nègres, le chef ne parle que le dernier, quand encore il daigne parler. Il me remercia, s'extasia sur la munificence de mon présent, vanta la générosité des blancs, et, par une transition inattendue, déclara que ce n'était pas assez. Je fis répéter, tellement j'étais pétrifié de cette conclusion ; mais je n'avais que trop bien entendu : mes hôtes ne se trouvaient pas assez payés.

Les trois autres frères prononcèrent successivement le même discours, et Barka, qui me fit l'insigne honneur de parler aussi, conclut pareillement à une augmentation de tribut.

Un frisson de colère me courut dans le sang, et le rouge de l'indignation me monta au visage. Ce sont nos amis, pensai-je avec une douloureuse amertume, des gens élevés par nous, qui font état de notre nation ; et c'est en leurs mains que je suis venu me livrer pour traverser un pays dont les habitants ont une réputation de cupidité devenue proverbiale parmi les nègres !

Remis de mon indignation, je compris que je n'avais rien de mieux à faire que d'accepter le plus dignement possible la position qui m'était faite ; et changeant de manières, je me tournai vers Barka, et lui demandai à quelle taxe nouvelle il me soumettait.

« Nous voulons encore une bonne paire de pistolets, 40 *gourdes* (pièces de 5 francs) et de l'ambre », me répondit en bon français le renégat Souley. C'étaient précisément les objets que je tenais le plus à conserver à cause de leur grande valeur sous un petit volume.

La nuit fut mauvaise pour moi. Je songeai avec amertume aux vices que développent dans les populations indigènes les idées de lucre et d'égoïsme que propagent nos traitants. Oh ! qui a pu dire que le commerce civilisait les peuples ? Quelle civilisation que celle que je rencontre ! Les nègres les plus parfaits répètent en bon français des mots tels que ceux-ci : « Moi, je ne fais rien pour rien. — Il n'y a que les sots qui rendent service gratis. — Toute peine mérite salaire. »

Et c'est nous qui avons semé ces enseignements dans un terrain qui n'était, hélas ! que trop fertile ! Tous ces Barka m'étaient devenus odieux, et je ne cherchais pas à leur dissimuler ma répulsion.

Je déplorais ausssi ma crédulité, ma foi aveugle dans les avis qu'on m'avait donnés sur la manière d'effectuer mes achats. J'avais emporté peu d'argent, peu d'ambre, et beaucoup d'objets encombrants qui alourdissaient ma marche et faisaient croire à des trésors fabuleux.

Qu'on n'oublie pas cet avis ; je viens d'acquérir à mes dépens le droit de le donner. Pour voyager en Afrique, il faut beaucoup de *gourdes*, beaucoup d'ambre et de corail, des objets de luxe et de prix, des verroteries et de la poudre pour les menues dépenses ; mais aussi, pour faire un voyage tel que le mien, il faudrait 50,000 francs. Dieu est grand ; j'irai où il lui plaira !

Quand il fallut partir, j'avais encore à régler mon compte avec celle des femmes de Barka qui avait été particulièrement chargée de pourvoir à mes besoins ; avec ses autres femmes, avec ses enfants, avec ses frères et leur nombreuse famille, avec ses captifs, avec tout le village enfin. Je donnai à chacun, ne recueillant que mécontentements et murmures. « Ils ont le *ventre trop gros*, disaient mes nègres ; jamais on ne peut le remplir. » Au tour de Mamady, j'éprouvai presque de la confusion ; j'avais déjà tant donné et tant à donner encore, que je ne pouvais reconnaître comme je l'eusse désiré les services qu'il m'avait rendus. Il se contenta d'une pièce de calicot, en me disant que lui croyait à *Dieu* et à *demain*. Pauvres nègres ! on dirait qu'ils ne peuvent avoir que de demi-bons sentiments ! *Dieu*, on le comprend sans doute, c'était la satisfaction d'avoir été utile ; *demain*, c'était son salaire ajourné. N'importe, je trouvai la réponse bonne ; car ses frères n'avaient cru ni à Dieu ni à demain.

Pendant mon séjour chez Barka, je reçus plusieurs lettres de France qui me donnèrent du courage. J'en avais besoin ; car de pareilles scènes accablent : ce sont des coups d'épingle qui finissent par tuer.

Deux jours avant mon départ, on m'avait appris que les Bambaras étaient en campagne, et qu'ils marquaient leur passage par le meurtre et l'incendie. Cette nouvelle ne m'empêcha pas de partir.

CHAPITRE XIV.

A neuf heures du matin, le 11 mars, je quittai Toubabo-Kané, marchant sur le bord du fleuve dans la direction de l'est-sud-est, et suivant le même chemin que j'avais déjà suivi dix jours au-paravant.

Après deux heures de marche, je fis arrêter la caravane au village de Makaïakaré-Sonkoué, désigné d'avance par mon guide pour clore la première étape. Afin d'habituer les ânes à la fatigue, la marche des caravanes nègres est toujours très-lente au début; on en augmente progressivement la durée, mais rarement cette durée dépasse sept heures; la vitesse moyenne est de 5 kilomètres à l'heure.

Je repartis le lendemain matin, en compagnie de Barka, qui m'avait rejoint pendant la nuit. Depuis Daramané, la route est tracée sur le bord d'une falaise élevée et à pic. D'un côté, l'œil mesure avec effroi une profondeur de 20 mètres; de l'autre, on a les épines ordinaires. A part l'inquiétude de voir son cheval faire un faux pas et de tomber d'une hauteur de 60 pieds, on serait heureux de contempler le magnifique point de vue que présentent les rives du fleuve.

Je laissai un instant cette voie dangereuse pour traverser un marigot dont les bords abrupts et le lit rocailleux causèrent à mes bêtes de somme une série d'accidents. Ce marigot se nomme Diani. Il communique, à l'est, au marigot de Koliba, qui va se perdre dans le Bambouk oriental; à l'ouest, il mêle, à l'aide d'un bras, ses eaux à celles du Sénou, mieux connu sous le nom de Sénou-Kolé (1). La branche principale du Diani continue ensuite son cours vers le sud, et va se jeter dans la Falémé, aux environs de Sasâdig, changeant vraisemblablement de nom bien des fois, depuis son point de départ jusqu'à l'endroit où il grossit les eaux de cette rivière (2).

Je repris bientôt la route de la falaise, devenue encore plus escarpée et plus étroite. Les méandres gracieusement contournés du Sénégal et la luxuriante végétation de ses rives m'avaient fait complétement oublier que je cheminais au-dessus d'un abîme, et que la moindre distraction, une pierre, une crevasse sous les pas de mon cheval, pouvaient m'y précipiter; quand je me vis tout à coup entraîné loin du bord. Mon cheval, qui n'était pas comme moi absorbé par la splendeur du paysage, s'était vivement jeté de côté et m'avait empêché de me rompre le cou. En effet, un éboulement de la falaise avait créé sur ce chemin une brusque solution de continuité. Je suivis, conduit par mon pru-

---

(1) *Kolé* signifie cours d'eau en langue sarracolèse.

(2) Il est très-important de se rappeler que chaque cours d'eau prend une multitude de noms différents empruntés soit aux villages qu'il arrose, soit à des lieux témoins d'événements remarquables, soit à un site, à une source, à des arbres ou à des personnes; et qu'il en est de même des montagnes. Cet usage, familier à tous les peuples qui n'ont point de divisions territoriales et d'administration régulière, jette une grande confusion dans les itinéraires des voyageurs, et par suite dans les travaux des géographes.

Nous trouvons sur nos cartes beaucoup d'erreurs de ce genre qu'il serait trop long de signaler ici. Il en est une pourtant qui, bien que ne rentrant pas dans la catégorie de celles que je rappelle, doit cependant être signalée : sur presque toutes les cartes d'Afrique on a figuré sous le nom de montagnes de *Kong* la grande chaîne qui sépare le Soudan de la Guinée méridionale. Ce renseignement fourni par un voyageur, est évidemment la réponse d'un naturel à une question ayant pour objet de connaître le nom de la chaîne; le naturel a répondu *Kong*, c'est-à-dire montagne, et le voyageur a écrit dans ses notes que les montagnes qu'il apercevait se nommaient *Kong*. Or, ce mot signifiant *montagne*, il en est résulté qu'il a donné à ce vaste système montagneux le nom de montagnes des *Montagnes*.

dent coursier, un petit sentier en pente qui m'amena en cinq ou
six minutes à l'entrée d'un autre sentier tracé au travers d'un massif de verdure. Au lieu d'un immense horizon, je n'avais autour de
moi que d'épaisses broussailles jetées en désordre sur un chemin de
chacals, que le soleil, alors dans toute sa force, éclairait à peine de
quelques-uns de ses rayons perdus. Lassé de demeurer couché
sur l'encolure de mon cheval, je le pris par la bride et parcourus à
pied, durant plus d'une heure, cette route incommode, arrêté presque à
chaque pas par des buissons d'épines, des racines en saillie et des lianes
enchevêtrées comme un gréement de navire démâté. N'eût été l'espèce de supplice d'aller sans voir où l'on va, cette marche eût eu son
charme aussi : l'aspect était sauvage, la verdure était belle, et à défaut de brise, écartée sans pitié de cette sombre retraite, on y respirait
de délicieux parfums de chèvrefeuille et d'aubépine.

Au sortir de ce sentier de lézards et de serpents, j'aperçus avec
joie Tambo-Kané, le village où je devais m'arrêter. Il y avait six heures
que nous marchions.

Tambo-Kané (1) possède plusieurs bouquets de dattiers et de fort
belles cultures. Ses rues, larges et spacieuses, ont pour bordure des haies
de mimosas à fleurs jaunes d'une agréable odeur. On aperçoit de ce
village les montagnes de Félou, et dans le temps où les eaux sont
hautes, on y entend le bruit des cataractes.

Je fus d'abord très-ennuyé par les habitants; mais je découvris
presque aussitôt que la frayeur était en eux plus forte que la curiosité,
et je me servis de cette découverte avec succès. Il me suffisait de faire
un pas, un geste, de prononcer une parole, pour mettre en fuite
les enfants et les femmes; je me débarrassai ainsi de la partie la plus
incommode et la plus nombreuse des curieux.

---

(1) *Tambo*, nom d'homme, et *Kané*, pays.

Tambo-Kané est, au dire des habitants, le dernier village de la rive gauche, en
avant des cataractes, où l'on rencontre le dattier. Cet arbre, dont le fruit est si recherché des Arabes, paraît être l'objet de bien peu de soin de la part des nègres.
Les premiers dattiers qu'on rencontre en remontant le Sénégal sont au village
d'Ordolli, dans le Fouta. La partie du littoral comprise entre Tuabo et Tambo-
Kané est celle où ils se voient en plus grand nombre. Au sud de cette ligne, sur
la Falémé, dans le Bondou et les États qui bordent la Gambie, on cesse tout à
fait d'en trouver. Le dattier vient très-bien dans le Sénégal, et ses fruits sont
excellents.

Il résulte de ce renseignement que les limites géographiques du dattier, dans la
Sénégambie, seraient par les 15° 30' environ de latitude nord.

A la pointe du jour, le lendemain, je commençai à tout préparer pour le passage du fleuve; car c'est à Tambo-Kané que se trouve le gué le plus fréquenté des caravanes qui voyagent sur la rive droite; à cette époque, les gués n'étaient pas encore entièrement formés. Je traversai le Sénégal en pirogue avec tous les bagages; les ânes et les chevaux le traversèrent moitié à gué, moitié à la nage. Le transbordement s'accomplit sans avarie, mais non rapidement; il était, en effet, près de midi quand l'opération fut terminée.

Du point où nous prîmes terre, il n'y avait qu'une courte distance pour atteindre le village de Somankidi, dans lequel Barka me conseilla de passer le reste de la journée.

Notre entrée à ce village se fit avec grande pompe. Barka, rigide observateur de l'étiquette, avait assigné à chacun sa place et, en maître de cérémonies entendu, parcourait incessamment les rangs pour veiller à ce que tout le monde gardât sa position. Je marchais en tête, précédé d'un *balafo* (1), l'instrument le plus harmonieux du pays; aux côtés de Barka, qui marchait derrière moi, étaient placés deux griots avec leurs guitares; venaient ensuite ceux de ses hommes qui étaient à cheval.

Le bruit et l'affluence considérable des gens qui se pressaient pour me voir déterminèrent une effroyable scène de confusion dont surent habilement profiter les voleurs pour faire main basse sur différents objets composant mes bagages, et notamment sur un sac contenant la majeure partie des effets que je m'étais réservés. En outre, mon cheval de bât, effrayé par cet affreux tapage, se jeta tout chargé dans une fondrière de plus de quinze pieds de profondeur.

Arrivé à la place du village qu'on m'assigna pour camper, je fus réduit à la partager avec la population tout entière, accourue pour

_____

(1) Le *balafo* tient à la fois du clavecin et de l'harmonium. Il est porté au-devant de l'homme qui en joue par le moyen d'une bretelle, de la même manière que les orgues de Barbarie. Ses touches, formées de bois très-dur, sont au nombre de vingt environ; elles font basculé sous les coups d'une petite baguette terminée par un bouchon de liége ou d'écorce molle, et font vibrer des cordes en crin d'inégale longueur fixées par l'une de leur extrémité, à ces touches et par l'autre à une moitié de calebasse. La grosseur de ces demi-calebasses est proportionnée à la longueur des cordes, les plus longues cordes correspondant aux plus longues calebasses. On obtient par cet instrument, qui dénote un certain progrès de l'art musical, des sons assez doux et d'une harmonie qui contraste agréablement avec le bruit ordinaire du tamtam. Le balafo, toutefois, n'est pas commun; on ne le trouve que chez les chefs puissants ou riches.

m'examiner. Vainement j'essayai des gestes, des pas en avant, de la grosse voix, la foule persista à m'entourer et me serra presque à m'étouffer; mais ce fut bien pis quand je voulus régler mes montres, les curieux s'emparèrent de mon horizon, de mes verres de couleur, de ma boîte; et pour les ravoir il fallut que le chef du village s'en mêlât. Son intervention me débarrassa jusqu'au soir de cette insupportable compagnie.

La nuit, je fus brusquement réveillé par un vacarme atroce et par un poids très-lourd qui m'écrasait la cuisse. C'était l'orchestre qui s'établissait à la place où je dormais, et un odieux griot qui s'asseyait sur moi. Je repoussai le fâcheux d'un coup de pied et courus me plaindre au chef du village de l'inconvenance de ses administrés. Cette fois il prit la chose à cœur, et se décida à venir de sa personne, armé d'un nerf de bœuf qui se promena pendant un certain temps sur les épaules des musiciens, des danseurs et des danseuses. Grâce à cette correction administrative, il me fut permis de dormir jusqu'au jour.

En partant de Somankidi, on met cinq heures et démie pour parvenir à Diakalinn-Kouta, suivant une direction moyenne vers l'est du monde. Ce village est le premier du Kasson.

Au matin, je courus au bord du fleuve. Il est impossible de jouir d'un plus beau point de vue : le Sénégal se déroulait en orbes tortueux comme un immense serpent aux reflets argentés; ses bords, parés de verdure, reposaient doucement le regard fatigué par le miroitement des eaux; l'horizon avait cette belle couleur bleue des régions tropicales, et le ciel, ce ton chaud des climats que dore le soleil. Au levant se dressaient avec majesté les belles montagnes de Maméri, célèbres durant les guerres des Kassonkiés et des Bambaras. C'est là qu'Arradamba, le roi du Kasson, et les débris de son armée trouvèrent souvent un asile pour échapper à leurs ennemis.

J'éprouvai à Diakalinn peut-être plus qu'ailleurs l'ennui de servir de point de mire aux badauds, et cet ennui serait devenu intolérable si un marabout sarracolé ne m'eût pris subitement en tendresse. À sa voix, la foule s'écarta, et me faisant un rempart de ses bras, il me conduisit dans sa propre case, qu'il abandonna pour moi, attention bien rare, hélas! de la part d'un Sarracolé. Généralement, en effet, ils n'ont que trop profité des doctrines positives que j'ai trouvées si fidèlement pratiquées dans la famille de Barka.

La population de Diakalinn compte un grand nombre de Sarracolés; mais, à part le saint homme qui me prit si à propos sous sa protection, je ne trouvai nulle trace de croyance parmi les autres habitants.

« Nous ne sommes ni *marabouts* (musulmans), ni *nasserani* (chrétiens), me dit leur chef d'un air narquois, mais de bons vivants aimant le plaisir et ne nous occupant pas de *ces choses* inventées tout exprès pour *ennuyer le pauvre monde!* »

O Voltaire! réjouis-toi dans ton sépulcre, tes enseignements ont franchi les limites de la Barbarie! Car quel autre qu'un de tes nombreux disciples eût pu transformer en philosophe ce sauvage du Kadjaga?

Il faut rendre justice à tous. Si les Sarracolés ne sont pas riches de vertus morales, ils sont d'une grande propreté. Les villages qu'ils occupent se font remarquer par la propreté de leurs rues, de leurs places et de leurs cases. On y voit même du luxe dans leurs constructions (un luxe relatif, bien entendu) et du goût dans la disposition de leurs cultures et de leurs plantations.

Diakalim surpasse dans ce genre tout ce que j'ai vu jusqu'ici : ses rues, larges et droites, n'ont aucun rapport avec les sentiers resserrés et tortueux des autres villages; ses cases sont mieux construites, de formes plus élégantes, et se détachent en groupes plus gracieux des buissons de feuillage qui leur servent de clôture; mais ce qui donne à ce lieu un charme tout particulier, quelque chose comme un air de famille avec ces coquettes habitations que les Européens élèvent sous les tropiques, c'est une promenade, une vraie promenade, plantée d'une double rangée de ces beaux arbres toujours verts, toujours ombreux, que je ne puis désigner à mes successeurs que par le nom de *n'boul*, que leur donnent les Yoloffs, ou par celui de *ganki* qu'ils portent au Fouta et au Bondou (1).

Je me dédommageai de mes ennuis quotidiens en parcourant seul cette magnifique promenade, posée sur le sommet de la falaise comme un bouquet de bois, retraite aimée du pâtre, sur la cime d'un rocher nu. J'éprouvai un ravissement indicible à suivre de l'œil, sur les eaux silencieuses du Sénégal, les grands vols de sarcelles au plumage d'émeraude; la course rapide du martin pêcheur, étoile filante des eaux; et les mouvements gracieux de l'aigrette grise et blanche, du flamant

---

(1) J'avoue, à ma grande confusion, que je n'ai cherché à examiner ni la feuille, ni le fruit de cet arbre qui pourtant me rendait de si grands services; et j'en suis réduit aujourd'hui, de crainte de commettre une erreur, à m'en tenir à ces noms indigènes.

aux couleurs de pourpre, et des mille variétés or, saphir et rubis de ce peuple des solitudes.

Que la nature est belle dans sa virginité! Oh! que n'est-il donné aux incrédules de voir ce que je vois! Ils sentiraient que la main de Dieu a seule pu former de si grandes choses, et que l'homme, leur idole, n'est qu'un grain de poussière; et, sous cette pensée, je m'enfonce plus avant pour fuir tout bruit humain. Je redoute la présence de l'homme; elle altérerait l'œuvre divine, ou tout au moins m'arracherait au sentiment religieux qui m'absorbe. Oui, Dieu est là! Tout ce que je vois est son ouvrage; tout ce que je vois est à lui! Que ne puis-je reproduire ce que je sens!

Et pourquoi n'éprouve-t-on pas ailleurs ces extases choisies? Faut-il le dire? C'est que l'homme y a passé, qu'il y a laissé son empreinte, qu'il y demeure, et que sa parole, qui exprime son cœur et son âme, est souvent une parole impie. Et qu'on dise encore que Dieu n'est pas bon, lui qui permet que l'homme, sa créature, l'objet de son constant amour, se soit fait son rival! lui qui n'écrase pas des foudres de sa colère le blasphémateur qui le renie tous les jours sous ses arbres, sur ses mers, au sommet de ses montagnes et devant son soleil!

La nuit était venue depuis longtemps quand je regagnai la case de mon hôte. J'y trouvai un sommeil paisible jusqu'au matin; mais, de même qu'il n'est si claire eau qui ne se trouble, je devais expier au réveil les douces impressions de ma soirée et le calme de ma nuit.

Je pensais que les griots avaient épuisé sur moi, dans les stations et les marches précédentes, tout ce que leur imagination contenait de taquineries et d'hommages. J'avais eu leurs sérénades, leurs danses, leurs concerts nocturnes; il me restait à subir leurs espiégleries, aussi permises dans les pays nègres que chez nous les lazzis au temps de carnaval.

Les griotes de Diakalinn parurent au moment où je faisais charger les bagages, et dédaignant leurs danses et leurs chants, elles se jetèrent sur moi en faisant mine de me porter en triomphe. Les unes me saisirent une jambe, d'autres un bras, d'autres la barbe; le tout au grand gaudissement de la foule qui se pâmait de bonheur.

Le vieux marabout qui s'était institué mon protecteur me voyant me débattre en désespéré pour échapper à ces vilaines femmes, s'empressa de me dire que c'était pour me faire honneur, et qu'il ne fallait pas me fâcher. Je suivis le conseil et m'abandonnai avec résignation aux mains des griotes qui, après m'avoir tenu quelques instants sur leurs épaules, me déposèrent à terre, satisfaites de ma docilité.

Quel peuple que le peuple du Kasson! De nuit et de jour on n'entend dans ses villages que le bruit du tamtam et des danses. Pas de travail, pas de prières comme chez les autres nègres : on dirait que la population tout entière est vouée à l'ignoble métier de griot.

C'est, au reste, à peu d'exceptions près, ce qui a lieu. Les Kassonkiés ont le privilége de fournir de griots et de griotes les chefs malinkiés, et particulièrement les Bambaras. Les griots de Sanimoussa, dont il était si fier, étaient des griots du Kasson. La raison de cette préférence se trouve, me dit-on, dans la réputation de gaité et d'entrain des Kassonkiés, et dans la beauté et la vivacité des Kassonkièses.

A tout prendre, le métier n'est pas mauvais. Les griots jouissent d'une grande importance près des maîtres qu'ils se sont donnés; ce sont aussi des objets de luxe que ceux-ci entourent de soins infinis, car n'a pas qui veut son griot du Kasson! Sûrs d'être recherchés, leur inconstance égale leur cupidité. Ils ont de beaux priviléges et savent habilement en tirer parti; quiconque a recours au maître doit acheter les faveurs du griot : dans les mariages, c'est lui qu'on charge de faire la demande, et il n'est pas oublié quand elle réussit.

Je ne sais quel breuvage boivent les Kassonkiés, mais ils semblent être en état permanent d'ivresse. Je me demande aussi, moi qui connais les revenus ordinaires des nègres, comment ils se procurent les moyens de mener cette joyeuse vie. On aperçoit bien quelques cultures de mil et de maïs, et quelques captifs qui remuent la navette de tisserand pour le compte de leurs maîtres : tout cela ne produit pas grande richesse.

Les femmes du Kasson sont marquées au front et au menton de trois incisions très-rapprochées, ayant à peine deux centimètres de longueur. Les gencives et les lèvres bleuies par de petites saignées fréquemment renouvelées, sont fort à la mode parmi elles; il en est de même de la lèvre inférieure épaissie artificiellement, de manière à lui donner la forme d'une grosse sangsue. Cette dernière mode est également suivie au Bondou.

Leur costume ne présente pas de particularités saisissantes; mais il n'en est pas ainsi de leur coiffure, qu'elles disposent d'une manière très originale : elles relèvent leurs cheveux de chaque côté de la tête et les réunissent en forme de cimier sur une ligne s'étendant de la nuque au front. L'arête formée par la réunion des cheveux est parée de grains d'ambre et de grigris renfermés dans du cuir noir. Comme toutes les autres, cette coiffure est arrosée de beurre.

Le costume des hommes n'a rien d'intéressant à décrire.

En quittant Diakalinn, on suit la rive droite dans la direction de l'est. On aperçoit de distance en distance des bancs de roches à moitié découverts qui rendent la navigation impossible, même en pirogue; mais les hommes du pays me disent que pendant les hautes eaux les pirogues passent librement par-dessus ces barrages.

Dans l'opinion des nègres voyageurs, les montagnes de Maméri font partie d'un système dont la principale chaîne commence à Sierra-Leone, traverse le Fouta-Djallon, passe à Félou, et se dirige, à travers le Kaarta, jusqu'au désert. Cette opinion est en partie corroborée par la composition du terrain sur lequel nous marchons; il rappelle exactement celui de la Falémé entre Kaour et Alinkel.

Nous passâmes au village de Sétoukolé, au sortir d'un bois épineux, et peu après nous traversâmes un cours d'eau qui prend successivement les noms de Soumokidi, Kolébiné et Falaou. Son cours impétueux, sa largeur, ses eaux claires, bien différentes des eaux dormantes et bourbeuses des marigots ordinaires, m'eussent fait croire que le Kolébiné était un des affluents du Sénégal, allant prendre sa source dans les montagnes du Kaarta, si déjà les habitants ne me l'avaient appris. Fiers de leur belle rivière, ils s'empressèrent de me faire le dénombrement des pays et des villages qu'elle baignait de ses eaux. Son gué est formé par des blocs de granit, inégaux et glissants, qui rendent sa traversée dangereuse.

A 500 pas du bord opposé on trouve le village de Koulou-Diamané, dans lequel je me décidai à séjourner, afin d'aller examiner les fameuses cataractes de Félou. Ces cataractes, éloignées de la barre du Sénégal d'une distance de 200 lieues environ, constituent le premier barrage du fleuve, à partir de son embouchure.

A mon arrivée, le chef vint en personne me recevoir et me souhaiter la bienvenue à la manière des patriarches.

Le lendemain matin, je fus, en compagnie d'un homme du pays, visiter les chutes de Félou.

On suit, en partant de Koulou-Diamané, pendant trois quarts d'heure un chemin tracé dans un terrain rougeâtre fortement déchiré par les torrents. Cette voie, resserrée et tortueuse, traverse un bois planté irrégulièrement d'arbres et d'arbustes, parmi lesquels domine le *sidom* avec son fruit acide, qui ressemble à la datte par sa pulpe et à la cerise par sa sphéricité et sa couleur. La route est au sud-sud-est. On tourne ensuite une montagne de grès gris mêlé de grains rouges, affectant des formes horizontales. La montagne est habitée par des singes de haute taille, qui nous accueillent en faisant entendre de véritables aboiements; ils s'arrêtent un instant, puis s'élancent en désordre dans les profondeurs du bois, qu'ils remplissent de leurs cris sonores.

Après avoir tourné la montagne *aux Singes* on découvre le Sénégal et le village de Médina, bâti sur la rive gauche et servant de résidence au roi actuel du Kasson. On gravit ensuite, par une pente douce, un des flancs de la montagne ; cette pente conduit à un plateau très-étendu sur lequel on parvient en franchissant des assises naturelles symétriquement établies. De cet endroit on aperçoit un très-beau paysage, et, dans le sud, un groupe de palmiers bifurqués (pandanées), indiquant l'emplacement d'un ancien village. On marche sur ce plateau, dont la surface est aussi polie que l'asphalte des boulevards, durant quarante minutes, et on se trouve tout à coup sur le bord du fleuve et sur la table de la cataracte.

Nous étions en route depuis deux heures quarante-cinq minutes, quand nous mîmes pied à terre sur les roches arénacées de Félou. Chaque pas nous découvrait des perforations profondes et de formes variées. Le niveau supérieur des eaux du fleuve était alors au-dessous de la partie élevée de la cataracte ; l'eau filtrait au travers des masses de grès et s'échappait, en bouillonnant, par des trouées pratiquées dans leur épaisseur; on ne voyait rien encore, mais on entendait le bruit de plusieurs chutes.

Nous parcourûmes une grande partie de la table de la cataracte, franchissant des précipices sans fond, séparés par des roches couvertes d'herbes aquatiques qui les rendaient glissantes comme la glace. Vers le milieu à peu près du barrage, qui peut avoir 450 à 500 mètres de largeur, on découvre le niveau inférieur du Sénégal à 30 mètres environ au-dessous du niveau supérieur. Le plan presque vertical sur lequel les eaux se répandent dans leur chute est semé d'énormes blocs de grès posés très-irrégulièrement et présentant mille figures bizarres. Lorsque les eaux couvrent la cataracte, ce doit être un spectacle bien grandiose.

Il faudrait passer plusieurs jours à examiner les formes étranges que les eaux ont données aux roches facilement attaquables de Félou ; de petits cailloux de quartz rouge qu'on aperçoit par fragments au fond des trous, ont fait l'office de forets et de ciseaux. On voit des figurines de toutes sortes, étonnantes, capricieuses ; on voit aussi des dessins en creux non moins dignes de fixer l'attention : tantôt ce sont des

CATARACTE DU FÉLOU.

AMÉDÉE ROUSSEAU SC

F. BRETON

cathédrales en miniature, des Prométhées, des Laocoons, des chevaux, des hommes et des animaux sans nom; tantôt d'antiques sarcophages, des baignoires gothiques et des empreintes de pieds humains. Ces merveilles ont exercé l'imagination des nègres et donné naissance à une foule de légendes.

Il y a des trous creusés avec une perfection que l'homme ne pourrait dépasser à l'aide de ses plus ingénieuses machines, et il n'est pas rare de trouver à ces trous un diamètre constant dans une profondeur de deux à trois mètres. Souvent ils communiquent entre eux au moyen de vastes galeries creusées en dessous ; quelquefois c'est par leur surface qu'ils se rejoignent, et la communication est établie par de longues lames de pierres aiguisées comme des haches tranchantes. En certains endroits on marche sur de véritables ponts jetés d'un trou à l'autre, et dont la longueur a souvent plusieurs mètres ; dans d'autres, on sent la croûte de grès fléchir sous les pas et résonner comme si l'on marchait sur une chaudière de machine à vapeur. Les filtrations et le travail des fragments de quartz ont évidemment miné en dessous la roche, et ce sont ses parties affaissées successivement qui en ont découpé la surface.

On ne regrette pas, en contemplant ces capricieux travaux de la nature, les trois heures de chemin qui y mènent. On m'a parlé de certaines empreintes laissées par le prophète, *lorsqu'il vint faire son salam à Félou* (les nègres, en matière d'histoire, sont peu scrupuleux à l'endroit de l'exactitude). On voit encore, me dit-on, les marques de la face, des mains et des genoux du prophète vénéré, et — précieux détail pour un *moumen* (un croyant) — celle de son *satala* (1). On m'a parlé aussi d'un imprudent cavalier changé en pierre, lui et son cheval, pour avoir excité la jalousie d'un génie. Il est là sur le rocher, me dit-on encore, à cheval et la lance en arrêt.

Malheureusement, ces choses merveilleuses se trouvaient sur la rive gauche ; et, comme j'avais failli plusieurs fois déjà disparaître au fond du gouffre en sautant sur les pierres glissantes du barrage, j'imposai silence à ma curiosité. Mon guide, par une délicatesse dont je lui sus gré, approuva ma prudence, et, pour m'enlever tout scrupule, se prit à me faire le dénombrement de ceux qui, par bravade ou entêtement, avaient été engloutis à jamais en s'obstinant à traverser le fleuve par

---

(1) On nomme ainsi au Sénégal un vase de cuivre ou de fer-blanc dont tout bon musulman doit être accompagné en voyage et qui sert à ses pieuses ablutions.

ce chemin dangereux : le nombre dépassant cent cinquante, je déclarai mon honneur satisfait.

J'appris, à mon retour à Koulou, que les Kassonkiés m'avaient volé un sabre et le clairon de mes hommes. Leur passion pour la musique et la danse explique jusqu'à un certain point la disparition du clairon; mais le sabre....

Je ne crois pas inutile de faire connaître dès maintenant le sort de ce clairon. Quand je fus parti, le voleur, fier de sa capture, voulut ménager une surprise à son chef en lui jouant une marche qu'il avait entendu jouer à un de mes hommes; mais il eut beau souffler à s'époumonner, jamais il ne put faire sortir un son de l'instrument. Chacun après lui emboucha la trompette; elle resta muette. Alors elle fut déclarée ensorcelée.

Le clairon demeura quelque temps exposé comme un trophée dans la case du chef, puis vendu à des Bambaras, qui ne purent en tirer meilleur parti que les Kassonkiés. Enfin, après avoir passé de main en main, il devint la propriété d'un forgeron maure qui en fit un *satala ;* mais il ne rendit que peu de services sous cette nouvelle forme; le forgeron n'était pas habile, l'ex-clairon faisait eau de tous côtés. Son dernier propriétaire, désappointé, se décida alors à en faire confectionner des bracelets et des bagues qui probablement ornent encore aujourd'hui les poignets et les orteils de ses femmes.

CHAPITRE XV.

———

On ne se figure pas en Europe les difficultés qu'on éprouve à obtenir des renseignements exacts sur l'histoire des peuples de l'Afrique. Dans un pays où il n'existe ni chronologie, ni histoire écrite, on n'a pour se guider que des traditions conservées, sous forme de légendes, par des rapsodes presque toujours ignorants. Rarement ces traditions parviennent sans altération au voyageur qui a la patience de les recueillir; elles fourmillent en outre d'un si grand nombre de contradictions, d'invraisemblances et d'événements merveilleux, que souvent le voyageur découragé abandonne une tâche qu'il lui semble impossible d'achever.

C'est ainsi que l'origine des peuples africains, leurs migrations et, ce qui est plus surprenant encore, leurs propres noms, nous sont parvenus entourés de ténèbres et entachés d'erreurs.

Pour ce qui est du nom, il variera selon qu'on s'adressera à un Poulh, à un Yoloff, à un Malinkié, à un Bambara. Chaque peuple, on doit d'ailleurs le comprendre, désigne sous un nom différent, approprié à sa langue, le pays et la nation de ses voisins.

J'avais cru jusqu'ici que le mot *sarracolé* ou *sarracolet* était le nom du peuple qui occupe aujourd'hui le Galam, et voici qu'on m'apprend que c'est un nom de convention donné par les Yoloffs de Saint-Louis, et que leur vrai nom, celui qu'ils se donnent entre eux, le nom enfin de leurs légendes, est *Soninkié* (1).

Ce qui complique aussi les difficultés, c'est la coutume où sont les nègres, coutume empruntée aux patriarches, de choisir le nom particulier à leur tribu, et de le porter préférablement au nom commun à toutes; tels les *Bakiris* et les *Saïbabés*, Soninkiés de nation, qui ne sont connus que par le nom de leur tribu. Il arrive encore que certain nom de famille séparée de sa tribu par des dissensions intestines, est introduit dans la nomenclature des peuples africains et vient en augmenter la confusion.

Ce n'est donc qu'avec le temps, en comparant, en questionnant beaucoup et souvent, qu'on parvient à quelque résultat sur l'histoire des nègres et leur classification méthodique; et encore ne peut-on compter, en suivant cette voie, que sur des à peu près, dont il faut pourtant savoir se contenter, en songeant à l'obscurité qui entoure cette branche de nos connaissances.

Le pays de la rive droite, en aval de Diakalinn, est connu des naturels sous le nom de *Gangari*. Ce nom semble correspondre aux anciens noms de province conservés en France dans le langage usuel. On dit le Gangari comme on dit l'Artois, le Berri, la Provence. Cette appellation comprend la portion de la rive droite située entre les villages de Diaghila et de Diakalinn.

Il existe, sur la rive gauche, une division analogue qui embrasse la partie comprise entre le marigot de N'ghérer et le village de Kégniou, proche les cataractes de Félou. Elle porte le nom beaucoup plus connu de Kadjaga. Toutefois cela n'empêche pas qu'un voyageur serait fort mal avisé, s'il venait parler du royaume de Gangari et de Kadjaga et, par une extension qu'il n'est pas rare de rencontrer dans les relations, du roi de ces pays. Ce serait comme si l'on appelait aujourd'hui gou-

(1) Sans doute de *soni*, nom d'homme cité dans Léon l'Africain, et de *kié*, désinence signifiant *de*, *à*, sous-entendu *homme*. Le *noun* (*n*) est souvent employé dans les langues africaines par euphonie.

verneur de la Brétagne le général qui commande la division militaire
qui a son siége à Rennes.

Le Kasson, ou du moins ce qui subsiste aujourd'hui de cet ancien
royaume, occupe les deux rives du fleuve. La portion placée sur la
rive droite commence à Diakalinn et finit à Kanamakounou. Les villages de cette partie ont reconnu la suzeraineté du roi du Kaarta, et
lui paient tribut; mais, quoiqu'étant demeurés nominalement sous le
gouvernement des chefs de leur nation, ils n'en sont pas moins, en
fait, plus Bambaras que Kassonkiés.

La portion du Kasson située sur la rive gauche est la seule qui résiste
aux Bambaras. Elle comprend le territoire renfermé entre les cataractes
de Félou et celles de Gowina. Le village de Médina paraît en être la
capitale.

Il existe de grandes dissensions entre les chefs de cette contrée, et
cette désunion ne contribue pas peu à favoriser les entreprises du Kaarta.
Les Kassonkiés parlent un malinkié corrompu et ne pratiquent pas le
mahométisme.

Voici ce que j'ai recueilli sur l'histoire de leur pays :

A l'une des époques où la région du Ghioliba voyait des peuples inconnus, tour à tour vainqueurs et vaincus, tantôt refoulés par une
force supérieure, tantôt refoulant une nation plus faible, la tribu des
Simpéras avait été, comme par miracle, préservée de toute atteinte.

La capitale du pays occupé par ce peuple se nommait Sakora; leur
chef s'appelait Manga; il parlait la langue des Soninkiés.

Manga avait à peine vingt-deux ans quand il succéda à son père. La
première année de son règne fut marquée, heureux présage! par une
récolte abondante qui lui gagna tout à fait l'affection de son peuple,
attiré déjà vers lui par son aménité naturelle.

Plusieurs années s'écoulèrent ainsi dans le calme et la prospérité.
Les Simpéras chérissaient leur roi, et Manga répondait à cette tendresse
par une sollicitude toute paternelle.

Mais la renommée avait porté chez les voisins ombrageux de Manga
la nouvelle de cette félicité. Jaloux d'un bonheur qu'ils n'avaient pas,
plusieurs d'entre eux se réunirent pour le troubler.

Bientôt Manga fut attaqué par trois nations. Confiant dans la vaillance de ses sujets, il les attendit de pied ferme et remporta sur
elles une victoire éclatante. Ce premier succès ne fit qu'exciter la haine
de ses ennemis; leurs attaques se renouvelèrent, et quoiqu'elles fussent toujours repoussées, elles ne laissèrent pas de causer des pertes
sensibles aux défenseurs de Sakora.

L'émigration était alors la seule voie de salut laissée aux peuples affaiblis par ces luttes; luttes implacables, car elles avaient pour but la possession d'un pays plus fertile.

Les chefs des Simpéras avaient déjà plusieurs fois rappelé à Manga cette nécessité cruelle. Lui-même ne l'ignorait pas, et cependant il résistait : cette terre avait été la demeure de ses pères et leurs dépouilles y reposaient.

Un jour, le bruit courut qu'une nouvelle coalition de sept peuples s'était formée, et que leur armée marchait sur Sakora. Les princes et les guerriers pressèrent cette fois Manga si vivement qu'il promit de céder à leurs vœux. Il demanda néanmoins un délai avant d'abandonner à jamais le pays.

Le souvenir de ses ancêtres troublait son cœur : il lui semblait entendre leur malédiction; il les voyait sans cesse lui reprocher sa lâcheté. Déjà il songeait à retirer sa parole et, dût-il succomber dans la lutte, à défendre les os vénérés de ses aïeux, quand un vieillard à longue barbe blanche lui apparut :

« Cesse de craindre, dit le vieillard; fais taire des remords exagérés et des terreurs puériles. Sous le nouveau ciel où le destin t'appelle, tu trouveras une autre étoile plus brillante que celle que tu laisses ici. Tu ne quittes Sakora que pour un pays plus beau et plus riche; tu y seras plus grand et plus puissant. Le dernier jour de la lune, tu partiras de Sakora et tu marcheras au couchant. »

Au jour marqué par le mystérieux vieillard, Manga se rendit au tombeau de ses pères et pria longtemps avec recueillement. Ce pieux devoir rempli, il donna le signal du départ.

Les troupeaux, les enfants, les femmes et les vieillards ouvraient la marche sous la conduite d'une troupe de guerriers. Le corps principal, composé de quinze cents hommes dans la force de l'âge, l'élite de la nation, suivait, commandé par Manga. Venaient ensuite les guerriers, robustes encore, mais déjà blanchis par l'âge, qui protégeaient les derrières de la colonne.

Après avoir marché au couchant pendant une lune et cinq jours, il découvrit, au lever du soleil, une ville au pied d'une montagne. Cette montagne, remarquable par la régularité de sa forme, se nommait *Tapa*; la ville se nommait Kouniakary, et était occupée par des *Bidanessis*.

Les Bidanessis, tribu fugitive de l'ancien royaume de Melli ou de Mali (prétend mon informateur), étaient alors les souverains de la contrée où l'on voit aujourd'hui le Kaarta occidental et le Kasson de la rive droite. Ils élevaient des troupeaux et cultivaient la terre.

Manga examina la ville et reconnut qu'elle pouvait à peine lui opposer six cents guerriers. Cette reconnaissance faite, il choisit dix cavaliers et leur donna l'ordre d'y entrer afin de demander pour lui et son armée l'autorisation d'y demeurer trois jours; durant cette station, il s'engageait à pourvoir lui-même à la subsistance de ses hommes.

Pendant que ses cavaliers galopaient vers la ville, Manga s'endormi sous un arbre : ses paupières étaient à peine closes que le vieillard à longue barbe blanche lui apparut pour la seconde fois :

« Je suis content de ta soumission, lui dit-il; la ville qui est devant toi va t'ouvrir ses portes et t'offrir l'hospitalité. Le roi a une fille, cherche à lui plaire; mais... »

Ici les cavaliers revinrent, et Manga se réveilla. Le vieillard avait disparu, le laissant en proie à une joie mêlée d'inquiétude; que voulait dire cette réticence?...

« Quelle nouvelle? dit Manga aux cavaliers.

— Le chef des Bidanessis te permet d'entrer dans la ville; il a dit que que tu pouvais disposer de son bien. »

Manga, satisfait d'avoir réussi dans sa démarche, ne songea plus qu'à préparer une entrée magnifique. Il aurait pu s'emparer de vive force de la ville; mais il trouvait ce procédé indigne d'un guerrier. Si les forces qu'on eût pu lui opposer eussent égalé les siennes, il aurait sans aucun doute pensé et agi autrement.

Le lendemain, Manga, précédé de deux balafos, de trois harpes, de vingt guitares, de trente flûtes et de cent tambours, entra à Kouniakary. Il montait son cheval de bataille richement *habillé* (caparaçonné), un cheval arabe de race pure, enlevé par lui à un chef qu'il avait vaincu. Ses guerriers avaient couvert d'un morceau de pagne le fer de leur lance et marchaient en le tenant abaissé vers la terre, symbole des intentions pacifiques de leur chef. Arrivé en présence du roi de Kouniakary, Manga mit pied à terre, et, après les civilités d'usage, s'assit près de lui sur un *tiougou* (1) bordé d'or, à l'ombre d'un *taba* (arbre des réunions) qui avait plus de cent coudées.

La conversation s'engagea avec la plus grande cordialité entre les deux rois. Des captives, parées d'or et d'ambre, au teint noir et luisant comme une calebasse d'ébène, vinrent apporter du lait pur et des gâ-

(1) C'est un tapis fait avec des peaux d'agneaux noirs nouvellement nés; elles sont cousues ensemble avec beaucoup d'art, de manière à ce que la couture ne paraisse pas.

teaux de maïs au miel. Durant cet entretien, les guerriers et les captifs se tenaient respectueusement debout.

Sur un signe du roi étranger, deux cents captives vêtues de blanc conduisirent Manga et les principaux chefs de son peuple aux cases qui leur étaient destinées; ces cases étaient garnies de fines nattes de paille de riz; dans chacune d'elles se trouvaient une grande callebasse destinée aux ablutions, un savon fait avec des pistaches et de la cendre de caïlcédra, et une boule de beurre frais pour donner aux membres la souplesse et l'éclat.

Quand Manga eut réparé le désordre de son corps, il fut conduit dans une autre case longue et carrée, tout ornée de dessins coloriés au dehors. La porte, travail d'un *laobé* (1) de passage (qui avait reçu dix captifs en paiement), était découpée avec tant d'art que les voyageurs se détournaient de vingt lieues pour venir la contempler.

Cette case contenait plusieurs pièces : dans la première on foulait des tapis de laine semblables à ceux que les Juifs vendent à Toumbouctou; à des clous d'or plantés dans la muraille étaient appendus des étoffes blanches comme le lait, des boubous de *lomass* (2), des sandales et tout ce qui peut être utile pour la toilette d'un homme. Dans la seconde, les murailles étaient tapissées de riches étoffes de soie; dans un coin luisait un tara d'or recouvert de peaux de tigres dont les griffes étaient d'or; dans un autre, sur un riche coffret ouvrage des blancs, était posé un vase d'argent d'où s'échappait la fumée odorante d'un parfum acheté à un voyageur qui venait du pays des Arabes; des armes de prix pendaient aux murailles.

En pénétrant dans la troisième pièce, Manga recula de surprise et d'admiration : elle était remplie d'or. A droite était couché un chevreau entièrement blanc; à gauche se tenait debout une jeune fille couverte de blanche mousseline brodée. Sa taille ressemblait à un jeune palmier penché par la brise du soir; ses cheveux, disposés en milliers de tresses luisantes terminées par un petit bout de ruban blanc, tombaient en gerbes sur son cou et le long de ses joues; son teint avait la couleur du cuivre qui sort du creuset du fondeur; la gazelle eût envié ses yeux;

---

(1) On nomme ainsi en Sénégambie des ouvriers nomades qui travaillent le bois sur place, à peu près comme font les sabotiers dans certaines parties de la Bretagne. Plus loin on trouvera des détails sur cette caste.

(2) Vêtement de coton brodé, au dos et à la poitrine, en soie de couleurs vives.

ses lèvres étaient plus fraîches que le fruit du *douki* (1), dont sa peau avait le brillant ; ses dents étaient plus blanches que l'ivoire enlevé à un éléphant vivant.

« O toi ! — s'écria Manga en se courbant et portant alternativement sa main droite à son front et à son cœur—es-tu un fantôme, fruit d'un rêve, ou une simple fille d'Aoua (Eve) ? Es-tu la gardienne de ces trésors, faite de chair comme moi, ou quelque vapeur que mon souffle va faire évanouir ; ou plutôt n'es-tu pas quelque génie trompeur placé là comme un piége pour prendre mon cœur et t'en jouer ensuite sans pitié ?

» —Je ne suis ni génie, ni fantôme, ô proscrit ! Mon père fut homme comme toi. Je suis Fathmé, la fille du roi de cette ville ; il m'a dit de venir ici, afin de te montrer sa confiance et son estime. Cet or représente son trésor matériel ; moi, le trésor de son amour. Tous les deux sont sous ta garde. »

En entendant la jeune fille, Manga se souvint tout à coup du discours interrompu du vieillard. Il examina Fathmé et remarqua avec une douloureuse inquiétude que sa physionomie exprimait une teinte profonde de mélancolie, que sa bouche ne souriait plus, et que son front portait prématurément les traces d'une triste préoccupation.

Manga était alors âgé de quatre-vingt-seize ans ; mais sa beauté virile, conservée au delà de l'âge ordinaire, avait gardé tout l'éclat qu'elle avait à trente ans : pas de rides à son front ; pas un poil blanc à sa tête ornée d'une épaisse chevelure. Un certain embonpoint qui ne nuisait ni à la grâce ni à l'aisance de sa démarche, était le seul signe imprimé par les ans à sa personne empreinte de majesté. Il avait été marié trente fois ; mais, par une fatalité inexplicable, ses femmes n'avaient jamais enfanté que des lézards et des oiseaux d'espèces étranges.

« Fille des rois, reprit Manga, ton père n'aura pas mis en vain ses trésors sous ma garde ; mais dis-moi, belle fleur du vallon, pourquoi as-tu cet aspect sinistre qui fait fuir le bonheur ? Pourquoi ta bouche a-t-elle cessé de sourire ?

» — Ne m'interroge pas ; ne m'interroge jamais ! dit Fathmé avec épouvante. » Et elle s'enfuit suivie de son chevreau blanc qui se mit à bêler d'une manière si plaintive que Manga en fut effrayé.

Pour fêter l'arrivée de son hôte, le roi de Kouniakary avait fait tuer

---

(1) Le fromager, dont les fleurs ont une couleur incarnat ; ses pétales charnus ont l'aspect du velours.

quatre cents bœufs et sept cents moutons. Les trois jours accordés à Manga se passèrent en danses et en festins. Ce temps parut trop court au fugitif. Chaque jour il voyait la jeune Fathmé, qui s'était établie sur les tapis de la première pièce de sa case; chaque jour il la contemplait et s'entretenait avec elle; mais il n'osait renouveler la question qu'il lui avait déjà faite. Il redoublait de soins et d'attentions délicates, épuisait avec sa charmante compagne toute la science qu'il avait apprise des griots de son pays; Fathmé restait toujours sérieuse, et sa bouche se refusait au sourire.

L'amour était entré dans le cœur de Manga; il ne pouvait plus s'éloigner.

Vers la fin du troisième jour, il alla trouver son hôte :

« C'est demain que je vais te quitter, lui dit-il.

» — Pourquoi demain? Qui te renvoie d'ici?

» — Mais n'as-tu pas fixé ainsi le terme de ma présence dans ta ville?

» — Tu te trompes; c'est toi-même qui as fixé ce terme.

» — Je puis donc rester?

» — Oui, si cela te plaît. »

Manga saisit la main de son hôte et la pressa sur son cœur; puis il courut, en proie à une joie qui tenait de l'ivresse, annoncer à Fathmé cette heureuse nouvelle.

Il trouva la jeune fille nonchalamment étendue sur les tapis, jouant avec son chevreau qui se mit à bêler tristement quand il eut reconnu Manga.

« Fathmé! Fathmé, je reste! je ne pars plus! je reste pour t'aimer, pour te rendre heureuse! »

La jeune fille se leva brusquement; un rayon de bonheur avait éclairé un instant son visage; mais aussitôt un torrent de larmes s'échappa de ses yeux, et elle retomba à demi évanouie.

« Éloigne-toi! fuis-moi! cria Fathmé en se relevant. Tu ne sais pas ma destinée. Abandonne à jamais une fille vouée au malheur.

» — O trésor de mon âme! un fatal secret pèse sur ton cœur; dis-le à celui qui vient te consacrer sa vie. Le malheur te brisera, si tu restes seule sur cette terre; si tu unis ton sort au mien, j'en prendrai ma part, et nous le conjurerons ensemble.

» — Eh bien, soit; tu connaîtras le sort qui m'est réservé. Aussi bien tu le sauras un jour. Assieds-toi donc, et écoute :

» Le surlendemain de ma naissance, ma mère était allée laver ses pagnes au marigot; une lionne la dévora. J'étais, selon l'usage, sur le dos de ma mère; la lionne, après l'avoir mangée, m'emporta pour me donner à ses petits. Mon père et des hommes du village accourus aux cris de ma mère, poursuivirent la lionne, et je fus sauvée. Mon enfance se ressentit de cet accident, et j'en ai éprouvé de nouveaux : j'ai fait des chutes affreuses; j'ai été piquée par le serpent dont la morsure fait mourir; j'ai été prise par un caïman et emportée au fond des eaux.

» Un jour, j'avais onze ans, j'étais allée me baigner avec une compagne; mes habits étaient restés dans le creux d'un rocher. Quand je vins pour les reprendre, je vis un grand vieillard qui avait une longue barbe blanche :

« — Fathmé, me dit-il, tu as éprouvé déjà bien des peines; mais » tout n'est pas encore fini. Je veille sur toi, et je te protégerai tant que » je vivrai; mais je suis moi-même poursuivi par des ennemis. Tu te ma- » rieras; mais tu ne donneras le jour qu'à des serpents venimeux et » à des crocodiles..... »

» — N'est-ce que cela? » interrompit brusquement Manga, qui avait eu le temps de s'accoutumer à une postérité pareille.

La jeune fille fit un signe négatif et continua :

« — Peut-être cependant pourras-tu enfanter aussi un homme; mais » alors tu seras encore plus à plaindre; car tu auras un sort pareil à » celui de ta mère, et l'enfant qui sera né de toi sera la honte et le » déshonneur de sa race. »

Fathmé avait cessé de parler depuis longtemps, que Manga était encore plongé dans les profondes réflexions que ce récit avait fait naître en lui. Évidemment, le vieillard apparu à Fathmé était le même que celui qu'il avait vu. S'il ne s'était agi que de contribuer à doter la terre de reptiles nouveaux, Manga aurait passé outre; mais la terrible union prédite à Fathmé, qu'il aimait tant déjà, le remplissait d'effroi; il était aussi très-tourmenté à la pensée de ce fils réprouvé qui devait déshonorer sa race. Tout à coup le *mais* du vieillard lui revint à l'esprit.

« Fathmé, s'écria-t-il, cesse de trembler comme la feuille agitée par l'ouragan; car nos destinées sont unies l'une à l'autre. Je connais le vieillard mystérieux dont la protection t'a sauvée jusqu'ici. Il me protége aussi. Il y a trois jours, ici même, il me conseillait de chercher à te plaire. Sans doute il reviendra et nous dira le moyen d'échapper au malheur qu'il t'a prédit. »

Vaincue par ces paroles, Fathmé céda aux prières de Manga et lui permit de la demander à son père.

Quinze jours après, un mouvement tumultueux dans la ville de

Kouniakary annonça qu'un grand événement allait s'accomplir. C'était le mariage de la belle Fathmé avec le roi fugitif de Sakora, et sa reconnaissance par les Bidanessis comme roi de Kouniakary. Touché de la demande qu'il avait reçue de l'illustre proscrit, dont il avait pu apprécier les vertus, le père de Fathmé avait joint à la main de sa fille une couronne qu'il sentait trop lourde pour son front débile.

A l'issue de la cérémonie, les deux époux se rendirent à l'endroit où le vieillard était apparu à Manga; ils l'appelèrent et l'attendirent en vain. Le lendemain, ils y retournèrent encore. Chaque jour ils allaient chercher sous l'ombre de l'arbre un repos qu'ils espéraient voir troubler par l'apparition si désirée; mais le vieillard ne parut pas.

Cependant Fathmé allait être mère. Encore quelques jours et sa destinée allait s'accomplir. Le terrible pronostic n'était un secret pour personne. L'anxiété la plus profonde se peignait sur les visages; Manga surtout sentait, tant sa terreur était grande, la vie prête à lui échapper.

L'heure fatale arriva. Aux premiers cris de douleur de sa femme, Manga, par une longue prière, appela encore le vieillard; il resta sourd à son appel. En ce moment suprême, l'infortuné Manga souhaitait pour postérité les reptiles les plus affeux; mais, hélas! ce fut un bel enfant, un garçon vigoureux que Fathmé mit au monde. Il le nomma Tambo.

Le lendemain, on trouva Fathmé morte; elle avait été étouffée par un serpent énorme. Tambo jouait avec lui, le caressait et lui souriait.

Durant plus de deux ans, Manga ne sortit pas de sa case. Il s'y faisait apporter son fils, et s'efforçait, par sa tendresse, de détourner l'accomplissement du fatal arrêt; mais Tambo avait des instincts cruels que rien ne pouvait combattre. Il recherchait les jeunes animaux pour les faire souffrir, maltraitait ses nourrices et mordait son père quand il pouvait s'en approcher.

Manga finit par se résigner à son malheur. Il reprit le gouvernement du pays et s'occupa de lui donner de bonnes institutions; une de ses premières mesures fut de préparer la fusion des Simpéras et des Bidanessis.

A l'âge de cent trente ans, Manga, aussi robuste et aussi vert que quand il était arrivé à Kouniakary, continuait à mener les affaires d'une main ferme. Par une sage administration et d'heureuses expéditions, il avait augmenté la prospérité de ses États et accru considérablement son territoire. Il eût été heureux, autant que le lui eût permis le regret toujours présent de la perte qu'il avait faite, si son fils Tambo ne lui avait causé les chagrins les plus amers. ,

Il ne démentit pas la funeste prédiction que le vieillard avait faite à sa mère. Chaque année voyait augmenter le nombre de ses crimes. Dévoré d'ambition, il convoitait le pouvoir et cherchait à s'en emparer par les moyens les plus indignes. La pensée de tuer son père lui était venue plus d'une fois; mais celui-ci, éclairé sur l'horrible caractère de son fils, ne négligeait, pour préserver sa vie, aucune des précautions que lui dictait la prudence.

Tambo ne trouva pas de complices dans la ville pour assassiner son père; mais, à la honte éternelle de ce peuple ingrat, il y trouva des complices pour l'arracher d'un trône qu'il avait créé et illustré. Tambo, aidé de quelques centaines de misérables, leva contre son père l'étendard de la révolte; il fut vainqueur.

Le malheureux Manga, protégé par un groupe de serviteurs dévoués, parvint à s'échapper, et, le cœur gonflé par la torture, il alla chercher un refuge sur la montagne de Gadapéra.

La chronique rapporte qu'un jour on entendit un grand bruit dans l'air; on regarda et l'on crut distinguer de grands oiseaux et deux hommes, dont l'un paraissait avoir une barbe blanche, qui s'enfuyaien' à l'opposite de la montagne.

Le peuple ne tarda pas à se repentir de sa lâche conduite. En peu de temps, Tambo devint un objet d'horreur et de dégoût pour toute la ville. Inquiet à bon droit de cette irritation, il eut recours, pour l'apaiser, aux trésors de son père lentement amassés par une administration prévoyante. Mais le trésor fut bientôt vide, et les clameurs duraient toujours. A la prospérité qui s'était maintenue croissante sous Manga, succéda la pauvreté et le malaise.

Tambo chercha alors dans le meurtre et dans le pillage les ressources qu'il avait follement dissipées, et une occupation qui pût éloigner de son peuple l'agitation dont il redoutait les suites.

Les États d'alentour se virent bientôt dépouillés par lui de leurs habitants, de leurs troupeaux et de leurs récoltes. Un jour, Tambo s'empara du village de Sisella, dans le Bambouk; il y fit des captifs nombreux et l'incendia. Un autre jour il poussa jusqu'à Bakel, qui subit le même sort. Chaque course lui rapportait un riche butin; mais accoutumé à des prodigalités et à des orgies, Tambo se trouvait vite dans l'obligation d'en entreprendre de nouvelles. Les cultures étaient abandonnées; les troupeaux négligés ne comptaient plus que quelques têtes de bétail; le peuple laborieux et honnête de Manga était devenu un peuple de voleurs et d'assassins.

Vers cette époque parut à Kouniakary une troupe nombreuse de Foulahs venus, les uns disent des environs de Tombouktou, les autres, des pays connus sous le nom de Foulahdou et de Konkoudou. Ils réclamaient asile et protection, sous la condition de soigner les troupeaux et de cultiver les terres; ils étaient pauvres, n'avaient point d'armes et n'accusaient que des prétentions modestes, car ils demandaient l'esclavage. Le fils de Manga les accueillit.

Débarrassé du souci des affaires domestiques, Tambo se donna tout entier à sa vie de bandit. Son nom était devenu la terreur de la contrée.

Dans une de ses excursions, il aperçut le village de Makana, alors occupé par une tribu portant le nom de Simann, et faisant partie (tout du moins porte à le penser) de la nation des Soninkiés. Il était de règle que les villages qu'il rencontrait subissent le joug de la conquête ou se rachetassent par un tribut.

Pour parvenir à Makana, il fallait traverser un marigot large, profond et rempli d'eau. Après quelques hésitations, Tambo se décida à le faire passer à son armée, et envoya à cet effet plusieurs hommes pour tâcher d'y découvrir un gué; mais ceux-ci ayant annoncé qu'il n'en existait pas, il prit le parti de le lui faire traverser à la nage. Ses hommes étaient déjà au milieu des eaux, et il les suivait d'un œil inquiet, quand il découvrit sur la rive opposée, et à demi masquée par les herbes, la population du village dans une attitude suppliante. Il ne pouvait comprendre comment, en un pareil moment, les habitants de Makana ne cherchaient pas à profiter de leur position pour attaquer des hommes plongés dans l'eau; mais son étonnement n'eut plus de bornes lorsque ses hommes abordèrent la rive. Il vit alors les habitants du village se jeter la face contre terre et crier avec des lamentations : « Bakiri! ô Bakiri! »

Tambo traversa le marigot dans une pirogue. Il fut reçu sur le rivage par une députation de vieillards et de marabouts qui déposèrent à ses pieds un turban et un sabre, signes du pouvoir souverain, et le supplièrent d'épargner la population.

Il rassura les députés, et accepta la souveraineté qu'ils lui offraient. Il les questionna ensuite sur leur singulière conduite.

« Ce marigot — dirent les vieillards — a toujours été un rempart pour nous. Chaque année, au moment où ses eaux se répandent sur nos terres et préparent leur fécondité, nous allons lui offrir un sacrifice et lui demander que ses ondes ne conduisent pas à notre village des hommes disposés à en troubler la paix. Plusieurs fois, au dire de nos pères, et nous-mêmes avons vu pareille chose, ses eaux gonflées, agitées et rendues impétueuses comme le torrent qui descend la montagne, ont englouti pour toujours ceux qui ont tenté de le franchir. Aujourd'hui nos prières ont été vaines ; ses eaux sont demeurées calmes, et loin de l'empêcher, elles ont favorisé le débarquement de tes guerriers. Alors le désespoir nous a saisis, et quand ils ont mis pied à terre sur cette rive jusqu'alors préservée de l'invasion d'un ennemi, nous avons poussé un cri de douleur et de reproche : ce cri était le nom de notre marigot qui nous retirait sa protection. »

Tambo prit possession de Makana et y laissa une forte garnison choisie dans les meilleurs hommes de son armée. Il leur donna le nom des *Bakiris*, en souvenir de sa conquête.

Telle serait, d'après ce récit, l'origine des Bakiris et l'histoire de leur établissement dans le Kadjaga. C'est là, au surplus, la seule chronique qui se soit conservée dans la mémoire de leurs troubadours. Il y a donc quelque probabilité pour qu'elle ne soit pas trop loin de la vérité (1). On doit faire toutefois la remarque que le marigot dont il s'agit est à peine visible aujourd'hui, et qu'il n'a d'eau que dans la saison des pluies. Or, jamais les nègres ne choisissent cette saison pour leurs expéditions, parce qu'alors les communications sont presque partout interceptées.

Après cette facile conquête, Tambo revint à Kouniakary. Il en repartit bientôt après, encouragé par le succès qui couronnait toujours ses entreprises. Grâce à l'assistance des Foulahs, ses terres étaient redevenues productives et ses troupeaux s'étaient multipliés. Le pays avait aussi retrouvé du calme ; ses habitants reprenaient goût à leurs labeurs d'autrefois et commençaient à se désenchanter de la vie d'aventures, de fatigues et de privations qu'ils partageaient avec leur chef. D'un autre côté, les Foulahs avaient augmenté en nombre par suite de nouvelles émigrations de leurs compatriotes venus des environs de Tom-

---

(1) Makana est un nom de village qu'on trouve assez fréquemment. Kané veut dire ville, village, et le mot *ma* est peut-être un préfixe ayant une valeur phonique dans la langue soninkiése. Il pourrait donc se faire que le marigot merveilleux fût le Sénégal, les nègres n'y regardent pas de si près, et le village, Tambokané. Tambokané se prêterait mieux que Makana à servir de théâtre aux exploits de Tambo, qui, selon toute probabilité et conformément à l'usage, a dû donner son nom à sa conquête.

bouktou. (On m'affirme que c'est bien de ce point de l'Afrique que venaient ces nouveaux émigrés.)

Exclusivement occupés des travaux de la terre et des soins du bétail, les Foulahs n'inspiraient aucune défiance aux Simpéras; leur nombre cependant devenait chaque jour plus considérable, et leur influence dans le pays, en raison des alliances qu'ils y avaient formées, prenait beaucoup d'importance.

Vers cette époque, une nouvelle alliance, contractée entre un Foulh du nom de Ilo et la propre fille de Tambo, ouvrit tout à fait aux pasteurs l'entrée du conseil suprême.

Dévoué d'âme et de corps aux intérêts de sa race, Ilo était doué d'une rare énergie et d'une profonde dissimulation; il caressait depuis longtemps le projet d'exclure les Simpéras du pouvoir et d'en faire jouir ses compatriotes.

Il avait tiré parti des fréquentes expéditions de son beau-père pour se créer des partisans. Un jour donc, profitant du départ de celui-ci, s'empara du tata royal, délivra une grande troupe d'esclaves, fruit des razzias de Tambo, massacra les plus chauds défenseurs de ce chef, et chargea de chaînes tous ceux qui ne voulurent pas reconnaître son autorité.

Le vingt-troisième jour qui suivit cet événement, Tambo parut devant Kouniakary, conduisant un butin considérable et de nombreux esclaves. Les guitares, les flûtes et les tambours ne firent pas, comme de coutume, retentir l'air de leur bruit joyeux; mais, à sa grande surprise, le son grave du *tamata* appela les guerriers aux remparts.

Tambo, étonné, avance toujours; une grêle de flèches l'assaille et couvre autour de lui la terre de morts et de blessés. Il veut tenter l'assaut, ses guerriers trouvent partout la mort. Le désespoir dans l'âme, Tambo est forcé de battre en retraite et de gagner ses nouveaux États de la rive gauche. Il alla d'abord à Makana, puis, descendant le long du fleuve, s'établit successivement dans les villages de la rive gauche, jusqu'à Tuabo. Il prit et adopta pour ses hommes le nom de Bakiris, que portaient déjà ceux de ses compagnons qu'il avait établis dans cette contrée.

Après la retraite de Tambo, Ilo délivra les Simpéras qui n'avaient pas voulu se soumettre; ces derniers rejoignirent leur chef et concoururent aussi à former la population du Kadjaga.

Il n'est pas question, dans la légende, du peuple qui occupait cette province avant la venue de Tambo, et, à l'exception des Simann, qui étaient Soninkiés, je ne puis obtenir aucune donnée précise sur ses premiers habitants.

« Voilà tout ce que nos pères nous ont appris, » me dirent, d'un air piqué, mes informateurs, visiblement fâchés de ne pas me trouver satisfait d'une si longue histoire.

Cherchons maintenant à découvrir ce qu'étaient les Simpéras et d'où ils venaient. En tenant pour vrais les faits principaux de la légende qu'on vient de lire, les Simpéras marchèrent trente-trois jours à l'ouest avant de rencontrer Kouniakary. Or, Kouniakary se trouvant, d'après mes observations, par 12° 56′ de longitude ouest; et la marche moyenne des caravanes nègres étant de 5 heures 1/2 par jour et de 5 kilomètres à l'heure, on aurait, d'est en ouest, pour distance parcourue, 907 kilomètres ou 227 lieues. Il résulterait conséquemment de ce calcul que le pays d'où venaient les Simpéras était situé au delà du Ghioliba, dans la grande vallée de ce fleuve.

Il y a eu discussion entre mes conteurs sur la question de savoir si les Simpéras étaient Malinkiés ou Soninkiés. Ils ne se sont pas entendus touchant la nationalité proprement dite; mais tous ont été d'accord sur la langue qu'ils parlaient. D'après eux, c'était le soninkié.

Je me bornerai ici à ce renseignement, et j'établirai provisoirement que les Soninkiés ont occupé, *in illo tempore*, car la chronologie est absolument écartée dans les légendes nègres, la grande vallée du Ghioliba, et qu'ils ont eu des émigrations vers l'ouest.

Revenons au Kasson. Ilo garda quelque temps le pouvoir; puis, pour satisfaire aux exigences de la partie restante des Simpéras, il abdiqua en faveur de son fils Ségadoua, né de son mariage avec la fille de Tambo. Ségadoua signala son règne par des razzias nombreuses et des conquêtes qui agrandirent ses États. Sous lui, le Kasson eut des jours de splendeur; mais à sa mort des dissensions s'élevèrent parmi les chefs des différents villages, et il en résulta un morcellement qui fit du royaume de Kasson une espèce de république. C'est dans cette condition que les Bambaras trouvèrent le pays quand ils vinrent s'établir au Kaarta. Nous avons vu que ces discordes civiles règnent encore aujourd'hui. Depuis longtemps Kouniakary est aux mains des Bambaras, et le Kasson d'à présent ne comprend guère que les conquêtes de Ségadoua, placées sur la rive droite, entre les deux cataractes.

Personne n'a pu me dire d'où venait le nom de Kasson. Personne non plus n'a pu me fournir d'éclaircissements suffisants pour expliquer la filiation existante entre les Foulhs mahométans et les Foulhs nomades.

CHAPITRE XVI.

Je restai trois jours à Koulou pour donner du repos et des soins à un de mes hommes atteint d'une dyssenterie grave.

En partant de ce village, on passe non loin d'un chaînon des montagnes de Félou. Deux heures après, on tourne la chaîne principale, qui a une direction sud-sud-ouest—nord-nord-est; puis, quelques minutes plus tard, on traverse Loupourou, petit village remarquable par la jolie verdure qui l'environne.

On s'engage ensuite dans un très-mauvais chemin pratiqué sur le flanc même de la montagne. La pente de ce versant est si rapide, que je frémis à la pensée de la terrible chute que feraient mes baudets s'ils trébuchaient avec leurs charges sur ce sentier pierreux:

O voyageurs qui me suivrez, ne faites pas comme moi! Prenez de l'argent, de l'ambre, des objets précieux, et laissez les guinées, les indiennes et les pierres à fusil à leurs débitants naturels! Ma boutique ambulante me donne chaque nuit d'affreux cauchemars; elle retarde ma course, et empoisonne de crainte les moments que j'emploierais si volontiers à contempler la beauté du pays!

Après trois heures de marche sur ce revers abrupt, on longe le marigot de Yakaramini. J'y fis une courte halte pour boire et faire boire les ânes. Ses eaux étaient bourbeuses, mais il faisait si chaud, que, malgré leur aspect désagréable, j'en bus avec avidité une callebasse remplie jusqu'aux bords.

On abandonne bientôt la montagne pour la plaine, et on marche pendant deux heures dans un bois assez gai. On trouve à l'entrée de la plaine une contrée basaltique d'une grande étendue. Ces basaltes alternent avec des grès rouges et des agglomérats porphyroïdes.

On traverse encore un marigot bourbeux, étroit et encaissé, le marigot de Falaou; et on arrive, après une marche totale de six heures, au village de Kanamakounou. C'était là que nous devions passer la nuit.

Barka y fit une entrée en bon ordre, au bruit de sa musique et de celle du village, et précédé de ses griots qui chantaient ses louanges et les miennes. Insensible à ces honneurs, je suivais d'un œil inquiet mes bagages, plus préoccupé de les soustraire aux investigations des habitants que de figurer dans ce cortége ridicule.

Comme de coutume, mon arrivée fit grand bruit au village. Le chef, personnage d'une corpulence peu commune, vint en sautillant me faire sa visite; il paraissait ivre et chantait avec les bouffons de sa suite une chanson qui, à en juger par les rires qu'elle excitait, ne devait pas être très-édifiante.

Cet homme était le frère de Sodiaba, femme de Duranton, mon compatriote et mon collègue en courses aventureuses. J'avais rencontré Sodiaba, en 1843, dans un village de la Falémé, et je fus si touché des prévenances qu'elle eut pour mes camarades et pour moi, que je la signalai à la bienveillance du gouverneur du Sénégal. Grâce à ma faible recommandation, Sodiaba avait obtenu de faire élever ses fils gratuitement dans un des établissements d'instruction de Saint-Louis.

Sambala était loin de m'inspirer autant de sympathie que sa sœur. Je n'eus pas néanmoins à me plaindre de son accueil; je veux même penser que j'aurais eu à m'en louer s'il se fût trouvé plus à jeun au moment de mon arrivée.

Quand il fallut partir le lendemain, je trouvai mon dyssentérique Mody, le même qui s'était blessé pendant la route de Kaour, dans l'impossibilité de me suivre. Je restai pour lui un jour de plus à Kanamakounou, et j'employai cette station à chasser. Le gibier est très-abondant dans l'intérieur de l'Afrique, et quelqu'un qui n'aurait que cela à faire pourrait se créer, non-seulement une agréable récréation, mais encore un revenu très-convenable. Depuis le lion, le tigre et l'éléphant jusqu'au lièvre et à l'écureuil, depuis l'autruche jusqu'au colibri, il y a de quoi exercer l'adresse et occuper les loisirs d'un amateur.

J'ai entendu raconter au Sénégal bien des aventures de chasse, aventures toujours très-émouvantes, et que le conteur, qui en était nécessairement le héros, savait orner d'une foule de détails palpitants d'intérêt. Pour moi, j'en rougis presque, je n'ai pas une pauvre petite histoire à raconter. Si pourtant, en cherchant bien j'en trouve une; mais elle est loin de valoir la plus décolorée de toutes celles dont j'ai été régalé par mes confrères en saint Hubert, à mes premières soirées de Saint-Louis, alors que j'avais encore les mains blanches et le teint clair d'un nouveau débarqué.

Je dirai d'abord que je n'ai jamais vu un lion en face; mais je m'empresserai d'ajouter que c'est la faute des lions; car je n'ai rien fait pour n'en pas rencontrer. Ceci posé, je commence mon récit:

C'était un soir, à l'escale des Darmankours; j'avais poursuivi des perdrix et des cailles de Barbarie fort loin dans le désert, et je rentrais avec quelques-uns de ces oiseaux. La nuit était venue que j'étais encore à plus de 4 kilomètres de mon poste; j'étais seul, mais le clair de lune était si beau que je ne me pressais pas. Tout à coup, j'avais encore au moins 3 kilomètres à parcourir, je vis, à me toucher, deux ombres colossales; je m'arrêtai, un peu troublé de cette découverte; les ombres s'arrêtèrent; je glissai deux balles dans mon fusil et je cherchai à reconnaître à quel ennemi j'avais affaire; je ne pus rien distinguer qu'une masse confuse et immobile; mais je vis très-bien quatre points lumineux qui scintillaient, à peu près comme des vers luisants.

Je trouvai la position très-délicate. Tirer dans la direction de ces lumières était une grande imprudence; car je ne pouvais évidemment abattre qu'une des deux bêtes; or, sans aucun doute, l'autre serait venue me demander compte de ma conduite envers sa compagne, et je n'avais pas assez de confiance en mon adresse pour être indifférent à cette explication. Après quelque hésitation, je repris ma marche; les deux ombres se mirent au même instant en mouvement. Je m'arrêtai de nouveau, elles s'arrêtèrent aussi; je courus, les ombres coururent. Jamais le temps ne me parut si long.

J'arrivai enfin, ayant toujours l'œil sur ces ombres obstinées à me suivre, à portée de voix d'une case qui servait de cuisine à 'mes nègres. Je criai et ils vinrent à moi ; ils prirent leurs fusils et firent une battue ; mais ils ne virent rien, les ombres avaient disparu.

Ma chasse à Kanamakounou se passa de la façon la plus vulgaire ; je rentrai, après avoir vu un fort joli pays, portant deux pintades qui devaient le lendemain faire bouillir ma marmite.

Le gros Sambala m'attendait avec anxiété et m'apostropha, du plus loin qu'il me vit, pour me reprocher mon imprudence. D'après ce qu'il m'apprit, les chemins étaient infestés de Maures. L'avant-veille, deux de ses hommes avaient été tués, deux *Brutus* préférant la mort à l'esclavage ; trois autres, plus placides, s'étaient laissé prendre.

Le lien d'amitié qui m'unissait à la sœur ne m'empêcha pas d'avoir des désagréments avec une des femmes du frère. Elle avait compté sans doute sur cette amitié pour exploiter ma générosité ; mais ses prétentions étaient telles que je ne pus les satisfaire. Je la trouvai sur mon passage au moment où je quittai le village ; elle m'attendait certainement, car dès que je parus elle m'adressa, avec force gestes peu convenables, une foule d'injures où dominait le mot *mousqinn* : c'est un mot arabe qui veut dire pauvre, mais qui, dans le langage des nègres, a une extension beaucoup plus grande. Il signifie quelque chose comme pingre, ladre, etc. Cette gracieuse personne était la sœur de Barka que je m'empressai de complimenter sur l'aimable naturel de cette fille de son père.

A vingt minutes de marche de Kanamakounou, je rencontrai Mody gisant sur le chemin, en proie à d'atroces douleurs, et demandant comme une grâce à être abandonné. Je l'avais fait partir en avant, conduit par deux hommes bien armés, afin de ne pas être retardé dans ma marche. Je fus obligé de le faire placer de force sur mon cheval.

On trouve au nord, à 6 kilomètres environ du village, un marais d'une très-vaste étendue, qu'on nomme le marigot de Dolo. La route surplombe cette plaine liquide habitée par des milliers d'oiseaux et toute couverte d'herbes, de feuilles et de fleurs, de belles et larges fleurs où dominent les naïadées et des hydrocharidées ; on dirait des voiles d'argent voguant sur une mer de vermeille.

A part ce beau panorama qu'éclairent les rayons d'un splendide soleil, la route est d'une monotonie désolante : on n'y voit que pierres noircies, mimosas épineux, végétation flétrie ou dévorée par l'incendie des herbes sauvages, choses tristes et maussades qui doublent la fatigue. De temps à autre se dresse, du milieu de cette nature terne, quelque fromager (1) à fleur de pourpre, dont les branches sans feuillage sont couvertes de cette matière blanche comme la neige et brillante comme la soie, extrêmement abondante dans toute l'Afrique, et qui rappelle le fil de la Vierge de pieux et poétique souvenir.

Pendant cette longue marche sur des chemins détestables, je m'arrêtai souvent pour faire reposer mon malade. Ces haltes me firent arriver de nuit au village de Ségala-ba, le premier du Kaarta.

J'y fis une entrée plus modeste qu'à Kanamakounou et à Diakalinn. Tout le monde était fatigué et ne songeait qu'au repos. L'affluence des curieux, en dépit de l'obscurité, ne manqua pas là plus qu'ailleurs; mais heureusement qu'au Kaarta la police se fait mieux qu'au Kasson: le nerf de bœuf d'un captif me débarrassa en un clin d'œil de cette cohue maudite.

A peine arrivé je reçus la visite du chef. Il se nomme Sakha; c'est le fils de l'ancien roi Modiba, antépénultième prédécesseur du roi actuel. Sakha est d'une taille élevée, mais d'une extrême maigreur; son visage est démesurément long; son œil est bridé et taillé obliquement dans un front bombé, comme l'œil des Chinois. (J'ai retrouvé depuis chez d'autres Kourbaris ce signe caractéristique.) Il a le regard éteint comme celui d'un homme adonné à l'ivresse; sa couleur est celle des Poulhs.

Son costume, non moins remarquable que sa personne, se compose d'un grand *coussab* blanc en pagne du pays et d'un bonnet de même étoffe, fort propres tous deux, chose rare; il porte des bottes en maroquin jaune; de gros anneaux d'or très-délicatement travaillés et bordés d'un liséré de drap écarlate pendent à ses oreilles. C'est, me dit-on, un ornement réservé aux grands personnages. Un chapelet à grains noirs, semblable à celui que portent les Maures, est roulé autour de son poignet. C'est encore un signe de puissance et de commandement, et non, comme je l'avais cru d'abord, un objet destiné à de pieux usages.

Sakha trouva à me dire de fort jolies choses, et j'en aurais été surpris si déjà je n'avais eu occasion de remarquer que les chefs nègres ont dans leurs manières, dans leurs discours surtout, un je ne sais quoi d'aristocratique très-éloigné de ce que les Européens s'attendent à rencontrer en eux.

---

(1) Le fromager est appelé *tiridiomé* en malinkié.

La visite de Sakha fut courte. Dès qu'il fut parti, Barka m'apprit que *l'usage* commandait de rendre cette visite immédiatement.

Chemin faisant, je recueillis un détail intéressant sur les mœurs du pays. Lorsqu'un roi ou un chef important vient à mourir, les portes de son *tata* sont murées, et on en ouvre de nouvelles dans une autre partie de la forteresse. La case où il avait coutume de résider cesse d'être occupée, et l'entrée en est maçonnée de manière à ce que personne ne puisse jamais y pénétrer. Ces précautions se prennent par suite d'une croyance superstitieuse très-accréditée au Kaarta : on croit que le nouveau chef aurait le même sort que son prédécesseur s'il passait par les mêmes portes et habitait la même case.

Le tata de Ségala-ba a récemment subi cette modification. Il n'a d'ailleurs rien de plus monumental que ceux que j'ai déjà décrits; il en est de même des cases qu'il renferme et de leur disposition intérieure. Sakha me répéta, à quelque variante près, ce qu'il m'avait dit l'instant d'avant, et je me retirai très-pressé d'aller me jeter sur une natte pour y dormir jusqu'au lendemain.

La longue marche de la veille ayant beaucoup fatigué mon malade, je me résignai à passer à Ségala une journée tout entière. J'allais me mettre en route pour courir la campagne, quand mon hôte Sakha me dépêcha un de ses captifs pour me prier de passer chez lui.

Un refus ne me paraissait guère possible, et tout en me remémorant Sanimoussa et ses récréations, j'arrivai, faisant piteuse figure, au hangar où se tenait le chef de Ségala. Je le trouvai buvant en compagnie de gens de mauvaise mine, qu'on me dit être ses forgerons, ses cordonniers et ses griots. Ils étaient accroupis autour de plusieurs gros pots, quelques-uns déjà vides, quelques autres encore remplis d'une boisson du pays faite d'eau et de miel (1). Cette boisson, qui a beaucoup d'analogie avec notre hydromel, a la propriété de produire l'ivresse, et je

---

(1) Voici comment on procède à la fabrication de cette boisson : on place dans une grande marmite en terre de l'eau et du miel ; on y introduit ensuite un morceau de vieux filet de pêche, ayant longtemps servi et pris beaucoup de poissons; cela fait, on place sur l'ouverture du vase un lambeau de pagne, en triple ou quadruple pli, qu'on calfeutre tout autour au moyen de gomme, de manière à empêcher l'air de pénétrer dans la préparation. La liqueur est alors mise dans un endroit frais, où elle est laissée un certain temps; quand la fermentation est jugée assez avancée, on la consomme.

On fait la bière de la même manière, en remplaçant le miel par le mil.

Ces boissons se nomment *dolo*.

m'en aperçus aisément en jetant un coup d'œil sur le groupe de personnages auquel Sakha m'invita à me mêler.

J'avoue que rien au monde ne pouvait m'être plus parfaitement désagréable que cette nouvelle récréation. J'en pris néanmoins mon parti et me plaçai entre Sakha et Barka, qui m'avait accompagné. Sakha arracha à un buveur la marmite à laquelle on buvait à la ronde et me la présenta. La malpropreté du breuvage, où l'on voyait surnager des abeilles mortes et des brins de cire, l'incommodité de boire dans un vase de quarante centimètres d'orifice, l'idée que des lèvres suintantes de débauche venaient de s'y appuyer avec avidité, me causèrent un si violent dégoût, que je ne pus avaler qu'une petite gorgée de la liqueur : elle me parut exécrable. Je passai le vase à mon voisin Barka, qui le passa à son voisin, et la marmite fit ainsi le tour du cercle jusqu'à ce qu'elle fût vide; une autre la remplaça, puis une autre. Trois nouvelles marmites, de la contenance de chacune six litres au moins, furent successivement apportées et vidées. Les buveurs, dont l'ivresse devenait méchante, se les arrachaient des mains en poussant des imprécations.

De temps à autre Sakha, perdu d'ivresse, me jetait un regard stupide et me disait d'une voix enrouée : « N'est-ce pas que les Bambaras entendent joyeusement la vie? Nous autres Kourbaris, nous partageons notre temps entre l'amour du *dolo* et l'amour de nos femmes... » Puis, m'offrant une nouvelle rasade et s'apercevant combien était faible la part que je prenais à la joie générale, il m'étreignait le bras et m'adressait, d'un air goguenard, des paroles dans le genre de celles-ci : « Est-ce que les blancs de ton pays ne savent pas vivre en hommes? » Ou bien : « Est-ce que tu veux imiter les marabouts, qui ne boivent que quand ils sont seuls? » Et ces propos, circulant dans la foule, excitaient des rires moqueurs.

J'étais au supplice. Profondément dégoûté de figurer dans cette bande de buveurs, j'avais déjà fait le geste de me lever ; mais Barka, toujours à cheval sur l'étiquette, m'avait exprimé du regard que c'était impossible. Je finis par me résigner et profiter de ma situation pour faire une étude de mœurs.

Tels, en effet, sont les Kourbaris (1), et je n'ai pas attendu longtemps pour les connaître. Ils ne savent d'autres plaisirs que de boire, chanter et aller éteindre leur sale ivresse dans un amour bestial. Leur

---

(1) J'ai déjà plusieurs fois employé ce mot ; il sert à désigner les membres de la tribu souveraine du Kaarta.

société habituelle se compose de cordonniers, de forgerons et de griots, c'est-à-dire de la portion la plus dégradée de la population.

Cette vie continuelle de débauche fait songer, de même qu'au Kasson, aux ressources de ceux qui s'y livrent. En tout pays il faut payer ce qu'on boit et ce qu'on mange ; et, dans leurs éternelles orgies, les Kourbaris consomment beaucoup. La guerre est un moyen, sans doute, mais le butin des nègres est si peu de chose !... Pourtant, ils vivent en grands seigneurs ; leurs femmes, leurs captives, eux-mêmes, sont chargés d'or, couverts de riches étoffes, ornés d'ambre et de corail ; ils ont de beaux chevaux et de belles armes. Leurs revenus, je les connais : ils ne se composent que de ce qu'ils pillent. Comment font-ils donc ?..

La musique d'une petite guitare et le chant monotone de deux jeunes filles étaient l'unique diversion laissée à mon ennui. Aussi mes regards, lassés de ces figures crispées par l'ivresse, allaient-ils fréquemment se reposer sur la figure douce et innocente de ces deux jeunes filles, dont la présence en pareil lieu était une véritable antithèse.

« *Bismi seyttann* (au nom du diable), fit brusquement Sakha en s'apercevant de la direction de mes regards, le blanc n'est pas si bête ! » Et se penchant sur moi, il m'offrit d'épouser ces enfants, dont la plus âgée, sa propre fille, n'avait pas douze ans.

Cette exclamation de Sakha me réhabilita un peu dans l'esprit de la compagnie.

L'orgie durait depuis trois heures. J'en avais décidément assez ; et malgré les regards suppliants de Barka, je me levai pour m'en aller ; mais auparavant il me fallut assister à une danse mimique exécutée par le chef en personne. On imagine sans doute ce que pouvait être cette danse, et c'est assez la qualifier de dire qu'elle excita l'admiration de l'assemblée.

Le soir, j'envoyai à Sakha un présent qu'il daigna recevoir sans colère ; et le lendemain, sur l'avis de Barka, je fus cérémonieusement prendre congé de lui. A ma grande joie, il ne me reçut pas. Ce cérémonial est à noter : visites rendues, visites pour prendre congé, faculté de ne pas recevoir, oserai-je dire, scènes de viveurs ; tout cela est bien civilisé pour des sauvages.

Je suivis, en partant, une direction à l'est-nord-est jusqu'au village de Ségala-ndi (*ba* veut dire grand, et *ndi* petit). La route passe à travers des champs de mil, et un bois garni des éternels mimosas épineux.

Une heure après avoir quitté les domaines de Sakha, le sol s'accidente et laisse voir des gisements assez considérables de *phyllades* gris, à pâte très-serrée, les uns à feuillets minces comme l'ardoise du commerce, les autres à feuillets épais.

En moins de deux heures de marche on arrive aux premières cases du village de Kouniakary, situé sur un plateau et à petite distance d'une montagne qui a la forme d'un gros pâté.

Kouniakary, célèbre par les aventures de Fathmé, de Manga et de Tambo, est encore aujourd'hui un grand village. On y trouve des fortifications crénelées et bastionnées, et des faubourgs d'une certaine importance, signe certain d'une splendeur réelle. Cette ville, il y a cinquante et un ans, était visitée par Mungo-Park; c'était alors la capitale du Kasson et la résidence du roi, qui se nommait Demba-Ségo-Julla, ainsi qu'il nous l'apprend. Le Kaarta et le Kasson entretenaient en ce temps-là des rapports de puissance à puissance.

En feuilletant le livre de mon illustre prédécesseur, je tombe précisément sur un passage qui montre que la cupidité des nègres de 1796 n'était pas moindre qu'aujourd'hui.

« Pendant ce temps-là (je cite Mungo-Park), le bruit se répandit que Salim-Daukari (un *slatée*, autrement dit un *dioula*) m'avait donné une grande quantité d'or. Le 23 janvier 1796 au matin, Samba-Ségo (le fils du roi) vint me voir. Il avait, comme la première fois, une suite de gens à cheval. Il insista pour que je lui disse exactement à quoi se montait l'argent que j'avais reçu, déclarant que, quelle que fût la somme, elle devait être partagée avec le roi, et me faisant entendre qu'il espérait, en outre, recevoir un beau présent pour lui comme fils du roi, et un autre pour ceux qui composaient sa suite et qui étaient ses parents.

» On observera aisément que si j'avais adhéré à toutes ces demandes, je ne serais pas resté chargé d'argent. Il était sans doute très-désagréable pour moi de satisfaire l'injustice, la cupidité et les caprices des despotes ; mais je savais qu'il était aussi extrêmement dangereux de faire une folle résistance et d'irriter le lion, tandis que j'étais sous sa griffe. Je me préparai donc à me soumettre, et si Salim-Daukari n'avait pas interposé sa médiation, Samba ne se serait désisté d'aucune de ses prétentions iniques. Cependant, grâce à Salim, il consentit à ne recevoir que seize *barres* de marchandises (la *barre* était alors une monnaie fictive équivalant à deux schellings sterling), avec un peu de poudre et de balles, à condition même qu'on n'aurait plus rien à me demander dans toute l'étendue du royaume de Kasson (1). »

(1) Mungo-Park, t. I, p. 138.

Demba-Ségo, qui joua ce rôle odieux, s'était présenté à Mungo-Park dans un village du Kadjaga pour lui servir de guide et le conduire à son père. Il était donc, à peu de choses près, ce que Barka était pour moi. On a vu déjà que je n'avais pas eu plus à me louer que Mungo-Park des procédés de mon conducteur.

Mon arrivée à Kouniakary attira, comme de coutume, une foule considérable; mais, me souvenant de Ségala, j'envoyai demander au chef deux solides nerfs-de-bœuf. On dit, au Kaarta, un *nerf de bœuf* pour désigner une sorte de janissaire armé de cet instrument de correction.

Grâce à cette protection, qui me fut immédiatement accordée, je pus m'installer assez commodément dans la cour de la maison mise à ma disposition. Ce n'était point un palais; mais, comparé à mes logements antérieurs, je trouvai celui-ci d'une commodité et d'un luxe excessifs; puis, chose importante, j'y étais chez moi.

Le logement qui me rendait si heureux se composait d'une grande cour très-propre et de plusieurs cases en paille et en terre, mais qui se démolissaient sous l'action du soleil et laissaient tomber, d'une manière fort désagréable pour les occupants, les débris quelquefois assez lourds de leur toiture.

Le chef de Kouniakary me fit, dès mon arrivée, prévenir qu'il ne me recevrait pas; de plus, que si je voulais sortir, il désirait en être informé afin de se cacher pour ne pas me voir. J'avais, durant la route, eu connaissance, par Barka, de cette bizarrerie; mais, quoique prévenu, je n'en fus pas moins très-surpris quand on vint officiellement m'annoncer cette décision.

Barka, que j'accablai de questions à ce sujet, ne parvint pas à satisfaire ma curiosité : « Un prophète, me dit-il, a prédit autrefois aux rois du Kaarta que ceux qui verraient un homme blanc ou qui en seraient vus, mourraient. » Une espèce de loustic indigène, esprit fort, sans doute, et qui ne croyait pas aux prophéties, donna pour raison à cette superstition, « que deux rois ne pouvaient se rencontrer ensemble. »

« Mais je ne suis pas roi, lui dis-je, et le moricaud qui me fait cette défense n'est pas plus roi que moi.

— Si, reprit-il, toi, tu es un roi; car tous les blancs sont des rois pour les nègres. »

J'étais médiocrement satisfait. Mais j'eus beau tourner mes questions, on me répondit toujours par cette phrase sacramentelle : « Il n'y a aucun homme qui puisse t'en dire davantage. »

Ce qui est certain, c'est que cette coutume n'existait pas en 1796, et que Mungo-Park contempla face à face le monarque bambara Daizi-Kourabarri (1), lequel était bien, comme son nom l'indique, de la même tribu que les chefs d'aujourd'hui.

J'ai trouvé, depuis, dans les *Navigations d'Alouys de Ça Damosta* un passage qui fait mention d'un usage du même genre suivi au temps où il voyageait, c'est-à-dire en 1454, par les habitans d'un pays voisin du royaume de Melli, et séparé de ce royaume par une *grande eau.*

» ...Laquelle n'ont su rapporter si elle est douce ou salée, pour savoir si c'est fleuve ou mer. Mais je pense que ce soit fleuve; car, s c'était mer, peut-être en un climat si chaud, on n'aurait que faire de porter du sel, que ces noirs ne sauraient charroyer autrement (porter sur leur tête), parce qu'ils n'ont ni chameaux, ni autres animaux pour le conduire, sinon en cette manière, à cause qu'ils n'y pourraient vivre pour l'insupportable et excessive chaleur. Je vous laisse donc à penser quelle multitude de personnes est requise à porter ce sel, et combien est grand le nombre de ceux qui en usent.

« Or, ainsi qu'il est arrivé sur cette eau, ils font en cette manière tous ceux à qui appartient le sel en font des montagnes; puis tous ceux de la caravane se retirent en arrière, une demi-journée, pour donner lieu à une autre génération de noirs, qui ne se veulent laisser voir ni parler, et viennent avec grandes barques, comme s'ils sortaient d'une île, puis prennent terre; et ayant vu le sel, mettent une quantité d'or à l'encontre de chacune montagne, se retirant et laissant l'or et le sel; puis, étant partis, les autres retournent, prenant l'or, si la quantité est raisonnable; sinon ils le laissent avec le sel, vers lequel retournant les autres noirs de l'or, ils prennent la montagne de sel qu'ils trouvent sans or, et en laissent davantage aux autres montagnes, si bon leur semble, ou bien laissent le sel; et en cette sorte, troquent cette marchandise les uns avec les autres, sans se voir ni parler, par une longue et ancienne coutume, laquelle, combien qu'elle semble fort étrange et difficile à croire, si est ce que je vous assure en avoir été informé, à la vérité, par plusieurs marchands, tant Arabes qu'Azanaghes; voire et de personnes qui étaient tant suffisantes qu'on se pouvait sûrement reposer sur leur parole.

» Je m'enquétai encore des marchands sus-nommés comme il se pou-

---

(1) Le roi Daizé, qui a régné de 1788 à 1800. *Kourabarri* pour Kourbari, nom de la tribu souveraine, que le voyageur anglais prend toujours pour un nom propre. Il en fait autant pour les Bakiris : le roi *Batcheri* du Kadjaga.

vait faire que l'empereur du Melli, si grand et puissant seigneur comme ils le disaient être, ne s'était mis en diligence à trouver tous les moyens pour savoir par force ou par amour quelle manière de gens sont ceux-ci, qui ne veulent pas permettre qu'on les voie ni qu'on leur parle; à quoi ils me firent réponse, qu'il n'y avait pas longtemps qu'un empereur se résolut totalement de faire prendre et venir entre ses mains quelqu'un d'iceux; et ayant pris conseil sur cette matière, et comme il y devait procéder, fut arrêté qu'aucun de ces gens, un jour avant que la caravane dût retourner en arrière cette demi-journée ci-dessus mentionnée, feraient des fosses auprès du lieu où seraient les montagnes de sel, dans lesquelles ils se tiendraient en aguet jusqu'à ce que ces noirs viendraient pour mettre l'or auprès du sel, et lors ils devaient mettre la main sur iceux pour les mener à Melli. Ce qui fut fait et bien exécuté de point à autre, non autrement qu'il avait été de visé; tellement qu'on en retint quatre, et les autres se mirent en fuite gagnant le haut; mais on donna la liberté encore à trois de ces quatre, d'autant que l'un seulement pouvait suffire pour satisfaire au vouloir de l'empereur, et pour aussi ne donner à ces noirs si grande occasion de fâcherie. Néanmoins, on ne sut jamais tirer une seule parole de celui-ci (encore qu'on lui usât de divers langages), ni le faire manger, de sorte que quatre jours passés, il fut contraint de rendre l'esprit.

» Qui fait estimer aux noirs de Melli, par l'expérience que leur en donna celui-ci (ne voulant parler en sorte quelconque), qu'ils doivent être muets. Les autres pensent qu'ayant la forme d'homme, il ne peut être qu'ils ne sachent former l'accent humain; mais que, par dédain que celui-ci conçut, étant irrité (pour avoir vu user d'un autre traite-ment envers ses compagnons que non pas en son endroit), il ne voulut aucunement répondre à ce qu'on lui demandait..... (1). »

J'ai pris tant de plaisir à cette lecture, que je me suis laissé en-traîner à citer en entier ce passage si naïvement pittoresque. Il m'a paru, d'ailleurs, digne d'intérêt de constater ce rapprochement, parce que, d'après une chronique sur l'histoire des Bambaras, qu'on trouvera plus loin, ils seraient originaires d'un pays situé au delà de la grande vallée du Niger; et que la grande eau dont il est question dans cette citation, pourrait bien être la portion du Ghioliba qui coule vers le sud.

---

(1) Léon l'Africain. *De l'Afrique et des choses mémorables qui y sont conte-nues.* T. II, p. 365-369.

Quoi qu'il en soit de l'origine de cette superstition et des motifs qui l'ont mise en usage, on la rencontre au Kaarta, modifiée, il est vrai, mais pratiquée, à notre endroit, avec une excessive rigueur. Elle concerne le souverain régnant et tous ceux qui ont des prétentions à lui succéder.

En pensant à l'abominable distraction que m'a procurée Sakha, une pareille coutume ne pouvait certes pas m'affliger.

CHAPITRE XVII.

Comparaison entre les Bambaras et les autres nègres. — La légende de Tapa. — Correction conjugale. — Accidents. — Séjour forcé à Tinntila. — Les pleureuses. — Ce qui arrive à ceux qui touchent aux femmes du roi. — Difficultés pour faire des observations astronomiques. — Nouvelle collision avec un chef, à propos d'une peau de mouton. — Réparation inattendue.

Jusqu'à présent je n'ai trouvé aux Bambaras aucun des vices que l'on m'avait annoncés. Au lieu de gens féroces, méchants et voleurs, j'ai vu des gens affables, discrets, hospitaliers, polis, complaisants; des gens qui me saluent et me cèdent le pas, ce que je n'ai pas encore rencontré, même chez les nègres de Saint-Louis. Parmi les Bambaras, pas de mendiants insolents, pas de curieux méconnaissant toute prière et toute défense, et se faisant un jeu de mes ennuis.

Dans le Bondou, le Kadjaga, le Kasson, au contraire, hommes, femmes, enfants de toutes les conditions, ne m'ont jamais abordé que la main ouverte; et soit que je l'aie remplie, soit que je ne l'aie pas fait, ils se retiraient également mécontents; les uns parce qu'ils n'avaient pas reçu assez; les autres, cela se comprend mieux, parce qu'ils n'avaient rien reçu.

A quoi attribuer cette différence? A une bienveillance naturelle ou à la terreur que leur inspirent leurs maîtres les Kourbaris, terreur salutaire, soigneusement entretenue par le nerf de bœuf, argument *ad hominem* d'un infaillible effet? je l'ignore. Garderai-je toujours cette bonne impression? je l'ignore encore. Je me borne seulement à la constater dès maintenant. Il est entendu toutefois qu'il ne s'agit ici que du peuple; car, pour les chefs et leurs familiers, mes sentiments restent les mêmes.

Je suis encore forcé, à cause de mon malade, de m'arrêter à Kouniakary. Ce séjour me sert à recueillir sur *Tapa*, la montagne en forme de pâté, une légende que voici :

« Au temps où les Bidanessis gouvernaient la contrée, on citait comme modèle d'affection et de dévouement deux frères, les premiers de la nation. Leur bienfaisance, leur générosité, leur piété, excitaient l'admiration et commandaient le respect, non moins autant que la tendresse qui les unissait.

» Une liaison si touchante devait nécessairement déplaire au diable, et il s'empressa de la troubler.

» Il vint une année où la moisson ne fut pas pour tous également abondante; plusieurs familles se virent même complétement privées de récolte. Mais les Bidanessis, prenant exemple sur leurs chefs, surent corriger cette injustice du sort, et nul, parmi le peuple, ne connut les horreurs de la faim.

» Un homme cependant devait éprouver un refus d'assistance, et cet homme, comment le croire? c'était l'un des deux frères qui semblaient avoir en partage la tendresse et le dévouement.

» Ce fut l'aîné qui refusa, et il ne s'en tint pas à ce refus inhumain : la crainte d'une obsession nouvelle, un mouvement d'égoïsme, une pensée d'avarice, jusque-là inconnue à son cœur, lui donnèrent l'idée de cacher à tous les regards son mil et ses *niébés* (1).

» Aidé de sa femme, sa complice, et de ses captifs, il se rendit, la nuit, à son *lougan* (2) pour y exécuter cet odieux projet. Longtemps il chercha la place, à lui si connue, où il avait, avec une symétrie puérile, disposé son trésor. Il ne trouva rien.

» Seulement, durant ses recherches activées par l'inquiétude, il

_____

(1) Légumineuse comestible, variété du haricot.

(2) Champ.

s'était souvent heurté à un obstacle qui lui parut comme une montagne occupant exactement la place de son *lougan*.

» Sa femme, effrayée, s'enfuit, ses captifs disparurent aussi, et il resta seul dans la nuit noire, attendant le jour avec terreur.

» Le malheureux avait eu une folle crainte; son frère ne devait pas renouveler sa demande. Il s'était éloigné, bien déterminé à ne plus s'adresser à lui; il s'était retiré sans colère, mais honteux d'avoir désormais à mépriser celui qu'il aimait tant encore, malgré son indignité. Une chose le préoccupait, c'était de dérober à la connaissance du peuple ce qui venait de se passer.

» Mais rien n'est inconnu à celui qui voit tout. En vain se cache le méchant, toujours il est atteint par la vengeance d'Allah. La même nuit qui torturait le cœur sordide du frère aîné, vit le triomphe du frère cadet : informés de son embarras et de la dureté de son frère, les habitants lui offrirent chacun un moule de mil et un demi-moule de niébés.

» Le soleil se leva pour éclairer le châtiment du mauvais frère et lui faire voir ce qu'il n'avait pas osé croire. A la place où étaient ses récoltes, une immense montagne était sortie des entrailles de la terre et avait élevé jusqu'à la région des nuées son mil et ses niébés. Ses flancs, chauds encore, étaient droits comme le palmier, polis comme la lame d'un poignard.

» Nulle voie ne s'offrait à l'avare pour reprendre son trésor. Excité par la rage, il tenta des moyens désespérés : tantôt on le vit s'accrochant des ongles et des dents aux saillies du rocher; tantôt amoncelant pierre sur pierre pour atteindre le sommet de la montagne où paraissaient, comme pour le narguer, les épis dorés de son mil et ses blancs niébés; mais ses forces trahirent ses efforts. Épuisé de fatigue, les ongles déchirés, les mains, les pieds en sang, la poitrine ouverte par le tranchant du roc, il retomba lourdement sur la terre.

» Personne ne le plaignit, personne ne le secourut; et, chassé par la faim et la honte, il abandonna pour toujours le pays de ses pères. »

La légende finit comme beaucoup de légendes : le jeune frère vécut longtemps, honoré, toujours vertueux, et eut une nombreuse postérité qui hérita de ses vertus.

Tapa, dont l'histoire renferme une si bonne morale, est devenue une manière de lieu saint où s'accomplissent de grands miracles. Elle a surtout la réputation de rendre fécondes les femmes stériles. Lorsqu'une femme est affligée de cette infirmité (chez les négresses, c'est une tache), elle va s'adresser à Tapa et lui voue son mari. Tapa, qui est très-sensible, accepte; mais elle ne badine pas, et prend, dit-on, le mari si le vœu n'est pas observé.

Un mari voué à Tapa!... Cela rappelle un vaudeville où, dans un accès de dévotion, une femme voue son mari à la Vierge, et la stupéfaction de celui-ci quand il apprend la démarche inconsidérée de son épouse. Le vœu à Tapa n'entraîne aucune des conséquences qui épouvantaient le mari parisien. Il consiste tout simplement à prendre le nom de la montagne et à lui faire de fréquentes offrandes. On imagine, sans doute, que ces offrandes ne profitent guère à Tapa, mais qu'elles sont fort bien reçues par ses prêtres et ses prêtresses; car elle en a, et de fort habiles. Cette milice sacrée se recrute, on l'a peut-être deviné, parmi les Sarracolés du pays, qu'on trouve toujours au premier rang quand il y a un profit à faire.

Tapa protége aussi les voyageurs et les marchands, les razzias et les expéditions militaires. Ce sont encore les honnêtes Sarracolés qui profitent de ces *ex-voto;* car on n'obtient rien de Tapa si l'on ne paie.

Sur sa face nord-ouest, Tapa est tout à fait inaccessible; mais il n'en est pas de même de son revers sud-est. De ce côté, elle n'a plus l'aspect régulier qu'elle a au nord, et on peut en tenter l'ascension. La masse de la montagne est formée de schiste ardoisé en couches très-épaisses. On y trouve aussi des grès, des trachytes et d'autres roches éruptives. Le marigot de Kirigou en baigne le pied et contribue beaucoup sans doute à la fertilité de la vallée qui s'étend le long du chaînon dont Tapa fait partie.

Je me suis établi dans la cour de mon logis, préférant l'inclémence de l'air des nuits à la pluie de terre et d'insectes qui tombe des cases. C'est là qu'est ma chambre à coucher, spacieuse et propre; c'est là aussi que sont mes bagages, ma cuisine et mon écurie.

Je dormais d'un bon sommeil quand des cris aigus, partis de l'habitation voisine, me réveillent en sursaut. J'entends distinctement des accents d'une vive colère mêlés à des sanglots et à des supplications. Mes hommes, qui ont couru au premier bruit sur le théâtre de cette scène nocturne, reviennent en riant de tout leur cœur m'annoncer que ce n'est qu'un mari qui bat sa femme.

« Comment, drôles ! m'écriai-je; c'est cela qui vous fait tant rire?

— Vous autres blancs, reprit un *taleb* de mon escorte, vous êtes indulgents envers vos femmes; mais aussi vous n'êtes pas les maîtres chez vous. Le prophète a dit : « Les hommes sont supérieurs aux fem-

» mes; ils réprimanderont celles dont ils auront à craindre la désobéis-
» sance; ils les relégueront dans des lits à part; ils les battront... »

— Ton prophète est un brutal, répliquai-je. D'ailleurs, il a dit
autre part : « Respectez les entrailles qui vous ont portés. Dieu ob-
serve vos actions. »

Mon *taleb* s'apprêtait à me répondre; mais je repris .

« Ton prophète a dit aussi « qu'il ne faut jamais disputer avec les
ignorants. » C'est pourquoi je te prie de me laisser dormir pour que je
puisse repartir demain.

J'entendis encore quelque temps le bruit sourd des coups qui tombaient
sur la malheureuse et me faisaient péniblement tressaillir; il me fut
impossible de me rendormir, et le lendemain j'avais la fièvre.

Grâce à mon vésicatoire, elle m'avait à peu près épargné depuis
Boulébané; mais elle me reprit alors avec plus de force que jamais, et
accompagnée de vomissements douloureux. Nos marches au soleil, une
eau exécrable, une mauvaise nourriture, prise presque toujours en un
seul repas, et bien rarement relevée par la poule coriace du Bondou,
expliquaient assez ce retour. J'éprouvais, en outre, de vives douleurs à l'estomac.

Nous étions au 23 mars. Barka était parti la veille, pour ne pas augmenter l'embarras du chef, fort en souci de nourrir tant de monde.
Les inondations de l'année, dont j'avais vu les effets dans le bas pays,
s'étaient étendues jusqu'au Kaarta et avaient ruiné les récoltes. La
disette régnait, et ce n'était pas le moindre des inconvénients que j'allais avoir à subir.

Je passai la nuit du 24 au 25 en proie à une fièvre affreuse, ce qui
ne m'empêcha pas de partir le matin, ainsi que je l'avais résolu.

Marot a dit quelque chose comme ceci : « La mauvaise fortune ne
» vient jamais qu'elle n'en apporte une, ou deux, ou trois. »

De là, sans doute, ce dicton vulgaire, qu'un malheur n'arrive jamais
seul. J'en fis, hélas! la triste épreuve.

Au moment où j'allais monter à cheval, il prit à mon coursier, ordinairement d'humeur paisible, une fantaisie d'insurrection. Il s'agissait
de passer sous une porte étroite, surmontée d'un auvent de branches
d'arbres entrelacées. Soit frayeur, soit entêtement, mon cheval refuse
de passer sous cette porte, la seule du logis, et, en se débattant, brise
ma selle, casse plusieurs instruments dans mes fontes et me jette violemment à terre. (Je l'avais pris par la bride pour le calmer.)

J'en suis quitte pour des écorchures aux mains et aux genoux; mais

ma selle! mais mes instruments! Rien ne se répare ni ne se remplace
au Kaarta, et toute avarie est une perte.

Cette lutte avec mon cheval et la chute qui la suivit augmentèrent
ma fièvre et déterminèrent de nouveaux vomissements, que j'exécutai
coram populo, et le pied dans l'étrier.

D'unanimes éclats de rire témoignèrent de la sympathie que ressentaient pour mes souffrances la bande d'imbéciles qui en étaient témoins.
Je devins furieux, et j'allais certainement répondre à ces rires par des
coups de cravache, quand un de mes nègres me dit :

« Il ne faut pas faire attention à ce que font ces sauvages ; ils croient
que c'est le *dolo* qui te fait cela. »

Il était plus de neuf heures du matin lorsque je quittai Kouniakary.
Pour un homme qui a la fièvre, rien n'est moins gai qu'une marche à
cheval, sous un soleil de 40°, et avec une selle dont le troussequin
entre dans le dos.

Trois heures après, je descendais, dans un état de prostration complète, à la porte d'une case du village de Tinntila, où se trouvait Barka.

Pendant la route, j'avais reçu en plein visage les raffales de cet horrible vent brûlant que les voyageurs en Afrique ont tous décrit. La case
où l'on m'installa était assez propre, mais totalement privée d'air.

Malgré ma fièvre et le déplaisant contact de ma selle cassée, je n'a-
vais négligé de noter ni la direction de la route, ni les particularités
relatives à Tapa.

La route a une direction est-nord-est. On traverse le Kirigou à dix
minutes de Kouniakary, et on rencontre à mi-route le petit village de
Sibikoro. La campagne est ravissante, mais le chemin est épouvantable
on n'y voit que des pierres, de hautes herbes et des buissons d'épines.

Voici maintenant ce qui concerne Tapa. Aux dernières cases du village,
on la relève au nord-est ; trente minutes plus tard, on se trouve
par son travers, et on la relève au nord-nord-ouest. On constate alors
que ce mont forme la partie extrême d'un chaînon s'étendant du sud-
ouest au nord-est, et que la disposition qui lui est propre (la forme
d'un pâté) se reproduit plusieurs fois, mais avec une régularité moins
parfaite, pour d'autres montagnes du même chaînon. Le pays est très-
montueux. Tinntila est au centre de la vallée.

Je demeurai dix jours à Tinntila, souffrant pendant les cinq premiers
d'une fièvre horrible, et passant les cinq autres à reprendre des forces
et à me quereller avec un chef bambara. Dans la case où je logeai, la
température ne fut au-dessous de 30° qu'à six heures du matin, et dans

là journée toujours elle dépassa 40°. Il faut joindre à cela que je n'avais pour toute nourriture que du mil, du maïs, des œufs jamais frais, pas de sel, pas de viande, pas de fruits, pas de légumes, une eau abominable, acidulée d'une goutte de vinaigre, seul rafraîchissement qui me restât; et l'on n'aura encore qu'une faible idée des douçeurs qui attendent en Afrique les voyageurs malades.

La nature et la volonté sont bien les meilleurs médecins! Si j'avais eu dans une ville les terribles accès de fièvre, avec délire, vomissements, suffocations, qui m'ont, cinq jours durant, tourmenté dans ma hutte de paille, les soins, les remèdes, la diète, les sangsues, m'auraient mis au lit pour un mois. Mais là on n'avait pas de plaisir à être malade, car la couche n'était pas douce et les vivres pas succulents. Bref, j'ai eu pendant cinq jours une fièvre de mauvais caractère; et le surlendemain, j'étais tout prêt à refaire mes huit heures de marche au soleil. Ceci doit rassurer mes successeurs. Si l'on souffre beaucoup, si l'on ne jouit pas d'un grand bien-être, on est rétabli bien promptement.

Je n'ai pris que peu de notes à Tinntila. Une fois j'ai été distrait de mes souffrances par de grands cris douloureux, poussés d'une manière régulière et comme en chœur. C'était une troupe de femmes, arrivées de plusieurs villages tout exprès pour honorer la mémoire d'un mort. J'ai demandé si c'était un anniversaire; on ne m'a pas compris, mais on m'a expliqué que c'était une coutume du pays, suivie arbitrairement quant au temps. J'en ai conclu qu'on se donnait, par désœuvrement ou réminiscence de regret, rendez-vous sur la tombe d'un mort, afin de lui rendre un hommage posthume.

C'est en définitive (d'après ce qui m'est dit), un but de promenade et une distraction. On arrive sur la tombe en causant et en riant. La plus proche parente donne le ton, et, après quelques essais, la compagnie exécute son morceau; puis, après avoir pleuré trois ou quatre morceaux, on se retire en riant et en causant. Je m'exprime avec cette légèreté, parce que le mort en question était en terre depuis six ans, et surtout parce que j'ai vu les pleureuses avant et après le concert.

Une autre fois, allant, vers le soir, essayer mes forces dans une promenade à cheval, j'ai rencontré ces mêmes pleureuses, marchant à la queue leu leu dans un chemin étroit. Elles me firent signe de la main de m'éloigner; mais ne comprenant pas pourquoi, je continuai à avancer. Elles renouvelèrent leur signe d'un air tout à la fois impérieux et suppliant. J'hésitais encore, lorsqu'un captif qui les précédait s'élança à la bride de mon cheval, le détourna et m'adressa des paroles fort animées dans lesquelles les mots : *tegi-koun, tegi-koun* (couper la tête) revenaient fréquemment. La procession passa et je rentrai à ma case, fort pressé d'avoir le mot de cette aventure.

Quand je la racontai à mes hommes et à Barka, ils manifestèrent un grand effroi.

« Tu l'as échappé belle, me dirent ils; si tu avais touché la pagne d'une de ces femmes, — qui étaient, par parenthèse, enveloppées de pièces de mousseline de la tête aux pieds, — c'en était fait de toi, et toutes tes marchandises ne t'eussent pas sauvé. »

Ils m'apprirent ensuite que les femmes du roi (telles étaient les inconnues) ne sortaient jamais sans être précédées d'un captif, qui criait, « Arrière ! voici les femmes du roi ! » Si, malgré l'avertissement, ces femmes étaient touchées et que ce fût par un homme, celui-ci était immédiatement mis à mort.

Je ne saurais dire ma surprise en apprenant que je venais de courir un pareil danger.

« La tête coupée pour avoir touché en passant le voile d'une négresse, fût-elle cent fois princesse ou reine; c'est une plaisanterie ! m'écriai-je.

—Rien n'est moins plaisant, répondit Barka, — et tous mes hommes confirmèrent son dire; — telle est la coutume des Kourbaris. »

Voilà assurément un usage fort étrange. Il paraît que c'est comme en Espagne au temps de je ne sais plus quelle reine.

De peur de l'oublier, je place ici une réflexion qui peut être utile. Quand un voyageur part pour l'Afrique, on croit qu'il lui sera facile de faire toutes sortes d'observations, pourvu qu'il conserve ses instruments en bon état. Mon désir et ma bonne volonté étaient, en partant de France, d'accord sur ce point avec les personnes qui avaient bien voulu prendre intérêt à mon entreprise. Or, voici ce qui m'est arrivé :

J'ai été pendant quatre mois esclave de mes instruments; je les ai religieusement portés avec moi et sur moi; je les ai soignés comme mes yeux (je devrais dire mieux que mes yeux), ce qui ne les a pas empêchés de recevoir maintes avaries. Deux mois durant, j'ai mis de l'héroïsme à faire mes observations, à calculer mes angles, mes hauteurs, mes distances. Chaque fois j'éprouvais de violentes douleurs de tête et je sentais mes yeux perdus pour le reste du jour; en outre, les calculs me fatiguaient au-delà de tout ce qui se peut exprimer. Mes jours de montre, je me couchais indisposé, quand je ne l'étais auparavant; et malade, quand je n'étais qu'indisposé. J'aurais continué pourtant; mais, triste récompense de mes peines, mes montres s'arrêtaient, et sans que je m'en aperçusse, car elles remarchaient d'elles-mêmes. Les observations de longitude ont besoin de montres bien réglées, j'y ai donc renoncé.

Restaient les observations de latitude, les seules possibles; et encore….

Quelque court, en effet, que soit le temps employé à niveler son horizon (1) et à préparer son instrument, on a toujours au moins une demi-heure à regarder le soleil réfléchi. En outre, quand le soleil est à plus de 70°, ce qui arrive souvent, il faut renoncer aux hauteurs méridiennes.

J'avais dans mes instruments une boussole nivelatrice qui n'avait pas tous ces inconvénients; mais, pour s'en servir, il eût fallu que l'horizon s'y prêtât; et depuis quatre mois que je voyageais, je n'avais jamais vu distinctement la polaire. Le ciel était enveloppé de vapeurs qui cachaient presque toutes les étoiles. Il m'a donc été impossible de prendre des distances par ce procédé.

Concluons que les observations astronomiques sont aussi difficiles que dangereuses pour les yeux du voyageur; que les calculs le fatiguent; et que le tout lui prend beaucoup de temps.

Je me vis forcé de considérer mon chronomètre comme une simple montre que je réglais à l'aide d'un cadran solaire portatif ou d'un bâton planté en terre, qui me servait également pour mes latitudes. C'étaient là, j'en conviens, de pitoyables moyens; mais, en supposant que j'eusse pu continuer mes angles horaires et mes hauteurs, j'eusse été aveugle au bout de deux mois. J'espérais, quand je serais mieux portant et que le ciel serait plus clair, essayer de ma boussole nivelatrice pour les distances aux étoiles; mais, à mon grand chagrin, ce désir ne put se réaliser. Les habitants prirent ombrage du déploiement de mon bagage scientifique, et je dus, pour ma propre sûreté, renoncer à utiliser ma boussole.

Je tenais à dire cela. Qu'on soit donc indulgent si je ne rapporte que peu de positions calculées. Je me suis rattrapé sur les observations météorologiques. Grâce à des soins inimaginables, mes baromètres sont restés en bon état, et j'ai réussi à prendre de belles séries, qui auront,

(1) Le mercure se perd, ou c'est le vase qui doit le renfermer; j'avais, à cause de cela, préféré un horizon en verre.

je n'en doute pas, de l'intérêt pour la science; car je crois qu'avant moi aucun voyageur n'a pu conserver les siens.

Tinntila étant un très-petit village, la police s'y fait moins bien qu'à Ségala et à Kouniakary. J'y ai beaucoup souffert de la curiosité indigène, et le chef, qui n'a pas de prétention à la couronne, s'est constamment montré au premier rang des importuns.

Le 12 avril, veille de mon départ, j'envoyai le présent accoutumé à ce chef ennuyeux. Il fut trouvé mesquin et excita son mécontentement et celui de plusieurs autres Kourbaris, notamment d'un certain Mamady-Sirré, qui jouissait d'une grande influence dans le pays. Cet individu était venu, ce même jour, me faire visite, et nous avions causé assez longuement ensemble. Je lui avais parlé, ainsi que je le fais d'ordinaire avec les chefs, du grand bien que sa nation retirerait d'une alliance avec nous, des avantages de l'éducation donnée aux enfants, et de la force que puiseraient, vis à-vis des autres peuples, les Bambaras dans l'appui des blancs. Il m'avait écouté avec attention; mais, en me quittant, il me fit cette singulière réponse :

« Tu as très-bien parlé; mais, vous autres blancs, vous parlez toujours bien quand il s'agit de vos intérêts. »

Il m'avait ensuite demandé une peau de mouton, et je m'étais empressé de la lui envoyer, ne me doutant certes pas qu'elle allait servir de pomme de discorde.

Quand le chef du village et Mamady-Sirré se trouvèrent réunis, ils exhibèrent chacun leur présent devant l'assemblée des forgerons et des garankiés. «Fi! dirent ceux-ci, ce blanc est bien insolent de vous envoyer de pareils objets. — C'est un coquin! dit un autre, — un scélérat! reprit un troisième. » Et les injures continuèrent à croître « Une peau de mouton à un Kourbari! — répétaient-ils en se montant la tête. — » Et cela est d'autant plus indigne, — faisait Mamady-Sirré, — que ce blanc a donné beaucoup de belles marchandises à des gens qui ne me valaient pas. »

Les acteurs de cette scène étaient rangés, comme de juste, autour d'un grand pot d'hydromel circulant à la ronde; et à chaque tournée l'exaspération augmentait. De propos en propos, ils en vinrent à accuser Barka de garder pour lui-même une partie des objets que je lui donnais à distribuer; et comme on attribuait à mes hommes la révélation de ce soi-disant abus de confiance, on les fit venir pour s'expliquer.

Ce fut par eux que j'appris ce qui s'était passé.

Le soir, pendant que je prenais mon repas, Mamady entra en chancelant dans ma case, et se mit en devoir de me répéter ce que mes hommes m'avaient rapporté. Un mouvement de colère me saisit à la vue de cet insolent, et rejetant vivement le pliant sur lequel j'étais assis, je m'avançai sur lui les poings fermés :

« Vous êtes des ivrognes et *de mauvais hommes (gnan mô)*, lui dis-je ; mais les blancs n'ont pas peur de vous. Je n'ignore pas que ma vie est entre vos mains ; mais je suis résolu à la faire payer cher à ceux qui voudront la prendre. »

Je ne sais si mon interprète traduisit fidèlement mes paroles (les interprètes traduisent rarement de mauvais compliments) ; mais mon mouvement et mon irritation n'échappèrent pas à Mamady ; car il se retira aussitôt en me faisant un geste de menace. La nuit se passa en palabre et en orgie.

Le matin, à ma grande surprise, le chef et les principaux du village se présentèrent, accompagnés de Barka, pour me prier d'oublier les désagréments de la veille. Ils rejetèrent sur l'hydromel les paroles et la conduite inconvenantes de Mamady.

Décidément, me dis-je, il n'y a que les honteux qui sont battus dans ce pays-ci ; et je pris note pour l'avenir du nouveau succès que je venais de remporter. Je savais depuis longtemps qu'avec les sauvages de tous les pays, et principalement avec les nègres, il faut montrer qu'on n'a pas peur d'eux. Sans doute, on peut y perdre ; mais il est bien certain qu'on y perdrait plus encore en paraissant faible, car on y perdrait à la fois la dignité et la vie.

» Mamady — ajoutèrent les ambassadeurs — t'envoie un bœuf comme un témoignage de ses regrets. »

J'aperçus, en effet, l'animal que mes hommes tenaient déjà par les cornes, en ouvrant des yeux agrandis par l'étonnement.

Je ne me fis pas illusion toutefois sur les motifs déterminants de cette réparation. Je m'en attribuai nécessairement une part ; mais j'en laissai une autre à Barka, qui semblait en ce moment s'efforcer de regagner ma confiance.

Le bœuf, victime expiatoire des sottises de son maître, parvint à s'échapper des mains de ses nouveaux possesseurs et les obligea à se livrer, le ventre vide, à une chasse à courre qui ne dura pas moins de quatre heures.

CHAPITRE XVIII.

Remarques sur les moyens de voyager. — Route de la montagne. — Les Maures dans le pays. — Le bœuf porteur de Ségala-ba. — Ennui qu'on éprouve en voyageant en Afrique. — Châtiment infligé à un nègre de mon escorte. — Le mombo-jombo de Park. — Désertion d'un de mes hommes. — Légende de la montagne Goumboukou. — Élimané. — Sanghé et ses cases.

Le 4 avril, à sept heures, je quittai Timntila, me dirigeant au nordest. Je cheminai d'abord au travers de hautes herbes, sur un sol très-pierreux. La route se rapproche des montagnes dont la chaîne principale conserve son orientement nord-nord-est, sud-sud-ouest; elles présentent, dans leur disposition générale, une succession régulière de contre-forts perpendiculaires à l'axe de la chaîne principale.

En traversant pour la troisième fois le Kirigou, mon cheval de bât, qui avait déjà fait une chute grave à Somankidi, roula avec ses lourdes cantines du haut en bas de la rive, dont la pente abrupte et couverte de roches n'avait pas moins de 20 pieds. Cette chute, plus terrible encore que la première, car la pauvre bête rebondissait comme une balle, n'eut pas heureusement les conséquences que je redoutais. Je croyais mon cheval broyé et mes cantines en pièces; mais, à mon grand étonnement, le cheval, débarrassé de ses cantines, se secoua, se roula dans le sable en hennissant, et se mit à remonter tranquillement la pente opposée. Quant aux cantines, elles n'avaient que quelques courroies cassées.

Ces deux accidents, qui pouvaient être si graves, serviront d'enseignement à mes continuateurs; car j'espère toujours en avoir. Pour voyager en Sénégambie, il faut s'en tenir exclusivement aux ânes, et ne leur faire porter que des fardeaux d'un poids modéré. Je recommande les bâts à croc et les caisses plates en bois recouvert d'une toile peinte en blanc ou en gris. Les cantines en cuir ne valent rien; le cuir se brûle, le fil se casse, et elles s'ouvrent ou se déchirent, laissant les objets qu'elles contiennent exposés à être volés, perdus ou avariés. Les gros ballots en toile de coton déterminent des chutes et des retards; de plus, les épines entament les enveloppes, et n'épargnent pas le contenu. C'est ainsi que les indigènes, qui ne se servent pas de bâts, transportent leurs marchandises; mais ils sont plus habiles que nous, et ensuite ils ne nous disent pas tout ce qui leur arrive de fâcheux.

Je comprends maintenant pourquoi ils n'emploient pas le chameau pour porter leurs bagages. Cet animal ne convient pas à des chemins ondulés, étroits, pavés de cailloux quelquefois très-tranchants, et bordés de buissons épineux. Cette déplaisante végétation forme en maints endroits une voûte d'épines assez basse pour obliger un cavalier monté sur un petit cheval à se courber sur sa selle. Ce sont là des obstacles qu'un chameau ne saurait surmonter, et qu'un cheval de bât ou un bœuf porteur a beaucoup de difficultés à vaincre. Qu'on n'oublie pas non plus de mettre, sinon un homme par âne, du moins deux hommes par trois ânes; car il n'y a pas à songer à faire marcher deux ânes de front dans la presque totalité des chemins que j'ai parcourus. Les charges ne doivent pas excéder 50 kilogrammes pour un âne, vingt-cinq de chaque côté. Il importe, enfin, que tout soit bien rénfermé, parce que les voleurs sont nombreux, et qu'on en est entouré, à l'arrivée et au départ.

De l'autre côté du Kirigou on rencontre le petit village de Gordiomé. Après, on se dirige au nord pour s'engager dans un étroit défilé semé de grès rouge, de phyllades, de plusieurs variétés de schistes et de roches cristallines où domine un silicate magnésien rose tendre. Aux deux tiers environ du défilé, remarquable par ses flancs taillés à pic et d'un effet plein de majesté, on gravit une pente très-roide qui mène à un point culminant. La vue embrasse de cet endroit un immense horizon et une délicieuse vallée ornée de belles cultures et de grands ar-

AMÉDÉE ROUSSEAU SC.

LA CARAVANE EN MARCHE.

bres. Quoique parvenu à un lieu élevé, le défilé continue. La montagne de gauche, moins à pic, est couverte d'une végétation très-riche; celle de droite, d'une nudité absolue, présente un flanc perpendiculaire couronné par un bloc énorme de silicate à moitié détaché de sa crête, qui pend sur la route comme une menace adressée au voyageur qui s'aventure dans ce sentier difficile.

Pour atteindre la vallée, on s'engage dans un chemin tracé sur le flanc du versant de gauche, puis on redescend une côte rapide, hérissée de fragments de roches roulées de la montagne. Une fois dans la vallée, ce site apparaît dans toute sa sauvage beauté. Je me retourne fréquemment pour contempler jusqu'à la fin ces hautes cimes, demeure de l'aigle, et ces sombres grottes qui servent de retraite au lion pendant le jour. C'est de là qu'il guette la nuit pour descendre dans la plaine et fondre sur les troupeaux, déjà terrifiés par ses rugissements.

Après avoir marché quelque temps entre deux collines tapissées de verdure, on tourne brusquement au nord-ouest en gravissant une pente, et on se trouve à quarante pas du village de Dialaka.

Je n'eus pas à me louer à ce village de l'efficacité du nerf de bœuf. Les captifs chargés de la police s'acquittèrent mollement de ce soin. La foule leur disputa le terrain pied à pied, dégageant dans la lutte d'épais nuages de poussière, et finit par rester maîtresse de la position.

J'appris à Dialaka que la route conduisant à Élimané, était sillonnée en tous sens par les Oulad-M'barek, alors en guerre avec les Bambaras. Afin d'éviter la rencontre des Maures et une marche de treize ou quatorze heures au soleil dans un pays saccagé, je formai d'abord, de concert avec Barka, le projet de partir la nuit; mais, sur de nouvelles observations que la marche de nuit, dans de mauvais chemins, entraînerait peut-être des accidents, j'abandonnai ce projet. Un des grands inconvénients d'une marche au soleil est le manque d'eau, et je n'avais pas encore oublié la route de Nayé à Baramané, dans laquelle nous avions tous failli mourir de soif. Quoi qu'il en soit, la crainte des mauvais chemins l'emportant sur les autres craintes, je résolus de partir le lendemain matin, en modifiant l'itinéraire ordinaire de manière à rencontrer de l'eau.

Le 5, de très-bonne heure, nous quittons notre campement, mettant le cap au nord-quart nord-est. Nous longeons toujours la chaîne des montagnes qui conserve le même orientement. La disposition presque symétrique de ses contre-forts se maintient également. Les grès, les phyllades et les silicates continuent aussi à se montrer. La route passe brusquement au nord en marchant sur un contre-fort très-élevé. Après l'avoir tourné, la vallée se resserre et on se trouve dans un sentier couvert d'une immense quantité de cailloux anguleux qui causent un déplaisir marqué aux chevaux, aux ânes et surtout aux hommes, habituellement dépourvus de chaussure. La végétation dominante de la vallée est empruntée à plusieurs variétés d'arbres dépouillés de fleurs et de feuilles, et, par exception, à un petit arbuste dont le feuillage clair et vivace donne un peu de gaîté au paysage.

Je chemine ainsi tout le jour dans des chemins difficiles, souvent dans d'étroits défilés, quelquefois en plaine; mais toujours sur un sol hérissé de roches et de cailloux. J'ai rencontré plusieurs fois dans cette route de vastes emplacements occupés par des bancs d'ardoise à stratification horizontale. Les parties de ces bancs traversées par des torrents (alors desséchés) présentaient la disposition curieuse, dont j'ai déjà parlé, de divisions symétriques reproduisant exactement le travail d'un habile carreleur.

En admirant un de ces jolis pavages qui rappelait la cour d'honneur d'un vieux manoir, mes hommes découvrirent, à demi caché par une saillie du banc, un large trou rempli d'eau. Un cri de joie signala cette découverte. Les eaux stagnantes et colorées en brun de cette fontaine rustique n'étaient certes pas tentantes, et pourtant peu s'en fallut qu'une sanglante mêlée ne s'engageât à l'entour. Je me hâtai de descendre de cheval pour apaiser les plus furieux, et, grâce à mon intervention, chacun participa à cette heureuse rencontre.

Cet endroit portait des empreintes encore fraîches laissées par des gens en grand nombre, qui venaient de nous y précéder. A la vue de ces indices, une certaine inquiétude s'empara de mes hommes. Ceux de Barka, habitués à reconnaître au pied, et pour ainsi dire au flaire, les traces des habitants du désert, ayant déclaré qu'elles annonçaient des Maures, cette inquiétude allait se changer en terreur, quand un examen plus approfondi fit reconnaître qu'ils n'avaient pas suivi la route d'Élimané.

On se remit en marche, désaltéré tant bien que mal et rassuré sur les chances d'un combat qui pouvait ne pas tourner à notre avantage, en raison de notre petit nombre et de l'extrême fatigue de tous.

Un seul incident que voici marqua cette dernière partie de notre route : on m'avait donné à Ségala un bœuf porteur, mais d'une maigreur extrême, ce qui, sans doute, avait motivé la générosité du viveur Sakha. Je l'avais immédiatement destiné à porter les fardeaux de deux

AMEDEE ROUSSEAU SC.

CARAVANSERAI D'UN VILLAGE NÈGRE.

T. 1, p. 215.

de mes ânes gravement blessés au garot. Ce malheureux bœuf me causa mille contrariétés. Il se couchait tous les cent pas, et pour le faire relever, il fallait avoir recours à ce moyen barbare en usage chez les Maures, qui consiste à comprimer les narines de l'animal jusqu'à produire la suffocation. La pauvre bête se relevait à demi asphyxiée, mais c'était pour retomber exténuée bientôt après. On sait qu'en Afrique on conduit les bœufs en leur passant une corde dans la cloison du nez. Cette partie avait été arrachée par une brutale traction. Les souffrances de la bête étaient devenues si cruelles que, pour ne plus en être témoin, je l'abandonnai à son malheureux sort, sous la garde de Barka et de ses compagnons.

Il était six heures du soir quand j'arrivai à Sandioro. J'avais marché douze heures de suite. Les traînards et le bœuf arrivèrent à huit heures. Le soleil avait été très-ardent, la poussière abondante, et nous n'avions eu, pour nous désaltérer, que le trou d'eau dormante du banc d'ardoises.

Le village de Sandioro, situé au pied d'une montagne élevée, est grand et bien fortifié. Son mur d'enceinte, formé de lignes onduleuses, est flanqué de manières de bastions et de redans. Je campai en dehors, sous un caravansérai (le bentang de Mungo-Park) fait de piquets fourchus et de traverses de bois recouvertes de nattes. La foule se jeta sur nous comme à l'assaut d'une place, et j'eus mille peines à me maintenir dans un petit coin que j'avais adopté pour m'y coucher.

Tout bien considéré, les longues marches sont plus nuisibles qu'avantageuses. Les hommes y prennent souvent le germe de maladies sérieuses et y contractent presque toujours des indispositions plus ou moins graves. A l'exception de deux, tous les miens étaient malades, et M. Panet et moi n'étions pas non plus très-valides.

Je me laissai tomber sur une peau de mouton, en proie à une détestable humeur; car je voyais qu'il m'était impossible de repartir le lendemain, ni peut-être même le surlendemain. Je songeais aussi aux ennuis de toutes sortes qu'on essuie dans une telle course.

En me mettant en route, je pensais n'avoir d'autre préoccupation que de travailler à rendre mon œuvre profitable, d'autre crainte que de ne pas réussir, d'autre inquiétude que de ne pas avoir de bons rapports avec les chefs des pays que je devais parcourir. Croirait-on que tout cela n'est rien auprès des tracasseries que vous font subir vos propres hommes, et de cette perpétuelle obsession des naturels, qui prive de tout repos et condamne le voyageur à passer ses heures de halte dans une lutte inces-

sante? Les seuls incidents qui vous détournent de cette détestable occupation sont produits par des chefs qui viennent demander des cadeaux, par des malades qui veulent être guéris, par de stupides questionneurs, et, ce qui est pire encore, par des taquineries que vous
ménagent vos hommes : l'un se plaint de la nourriture, l'autre de
l'eau; celui-ci a une querelle qu'il faut arranger, celui-là une aventure compromettante qu'il faut étouffer à prix d'argent.

Le lendemain, ma journée tout entière fut employée à ces choses
fastidieuses, et pour que rien de pénible et d'ennuyeux n'y manquât,
je me vis forcé d'ordonner l'exécution d'un de mes hommes, ancien
marin, ancien fantassin, ancien spahis et ancien voleur. Le drôle, ne
se contentant pas de voler les effets de l'expédition, avait pris la pou-
drière d'un homme du village.

Le crime était flagrant, et voulait une répression publique; il y
allait presque de ma sûreté. Je fis donc donner, en ma présence et avec
une sorte de solennité, vingt-cinq coups de corde au coupable, qui les
reçut en homme qui n'en est plus à son coup d'essai.

Je trouvai à Sandioro, pour la première fois depuis que je parcourais
l'Afrique, l'habit de masque décrit par Mungo-Park et le major Gray :
ils en avaient aperçu de semblables pendus à la porte de plusieurs
villages mandingues. Celui que je vis était sur le dos d'un enfant; au
lieu d'écorce d'arbre, il était fait en étoffe de coton, et se composait
d'un pantalon et d'un capuchon percé de trous pour les yeux. Tout le
monde, les femmes principalement, riaient beaucoup de cette masca-
rade qui ne les fait pas toujours rire, selon, du moins, ce que rappor-
tent ces deux voyageurs.

« Cet étrange épouvantail, dit Park, se trouve dans toutes les villes
mandingues, et les nègres, païens ou kafirs, s'en servent pour tenir
leurs femmes dans la sujétion. Comme la polygamie leur est permise,
ils épousent ordinairement autant de femmes qu'ils peuvent en nourrir.
Souvent ces femmes sont jalouses les unes des autres; les discordes,
les querelles se multiplient, et l'autorité du mari ne lui suffit pas pour
établir la paix dans son ménage. Alors il a recours au mombo-jombo,
dont l'interposition est toujours décisive

» Ce singulier magistrat, qu'on suppose être le mari lui-même, ou
quelqu'un instruit par lui, se déguise sous l'habit dont je viens de
parler; et, armé d'une baguette, signe de son autorité, il annonce son
arrivée en faisant des cris épouvantables dans les bois qui sont auprès
de la ville. C'est toujours le soir qu'il fait entendre ces cris; et dès

qu'il est nuit, il entre dans la ville et se rend au bentang, où aussitôt tous les habitants ne manquent pas de s'assembler.

» On peut croire aisément que cette apparition ne fait pas grand plaisir aux femmes, parce que, comme celui qui joue le rôle de mombo-jombo leur est essentiellement inconnu, chacune d'elles peut soupçonner que sa visite la concerne. La cérémonie commence par des chansons et des danses qui durent jusqu'à minuit. Alors le mombo désigne la femme coupable. Cette infortunée est saisie à l'instant, mise toute nue, attachée à un poteau et cruellement frappée de la baguette du mombo, au milieu des cris et de la risée des spectateurs. Il est à remarquer que, dans ces occasions, ce sont les femmes qui crient le plus fort contre la malheureuse qu'on châtie. Le point du jour met un terme à cette farce indécente et barbare. »

Il n'y avait rien de sérieux dans le petit mombo qui vint folâtrer autour de moi, et qui termina sa visite en me demandant un salaire, sans doute pour le plaisir qu'il pensait m'avoir procuré. La tradition du mombo-jombo de Park ne paraît pas s'être conservée dans la population; car, dans mon voyage, personne ne m'en a parlé.

Le 7 avril, au moment du départ, on m'informa de la disparition de Sara Kaméra, l'homme que j'avais fait châtier. Un voleur est un compagnon si désagréable que, malgré le vide qu'il faisait dans les rangs de ma petite escorte, je ne me donnai aucune peine pour le ravoir. On verra plus tard que le coquin a cherché à se venger, et que ce n'est pas sa faute s'il a manqué son but.

Notre marche présenta les mêmes accidents que ceux de notre dernière route. Le bœuf de Ségala-ba fit en grande partie les frais de nos tribulations. Je l'abandonnai encore à la protection de Barka, et rejoignis les ânes valides pour ne pas m'exposer à des erreurs dans l'estimation des distances. Mon régulateur est un âne qui fait, je l'ai longtemps expérimenté, ses 5 kilomètres à l'heure. Quand il s'arrête, je m'arrête, et j'écris le temps d'arrêt. Cette dépendance est mal commode, mais je l'ai acceptée cependant, parce qu'elle fournit toutes les garanties désirables pour arriver à une supputation passable du chemin fait.

La campagne n'est pas plus belle que sur la route de Dialaka. Mimosas et fromagers sans feuilles, auxquels se joignent des baobabs, tout aussi nus, sont les seuls objets que l'œil puisse apercevoir. Néanmoins, à part les accidents inhérents à sa constitution géologique et au voisinage des montagnes, la route n'est pas trop difficile, et elle est assez large pour que les ânes puissent y marcher plusieurs de front. La direction de la chaîne que nous suivons depuis Kouniakary se modifie dans cette étape. Au lieu du nord-nord-est, c'est le nord-nord-ouest.

J'ai vu quelques ruines de villages, notamment celles des villages de Gaoua et de Yéko, qu'on me dit avoir été détruits par les M'barek. Ces événements sont communs dans l'histoire des nègres, et je ne m'étonne plus de ne pas retrouver les villages que traversait Mungo-Park. On comprend, au reste, que la disparition d'un village est peu de chose pour les nègres, et qu'ils n'ont aucun intérêt, lorsque le danger est passé ou la guerre finie, à reconstruire leurs habitations aux mêmes lieux. Généralement, une population chassée d'un point se transporte dans un autre et y bâtit de nouvelles cases. On a déjà vu que ce travail ne demandait ni grand temps, ni grand talent, ni matériaux difficiles à se procurer. Une fois établie, la population déplacée reste où elle est, et ce ne serait qu'une nouvelle émigration qui pût reprendre possession du village primitivement délaissé.

A midi je traversai le village de Benta, situé tout à fait au pied des montagnes. Ses fortifications, en assez bon état, en ont fait un lieu de refuge pour un certain nombre de familles expropriées par la guerre. Après une marche de huit heures consécutives, je m'installai à Yakara, dans un logement qu'on m'avait préparé et qui se composait de trois cases entourées d'une tapade. Dans cette journée, le thermomètre marquait déjà 40° à dix heures du matin.

Yakara est un village nouvellement bâti, posé au milieu d'une plaine bornée à l'est par la chaîne de montagnes dont j'ai déjà signalé le gisement, et au nord par la ville d'Élimané, ancienne capitale du Kaarta, à l'époque (il y a vingt-quatre ans) où M. de Beaufort y voyageait.

Élimané n'est éloigné de Yakara que de 3 kilomètres.

D'après ce qu'on m'apprend dans cette station, rien n'est moins sûr que mon passage par le Kaarta. Jusqu'à présent, me dit-on, soit caprice, soit superstition, soit tout autre motif, la route a été refusée aux Européens. Si ce renseignement est vrai, et je pencherais à le croire, Barka m'aura embarqué dans une affaire épineuse. Il se donne beaucoup de peine; il est engagé, d'honneur et d'intérêt, à remplir ses engagements envers moi; mais lui-même, ce que l'on m'apprend aussi, n'est pas avec Mamady si bien qu'il a voulu me le persuader. On ajoute que la question du passage est bien autrement grave que la question du présent, que je considérais comme capitale.

Voilà une nouvelle absurdité qui, quoi qu'en disent les Bambaras, n'est pas de date très-ancienne ; car Mungo-Park, dont l'entrevue avec Daizé prouve que les souverains du Kaarta ne croyaient pas alors que la vue d'un blanc les faisaient mourir, n'est nullement empêché de traverser le Kaarta.

J'ai pris depuis longtemps le parti de ne pas me tracasser à l'avance et d'attendre insoucieusement les événements. Après tout, Dieu est grand et... Mahomet n'est pas son prophète !

Barka et les hommes qui escortaient le bœuf porteur arrivèrent à six heures du soir, chargés des dépouilles de l'animal. La bête ne pouvant ou ne voulant plus avancer, ils avaient été obligés de la tuer sur place pour continuer leur route. Sa maigreur maladive faisait suffisamment pressentir la qualité de sa chair ; mais en voyage tout est bon. On aurait d'ailleurs mauvaise grâce à être difficile.

Dans la soirée, Tambo (le frère de Barka) arriva de Koghé. Il y avait été envoyé par son frère pour gagner à mes intérêts l'héritier présomptif, homme considérable, exerçant une grande influence sur l'esprit du roi. Tambo me rassura en me parlant des bonnes intentions de ce chef.

Il existe, près de Yakara, un plateau isolé appartenant à un des nombreux contre-forts de la chaîne de montagnes que l'on a en vue depuis Kouniakary ; ce plateau porte le nom de Goumboukou, et possède aussi sa légende que je m'empresse de me faire raconter ; la voici :

« Autrefois vivait, dans un village voisin, une vieille femme dont l'existence était environnée de mystère ; mais comme rien dans sa conduite n'était répréhensible, on fermait les yeux sur certains faits extraordinaires dont l'accomplissement coïncidait avec son arrivée dans le pays. Personne, du reste, ne la connaissait auparavant et ne pouvait dire d'où elle venait.

» Elle avait une fille admirablement belle qui se maria à un jeune homme des environs. Après les noces, le marié, selon l'usage, prit ses dispositions pour conduire sa femme dans son pays. Quelques moments avant le départ, la mère appela sa fille et lui donna des conseils sur les devoirs de la femme mariée envers son mari et ses enfants. La jeune femme écoutait avec impatience les avis de sa mère, et lui répondait sans cesse : « Mais, ma mère, je sais cela. »

» Piquée de l'indifférence de sa fille, la mère s'interrompit tout à coup, frappa du pied avec violence, et la regardant avec un œil plus brillant qu'une étoile : « Ah ! tu sais tout, dit-elle ; eh bien, tu sais

» aussi sans doute que lorsque tu traverseras Goumboukou, ta cein-
» ture (1) se détachera, que tu t'arrêteras pour en ramasser les grains,
» qu'un grand vent s'élèvera, qu'il les dispersera dans l'espace, et
» qu'alors..... Mais à quoi bon te prévenir, puisque rien ne t'est in-
» connu. »

» La jeune femme, qui avait donné jusque-là des signes d'impatience
offensants pour sa mère, éclata de rire à ces dernières paroles et lui
tourna le dos avec mépris.

» Bientôt elle se mit en route, suivie de son mari et de toutes les
personnes qui avaient assisté à la noce; sa mère ne l'accompagna pas.
Arrivée à la montagne et parvenue au tiers du chemin qui la traversait, la jeune femme sentit sa ceinture se dénouer et les grains en
tomber sur la terre; elle s'arrêta, pria ses compagnes de continuer et
se baissa pour les ramasser. A peine les eut-elle touchés, qu'un
tourbillon violent arracha les pierres de la montagne, déracina les
arbres et les fit pirouetter dans l'air comme des plumes d'oiseau; au
même moment, les grains de verre se multiplièrent et tombèrent
comme une pluie abondante. Cette tempête, qui ne dura qu'un instant,
avait suffi pour changer en rochers la jeune épouse, son mari et
toutes les personnes qui l'accompagnaient. La montagne avait été bou-
leversée de fond en comble; les arbres, les plantes, les lions, les oiseaux, tout ce qui avait été touché par les grains de la ceinture avait
été changé en pierres.

» Le lendemain de cette horrible histoire, la vieille femme disparut
du village. Sa case disparut aussi, ne laissant à la place qu'elle occupait qu'un peu de cendres blanches, que la brise de la nuit avait
épargnées.

» A quelque temps de là, un Maure passait dans le pays, monté sur
un chameau noir; il entendit le récit de cette aventure, la trouva fort
plaisante, en rit beaucoup, et accepta le défi d'aller continuer son rire
en présence des malheureux que le diable avait transformés. Le lendemain, le Maure incrédule partit pour la montagne; mais il ne revint
jamais dire ce qu'il avait vu.

» Bien des années s'écoulèrent avant que les habitants n'osassent en-

---

(1) Les femmes et les filles portent au bas des reins une ceinture qui fait sept à
huit fois le tour du corps. Cette ceinture, composée de grains de verre transparents
et incolores qui ne servent qu'à cet usage, a pour objet de conserver la chasteté des
filles et d'assurer la fécondité des femmes.

treprendre la traversée de la montagne. Un guerrier intrépide s'y rendit enfin, et il recula frappé d'horreur quand il aperçut sur le faîte le Maure et son chameau, pétrifiés tous deux à côté de la mariée; la figure du Maure souriait encore, mais d'un rire affreux que Satan seul avait pu inspirer. »

Si je n'avais eu la fièvre, j'aurais fait volontiers mon pèlerinage à Goumboukou, qui, depuis cette effrayante aventure, est devenu la terreur des filles désobéissantes.

Le griot de Barka vint dans la journée causer avec moi du passage, la grande affaire à l'ordre du jour. Maka-Sirré, l'héritier présomptif, serait, suivant son dire, bien supérieur au roi Mamady, et son avénement au pouvoir changerait complétement les dispositions des Bambaras. Maka (prétend toujours le griot) montre un grand mépris pour les superstitions qui empêchent les rois du Kaarta de voir des blancs et s'opposent à ce qu'ils traversent le pays. Malheureusement, et en supposant que le griot dise vrai, Maka n'est pas roi, et son auguste frère est loin de partager ses prétendues opinions.

Je priai Barka de faire résonner aux oreilles de Mamadi, ouvertes sans aucun doute aux espérances du lucre, les avantages qu'il retirerait d'une concession qui me serait favorable. Barka était trop intelligent pour ne pas le comprendre, et comme il faisait de la question du passage une affaire personnelle, je n'eus rien à lui dire de plus.

Je demeurai trois jours à Yakara, ayant presque toujours la fièvre. Le 9, à cinq heures du soir, Barka m'en fit partir, afin de me rapprocher de la résidence du roi. Quarante minutes de marche me conduisirent à Élimané.

Cette ville, à en juger du moins par ses fortifications et ses nombreux forts détachés, a eu une grande importance au temps où elle était la capitale du Kaarta. Ce n'est plus maintenant qu'une bicoque qui témoigne de l'instabilité des empires, des caprices de la fortune et du peu de durée des forteresses de boue.

Élimané florissait encore il y a deux ans à peine. Aujourd'hui on n'y voit plus que des cases tombées et des myriades de rats qui disputent aux quelques habitants de ses ruines leur logis et leurs provisions.

Il est d'usage au Kaarta, et cet usage existe aussi dans d'autres pays nègres, que le nouveau roi choisisse sa capitale. Il s'inspire, pour ce choix, de son intérêt d'abord, et en second lieu de diverses considérations que nous appellerions chez nous des questions de clocher.

Kemmou était la capitale du pays en 1796, ainsi que nous l'apprend

Mungo-Park; Elimané a été occupé par les rois Maudibâ, Garan et Mamady (le roi régnant), qui ne l'a abandonné pour Koghé qu'en 1844.

Il était nuit close quand j'arrivai à Sankhé ou Sanghé, où je devais résider provisoirement. Le chef vint à ma rencontre, et m'offrit gracieusement une place sous un arbre. Passe pour une nuit; mais pour huit jours peut-être, c'est une tout autre affaire, pensai-je; surtout avec une fièvre qui se montrait rebelle à toute médication. Aussi, faisant au chef un de mes plus beaux saluts, je lui exprimai très-clairement que je voulais une case, dût-il en chasser son propriétaire. Après quelques pourparlers, j'obtins des cases; mais, grand Dieu! quelles cases! Assis, il fallait s'y tenir courbé, et à sept heures du soir le thermomètre y marquait 45°.

Mon entrée à Sankhé s'annonça par un événement qui n'eut pas heureusement toutes les suites qu'il pouvait avoir. Jusque-là, et à part l'exécution de Sara-Kaméra, je n'avais eu que quelques grondes à adresser à mes hommes et quelques punitions légères à leur infliger. A Sanghé, l'un d'eux se mit contre moi en pleine révolte, et m'obligea, tout fiévreux que j'étais, à lui administrer une correction. Ce traitement l'exaspéra, et, s'échappant de mes mains, il dégaina son poignard et s'élança sur moi. On s'empara du furieux, et, pour l'exemple, je lui fis distribuer, séance tenante, cinquante coups de corde vigoureusement appliqués. Cette scène me donna de l'humeur, et je passai le reste de la nuit dans un affreux délire

CHAPITRE XIX.

L'homme que j'avais fait corriger devint doux comme un agneau. C'est un moyen violent, je le confesse, que cette justice à la turque, et personne n'aime à en faire usage moins que moi ; mais il est des circonstances où il faut savoir faire ce qu'on n'aime pas. Mes nègres étaient plutôt bons que mauvais ; seulement ils étaient têtus comme des mules, et m'eussent résisté jusqu'à devenir plus maîtres que moi si je les eusse laissé faire. Cet exemple servit aux autres.

Je passai deux jours dans les cases incommodes de Sanghé, en proie à une épouvantable fièvre. On m'annonça que les M'barek avaient envoyé au roi du Kaarta des députés pour traiter de la paix. Cette nouvelle ne me fut pas indifférente, car les Maures étaient de mauvais compagnons de route, et j'avais toujours quelque crainte de les rencontrer.

Barka était allé à Koghé, éloigné seulement du village de 7 à

8 kilomètres, pour arranger mes affaires et les siennes. On m'avait dit vrai, il était en froid avec Mamady.

La journée du 12 avril, la troisième de ma station à Sanghé, commença par la visite d'un prince du Kaarta ou, comme on dit en Afrique, d'un *fils de roi*. Après avoir énuméré ses titres et qualités, et établi avec emphase sa généalogie, mon visiteur, qui était resté à cheval à la porte de ma case, m'apprit qu'il partait pour la guerre, et qu'il avait besoin d'une culotte et d'un *coussab*. Cette demande était faite d'un ton si insolent, que je me levai avec l'intention de traiter le mendiant comme son parent Mamady-Sirré; mais un de mes hommes m'arrêta en me faisant entrevoir tout ce qu'il y avait d'im-politique, dans ma position, à me faire un nouvel ennemi, et un ennemi redoutable, car c'était le propre fils du roi, et de plus son enfant gâté.

Le prince, je souffre d'employer ce mot pour désigner un pareil moricaud, reçut dix coudées de guinée, fit faire quelques pas à son cheval, puis se ravisant : « A propos, me dit-il, tu es ici pour traverser le Kaarta; eh bien, ta route est finie. J'en sais là-dessus plus long que toi. » Et, sur ce, il me quitta en ricanant.

« Eh quoi! dis-je à mon nègre, est-ainsi que les Kourbaris re-mercient? Et que serait-il donc arrivé de pire, si j'avais suivi ma première impulsion en envoyant au diable cet impertinent? » Mon nègre remua la tête comme un homme qui n'a rien à répondre. Le souvenir de ce drôle me raillant après m'avoir dépouillé, m'agaça tout le jour.

Aux approches de la nuit, je partis pour me rapprocher de Koghé. L'air satisfait de l'homme qui me portait, de la part de Barka, l'avis de me mettre en route, ses discours pleins d'espérance sur le succès des démarches de son maître, chassèrent de mon esprit la pénible impression qu'y avait laissée l'*enfant gâté* du roi.

J'atteignis rapidement le logis qu'on m'avait préparé. C'était une construction faite avec des pieux et de la paille tressée, établie en un endroit tout-à-fait écarté, dans la banlieue de Koghé. Contraire-ment aux usages du pays, je n'y trouvai personne : pas d'eau, pas de nattes, pas de gens empressés à me vendre, à des prix fabuleux, du bois, du lait, des pistaches ou du mil. Il était nuit close quand le messager de Barka m'installa dans ce lieu maussade. Peu d'in-stants après il me quitta, en me prévenant qu'il m'était permis de dormir, mais qu'il m'était absolument interdit de sortir.

Vue du dehors, cette construction n'avait pas mauvais air; mais sa hauteur, qui ne dépassait pas trois pieds, en rendait l'entrée fort désagréable et permettait à peine de s'y asseoir. J'avais faim et soif, autres choses très-malplaisantes. Je suivis à la lettre la consigne donnée par l'esclave de Barka, c'est-à-dire que je ne fis aucune tentative pour sortir de l'endroit où il m'avait parqué, et que j'essayai de dormir, plus inquiet qu'étonné d'une réception si peu *royale*. Le fait est que je m'attendais à quelque surprise, d'après ce que j'avais entendu dire de la munificence des rois du Kaarta. Il me fut impossible de fermer l'œil de la nuit, à cause des miaulements des chacals et des hurlements des hyènes qui rôdaient autour de nous pour se repaître de cadavres; nous étions en effet sur un cimetière.

Le lendemain, au petit jour, d'innombrables bandes, parties de Koghé et des nombreux villages de sa banlieue, se dirigèrent sur mon campement. J'avais préféré le grand air au gîte à lézards que m'avait fait construire le roi du Kaarta; mais à l'approche des bandes, je cherchai un refuge sous les pailles de ma prison, et, comme Mungo-Park à Kemmou, je me soumis à la plus intolérable des contemplations.

Sa case, nous apprend-il, se vida treize fois de suite. Je ne saurais dire combien de fois mon réduit fut rempli; mais ce que je me rappelle encore avec effroi, c'est que les curieux se pressaient si fort pour arriver jusqu'à moi, que j'aurais certainement été écrasé si je n'avais pris le parti de les écarter à grands coups de pied. Cette résistance les tint un instant en respect; mais bientôt, avisant les tapades qui m'isolaient, ils se mirent en devoir de détruire cette fragile barrière. Je dois toutefois rendre à leur probité la justice qui lui est due : ils ne me volèrent pas, malgré toutes les facilités qu'ils en avaient.

Je restai dans cette situation désagréable jusqu'à trois heures du soir. De tous côtés des brèches faites à ma muraille de paille laissaient poindre des yeux brillants. J'avais fait un tel usage de mes jambes et de mes bras, que je m'étais laissé tomber, vaincu par la fatigue. Depuis la veille, je n'avais ni bu ni mangé : on attendait les ordres du roi pour nous permettre de prendre de l'eau, et quant aux vivres, personne n'y pensait; d'ailleurs, en eussions-nous eu, il eût été impossible de manger au milieu de cette foule.

Aussitôt que les bandes s'étaient montrées, j'avais envoyé au roi un homme du village qui avait bien voulu, moyennant salaire, se charger d'aller lui demander des gardes pour me protéger, de l'eau pour moi, pour les hommes et pour les bêtes, et enfin de la farine, de la viande ou des pistaches pour manger. Les heures s'écoulaient et je commençais à croire que ma commission n'avait pas été faite, quand des cris aigus frappèrent mon oreille. Au même moment une agitation extraordinaire se répandit dans la foule, et tout à coup, comme par la baguette d'une fée, elle disparut en poussant des cris d'épouvante. L'entrée était étroite, et les issues ménagées dans la clôture l'étaient encore davantage; pourtant, la place fut vide en un clin d'œil.

Je sortis pour connaître d'où venait une diversion que je n'espérais plus, et quelle pouvait être la cause de cette panique.

Un changement à vue s'était opéré autour de mon campement : dans toutes les directions, hommes, femmes, enfants couraient à toutes jambes, poursuivis par des hommes armés de nerfs de bœuf et de longs et flexibles bâtons de bois blanc. A leur place, une forte escouade de captifs du roi, les soldats, ou, si l'on veut, les sergents de ville de l'endroit, riaient bruyamment du succès de leur manœuvre.

Mon messager, que je m'empressai de récompenser par un salaire convenablement augmenté, en raison de l'agréable surprise qu'il venait de me procurer, m'apprit que le roi l'avait fait attendre; mais que dès qu'il avait connu le motif de sa missive, il avait fait partir en toute hâte les hommes que je voyais, et donné des ordres très-pressants pour qu'on m'établît dans un logement plus commode et qu'on me fournît des vivres et de l'eau.

Presque aussitôt survint un homme à cheval, qu'on me dit être un officier. Il annonça, à la manière des hérauts d'autrefois, que le roi punirait de mort toute personne qui viendrait m'importuner. A partir de ce moment je respirai en liberté, et il me fut permis de jeter un regard autour de mon logement.

Farinkidou, c'est le nom du village où j'étais, est situé dans une vaste plaine, bornée à l'est par la chaîne de montagnes que nous avons constamment longée depuis Tinntila. Farinkidou, Fadighila, Sankhé, tous trois dans la même plaine, n'ont point de fortifications et sont composés d'une multitude de groupes de cases, espacés et entourés de plantations de mil et de maïs. A l'exception de ces cultures, la plaine n'a d'autre végétation que des baobabs et des mimosas sans feuilles, d'une tristesse qui rappelle l'hiver de nos climats.

Koghé, situé dans la même plaine, à un kilomètre environ à l'est de Farinkidou, s'appuie sur le pied de la montagne. Son étendue oc-

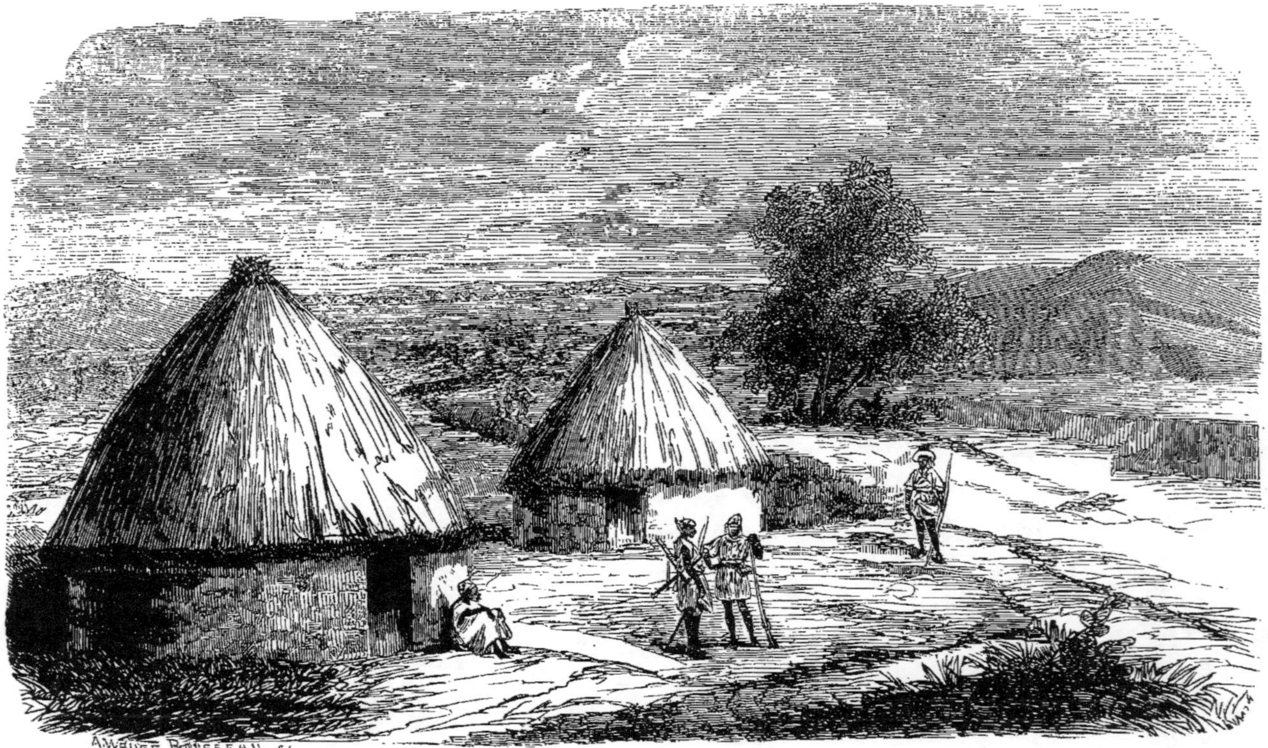

AMÉDÉE ROUSSEAU. SC

VUE DE KOGHÉ, PRISE DE FARINKIDOU

T. I, p. 227.

cupe, dans une direction parallèle à la montagne, un développement
de plus de deux kilomètres; au centre se trouve le tata du roi. On
n'aperçoit pas de muraille continue autour de la ville; mais on remarque, comme à Élimané, un certain nombre de tatas isolés enfer-
mant des cases; ce sont des sortes de forts détachés où se retire sans
doute la population en cas d'attaque.

Une des grandes contrariétés que j'éprouvais était de ne pouvoir
visiter cette ville, la plus importante de celles que j'avais vues jusque là ; mais la défense était rigoureuse, et mes hommes m'assurèrent que je serais certainement tué si j'essayais de l'enfreindre. Je
fus d'ailleurs sévèrement surveillé, et la seule faveur que j'obtins
fut de contempler Koghé à la longue vue.

J'avais aperçu pendant le jour, au plus fort du siége désespéré que
je soutenais contre les habitants de Koghé, trois cas d'albinisme que
je me promis d'étudier en détail si je parvenais à triompher de mes
ennemis. Dès que je fus libre, je m'adressai à un de mes gardes
qui, pour trois pierres à fusil et trois charges de poudre, s'empressa
de m'amener les sujets.

Le premier albinos avait seize ans environ; il était Malinkié d'origine et né d'un père et d'une mère parfaitement noirs. Les traits de
la race éthiopique se remarquaient à peine sur sa face. Son front,
étroit à la base, se terminait en pointe, forme *pyramidale* particulière aux Esquimaux; ses cheveux étaient plutôt frisés, comme certains
cheveux blonds d'Européens, que lainés comme ceux des nègres; ils
étaient rudes au toucher, et de couleur brune ou plutôt châtain
foncé, avec un léger reflet rougeâtre. Son teint plombé et sa face
légèrement ridée rappelaient la figure de ces jeunes marins sur laquelle les fatigues et les veilles ont imprimé les signes précoces
d'un âge qu'ils n'ont pas encore; la couleur de sa peau était celle
d'un citron qui n'est pas bien mûr (à peu près la couleur des Maures);
ses yeux, brun foncé, semblaient avoir perdu leur sensibilité pour la
lumière; ses paupières avaient également perdu leur rougeur maladive.

Le second était âgé d'environ dix ans. Il réunissait tous les caractères connus de l'albinisme. La sensibilité morbide de ses yeux produisait fréquemment sur sa figure des contractions musculaires qui donnaient peu d'agrément à sa physionomie; ses yeux avaient en outre
une sorte de reflet rouge et chatoyant qui empêchait d'en bien distinguer la couleur; elle semblait brune ou gris ardoise. Ses pau-

pières étaient bordées d'une ligne rouge ; il les tenait entr'ouvertes, et paraissait éprouver une vive douleur quand il les ouvrait en entier. Il avait les lèvres minces, le nez écrasé et très-large, les cheveux blancs et crépus, mais sans la rudesse de toucher des cheveux des enfants noirs de son âge. Sa peau était très-blanche, surtout celle de la face, et ses pommettes étaient rosées ; sur plusieurs parties de son corps, entièrement nu, on remarquait des furoncles et des plaies ; sa peau présentait en outre des rides et des rugosités, particulièrement au cou, aux genoux, aux épaules et aux coudes : la malpropreté, jointe à l'action permanente du soleil, avait sans doute produit cet effet. Le nez, l'allongement des mâchoires, la partie postérieure du crâne rejetée en arrière, étaient les seuls caractères de sa race ; mais l'ensemble de sa physionomie, et surtout les couleurs de son teint, comparable au plus joli teint des enfants du nord de l'Europe, ne la rappelaient en rien.

Cet enfant était Malinkié comme le précédent, et ses parents étaient noirs. Leur extrême pauvreté avait, me dit-on, touché le roi, et il s'était chargé de leur fils, qu'il gardait comme une curiosité agréable.

Le troisième sujet était une petite fille de dix-huit à vingt mois. La pauvre créature avait été récemment enlevée avec sa mère dans une des excursions habituelles des Bambaras. Sa mère, qui la nourrissait encore, était d'un très-beau noir, et son père un Bamboukié de la même nuance. Les cheveux de cette enfant étaient d'une blancheur mate ; ses yeux, qu'elle n'entr'ouvrait que furtivement, étaient excessivement sensibles ; leur couleur, que j'ai eu une peine extrême à distinguer, était bleu-clair ; mais il ne m'a pas paru que ses pupilles eussent le reflet rouge observé sur le jeune garçon. La peau de cette petite fille était d'une blancheur de lait, et sa figure très-agréable ; une légère teinte rose couvrait ses joues ; ses lèvres étaient d'une forme et d'une fraîcheur admirables. Elle n'avait absolument rien de sa race.

J'avais déjà, en 1844, rencontré à Bakel une variété albine qui présentait sur toute la surface de la peau une alternance de taches noires presque symétriques (l'*homme pie* de Cuvier). Le sujet avait environ quarante ans et appartenait à la race foulha.

J'ai demandé si ce phénomène (le retour partiel à la couleur naturelle) se produisait sur les albinos parvenus à un certain âge ; on m'a répondu négativement.

Au dire des gens du pays et de ceux de mes hommes qui ont beaucoup voyagé, l'albinisme n'est pas rare dans l'intérieur de l'Afrique, notamment chez les Foulhas (1); mais les individus sur lesquels on rencontre cette déviation des lois de la nature subissent, en vieillissant, des modifications notables dans leur état primitif. Ainsi, en naissant, les albinos nègres ont les cheveux très-blancs et très-soyeux, le teint rosé, la peau d'une blancheur mate et d'une sensibilité extrême, qui s'annonce par des gerçures et des furoncles; ils ont les paupières enflammées, les pupilles rouges ou bleu azuré, et ils éprouvent une grande difficulté à tenir les yeux ouverts. Progressivement, les changements suivants s'accomplissent : les cheveux conservent leur aspect laineux, se durcissent, et, de blancs qu'ils étaient, deviennent brun foncé tirant sur le rouge; le teint se plombe, la peau devient jaune et perd de sa sensibilité; les yeux passent au gris, au bleu foncé ou au brun, et leur sensibilité pour la lumière est notablement diminuée.

On m'a cité plusieurs albinos mariés. D'abord, on m'avait assuré qu'ils étaient demeurés sans postérité; mais, plus tard, cette assertion a été démentie de la manière la plus authentique par un nègre mahométan : il m'a affirmé avoir vu une femme albinos donner le jour à deux enfants, dont l'un était semblable à sa mère et l'autre semblable à son père, qui était nègre. Un autre voyageur m'a dit avoir vu dans la Gambie supérieure une négresse mettre au monde, en deux couches, quatre enfants : les deux premiers étaient albinos, et les deux autres noirs. On ne m'a pas cité d'albinos mariés ensemble.

Les albinos, dans la langue foulha, sont appelés *danédio*, mot qui signifie de couleur blanche; mais on ne leur donne pas, ainsi que je l'avais cru, le nom de *toubabo*, signifiant homme blanc. Dans les langues yoloff, sarracolèse et malinkièse, on les désigne par le mot *pounoy*, dont il m'est impossible d'obtenir l'étymologie.

Lorsqu'ils sont libres, les albinos vivent, comme on dit en Afrique, de charité; mais cette expression n'entraîne pour les nègres aucune idée honteuse ou humiliante. Vivre de charité, c'est être l'objet d'une offrande spontanée et volontaire; c'est l'entretien par la nation. Dans

---

(1) Le père Labat rapporte que Brue vit une femme albinos accoucher de deux enfants nègres. (Tome II, p. 268, *Nouvelle Relation de l'Afrique*.)

Les frères Lander font rencontre dans le *Yarriba* d'un albinos. (Tome Ier, p. 204.)

les pays musulmans, les marabouts voyageurs sont également entretenus par les populations des pays qu'ils traversent, et on dit de même qu'ils vivent de charité.

Quand les albinos naissent esclaves, eux et leur mère sont de droit dégagés de leurs chaînes. Tous ceux qui sont nés libres, comme ceux qui sont nés esclaves, ne travaillent pas, jouissent d'une grande considération et ont certains priviléges. Les chefs les recherchent et se les attachent, sous prétexte que les blancs ne sont pas faits pour le travail et ne doivent manquer de rien. C'est là, sans contredit, un hommage flatteur rendu à la suprématie de notre race.

Je passai encore la journée du lendemain (le 14) dans mon affreux logement. Mes gardes veillaient avec vigilance et tenaient les masses à distance; mais ils s'humanisaient pour les grands personnages, et grâce à cette tolérance, la compagnie, et la pire espèce de compagnie, ne me manquait pas.

L'un de ces grands seigneurs, remarquable entre tous ses confrères par l'air d'importance qu'il se donnait, me présenta un accordéon en bois de palissandre incrusté d'argent et d'ivoire. Le soufflet de ce joli instrument, venu sans doute de quelque Anglais de la Gambie (nous ne donnons jamais de si belles choses), était en lambeaux, et les touches en grande partie décollées. Son possesseur me le remit, tout souriant d'avoir eu cette heureuse idée, et persuadé que j'allais, séance tenante, rendre à son joujou les sons qu'il n'avait plus.

Je pensai soudain au fameux *baston sabir*, et au *yattaghan sabir*, moins fameux, mais plus terrible. Tout le monde connaît cet argument *ad hominem* des Algériens, au temps où il y en avait. Un *dey*, un *reïs*, un *syd* quelconque avait-il fantaisie d'un objet, il s'adressait à un esclave chrétien et lui disait : « Voici une montre en or (je choisis le premier objet venu), j'en veux une pareille. Je te laisse le modèle ; on va te donner de l'or, du fer, du cuivre et des outils. »

L'esclave qui recevait cette sommation, et qui, à moins d'un hasard inouï, n'était pas horloger, répondait dans la langue des Turcs de Molière, la vraie langue *franque* des régences barbaresques : « Mi pas sabir. »

« Ti pas sabir ! s'écriait l'Algérien furieux, eh bien, baston sabir ! » On devine le reste : les coups de bâton pleuvaient sur le dos du pauvre diable jusqu'à ce que l'objet fût confectionné.

Le *yattaghan sabir* est plus tragique. L'anecdote m'a été racontée à Alger même, un jour que j'admirais des fresques représentant des arbres et des bipèdes d'espèces inconnues, et surtout de magnifiques lions jaune d'or avec des crinières bleues, des ongles verts et une queue rouge.

Un dey, me dit-on, ayant eu envie d'orner de peintures ses monuments, fit venir dans la cour de son palais une vingtaine d'esclaves chrétiens ; il les fit ranger sur une ligne, et, s'adressant au premier, lui dit :

« Ti sabir la pintura?

« — No sabir,» répondit-il étourdiment.

« — Yattaghàn sabir, » murmura le dey d'une voix sourde; et la tête du maladroit roula sur les dalles.

« Ti sabir la pintura? » redit le dey à celui qui venait après ce malheureux.

« — Sabir un pocco, un poccito, » répondit en tremblant celui-ci.

« Yattaghàn sabir multo! » cria le dey d'une voix terrible; et une seconde tête tomba.

« Ti sabir la pintura? » répéta doucereusement le dey au troisième captif. Mais le dey n'avait pas fini sa courte phrase que celui-là hurlait comme un forcené :

« Sabir multo, sabir muy bien; sabir pintar los hombres, la luna, las étoilas....

« — Bono, » fit le dey en l'interrompant d'un geste de satisfaction.

L'artiste improvisé, qui était, dit la chronique, un garçon perruquier de la rue Quincampoix, reçut des pinceaux, des couleurs, et embellit de ses ouvrages les palais du dey d'Alger.

Pour en revenir à l'homme à l'accordéon, je lui fis une réponse analogue à celle que faisaient les captifs chrétiens aux Algériens. Il insista; j'articulai alors, en l'accompagnant de mouvements de tête et de bras, le vrai « *mi pas sabir*, » ce qui parut enfin le convaincre. Il se retira, mais d'un air si mécontent que, sans aucun doute, s'il eût connu la tradition des deys d'Alger et eût eu le pouvoir de la suivre, il m'aurait appliqué dans toute sa rigueur la méthode d'enseignement qu'elle consacrait.

Cet incident prouve qu'on expose les voyageurs à bien des ennuis en donnant aux nègres des instruments délicats et fragiles. Les montres, les boîtes à musique, comme tout autre objet pouvant se détériorer facilement, doivent être sévèrement retranchés des cadeaux qu'on leur fait. Je prêche ici contre moi-même; car, tout le premier, j'étais tombé dans cette faute. J'avais emporté des boîtes à musique et j'en avais donné deux : l'une à l'almamy du Bondou, l'autre à Barka ; elles m'attirèrent mille désagréments et furent brisées, la première, au bout de huit jours, la seconde, au bout de deux heures ; ce que voyant, e pris prudemment la détermination de garder celles qui me restaient.

Barka m'envoya enfin un quartier de bœuf. Depuis mon arrivée sur les terres du *domaine royal*, je vivais de pistaches, de maïs grillé et d'un peu de lait. En m'adressant ce précieux cadeau, Barka me faisait dire que nous possédions un ami très-dévoué dans la personne du premier chef de captifs du roi (sorte de grand-officier), et qu'il se chargerait désormais de nous fournir régulièrement des aliments.

Un peu avant le coucher du soleil, j'allai prendre possession de mon nouveau logement, situé au village même de Farinkidou : il se composait de trois vieilles cases, depuis longtemps abandonnées, et d'une case neuve que le maître du village s'empressa de me refuser. A part la hauteur, qui était convenable, cette habitation ne valait pas mieux que l'autre, et, sous certains rapports, elle valait moins : ces vieilles cases devaient être, en effet, peuplées d'insectes et de reptiles ; et elles l'étaient réellement. J'eus d'abord envie de faire la mauvaise tête ; mais je réfléchis que jusqu'à ce que le passage me fût accordé, il était prudent de me contenter de tout.

Le lendemain, le premier chef de captifs, mon protecteur discret, car il ne m'avait encore rien demandé, parla pour moi au maître du village, et j'obtins par son crédit la reconstruction d'une des vieilles cases et le remplacement d'un hangar aussi bas que celui que je venais de quitter, par un autre plus vaste et plus élevé. Cette restauration, qui s'accomplit immédiatement, rendit mon habitation supportable et me permit d'attendre, sans trop souffrir, la décision du roi. Il paraît que les Bambaras sont peu expéditifs en affaires ; l'hydromel, le *dolo*, le *toubabo-dolo* (l'eau-de-vie) dont ils s'enivrent sans relâche, les laissent rarement sains de raison ; et ils ne font rien quand ils sont ivres.

Ma tente, que j'avais fait dresser au milieu de la cour de mon hôte pour attendre l'achèvement de mon hangar, excita parmi les assistants une admiration mêlée d'effroi. ils me prirent pour un sorcier et m'accablèrent de questions saugrenues sur les causes de cette transformation subite d'un morceau de toile en maison. Je ne me servais presque jamais de ma tente. L'installation prenait beaucoup de temps, et en outre la chaleur y était si accablante, que je préférais le pied d'un arbre, n'eût-il pas de feuilles, pour me mettre à l'abri du soleil. J'avais ce jour-là, sous ma tente, 42° de chaleur à dix heures du matin.

La capitale du Kaarta a un marché en plein vent, ouvert deux fois par jour. La direction et la police en sont confiées à un agent du fisc, délégué par le roi pour percevoir le droit de vente acquitté par les marchands, et un autre droit auquel sont soumis les acheteurs, qui paient en marchandises. Ce dernier semble être une espèce de change. Pour monnaie courante on se sert du petit coquillage, du genre porcelaine, connu en Afrique sous le nom de *cauri*.

On vend au marché de Koghé des marchandises venues de Bakel et des comptoirs anglais de la Gambie, telles que des armes, des étoffes, de l'ambre, des verroteries, même de l'eau-de-vie. On y vend encore des esclaves, des chevaux, des ânes, des bestiaux, du sel gemme, des dattes, du miel, des boissons du pays, de la viande, mais au morceau et non au poids; le poids semble inconnu en Afrique, excepté pour l'or. On y vend aussi les denrées fondamentales, comme le mil, le maïs, les pistaches; des ognons, un gâteau composé de mil et de farine de maïs; et cette autre friandise si recherchée des nègres, que nous nommons noix de gourou ou noix de kola (le *grout-nout* des voyageurs anglais).

La coudée sert à mesurer les étoffes; le moule, dont la capacité est moitié de celui du Fouta, mesure les grains. Le reste se vend à la pièce ou au nombre. J'ai fait échanger à Koghé des pièces de 5 francs contre 2,500 cauris; une petite pièce d'étoffe de coton blanc d'une valeur de 6 francs contre 3,000.

Un morceau de viande de 750 grammes environ vaut 100 cauris; une noix de gourou, un moule de mil, un morceau de sel gemme de 30 grammes, valent aussi 100 cauris.

Cette institution dénote une certaine civilisation. Il n'y a pas de marché dans le Bondou, le Fouta et les États mandingues de la Gambie.

J'ai vu à Farinkidou, le lendemain de mon installation, une *solimana* de jeunes filles. On appelle ainsi une troupe de jeunes gens de l'un ou de l'autre sexe réunis pour être circoncis. Cet usage, passé des juifs aux Arabes et de ceux-ci aux nègres, n'a pour les *kafirs* aucun caractère religieux; mais il n'en est pas moins pratiqué d'une manière solennelle et considéré comme une obligation de rigueur. Chez les Bambaras, rangés parmi les *kafirs* par les Foulhas, le pieux marabout et la pieuse matrone sont suppléés dans leurs fonctions par un forgeron et une *forgeronne*.

Mungo-Park et Caillié ont donné sur cette cérémonie des détails très-circonstanciés. Je me bornerai à en reproduire ici les principaux :

Quand vient l'âge de la puberté, les jeunes garçons et les jeunes filles s'assemblent en troupes séparées, afin de subir l'opération. Ils s'y préparent par des jeux, des danses, des galas et des promenades de village en village. L'opération a lieu en public sur tous les individus de la *solimana*, qui la subissent à tour de rôle et en chantant; c'est toujours l'occasion d'une fête particulière. Lorsque l'opération est accomplie, ils restent encore réunis quelque temps; et les danses et les jeux sont plus animés que jamais; car jeunes filles et jeunes garçons mettent leur gloire à mépriser la douleur.

Le principal but des visites que font les *solimanas* est de recueillir des offrandes; il est général en Afrique de mettre dans ces offrandes une grande libéralité. Il en est de même dans la manière de traiter les jeunes gens : tous les habitants du village favorisé par la visite d'une *solimana* contribuent au festin; les plus pauvres donnent au moins un mouton.

Dans le Wallo, le Fouta et le Bondou, les garçons portent une longue robe, un bonnet de forme bizarre, orné de rubans en coton de couleurs vives, et un grand bâton à la main, sorte d'emblème de circonstance. Dans le Kasson, le bâton est remplacé par une lance; et dans le Kaarta, ils n'ont pour signe distinctif qu'un cauri fixé sur le milieu du front au moyen d'un fil; ils ne sont revêtus d'aucun costume spécial et ne tiennent ni lance ni bâton. Ce qui les distingue, outre le cauri au front, c'est une espèce de joujou fait de quatre ou cinq disques de calebasse festonnés sur les bords et enfilés dans une ficelle à nœuds. Cet instrument, qu'ils agitent incessamment, produit un bruit désagréable, à peu près celui de la crécelle.

Je n'ai pas vu de jeunes filles réunies en *solimana* dans les pays mahométans. Au Kaarta, celles que je vis étaient parées de la tête aux pieds : l'or, l'argent, le fer, le cuivre, l'ambre, le corail, les verroteries, les clous de girofle, en un mot tous les objets qui servent à la toilette des femmes avaient été employés pour les charger. J'emploie ce mot avec intention; j'en ai vu, en effet, à Farinkidou, qui portaient, suspendus aux oreilles, des anneaux d'or du poids de plus de soixante grammes. Leurs bras, leurs chevilles étaient garnis de si lourds anneaux de toutes sortes de métaux, qu'elles semblaient avoir de la peine à marcher. Les parures qui couvrent ces jeunes filles ne sont pas toutes à leurs mères, sœurs ou parentes; elles leur sont souvent prêtées par des femmes riches. L'usage veut qu'une jeune fille, pendant le temps de la cérémonie, dont la durée est ordinairement de deux mois, ne se montre en public que revêtue de ces ornements.

Il y eut danses et festin pendant deux jours à Farinkidou, à l'occasion de la *solimana*. J'allais oublier un détail important. J'ai dit plus haut que l'opération se faisait en public : cela s'applique seulement aux garçons. Pour les filles, l'opération a lieu dans une case, et les femmes seules y assistent.

J'en étais à mon sixième jour de station, et mes affaires n'étaient pas plus avancées. Barka venait me voir de temps en temps, ou se bornait à m'envoyer un de ses hommes pour m'exhorter à la patience. Je m'ennuyais à périr dans mon réduit. Il m'était absolument interdit de me promener dans la direction de Koghé, et si je voulais porter mes pas sur un autre point, j'étais étroitement gardé à vue.

Barka, dans une de ses visites, me confirma ce que son griot m'avait dit à Yakara, des sentiments bienveillants dont Maka-Sirré, l'héritier présomptif, était animé pour moi ; mais il m'avertit qu'on m'avait beaucoup exagéré les projets de réforme et l'énergie de caractère de ce chef. Il se montrait, au reste, assez bon prince avec moi, et même mortel généreux, car la veille il m'avait envoyé un bœuf. Quand on n'a pour nourriture habituelle que du mil et de l'eau, on n'est pas indifférent à un bifteck, fût-il dur comme un morceau de cuir ; et tel était, hélas! celui que la munificence de Maka me permit de déguster.

Le chef de captifs, qui avait paru s'intéresser à ma situation, n'avait pas tenu exactement ses promesses, et mes gardes s'étaient également fort relâchés de leur sévérité. Le maître du village, mon hôte, personnage insupportable si oncques en fut au monde, avait élu domicile sous mon hangar ; il en faisait les honneurs et y passait toutes ses journées en compagnie de ses nombreux amis. Ces faquins employaient leur temps à me rire au nez, à jouer de leur abominable guitare, à se quereller et à se battre. Les femmes se montraient au premier rang de ces réunions, et faisaient chez moi des stations si longues, que plusieurs fois j'ai vu des maris, qui n'avaient pas trouvé leur couscouss prêt à l'heure, venir les arracher brutalement à la profonde contemplation de ma personne.

A un certain point de vue, cet hommage m'était dû, non au Kaarta toutefois ; mais il n'est pas douteux que si je m'étais montré, vers cinq heures, sur le boulevard des Italiens, accoutré comme je l'étais, j'aurais mérité plus d'un regard. Bref, j'étais passé à l'état de curiosité. On se faisait garder des places pour jouir du spectacle que je procurais ; les oisifs et les flâneurs venaient, par motif de distraction, « voir le blanc, » comme à Paris on va voir l'éléphant, comme on allait

voir, il y avait alors peu de temps, le *Petit Loup*, l'*Aigle Noir* et autres peaux rouges.

J'en avais, du reste, pris mon parti : *l'habitude est une seconde nature*. Je tirais même quelque fruit de ma situation, et quand la foule
ne m'étreignait pas trop, je crayonnais quelque type curieux ou quelque coiffure originale; je faisais plus, je rendais admiration pour
contemplation.

L'objet de ce sentiment était une jeune femme arabe, qui semblait, au
milieu de toutes ces faces noires et laides, comme un lis ou une rose
dans une touffe de chardons. La comparaison est plus poétique que
vraie; car ma Mauresque n'était ni une rose ni un lis par la couleur.
Elle avait le teint bistré de la fille du désert; mais une grâce, une distinction, une désinvolture charmantes. Ses gestes, sa démarche, son maintien, avaient ce je ne sais quoi de noble et d'élégant qui caractérise la
race pure. Oui, plus je regardais cette femme aux traits délicats, aux
formes fines, aux longs yeux de houri, à la noire chevelure inculte,
mais belle et luisante comme la plume du corbeau; plus je demeurais
convaincu que ses ancêtres n'avaient pas tous vécu de la vie sauvage
dans les sables arides du Sahhrâ.

Il s'était établi entre cette femme et moi un muet échange de sympathie, et j'avais obtenu d'elle le récit de son histoire; elle était courte :
prise dans une razzia, après avoir vu son mari et tous les siens
massacrés sous ses yeux, elle était échue comme part de butin à un
captif du roi. Ce nègre, vieux et laid, en avait fait sa femme, c'est-à-
dire sa servante; triste condition qu'acceptait avec une résignation toute
fataliste la descendante des Abencerrages.

Il paraîtrait, d'après ce qu'ont recueilli mes hommes, que Mamady-
Kandia, le roi des Bambaras, serait aussi nul, aussi entêté, aussi détruit, corps et esprit, que le vieux tounka du Goye, et qu'en sus il gaspil-
lerait le peu de force et de raison qui lui restent dans une perpétuelle
ivresse. Tel serait, si le renseignement est exact, l'arbitre de mon sort.

Mais ce n'est pas tout. Mes nègres, travestis, pour me plaire, en
chercheurs de documents et de nouvelles, ont encore découvert que les
Bambaras avaient une Egérie, une sibylle, un oracle quelconque en un
mot, dont l'influence pesait d'un gros poids sur les décisions du monarque.

Quel peut être, pensai-je alors avec un certain effroi, l'oracle de
cet ivrogne?

J'ai eu bien de la peine à pénétrer le mystère de ce fétiche national, et ce n'est que plusieurs mois après que j'ai appris le peu que j'en sais. L'objet de l'idolâtrie des Bambaras se nomme *Bouri* (1) ou *Silama*, et sa chambre particulière est une callebasse ou une cruche cassée (2).

Son origine remonte aux temps les plus anciens de l'histoire des Bambaras. Des hommes de leur nation, qui avaient beaucoup voyagé et acquis dans leurs voyages de grandes connaissances, vinrent un jour demander au roi l'autorisation de créer un dieu national. Ils disaient en avoir apprécié les avantages chez les différents peuples qu'ils avaient visités, et avoir été initiés aux mystères de cette création. En ce temps-là, les gens qui avaient voyagé au loin étaient l'objet d'un grand respect et d'une certaine terreur : on les regardait comme des *bouâ* (des sorciers) Cette opinion agissant sur l'esprit du roi, il s'empressa, de crainte de leur déplaire, de leur donner la permission qu'ils sollicitaient.

Ils se mirent à l'œuvre immédiatement; ils cherchèrent d'abord un arbre fort rare (on ne m'en dit pas le nom), s'en approchèrent processionnellement, creusèrent au pied, et, après des évocations dans une langue inconnue, recueillirent des parties de sa racine, avec des pratiques fort bizarres. Ils se procurèrent par les mêmes évocations et les mêmes pratiques, des crins de la queue d'un cheval noir. Pour que ces matières fussent propices à leurs desseins, ils les firent recueillir par un des leurs, qui se dépouilla à cet effet de sa *doloké* et de son *coulci*, en d'autres termes, de sa culotte et de sa chemise. L'écorce et les crins de cheval furent placés dans un pot de terre qui demeura pendant une demi-journée exposé à un feu très - ardent. Durant cette der-

---

(1) Certaines tribus d'Aminas, peuple de la Guinée, donnent le nom de *Bourri-bourri* à un dieu qu'ils considèrent comme le créateur de leur nation et du monde. (Pritchard, *Histoire de l'homme*, tome II, page 316.)

Ces rapprochements ne doivent pas être négligés; c'est la seule manière de procéder pour établir les rapports qui peuvent exister entre les peuples de l'Afrique.

(2) Voici comment j'eus connaissance de ce détail d'intérieur. Au village de Kaindara, je vis au pied d'un arbre un fond de cruche fort mal propre, recouvert d'un autre fragment du même vase; autour se trouvaient des taches de sang, des entrailles de volaille et des plumes. Le pied de l'arbre était entouré d'une rangée de pierres et l'enceinte circonscrite par ce rempart, soigneusement balayée. Je n'aurais fait qu'une médiocre attention à ce lieu, si un de mes hommes, m'y voyant arrêté, ne fût accouru pour me dire qu'il venait d'en être chassé par une vieille femme très en colère, et qu'elle avait ajouté que s'il tenait à sa tête, il se gardât de revenir. Je regardai, en effet, dans la direction que me montrait mon nègre, et je vis, à une dizaine de pas, une vieille femme accompagnée de plusieurs hommes, qui nous observaient avec une grande attention.

nière opération, le délégué des magiciens, toujours dans le même costume négatif, se prosterna sept fois sept fois la face contre terre, en
récitant des prières dans un langage que personne ne comprenait.

Après la création vint la consécration. Elle eut pour témoins les
Kourbaris et les principaux d'entre le peuple. On sacrifia pour la circonstance un bœuf blanc, un bœuf rouge et un coq rouge. Tel est le
Bouri national, celui qui est confié à la garde du roi et qui habite sa
capitale.

Mais on se trouva si bien de cette institution, que chaque village,
chaque chef voulut aussi avoir son Bouri. De là, des falsifications
innombrables. Quelques-uns prétendent que ces Bouris secondaires sont
nés du grand Bouri par l'œuvre des Esprits; d'autres, qu'ils ont été tout
simplement créés par les descendants des premiers fondateurs, dont il
existe encore aujourd'hui un certain nombre. Ils se nomment *Kalangous* ou *Khonorés*. On les vénère et on les redoute beaucoup; et,
chose bonne pour eux, ils ont droit à une part de butin dans toutes
les expéditions de guerre.

La devise du Bouri est : *Maté donnabé kondo* (il n'est pas donné
à tous de connaître l'avenir).

Les Bouris habitent, comme nous l'avons vu, les vieux pots et les
vieilles callebasses; mais, en voyage, on les place dans une corne de
bœuf, une dent d'éléphant ou un sachet de pagne. Leur garde est ordinairement confiée à une vieille femme; et personne, fût-ce le roi, ne
peut, sous peine d'avoir la tête tranchée, regarder dans le vase, la
corne ou le sachet qui les renferme. Outre cette première demeure,
Bouri a son temple ou, pour parler plus simplement, sa case; mais
seulement dans les villages riches. Dans les autres, il a pour résidence
un lieu particulier, comme le pied d'un arbre ou le creux d'un rocher.
Le temple de Bouri ne s'ouvre qu'aux Kalangous, aux Kourbaris, aux
hommes libres et aux chefs de captifs. Ils ne peuvent y pénétrer qu'en
enlevant leur bonnet et leur chaussure. Les musulmans, les étrangers,
les *garankiés* et principalement les *griots*, en sont sévèrement exclus.

Chaque village, chaque armée, chaque détachement de Bambaras en
campagne a son Bouri. A la guerre, il est porté par un Kalangou qui
marche près du chef. On consulte fréquemment l'oracle; et il est souvent arrivé que, sur l'avis du Bouri, des armées aient refusé de marcher à l'ennemi.

Les attributions du Bouri sont très-grandes. Il prédit l'avenir; rend
la justice en proclamant l'innocence ou la culpabilité; signale les infi-

délités des épouses; indique les remèdes qui doivent guérir les malades; pronostique le temps; prédit l'abondance ou la stérilité des terres, le succès ou l'insuccès des entreprises.

De plus, la crédulité publique a augmenté ses pouvoirs, et certains Bambaras l'ont élevé aux honneurs divins. Ainsi on lui offre des sacrifices propitiatoires; ces sacrifices, toujours faits à l'occasion d'un accident, d'une appréhension, d'un remords ou d'un rêve, comportent des victimes choisies dans tous les genres d'animaux : le bœuf, le chien, les oiseaux, tout est bon; on lui offre encore les produits de la culture et de l'industrie, les prémices des moissons, des objets de luxe et d'habillement. La chair des victimes, ainsi que les autres objets, deviennent de droit la propriété des pauvres; car, dans les croyances nègres, l'aumône rend toujours Dieu favorable. Cette foi aux vertus de l'aumône tempère la grossièreté des mœurs et l'insensibilité du cœur : on est heureux de rencontrer de pareilles idées chez des barbares.

Généralement, Bouri n'est pas considéré comme une divinité bienveillante. Quand on a recours à lui, c'est presque toujours pour solliciter sa vengeance et faire tomber des victimes; on lui prête une humeur farouche et une grande irritabilité. La plupart des sacrifices qui lui sont faits ont pour but de demander la mort d'un ennemi ou de l'auteur d'un tort; dans l'un et l'autre cas, la demande s'étend à tous les membres de la famille du coupable ou de l'ennemi.

Bouri, outre le nom de *Silama*, très-peu employé d'ailleurs, est encore désigné par les noms de *Bourri*, *Bouli*, *Boli* et même *Bolidou*. Ces différents noms ne doivent pas surprendre; car, dans le dialecte bambara, la lettre *r* et la lettre *l* sont très-fréquemment prises l'une pour l'autre. Quant à la syllabe *dou,* elle est d'un usage commun dans les langues malinkièses et semble être une addition phonique.

Pour consulter Bouri, on se sert d'une poule. Après les invocations d'usage, on coupe à moitié la gorge de la victime, et on la jette à terre à côté de la callebasse sacrée, sortie à cet effet de son temple. La poule s'agite dans les convulsions de l'agonie; et c'est à la position qu'elle occupe au moment où elle meurt qu'on reconnaît la volonté de l'oracle. Si la poule meurt la tête en arrière, c'est *oui;* c'est *non* si elle expire la tête en avant; quand la tête est inclinée sur le côté, Bouri se tait.

CHAPITRE XX.

Les malades et moyens de m'en délivrer. — Dégoûtante curée d'un de mes chevaux par les Bambaras. — Razzia infructueuse. — Comment on annonce la mort d'un guerrier. — Manœuvres politiques de Barka; son odieuse conduite dans le règlement du présent à faire pour mon passage. — Le roi m'accorde la permission de traverser le Kaarta. — Réflexions sur la cupidité des nègres.

———

J'étais arrivé à Farinkidou le 12 avril, et le 24, c'est à-dire après douze jours pleins, rien n'était changé dans ma position. Toujours même incertitude, même anxiété et mêmes ennuis.

J'avais fait depuis peu connaissance avec un fils de Maka-Sirré, qui venait régulièrement me visiter chaque soir. Il se nommait Éli et paraissait assez bon garçon. Éli ne doutait pas de mon passage; mais la réserve et la dissimulation sont poussées si loin chez les Kourbaris, que je ne faisais nul cas de ses dires. Nous avions ensemble de longues causeries. Je lui parlais des superstitions de sa famille et cherchais à les combattre par le raisonnement; il me répondait imperturbablement que telle était la loi, et qu'elle résultait d'ailleurs d'une prédiction faite par un grand marabout. C'était un gros mensonge que me faisait là mon ami Éli; les marabouts n'ont pas de crédit dans son pays.

Le 24 avril, il y eut émeute dans mon logis, devenu, de par la tolérance ou plutôt la connivence du chef de Farinkidou, le rendez-vous de tous les gens qui n'avaient rien à faire; et Dieu sait s'il y a de ces gens-là au Kaarta! Je ne serais même pas éloigné de croire que mon misérable gardien spéculait sur ma présence dans son village et se faisait payer les places de mon hangar.

Mes visiteurs, qui s'étaient bornés d'abord à me rire au nez de la façon la plus désagréable, avaient, depuis quelques jours, contracté l'habitude de répéter tous les mots que je prononçais et de contrefaire mes gestes et ma démarche. Dans la crainte de nuire à mes intérêts, j'avais supporté assez courageusement les facéties de cette troupe de brutes, composée en grande partie de *princes;* mais cette fois ma patience n'y put résister, et quoi qu'il arrivât, je me décidai à les faire chasser. Les *princes,* encouragés par ma tolérance des jours précédents, se révoltèrent contre mes hommes, et plusieurs, les plus braves, leur offrirent résolûment le combat. Il y eut pendant un instant une poussière épaisse dégagée par la lutte. Les Bambaras ne devant jamais se servir d'armes pour vider leurs différends, le combat ne pouvait avoir de suites graves. Cependant les horions se donnaient et se rendaient si fort, que je craignis de voir, malgré la défense, les couteaux s'en mêler. J'ordonnai en conséquence à mes hommes de cesser la bataille, et laissai mes persécuteurs reprendre leur place dans mon hangar.

Quand Éli vint me voir dans la soirée, je lui racontai ce petit désagrément, qu'il parut prendre à cœur, mais par pure politesse, j'imagine; car ses condoléances cessèrent presque tout de suite. Il avait une autre affaire en tête . il voulait me faire guérir un malade. Ce fut à grand' peine que j'obtins de lui quelques détails sur la maladie de son protégé. Confiant dans ma science, Éli avait pensé que non-seulement je pouvais guérir un malade sans le voir, mais encore sans connaître son mal.

La médecine est, dit-on, un excellent passeport pour l'Européen qui voyage en Afrique. Cela est vrai; mais à la condition qu'on guérira toujours ses malades. Si j'avais possédé des connaissances en médecine ou en chirurgie, j'aurais eu naturellement le désir de m'en servir, et pour un ami que je me serais fait en le guérissant, j'aurais eu pour ennemis vingt individus que je n'aurais pas guéris ou dont les parents seraient morts dans mes mains !

Depuis que j'étais en route, je n'avais pas traversé un village sans qu'on fût venu me présenter des cas désespérés : c'étaient des lèpres, des ophthalmies complètes, des hydropisies, des éléphantiasis passés à l'état chronique depuis longues années. Quand je ne m'arrêtais pas, je m'en tirais facilement à l'aide de prescriptions innocentes, comme des boissons gommeuses et des soins de propreté, insistant particulièrement sur ce point, le plus négligé par les nègres dans la vie domestique. Quand je stationnais, c'était plus difficile, et il me fallait, bon gré mal gré, donner des consultations. J'exposais alors une théorie des maladies chroniques dans le style des médecins de Molière. L'auditoire m'écoutait avec admiration, et, chose qui me confondait, il s'y trouvait des gens qui me comprenaient; il est vrai que ce n'étaient pas les malades.

Après avoir parlé longtemps avec une grande gravité, ainsi qu'il convenait à mon rôle, tâté le pouls aux aveugles, fait tirer la langue aux lépreux (de loin, bien entendu), je terminais ma consultation en distribuant de l'eau mêlée avec du jus de réglisse. Cette libéralité me gagnait tous les cœurs.

Quant aux plaies, et on m'en montrait d'affreuses, je me gardais d'y toucher, prêt à renouveler, s'il le fallait, ma théorie dix fois de suite.

Je congédiai Éli avec une pleine gourde de mon élixir et la soixantième édition de ma théorie.

Le 25, je me réveillai d'une humeur fort maussade. J'avais passé une partie de la nuit à m'escrimer contre les moustiques, et l'autre à méditer sur la longue station qu'avait faite au Kaarta mon prédécesseur de Beaufort. Cet imbécile d'Éli, croyant sans doute calmer mon impatience, n'avait-il pas eu la malheureuse idée de me rappeler que de Beaufort était resté cinq mois aux environs d'Élimané, et n'en était reparti qu'après avoir laissé dans le pays tout ce qu'il avait apporté, même son cheval !

On m'apprit dans la journée que Barka avait arrangé ses affaires et qu'il buvait du *dolo* pour célébrer son triomphe. Les détails que je recueillis sur ce sujet me convainquirent de plus en plus que c'était un rusé compère : en venant ici, son but était moins de me rendre service que de rentrer en grâce avec le roi; il a guetté l'occasion et ne l'a pas laissée échapper. Notre marche si longue s'expliquait : c'était pour avoir le temps d'envoyer devant lui ses émissaires, de faire ses cadeaux, ses promesses, et de lancer ensuite sur Mamady les partisans qu'il achetait ou trompait. Ce manége se continua à Koghé, et quand tout fut bien préparé, il parut et gagna sa cause. Le motif de la brouille était le meurtre de Mamady-Cinna dont j'ai parlé au chapitre III.

Souraké et ses amis du Goye avaient précédé Barka et excité contre lui le roi du Kaarta; mais, plus fin et plus habile, Barka les avait écartés, et était devenu plus en crédit que jamais auprès des Kourbaris et des favoris de leur chef.

Cette terminaison des affaires de mon protecteur était une bonne nouvelle, qui me fit oublier les moustiques de ma nuit et les tribulations de mon compatriote.

La journée du 26 commença mal. A mon réveil, je trouvai un de mes chevaux morts; et, contrairement à mes prévisions, ce n'était pas mon cheval de bât, qui deux fois avait fait une chute affreuse. Cette bête était malade depuis quelque temps, mais rien ne me faisait croire à une fin si prompte. Son nom lui a porté malheur. Quand je l'achetai, elle ne méritait à aucun titre le nom de Rossinante que je lui donnai, je ne sais trop pourquoi. A partir de ce moment, elle s'efforça de le mériter, et bientôt il cessa d'être une contre-vérité. Jusqu'à sa mort, et malgré son état de maigreur extrême, elle avait courageusement fait son service. Maintenant, ô destin! les Bambaras s'acharnent sur son cadavre et disputent ses chairs aux chacals.

Cette curée est hideuse à voir. On se bat pour posséder une lanière du pauvre animal, et le soir, les heureux célébreront par un couscouss et une danse le malheur qui me frappe! car c'est un malheur de perdre un cheval dans un pays où il faudrait le prix de dix esclaves pour le remplacer.

Pendant deux jours, j'ai été témoin du retour d'une troupe de Bambaras qui étaient allés en expédition contre les Maures. Ils avaient compté sur une riche capture d'hommes, de femmes, de chameaux, de bœufs et de moutons; et, par un de ces revers de fortune qui se jouent des espérances et déroutent les calculs, ce sont eux qui ont fourni du butin à leurs ennemis. Sur quatre cents, deux cents à peine sont revenus; les autres sont morts de soif dans le désert ou tombés entre les mains des Maures. Les M'bareks s'étaient servi du terrible moyen de défense usité dans leurs guerres: ils avaient ensablé leurs puits ou en avaient corrompu l'eau en y jetant des cadavres d'animaux.

Pendant ces deux jours, j'ai vu sortir par petits groupes, de tous les points du bois qui avoisine le village, des Bambaras sans armes pour la plupart, hâves, défaits et les vêtements en désordre. Ils avaient tout abandonné pour fuir plus vite; quelques-uns seulement avaient conservé leurs chevaux.

Lorsqu'un Bambara succombe à la guerre, trois coups de fusil tirés à la porte de sa case par un de ses compagnons d'armes annoncent sa mort à sa famille. A ce bruit les pleurs répondent, et de toutes les cases sortent en pleurant les femmes du village pour courir à la place où s'est fait entendre le funèbre signal. On abandonne tout pour prendre part à cette douleur. On pleure d'abord, puis on court, s'informant en route de l'endroit où il faut aller pleurer. Les trois solennels coups de fusil ont retenti sur plusieurs points du petit village de Farinkidou, et de tous côtés on n'entend que des sanglots et des gémissements qui résonnent dans l'air et jettent l'âme dans une indéfinissable tristesse.

Certes, la guerre est de noble nature; elle entraîne, elle enivre; mais quand le silence des nuits est troublé par des glas lugubres formés du concert de cent voix humaines, la guerre est dépouillée de sa poésie et n'est plus que l'image sanglante d'un carnage impie. La douleur de ces femmes sauvages qui pleurent un fils sauvage comme elles, cette douleur qui naguère excitait mes risées, cette douleur me navre; et je songe, en entendant ces cris de deuil, à d'autres cris éteints par l'épaisseur des murs de nos maisons, que poussent d'autres mères dans leurs veilles.

Le guerrier chargé de cette triste mission arrive à toute bride à la porte. Il arrête son cheval court, charge lentement son arme, la décharge, la recharge encore, puis encore... et quand le troisième coup a retenti, il s'éloigne avec la même vitesse, sans proférer une parole, sans donner un détail.

Deux coups annonceraient l'esclavage, et les larmes s'arrêtent suspendues aux paupières; que de regards enveloppent alors ce messager de la mort! que ce moment paraît long!...

La corne à poudre est ressaisie... encore un quart de seconde, un siècle pour ces mères!

L'arme s'abaisse, l'éclair brille.... et s'éteint comme leur dernière espérance.

Ce spectacle me laissa une impression d'inexprimable douleur, et je m'associai de cœur à ces regrets bruyants qui réveillèrent en moi toutes les peines de ma vie.

Barka, qui, depuis sa rentrée en grâce avec Mamady, n'avait pas donné signe de vie, daigna ce soir-là envoyer son griot me porter la nouvelle positive que le roi ne s'opposerait pas à mon passage. Je fis répéter, craignant d'avoir mal compris. Le griot m'apprit aussi que Mamady avait cru naïvement, sur la foi de mes ennemis (je ne vois que

Souraké qui mérite ce nom), que j'avais prodigué l'or pour séduire ses frères et ses captifs; et cette histoire, prise au sérieux par le crédule monarque, m'avait complétement aliéné sa bienveillance. Il s'était dit, avec ce désintéressement qui distingue sa race : « C'est autant de perdu pour moi. » Je chargeai le griot de rassurer tout à fait le monarque :

« Sa Majesté me juge bien mal, lui dis je; si elle me connaissait mieux, elle serait convaincue que je suis incapable d'un aussi mauvais procédé. »

Le 27, de grand matin, Barka me fit dire qu'il avait de bonnes nouvelles à me donner, et qu'il viendrait dans la matinée. Il arriva vers dix heures, fit retirer tout le monde, et, d'un air mystérieux, m'apprit ce que je savais déjà.

Pour bien comprendre la satisfaction de Barka, il faut connaître les tendances de la politique des chefs nègres de second ordre. Ces tendances sont exclusivement tournées vers l'alliance des Bambaras; c'est la faveur la plus enviée, la satisfaction d'orgueil la plus ambitionnée, parce qu'elle donne droit au respect et à l'appui des autres nations. Le chef qui l'a contractée inspire une crainte aussi vive que les Bambaras eux-mêmes. Tous les jours Mamady reçoit des envoyés des peuples de la Sénégambie qui lui apportent de beaux présents, dans le but de former avec lui cette ligue si désirée. Le roi du Kaarta accepte toujours l'offrande, mais rarement il accorde l'alliance.

Barka était donc au comble de ses vœux. Il avait fait, ainsi qu'on dit dans le pays, le serment avec les Bambaras, et son triomphe était complet; car il avait encore terminé notre affaire à son honneur, convaincu qu'il en tirerait aussi quelque aubaine.

Après m'avoir appris ses succès, il fit éloquemment ressortir l'importance de la faveur qu'il avait obtenue pour moi. « Jamais les blancs n'ont pu parvenir à franchir le Kaarta, me dit-il. Mes pères l'ont vainement tenté; moi, j'ai réussi. » Il me fit ensuite le détail des difficultés qu'il avait vaincues : le préjugé national d'abord, qui interdit, sous peine de grandes calamités publiques, le passage du Kaarta aux blancs; les médisances de plusieurs chefs et principalement de Souraké, celui-ci parce qu'il est notre ennemi, les autres par jalousie contre Barka, dont la fortune va grandir, dans leur opinion, par le service qu'il aura rendu aux Français; enfin, diverses insinuations, plus ou moins perfides, sur les dangers de laisser sortir du Kaarta des armes et de la poudre pouvant servir aux ennemis du pays.

Il arriva enfin à la communication qui me causait les plus vives préoccupations : au paiement de la grâce que le roi daignait m'octroyer. Pour abréger un palabre qui menaçait de durer jusqu'au soir, je priai Barka de me donner le détail des articles qui devaient composer mon présent. Il s'en défendit longtemps; puis, prenant un air de feinte bonhomie, et comme pour m'être agréable, il fit une nomenclature effrayante des valeurs qu'il fallait offrir, ajoutant d'un ton léger que je ne lui connaissais pas :

« Si tu trouves que c'est trop cher, Mamady te permettra de retourner. »

Plût à Dieu que je l'eusse pris au mot !

L'honnête Barka, avec ses airs bonne personne, me demandait simplement la bourse ou la vie. Dans la position où il m'avait mis et où m'avaient mis mes voyages antérieurs (je voyageais depuis cinq mois), je ne pouvais en effet accepter un retour à Bakel qu'après avoir accompli les plus grands sacrifices. Ce retour était un ajournement d'un an et des dépenses sans utilité. Bref, Barka, pour payer le service que me rendait son allié, demandait, je venais d'en faire le calcul, 9,000 fr. de marchandises, c'est-à-dire plus des trois quarts de ce qui me restait.

Indigné, je saisis une plume et réduisis moi-même les quantités que M. Panet venait d'écrire sous sa dictée. C'était un nouveau guet-apens de cet habile coquin, et encore plus traîtreusement préparé que le premier. Évidemment il me faisait payer les frais de sa réconciliation avec le roi du Kaarta, laquelle, sans aucun doute, n'aurait pas eu lieu sans moi, c'est-à-dire sans mes richesses. Fiez-vous donc aux amis des Français du Sénégal !

Lorsque Barka eut pris connaissance des changements faits à sa liste, il se leva pour partir, disant que Mamady n'accepterait pas cela, même pour me permettre de retourner à Bakel.

« Nous t'avons promis de te faire passer, reprit son frère Tambo, nous avons tenu notre promesse. Si tu ne veux rien donner à celui qui fait en ta faveur, et à notre sollicitation, une exception qui n'a pas de précédent, cela te regarde. »

Et ils s'en allèrent tous les deux.

Le départ de Barka me mettait dans un grand embarras. Donner exactement ce qu'il demandait m'était impossible; car, bien qu'il parût avoir espionné mes bagages, il s'était trompé sur plusieurs objets · ainsi il me demandait quatre bournous et je n'avais que le mien; et de même pour beaucoup d'articles.

Quand je fus revenu de la stupéfaction où m'avait plongé cet entretien, je regardai tristement M. Panet, et nous causâmes de notre position. Pour dernière ressource, il me restait l'exécution d'un projet désespéré auquel j'avais souvent songé : c'était d'abandonner mes hommes, en assurant leur retour à Saint-Louis, et de continuer mon voyage en mendiant. M. Panet s'associa généreusement à ce projet; mais avant d'y avoir recours, il nous restait à tenter un dernier accommodement; s'il ne réussissait pas, alors nous partions, le bâton à la main, conduits par la Providence. Ce point réglé, j'achevai gaîment la journée en plaisantant sur les situations étranges où nous placerait, durant la route, cette humble condition. M. Panet devait se munir d'une guitare et chanter des ballades; moi je devais dire la bonne aventure et faire des grigris.

L'expédient que nous avions arrêté consistait à faire venir du comptoir de Bakel, au moyen d'un bon signé de moi, une partie des articles que Barka exigeait le pistolet sur la gorge, et de continuer notre route en laissant un de mes hommes en otage. J'eus, pendant la nuit, tout le loisir de méditer sur ce projet, et il me parut, au demeurant, d'une exécution facile.

Ce qui m'importait était d'arriver à Ségo avant les pluies. Là, je changeais mes dispositions. Mes bagages, considérablement réduits, permettaient une marche rapide; en outre, s'il me semblait indispensable, en vue de nos relations futures, de frayer à mes compatriotes la route de Bakel à Ségo, il ne me paraissait nullement utile de conserver au delà ma qualité d'envoyé du gouvernement, et de traîner à ma suite des ânes ployant sous un fardeau de guinées et d'indiennes.

Le 28 avril, j'envoyai demander à Barka trois choses : l'ajournement de la livraison d'une partie des marchandises qu'il exigeait, l'acceptation d'un otage, et un dernier entretien pour m'entendre définitivement avec lui sur les quantités à livrer et sur le remplacement des articles que je n'avais pas. Il répondit qu'il n'avait rien à ajouter ni à retrancher à ce qu'il m'avait dit la veille.

Ma démarche étant demeurée sans résultat, j'envoyai mon messager demander une réponse catégorique à mes questions. Barka manifesta une vive impatience; cependant il se décida à me faire savoir que le roi, à sa considération personnelle, consentait à attendre les objets que je me proposais de demander à Bakel.

Malgré ces allées et ces venues, je ne savais à quel parti m'arrêter; car, sans Barka, je ne pouvais rien terminer. Je me décidai à sortir de mes cantines ce que je pouvais donner, et à envoyer à cet étrange négociateur une troisième et dernière ambassade chargée de l'inviter à venir reconnaître les marchandises, afin de décider avec moi celles, qu'il convenait de faire venir de Bakel.

Barka, entouré de forgerons et de captifs, était perdu d'ivresse quand mes hommes se présentèrent. « Ah ! c'est encore ce *blanc !* » dirent les buveurs. Tambo, l'ignoble Tambo, plus ivre encore que son frère, se souleva de la place où il était tombé, et balbutia ces paroles :

« Allez dire au *blanc* que s'il ne donne pas ce qu'on lui a demandé pour passer, il le donnera pour retourner. »

Cette insolence fut accueillie par des rires bruyants.

Quand on me rapporta ces grossièretés, je compris que j'avais autre chose à faire qu'à céder au furieux transport de colère que provoquaient en moi cette succession d'insultes. Je blâmai mes hommes d'avoir choisi le moment de l'ivresse de Barka pour lui parler d'affaires, et j'attendis au lendemain, songeant que tout bien considéré, Barka avait besoin des Français, et que ses façons impertinentes auraient sans doute une fin.

Le soir, il envoyait son griot savoir de mes nouvelles. Je pris cette démarche pour une réparation ; j'avais perdu d'ailleurs le droit d'être difficile. Le griot parla des scènes de la journée et m'exprima les regrets de son maître. « C'est bon, lui répliquai-je ; je n'ai pas besoin d'excuses et ne veux plus de palabre. Je paierai le prix que ton maître a fixé ; mais encore faut-il qu'il vienne. »

Le lendemain, Barka parut, l'oreille basse, me sembla-t-il. En quelques mots je fis ressortir l'odieux de ses procédés et lui montrai que je n'étais pas sa dupe. Il fut très-coulant, alla pour ainsi dire au-devant de mes désirs, et accepta toutes mes réductions. En une heure nous étions d'accord.

Quand tout fut fini, Barka me supplia de tenir secrète la composition du présent du roi, sous prétexte que les captifs de ce chef l'importuneraient pour en avoir leur part, et qu'il serait fort embarrassé. La raison de cette recommandation était facile à deviner, et je fus surpris qu'un homme fin comme lui la cachât aussi mal ; je me procurai du reste la satisfaction de le lui dire. Les gens de Barka chargèrent ensuite mes dépouilles, et, à ma grande joie, toute cette canaille disparut.

Je suis entré dans ces détails, les derniers de cette nature qui figureront dans ce récit, pour bien faire connaître la cupidité des nègres, le trait le plus en relief de leur caractère. Pour peu qu'on y réfléchisse, il est impossible de ne pas voir que cette cupidité est au moins autant la conséquence de nos rapports avec eux que les suites naturelles de leurs penchants.

Qui ne sait que, par rapport à nous, les nègres sont des enfants? Qui ne sent que notre mission était de corriger leurs mauvais instincts, au lieu de flatter, et de développer leurs penchants vicieux? Nous recueillons les fruits de cette coupable faiblesse. Quand je dis *nous*, je me trompe; car ce ne sont pas ceux qui ont semé ou au moins entretenu ces vices, qui en souffrent; ce sont des malheureux tels que moi, tels que de Beaufort, Gray, Dochard, Mungo-Park. Mais nous sommes si peu nombreux!

Les coupables, ce ne sont pas Barka, l'almamy du Boudou, les Bambaras; les coupables ne sont pas les nègres; ce sont les blancs, qui auraient dû faire frapper de verges le premier nègre qui a exigé d'eux un présent, et le premier blanc qui, par faiblesse ou cupide calcul, a cédé à ce désir.

Oui, le nègre est un enfant mal élevé, et de même qu'un père imprévoyant ou faible subit tôt ou tard les conséquences de son incurie, de même les blancs subiront aussi un jour les effets de leur apathie; mais avec cette différence que ce ne sera pas dans leurs affections qu'ils souffriront, mais dans leurs *intérêts*.

Je maintiens ma comparaison et je la développe : l'enfant n'est-il pas ingrat? n'est-il pas avide, exigeant, impérieux dans ses désirs? Si la force était de son côté, ce serait le plus terrible des tyrans. Sur lui, le raisonnement n'a pas d'action; il veut, et un refus l'irrite; faible, il pleure; fort, il prendrait. Puis, quand il possède l'objet qu'il vient de convoiter, il en convoite un autre et le veut encore. Tel est l'enfant, et tel aussi est le nègre.

L'éducation pourtant transforme les enfants en corrigeant ce qui n'est d'abord en eux que défaut et ce qui deviendrait vice à un âge plus avancé. L'éducation peut donc aussi transformer les nègres.

Qu'on songe donc aux bienfaits d'une éducation morale et religieuse répandue en Afrique! Qu'on y songe! et si ce n'est pour ceux qui la recevraient, que ce soit au moins pour ceux qui la donneraient.

Le lendemain, Barka me fit annoncer que mon présent avait été remis au roi en audience particulière, et que la route était libre. Libre! mot magique pour les esclaves, les prisonniers et les chercheurs d'aventures; parole menteuse et vide de sens pour les esprits orgueilleux qui ne veulent subir aucun joug!

J'aurais voulu profiter à l'heure même de ma liberté; mais, grâce à la ladrerie de Mamady, il me fallut plusieurs jours pour préparer le couscouss et la viande sèche destinés à nourrir mes hommes pendant la route. Dans l'incertitude où je m'étais trouvé, je n'avais pu rien disposer. J'ai dit la ladrerie de Mamady; il paraît que dans les pays malinkiés, du moins mes nègres me l'affirment, il est d'usage que les chefs hébergent les étrangers et leurs gens, pendant toute la durée de leur séjour chez eux; et cet usage devient une obligation quand l'étranger a donné au chef un présent d'une certaine importance.

Pour mes 5,000 fr., c'est le chiffre réduit de mon cadeau, Mamady me devait donc la nourriture, et il avait complétement négligé ce devoir. Aussi mes hommes, dans leur indignation, formèrent-ils le projet d'aller publiquement reprocher à *Sa Majesté* ses torts envers eux. Je donnai volontiers mon consentement à ce dessein, qui était, du reste, de bonne guerre et très-permis entre nègres.

Jusqu'au 2 mai, les jours s'écoulèrent en préparatifs de couscouss et de viande desséchée. On coupe celle-ci en rubans extrêmement minces et on les expose au soleil jusqu'à ce qu'ils soient passés à l'état de cuir. On donne à ce produit le doux nom de *machouaran*, que je soupçonne fortement d'invention européenne : il aura, j'imagine, été donné par quelque soldat mécontent de ce mets indigène, par allusion au travail extraordinaire auquel il soumettait ses mâchoires.

Le 1er, mes nègres vinrent me rappeler que c'était un jour de fête et de double ration. Ce souvenir, que j'avais oublié, me fit jeter un regard sur ma toilette et sur ma batterie de cuisine éparpillée autour de moi, et dont tous les ustensiles, même les verres, étaient en fer battu. Mes hommes insistèrent pour fêter le roi des blancs, en indiquant par des gestes très-expressifs qu'ils avaient le ventre vide et rien pour le remplir. J'envoyai au marché de Koghé, et, en guise de dessert, je leur abandonnai un morceau de mon dernier pain de sucre et quelques bâtons de réglisse.

Le 2 mai, tout étant prêt pour partir, je m'occupai à régler définitivement mes comptes. Le roi, par une courtoisie que je n'eus pas le courage d'admirer, avait refusé l'otage que j'étais convenu de lui laisser. J'écrivis à M. Zéler, agent principal de la compagnie à Bakel, dont la bienveillance m'était connue, pour qu'il voulût bien activer l'envoi des marchandises à livrer tant à Mamady qu'à moi ; et j'eus recours, pour les obtenir, à la délégation d'une partie de mon traitement. M. Panet, par un élan de désintéressement digne d'éloge, vou-

lut aussi contribuer par le même moyen à cette mesure nécessaire (1).
Ces ressources devaient me permettre, outre la parfaite liquidation de
mes comptes avec Mamady, de faire rentrer dans mes caisses une partie
de ce qui en était sorti.

Pour me rapporter ces objets, j'adjoignis un de mes hommes à
Barka, qui allait bientôt se rendre à Makana. Le retour de mon homme
devait se faire en compagnie des gens que le roi allait prochainement
envoyer à Bakel. Enfin, Maka-Sirré se chargeait de le faire escorter
jusqu'à Ségo, où je l'attendrais pour continuer ma route. Mon nègre
devait m'apporter des objets de prix et peu encombrants, et je lui avais
fait les recommandations les plus expresses pour qu'il tînt secret ce
détail. Il était censé porter une lettre du plus grand intérêt que je ne
voulais confier qu'à lui seul.

---

(1) Le gouvernement n'a pas voulu accepter notre dévouement commun, et nous
a remboursé intégralement les avances que nous avions faites en cette circonstance.

CHAPITRE XXI.

Le 3 mai, dès l'aube, tout mon monde était sur pied. Mes bagages avaient été notablement diminués par l'œuvre combinée de Barka et de Mamady. Le nombre de mes ânes avait également subi une réduction : les dépouilles de deux d'entre eux, comme celles de mon cheval, avaient servi, après une lutte acharnée, à graisser le couscouss des vainqueurs. J'avais, en outre, réformé mon cheval de bât et confié ses cantines au plus vaillant de mes ânes. Ce cheval, célèbre par des chutes qu'auraient dû tuer sur le coup vingt autres chevaux, se portait à merveille et était passé cheval de selle. Il hennissait d'orgueil en se sentant enfourché par M. Panet, et caracolait de bonheur en s'apercevant qu'à la place de ses lourdes cantines il ne portait que le poids léger de mon secrétaire, peu engraissé par le voyage. Chacun, bêtes et gens, soupirait, hennissait, braiait d'aise, les uns à l'idée de quitter Farinkidou, les autres parce qu'ils étaient moins chargés.

J'ai déjà fait l'éloge des Bambaras, et je ne veux pas me rétracter; mais je n'ai pas prétendu qu'ils fussent indifférents à la vue d'un trésor réel ou imaginaire, et insensibles à la pensée d'en posséder une partie. Trois semaines passées en contemplation devant mes cantines avaient donc fait naître bien des espérances; mais, hélas! je ne devais pas les satisfaire!

Aussi que de mécomptes! que de figures gracieuses devenues tout à coup boudeuses et maussades! Une légère querelle entre un enfant et un jeune noir qui sert M. Panet, menace de causer une conflagration générale entre mes hommes et les habitants. Une femme trouvée en route et, à sa prière, engagée à mon service, m'attire un conflit sérieux dans lequel j'ai le dessous.

Cette femme, ancienne esclave libérée, avait longtemps servi les Européens au Sénégal, et s'était senti, en nous voyant, une violente envie de nous suivre. Son père et sa mère, qui habitaient Koghé, avaient plus tard consenti à ce désir, mais non sans s'être fait largement payer le prix de leur fille. J'étais donc en règle; et Fathma, moyennant trois piastres par mois, était heureuse et fière tout à la fois de remplir les fonctions de *pileuse* (1) de mes hommes.

Au moment de partir, les gens du village, poussés sans doute par les parents de Fathma, l'enlevèrent en la frappant, sans qu'il fût possible de s'expliquer. Pour me faire rendre justice, il fallait avoir recours au roi; car on arrêtait cette femme comme esclave, et en pareille matière, c'est le roi seul qui juge. Mais Mamady n'était pas levé et ne devait être visible que dans quatre heures. Accepter ce délai, sans être certain que le roi me donnât raison, me contrarierait infiniment. Les bagages étaient chargés; j'étais depuis longtemps à cheval; je me résignai donc à abandonner la pauvre pileuse, et je détournai la tête pour ne pas voir le regard suppliant qu'elle attachait sur moi, en essayant de se dégager des mains de ses compatriotes qu'elle détestait cordialement.

Il était huit heures du matin quand je quittai Farinkidou, accompagné par un esclave du roi. Cet individu, boitant par suite d'un coup de feu, m'avait paru d'abord très-butor, mais il s'était radouci et avait fini par ne pas trop me déplaire. J'étais heureux de partir. Rien n'est plus monotone qu'une longue station, et, à part plus de régularité dans les repas et moins d'incertitude pour les faire, je ne sais rien au

---

(1) On appelle ainsi au Sénégal les femmes chargées de piler et de préparer le couscouss.

monde d'aussi insupportable. La marche, malgré ses inconvénients, est mille fois préférable : on a souvent faim et soif *quand cela se peut;* on a souvent un soleil qui rappelle la bouche d'un four; mais au moins on avance, on songe au passé, à l'avenir, à ce que l'on va voir, au retour dans la patrie, et l'on n'a autour de soi ni *fils de roi* pour vous dire des impertinences, ni *princes* pour parodier vos gestes.

Je repris la même route jusqu'à Sanghé, traversant la plaine qui s'étend au pied des montagnes, avec ses hameaux, ses groupes de cases, ses champs, ses troupeaux, et ce bruit, ce va-et-vient continuel qui indique en tous pays la proximité d'un grand centre de population. Après Sanghé, je gouvernai sur Goumboukou, et bientôt j'arrivai à Médina, où Barka m'avait donné rendez-vous pour me faire ses adieux et me fournir des renseignements, qu'il n'avait pas eu le temps de se procurer, sur le pays de Ségo et les moyens d'y voyager.

Médina est un village neuf d'une certaine importance, et son chef un des nombreux prétendants à la survivance de Mamady; cela fit que je n'eus pas le bonheur de contempler ses traits augustes.

En arrivant, je fus surpris de l'innombrable quantité de cigognes perchées sur le toit de ses cases. Ce village ressemblait plutôt à une colonie d'oiseaux industrieux, à une immense volière, qu'à des habitations bâties par des humains. La cicogne, connue par ses penchants à l'émigration et par son goût pour la société des hommes, vient tous les ans, à l'approche des pluies, chercher de la fraîcheur dans ces contrées. Elle y fait sa ponte, y élève ses petits; et, la sécheresse arrivée, elle tire vers le nord, pour retrouver la tiède fraîcheur qui vient de lui être ravie.

Sans pousser le respect pour cet oiseau voyageur aussi loin que les Égyptiens, qui lui rendaient des honneurs divins, les nègres regardent sa présence sur leurs toits comme un présage de bonheur. Ne vient-il pas en effet leur annoncer les eaux du ciel, qui font germer les grains et préparent les moissons? Ils le considèrent donc comme un messager qui porte une bonne nouvelle, et le traitent en conséquence.

Ce peuple de l'air donnait de la vie et de la gaîté au village : c'était plaisir de suivre dans les nuages la marche de ses troupes ailées qui, d'abord point noir à l'horizon, grossissaient, s'animaient, tournoyaient et venaient en poussant des cris de joie s'abattre au milieu de leurs compagnes plus agiles. J'aimais à les voir se reposer de leur long voyage, semblant s'entretenir avec leurs sœurs, des dangers de leur route et des contrées qu'elles venaient de délaisser. Les nouvelles arrivées étaient fêtées, becquetées et caressées ; les unes se fixaient au même village ; les autres, après un court repos, étendaient leurs ailes et partaient, allant chercher ailleurs asile et protection. Il fallait voir aussi leur activité à se construire un abri contre la pluie prochaine, leur ardeur au travail, les cris, les battements d'ailes qui accueillaient le retour de celles qui rapportaient le plus gros butin ; et ce qu'il y avait surtout d'admirable, c'était l'ordre et la concorde qui régnaient dans la république : nul ne disputait au premier occupant la place que son vol rapide lui avait conquise ; là, pas de haine ; là, pas d'envie ; l'air ne retentissait que de cris de joie.

Un lit de terre recouvert de feuilles et de mousse pour abriter les petits ; des grains, des insectes et de l'herbe pour les nourrir, et le travail pour tous : voilà les moyens et le but, et Dieu permet qu'ils l'atteignent, car toujours il protège les humbles et les laborieux.

Je pris un plaisir extrême à observer les mœurs de ces oiseaux, image sereine et consolante de ce rêve sublime que l'homme ne peut réaliser ; et ce plaisir augmentait à la pensée qu'un sort commun nous rapprochait.

On trouve à Médina un dattier, mais un dattier *sans enfants*, selon l'expression pittoresque de mon truchemau, c'est-à-dire un dattier mâle. A part quelques rondiers aperçus dans ma promenade aux cataractes de Félou, c'était le premier individu de la famille des palmiers que je rencontrais depuis que j'avais quitté Tambo-Kané.

Le seigneur Bandiougou, le chef de Médina, me fit exprimer ses regrets de ne pouvoir se montrer à moi, et je fus conduit par son ordre à un logement composé de quatre cases neuves. Mon premier mouvement fut la joie à l'agréable aspect de cette splendide demeure ; mais, hélas ! je reculai épouvanté quand je m'aperçus que ces jolies huttes étaient déjà habitées, et par des *termites*, l'insecte le plus destructeur et en même temps le plus habile terrassier qui soit au monde. Ses masses, plus nombreuses que les grains de sable de la *grande eau* (style local), étaient capables de dévorer tous mes bagages en une nuit. Les nègres, qui n'ont que leur peau à offrir à la voracité de ces animaux, lesquels par parenthèse en paraissent peu friands, non-seulement les laissent croître et multiplier, mais encore leur rendent un culte secret, ou du moins ils le font croire ; car lorsque je me plaignis de mon logement, les habitants du village parurent fort étonnés.

Il était dit que je n'aurais à faire ce jour-là que des études sur l'histoire naturelle. Après les cigognes viennent les termites, et la journée n'est pas finie....

On me permettra de laisser à une plume plus savante que la mienne le soin de faire connaître les mœurs de ces vilaines bêtes. J'emprunte donc à M. H. Milne-Edwards (*Éléments de zoologie*) le passage suivant, qui contient des détails pleins d'intérêt :

« Les termites ou fourmis blanches ont le corps déprimé, la tête arrondie, les ailes très-grandes, horizontales et colorées, et les pieds courts; ils sont propres aux pays chauds et y occasionnent, à l'état de larves, de grands dégâts. Ces singuliers insectes vivent réunis en troupes innombrables composées de mâles, de femelles, de larves, de nymphes et d'individus adultes, mais incomplets, qu'on nomme soldats. Ils se tiennent toujours cachés dans l'intérieur de la terre, des arbres ou des solives, et s'y construisent un nid commun entouré d'une multitude de galeries couvertes. Les habitations de quelques-uns de ces termites sont faites avec de la terre gâchée et s'élèvent au-dessus du sol à une hauteur de six ou huit pieds; tantôt elles ont la forme d'un pain de sucre; d'autres fois celle d'un dôme, et, dans quelques parties de la côte d'Afrique, le nombre de ces monticules est si considérable que de loin on croirait voir un village. Elles se couvrent ordinairement de gazon, et leur solidité est également très-grande; non-seulement elles résistent aux intempéries des saisons, mais elles peuvent supporter un poids considérable sans se briser. Des voyageurs assurent que souvent on voit des taureaux sauvages monter sur ces monticules de moyenne grandeur, pour y rester en sentinelle pendant que le reste du troupeau paît à l'entour. Ce sont les larves qui élèvent ces édifices remarquables : aussi les désigne-t-on ordinairement sous le nom *d'ouvriers*. Les soldats, reconnaissables à leur grosse tête et à leurs longues mandibules, sont moins nombreux et ne participent pas à ces travaux; mais, ainsi que leur nom l'indique, ils veillent à la défense de la communauté, et, dès qu'une brèche est faite à leur habitation, ils se présentent en foule et pincent avec force leurs ennemis. Devenus insecte parfaits, les termites quittent leur retraite et s'envolent vers le soir; mais le lendemain, dès le lever du soleil, leurs ailes se dessèchent et tombent; la plupart deviennent alors la proie des oiseaux ou des reptiles insectivores; mais on assure que, lorsque les larves ou les soldats rencontrent un couple de ces insectes, ils les recueillent dans leur habitation, les emprisonnent dans une cellule particulière, les nourrissent avec soin et transportent dans des chambres voisines les œufs à mesure que la femelle les pond. »

En mettant pied à terre à la porte de ces cases à termites, je fus selon l'usage, pressé par une affreuse cohue ; mais, mieux disposé qu'à Farinkidou, je me laissai volontiers contempler, défendant même qu'on eût recours au nerf de bœuf pour renvoyer la foule. Je passai ainsi plusieurs heures, observant à mon tour ceux qui m'observaient avec tant d'attention.

J'avais déjà fait antérieurement plusieurs remarques sur les carac-tères physiques des Bambaras ; mais je m'étais borné à les consigner dans ma mémoire, attendant l'occasion de les compléter. Fidèle à mon programme du jour, je vais essayer de le faire ici.

La famille bambara ne comprend, à bien dire, qu'un type distinct, vraiment saisissable à l'œil, le type kourbari. Il n'y a aucun rapport entre ce type et le type malinkié représenté par Sanimoussa et Nia-mady, les deux seuls chefs que j'aie vus. En dehors des Kourbaris, il n'y a pas de type national, et il est complétement impossible de tracer un portrait de Bambara et d'en essayer une description. On rencontre, dans la population des villages du Kaarta, toutes les nuances de la peau, depuis le noir d'ébène jusqu'au jaune de Sienne ; on y voit toutes les formes de crâne, depuis la forme *prognate*, caractéristique de la race éthiopique, jusqu'à la forme *pyramidale*, propre aux tribus nomades de la mer Glaciale. Le profil européen, le nez aquilin, les lèvres minces, le visage ovale, se font également remarquer chez quelques individus. Pour compléter cette confusion, je rappellerai les yeux chinois observés sur plusieurs chefs. Cependant, les caractères connus des races africaines dominent généralement, et l'angle facial, que j'ai pris plusieurs fois le soin de mesurer, n'a jamais été moindre de 74°.

Cette grande diversité de traits, de couleur et de forme de crâne s'explique ; car la population est principalement composée d'esclaves ou d'étrangers. Les Foulhs, les Soninkiés, les Yoloffs et une variété qu'on appelle Poulh noir concourent, soit en qualité d'esclaves, soit comme habitants libres, à former la nation ; et les nombreuses alliances que contractent des membres si divers en font nécessairement un as-semblage très-hétéroclite. Il n'y a donc, en résumé, que le type kourbari à signaler parmi les Bambaras.

Vers six heures du soir, le ciel, qui, durant le jour, avait été chargé de *cumulus* blancs mêlés à des *cirrus* se détachant sur un fond pâle, se couvre subitement d'un immense voile noir. Un vent violent de sud-ouest, variable au sud et même au sud-sud-est, souffle avec force ; des éclairs accompagnés de bruyantes détonations, et de gros *nimbus* marchant avec rapidité, annoncent un orage terrible. A sept heures,

l'orage éclate avec furie et m'oblige à chercher un refuge dans l'une
de mes cases. J'y passe une nuit affreuse; car l'orage continue jusqu'à
dix heures, versant sur la terre des torrents de pluie. Lorsqu'il a
cessé, je crains de m'exposer aux émanations miasmatiques d'une
terre privée d'eau pendant sept mois. C'est en effet à leur influence
que les médecins attribuent la principale cause des maladies mortelles
qui frappent les Européens.

Je me résignai donc à obéir aux injonctions pressantes qui m'avaient
été faites; mais ma docilité fut bien mal récompensée. Non, de ma
vie je n'oublierai l'horreur de cette nuit-là : les termites, chassés des
solives de la case, tombaient sur moi par myriades; des reptiles, des
insectes de toutes les espèces se détachaient de la toiture et m'inondaient; et la pluie d'eau que j'évitais était remplacée par une pluie
d'araignées, de cent-pieds, de lézards, de scorpions et de vingt autres
bêtes immondes.

Le lendemain j'avais une violente fièvre. Ma cohabitation avec les
odieux habitants de ma case, qu'avaient bientôt rejoints les crapauds du
dehors, en était évidemment la cause. Aussi, narguant les prescriptions de la Faculté, je pris résolument le parti d'aller établir mon
campement sous un arbre. Que pouvait-il, au fait, m'arriver de pire?
J'avais la fièvre, la fièvre *miasmatique*, comme l'appellent les médecins de Saint-Louis, la fièvre qui fait mourir.

Je grelottais sous un arbre depuis quelque temps, et j'allais entrer
dans la période de chaleur, quand, à ma grande surprise, parut
Fathma la pileuse, qui, poussée par l'attrait d'un sort meilleur et, ce
que j'appris alors, par l'amour, s'était échappée des mains de ses
tyrans. Chacun se réjouit de cette délivrance et félicita la captive du
succès de son évasion.

De six heures à huit heures du soir, nous eûmes le même aspect
de ciel et la reproduction des mêmes phénomènes que la veille :
éclairs, vents variables, violents et par raffales, coups de tonnerre,
tout était semblable, moins la pluie cependant. Mais j'étais décidé à
tout, plutôt que de partager une nouvelle fois ma couche avec l'abominable compagnie de la nuit précédente.

Dans la soirée du 5, Barka arriva pour repartir le lendemain. Je
pris congé de lui en m'efforçant d'oublier certaines circonstances fâcheuses de nos relations. Au fond, Barka ne vaut pas moins qu'un
autre nègre; mais ce qui le rend plus mauvais, c'est qu'il connaît
mieux notre manière de faire et qu'il sait en tirer parti. Je le

crois, et c'est un triste éloge, meilleur que ses frères; mais si jamais nous nous établissons dans son pays, il faudra le veiller de près et ne mettre en rapport avec lui qu'un homme bien ferme et bien adroit. Nous nous quittâmes en nous serrant la main gauche, ce qui signifie affection et désir de se revoir.

Le 7, je voulais partir, mais la fièvre m'ayant beaucoup affaibli, je fus obligé d'ajourner mon départ.

Le lendemain, je me mis en route à la pointe du jour, en dépit d'un reste de fièvre et de l'insomnie que m'avait causée une pluie torrentielle tombée sur moi pendant la nuit. Je laissai à M. Panet le soin de diriger la caravane; seul, ma marche devait être plus rapide, et de plus j'évitais la grande chaleur.

Bandiougou, qui avait été très-bon pour moi pendant ma station à son village, m'avait donné pour guide un homme de confiance qui, avec mon domestique, formait ma seule escorte. Mon guide était un vieillard jovial qui suivait le trot de mon cheval avec une exactitude que je ne croyais pas possible. Il avait l'air d'un excellent bonhomme, mais il était peu fort sur la géographie : les renseignements qu'il me donna étaient presque tous erronés, et les noms de villages mutilés d'une manière affreuse.

En sortant de Médina, on fait route à l'est, et on entre dans une vallée assez vaste occupant l'intervalle de deux des contre-forts de la principale chaîne de montagnes. Goumboukou forme l'entrée méridionale de cette vallée, et les montagnes de Koghé, l'entrée nord.

La vallée était très-fertile, et on y respirait cette odeur de terre fraîchement arrosée, si agréable le matin. La végétation renaissait avec vigueur, et quelques fleurs précoces mêlaient leur parfum à celui qui s'échappait de la terre.

Nous laissâmes à notre gauche le petit village de Banarkoumé occupé par des Diavandous. Après ce village, on traverse Niokoména ou Niokoméra, beaucoup plus grand que le précédent. Comme à Médina, le toit de ses cases était occupé par des cigognes; c'étaient bien les cigognes blanches à ailes noires dont les naturalistes ont signalé les pérégrinations. Ce village possède un assez grand nombre de rondiers; il s'appuie sur la montagne de Koghé.

En m'arrêtant à cheval à la porte d'une case pour y boire, car je mourais de soif, je me trouvai nez à nez avec plusieurs cigognes qui me regardèrent sans s'effrayer, et avec beaucoup moins de surprise assurément que les habitants.

Après Niokoméra, on longe à petite distance les montagnes de Koghé, et on traverse, environ vingt minutes plus tard, le village de Kaboulou, riche en troupeaux de bœufs et de moutons. La route est devenue sud-est-quart-est; la vallée se resserre sensiblement, et présente devant nous l'apparence d'un défilé.

Je fis rencontre à Kaboulou de deux cavaliers bambaras qui, après avoir témoigné à ma vue une profonde surprise, s'entretinrent avec mon guide du motif de mon voyage. Ils ne comprenaient pas qu'on vînt de si loin uniquement pour regarder une montagne et écrire le nom d'un village, et, à leurs regards railleurs, à leurs chuchotements, aux coups de coude qu'ils se donnaient en me montrant l'un à l'autre, je restai convaincu qu'ils me prenaient pour un fou. Ils cheminèrent un certain temps à mes côtés, et firent, sans se rebuter, tous les frais de la conversation, car mon peu de connaissance de leur langue m'empêchait d'y prendre part. Plusieurs fois ils m'avaient demandé une prise de tabac; mais comme je ne prise pas, j'avais été forcé de leur refuser cette marque d'amitié. Dans les pays nègres que j'ai parcourus, j'ai trouvé cette habitude chez les hommes; ils fument peu, mais prisent beaucoup. Leur tabac est écrasé dans un mortier et réduit à l'état de poudre extrêmement fine; ils y introduisent ensuite, afin d'en relever le goût, les cendres de jeunes tiges de mil mélangées à une sorte de salpêtre qui se forme dans leurs vieilles cases. Les femmes fument plus que les hommes.

Au pied de la montagne de Goumboukou, à environ 1,000 mètres de distance de la route, on aperçoit Tankanié, village très-fortifié et très-étendu. A la hauteur de ce village, mes deux compagnons me quittèrent, mais non sans s'être vengés du refus des prises de tabac qu'ils m'avaient demandées, en me donnant de faux noms pour les villages de la route. Ils ne voulurent point admettre qu'un blanc ne prisât pas, et s'en furent persuadés que je n'avais pas voulu leur faire goûter mon tabac.

Dans cette partie de la route, la vallée est extrêmement belle. On y remarque de grands arbres parmi lesquels figurent des caïlcédras, des tamarins, des figuiers sauvages et des fromagers. Les montagnes sont élevées et formées de pics et de plateaux alternatifs; les contre-forts se continuent à grande distance et se perdent à l'horizon.

En certains endroits, la végétation est pauvre et flétrie; mais cela tient à l'aridité naturelle d'un sol garni de grès, de schistes ardoisés et de gros blocs de siénites entraînés par le mouvement des eaux;

plus ordinairement les terres sont couvertes de chaume, signe certain de la richesse de la contrée. Un cours d'eau (le Tarakolé), dont le lit est sec en ce moment, serpente dans la vallée et contribue nécessairement à sa fertilité. Le pays abonde en villages, autre signe de l'excellente qualité de ses terres.

Je passai successivement dans les deux villages de Diakalel et de Niakatila, le premier remarquable par un bouquet de pandanées, le second occupant un site délicieux entre deux contre-forts dont les versants en pente douce étaient ornés d'une végétation vigoureuse et splendide, qui n'avait rien à envier à nos plus belles forêts. La comparaison peut sembler singulière à ceux qui se figurent le Soudan garni, comme l'Amérique et l'île de France, de ces poétiques forêts vierges décrites par Châteaubriand et Bernardin de Saint-Pierre. L'Afrique a des sites sauvages; elle abonde en lieux pittoresques, en vastes solitudes, et la beauté n'en est jamais gâtée par l'œuvre de l'homme; mais la France possède encore de plus beaux sites et de plus belles retraites.

La fièvre, qui m'était revenue pendant la marche, m'obligea à arrêter un instant à Niakatila. Je passai une heure à attendre le retour de mon guide et de mon domestique, qui étaient allés de compagnie explorer le village pour y trouver quelque chose à boire. Pendant ce temps, je restai seul au milieu de la population. On m'accabla de questions auxquelles il m'était impossible de répondre; l'un tirait mon sabre, un autre fouillait dans mes fontes, un troisième renouvelait l'expérience que j'avais déjà subie à Kaour, afin de s'assurer que ma peau n'était point teinte. On se figure aisément la mine que je faisais, seul au milieu de ces gens-là.

Mon domestique reparut enfin, mais sans lait et sans eau, et je repris ma route, d'une exécrable humeur Aussi, pour me débarrasser de la populace qui n'entendait pas être privée si tôt de mon amusante personne, je donnai un coup d'éperon à mon cheval, jetant à terre deux ou trois gamins qui s'étaient accrochés à mes jambes.

Je traversai pour la seconde fois le Tarakolé en quittant ce village, et m'engageai dans un bois presque exclusivement composé de mimosas épineux; ensuite je passai entre Soukoulédouga et Diankéré, ayant le premier à ma droite et le second à ma gauche, et j'arrivai, mourant de soif et accablé de fatigue, à Fauga, où je devais attendre la caravane.

A une centaine de mètres en avant de ce village, mon guide, dont la naïveté m'avait déjà fort amusé, me fit la singulière proposition d'attendre la caravane sous un arbre, afin d'y faire une entrée avec ensemble et comme il convenait à un homme de *mon rang*. L'idée était originale : l'arbre qu'il me désignait était un mimosa rachitique qui semblait n'avoir jamais possédé une feuille; il faisait un soleil de 70°, et la caravane était à coup sûr en retard de trois heures. Je me contentai de donner une chiquenaude sur le nez du bonhomme, familiarité qu'il trouva charmante, et je continuai à marcher sur le village, dans lequel on voulut bien me donner une case sans termites, une natte, et de l'eau assez fraîche pour se faire pardonner son mauvais goût.

La vallée que nous venions de traverser présentait des endroits alternativement larges et étroits. Fanga se trouve à l'extrémité d'un de ces élargissements et paraît placé à l'ouverture d'un défilé.

J'observai à ce village un singulier fait sur la coagulation du lait : en arrivant, je m'en étais procuré une petite quantité qui venait d'être tiré. Je pris du thé, et j'y ajoutai quelques gouttes de ce lait; il était alors parfaitement doux et liquide. A la seconde tasse, je voulus recommencer le mélange; le lait était devenu solide; la coagulation s'était accomplie en moins de quinze minutes; et elle avait été si spontanée, que le lait n'avait rien perdu de sa douceur.

La caravane, comme je l'avais pensé, n'arriva que trois heures après moi.

Le lendemain 9 mai, je me remis en route, mais sans me séparer cette fois de mes bagages et de mes hommes. Nous partîmes à sept heures, faisant route à l'est-nord-est, et nous dirigeant sur ce qui nous paraissait être une gorge resserrée; ce n'était qu'un passage dans le genre de celui que nous avions franchi la veille près du village de Niakatila. Non loin de là nous traversâmes encore le Tarakolé; et, pour la première fois, nous y trouvâmes assez d'eau pour que nos chevaux en eussent jusqu'au poitrail. Cette circonstance me permit de mesurer, sans avoir recours à mon horizon artificiel, l'un des pics les plus élevés des montagnes du Kaarta.

Des deux côtés, les montagnes sont tristes; on n'y voit que des arbres brûlés, des tronçons d'arbustes et des graminées sauvages noircies par l'incendie; on n'y aperçoit pas un brin d'herbe verte; les roches mêmes ont cette noire enveloppe et ressemblent à d'immenses cercueils couverts d'immenses draperies de deuil. Je détournai mes regards de cette nature lugubre pour les reporter sur la vallée, parée déjà de sa première verdure tendre et fraîche, comme dans nos climats au printemps.

Une heure après, nous traversions le village de Tagno, posé comme une place forte au milieu d'un étroit passage qui eût en tout pays mérité le nom de défilé. Tagno possède une enceinte continue, élevée sans doute pour protéger le pays contre les agressions des gens du Ségo et du Massina. Une quantité considérable de pandanées lui donne un aspect pittoresque. La route sud-est, puis est, en longeant la montagne de gauche, est tracée juste au pied de cette montagne, et se trouve, de l'autre côté, bordée par le lit du Tarakolé. Ici, les traces d'incendie ont disparu; le sol s'est notablement élevé; la vue embrasse une vaste étendue. Les bords du cours d'eau sont charmants de fraîcheur et d'ombrage; les versants des montagnes, respectés par la torche incendiaire du laboureur, étalent au soleil le feuillage luisant des tamarins et des caïlcédras. Partout on n'aperçoit qu'arbres verts, riants coteaux, arbustes où les fleurs étincellent, et au loin des pics élancés, des figures de géants taillées dans le granit, qui découpent leur profil sur les nuages errants dans les plaines du ciel.

Bientôt c'est le lit de la rivière qui se transforme en route; la montagne a obstrué le sentier en y jetant ses rochers. Dans ce lit de rivière qui n'a plus d'eau, on foule un sable blanc et fin. On marche ainsi pendant quarante minutes, puis on gravit le bord opposé à la montagne, et on se trouve au pied des murs de Kassa, récemment abandonné de ses habitants pour échapper aux razzias des Maures ou des Poullis. Il est midi, la chaleur est accablante, les ânes s'abattent de fatigue et les hommes sont exténués. C'en est assez pour me décider à faire halte en ce lieu désert.

Dans cette partie du Kaarta, et pendant cette saison, les routes ne sont rien moins que sûres, et je dois me considérer comme très-favorisé de n'y avoir pas encore fait de mauvaise rencontre.

J'avais la prétention, assurément très-modeste, de passer mes trois heures de halte dans l'une des cases abandonnées de Kassa; mais j'ignorais que les Kourbaris, *qui ne voient pas les blancs* (c'est l'expression consacrée), ne devaient pas même voir ce qu'ils avaient vu. J'assistai à une discussion très-vive et très-longue entre mon guide et mes hommes sur l'interprétation à donner à cette prohibition; mais le guide, excipant des ordres secrets de son royal maître, mit fin à la controverse, et me força d'aller chercher l'ombre d'un arbre. Il paraît que le chef de Kassa était encore un prétendant.

Notre campement est du reste établi dans un si délicieux endroit, que je regrette moins vivement de ne pas être, ne fût-ce qu'un instant, le premier d'un village nègre, et de ne pouvoir faire la sieste sous le toit d'un Kourbari.

Le lieu, entouré de gros blocs de granit, de diorites et de grès, tantôt jetés sur un sol accidenté, tantôt accrochés aux flancs de la montagne, est parfaitement propice aux entreprises funestes. Il est dominé partout, et de vingt points à la fois l'ennemi peut, sans être aperçu, tomber comme une avalanche sur le Kourbari qu'accable le *dolo*, ou sur le voyageur abattu par les feux du jour. Tout le monde est si fatigué que les assaillants auraient beau jeu s'ils m'épiaient au moment où je fais cette réflexion; car les hommes dorment, et moi bientôt je vais les imiter. On y trouve de l'eau en abondance. C'est quelque chose, mais ce n'est pas assez pour un estomac vide.

Il est près de trois heures quand je me réveille. Je vais, en attendant qu'on charge les bagages, faire une promenade aux alentours. Les arbres, grands et vigoureux, annoncent un robuste feuillage; les feuilles se dégagent des bourgeons, et avec tant de puissance que l'œil pourrait presque les voir pousser; les plantes et les herbes se dressent fières et roides, pour retomber bientôt en grappes, en épis ou en gerbes; les fleurs s'épanouissent, et déjà l'air est imprégné de leur vierge parfum. Tout est frais, tout est pur. C'est la vie qui succède à la mort; c'est la terre qui quitte sa cuirasse de fer rouge pour vêtir sa robe de fleurs et de rosée; car l'Afrique aussi a son mois de mai et ses bouquets des champs.

A quatre heures nous reprenons notre marche, faisant route au sud-est pour couper la montagne. Le chemin est exécrable; fréquemment j'ai recours au sabre de mes hommes pour élargir le sentier excavé et étroit qui coupe la montagne. Nous passons une heure au même lieu à accomplir ce travail de pionnier.

Mon guide me raconte que cet endroit a été, il y a quinze ou vingt ans, témoin d'une lutte acharnée entre l'armée du Ségo et l'armée du Kaârta; Fanga, alors le dernier village du Kaarta, était gouverné par Sambabila, frère du roi Maudibâ.

Une armée, m'apprend mon guide, avait été réunie sur ce point afin de repousser l'invasion des gens du Ségo. Aux premiers avis de la marche de ceux-ci, Sambabila se rendit à la montagne et y prit position; son camp était établi justement à la place où nous venons d'exécuter une coupure. L'armée du Ségo, une armée nombreuse, se montra bientôt, et un combat vigoureux s'engagea; il dura jusqu'à la nuit. Animées d'une ardeur égale, les deux armées gardèrent leur position respective. Le lendemain le combat se renouvela, mais sans rien changer à la situation; et les choses continuèrent ainsi plusieurs jours de suite : au matin le combat commençait, et quand venait la nuit il cessait. Sambabila compensait l'infériorité du nombre par l'avantage d'une bonne position; mais ses forces diminuaient et les assaillants recevaient chaque jour des renforts. Il se décida alors à défendre le passage jusqu'à ce qu'il eût donné au roi et aux habitants du pays le temps de s'éloigner, et à cet effet il envoya un messager pour instruire son frère du véritable état des choses.

Le roi, cédant à l'avertissement, donna l'ordre d'évacuer tous les villages et de se diriger vers le Kaméra, en emportant le *Bouri*, les trésors, les troupeaux et les récoltes. Maudiba ordonna aussi de combler les puits et les aiguades, et de mettre le feu aux récoltes sur pied. Personne ne resta au Kaarta.

Pendant ce temps, Sambabila disputait le terrain aux Bambaras du Ségo; puis, une nuit, laissant ses feux allumés pour tromper son ennemi, il abandonna le poste qu'il avait si bien défendu. L'armée du Ségo se précipita dans le Kaarta et parvint jusqu'à Elimané; mais, chassée par la famine, elle reprit la route de son pays, en se vengeant par l'incendie de l'insuccès de son invasion.

Ces guerres entre le Ségo et le Kaarta, dont nous parle déjà Mungo-Park, et qui se sont continuées longtemps après lui, ont tout à fait cessé depuis quelques années. Aujourd'hui, non-seulement les deux pays sont en paix, mais ils ont formé une ligue défensive et offensive contre les Foulhs du Massina, leurs ennemis communs. On m'apprit alors qu'une armée de ces terribles convertisseurs menaçait le Kaarta; on la disait même en marche par le nord.

Nous continuâmes à avancer dans des sentiers difficiles, voyant avec inquiétude les approches de la nuit qui allait nous surprendre au milieu de la montagne.

Un peu avant le coucher du soleil, nous parvîmes au sommet d'un mamelon d'où nous contemplâmes un de ces magnifiques spectacles inconnus des habitants de l'Europe. Le ciel en feu illuminait l'horizon et en faisait ressortir jusqu'au moindre accident. Des flots de lumière, colorés de toutes les nuances de l'arc-en-ciel, inondaient l'espace, éclairant les objets de leurs teintes les plus riches. Bientôt le soleil plongea sous l'horizon son disque de pourpre, ses reflets s'éteignirent, et les voiles de la nuit couvrirent de leur plis noirs le grand flambeau du monde. Ce brusque passage de la lumière à l'obscurité, commun aux régions équinoxiales, est un des faits les plus curieux qu'on puisse observer.

La nuit était profonde quand j'abandonnai les hauteurs du mamelon pour descendre une pente qui me sembla effrayante de rapidité. Nous étions fréquemment arrêtés par des chutes et par des travaux d'élargissement. Vers neuf heures du soir, après avoir traversé un lit de torrent large et profond, notre marche se trouva complétement interrompue. Les premiers ânes qui rencontrèrent le bord opposé se heurtèrent contre un obstacle qui les rejeta, avec leurs charges, au fond du lit qu'ils venaient de franchir. Examen fait des lieux, je reconnus qu'il y avait encore une route à faire, et nous nous mîmes vaillamment à l'œuvre.

Nos tribulations n'eurent de terme qu'à onze heures du soir. Après ce dernier travail, le plus pénible de tous, car il nous fallut souvent déplacer de très-lourds cailloux, nous nous trouvâmes, à notre grande joie, tout près d'un village. Les aboiements des chiens annoncèrent notre arrivée, et les habitants, croyant à une invasion, sortirent en foule pour nous reconnaître. Un peu plus, cette journée d'accidents se terminait par une décharge de coups de fusil; on s'expliqua et on nous laissa entrer. Nous étions tellement fatigués, que nous ne songeâmes qu'à dormir.

CHAPITRE XXII.

Comment le *prince royal* comprenait l'hospitalité. — Loi étrange sur l'esclavage. — Influence du climat sur la couleur de la peau. — Importance de l'industrie des métaux. — Encore un albinos. — Autre coutume concernant les morts. — Singulière disposition des racines d'un baobab. — Tamafoulou. — Réception orientale ; improvisation de jeunes filles ; aventure désagréable. — Crainte qu'elle me cause ; sa terminaison vulgaire.

_____

Le village où je venais de m'arrêter se nommait Khoré ou Kouoré. Il était situé dans une vallée entourée de montagnes basses, liées à celles que nous avions coupées dans la nuit. Khoré est fortifié; mais il est d'une si médiocre importance, qu'on n'y trouve ni mil ni troupeaux. Pour des gens qui ont faim, c'est un triste séjour; aussi ne fut-ce que forcé par la fatigue que je me décidai à y passer la journée.

Le lendemain je repartis, la route au sud-est, marchant dans un chemin régulièrement nivelé, que je laissai une heure après pour m'engager dans un sentier malaisé qui conduisait à une descente. Au bas, j'entrai dans une vallée dont le terrain était coupé d'ondulations. A gauche, on découvrait des montagnes élevées; à droite, des bois et des coteaux verdoyants.

On passe auprès du village de Digoula, récemment détruit par les Maures, et quelques minutes plus tard on rencontre un cours d'eau

dont le lit desséché est remarquable par cette sorte de carrelage naturel dont j'ai fait déjà mention. Après, on gravit un terrain déchiré, au
milieu duquel les ânes me donnent mille ennuis. Il faut recommencer
à se frayer un chemin à coups de sabre. Le sol devient de plus en
plus onduleux. La route est passée du sud-est à l'est, conduisant droit
sur les montagnes, dont la direction est encore nord-nord-ouest : je
suppose que c'est le revers oriental de la chaîne que nous avons suivie dans la vallée de Khoré et traversée dans notre marche nocturne.
En longeant les montagnes, la route revient au sud-est.

A deux heures du soir, après huit heures de soleil sur la tête, je
m'arrêtai au village de Ghiénémanbougou, à moitié démoli et presque sans
habitants. C'est à peine si j'y trouvai de l'eau. Excepté du côté de l'ouest,
il est entouré d'un cercle de montagnes et de hautes collines.
Chose digne de remarque, et qui vient corroborer les louanges que j'ai
adressées aux Bambaras pris en masse, dans ce pauvre village où il
n'y avait ni Kourbaris, ni captifs de roi, ni griots, les femmes, les
hommes, même les enfants, montrèrent du plaisir à me voir et me
comblèrent d'attentions.

Le 12, j'abandonnai ce village, heureux de pouvoir laisser à ces braves
gens une marque de satisfaction pour leur bon accueil. Je fis route à
l'est, traversant un joli bois de fromagers couverts de leurs belles
fleurs de pourpre. L'écorce de cet arbre sert à boucher les pots, et a
toute l'apparence du liége; son bois, d'une grande dureté, est employé
à la confection d'ustensiles de ménage et de petites pirogues.

Le chemin traversait plusieurs collines et se trouvait fréquemment
coupé par des côtes désagréables. En trois heures de marche, j'atteignis
la banlieue de Foutobi, résidence de mon ami Maka-Sirré. Ce chef, qui
m'avait fait promettre de passer par son village afin, me faisait-il dire,
de sauver l'honneur de sa maison, qu'avait compromis la ladrerie de
son royal frère, était parti la veille pour aller attaquer les Kassonkiés
de l'est. Un de ses fils vint me complimenter et m'offrit, de la part de
son père, un mouton d'une si grande maigreur qu'il en était presque
diaphane. Mes hommes avaient pris à la lettre les promesses de Maka;
ils s'attendaient donc à se voir servir un bœuf gras.

Entre nègres, on ne se gêne pas ·

« Est-ce ainsi, dirent-ils au fils, que ton père tient ses engagements?
Que veut-il que nous fassions de cette bête malade? »

Mais le fils, qui n'était pas homme à se troubler pour si peu, démon-
tra, dans un discours de trois quarts d'heure, que son père était le plus

généreux des Kourbaris, mais qu'il était aussi propriétaire prudent; bref, que la confiance étant l'ennemie de la prudence, il ne laissait jamais son bétail au village quand il s'absentait. A cette révélation des habitudes de Maka, mes nègres s'abandonnèrent à un fou rire. L'imperturbable représentant du chef de Foutobi ne se montra ni déconcerté ni offensé de cette incartade; il délia son mouton et le livra à mes hommes.

Je voulais m'arrêter un jour à Foutobi; mais la rareté du mil et la certitude d'être traité aussi mal qu'à Koghé me déterminèrent à partir le lendemain. La journée s'acheva d'une manière fort ennuyeuse : je reçus la visite des femmes et des filles de Maka, qui cependant voulurent bien se retirer sans me rien demander; il me fut interdit d'aller au village et de me promener.

Le 13, au moment de partir, le fils de Maka, sur des réclamations venues de Koghé, m'obligea à lui remettre la femme qui m'accompagnait. On se rappelle les désagréments que j'avais déjà eus pour elle. Depuis, j'avais plusieurs fois été averti que Fathma, étant esclave, ne pouvait abandonner le Kaarta sans l'autorisation du roi; mais mon guide avait toujours répondu qu'il se chargeait d'arranger l'affaire.

Le fils de Maka m'expliqua assez mal la loi de son pays qui marque l'esclave nègre d'un signe indélébile, et permet de disposer plusieurs fois de sa personne. Ainsi Fathma, vendue une première fois et libérée par nous, était revenue, confiante dans son droit, respirer l'air natal et revoir sa famille; et la pauvre femme n'avait trouvé que mauvais traitements et chaînes plus lourdes.

Tel est l'esclavage des nègres, et puisse l'exemple de Fathma servir d'enseignement aux philanthropes qui rêvent l'affranchissement absolu des noirs et leur retour dans la patrie. Si la question ne devait être envisagée qu'au point de vue du bien-être des esclaves, il y aurait mille bonnes raisons, non-seulement pour maintenir l'esclavage dans les colonies européennes, mais encore pour le favoriser et s'efforcer de l'augmenter. Quelque dure, en effet, que soit la condition du nègre chez les Européens, elle sera toujours douce, comparée à celle qu'il rencontrera dans son pays.

En quittant Foutobi, j'aperçus un grand troupeau de moutons qui rappelèrent à mes nègres un souvenir amer, tout frais encore. Ces moutons, qui étaient aussi gras et bien portants que celui qu'ils venaient de manger était maigre et maladif, appartenaient à des Maures établis aux environs. Malgré la guerre presque permanente qui existe entre les deux peuples, certaines tribus de Maures pasteurs vivent paisiblement sur les terres des Bambaras.

A propos de Maures, je vais consigner ici une observation qui vient prêter son faible appui à la thèse soutenue par le docteur Pritchard dans son *Histoire naturelle de l'homme* sur la commune origine des races humaines (1).

J'ai vu très-souvent de vrais Arabes, parfaitement reconnaissables à la forme ovale de leur tête, à leurs traits, à leur profil et à leurs cheveux; et ils étaient d'une couleur de peau incomparablement plus noire que celle de certains nègres. J'entends par certains nègres, non les Foulhas, qui généralement ont une teinte bistrée se rapprochant du cuivre ou du bronze; mais des nègres soninkiés, yoloffs ou malinkiés.

Je ne m'en suis pas tenu à la simple constatation de ce fait. J'ai questionné, et il en est résulté que les individus de la race arabe sur lesquels j'avais remarqué cette coloration foncée, appartenaient à des tribus de pasteurs vivant plus au soleil que sous la tente. De même, je me suis convaincu que parmi les peuplades africaines dont la couleur n'est pas noire, mais chocolat, les chefs étaient d'une nuance beaucoup plus claire que leurs sujets.

Comme il n'entre pas dans mon cadre de paraphraser le livre du docteur Pritchard, je me borne à cette seule remarque, à savoir que l'action incessante d'un ardent soleil modifie de telle sorte la coloration de la peau, qu'un individu de la race caucasique, dont la couleur est peu différente de la nôtre par 36° de latitude, peut devenir, par 15°, plus noir qu'un Éthiopien.

Une heure après être parti de Foutobi, on traverse le petit village de Bamagougou. Depuis Khoré, on rencontre un grand nombre de forgerons à l'œuvre. Le fer est si abondant dans toute cette contrée, qu'on voit du minerai presque à chaque pas. On sait déjà que chez les Malinkiés les forgerons sont de grands personnages; mais, au Kaarta, ils semblent posséder plus de puissance encore, car ils commandent des villages.

_____

(1) *Histoire naturelle de l'homme,* comprenant des recherches sur l'influence des agents physiques et moraux considérés comme cause des variétés qui distinguent entre elles les différentes races humaines; par *S. C. Pritchard,* docteur en médecine, membre de la Société royale de Londres, etc. Traduit de l'anglais par le docteur F. Roschin.

Cet hommage rendu à l'industrie métallurgique, naturel d'ailleurs chez un peuple qui se pique d'être un peuple guerrier, me paraît emprunté à quelque légende sur Tubal-Caïn, importée d'Orient en Afrique. Ces légendes, préconisant l'homme livré aux durs travaux, et frisant de très-près le socialisme européen, sont fort en faveur chez les Arabes et font les délices des musulmans de toutes les classes, sous la tente comme dans les *cafedjis* des villes.

Les villages sont très-nombreux dans cette partie du pays. Pendant une marche de trois heures, j'en ai rencontré cinq : Bamagougou, déjà nommé; Saakouré; Soukourouné; Goumèra, en reconstruction sur les ruines de l'ancien et récemment saccagé par les Maures; enfin Sambougou, dans lequel je m'arrêtai pour passer la nuit.

Dans tous, à l'exception du dernier, où le travail du fer parait plus négligé, on ne voit que hauts-fourneaux, enclumes, marteaux et soufflets à peau de bouc, semblables aux bignoux bas-bretons; on n'entend que chants d'ouvriers, sifflement aigu du soufflet et bruit retentissant du marteau écrasant le fer.

Les abords de Sambougou possèdent de très-grosses masses de roches qui contiennent beaucoup de fer. On y trouve aussi des grès, des silicates magnésiens, l'une des roches les plus communes de la contrée, et des bancs considérables d'ardoises dont les feuillets sont aussi minces que ceux qui servent en France à couvrir le toit des maisons.

Je rencontrai à Sambougou un quatrième individu de la variété albine. C'était une femme de vingt à vingt-cinq ans; elle était vêtue comme une négresse, et portait le tatouage national à la face et sur la poitrine. Sa peau, crispée et fendillée par le soleil, mais sans être notablement hâlée, avait une couleur tirant sur le rouge. Ses paupières tuméfiées étaient rabattues sur ses yeux profondément enfoncés, et s'ouvraient avec une apparence de douleur; la pupille était brun clair à reflet rougeâtre. Ses cheveux étaient rouges et crépus. La forme de la tête et les traits du visage, la bouche, l'allongement des mâchoires, appartenaient à la race nègre. Cette femme était affreuse de laideur.

J'avais déjà, à Tinntila, entendu des pleureuses gémir en cadence sur une tombe fermée depuis longtemps, et, à Koghé, les trois coups de mousquet annonçant la mort du guerrier. Une détonation semblable venant brusquement retentir à Sambougou, je ne doutai pas, aux lugubres réponses qui l'accueillirent, que ce signal ne fît aussi connaître la mort d'un défenseur de la patrie, tombé dans un récent combat. J'étais dans l'erreur : ces trois coups de mousquet n'étaient plus un avertissement, car le mort avait quitté la vie depuis plusieurs années et son trépas était connu; mais un honneur rendu à sa mémoire. On m'expliqua que lorsqu'un homme était absent du pays au moment de la mort d'un parent ou d'un ami, la coutume voulait qu'à son retour, n'importe le temps écoulé depuis l'événement, il donnât à la mémoire du défunt une marque de regret formulée de cette façon. De leur côté, et pour répondre à cette politesse posthume, les femmes du défunt, ses parentes et ses amies, interrompant peut-être un joyeux passe-temps, peut-être s'arrachant aux bras d'un nouvel époux ayant depuis longtemps fait oublier l'ancien, étaient tenues de pousser des lamentations, de s'arracher les cheveux et de se déchirer la poitrine avec les ongles. Cette douleur commémorative dure tout le jour, après quoi on retourne à ses travaux et à ses plaisirs, jusqu'à l'arrivée d'un nouvel ami ou d'un nouveau parent.

Le village était gouverné par un tout jeune homme, le fils du mort qu'on pleurait. Son père avait été tué à la guerre, et le roi, voulant récompenser ses services, avait donné à son fils une position que son âge ne lui eût pas permis d'occuper sans ce triste événement; j'avais déjà vu pareille chose au Bondou. Le jeune chef vint, en s'excusant, m'offrir une callebasse de lait et une poule; et s'en retourna heureux d'avoir reçu, en retour, un peu de poudre et quelques bagatelles.

Le 14 mai, à six heures du matin, j'abandonnai Sambougou, et, perdant de vue les montagnes que j'avais constamment aperçues depuis mon départ de Koghé, j'entrai dans des plaines parfaitement nivelées, mais d'une végétation pauvre. Ce plat pays, qui n'a pas de verdure, est d'une tristesse désespérante. Mieux vaudrait encore la montagne, dussé-je y renouveler mes pénibles tranchées.

De loin en loin, quelque sévère baobab au tronc nerveux et au feuillage naissant, se détachait en gris sur cette plaine blafarde. L'un de ces arbres, singulièrement contourné, éveilla mon attention, et je descendis de cheval pour examiner de près sa bizarre conformation : c'était un plein cintre, un plein cintre romain, un arc parfait, en un mot, formé par une branche à moitié détachée du tronc, qui avait pris racine par son extrémité. Cet arc avait vingt pieds de haut, et la sève s'accusait vigoureusement sur tous ses points. Ces sortes de caprices de la nature ne sont pas rares dans la disposition des branches des baobabs.

Une heure de marche me conduisit au village de Dialakoro, beaucoup plus considérable que Sambougou. Une grande partie de sa po-

pulation creusait des puits quand je parus. L'eau en était bourbeuse
et nauséabonde, ce qui ne m'empêcha pas d'en payer fort cher la petite quantité qu'on voulut bien me fournir. On trouve encore à ce
village beaucoup de hauts-fourneaux et des forgerons à l'œuvre; le
minerai qu'on y recueille est très-riche en fer.

Le chef, accouru au-devant de moi, m'invita gracieusement à m'arrêter chez lui, et parut très-contrarié de mon refus. « Moi qui ai
tout préparé, disait-il d'un air désolé; moi qui ai fait tuer un bœuf et
piler du mil pour toi. » Je sus néanmoins résister à la tentation, et j'eus
même assez d'empire sur mes nègres pour amener au même sacrifice
leur ventre, ordinairement très-sourd en pareille occurrence.

Malgré la rareté de l'eau, Dialakoro possède un nombreux troupeau
de gros bétail.

La route s'acheva dans des bois garnis d'arbustes à fleurs odorantes,
et, à la faveur de cette diversion, j'accomplis une assez longue étape
sans m'apercevoir d'un soleil brûlant qui dardait sur mon front ses
rayons zénithaux.

A une heure du soir j'arrivai à Tamafoulou, grand village divisé en
plusieurs quartiers séparés; c'est la résidence de Boubakar (Abou-Bakra),
ou plus communément Bakari, frère puîné de Maka-Sirré.

Jamais encore, depuis que je parcourais l'Afrique, je n'avais trouvé
des attentions si délicates ni reçu des soins si distingués que ceux dont
je fus l'objet à Tamafoulou.

Après m'avoir établi dans une case précédée d'un hangar spacieux
et élevé, très-propres tous les deux, je fus entouré d'une troupe de
jeunes filles qui se mirent à chanter sur un mode mélancolique, en
agitant en mesure de grands éventails de paille. Elles étaient age-
nouillées autour de la natte sur laquelle je m'étais étendu; les unes
m'éventant, d'autres me massant, d'autres me présentant du lait
et des pistaches grillées. Leur chant, de plus en plus mélancolique,
disait quelque chose comme ceci :

« L'homme blanc qui vient de bien loin sur la mer s'est arrêté ici;

» Il était fatigué, fatigué parce qu'il avait marché sous le soleil;

» Il avait bien chaud et l'eau coulait à grosses gouttes de son front
blanc; il avait bien faim et bien soif;

» Et notre maître nous a dit :

» Prenez vos nattes les plus fines et étendez-les sous l'homme blanc
pour qu'il y repose ses membres fatigués;

» Saisissez vos grands éventails, dénouez vos pagnes et agitez-les sur la tête de l'homme blanc pour sécher les gouttes d'eau qui pendent à son front;

» Prenez vos plus belles callebasses et emplissez-les jusqu'au bord du meilleur lait de mes vaches, pour que l'homme blanc étanche la soif qui le dévore, etc. »

Je me laissai aller un instant aux charmes de cette réception tout orientale; mais bientôt la réflexion vint, et avec elle, comme un pressentiment funeste que ces soins me porteraient malheur.

Quoi qu'il en soit de mes appréhensions, il était indispensable que je remplaçasse mes *machouarans*, pour pouvoir continuer ma route sans plus stationner au Kaarta; il était non moins nécessaire que mes ânes, peu soucieux de marcher au soleil et témoignant leur déplaisir par maint acte d'insubordination, prissent quelques jours de repos. Je me décidai donc à rester à Tamafoulou.

Pendant les trois premiers jours, je fus assailli par un grand nombre de malades arrivés, pour se faire guérir, de tous les lieux environnants. Les plus acharnés étaient des aveugles qui demandaient la vue. Je donnai des lunettes aux plus importuns, de l'eau de réglisse en abondance, et quelques morceaux de sucre qui me restaient encore; mais ma clientèle n'en faisait qu'augmenter, et elle devint tellement nombreuse qu'il me fallut absolument avoir recours au nerf de bœuf.

Je ne crois pas avoir encore parlé de cette mode barbare adoptée par les négresses pour se bleuir les gencives et la bouche, et donner à leur lèvre inférieure la forme d'une sangsue de la grosse espèce. Elles considèrent comme le beau idéal la possession de cette difformité, et, dès le plus jeune âge, les filles travaillent à l'acquérir. Elles se piquent à cet effet les gencives et les lèvres avec un faisceau d'épines ou de pointes de fer trempées, me dit-on, dans de l'indigo, et répètent l'opération jusqu'à ce que le résultat désiré ait été obtenu. En dépit de leur courage, il est fort peu de femmes favorisées de la lèvre pendante. Généralement on obtient facilement le bleu des gencives et de la bouche; mais pour le grossissement de la lèvre, c'est beaucoup plus difficile.

Ma quatrième journée de station fut féconde en accidents.

Le matin, une femme à qui mes hommes avaient donné du mil à piler, le rendit avec un déficit énorme. A l'observation qu'on lui en fit, elle entra dans une fureur affreuse et m'accabla d'injures. L'assistance, émue de ses cris, se montra d'autant plus disposée à prendre son parti, qu'elle prétendait avoir été battue par un de mes nègres. Le calme finit par se rétablir, mais avec beaucoup de peine. — Première mésaventure.

A deux heures du soir, je trouvai mon baromètre brisé dans ma case. Il était pendu, comme j'avais coutume, à un bâton engagé dans les pailles de la toiture. Rien n'était dérangé; la corde qui le suspendait était intacte et le bâton à sa place. Je me perdis en conjectures sur cet accident, que je crus cependant pouvoir attribuer à quelque malice de la femme du matin. Heureusement que j'avais un tube de rechange, comparé à Brest, et qu'en moins d'une heure l'instrument fut en place, mais cette fois avec un factionnaire pour le garder. — Deuxième mésaventure.

Maintenant voici la dernière, mais assurément la plus grave et la plus inquiétante. Un nègre du village avait ramassé un morceau de papier souillé de malpropreté et l'avait porté à Boubakar. Le chef, fort intrigué à la vue de ce papier, consulta les notables et les marabouts, et ceux-ci décidèrent que c'était un grigri (tout papier est grigri pour un nègre), et que les maculations qu'il portait constituaient un sacrilége. Les plus érudits racontèrent que semblable machination avait eu lieu lors de la guerre du Ségo, et qu'à la suite, les puits s'étaient taris, les bestiaux étaient morts et les mils n'avaient plus poussé.

Le crime étant constant, on passa à la recherche du coupable, et, d'une voix unanime, l'assemblée me nomma.

« Nous savions bien, dirent les fortes têtes, que ce blanc nous porterait malheur; pourquoi l'avoir laissé passer? »

On s'échauffa, et on ne parla de rien moins que de me mettre en pièces.

A ce moment, un mouvement tumultueux agita l'assemblée; chacun se levait avec agitation pour se diriger vers mon campement.

« Arrêtez, s'écria Boubakar; c'est moi seul qui commande ici. Le blanc est un scélérat, et il sera puni, mais encore faut il qu'il soit entendu. »

Un vieux nègre appuya la motion, en insinuant que des révélations sur la manière de composer un *grigri* si puissant pourraient être très utiles au pays. L'assemblée se rangea à cet avis, et deux de mes hommes furent mandés. Ils protestèrent de toute leur force contre cette étrange imputation, et accoururent précipitamment m'instruire de ce qui se passait.

Je dormais lorsqu'ils arrivèrent. Mon premier mouvement fut de rire de cette méprise.

« Il ne s'agit pas de rire, dit mon trucheman d'un air consterné; ces gens-là sont des *mauvaises n'hommes* (un homme, des *n'hommes*, façon de parler familière aux nègres de Saint-Louis), etsi nous sortons d'ici sans y laisser nos têtes, nous ne serons pas malheureux.

— Diantre, fis-je, c'est donc bien sérieux?

— Si c'est sérieux! répliqua mon trucheman; mais si le vieux nègre n'avait pas eu la curiosité de savoir comment on faisait ce que ces sauvages-là appellent un *grigri*, Boubakar lui-même ne t'aurait pas sauvé de leurs griffes. »

Ce discours n'était rien moins que consolant. Je renvoyai mes hommes au palabre en leur recommandant une grande prudence. Déjà ils avaient commencé à expliquer qu'il n'y avait rien de criminel dans l'affaire.

Ils reparurent au bout d'une heure environ et m'annoncèrent que Boubakar avait répondu sur sa tête que cet incident n'aurait pas de suite. Malgré cette assurance, j'eus une nuit fort agitée. Je connaissais trop bien les nègres pour croire qu'ils renonceraient si vite à une idée de ce genre.

Le lendemain était le jour fixé pour mon départ. Le présent avait été envoyé et accepté sans murmures; mes *machouarans* étaient prêts, mes ânes étaient reposés. Je fis donc de grand matin sortir les bagages pour les charger. A peine les cantines parurent-elles sur la place, que des hommes de Boubakar se détachèrent d'un groupe où l'on parlait avec animation, et signifièrent à mes nègres que leur chef avait donné l'ordre de m'empêcher de partir. Outre ce groupe, il y en avait encore plusieurs autres composés de gens à mine sinistre. Ils gesticulaient avec vivacité, parlaient haut et désignaient du doigt et de l'œil la direction où je me trouvais; il était évident que je faisais le sujet de leur entretien, et que ce qu'ils se disaient ne m'était pas favorable.

Quand mes hommes purent conférer avec Boubakar,—ce qui nécessita un certain temps d'attente, car Sa Seigneurie dormait et personne n'avait osé troubler son sommeil,— il prétendit que la veille, s'il avait permis mon départ, c'est qu'il ne connaissait qu'une partie de mes méfaits.

« Je sais tout maintenant, s'écria-t-il en élevant la voix; votre voyage n'est qu'une feinte; ce Poulh qui croit nous tromper sous son déguisement (il s'agissait de M. Panet, dont la couleur rappelait en effet la couleur des Poulhs), est allé demander des secours au chef des blancs du Sénégal, qui lui a donné celui qui vous accompagne, ainsi que des armes et de la poudre. Vous n'êtes venus ici que pour espionner le pays afin de venir le ravager avec les Massiniens. Le blanc ne partira pas avant les ordres du roi. »

En apprenant le nouveau grief qu'on m'imputait, je crus que décidément les choses allaient mal tourner, et j'examinai machinalement l'amorce de mes pistolets. D'un signe je ralliai mes hommes, moins mon trucheman, occupé à la négociation, et nous attendîmes. J'avais, en venant en Afrique, une pensée qui dominait toutes les autres : c'était de sauvegarder la dignité de la race blanche et de laisser aux nègres l'impression durable que les Français savaient mourir fièrement quand il le fallait. Je n'ambitionnais pas la gloire de tomber martyr d'un sentiment exagéré ; mais j'étais résolu à vendre chèrement ma vie et à ne jamais offrir niaisement ma tête au couteau d'un égorgeur.

La population continuait à avoir une attitude menaçante, et Boubakar ne s'humanisait pas. Mes hommes étaient aux aguets ; ils me faisaient part de leurs remarques et de leurs craintes. Tout à coup mon interprète accourut d'un air satisfait, contrastant avec celui qu'il avait eu jusque-là. Il me rapporta que le chef venait de laisser échapper ces mots.

« Au surplus, cela aurait pu s'arranger ; mais ton blanc ne donne rien aux princes. »

Cette communication calma mon ardeur belliqueuse, et déposant humblement les armes, je descendis des hautes sphères où un instant j'avais cru m'élever sur les traces des d'Assas, des Latour-d'Auvergne et des Bisson, pour me trouver le héros vulgaire d'un vol au *chantage*.

J'acceptai néanmoins de fort bonne grâce ce changement de rôle, et j'envoyai immédiatement traiter du rachat.

J'ai su depuis que cette affaire avait été menée par un vieux griot, mon hôte, affligé d'une ophthalmie approchant de la cécité, auquel j'avais donné une superbe paire de lunettes et beaucoup d'autres choses. L'ingrat !

Tous ces débats avaient employé la journée ; ce ne fut que le lendemain, 20 mai, que je pus reprendre ma route, ayant largement payé les coups d'éventail et l'improvisation des jeunes filles de Tamafoulou. Je fis charger rapidement mes baudets, dont l'un, triste addition aux ennuis du séjour, ne se leva pas pour suivre ses pareils ; et je m'éloignai du village, moitié riant, moitié sérieux de cette bizarre aventure.

CHAPITRE XXIII.

En quittant Tamafoulou, j'entrai dans des bois de mimosas dont la triste végétation était, de temps à autre, égayée par la présence de grands et beaux caïlcédras riches en feuillage et en ramure. La direction de la route était sud-sud-est. Une heure après mon départ, j'aperçus, à environ 8 kilomètres de distance, une chaîne de montagnes peu élevées qui s'étendait sur une ligne parallèle à la route. Depuis Sambougou, le sol est assez uniformément nivelé.

Dans cette route, comme dans la précédente, les villages se touchent ; on trouve, à une heure et demie de Tamafoulou, le petit village de Kounbou, et au même moment on a en vue, dans le sud, à environ 4 kilomètres, celui de Lagamané, qui est beaucoup plus grand. Après Kounbou, la direction de la route passe à l'est-nord-est et à l'est, ayant les montagnes à droite et marchant parallèlement à elles. Les tristes acacias sont remplacés par des arbres d'un joli ton de verdure et d'un ombrage épais, qui en plusieurs endroits forment berceau sur l'étroit sentier qui sert de voie.

On passe encore au petit village de Falaba, remarquable par un grand nombre de rondiers servant de demeure aux cigognes blanches à ailes noires, qui ont envahi tous les villages de la route. Passé Falaba, on découvre, à 2 kilomètres à droite, Bassi, et vingt-cinq minutes au delà, Lountou, dont l'air d'opulence me chasse; je me disposais à m'y arrêter afin de donner à des ânes attardés le temps de me rejoindre. Quinze minutes de marche me permirent de gagner un autre village du même nom, mais de plus modeste apparence.

Sur deux ânes attardés, un seul rejoignit la caravane; l'autre était mort en route : cela faisait deux dans la même journée. Je ne pouvais certes pas dire qu'ils succombassent sous le poids de leur fardeau, car les Bambaras se chargeaient du soin de les alléger. Quoi qu'il en soit, deux ânes de moins étaient une perte sensible dans ma position, et je ne pouvais la voir avec indifférence.

Deux coups de poudre, deux pierres à fusil et un mouchoir d'indienne représentant la prise de Constantine, comblèrent de joie mon hôte de Lountou. A trois heures et demie je repartis, en dépit de l'orage qui nous menaçait. Jusque-là nous avions eu le bonheur de ne pas recevoir de pluie durant la marche. C'est alors surtout qu'elle offre du danger; car, outre que les cantines, ouvertes en maint endroit par la chaleur, ne préserveraient pas, des torrents d'eau qui tombent en cette saison, les objets qu'elles renferment, il y a pour soi-même l'inconvénient très-grave de recevoir une pluie froide et pénétrante quand on est en transpiration.

Je passai successivement aux villages de Goundiabougou et de Foulhabougou, très-rapprochés l'un de l'autre; puis je traversai un marais desséché qui me conduisit sans encombre au village de Tassara, où je n'arrivai qu'à sept heures du soir, c'est-à-dire à la nuit. La route se fit au milieu d'un bois épais et sur un sol accidenté.

Tassara est situé dans une des éclaircies du bois que je venais de traverser; c'est un grand village et d'une propreté qui ne laisse rien à désirer; ses rues sont larges et bien entretenues; la majeure partie de sa population se compose de Sarracolés (1). La partie orientale du Kaarta

---

(1) Je dis indifféremment Sarracolé ou Soninkié. On est averti qu'il s'agit du même peuple.

est presque exclusivement occupée par ce peuple marchand; les Diavaras et les Diavandous occupent la partie occidentale.

A Tassara, on exploita d'une manière indigne ma position de voyageur. Les marchands sarracolés ne voyant dans ma venue qu'une
occasion de bénéficier, me firent payer un prix fabuleux quelques
gouttes de lait et une poule.

Ô Mercure! que les anciens avaient raison de ne pas borner votre
empire! Vous êtes bien vraiment, au Kaarta du moins, le dieu des
marchands et des voleurs; car c'est tout un pour les bons Sarracolés
qui viennent causer avec moi, et m'obligent à toutes sortes de précautions pour préserver du contact de leur main, aussi légère qu'indiscrète, les objets qui composent mes bagages!

Le matin du 21 mai, la curiosité des habitants, les pires de l'Afrique, je le répète, pour tourmenter et exploiter les voyageurs, devient intolérable. Afin d'éviter les conséquences de la presse qu'ils me
font subir, je monte à cheval une heure avant le départ, et j'imite la
manœuvre des gardes municipaux dans les foules. Certes, on ne peut
pas dire que les nègres soient méchants, mais on peut affirmer qu'ils
sont bien ennuyeux.

Parti à six heures du matin, j'arrivai à sept heures à un village où
mon guide m'annonça que nous allions stationner jusqu'au lendemain.
C'était un nouveau guide pris à Foutobi. Son prédécesseur était bavard
et faiseur d'embarras; celui-ci était incomparablement plus calme, mais
aussi il n'avait ni son activité, ni ses soins, ni son intelligence des
marches. Il donna pour raison de cette fantaisie que nous aurions eu
à séjourner dans un village gouverné par un prince, et que c'était
pour m'obéir qu'il s'était décidé à s'arrêter si tôt.

En écartant la question de temps perdu, Dalibéra ne me fit nullement regretter un lieu plus somptueux. Ses cases, légèrement dépail-
lées et laissant passer le soleil en plus d'une partie de leur toit, furent
soigneusement balayées en mon honneur; on les garnit de nattes et,
chose plus précieuse, on y plaça un grand pot rempli d'eau potable,
en dépit de sa couleur terreuse; mon hôte donna copieusement à manger à mes hommes, et je trouvai pour mon usage des poules et du
lait à bon marché.

Depuis plusieurs jours nous manquions complétement de sel; c'est
une des plus grandes privations que je connaisse. Deux de mes
hommes étaient gravement indisposés, et j'attribuai leur état à l'absence de cet indispensable élément de sapidité. Le sel est fort rare au

Kaarta, et le peu qu'on y en rencontre se vend des prix fous. J'ai lu quelque part que le sel, en Afrique, s'échangeait autrefois contre l'or à poids égal, et je me souviens d'avoir assez maltraité cette allégation; mais, je me trouvais alors si malheureux, ainsi que mes nègres, que j'aurais fait volontiers l'échange, si l'occasion s'en fût présentée.

A un des villages que j'avais précédemment traversés, à Bassi, je crois, j'avais remarqué un homme qui tenait à la main un petit morceau de sel gemme; il se cachait comme l'eût fait un enfant possesseur d'une friandise, et passait sa langue par-dessus, avec les démonstrations de la joie la plus vive, puis conviait de temps à autre ses amis à participer à ce régal. Je ne voyais alors dans l'acte de cet homme qu'un épisode plus dégoûtant qu'intéressant, et j'étais loin de me douter que moi-même je serais bientôt réduit à envier le bonheur dont il semblait jouir.

Le 22 mai, deux heures après mon départ, je fus forcé de faire arrêter la caravane pour rétablir l'ordre dans sa marche; c'était, à peu de différence près, la reproduction des scènes désolantes de mes routes de plus triste mémoire. Je ne puis expliquer ces embarras que par une sensibilité extrême des ânes pour la chaleur.

Je traversai encore des bois dans cette journée, mais des bois d'une désespérante monotonie. Des baobabs, des mimosas rachitiques, de hautes herbes, plantés sur un terrain couvert de roches et de cailloux et coupé fréquemment par des bancs d'ardoises, furent, avec les chutes de mes ânes, les distractions de la matinée.

Près d'arriver au village qui allait terminer mon étape, la scène changea. Au lieu d'ennuyeux mimosas, de tristes baobabs et d'herbes sauvages, j'étais au milieu d'une forêt de caïlcédras de haute futaie. Une partie de cette forêt était en flammes; les Bambaras, armés de torches, couraient comme des démons, attisant l'incendie qui faisait craquer des arbres de cent ans et les couchait tout noircis sur la terre.

Tel est le procédé de déboisement des habitants de l'Afrique. Quand ils veulent transformer un bois en terre cultivable, ils ne s'arrêtent pas à la vulgaire opération de la coupe; ils prennent de grosses torches de paille, entourent d'herbes sèches les arbres qui les gênent, et, allumant ces matières inflammables, ils activent leur œuvre de destruction jusqu'à ce que les hautes cimes, que deux générations avaient respectées, aient jeté leurs cendres sur le sol. Ce sont ces cendres qui vont devenir le véhicule de la végétation nouvelle, et l'année suivante, à la place où s'élevaient des arbres majestueux qui auraient fait la fortune d'un peuple éclairé, le passant foulera du chaume.

Le village où je m'arrêtai se nommait Biaga, et, de même que Tassara, était habité par des Sarracolés. Le chef me refusa un abri contre la chaleur du jour, singulier caprice que je ne compris pas; car ses pareils, fort habiles à tirer parti de ma présence chez eux, se montraient d'ordinaire très-empressés à me recevoir. Ce refus me força à camper au pied d'un arbre sans ombrage, et à subir la compagnie accoutumée des voleurs et des mendiants.

Après mon repas, digne d'un trappiste par sa frugalité ou, si l'on veut, d'un membre de la société des légumistes, j'examinai la foule qui m'entourait. Il n'y avait là que des figures ignobles, sauf un jeune garçon à l'air honnête, qui tenait à la main une longue épée à lame plate, enfermée dans un fourreau de cuir, et surmontée, en guise de poignée, d'un manche de bois également recouvert en cuir, semblable au manche des poignards du pays. Je fis approcher ce jeune homme et lui demandai à examiner son arme. Grande fut ma surprise, quand je sortis de ce grossier fourreau la lame d'une de ces formidables épées qui semblent disparaître avec les guerres de la Ligue. Elle portait sur chaque face une double évidure, ainsi qu'une croix trois fois répétée sur une même ligne, et on y lisait cette ancienne devise assez grossièrement gravée : d'un côté, *No me saques sin razon;* — de l'autre, *No me engaine sin honor* (1).

La rencontre de cette vieille lame au milieu du Soudan ouvrait un vaste champ à l'imagination. Comment se trouve-t-elle ici? Par qui y a-t-elle été conduite? Est-elle venue portée par un preux allant, trois siècles avant moi, braver, pour son dieu et sa dame, les dangers d'une terre inconnue? Sa poignée disparue ne portait-elle pas, en tombant au pouvoir des aïeux des gens qui m'entourent, quelque nœud de ruban coquettement attaché par la blanche main d'une fiancée? Qu'est devenu le chevalier qui, fidèle à sa noble devise, ne l'a jamais remise sans honneur au fourreau?

Vieille épée perdue sur cette terre sauvage, vieux témoin de ces temps de courtoisie si moqués aujourd'hui, que de choses vous me diriez si vous pouviez parler! Depuis que vous avez changé de maître, votre devise a-t-elle toujours été suivie? Dites-moi, ô noble compagne

---

(1) Ne me sors pas sans raison; ne me rengaine pas sans honneur.

d'un preux, vous si juste en vos châtiments, vous qui n'avez jamais frappé un ennemi désarmé, n'avez-vous pas, un jour, consommé quelque odieux sacrifice en l'honneur d'un fétiche grossier?

Et comme des ombres du passé je voyais un fier guerrier, le front incliné et pensif, caressant la poignée de sa grande épée; je voyais une noble dame joignant les mains en levant vers le ciel ses yeux remplis de larmes; je voyais des coursiers, des écuyers, des pages, un manoir aux antiques tourelles; puis maître et varlets s'élançant dans l'espace au-devant de la gloire.

Ces poétiques visions me firent oublier que j'étais en Afrique; qu'il n'y avait plus de chevaliers; et que, peut-être, cette noble épée aux prouesses mystérieuses avait servi à quelque vil traitant pour solder le prix d'une vie humaine.

J'abandonnai Biaga, livré à ces souvenirs disparates de valeur et de cupidité, de galanterie et de grossièreté, de dévouement et de calcul; et je repris tout prosaïquement mes fonctions de conducteur d'ânes indisciplinés.

La route est pittoresque, mais elle n'est point commode, et malgré la peine que je me donne, il suffit d'une demi-heure pour ramener la même confusion. Restés derrière, soit pour relever des ânes abattus, soit pour activer à coups de bâton la marche des paresseux, mes hommes laissaient cheminer en toute liberté ceux qui se montraient dociles. Il en résulta que, ne se voyant pas surveillés, ces derniers se couchèrent au milieu du chemin. C'est ainsi que j'en rencontrai plusieurs entourés d'une bande de Bambaras. Ils paraissaient fort étonnés de trouver un blanc dans leur pays, et m'accablaient de questions pour savoir comment j'étais parvenu là, tout seul, avec des ânes qui ne marchaient pas. Je ne sais ce qui serait advenu de tout cela si je n'avais été rejoint par mon domestique, qui donna toutes les explications nécessaires. Nous remîmes sur pied ceux de nos ânes qui voulurent s'y prêter, et nous continuâmes.

Il faisait nuit quand nous entrâmes en assez bon ordre, malgré les contrariétés de notre marche, au village de Salla. Ce village occupe le fond d'une vallée bornée par un vaste demi-cercle de montagnes boisées et d'agréable aspect, et par des plis de terrain très-prononcés. Salla est disposé en plusieurs groupes éparpillés dans un certain développement; ses habitants sont encore des Sarracolés; mais ils se montrent moins avides que leurs compatriotes de Tassara et de Biaga.

Salla est le dernier village du Kaarta. Encore un jour de marche, et je suis sorti de ce pays difficile, pour entrer dans le Ghiangounté ! On nomme ainsi un petit État indépendant placé entre le Kaarta et le Ségo. Du Ghiangouté, me dit-on, trois jours suffiront pour me conduire à Ségo.

Voilà des réflexions qui disposent admirablement à subir les mille taquineries de la marche. Arrivé à Ségo, j'aurai accompli la cinquième partie de ma grande traversée. J'y trouverai du repos, des facilités d'existence, des choses neuves à observer et des renseignements importants sur les moyens de continuer mon voyage.

Ainsi, quatre jours encore à faire le sot métier d'ânier ; puis après, du repos, du calme, et, Dieu aidant, plus d'ânes à conduire ! Je prendrai des chameaux ou des pirogues ; où, s'il le faut, j'irai à pied.

Ce fut dans ces heureuses dispositions d'esprit que je reçus le lendemain, de grand matin, la visite de Môn-Sirré, proche parent de Maka et chef du village de Kaïndara, situé à moins d'une lieue de Salla. Ces sortes de visites me causent toujours un médiocre plaisir ; mais, cette fois, il y eut plus que du déplaisir ; ce fut comme un frisson de malheur qui me courut dans le sang et fit évanouir mes rêves d'espoir. La figure de Môn n'avait rien, en effet, qui pût les entretenir. Plus je l'examinais, plus je me sentais envahi par un pressentiment sinistre. C'était bien un Kourbari, grand et maigre, l'œil hagard, la tête haute, la physionomie exprimant l'insolence et la cupidité.

La conversation commença par des reproches d'avoir passé si près de lui sans l'aller voir. Je m'excusai aisément en lui rappelant que la saison des pluies m'obligeait à hâter ma marche, et que d'ailleurs j'ignorais absolument l'existence de son aristocratique personne. Après ces préliminaires, l'entretien prit un tour plus agréable : nous parlâmes de mon voyage, de l'intérêt qui s'y attachait, de la nécessité de créer de bons rapports entre les blancs et les nègres, etc. Môn, qui avait lui-même monté la conversation sur ce pied, me dit, à ce sujet, de fort bonnes choses. L'entretien languit un instant ; puis mon visiteur, je m'y attendais, me demanda un fusil... à acheter. On comprend que cette proposition équivalait à celle d'un voleur de grand chemin qui demanderait à emprunter la bourse d'un voyageur. Sur douze fusils que j'avais emportés, il ne m'en restait plus que cinq, et j'avais assurément d'autres personnages que Môn à rencontrer dans ma route.

Je refusai donc. La figure de Môn s'assombrit à ce refus, et pendant la demi-heure que durèrent ses pressantes sollicitations, elle parvint graduellement à une remarquable expression de malveillance. Une circonstance vint heureusement mettre un terme à cette situation embarrassante : on apporta mon déjeuner, et j'en profitai pour lui faire dire que les blancs ne mangeaient pas devant tant de monde. Il sortit avec le nombreux cortége qui l'avait accompagné.

Délivré de ce fâcheux, je me mis en devoir de faire honneur à un sanglet au riz; mais j'avais à peine commencé, que mon interprète accourut tout troublé, en criant :

« Deux hommes du roi viennent d'arriver de Koghé. Ils portent l'ordre de nous faire retourner. »

On conçoit l'effet foudroyant d'une pareille nouvelle.

Je songeai au refus du fusil, à l'étrange figure de Môn quand il me quitta; je songeai à mes récentes aventures de Tamafoulou, et je crus avoir trouvé le mot de cette énigme.

C'est un tour de Môn pour avoir le fusil qu'il désire, pensai-je. Il s'agit de lutter de ruse avec lui, et, à bout de ressources, d'abandonner, pour en finir, l'arme dont il a tant envie. Malheureusement, on me montra les hommes de Mamady, et mes nègres, en m'affirmant que c'étaient vraiment des captifs du roi, m'enlevèrent cet espoir passager.

Pendant ce temps, Môn, de l'endroit où il se tenait, m'examinait d'un air plein de malice et d'ironie. Il s'approcha et me dit qu'il avait aussi reçu des ordres, et que je devais le suivre à son village, en attendant qu'on me reconduisît à Koghé.

J'étais donc prisonnier. Adieu mes illusions! Illusions bien naturelles pourtant; car qui pouvait me dire, seulement une heure auparavant, qu'un caprice, une perfidie préméditée peut-être, me ferait si tôt revenir en arrière? Depuis plusieurs jours je m'apercevais bien que les habitants montraient de l'inquiétude en me voyant écrire, et se refusaient souvent à me dire le nom des villages par lesquels je passais. Évidemment la fable du Poulh du Massina et la stupide aventure du grigri précédaient mes pas et semaient dans les populations des germes de défiance dont je recueillais le fruit.

Le soleil était déjà très-haut quand je suivis Môn. Par un sentiment facile à expliquer, il semblait heureux d'être devenu le geôlier de l'homme qui lui refusait naguère une chose qu'il désirait. La route fut courte. Nous gravîmes une colline, longeâmes une montagne; puis, marchant dans un sentier tracé entre deux monticules richement boisés, nous arrivâmes en une heure au village de Kaïndara.

Il est établi dans un site agréable, au milieu d'un bois de tamarins et de caïlcédras. Ses fortifications sont élevées avec luxe. On y trouve des tours carrées, garnies de créneaux et surmontées d'une manière de pelites galeries qui rappellent le genre vénitien. La porte d'entrée, plus large et plus haute que celle des *casbahs* nègres que j'ai vues jusqu'ici, a une forme quadrangulaire et possède, pour ornementation, des moulures saillantes. C'est un des villages les mieux fortifiés et les plus jolis du pays. La place qui précède le tata est ornée d'un arbre magnifique, le *taba* de Mungo-Park, qui semble faire l'orgueil de Môn.

Je trouvai à ce village, et contre mon attente, un accueil mêlé de respect et de bienveillance. Peu après mon arrivée, le chef m'envoya un bœuf; mais, sous la violente impression qui me dominait, je le lui renvoyai en lui faisant dire que les blancs n'acceptaient rien des gens qui manquaient à leur parole. Môn entra dans une grande colère en voyant son présent dédaigné, et se répandit en menaces contre moi.

Je me souciai parfaitement peu de la colère de ce brutal. Ce qui m'absorbait, c'était la recherche des motifs de mon arrestation. Je ne pouvais croire à la réalité; il me semblait toujours que c'était un malentendu, un nouveau *chantage* pour m'arracher quelque dépouille nouvelle; parfois aussi je croyais rêver.

Dans ces circonstances difficiles, j'essayai d'avoir recours à mon guide, qui était l'homme de Maka, mon protecteur avoué; mais soit crainte, soit mauvaise volonté, il se tint prudemment à l'écart, se bornant à répondre à mes questions pressantes, quand je pouvais le joindre, par le geste expressif du haussement des épaules et du mouvement des bras, qui veut dire dans toutes les langues : je n'y peux rien.

On m'avait établi dans un logement très-propre et très-commode, et on me fournissait abondamment de l'eau, du lait et des vivres. Sous le rapport matériel, ma captivité n'avait donc rien d'effrayant, et je n'avais pas besoin d'une grande force d'âme pour la subir; mais j'étais prisonnier, et cela suffisait à me faire trouver mon logis détestable. On me surveillait; on m'interdisait toute circulation dans le village; à peine me laissait-on faire quelques pas autour de ma case.

Vers le soir, une troupe de gens à cheval arriva à Kaïndara : c'étaient des hommes de Bakari qui venaient encore porter l'ordre de m'arrêter et de me diriger sur Koghé. Leur chef, en me donnant avis de cette décision, m'annonça que c'était lui qui était chargé de m'escorter jusqu'à la résidence du roi; il avait commencé l'entretien en me transmettant les compliments de son maître. Dans un pareil moment, cette politesse me frappa. Depuis, j'ai eu mainte occasion de constater que dans leurs communications les plus fâcheuses, les nègres ne manquent jamais d'employer des formes pleines de courtoisie. Je me moquai des compliments du chef de Tamafoulou, et je ne me gênai pas pour le dire à son messager. Il répondit à mes questions sur mon arrestation par les mêmes gestes que mon guide.

Ainsi finit cette première journée. J'employai ma nuit à chercher une explication quelque peu rationnelle de ce qui m'arrivait. Etait-ce vraiment le roi qui me faisait arrêter? Etait-ce Maka, dont le nom avait été prononcé? Etait-ce Bakari, chez lequel s'était formé, par une cause si étrange, l'orage qui me poursuivait depuis lors? Etait-ce mon geôlier Môn, s'inspirant de l'invention de son oncle Boubakar? Barka, enfin, cet homme si adroit, n'était-il pas pour quelque chose dans cette triste affaire, et ce qu'on m'avait dit de ses détournements était-il donc vrai?

Cette foule de conjectures qui se présentaient en désordre à mon esprit fatigué, me tinrent éveillé toute la nuit. J'avais de vives appréhensions; je me voyais le lendemain sur la route de Koghé, escorté par cette troupe de coquins dévoués à l'odieux Boubakar; je me voyais entouré de gens malintentionnés; mon guide, le seul individu sur lequel je pouvais compter, mon guide était d'accord avec Môn.

Vingt projets désespérés vinrent s'offrir à mon imagination dans cette nuit d'angoisses. Tantôt je voulais fuir en m'emparant des chevaux du village; mais il fallait pour cela abandonner mes bagages, et je n'aurais pas été loin; tantôt je voulais m'introduire dans le tata, délivrer des Maures que Môn y avait renfermés après les avoir volés, et tous ensemble tomber sur lui et ses familiers et les exterminer... Mais une fois le coup fait, où aller? Dans le Ghiangounté, le Ségo, le Kasson, je retombais aux mains des Bambaras; et chez les Maures, leurs ennemis, une autre captivité m'attendait, et vraisemblablement une captivité plus dure.

Le lendemain 24 mai, on m'apprit que, durant la nuit, Môn avait fait tourmenter mes nègres pour obtenir un présent, et plusieurs de ses hommes, qui vinrent causer avec moi, m'entretinrent dans cette pensée. « Si tu parviens à *remplir son ventre* (afoundi kounou), me dirent-ils, il pourra certainement te permettre de continuer ta route; car il a une grande influence sur l'esprit du roi et de Maka. » Je me repris donc encore à espérer et portai toute mon attention sur les moyens de remplir, au meilleur marché possible, le *ventre* de mon geôlier.

En pareil cas, la tactique des nègres consiste à laisser le patient s'exécuter lui-même. On comprend que par ce moyen ils peuvent surprendre leur victime en veine de libéralité; alors ils ne rendent pas. Si, au contraire, et c'est presque toujours ce qui arrive, la victime ne

leur semble pas assez généreuse, ils font augmenter. Ma tactique
moi est identiquement semblable quant au fond, mais elle diffère quant
à la forme; car je fais toujours diminuer. Les préliminaires roulent
donc sur l'initiative à prendre. J'insiste en en faisant au besoin une
question de politesse, et me montrant opiniâtrément décidé à ne pas
faire à un Kourbari l'offense de parler avant lui. Tout cela, j'en conviens, est fort désagréable; mais si l'on ne se résignait à vétiller ainsi,
on se trouverait dépossédé de ses richesses après un mois de marche.

Le palabre durait depuis longtemps et paraissait tourner à mon avantage, car les hommes de Môn allaient se prononcer, quand tout à coup
mon guide, rompant son mutisme habituel, s'empressa de les en
détourner. Voyant que, grâce à ce drôle, ma diplomatie était déjouée,
je me décidai à faire mon lot, qui se composait naturellement d'un fusil
à deux coups, ensuite d'un sabre de cavalerie, de quelques pièces
d'étoffes et de plusieurs articles d'utilité et d'agrément. Les hommes
de Môn emportèrent ces objets, me laissant dans cet état d'anxiété
inséparable de toute affaire de ce genre, et que j'ai déjà plusieurs fois
décrit.

Maître Môn avait imaginé ce jour-là de boire du *dolo* pour célébrer
l'arrivée des gens de son oncle, et il était ivre quand on lui porta mon
offrande. Malgré cette circonstance peu favorable, le présent ne fut pas
trop mal accueilli, et les émissaires revinrent en chancelant, car ils
avaient pris leur part du breuvage national, m'annoncer qu'en ajoutant
dix pièces de 5 francs, leur chef serait satisfait.

Le soir, au moment où je croyais l'affaire terminée et Môn complètement abruti par le *dolo*, on me rapporta de sa part tout ce que
je lui avais donné. Le motif de ce renvoi était que je n'avais pas livré
les pièces de 5 francs. Or, un ajournement m'avait été commandé par
l'état d'ivresse de Môn, et ses gens avaient été les premiers à m'en
donner le conseil. Ce procédé abominable, qu'on ne peut bien comprendre que quand on l'a subi, me met d'ordinaire dans une colère
violente. Tout, en effet, est remis en question; les palabres sont à
recommencer, et la situation dont on veut sortir se trouve aggravée
d'un mutuel mécontentement.

J'entendis jusqu'à une heure avancée de la nuit les clameurs des buveurs, que je craignais de voir apparaître dans mon logement. Je fis
faire la garde à mes hommes, et nous restâmes armés jusqu'au jour.

Le lendemain, je me réveillai très-inquiet. Le chef était absent, et on
ne put me donner aucune nouvelle de ses projets. Mes hommes, qui

jouissaient de toute leur liberté, me rapportèrent qu'ils avaient entendu dire dans le village que tout serait fini si j'envoyais les dix pièces d'argent. En effet, Môn reparut vers midi, et cette fois il me fit la grâce d'agréer mon cadeau ; il m'annonça aussi que j'étais libre d'envoyer un homme à Maka pour lui demander des explications, et qu'il me permettait d'attendre son retour.

Cette décision me rejeta dans mes incertitudes. Ou c'est un comédien bien habile, me dis-je, ou il n'est pour rien dans ce qui m'arrive. Alors je me suis trompé et mes affaires vont plus mal que je ne le pense. Néanmoins j'acceptai avec empressement sa proposition : c'était toujours gagner du temps.

Le jour suivant, j'ordonnai à un de mes nègres de partir pour Foutobi ; il avait pour instructions de protester en mon nom contre le manque de foi dont j'étais victime, d'éveiller par une forte récompense l'intérêt de Maka-Sirré, enfin, de peindre sous les couleurs les plus vives l'infamie qui s'attache au parjure, chez tous les peuples et dans tous les temps. J'insistai particulièrement sur ce point, en souvenir de l'histoire racontée par Mungo-Park, de cette mère qui criait à côté de son propre fils blessé à mort : « *Éé maffo fonio ; éé maffo fonio abada.* (Jamais il ne dit un mensonge ! jamais, non jamais, il ne dit un mensonge !) » Ce qui résumait le plus bel éloge que cette mère désolée pouvait faire de son fils.

Môn, dont la discrétion était digne de louanges depuis que j'étais son prisonnier, vint me voir le 28 pour la première fois. Tout brigand qu'il était, je lui avais rendu mon estime. Jamais je n'avais trouvé un hôte si généreux. Il nourrissait mes hommes régulièrement et copieusement ; il avait prêté son cheval *gratis* à celui d'entre eux que j'avais envoyé à Foutobi ; enfin il me *donnait* journellement et *gratis* aussi, ce qui est inouï au Kaarta, des poules, des œufs, du lait et des noix de gourou.

Nous causâmes assez longtemps ensemble ; je lui parlai de mes affaires, du parjure, du mensonge, en lui citant l'anecdote rapportée plus haut, de cette femme qui classe le mensonge au premier rang des vices qui déshonorent.

« Cela est vrai, dit-il, en relevant fièrement la tête, rien n'est plus odieux que le mensonge. Je vis de guerre et de pillage ; c'est mon métier ; j'aime le *bien* (les richesses), surtout celui que je prends moi-même ; mais jamais je n'ai manqué à ma parole. »

Le 30, à la fin du jour, mon messager, qui a fait diligence, revient m'apporter la confirmation de l'ordre auquel je n'avais pu croire. D'après lui, Maka serait cent fois plus misérable que les autres Kourbaris. Ce serait ce vieil hypocrite qui aurait tout monté, parce qu'il veut du *bien*, comme s'exprime mon nègre, et qu'il trouve que je ne lui en ai pas assez donné.

« Ton blanc ne m'a rien donné; il ne donne rien à personne; jamais il ne passera! »

Rien, le misérable! J'ai dépensé 7,000 francs pour faire 100 lieues, et il dit que ce n'est rien !

Ainsi j'étais joué; mais par qui? Je n'étais sûr que d'une chose, c'est que je ne l'étais pas par Môn. Cela m'eût contrarié; car cet homme était devenu mon type; il y avait en lui de la franchise; il dédaignait la ruse et méprisait le mensonge.

Être parvenu au dernier village du Kaarta, à trois journées de marche de Ségo, à quinze de Tombouktou, et m'en retourner ainsi mystifié, bafoué, dupé par ces coquins !...

Maintenant, viennent les critiques, viennent les amertumes. On dira que j'ai manqué de prudence, que j'ai eu tort de croire à la foi d'un roi sauvage, de croire à Barka, notre allié; on dira que je devais prendre une autre voie. Oh! qu'il est facile de juger un événement accompli, et combien il est aisé de prouver..... qu'une entreprise n'a pas réussi!

CHAPITRE XXIV.

———

Môn, qui était venu la veille au soir m'adresser ses condoléances, se présenta à ma case dans la matinée du 31 pour me faire ses adieux et me donner de sages conseils qu'il m'avait annoncés. Je déjeunais au moment où il parut. Se souvenant de ce que je lui avais fait dire à Salla, il se disposait à s'en aller; mais je le rappelai. Cette marque de respect me toucha; elle formait en effet un contraste saisissant avec ma situation. Môn me répéta qu'il ne voulait plus rien pour lui; mais qu'il m'engageait, si je tenais à réussir, à me montrer généreux avec ses compatriotes, dont il se mit à parler à cœur ouvert et d'une manière peu flatteuse; il me dit aussi qu'il espérait que mon entrevue avec son oncle Maka aurait un bon résultat.

J'avais, pour me mettre en route, deux hommes malades, mon cheval et presque tous mes ânes blessés.

Le 31 mai, à six heures et demie du soir, je quittai les donjons à galeries et les clochetons élégants de Kaïndara. Le soleil allait bientôt éteindre ses feux derrière les collines de Salla; la lune préparait son flambeau dont la pâle lueur devait guider mes pas. En passant près du hangar des forgerons, je renouvelai mes adieux à Môn. Il assistait en amateur au travail de ses compagnons ordinaires de débauche, que je vis activement occupés à convertir mes pièces de 5 francs en objets d'orfèvrerie à l'usage des femmes de leur chef (1).

Je ne pus me défendre d'un mouvement d'émotion en jetant un dernier regard sur le village et sur son gigantesque *taba*. Encore trois jours, et j'étais à Ségo !

Je repris une route déjà faite, et à minuit et demi j'arrivai au village de Dalibéra, où j'avais été fort bien reçu dix jours auparavant. On me donna les mêmes cases, que leurs propriétaires, profondément endormis quand je parus, abandonnèrent avec autant de complaisance que d'empressement.

Néanmoins, je remarquai un relâchement notable dans le respect et les égards dont j'avais été l'objet à mon premier passage. Dès qu'il fit jour, des hommes vinrent s'établir dans ma case, me dirent des injures et y joignirent des gestes très-significatifs qui faisaient évidemment allusion à mon désappointement; la société, fort nombreuse, appuyait sur la plaisanterie. On pense sans doute que je ne fus pas du même avis que la société. Aussi, considérant que je n'avais plus rien à ménager, je saisis un gros bâton, je me levai et fonçai sur la bande, qui ne jugea pas à propos de m'attendre. Je fis ensuite venir mon guide, et lui ordonnai de ne bouger de la porte de ma case, et d'en chasser tous ceux qui m'ennuieraient.

Cet acte d'autorité me conquit quelques sympathies dans le village et me délivra pour tout le jour des importunités des oisifs; mais le soir me réservait une scène plus pénible.

Vers quatre heures, mon chef de caravane vint me prévenir que les hommes refusaient de partir. J'envoyai aussitôt M. Panet s'assurer de ce qu'il y avait de vrai dans ce rapport. Il revint peu d'instants après, et me le confirma en tout point. Les hommes, ce que j'ignorais, n'avaient pas mangé la veille, et, vu la disette de grains dans le pauvre

_____

(1) Notre monnaie d'argent n'est estimée par les nègres que parce qu'elle sert à la confection de ces bijoux; mais comme monnaie elle n'a aucune valeur.

village où nous étions, on n'avait pas trouvé de quoi les nourrir. Ils déclaraient qu'ils ne partiraient pas avant d'avoir mangé.

Je comprenais très-bien qu'ils eussent faim et qu'ils fussent peu pressés de faire une nouvelle étape le ventre creux; mais comme il n'avait pas dépendu de moi qu'ils eussent leur ration ce jour-là, ainsi qu'ils l'avaient d'habitude ; comme, en outre, il était parfaitement absurde de rester dans un village qui ne possédait pas un grain de mil, je ne voulus pas leur laisser gain de cause. C'eût été d'ailleurs abdiquer toute autorité sur eux et me mettre à la discrétion de leurs caprices. Je chargeai donc M. Panet d'employer d'abord le raisonnement pour les faire rentrer dans le devoir, et ensuite de bien les avertir que si dans cinq minutes ils ne se décidaient pas, j'allais intervenir moi-même, et de la façon la plus énergique.

A la sixième minute, ils bâtaient les ânes et se mettaient en mesure de charger les bagages; mais le coup était porté. Outre les indignités que les Bambaras ne m'épargnaient pas, j'allais désormais avoir des doutes sur mes propres hommes, et dans une situation qui demandait, au contraire, leur plus grand dévouement et leur abnégation la plus complète.

Ces réflexions m'absorbèrent durant cette seconde étape nocturne; elle ne fut marquée, du reste, que par les épisodes ordinaires, augmentés des hésitations sur le chemin à suivre et de la crainte d'avoir choisi le mauvais.

A minuit j'arrivai à un village où tout le monde dormait, et j'attendis près d'une heure avant d'avoir un logement. Cette attente me permit de reconnaître, à la clarté de la lune, que cette bourgade possédait une élégante forteresse dans le genre de celle de Kaïndara, et avait toutes les apparences d'un de ces opulents villages dans lesquels l'hospitalité n'est pas gratuite. Une pareille remarque n'était pas de nature à me réjouir; mais ce fut bien pire quand j'appris que ce village, qui portait le nom de Karankolé, était gouverné par le propre frère de Boubakar. Il était impossible de plus mal tomber.

Dès qu'il fit jour, le chef, qui était encore un prétendant, m'envoya complimenter, et quelques instants après, deux esclaves parurent, tenant en laisse une magnifique autruche (1) que leur maître me priait d'accepter. Les esclaves remirent l'animal à mes hommes, surpris et

---

(1) L'autruche est facilement réduite à l'état de domesticité; on en trouve dans presque tous les villages de l'Afrique.

ravis tout ensemble de voir cette fois au moins leur repas assuré; et l'un d'eux, s'approchant de moi, me fit connaître qu'il avait quelque chose à me dire.

« Parle, — répondis-je, pensant qu'il allait vraisemblablement être question de l'autruche et du prix que le Kourbari y mettait.

— Mon maître — continua le captif — ayant entendu vanter l'*habillement* de ton cheval (le harnachement), m'a chargé de te prier de me le confier pendant quelques moments, afin qu'il puisse l'admirer.

— On a certainement voulu se moquer de ton maître, et c'est fort mal; car, si j'en juge par ce bel oiseau qu'il m'envoie, ce doit être un homme fort estimable. Mon cheval est très-mal vêtu, et ses *habits* sont déchirés.

— Le chef a pourtant dit cela, et il faut que je lui obéisse. »

A cette repartie pleine de sens, je livrai ma selle cassée à l'admiration de cet amateur quand même, en recommandant bien à son messager de ne pas la casser davantage.

Mes hommes s'étaient rassérénés complétement à la vue du mil tout pilé qui remplissait cinq grandes calebasses, du feu qui pétillait, et de l'autruche qui, grasse et forte, pesait au moins 50 kilogrammes. Ils n'étaient pas pourtant au bout de leurs peines; car l'oiseau géant, devinant sans doute le sort qui l'attendait, se montrait fort indocile. Les sabres sortirent des fourreaux, et j'assistai, non sans émotions vives, à un combat à outrance contre le pauvre oiseau, qui, tantôt du bec, tantôt des pattes, lançait à ses ennemis des coups qui me faisaient trembler. Il tomba enfin, les jarrets coupés, et bientôt son long cou, saisi par quatre mains robustes, fut tranché sans pitié.

Deux heures après, assis en rond autour de cinq ou six énormes calebasses toutes fumantes, mes nègres réparaient les outrages d'un jeûne de quarante-huit heures. La vue de la chair ne me trouva pas plus insensible que mes nègres, et je gardai un excellent souvenir des grillades d'autruche que je savourai dans cette journée. Il me semblait même qu'elles n'eussent pas été déplacées sur un plat plus convenable qu'une gamelle de fer battu et sur une nappe plus blanche que le couvercle de cantine qui me servait à la fois de table et de nappe. La viande d'autruche est noire comme la viande de bœuf, et elle en a à peu près le goût.

Je passai à Karankolé une journée des plus tristes. Des torrents de pluie tombant sans discontinuité me tinrent, six heures durant, enfermé dans une case sans air.

Quand vint le soir, je fis comme un poltron forcé de se battre; je me montai la tête. Grâce à ce courage factice, je me crus préparé à la lutte qu'allait vraisemblablement engager entre moi et mon hôte le paiement de mon succulent dîner. Mais, pour la première fois peut-être chez un Kourbari, mon cadeau ne fut pas dédaigné et ne donna lieu à aucun débat.

Le 2 juin, à deux heures du matin, je laissai ce séjour de délices. Mes ânes me causèrent encore dans cette marche des ennuis insupportables; jamais je ne les avais vus si insoumis. A huit heures du matin, de guerre lasse, je pris le parti de m'arrêter. Nous avions presque constamment marché dans des bois; trois villages s'étaient trouvés sur notre route : le premier est resté inconnu, le second se nommait Kola, et le troisième Ghimba ou Khimba. Celui où je m'étais décidé à stationner avait nom Kabakoro.

J'avais rencontré à Kola un des nombreux enfants de Maka-Sirré reconnaissables, entre les Kourbaris, à leur grande taille, à l'excessive longueur de leur figure et à l'extrême maigreur de leur corps. Il m'avait donné comme une nouvelle très-certaine qu'une armée de Maures, d'un effectif de quatre mille hommes, nous attendait dans le désert, entre le Ghiangounté et Ségo. Je me récriai sur l'invraisemblance du fait :

« Quatre mille hommes pour attaquer mes douze nègres! — lui dis-je, — mais ce serait les flatter infiniment et me rendre moi-même extrêmement fier.

— Tu ne connais pas les Maures, répondit-il; ils te croient possesseur de grandes richesses, et ils ont voulu y aller tous pour avoir part à ton butin. »

J'essayai de lui arracher quelque confidence ou quelque indiscrétion sur le véritable motif de mon arrestation.

« C'est dans ton intérêt, et pour t'empêcher de tomber entre les mains de ces gens-là, me dit-il. Du reste, tu seras content de mon père, et tout s'arrangera selon tes désirs »

L'extérieur du village de Kabakoro avait tout ce qu'il fallait pour ne pas exciter mes terreurs : pauvre, délabré, à peine habité, je n'y trouvai qu'une petite quantité de mauvaise eau et du bois pour faire cuire les restes de l'autruche du frère de Boubakar. Quant au gîte, je dus me contenter des ruines d'une vieille case sans toiture, depuis longtemps abandonnée aux lézards et aux rats.

Le fils de Maka, qui de Kola m'avait annoncé sa visite, arriva vers dix heures, chargé de cinq ou six poules aussi maigres que lui. Je lui donnai en échange un nombre égal de coups de poudre, et nous nous quittâmes bons amis.

Je partis à trois heures du soir, dans un déplorable désordre. Cela promettait déjà une étape féconde en tribulations; mais, de plus, le ciel roulait de gros *nimbus,* la brise soufflait par raffales violentes, et le tonnerre grondait sourdement. Malgré ces signes d'un orage certain, j'abandonnai, sans aucun regret d'ailleurs, les vieux murs où je venais de passer la journée.

Je gravis quelques collines, traversai des bois verts, et pénétrai bientôt dans une belle forêt où je vis avec joie de grands arbres au feuillage épais : c'était toujours un refuge contre la pluie qui allait inévitablement tomber sur nous. Les chevaux, les ânes, les hommes, subissant l'influence de l'atmosphère, se traînaient avec peine.

C'était aux approches de la nuit, dans une forêt profonde, éloignée de toute habitation, en présence d'un de ces terribles orages des tropiques inconnus de nos climats paisibles. Déjà apparaissaient ces premières gouttes d'eau tièdes et larges, précurseurs des torrents qui roulaient dans les nuages. Bientôt la nuit vint, nuit noire, furtivement éclairée par la lueur sinistre de la foudre, dont le bruit formidable éveillait cent échos.

L'orage éclate. C'est quelque chose d'horrible et de superbe. Les éclairs se multiplient, rapides, éblouissants, et rendent plus profonde encore l'obscurité qui leur succède; les arbres craquent; les branches se détachent de leurs troncs; des pierres roulent dans le sentier, entraînées par les eaux qui passent comme un fleuve. En ce moment mon cheval m'emporte au travers de la forêt. J'avais perdu le sentier; j'étais seul. Autour de moi je ne voyais, à la lueur des éclairs, que des arbres, des buissons, et de l'eau qui jaillissait sous les trépignements saccadés de mon cheval saisi d'épouvante.

J'estimai qu'il y avait cinq heures que je me trouvais dans cette situation, quand un moment de calme me permit de faire quelques pas. Mes vêtements, traversés par la pluie, étaient froids et me glaçaient les membres. Je me laissai conduire par mon cheval qui, après avoir marché à l'aventure, s'arrêta tout à coup en hennissant. Il venait de rencontrer un de mes ânes couché au milieu du sentier avec ses cantines défoncées.

Les rayons de la lune n'avaient pas encore percé l'obscurité de cette terrible nuit. Je descendis de cheval et essayai de faire lever l'âne abattu;

mais mes efforts furent sans succès. Je criai pour appeler mes hommes; le tonnerre continuant à gronder, rendit mes cris inutiles. Je me décidai alors à tirer un coup de pistolet qui amena près de moi M. Panet, mon domestique et un autre de mes hommes. Restait à connaître le sort de la caravane qu'avait sans aucun doute dispersée la tourmente.

L'âne ne voulait pas marcher et on ne pouvait l'abandonner ainsi. M. Panet se chargea d'aller en avant avec un homme; moi, je restai avec l'autre pour garder l'âne et ses cantines. Les heures se succédèrent encore, longues et remplies d'inquiétude. Évidemment, ou nous avions perdu la route, ou il était arrivé quelque chose à M. Panet. Je tentai un dernier effort pour faire marcher le baudet, et cette fois, aidé de l'homme qui était resté près de moi, j'eus le bonheur de réussir.

L'orage avait cessé ses violences et ses déluges; la chute de la pluie s'était régularisée; le tonnerre ne grondait plus que dans l'éloignement et à de rares intervalles; la lune, enfin, s'était frayé un passage à travers les nuages et jetait sur la terre une lueur faible et vacillante. Je marchais depuis plus de deux heures, à demi inquiet, à demi insouciant, mais profondément impressionné par la grande scène à laquelle je venais d'assister, quand j'entendis un bruit de pas et de voix : c'étaient deux de mes hommmes qui amenaient un âne pour relever celui qu'ils croyaient encore couché dans le sentier. J'appris par eux qu'après mille difficultés, M. Panet avait trouvé la caravane, mais éparpillée sur le chemin, et qu'il lui avait fallu des efforts inouïs pour parvenir à la rallier dans un coin de la forêt où elle était campée.

Cette nouvelle me rendit ma gaîté, et tout en continuant mon chemin, assuré désormais qu'il me conduisait à un but, je me mis à réfléchir sur mon aventure. J'avais lu dans ma vie bien des scènes d'orage. Tantôt elles avaient pour héros des chasseurs égarés, tantôt des conspirateurs poursuivis par des sbires, des amants fuyant les rigueurs de parents endurcis. Ce qui me plaisait dans ces orages, ce qui me laissait toujours un souvenir agréable, le désir, l'envie d'être à la place de ces héros de la nuit et du mystère, c'était moins l'orage en lui-même que ce qu'on trouvait après; j'aimais surtout cette lumière aperçue dans le lointain, s'échappant des ais mal joints d'une cabane rustique. On frappait; un vieux bûcheron, pâtre ou braconnier, n'importe, se montrait sur le seuil et recevait ses hôtes. Bientôt les branches pétillaient dans l'âtre; une cuisse de chevreuil, un vin généreux, trouvés toujours à point, faisaient oublier les misères endurées.

Quelquefois même l'hôte était un philosophe, et la nuit se passait à deviser sur les droits du peuple et les devoirs des rois.

Combien, hélas! la perspective qui m'attendait était loin de ces réminiscences : j'allais trouver la pluie dans la forêt, les grands arbres devenus des gouttières, le jeûne; et pour hôtes, les lions, les chacals et les hyènes. Et puis, le lendemain, la fièvre au *teint bleuâtre*, l'hépatite au front jaune et la dyssenterie à l'œil éteint.

Mais à quoi bon penser à ces vilaines choses? Voici le matin, et j'aperçois, en pénétrant dans le camp, le désordre le plus original qui se puisse voir. Ici, un âne, encore tout chargé, est à demi noyé dans le sable mouillé; là, un amas de guenilles représentant des tissus de soie, de coton ou de laine qui devaient rehausser la beauté de quelque *fille de roi;* plus loin, un homme plus soigneux a pendu ses ballots aux branches des arbres; plus loin encore, des armes rouillées, des harnais arrachés, et pêle-mêle, dans des poses inimaginables, mes nègres

Du sommeil à grand bruit exhalant les vapeurs.

En arrivant je ne songeai qu'au repos, et me jetant sur la terre détrempée, je m'endormis profondément.

Il était plus de dix heures lorsque je me réveillai, incommodé par quelque chose d'insolite qui gênait ma respiration. La pluie n'avait pas cessé de tomber depuis que je m'étais étendu sur la couche plus douce que sèche où je venais de me reposer. Une toile qu'on avait étalée à la place où je m'étais laissé choir, avait fait dans la terre, sous le poids de mon corps, un grand trou qui s'était rempli d'eau, et c'était cette eau qui m'entrait par le nez.

Mes vêtements ruisselaient et ceux de mes hommes étaient traversés par la pluie. Je fis rallier les charges et les ânes afin de gagner un village pour pouvoir nous sécher au soleil, prendre quelque nourriture, et sécher aussi les bagages. Deux de mes hommes avaient déjà de violentes fièvres, et les autres traînaient assez péniblement leurs pas sur le sol inondé. Chose qui tient du prodige, rien ne manquait dans mes bagages! mais, ce qui était plus grave, un homme ne répondit pas à l'appel de son nom.

On m'apprit que nous devions la plus gande partie des misères de cette nuit à la malveillance du chef d'un village où mon guide voulait stationner. Ce barbare avait fait défendre à mon guide de nous conduire chez lui. Tous, au surplus, n'auraient pas profité de cet abri, et j'aurais certainement été de ce nombre.

En une heure nous atteignîmes le village de Dalikoro, habité par un Kourbari. Trop averti par l'expérience des inconvénients qu'on rencontre chez ces vampires, j'avais donné l'ordre de continuer et de n'arrêter qu'à Sambougou, distant de 5 kilomètres au plus, où j'avais reçu déjà une hospitalité à bon marché.

Mais cet ordre ne devait pas être exécuté; une supercherie, excusable dans notre position, car il n'était du goût de personne de continuer à marcher, vint me forcer la main. Mon guide, qui trouva pour complices le chef du village et un de mes nègres, parut devant moi tout effrayé au moment où je me disposais à tourner le village. Il me dit que le chef se préparait à battre le *tamala* pour armer son monde afin de me couper la route, et que je n'avais qu'un moyen d'éviter le danger d'une lutte inégale, c'était de me présenter à lui et de m'expliquer; il ajouta aussi que l'homme que j'avais perdu pendant l'orage se trouvait aux fers dans ce village.

Aux termes de mes nouvelles relations avec le Kaarta, l'histoire était vraisemblable. Je me rendis donc, accompagné de quatre de mes meilleurs hommes, chez le chef du village, qui rit beaucoup en me voyant, s'excusa de son stratagème, et me supplia de ne pas refuser l'hospitalité qu'il désirait vivement m'offrir. Un bœuf était exposé à la porte de sa case comme un objet tentateur, et mes hommes, en attendant ma réponse, jetaient alternativement sur moi et sur la bête un regard qui disait beaucoup de choses. Je me laissai toucher : on déchargea les bagages, on disposa les effets pour les sécher, et je finis par me résigner.

Le lendemain je quittai Dalikoro, ayant été assez heureux pour satisfaire les espérances de mon hôte. La marche devint encore plus pénible que les jours précédents. Le village n'étant séparé de Foutobi que par une distance de cinq heures, je comptais arriver à la résidence de Maka sans être obligé de faire une halte intermédiaire; mais cela devint absolument impossible. Déjà j'avais abandonné, à la garde de deux hommes, trois ânes qui renouvelaient leur insubordination de la dernière marche, lorsque tous parurent s'entendre pour refuser d'avancer. Nous nous trouvions fort heureusement alors tout près du village de Bamagougou, éloigné de Foutobi de 4 ou 5 kilomètres seulement. Je me décidai à y réunir les bêtes de somme et à leur donner quelques heures de repos.

Un de mes ânes, en entrant dans ce village, s'enchevêtra dans le coton d'un tisserand et le brisa en cent endroits au moins. Le brave homme prit son malheur avec une résignation si parfaite, que je m'empressai de lui faire donner une indemnité bien supérieure au dégât que j'avais causé.

A ce témoignage d'intérêt, le bon tisserand, qui n'avait pas laissé échapper un murmure en voyant la destruction de sa tâche laborieuse, qui semblait ne pas imaginer qu'il lui fût dû une réparation, se considéra comme mon obligé et voulut me rendre libéralité pour libéralité. Il alla d'abord chercher sa fille et la fit asseoir sur la même natte que moi, coutume simple et primitive, exprimant à la fois combien est grande la confiance en son hôte et quel prix on met à la pureté de son enfant. A un signe de son père, la jeune fille se leva, m'adressa un geste gracieux pour m'indiquer qu'elle allait revenir, et, quelques instants après, reparut avec une poule, du riz, des oignons, des pistaches, toute la fortune peut-être de cette pauvre famille.

Quand je partis, la fille du tisserand me prit par la main et me conduisit en dehors du village, suivie de son père et de sa mère. Après avoir dépassé la dernière case, tous trois m'exprimèrent, de la voix, du regard et du geste, leur reconnaissance pour le peu de bien que je leur avais fait.

Je ne saurais dire combien ce petit épisode me toucha. Ces pauvres gens, qui n'avaient que leur travail pour vivre et dont je venais de retarder le salaire, en les forçant à recommencer une besogne qu'ils avaient eu déjà tant de peine à terminer; eux qui pouvaient me maudire, comme tant d'autres l'eussent fait à leur place, ils me comblaient au contraire de bénédictions, abandonnaient pour moi des provisions, espoir de leur misère, amassées sans doute avec peine; et tout cela, parce que je n'avais été que juste, en leur donnant quelques grains de verre, quelques morceaux d'étoffe.

Quelle différence entre un pareil accueil, les souhaits de bonheur qui m'accompagnent, ces mains qui pressent la mienne en la portant successivement au front et au cœur; quelle différence entre ces démonstrations, ces preuves d'une reconnaissance bien sentie, et l'insolente cupidité des Kourbaris!

Je venais de me rafraîchir le cœur auprès de ces bonnes gens. C'était la seconde fois que j'éprouvais cette douce impression; et chaque fois, la première à Boulébané, par le bon Adama, la seconde dans ce village, elles étaient, comme une réparation ménagée par la Providence, la contre-partie d'une récente désillusion.

L'indocilité de mes ânes s'était calmée; deux cependant ne nous suivirent pas : l'un, malade, fut confié à la garde du brave tisserand ; l'autre, malade aussi, resta en route avec son conducteur. De légères averses, échappées de nuages rapides qui traversaient le ciel, troublè- rent un peu notre marche ; malgré cela, elle fut encore assez prompte pour nous permettre d'arriver en trois quarts d'heure à Foutobi.

J'eus beaucoup de peine à m'y établir d'une manière convenable. Le logement qu'on m'assigna, abominable sous tous les rapports, était encombré de calebasses et de pots de toutes les formes ; il y faisait à cinq heures une chaleur de 40°, et on y voyait d'énormes rats s'y pro- mener par bandes ; la cour me parut préférable, et je m'y installai provisoirement.

Mon guide alla, sans m'en prévenir, rendre compte à son maître de l'arrivée de son prisonnier, et évita, par cet empressement, la commis- sion que je lui réservais : c'était de faire savoir à ce vieux fourbe tout ce que je pensais de son indigne conduite.

Celui de mes hommes resté derrière avec l'âne malade revint à la nuit m'en rapporter le bât et la bride, ce qui m'épargna toute ques- tion : c'était le cinquième en un mois.

A neuf heures du soir, mon guide reparut porteur des compliments de Maka-Sirré, qui, chose singulière, se donnait des airs de victime, et prétendait que c'était moi qui avais manqué à ma parole en ne lais- sant pas chez lui un homme en otage. Je me couchai fort inquiet, re- mettant au lendemain le palabre et les explications.

CHAPITRE XXV.

Dans la matinée du 5 juin, je me disposai à envoyer deux de mes nègres à Maka-Sirré pour lui reprocher ses mauvais procédés et lui demander une explication catégorique sur les motifs de mon arrestation; mais au moment où mes hommes allaient partir, un de ses fils et son chef de captifs entrèrent dans ma case, venant m'offrir de sa part un bœuf et des compliments.

J'exprimai à ces deux envoyés, dans les termes les plus forts que je pus trouver, toute mon indignation pour l'inqualifiable conduite du roi :

« Faites savoir à votre maître, leur dis-je, qu'un blanc ne craint que Dieu, et qu'il n'y a que les lâches qui se taisent; dites-lui donc que lui et son frère le roi ont été, dans cette circonstance, des parjures et des voleurs. »

Ils se retirèrent sans répliquer.

Je ne m'en tins pas là. Le soir, j'envoyai deux hommes renouveler à Maka en personne l'expression de mes sentiments. Fidèle à sa tactique de récrimination, il se justifia en m'accusant. Le premier de ses griefs, déjà par lui articulé la veille, était que je ne lui avais pas laissé d'otage, ainsi que nous en étions d'abord convenus; le second, plus grave encore à ses yeux, était qu'il n'avait reçu aucun présent de moi. Il termina en disant que cependant, si je voulais le *contenter*, il parlerait au roi en ma faveur.

On ne discute pas avec des gens comme les Kourbaris. Je ne pris donc pas la peine de démontrer à Maka que ce qu'il disait n'était pas vrai; et qu'en supposant que j'eusse manqué à mes engagements, comme il le prétendait (il avait lui-même refusé l'otage), ce n'était pas après m'avoir fait chèrement payer la permission de traverser le pays et me l'avoir laissé traverser, qu'il convenait de m'avertir.

Telles furent les premières explications; elles n'expliquèrent absolument rien.

Le 6, je reçus la visite de celui des fils de Maka qui venait me voir à Koghé. Il m'apportait un vieux bouc dont l'odeur s'annonçait à distance. Il me dit beaucoup de banalités ayant trait à ma situation, formules aussi menteuses que polies, et que je croyais seulement en usage dans les pays civilisés. Cet entretien avait lieu en présence de plusieurs personnages. Éli l'interrompit brusquement et m'attira dans un endroit écarté, comme s'il se fût rappelé qu'il avait à me faire, sans témoin, une communication importante. Son air mystérieux me persuada facilement que cette communication avait rapport à mon arrestation, et je le suivis avec empressement. Quand nous fûmes loin des oreilles indiscrètes, il regarda autour de lui, s'assura que personne ne pouvait nous entendre, puis, me parlant bas, il se mit à me vanter les qualités de son bouc et me demanda de la poudre et des étoffes.

J'eus bien de la peine à ne pas envoyer promener le bouc et son maître; mais l'idée de m'appeler à l'écart pour me faire une semblable confidence me parut si neuve, que je donnai à cet original tout ce qu'il me demandait. Comme un grand enfant (de quarante-cinq ans environ), Éli fit claquer ses doigts, balança son long corps, agita ses grandes jambes maigres, et se mit à danser en signe de joie; puis roulant autour de sa tête, en manière de turban, la pièce d'étoffe que je venais de lui donner, il s'échappa en courant. Quels êtres!

Peu après le départ d'Éli, un captif de son respectable père vint me demander une réponse au palabre de la veille.

VILLAGE DE FOUTORI.

T. I, p. 398.

« Quelle réponse?

— Mais si tu veux ou non *le contenter?* »

Je répondis que si mes deux truchemans n'eussent été indisposés, j'aurais déjà fait connaître à son maître que j'étais déterminé à ne rien écouter avant qu'il n'eût lui-même répondu à mes questions :

« Je veux savoir, ajoutai-je, pourquoi on m'a arrêté, et pourquoi, puisqu'on m'empêche de continuer ma route, on ne me laisse pas librement retourner à Bakel. Tu peux encore dire à ton maître qu'ayant été indignement trompé dans ma bonne foi par lui et par le roi, ils n'auront de moi désormais que ce qu'ils me prendront par la force. »

Le captif ne se souciant pas de porter seul ce message, je lui adjoignis un de mes hommes qui se chargea de traduire fidèlement mes paroles.

Les ambassadeurs ne tardèrent pas à revenir. Maka me faisait dire qu'il trouvait fort étrange que je lui parlasse ainsi, et que le lendemain il me ferait partir pour Koghé. Cette menace m'exaspéra :

« Il ne me plaît pas d'aller à Koghé, répliquai-je vivement, parce que je n'y ai que faire, et je n'irai certainement pas. »

J'étais résolu à ne pas me départir de cette attitude et à ne pas faire la moindre concession à ce vilain homme. Peut-être était-ce parce que j'avais paru trop soumis à Koghé qu'il agissait ainsi. Au fond, qu'avais-je à perdre? Je m'attendais à être assassiné un jour ou l'autre.

Le lendemain, j'envoyai sommer Maka de se décider. Il reçut mes hommes avec douceur, ne parla plus du retour à Koghé, ne parla plus de cadeau et entra dans des explications assez détaillées qui chargeaient énormément Barka. Il lui reprochait, entre autres méfaits, d'avoir distribué, comme venant de lui, Barka, divers objets que je l'avais invité à remettre en mon nom; et en outre, d'avoir fait espérer à Maka un présent égal au tiers de celui que j'avais envoyé au roi. A cette dernière condition, expliquait le vertueux Maka, il m'avait été tout dévoué; mais, bientôt désabusé en voyant que je ne lui donnais rien, tandis que je donnais beaucoup à des gens *moins puissants* que lui, il s'était offensé de mon ingratitude. Enfin, considérablement radouci, il terminait en demandant, de la façon la plus polie, un dédommagement à ses déceptions. Moyennant un petit présent qu'il laissait entièrement à ma générosité, il s'engageait à m'en dire plus.

Cela sentait le charlatan qui vend son baume de confiance, et je ne voulus pas davantage souscrire à cet arrangement. Je fus toutefois très-satisfait de voir que le loup redevenait agneau.

Le palabre continua dans ces termes adoucis. De part et d'autre nous mettions une persistance égale, moi à demander une réponse à mes questions, lui à n'y pas répondre. Enfin, le 8 juin, il me fit annoncer que le roi devait prochainement passer dans les environs et qu'il irait prendre ses ordres sur l'objet de mes demandes; mais que, pour lui, il ne pouvait leur donner aucune solution. Toute incomplète qu'elle fût, c'était toujours une réponse, et je m'applaudis d'avoir tenu ferme.

Maka, à la suite de cette communication, me faisait transmettre de douces paroles et de tendres reproches :

« Comment le blanc a-t-il pu croire, répétait-il d'un air de vertu méconnue, que j'aie trempé dans les machinations dont il est victime? »

Toutes ces gracieusetés me touchaient médiocrement; mais ce qui m'était moins indifférent, c'était de voir que mes coups avaient porté, et que tout sauvage qu'il était, Maka ne s'accommodait pas des épithètes que je lui avais adressées.

Les choses en restèrent là pendant plusieurs jours; on attendait le roi qui ne se pressait pas. A part la maigre chère que me faisait faire le *prince royal*, je n'avais qu'à me louer de ses procédés : il envoyait tous les matins savoir de mes nouvelles par ses fils, parfaitement convenables et discrets; il ne me demandait plus rien, et ses fils, ses captifs faisaient de même. J'étais respecté, entouré d'égards, presque de sympathie; jamais d'allusions à ma situation; pas une seule parole, un seul geste, un seul sourire qui vînt me rappeler que j'étais prisonnier; et je l'aurais oublié complétement si je n'eusse été gardé à vue. J'étais pourtant bien réellement leur prisonnier! Ils pouvaient me tuer; qui serait venu leur demander compte de ma mort? Ils pouvaient encore plus facilement me voler; qui serait venu leur faire rendre mes dépouilles?

En rapprochant ma position de celle qu'avait dans le même pays, vingt-trois ans auparavant, mon prédécesseur de Beauford, et surtout de celle qu'avait, vers le même temps, le major Gray au Bondou, on demeure convaincu qu'un changement considérable s'est accompli chez les peuples nègres dans leurs rapports avec les blancs. Cette réforme doit être considérée comme un bon augure pour des relations futures; mais cependant, qu'on me permette de donner ce conseil : il ne faut jamais se laisser dominer par eux, et pécher plutôt par excès d'audace que par excès de douceur et de modération.

Grâce à l'insouciance dont je m'étais méthodiquement cuirassé en posant le pied en Afrique, je pris bravement mon parti et j'attendis, très-résolu à ne pas trop faire la grimace, la décision de *Sa Majesté* Mamady. Après tout, j'étais venu en Afrique pour étudier les mœurs, voir le pays, examiner et observer les choses et les hommes. Ici ou là, qu'importait au fond? il s'agissait simplement de ne pas perdre son temps.

J'avais pour logeur un vieux forgeron appelé Niani, personnage grotesque, naïf à l'excès, d'une logique à l'avenant, au fond bon homme, et surtout fort amusant. Un jour, il vint se plaindre à moi que mes nègres se servaient d'un *satala* pour puiser de l'eau dans sa jarre.

« Et qu'est-ce que cela peut te faire? lui dis-je.

— Ce que cela me fait? reprit-il d'un air vexé; — et il me fit l'étrange raisonnement que voici : — Moi, vois-tu, je ne suis pas marabout (mahométan); et si les marabouts prennent l'eau de ma jarre avec leur *satala*, l'eau qui reste sera nécessairement sanctifiée, puisqu'elle aura touché ce vase. Or, moi et mes enfants nous buvons de cette eau; et comme nous ne savons pas faire le salam, que nous ne jeûnons pas et que nous mangeons du porc, Dieu nous punira pour avoir manqué à ses ordres; car enfin, toute eau qui a touché un *satala* rend marabout celui qui en boit. C'est ainsi que je l'ai entendu dire à mes pères. »

Je m'empressai de calmer les terreurs du vieux Niani en défendant à mes hommes de puiser à l'avenir l'eau de sa jarre avec le vase sacré.

Le lendemain, mon chasseur (ne pas confondre avec les gens habillés de vert qui montent derrière les voitures) avait tué un lièvre et il me l'apportait tout joyeux. En entrant dans le village, les femmes poussèrent de grands cris, appelèrent leurs maris, et tous ensemble se ruèrent sur lui et l'entraînèrent loin des cases en criant d'un air menaçant : *Couper la tête! couper la tête!* Le pauvre diable ne savait trop ce que cela allait devenir; car on ne disait pas quelle tête on voulait, et il n'était pas sûr que ce ne fût pas la sienne. Rendu à bonne distance, on lui expliqua que c'était la tête du lièvre qu'il fallait couper, et de plus qu'il fallait l'enterrer au moins à cent pas du village, sous peine des plus grands malheurs.

Ces bons nègres croient que les femmes enceintes qui voient la tête d'un lièvre donnent le jour à des enfants morts; que celles qui ne sont pas enceintes deviennent stériles; que les jeunes garçons comme les guerriers les plus intrépides deviennent des lâches. Il y a encore beaucoup d'autres calamités attribuées à la vue de la tête de lièvre.

Depuis que j'étais dans le Kaarta, il ne s'était pas marié autour de moi un *prince* ou une *princesse* sans qu'on m'en eût donné avis, exactement comme cela se fait chez nous. Toutefois cet avis a, chez les Bambaras, plus qu'une signification de politesse; il veut dire principalement : « Dote mon fils, dote ma fille, opulent étranger! » C'était donc un tribut prélevé sur ma grandeur, une sorte d'honneur souverain, mais un honneur très-dispendieux, vu la polygamie. Dans le principe, j'avais eu la candeur de me laisser aller à trancher du monarque en fournissant des corbeilles de mariage à deux ou trois laiderons décorées du titre de *princesses*; j'étais intraitable pour les *princes*. Mais je n'avais pas tardé à reconnaître l'abus de ce régime; j'avais alors adopté pour règle de conduite de répondre invariablement, en pareil cas, par des compliments exubérants et des souhaits de bonheur, offrant même au besoin ma bénédiction aux jeunes époux. Cette façon d'agir ne me faisait pas beaucoup d'amis, comme bien on le pense, ce qui m'était après tout fort égal.

Maka, depuis mon arrivée, m'avait fait transmettre plusieurs fois déjà l'avis du mariage d'une de ses filles; mais j'étais demeuré scrupuleusement fidèle à ma règle de conduite. Lassé de mon obstination à lui répondre par les mêmes fariboles, il s'était décidé à me demander un miroir pour la mariée. Cette demande modeste me mit en veine de belle humeur, et j'ajoutai au miroir un petit flacon en cristal de couleur, avec fermoir, chaînette et anneau d'or, vieux bijou, fort joli d'ailleurs, mais beaucoup trop pour une négresse.

La future, qui, d'après ma réputation, ne comptait même pas sur son miroir, fut transportée de joie à la vue du riche objet qui l'accompagnait; mais elle était fort intriguée de connaître à quel usage il pouvait servir. Elle l'examina longtemps, le tourna en tout sens, et, voyant l'anneau, le plaça alternativement aux doigts de ses mains et de ses pieds. Je me gardais de l'éclairer, car ces recherches m'amusaient infiniment. Après avoir longtemps hésité, elle se détermina enfin pour le pied, me demandant toutefois, avant de fixer définitivement son choix, si c'était bien ainsi que les femmes blanches portaient cet ornement. L'idée me plut tant que je commis le mensonge de lui dire oui. Là-dessus, elle me quitta radieuse, marchant avec toutes sortes de précautions, cela se conçoit, et criant à ses compagnes, en leur montrant orgueilleusement son pied : « Moi blanche! moi blanche! »

Cet incident me dérida tout à fait et mit mon entourage et particulièrement le père Niani en confiance avec moi. On m'adressa une foule de questions sur les usages des blancs. On voulait savoir comment ils se mouchaient, comment ils saluaient, comment ils mangeaient, comment ils dansaient; c'était à n'en plus finir. Je me bornai à enseigner le salut à mon hôte, qui semblait y tenir beaucoup; mais la fille de Maka m'avait encouragé à écorcher quelque peu les vérités ethnographiques, et le salut que j'appris à Niani se trouva tout aussi orthodoxe que le renseignement sur la manière de porter un flacon de senteur. Ce salut, qu'on me permette de ne pas le décrire, était peu authentique, et je gage que si jamais un de mes compatriotes passe au Kaarta, il sera fort étonné de se voir saluer ainsi. Quoi qu'il en soit, le père Niani, profitant tant bien que mal de mes leçons, s'en alla tout glorieux; et le soir même je le surprenais s'exerçant à saluer à la manière des blancs, ainsi qu'il le disait, et donnant des leçons à ses enfants. Cela lui fit même une certaine réputation, et bientôt on ne parla plus de lui sans faire mention de son talent; on ne disait plus Niani tout court, on disait : « Niani qui sait saluer comme les blancs. »

Le temps passait ainsi entre les préoccupations sérieuses d'un avenir qui ne s'éclaircissait pas, et les innocentes distractions que me suggérait la naïveté des gens qui m'approchaient. Sept jours s'étaient succédé depuis mon arrivée à Foutobi, lorsque Maka me fit enfin annoncer son départ pour aller voir le roi. Il avait d'abord été convenu entre nous que je lui adjoindrais un homme; mais vu le triste état de mes chevaux, dont l'un était menacé d'une fin prochaine, je lui donnai mes pleins pouvoirs. Il est vrai que j'avais su stimuler son zèle en lui promettant une belle récompense s'il réussissait à m'obtenir la permission de continuer ma route.

L'attente devait au moins durer dix jours, pendant lesquels je comptais tromper l'ennui en recueillant des notes sur le Kaarta et ses habitants. Une de mes vives préoccupations était de savoir ce qu'était devenu celui de mes hommes qui avait pour mission de m'apporter une valeur de 2,000 francs en objets de prix choisis au goût des nègres du Soudan.

La journée du 14 juin, la dixième de ma captivité, fut marquée par la visite d'un Maure que j'avais déjà vu rôdant autour de mon logis en m'adressant le *salam aleik* d'usage. Cette visite, dont le but était facile à deviner, commença par de gracieux compliments et par des flatteries, et se termina par l'offre d'un grand sac de cuir colorié et orné de divers dessins.

« *Timeo Danaos et dona ferentes*, aimable habitant du désert, » répondis-je. Le Maure demanda ce que cela voulait dire :

« Cela signifie, dit mon interprète d'un air capable, que le blanc ne veut pas de ton sac. »

Le Maure poussa un soupir, se recueillit et reprit d'un ton pathétique :

« Vais-je dire aux princes des Fatey que j'ai vu un *roi blanc*, et qu'il ne leur a pas donné seulement une pierre à fusil, pas un coup de poudre, pas une coudée de guinée? Non certes, je ne dirai pas cela; car ils ne me croiraient pas.

— Tu leur diras, ma foi! ce qui te plaira, et tes princes croiront ce qu'ils voudront; mais ce sera pourtant comme ça. »

Le Maure reprit son sac, poussa un nouveau soupir et partit. Quand il fut loin, mes hommes me dirent qu'ils croyaient bien que c'était un espion appartenant à la tribu qu'on m'avait signalée comme m'attendant sur la route de Ghiangounté, et que la veille ils l'avaient déjà vu examinant leurs armes avec une grande attention.

Les fils de Maka sont décidément d'une rare discrétion. Leurs visites sont courtes; ils n'entrent jamais dans ma case sans s'être fait annoncer, et ne me quittent qu'après m'avoir demandé pardon de leur importunité.

Grâce à mes miroirs de quatre sous, qui font révolution au Kaarta, nous sommes les meilleurs amis du monde; mais parmi eux il en est un que je préfère : c'est Bouo, l'aîné de tous. Il est âgé d'environ cinquante ans; sa figure est franche et ouverte, et il semble d'une douceur extrême. Un coup de feu qu'il a reçu à la jambe a produit une claudication très-prononcée qui nuit beaucoup à la grâce de sa démarche. Nous avons fréquemment ensemble de longues causeries, qui tournent même parfois au sentiment. Ainsi, ce jour-là, après m'avoir prodigué ses conseils, Bouo m'approuva de ne pas m'être mis sur le pied de donner à tous ceux qui me demandaient.

« Si tu donnais à ces gens-là, ils se moqueraient de toi, et il ne te resterait plus rien pour continuer ta route.

— Plût au ciel que le roi et son frère, ton illustre père, eussent pensé comme toi, je n'en serais pas où j'en suis! lui répondis-je.

— Tu te trompes sur mon père, reprit-il, il est tout dévoué à tes intérêts. »

Le soir, une querelle entre un de mes hommes et un habitant me causa pendant quelques instants une certaine inquiétude. J'intervins à temps pour arracher des mains du Bambara, qui n'avait pas été le plus fort, un gros bâton qu'il levait contre son adversaire; les spectateurs des deux partis se disposaient à prendre part à la lutte. Bouô se trouva heureusement à passer au moment où le combat allait devenir général, et, après deux heures d'explications à faire croire que les assistants s'égorgeaient, nous obtînmes une réconciliation complète. La querelle avait un motif bien futile : le Bambara prétendait que son âne trottait mieux que le plus vaillant des miens. Il était tout simple de les faire jouter; mais mon nègre, très-chatouilleux sur cet article, n'avait pas souffert qu'on attaquât devant lui la réputation de mes roussins, et le combat avait eu lieu.

Le 15, Bouô vint me donner des nouvelles qu'il disait tenir de bonne source : c'était une prétendue conversation que des gens du roi de Ségo avaient eue avec des Bambaras dans un village des environs.

D'après son récit, il serait vrai que des Maures embusqués dans le Ghiangounté y attendraient mon passage. Celui qui les commande serait un prince de la tribu des Fatey, de la nation des Oulad-M'barek. Bouô me le dépeignit, et, sur ce portrait, je me souvins très-bien l'avoir vu à Koghé et à Médina. Dans ses longues et peu discrètes visites, ce Maure m'adressait beaucoup de questions, de compliments et de demandes de *bien*. Cette affirmation, rapprochée de la récente visite de l'espion, me laissait peu de doutes sur l'exactitude du premier rapport qui m'avait été fait. Depuis Foutobi jusqu'aux villages de la frontière, ajouta le fils de Maka, il y avait des Fatey qui me guettaient, afin de faire connaître immédiatement à leur prince la direction que je prendrais.

Mais les gens de Ségo, toujours selon Bouô, ne s'en étaient pas tenus à cette nouvelle. Ils avaient dit aussi que dans le cas où je parviendrais à échapper aux Maures, je n'échapperais pas à leur propre roi, qui, instruit des abominations que je commettais sur ma route et de mes desseins révolutionnaires, avait donné l'ordre à une troupe de ses sujets de nous couper le cou à tous, sans excepter même le père Ségo, l'inoffensif cordonnier, son compatriote. Suivait la version, enrichie de faits nouveaux, des grigris empoisonnés semés sur mon passage, du Poullh du Massina qui m'accompagnait, et des lances, de la poudre, des armes de toutes sortes destinées pour ce royaume.

Ces nouvelles, vraies ou fausses, ce qu'il ne m'était pas donné de découvrir en ce moment, n'avaient rien de rassurant et compliquaient ma situation d'une étrange façon.

Le lendemain, le même Bouô me rendait compte de l'entretien que son père avait eu à mon sujet avec le roi. Aux vifs reproches faits à

Mamady par Maka (c'est Bouô qui parle) sur ses mauvais procédés à mon égard; *Sa Majesté* aurait répondu qu'elle ne m'avait fait revenir que dans mon intérêt, et pour demeurer rigoureusement fidèle à sa promesse d'empêcher qu'il ne m'arrivât malheur. Dans cet entretien, le roi aurait répété mot pour mot les détails qui m'avaient été appris la veille sur l'embuscade des Fatey et les desseins sinistres du roi de Ségo. Bouô ajoutait que son père restait près du roi, et que vraisemblablement il aurait bientôt de meilleures paroles à me porter.

Cette communication était loin de me satisfaire. Étais-je, oui ou non, le jouet des Bambaras? J'avais de fortes présomptions de pencher pour l'affirmative; mais, en tout cas, s'ils avaient imaginé les histoires de têtes coupées et d'embuscades, ils ne m'avaient pas pour leur dupe, car je m'attendais à tout de leur part. Passer était tout mon espoir; passer à tout prix, en dépit des Fatey, malgré les sicaires du roi de Ségo; car les pluies avaient grossi les eaux et rempli le lit des torrents de la route; mon retour par là était donc impossible.

Sous l'empire de cette préoccupation, je me trouvai en goût de palabrer, et j'abîmai Bouô sous une avalanche de sentences. Il y en avait qui s'adressaient à son honneur, à son orgueil de Kourbari, à son intérêt surtout; je le flattai, j'exaltai ses sentiments, je lui montrai dans un avenir prochain les effets de la reconnaissance des blancs, et pour dernier argument je lui donnai un sabre. A la vue de ce témoignage authentique de ma générosité, Bouô est saisi d'enthousiasme, ses yeux s'éclairent du feu du dévouement; il se lève, presse son sabre sur sa poitrine, se jette sur ma main qu'il place sur sa tête en signe de soumission absolue à mes volontés, et me jure que désormais il sera mon esclave. Il se rit des embûches des Fatey; il se moque du glaive du roi de Ségo, et me quitte en faisant un geste majestueux qui semble dire : « Tu sauras ce dont je suis capable! »

CHAPITRE XXVI.

Bouô m'avait quitté depuis une demi-heure à peine, lorsque je le vis accourir tout essoufflé, en décrivant des oscillations effrayantes avec son grand corps, mal soutenu dans la verticale par ses jambes d'inégale longueur. Voici ce qui le ramenait. En rentrant chez lui, il y avait trouvé, nonchalemment établi, le prince des Fatey, celui qui était censé commander l'armée du Ghiangounté.

« Eh bien ! lui avait-il dit, ton père veut donc nous faire perdre notre temps ? Voilà plus d'un mois que nous attendons ce *blanc;* et si Maka persiste dans ses sots projets de l'empêcher de venir, il sera cause que nous aurons manqué nos récoltes. »

Bouô s'anima en me faisant connaître sa réponse au Maure :

« Malheureux ! s'écria-t-il, si tu touches à un cheveu de la tête de ce blanc, c'est comme si tu touchais à la personne du roi; et tous les Kourbaris t'extermineront. »

Je félicitai Bouô de sa fière réponse, et le remerciai de l'empressement qu'il avait mis à me prévenir de cette circonstance. Cela sentait
bien un peu la comédie; cependant mes hommes m'assurèrent que le
Maure en question était réellement dans le pays, et qu'ils l'avaient vu
le matin.

Je fis reposer Bouô et puis je le gardai afin de causer avec lui, car
il est causeur complaisant et a surtout la mémoire très-bien meublée.

On se rappelle mon aventure à Tinntila, à l'occasion d'une troupe
de femmes que j'avais rencontrées dans un étroit sentier, et le danger
auquel, sans m'en douter, je m'étais trouvé exposé. Voici une explication plus détaillée que je reçus de Bouô sur cette coutume absurde.

Il convient de dire d'abord que la prohibition de l'attouchement concerne toutes les femmes de Kourbaris. On ne redoute tant cet acte que
parce qu'il a pour conséquence inévitable — telle est du moins la
conviction des Bambaras — de causer une maladie à l'époux ou à
l'épouse, maladie guérissable si l'attouchement est révélé, mortelle s'il
demeure ignoré.

Le cas de flagrant délit étant nécessairement écarté, puisqu'il ne
donne lieu à aucune sorte d'instruction et de recherche, et qu'on tue
sur place le coupable ou le maladroit, on procède de cette manière
pour les autres :

Quand un Kourbari ou une *Kourbarie* tombe malade, l'opinion publique s'en émeut et sa maladie est attribuée, sans hésiter, à un attouchement resté caché. Cette maladie est envoyée par tous les Kourbaris
décédés qui, du fond de leur tombeau, veillent sur leur postérité et
ne veulent pas souffrir qu'on y touche (on ne dit pas pourquoi).

Lors donc qu'un Kourbari est malade, excepté toutefois par suite
d'une blessure, la famille fait réunir toutes les femmes et les somme
de déclarer si quelqu'une d'elles a subi un attouchement, et, dans ce
cas, de faire connaître l'auteur de ce méfait. Si elles avouent et qu'elles
désignent le coupable, on se saisit de sa personne. S'il est étranger,
on lui coupe la tête immédiatement; s'il est Bambara, on le flagelle,
on confisque ses biens et on le chasse du pays. Après quoi le Kourbari est radicalement guéri.

Si, au contraire, aucune des femmes n'avoue le fait, on égorge une
poule à Bouri, et sa décision prononce. Quand Bouri a répondu affirmativement à la première question, on l'interroge de nouveau sur
l'individualité de celle des femmes qui a été touchée, et dans le cas où
cette seconde question est encore résolue d'une manière affirmative,

on somme la femme qui vient d'être désignée de déclarer le coupable. Si elle s'y refuse, c'est elle-même qu'on exécute.

On devrait supposer, d'après ceci, que les femmes des Kourbaris ne sortent que rarement. Il n'en est rien, car chaque jour elles viennent me visiter. On pourrait croire aussi qu'il y a exagération dans cette pénalité rigoureuse, ou tout au moins que les têtes ne tombent pas aussi facilement qu'il plaît aux Kourbaris de le dire. Pour cela je n'en sais rien, et je pencherais même vers cette dernière supposition; mais Bouô prétend que c'est exact, et me cite plusieurs noms de suppliciés et de bannis.

Maintenant, quel sens donner au mot *attouchement?* Interrogé sur ce point, Bouô insiste pour lui donner un sens général, et non le sens particulier de sévices ou d'adultère, ainsi que cela paraissait être pour justifier une telle rigueur.

Le lendemain, Bouô vint me voir de bonne heure et sortit de dessous son coussab un pistolet à quatre coups, de fabrique anglaise ou américaine, qu'il me dit tenir du roi Maudibâ. C'était une arme de prix, remarquable par la finesse des gravures qui ornaient ses batteries; ses cheminées, pourvues d'un pas de vis pour retenir la capsule, indiquaient les premiers percuteurs. Ce pistolet avait peut-être appartenu à Gray ou à Dochard.

Un pistolet à quatre coups trouvé dans le Soudan et y existant depuis vingt-cinq ans ! Qu'on dise après cela que l'Afrique est barbare!

Mais il est vrai de dire aussi que les Bambaras en faisaient peu de cas, car cette belle arme était passée depuis longtemps à l'état de jouet d'enfant. Un reste de ficelle attaché encore à la sous-garde et le mauvais état des batteries témoignaient que la progéniture de Bouô en avait seule apprécié le mérite. Mon désir, imprudemment montré, de posséder cette curieuse ferraille n'échappa pas à Bouô, et en homme habile, il ne voulut consentir à me l'abandonner que contre un pistolet neuf.

Cette découverte me conduit à placer ici une observation importante; elle intéresse non-seulement les voyageurs, mais encore les commerçants: on se figure, en France, que les nègres ne doivent recevoir en présent que des objets grossiers, et qu'ils ont autant de plaisir à les posséder que des objets de luxe. C'est encore là une de ces erreurs si communes parmi nous sur les choses de l'Afrique. Les nègres connaissent très-bien la qualité d'un fusil, d'une étoffe et de tout autre objet, et ils savent repousser, par une moue dédaigneuse qui leur est particulière, les articles de fabrication grossière. J'ai vu, dans les villages que j'ai traver-

sés, de belles armes avec garnitures argentées ou d'argent, avec cise-
lures et gravures, et, en outre, des articles de luxe : tels, par exemple,
l'accordéon dont j'ai parlé, et qui était en bois de palissandre, incrusté
d'argent et d'ivoire. Ce sont les Anglais qui se chargent de cette branche
d'importation.

Comme une preuve des goûts fastueux des nègres, je citerai le fait
suivant. Le vésicatoire que je m'étais appliqué au bras, d'abord large
comme une pièce de 5 francs, avait, au bout de très-peu de temps,
couvert, en dessus et en dessous, toute la partie du bras comprise entre
l'épaule et la saignée. L'irrégularité des pansements, le mauvais beurre
dont j'étais obligé de me servir, l'excessive chaleur, les fatigues de la
marche surtout, en avaient fait une énorme plaie, assez douloureuse
pour me forcer, quand j'étais à cheval, à porter mon bras en écharpe.
Une cravate en cachemire, ex-cache-nez dont les beaux jours étaient
passés, mais non pas les couleurs, maintenait à mon cou mon bras
malade. J'ai été arrêté, je ne saurais dire combien de fois, pour montrer
ma cravate qui excitait l'admiration de tous ceux qui la voyaient, et si
j'avais voulu l'échanger contre de l'or, j'aurais fait un beau bénéfice.

On continuait à me traiter avec respect; mais en même temps on me
laissait, ainsi que mes nègres, dans un dénûment complet des vivres
les plus nécessaires. Quand j'étais à Koghé, mes hommes se plaisaient à
m'entretenir des bonnes intentions de Maka, et plusieurs fois ils m'a-
vaient rapporté cette superbe vanterie qu'il laissait volontiers échapper
devant eux :

« Moi, je ne traite pas ainsi les étrangers (allusion à la ladrerie de
son frère), et si ce blanc était chez moi, il aurait non-seulement des
vivres en abondance, mais encore je lui enverrais, comme cadeau de bienvenue, deux captifs ou leur valeur en or. L'avarice est indigne d'un
grand prince. »

Le mouton maigre, le bœuf étique et le vieux bouc, seuls présents que
m'aient jamais fait Maka et ses fils, étaient venus promptement démentir ce discours. A part ces prétendus présents que j'avais largement
payés, mes hommes et moi n'avions pas vu, comme on disait à Foutobi,
un grain de mil dans le *dâ* (1), du moins un grain de mil donné.

Passe encore si l'on eût trouvé à acheter; mais c'était à grand'peine
qu'on pouvait se procurer, à des prix excessifs, quelques sacs de maïs

(1) Marmite en terre ou en fer.

ou de mil. Quant à l'assaisonnement, il n'y avait souvent ni sel, ni lait, ni viande; et, même pour un nègre, du mil cuit dans l'eau, sans sel et sans lait, constituait un mets peu agréable.

Je n'avais pas encore pu amener Bouô à faire à mes questions sur la population et la force des armées, une réponse quelconque. Il me répétait ce que j'avais entendu ailleurs, qu'il était impie de se compter, et que cette opération appelait le malheur sur les choses et sur les hommes. Mais pour tout le reste il était d'une grande complaisance, et, grâce à ses renseignements, je possédais assez bien mon histoire du Kaarta, ainsi que des documents précieux sur les naissances, les mariages et les funérailles.

Il avait même fait en ma faveur une exception à sa réserve habituelle de Kourbari, en m'initiant aux mystères du Bouri (1). Je mentionnerai à ce sujet un incident assez curieux. Après avoir fait l'esprit fort, Bouô parut tout à coup très-inquiet. La crainte d'avoir offensé son dieu le poursuivait visiblement; mais il ne savait comment s'y prendre pour m'avouer cette faiblesse. Enfin, poussé par mes instances, il se décida à me confier ses terreurs :

« Il sait déjà tout ce que je t'ai dit, et si je ne l'apaise par un sacrifice expiatoire, il me poursuivra de sa vengeance ou me trompera quand je l'interrogerai. »

Je jetai sur Bouô un regard de côté qu'il comprit très-bien, car il est fort intelligent.

« Fi! me dit-il; est-ce que j'aurais besoin de faire un mensonge pour avoir quelque chose de toi? »

Outre la mauvaise humeur de Bouri qu'il s'agissait de conjurer, je trouvais par ailleurs de toute justice d'indemniser Bouô pour les peines qu'il prenait à me mettre au courant des mœurs et des usages de son pays, et je lui abandonnai de bon cœur une pièce de calicot jaune.

Le bonhomme Niany, qui était parvenu à reproduire très-correctement le salut que je lui avais enseigné, continuait à charmer mes loisirs par ses excentricités. Un matin il vint se plaindre très-vivement de ce que j'empêchais la pluie de tomber et du tort considérable que je causais aux habitants. Je ne me rendais pas bien compte d'abord des raisons qui avaient pu porter Niany à m'adresser un semblable reproche; mais il s'expliqua. Selon lui, la pluie devait être très-mécontente de me voir toujours occupé d'elle, regardant ses gouttes, examinant les nuages, et

---

(1) Voir, au chapitre XIX, la description de ce fétiche national.

elle se vengeait en ne tombant plus. Le père Niany étendait aussi ses griefs à mes thermomètres; mais son plus grand ennemi était mon baromètre, auquel il prêtait toutes sortes de méchantes intentions.

Le lendemain, il revenait à la charge, accompagné d'une députation de cultivateurs portant sur l'épaule leurs instruments aratoires.

« Nous avons réfléchi, me dit Niany, que puisque tu as le pouvoir d'empêcher la pluie de tomber, tu dois avoir aussi le pouvoir de la faire tomber ; nous venons en conséquence te prier de lui parler en notre faveur. Vois, nous sommes prêts; nos instruments sont dans nos mains ; nous n'attendons plus que la pluie pour travailler. »

Je répondis qu'il était vrai que j'eusse avec la pluie des rapports très-intimes, mais qu'elle avait beaucoup à faire dans cette saison, et que précisément, en ce moment-là, elle était occupée ailleurs.

Le surlendemain, nouvelle députation ; mais ayant cette fois l'air menaçant. Il y avait dans le nombre de ceux qui la composaient beaucoup de figures inconnues.

« Nous voulons que tu fasses pleuvoir, — me dirent les principaux personnages, et ils jetaient un regard courroucé sur mon baromètre. — Nous avons trop attendu. Tu ne nous feras pas croire que ce que tu fais là avec ces machines (ils désignaient du doigt mes instruments), en regardant l'air et en écrivant des grigris, soit innocent. Jamais dans le pays on n'a vu la pluie tant tarder à tomber, et jamais un homme n'a fait ce que tu fais. Arrange-toi comme tu voudras, mais il nous faut de la pluie pour ce soir. »

Le ciel était couvert de gros nuages noirs qui me rassurèrent. Je leur dis que la pluie m'avait chargé de leur dire bien des choses, et que ce soir même elle comptait venir les visiter ; mais qu'il fallait être bien sages, sans quoi la pluie, très-susceptible de sa nature, pourrait aller de préférence chez les Maures ou les Massiniens.

Une heure après, la pluie tombait; mais les coquins, craignant sans doute que ma présence ne paralysât ses bonnes intentions, me poussèrent rudement dans ma case et en refermèrent la porte. Par cette stupide mesure ils m'empêchèrent de suivre la marche d'un superbe orage et de noter les variations barométriques survenues pendant sa durée! ...

Comprend-on qu'on soit exposé à recevoir de pareilles sommations? Il ne leur restait plus qu'à vouloir la lune ou les étoiles!...

Nous étions au 25 janvier; il y avait vingt jours que j'étais arrêté, et depuis les nouvelles que s'était empressé de me donner Bouô, je n'entendais plus parler des entretiens du prince Maka et du roi son frère au sujet du voyageur blanc. Il n'était pas question davantage du prince des Fatey et du féroce roi de Ségo. Tout cela devenait ennuyeux. Je voyais avec beaucoup d'anxiété les pluies qui, depuis plusieurs jours, arrosaient copieusement le mil des Bambaras, transformer en impétueux torrents les ruisseaux que j'avais traversés à sec deux mois auparavant.

L'absence du roi et de Maka avait pour motif une expédition au Kasson. Déjà, je l'avais su en passant la première fois à Foutobi, Maka avait été guerroyer contre les gens de ce pays ; mais il était bientôt revenu de sa campagne, après s'être borné à brûler quelques cases et à *casser* (détruire) quelques tatas. Le roi n'ayant pas été satisfait de ce résultat, avait pris lui-même le commandement de l'armée et était retourné, en compagnie de son frère, exterminer les Kassonkiés. Pour avoir excité de pareilles vengeances, on doit croire que les Kassonkiés avaient commis de graves méfaits. Et pourtant, suivant du moins ce qu'on m'apprend, la colère du roi du Kaarta n'aurait pas de meilleure raison d'être que la fureur du loup de la fable contre l'agneau.

Pauvres Kassonkiés! vous subissez le sort des faibles, et, à ce titre, vous avez droit à quelque pitié ; mais il est malheureusement vrai que vous êtes peu dignes d'inspirer un intérêt durable ! L'oppression qui pèse sur le peuple du Kasson est donc la seule raison de ma compassion ; car je suis intimement convaincu que s'il était le plus fort, il surpasserait en cruauté et en injustices ses ennemis d'aujourd'hui. Je ne comprends pas comment mon compatriote Duranton ait pu défendre avec tant de dévouement la cause d'une nation aussi appauvrie en sentiments.

Suivant les détails qu'on me transmit sur l'expédition de Mamady, le dénoûment en serait éloigné. Le chef du Kasson, m'apprit-on, aurait envoyé au roi du Kaarta, pour apaiser sa colère, deux belles jeunes filles (on sait que les Kassonkièses ont une grande réputation de beauté), deux chevaux et beaucoup d'or ; mais le terrible Mamady aurait répondu, tout en gardant le présent, louable habitude dont il est très-coutumier, qu'il voulait, par dessus le marché, la tête du chef.

Le camp des Kassonkiés est établi au sommet d'une montagne de très-difficile accès, et n'ayant qu'une issue connue. L'armée bambara a établi le sien à ce passage même, fermant ainsi la seule voie de retraite ouverte à l'armée ennemie, et espérant la soumettre par la famine.

On me communique, à propos de cette campagne, un détail intéressant sur les armées bambaras : lorsque le roi en fait partie, il envoie un corps de sapeurs et de maçons chargés de lui construire un tata dans chaque endroit où il doit faire station. L'usage et l'étiquette ne permettent pas que le roi couche dans le désert, c'est-à-dire dans un lieu dépourvu d'habitations.

Les guerriers bambaras sont généralement armés de fusils. Cependant, et quoiqu'ils en possèdent presque tous, dit Bouô, on met toujours à la suite des armées un certain nombre d'hommes sans armes. Cette troupe, qui forme la réserve, doit conquérir ses fusils sur le champ de bataille, ou se servir de ceux des morts et des blessés. Je suppose que cette mesure a aussi pour but de ne pas exposer toutes les armes du pays à tomber à la fois aux mains de l'ennemi. Les déroutes sont très-fréquentes dans les armées bambaras, et la première chose que fait un homme poursuivi est de jeter son fusil pour courir plus vite.

Je ne sais pas vraiment ce qui a pu donner lieu à l'opinion que les nègres ont de nous; mais les Bambaras m'ont demandé plus de vingt fois si les blancs savaient faire la guerre. Bouô vint ce jour-là, et très-maladroitement, car la nouvelle de la station du roi au Kasson m'avait mis de mauvaise humeur, m'adresser cette impertinente interrogation.

« S'ils savent faire la guerre, lui dis-je, homme candide! Mais s'il y en avait seulement six cents au Kaarta, et qu'ils n'eussent ni la fièvre, ni le ver de Guinée, ils ne feraient qu'une bouchée de tous tes guerriers. Remercie ton Bouri, non pas de la vaillance de tes soldats, mais des maladies qui règnent dans ton pays, car sans cela, toi et les Kourbaris, il y a longtemps que vous ne demanderiez plus si les blancs savent se battre. »

Je passai ensuite à un dénombrement homérique de toutes les troupes, artillerie, cavalerie, infanterie, qui composent notre armée, sans oublier, comme de raison, les cuirassiers *au boubou de fer*, qui avaient déjà causé une si vive surprise à mon ancien guide Amar-Lamba.

Après avoir joint à cette nomenclature quelques épisodes de bataille, je tournai brusquement à la paix, et promenai mon auditeur émerveillé sur les champs de bataille du travailleur. Je lui montrai les pierres, les métaux, les charbons arrachés aux entrailles de la terre et transformés en mille objets utiles; les terres, creusées profondément par de pesantes charrues, se couvrant de riches moissons. Je lui fis voir les tiges de la plante converties en sucre cristallisé et en liqueur enivrante. Il paraissait abasourdi, et se contenta de témoigner sa profonde admiration par les mots, fréquemment répétés, de *toubabo seïtané*, grande gracieuseté nègre qui veut dire en français que les blancs sont des diables.

Les balles de plomb sont dédaignées par tous les nègres de l'intérieur; mais au Kaarta, c'est plus que du dédain, c'est du mépris. Les Bambaras fabriquent eux-mêmes leurs balles avec le fer de leur pays. Avis aux voyageurs et aux commerçants.

Les bruits concernant les Maures se confirment. S'il faut en croire un homme arrivant de Koghé, une partie de ces maraudeurs serait tombée sur les envoyés de Souraké et du vieux tounka de Kounghel, entre Dialaka et Kouniakary, et leur aurait tué trois hommes, au nombre desquels figureraient un fils du tounka et le propre frère de Souraké, le même que j'avais vu au palabre du Bondou. Les mauvaises langues prétendaient que ce meurtre avait été monté par Barka, fort habile, disaient toujours les mauvaises langues, pour se débarrasser à propos des gens qui lui portaient ombrage. Je ne vis dans ce récit qu'une chose qui pouvait m'intéresser : c'est que la route par laquelle devait passer l'homme que j'attendais était au pouvoir des Maures.

On m'annonça aussi que ces mêmes Maures si redoutés des Bambaras étaient aux portes de Foutobi, guettant les habitants pour les tuer ou les faire esclaves, et les troupeaux pour les voler. A un village situé à moins de 4 kilomètres, plusieurs femmes venaient d'être enlevées et un homme blessé mortellement. Un de mes nègres qui gardait les ânes avait entendu le tamala et les coups de fusil.

Le 30 juin, Bouô vint d'un air piteux me donner des nouvelles de l'expédition de Mamady. Les Kassonkiés, que les Bambaras croyaient si bien tenir en bloquant le passage de la montagne sur laquelle ils avaient cherché un refuge, s'étaient échappés par un chemin que personne ne connaissait, ou du moins qui semblait impraticable. Ainsi, tandis que Mamady buvait du *dolo*, assuré que les Kassonkiés étaient en proie aux horreurs de la faim, ceux-ci couraient vers le Bâ-fing, le traversaient, enlevaient toutes les pirogues, et mettaient entre eux et leurs ennemis le plus sûr rempart qui pût les protéger ; car on dit que les Bambaras ne savent pas nager.

Mamady, dans un état d'exaspération facile à comprendre, avait *cassé* huit villages en les poursuivant. Arrivé au Bâ-fing, il avait vainement cherché des pirogues, et s'était laissé aller aux scènes de fureur les plus extravagantes en voyant sur l'autre rive les Kassonkiés lui faire le pied de nez. Ce dénoûment me divertit infiniment, et tout le jour je me moquai de Bouô, qui finit par rire lui-même du grotesque de l'aventure.

Les Bambaras devraient bien apprendre à nager; car ce n'est pas la première fois que les Kassonkiés leur jouent ce bon tour. Mamady était en route et allait prochainement arriver.

Nous parlâmes ensuite de mon départ, que Bouô croyait assuré; puis, je ne sais à quel propos, la conversation tourna à la réclame.

« J'ai dit — était censé répondre Bouô à ceux qui prétendaient que je ne serais pas généreux — que j'étais certain que tu ne quitterais pas le Kaarta sans avoir donné un beau cadeau aux *bons hommes*.

— Tu as eu grand tort de faire cette réponse, lui répliquai-je aussitôt; car, à moins d'être devenu fou, je n'irai certes pas jeter mon bien à de faux *bons hommes* qui, après m'avoir fait payer déjà une fois mon passage, m'ont arrêté sans même prendre la peine de me dire pourquoi, et me retiennent captif contrairement à toute justice. »

Il était évident que Bouô se comptait au premier rang des bons hommes. Il me quitta presque tout de suite, un peu confus d'avoir été pénétré, et laissant voir, malgré tous ses efforts pour le cacher, qu'il faisait grise mine.

Le lendemain, Bouô, qui, après tout, est un excellent garçon, vint m'annoncer que Maka devait quitter le roi à un village intermédiaire entre Tamafoulou et Foutobi, et qu'il savait de bonne source que la question de mon passage avait été agitée entre eux.

Les Bambaras, de même que beaucoup d'autres nègres, emploient pour le traitement de leurs maladies les produits bruts de la nature. On rencontre fréquemment en Afrique des gens ayant le visage enduit d'une substance terreuse qui leur donne le plus horrible aspect qu'on puisse imaginer: on croirait voir des lépreux de la pire espèce. La terre qui compose ce médicament est une espèce de tripoli apporté, dit-on, par les Maures; on lui donne le nom de *tagoutt;* on la pile et on la délaie ensuite dans de l'eau. Elle passe aussi pour un remède parfait contre les maux de tête.

On rencontre encore des individus entourés de guirlandes de feuillage ou le front ceint d'une couronne, non de lierre, mais de *kougnié*, arbuste médicinal du Kaarta. Ces individus aux vêtements pittoresques, qui ressemblent à quelque divinité bocagère, faune ou sylvain, sont tout simplement des malades en traitement. La médication mythologique dont il s'agit est employée contre le ver de Guinée. Les mêmes feuilles, pilées et mêlées avec de l'eau, servent aussi à composer une boisson excellente pour guérir la dyssenterie.

Le *ver de Guinée* ou ver de Médine (*filaria medinensis*), une des plus singulières maladies de ces régions, attaque non-seulement les nègres, mais les Européens. Il s'insinue sous la peau, principalement aux jambes, s'y développe jusqu'à cinq pieds de longueur, y vit long-temps sans que le malade en souffre beaucoup; mais, parfois, occasionne d'affreuses douleurs et même des convulsions. L'opération par laquelle on guérit du ver de Guinée consiste à en retirer chaque jour une partie qu'on roule sur un tuyau avec les plus grandes précautions. On m'a assuré que ce ver, après avoir parcouru les tissus, sortait souvent par le bout du nez. Cette maladie, attribuée à la mauvaise qualité de l'eau, est extrêmement commune au Kaarta.

Ce détail m'attriste. L'idée de me voir quelque jour travesti en dieu Pan ou en Tityre, avec un tuyau pendu au bout du nez, n'a rien en effet qui puisse charmer l'existence.

J'ai vu encore employer contre la colique un traitement très-primitif. On creuse un trou dans la terre, on y verse des cendres chaudes et des charbons, et on y jette de l'eau bouillante; le malade se déshabille et se place le ventre au-dessus du trou. On le couvre de pagnes, et il reste ainsi exposé à un bain de vapeur qui paraît le soulager beaucoup. J'ai vu aussi employer ce remède, l'un de ceux en qui j'aurais le plus de confiance, pour des maux de tête, des fièvres et d'autres indispositions.

Il y avait trois longs jours que Bouô était venu m'annoncer l'arrivée prochaine de son père, et celui-ci n'était pas encore de retour. Je savais qu'il stationnait dans les environs avec le roi, sans doute pour re-donner quelque courage aux Bambaras, complétement démoralisés par l'invasion des Maures. On assurait que tous les villages que nous avions traversés entre Kassa et Foutobi étaient abandonnés.

J'ai lu dans un poète ces jolis vers :

Le même objet qui rend votre visage sombre
Fait ma sérénité.
Toute chose ici-bas par une face est ombre,
Et par l'autre clarté.

Poétique paraphrase du proverbe vulgaire : il n'est pas de médaille sans revers.

La clarté était pour les Bambaras; l'ombre était pour moi. La clarté, c'était la pluie faisant pousser leurs mils et leurs niébés; l'ombre, c'était cette même pluie me forçant à rester dans ma case avec son peuple de moustiques, de rats et d'araignées; c'était encore cette même pluie appelant aux champs les habitants, et ne laissant pas au village deux bras féminins pour piler le mil de mes hommes et le mien; car j'en suis depuis longtemps réduit à partager leur ordinaire.

Deux bras féminins, ai-je dit; cela demande une explication. Pour certaines choses, les nègres sont aussi exclusifs que les Indiens; et mes hommes aimeraient mieux, je crois, mourir de faim que de piler le mil eux-mêmes, besogne rangée par eux dans les infimes parmi les infimes, et laissée, comme plusieurs autres, à la femme, *être inférieur et peu noble*. Les nègres ne sont pas galants.

Dans la matinée du 3 juillet, des cris aigus poussés par les vieilles femmes et les petits enfants restés au village me firent précipitamment sortir de ma case et courir au lieu d'où ils partaient. J'assistai à une scène de désolation dont j'eus d'abord quelque peine à connaître la cause : *Sourakés! Sourakés!* me répondait-on en me montrant un point de l'horizon. J'appris bientôt que ce mot signifiait *Maures,* et je compris la cause de cette grande terreur; car toute la population valide était aux champs. Mes hommes, après m'avoir demandé la permission de contribuer à la défense du territoire, coururent à la gloire, eux et leurs grigris.

Cet épisode me montra sous un jour favorable les affections de famille des Bambaras, que je ne soupçonnais pas auparavant; les démonstrations dont je fus témoin étaient extrêmement vives et d'une sincérité qui ne pouvait être suspectée. Il est rare, par exemple, de voir les mères caresser leurs enfants, et jusque-là je n'avais remarqué cette expansion de tendresse que dans la maison du père Niany; aussi ses pauvres petits enfants étaient-ils en proie au plus violent désespoir, en songeant que leur mère était exposée au péril.

A leur retour, mes hommes m'apprirent que c'était une fausse alerte, et que tout ce bruit avait été occasionné par une correction conjugale administrée dans un champ voisin. L'épouse châtiée avait imaginé, pour appeler à son secours, de crier *Sourakés,* comme on crierait en pareil cas chez nous, au feu, au voleur ou à l'assassin.

CHAPITRE XXVII.

Le roi me fait enfin connaître ses intentions. — Déception et désespoir. — Je reçois une nouvelle sommation de faire tomber la pluie. — Protestation et palabres. — Comment les Kourbaris se qualifient eux-mêmes. — Conflit entre mes hommes et les habitants. — Fureur de Niany à propos d'une tête de bœuf. — Les Poulhs noirs du Massina; leur horreur pour les moustaches. — Sur la licorne; c'est le rhinocéros que les nègres ont vu. — Le courage des Bambaras est très-problématique.

Le 4 juillet dans la journée, on m'annonça l'arrivée de Maka. A cette nouvelle je sentis mon cœur battre. Le moment était venu où mon sort allait se décider, moment tant attendu, après lequel je soupirais depuis un mois. Qu'allais-je apprendre?

Je ne sais pourquoi je retins mes hommes qui voulaient partir tout de suite. Mon impatience était vive; mais mes appréhensions l'étaient encore plus. Je n'ai jamais trouvé qu'il fût exact de dire que la connaissance de la vérité était préférable au doute. En cet instant je m'attachais au doute comme un naufragé à une épave flottante; le doute me permettait de laisser aller mon imagination vers un riant avenir; le doute me faisait voir la frontière franchie et les vastes contrées du Ghiolibâ se déroulant devant moi; le doute enfin me montrait le succès couronnant mes efforts. Et tous ces rêves, ces projets, ces espoirs allaient peut-être s'évanouir en une seconde! J'attendis donc au soir, et la nuit commençait déjà quand j'envoyai mes nègres chez Maka.

Dès qu'ils furent partis, je me promenai à grands pas, livré à une agitation extrême. Je voulais savoir et je ne le voulais pas; je me repentais de les avoir envoyés, et je regrettais de ne l'avoir pas fait plus tôt; je voulais les rappeler, et je voulais qu'ils courussent afin de me rapporter plus vite une réponse. Bientôt mon œil inquiet, qui n'avait pas quitté le sentier qu'ils devaient parcourir, les aperçut, prompts comme des messagers de malheur. En deux minutes ils étaient devant moi. Un regard m'apprit tout.

Oh! que j'avais raison de conserver cette incertitude qui, par une disposition naturelle à l'homme, renferme toujours une espérance! Maintenant tout est fini; l'espoir s'est envolé; je suis seul devant la réalité, cruelle, impitoyable!

J'appelai tout mon courage pour interroger mes hommes; car il faut du courage pour entendre le récit minutieux des circonstances qui vous privent d'un bien qui vous est cher. On accepte l'événement, on ne discute pas avec la Providence; mais en causer comme d'un fait vulgaire; entendre, comme la lecture d'une page de roman, des détails qui vous navrent, c'est retourner le poignard dans la plaie.

Ces détails étaient courts. Mamady avait répondu non à toutes les questions; nulle prière, disait l'hypocrite Maka, n'avait pu ébranler sa résolution. Et l'odieux Mamady ne s'était pas borné à m'empêcher de continuer ma route et à m'interdire le retour à Bakel, il avait encore donné l'ordre qu'on me ramenât à Koghé.

« Ah! pour cela, je l'en défie! m'écriai-je. Il peut barrer ses routes avec ses hommes; je suis hors d'état de forcer les passages, car ils seraient plus de mille contre un; mais me faire retourner à Koghé, ce ne sera certes pas vivant! »

Ainsi j'étais dupe une seconde fois! Il était tout simple de me dire, il y avait un mois : « Tu es prisonnier, tu n'iras pas plus loin; tu ne retourneras même pas d'où tu viens. » Mais cela ne suffisait pas; il fallait ce raffinement, il fallait laisser l'espoir rentrer dans mon âme, afin de pouvoir l'en arracher encore. Les misérables!

Que vais-je devenir à présent? M'échapper! Mais j'ai cent lieues de pays à traverser, et les pluies ont changé les routes en rivières! Une seule chose est possible : rester à Foutobi, y rester malgré mes geôliers; et puis me résigner, me soumettre à la volonté de celui qui ne dédaigne pas, dans sa puissance, de prendre souci de la plus humble des créatures.

Je m'arrêtai donc au parti d'attendre la fin des pluies. Après, de tout tenter pour regagner Bakel; et là, de réclamer à Saint-Louis des secours qui me permissent de continuer mon voyage, en prenant une autre voie.

La protestation est souvent impuissante dans les pays de la civilisation; mais chez les sauvages, chez les Kourbaris surtout, elle est ridicule; je le savais. Et cependant fallait-il laisser ces nègres se jouer de moi impunément? fallait-il me taire et donner par mon silence une sorte de consécration à leur infamie?

Ces graves préoccupations furent interrompues par une nouvelle ambassade des cultivateurs, qui venaient pour la troisième fois, armés de leurs outils, me représenter que la pluie ne tombait pas assez fort. Je n'étais pas, comme on le pense sans doute, dans une disposition d'esprit à continuer mes enfantillages des jours précédents.

« Réponds à ces imbéciles—dis-je à mon interprète—que si j'avais la puissance qu'ils me croient, je commencerais par m'en servir pour moi, en abandonnant leur abominable pays; et, une fois éloigné, je ferais tomber la pluie jusqu'à ce qu'ils fussent noyés tous. »

Cet incident ne fit qu'ajouter à mes tristes pensées. Si les Bambaras font une mauvaise récolte, malheur à moi! s'il arrive dans le pays quelque fâcheuse affaire, malheur à moi! si le roi tombe malade, malheur encore! s'il meurt, malheur et toujours malheur! car ce sera moi, ce sera *le blanc* qu'on en rendra responsable. Et je me mis à songer aux superstitions cruelles des nègres irréligieux, aux hécatombes humaines offertes à leurs fétiches pour apaiser leur courroux, et aux sanglants sacrifices qu'ils consomment pour honorer la mort de leurs chefs.

Les Bambaras sans doute ne ressemblent pas à ces cannibales; mais si leurs superstitions sont moins féroces, elles sont tout aussi impérieuses, et comme eux ils ont un fétiche dont les jugements sont irrévocables. Il est certain que le Bouri a été consulté dans mon affaire et qu'il n'est pas étranger à mes disgrâces.

La nuit fut pour moi sans sommeil, et le lendemain j'étais debout avant le jour. Dès que parurent les premières lueurs du matin, je fis partir mon interprète pour dire à Maka de m'envoyer un de ses représentants.

« Je suis bien fâché de ce qui arrive, osa répondre ce fourbe;

j'ai expliqué au roi ce que sa conduite avait de mauvais; mais il n'a pas voulu m'entendre; tu peux dire au *blanc* qu'à cause de lui je me suis brouillé avec mon frère.

— Le *blanc* — répliqua mon homme, —n'a pas besoin de ta pitié. »

Peu après, Bouô parut accompagné de Mamady-Sirré, le Kourbari qui m'avait fait, à Tinntila, à propos d'une peau de mouton, la scène que j'ai rapportée. Je n'aurais pas eu avec Bouô la même liberté de paroles; car je le considérais comme étranger aux contrariétés qui me frappaient; mais la vue de Mamady me rendit furieux. Aussi me tournai-je vers lui pour apostropher l'ignoble race des Kourbaris; et certes je ne ménageai pas mes termes.

Après m'avoir bien écouté, ils se regardèrent tous deux, et du plus grand sérieux du monde, de l'air de la plus profonde conviction, ils dirent :

« Tu as raison; nous sommes des misérables, nous sommes des coquins, des parjures, des....

— Vous êtes autre chose encore — repris-je en les interrompant; — vous êtes des insensés, car vous vous faites tort à vous-mêmes. Tous les chefs nègres recherchent par nécessité l'amitié des blancs. Vos vêtements, vos parures, vos armes, vos munitions viennent de chez eux. Sans eux, vous seriez nus, vous ne mangeriez pas, vous ne vivriez pas. Avez-vous réfléchi à ce que vous perdiez en me gardant captif, contrairement à votre foi engagée et payée? Vous avez pensé sans doute que vous pourriez facilement vous emparer de mes caisses, de mes armes, de mes hommes, et que tout cela vous dédommagerait; mais désabusez vous, vous ne les tenez pas encore, et si jamais vous avez la fantaisie de les prendre, je vous jure qu'ils vous coûteront cher. »

Bouô repoussa énergiquement les intentions spoliatrices que je venais de prêter aux Kourbaris. Il balbutia ensuite, en manière d'explication, la nécessité où s'était vu Mamady de m'empêcher de courir à ma perte en me jetant, comme j'en avais le dessein bien arrêté, au milieu des embuscades des Fatey et du roi de Ségo.

« Crois-tu, m'écriai-je — que je n'aimerais pas mieux tomber sous la balle d'un Maure ou d'un captif du roi de Ségo, en rase campagne, que de mourir de faim au Kaarta, ou d'être surpris pendant mon sommeil par un lâche assassin? Car qui m'assure que vous n'avez pas des projtes perfides? N'avez-vous pas déjà trahi vos promesses? Et en me retenant ici malgré moi, quelle confiance puis-je avoir en vous? »

Il était temps d'en finir. J'avais formellement exprimé aux deux envoyés de Maka qu'il ne me plaisait pas d'aller à Koghé, et que pour m'y forcer il faudrait avoir recours à la violence. Ils se retirèrent sur mon invitation, et allèrent rendre compte à Maka de notre entrevue. Je donnai l'ordre d'avoir, de jour et de nuit, deux hommes en faction et de tenir les armes prêtes.

Suivant les renseignements que je recueillais, les routes ne pouvaient être praticables qu'à la fin du mois d'octobre. J'avais donc quatre longs mois à passer dans des cases abominables, faisant eau de tous côtés et remplies d'animaux immondes. Qui m'eût dit, il y avait cinq semaines, que j'en serais réduit à cette cruelle position? Au nombre des difficultés que j'avais calculées en entreprenant mon voyage, je n'avais pas compté, je l'avoue, sur la stupide fantaisie de me faire rebrousser chemin. Je m'attendais à être volé, à être retenu pour une rançon, à être tué enfin; mais je n'avais pas songé à cette ridicule situation.

Cette journée et celle du lendemain s'achevèrent sans que Maka répondît à mon palabre. Il délibérait sans doute avec son digne entourage.

Dans la soirée du 6, deux incidents vinrent faire diversion à mes ennuis. Le premier était sérieux : c'était une bataille générale entre mes hommes et ceux du village, encore à l'occasion de mes ânes, accusés faussement, prétendaient mes nègres, d'avoir ravagé un champ de mil. Bouô se trouvait heureusement dans ma case au moment où le combat s'engageait, et à nous deux nous parvînmes à l'arrêter. Les combattants en furent quittes pour quelques coups sans gravité, dont les plus forts restèrent aux Bambaras. Les rancunes s'étant calmées de part et d'autre, je chargeai Bouô de dire à ses compatriotes que leur réputation de bravoure était assez bien établie pour qu'il ne fût pas nécessaire d'en donner individuellement la preuve en toute circonstance, dussent-ils être dix contre un, ainsi que cela venait d'avoir lieu. Bouô me comprit, et cette plaisanterie, en égayant l'assemblée, acheva de sceller la paix. Tous mes efforts tendaient à éviter de pareilles collisions, et une fois rentré dans mon quartier, je grondai sévèrement mes hommes d'avoir été si prompts à prendre fait et cause pour des ânes qui, à coup sûr, ne leur en sauraient aucun gré.

Le second incident était plus plaisant. Le vieux Niany, en proie à une violente exaspération, vint me demander justice contre mes hommes qui avaient, disait-il, commis à son égard une action abominable. Voici le sujet de sa plainte. Par extraordinaire, nous avions tué un bœuf, et, sur mon ordre, on en avait donné au forgeron une quantité

raisonnable, et de plus la tête, qui, selon l'usage du pays, lui revenait
de droit; mais je m'en étais approprié la langue sans sa permission, et
c'était ce qui causait sa fureur. Le bonhomme était si irrité de ce dé-
tournement, qu'il appelait mes hommes des voleurs, et réclamait la
langue du bœuf comme une chose à lui. Malgré le grand âge du plai-
gnant, j'accueillis par un rire peu respectueux sa réclamation, qui, en
tout cas, était un peu tardive; car la langue était mangée.

A cette révélation, l'hilarité devint générale et gagna même sa propre famille; alors le patriarche, hors de lui, jeta à terre la viande qu'il
tenait à la main, et s'enfuit en m'appelant aussi voleur. Sa femme et
ses enfants, que cette susceptibilité n'arrangeait pas du tout, ramas-
sèrent les morceaux souillés de sable et les plongèrent dans leur couscouss, sans s'inquiéter autrement de cet enduit peu agréable.

Le 7, surlendemain de mon palabre, Bouô m'apporta la réponse de
Maka. Cette réponse, fort ambiguë, me satisfaisait cependant en un
point : Maka, se souciant peu sans doute de perdre les avantages que
lui promettaient mes dépouilles, m'annonçait qu'il allait faire ses efforts
pour m'empêcher de partir pour Koghé. Quant au reste, la transmis-
sion de ma protestation au roi, Maka paraissait peu pressé de s'en
charger.

Bouô était accompagné de deux Poulhs du Massina, remarquables par
la beauté de leurs traits. Leur couleur était plus noire que celle de
beaucoup de Yoloffs, leur nez droit, leurs yeux bien fendus et d'une
extrême douceur; et quoiqu'ils fussent jeunes, ils avaient la barbe longue, fournie, douce au toucher et tenue avec beaucoup de soin. J'insiste sur cette particularité d'avoir beaucoup de barbe à un âge où les
autres nègres n'en ont pas encore. Ce n'est guère, en effet, que vers
trente ans qu'elle commence à pousser, et je ne l'avais pas encore
vue, à quelque âge que ce fût, atteindre chez d'autres nègres, même
chez les Foulhs, la longueur et l'épaisseur que je remarquai chez ces
deux Poulhs.

Je fis encore une autre observation sur le même objet. Les nègres
de toutes les familles se rasent la lèvre supérieure et trouvent nos
moustaches du plus mauvais goût. Ils montrent même une répugnance
très-prononcée pour cette coutume, et fréquemment j'ai reçu d'eux, par
gestes et en manière de plaisanterie il est vrai, l'avis de couper mes
moustaches. Comme il ne faut jamais laisser le dernier mot à un nègre,
je leur répondais de même, en désignant les trois queues ménagées
dans leur chevelure ailleurs entièrement rasée, et partant du sommet
du crâne et de chaque tempe.

J'ai remarqué aussi sur plusieurs nègres l'usage de se tresser et de se boucler la barbe, notamment sur d'autres Poulhs du Massina et sur un chef du Kasson rencontrés ultérieurement. Je constate comme un fait digne de toute attention cet accord entre la barbe du menton et des joues disposée ainsi, et le retranchement complet du poil de la lèvre supérieure. Le dernier Poulh que j'ai vu m'a rappelé le dessin d'un bas-relief persépolitain qui décore le livre du docteur Pricthard, et depuis, en regardant ce dessin, j'ai retrouvé l'ensemble des traits du Poulh qui m'y avait fait songer. Je n'en conclurai pas que les Poulhs descendent des Mèdes ou des Ariens, mais je noterai ce rapprochement singulier dans la manière de porter la barbe, singulier surtout en ce que les premiers Arabes, convertisseurs des Poulhs, la portaient tout entière. Les Bédouins du Sahhrâ méridional, que nous nommons Maures, ont aussi une grande aversion pour la moustache.

Les deux Poulhs qui accompagnaient Bouô appartenaient évidemment à cette race de Poulhs noirs dont parlent les légendes; ils étaient captifs. On trouve au Kaarta un certain nombre de leurs compatriotes dans cette condition. Je causai longuement avec eux, et comme ils avaient beaucoup voyagé, ils me fournirent divers renseignements intéressants. L'un avait trait à la licorne, objet d'études et de recherches recommandé aux voyageurs d'une manière très pressante. Ils me parlèrent, de même que beaucoup d'autres nègres, de l'*aboukara* (le père à une corne) et me dirent qu'ils en avaient vu en grand nombre dans le Baliah et le Bouré; mais, d'après la description qu'ils m'en firent, et surtout par la comparaison avec l'éléphant, qu'ils choisirent pour rendre leur description plus précise, il était évident qu'il s'agissait du rhinocéros. Ces recherches, que j'ai continuées depuis, ne m'ont pas fourni de meilleure solution, et je regrette de n'avoir aucun éclaircissement nouveau à introduire dans la discussion. Mes Poulhs noirs disaient bien *aboukara*, et pour plus de précision ils ajoutaient le mot *ouaheda* (une); cette corne, selon eux, serait placée sur la ligne du nez.

Tous les jours j'apprenais de nouveaux brigandages commis au Kaarta par les Maures. Ce jour-là, c'était le village de Khoré qui venait d'être évacué. Ses habitants, en traversant, pour fuir, la montagne où j'avais percé une route, étaient tombés dans une de leurs embuscades. Plusieurs des fugitifs avaient été tués; d'autres, en assez grand nombre, étaient restés au pouvoir des Maures, ainsi que beaucoup de femmes et d'enfants, et le troupeau tout entier.

On s'exagère beaucoup au Sénégal la bravoure et la férocité des

Bambaras. Ce sont au contraire des nègres très-placides et d'une couardise qui pourrait devenir proverbiale s'ils étaient mieux connus. La terreur qu'ils inspirent vient de ce qu'ils font leurs expéditions toujours en nombre, et qu'ils ont affaire à plus poltrons qu'eux. Les Maures et les Poulhs du Massina leur font une peur atroce. J'ai recueilli récemment, sur l'expédition dont j'avais vu revenir les restes à Koghé, des détails qui peuvent donner la mesure de leur bravoure.

Cette expédition avait été résolue dans une orgie, et les Bambaras, surexcités par de copieuses libations, avaient été jusqu'à vendre à l'avance les dépouilles de l'ennemi. L'armée part; elle se compose de la fleur de la chevalerie; on chante victoire en quittant le tata royal. Deux jours après, voici ce qui se passait : l'armée, qui comptait plus de quatre cents cavaliers, parvenait à cinq heures du matin aux environs du village, et chaque guerrier s'occupait aussitôt à saisir les moutons, les bœufs et les chameaux de la tribu. Le troupeau était gardé par *six* hommes qui, se montrant tout à coup aux plus audacieux, déterminèrent une panique générale. Non-seulement les bestiaux furent abandonnés, mais les Bambaras, dans leur déroute, abandonnèrent leurs armes et leurs chevaux. Les Maures avaient comblé leurs puits; et sur quatre cents Bambaras qui avaient chanté victoire avant le combat, deux cents à peine revinrent annoncer leur défaite.

Telle est la bravoure des Bambaras : six hommes, six bergers n'avaient eu qu'à se montrer pour les mettre en pleine déroute. S'il nous prenait jamais fantaisie de faire la conquête du Kaarta, il ne faudrait pas plus de mille hommes. C'est un pays montagneux et qui paraît très-sain. D'après mes hauteurs barométriques, il est élevé de 300 mètres environ au-dessus du niveau de la mer. Les eaux se trouvent à de faibles profondeurs, et si les puits manquaient, on pourrait aisément en creuser de nouveaux.

Jusqu'au 15 juillet, rien d'intéressant ne s'était produit dans mon existence. Les Bambaras me permettaient de regarder le ciel à mon aise, et ne m'adressaient plus de requête pour conjurer les inconstances de la pluie. Le mil poussait et se développait; la pluie tombait avec abondance. Ce jour-là surtout les averses furent tellement violentes, qu'en quelques minutes l'eau envahit la case dans laquelle je m'établissais pendant le jour pour travailler, ainsi que la cour du forgeron, qui me servait de chambre à coucher. Durant plus de six heures je demeurai blotti dans un coin de ma case à rats et à cent-pieds, le seul endroit sec de l'habitation.

Le lendemain, les Maures attaquaient un village des environs. J'entendis distinctement le tamala et les coups de fusil. Cela me promettait un jour ou l'autre la visite de ces brigands; et Dieu sait ce qui en serait advenu, grâce au courage de mes auxiliaires! Le village attaqué était un village de Diavaras : on nomme ainsi une tribu de Soninkiés qui occupait le Kaarta avant la venue des Bambaras. Je parlerai ailleurs de cette tribu; mais, en attendant, voici quelques détails qui la concernent.

Quand les Bambaras vont à la guerre, les Diavaras sont tenus de fournir un certain nombre d'hommes; ils ne paient pas cependant tribut au roi, et sont, à part cette corvée de guerre, traités avec de grands égards.

Il paraîtrait que les Diavaras avaient fait au roi du Ségo des propositions d'alliance offensive et défensive contre le Kaarta, et avaient même demandé une armée pour commencer de suite les hostilités. Le roi du Kaarta, qui a, me dit-on, une police très-bien faite, ayant eu connaissance de cette démarche, s'empressa d'en donner avis à son frère Maka, et celui-ci aurait alors défendu à ses compatriotes de porter secours aux Diavaras.

On prétendait encore que ce coup de main exécuté par le prince des Fatey, le même qui guettait mon passage, n'avait été accompli qu'à l'instigation des Kourbaris; enfin, on allait jusqu'à dire que l'occasion de cette razzia avait été fournie au prince maure comme une compensation des torts que lui avait causés ma séquestration.

On voit qu'au Kaarta on fait des cancans tout comme ailleurs. Il n'est pas, au reste, improbable que ces choses aient été inventées pour masquer la poltronnerie des Bambaras, et je ne serais pas éloigné de le croire. Il semblerait néanmoins positif que le prince des Fatey était bien réellement embusqué sur la route du Ghiangounté, dans le dessein de me surprendre.

J'ai demandé à Bouô un homme pour envoyer à Bakel, et la construction d'une case pour m'abriter de la pluie. Maka m'a fait répondre mille choses charmantes, en me promettant de s'occuper très-prochainement de l'objet de mes demandes. Mon logis était devenu quelque chose d'affreux; ses murailles de terre absorbaient, durant le jour, une quantité considérable de calorique qu'elles conservaient même pendant la nuit. C'était une vraie fournaise, sans parler de sa population d'animaux malfaisants.

Il n'était plus question de me faire retourner à Koghé; pas davantage de la suite donnée à mon discours à Bouô et à Mamady-Sirré, que je tenais tant à faire parvenir au roi.

Mes hommes continuaient à veiller, et à la moindre alerte nous étions prêts à soutenir le choc de nos ennemis. Chose digne de remarque, les Bambaras nous avaient laissé nos armes; et de tout ce que je possédais — je tenais ce renseignement de bonne source — c'était ce qu'ils convoitaient le plus. Bouô avait bien un jour eu l'air de toucher cette corde; mais le pauvre garçon s'était retiré embarrassé; car je lui avais répondu que je ne les livrerais pas sans combat.

Ils étaient deux cents et nous étions douze; ils nous auraient étouffés s'ils l'eussent voulu, rien qu'en se pressant sur nous; leurs intentions étaient évidemment mauvaises, puisqu'ils m'avaient arrêté et me gardaient. Comment expliquer de telles incohérences?

CHAPITRE XXVIII.

Bayédy arrive de Bakel. — L'espoir renaît. — Bonnes et mauvaises nouvelles. — Comment les nègres entendent la préparation du café. — Encore les Maures. — Nouvelle ambassade au roi. — Mauvais procédés de Maka. — Retour de mon ambassade. — Ma requête est rejetée.

Il est des moments où l'homme découragé reprend goût à la vie, où, sans cause connue, celui qui naguère était privé de toute consolation, retrouve en son âme les plus fraîches croyances ; il ne doutait pas, mais sa foi s'était comme assoupie ; il ne se plaignait pas, mais le murmure était sur ses lèvres et la plainte dans son cœur. Ce retour spontané à l'espérance et à la foi procure toujours un bonheur intérieur, une douce quiétude qui souvent est l'avant-coureur d'une surprise agréable.

Le 17 juillet, je me levai sous cette bonne impression, et mon premier soin fut de gagner une colline voisine où j'avais coutume de me promener, afin d'entretenir, loin du bruit, les pensées religieuses qui faisaient rentrer l'espérance en mon âme ; après, je repris mon travail habituel, et la journée s'écoula presque entière sans que rien vînt troubler ma sérénité.

Le soleil commençait à disparaître sous l'horizon, et j'admirais, ainsi que je le faisais tous les jours, ces belles lumières qui, s'éteignant pour nous, vont éclairer d'autres lieux et d'autres hommes, quand un mouvement parmi mes nègres éveilla mon attention. On parlait avec animation, on entourait un homme qu'à son costume en désordre, à sa marche fatiguée, je reconnus pour un nouvel arrivant. Le groupe s'avançait vers moi en forçant le pas; les gestes des gens qui le composaient, leur physionomie, leur empressement, tout indiquait qu'ils m'apportaient une heureuse nouvelle. Bientôt je distinguai que celui qu'ils conduisaient était Bayédy, le messager qui, deux mois et demi auparavant, avait suivi Barka, et que je croyais mort; car je n'en avais plus entendu parler depuis cette séparation. Ce fut à mon tour de forcer le pas pour serrer plus vite les mains de mon pauvre nègre.

Pressé par mes questions, il m'apprit que Barka, prévenu de mon arrestation, avait envoyé son fils au roi du Kaarta pour réclamer l'exécution de sa parole et l'éclairer sur les torts qu'il se faisait à lui-même et qu'il faisait à tous les Kourbaris, en violant aussi ouvertement des engagements sacrés. J'en demande pardon aux esprits forts, mais cette importante communication me saisit à tel point, que j'éprouvai l'irrésistible besoin de remercier Dieu de la protection inespérée qu'il m'accordait ainsi.

Je cherchai un endroit écarté et je tombai à genoux. Quand je me relevai, non-seulement l'espoir m'était revenu comme aux premiers moments de mon voyage; mais de même qu'au jour où j'allais franchir la dernière étape qui me séparait de Ségo, je voyais les portes de cette ville mystérieuse s'ouvrir devant moi; comme alors, je faisais le tour de ses murailles qui reposent sur des ossements humains, fruit d'un affreux sacrifice; je contemplais ses mosquées monumentales, ses maisons de pierre à étages, ses quais dallés comme les cours des palais d'Orient, et ses grandes pirogues faites de deux troncs d'arbres ajoutés bout à bout. L'imagination est si prompte à ressaisir un riant empire, que je restai éveillé toute la nuit pour suivre les voies charmantes où m'entraînait son vol capricieux et rapide.

Bayédy m'apportait encore bien d'autres nouvelles. Il venait de voir M. Hecquard et M. Zéler qui lui avaient remis des lettres pour moi. Pour un prisonnier, au milieu d'un pays sauvage, rien n'est comparable au bonheur de recevoir des lettres, vinssent-elles des êtres qui lui sont le plus indifférents. Celles que je lus venaient de tous les points du globe : il y en avait du Sénégal, de France, d'Italie, d'Amérique;

il y en avait même de Taïti; elles étaient pleines d'affection et d'encouragements. Grâce à ces témoignages, je pus revivre un instant de la vie affective, devenue pour moi impossible depuis que j'étais aux prises avec les tracasseries, les affaires et les déceptions.

L'homme n'est pas né pour l'isolement; il lui faut des communications avec ses semblables; il a besoin de retremper son cœur et son esprit aux eaux pures de l'amitié et de l'intelligence.

J'appris aussi par Bayédy que le bruit de ma mort avait couru à Bakel et à Makana. Selon les uns, j'étais tombé sous le poignard des Oulâd-M'barek; selon les autres, c'étaient les Bambaras eux-mêmes qui m'avaient fusillé dans un de leurs villages; selon d'autres encore, je m'étais laissé entraîner loin dans le désert à la poursuite d'une compagnie de pintades, et près d'une fontaine, au moment où j'allais ramasser le gibier que j'avais tué, un lion m'avait dévoré.

De tout ce qu'on débitait ainsi, l'aventure du lion avait quelque apparence d'exactitude; mais ce n'était qu'une apparence, car elle était arrivée à un de mes hommes, et le dénoûment n'en avait pas été si terrible.

Suivant le récit de mon chasseur, le lion s'était trouvé en même temps que lui à l'endroit où gisaient les pintades; mais, en homme prudent, il n'avait pas songé à disputer au roi des animaux la proie qu'il convoitait, bien au contraire; il la lui avait abandonnée en le saluant jusqu'à terre. Les nègres sont persuadés que le lion est très-sensible à cette marque de déférence, et je tiens de tous ceux qui, à ma connaissance, ont fait de pareilles rencontres, qu'ils s'en sont toujours tirés sans dommages au moyen de cette civilité.

Bayédy n'avait pas trouvé à Bakel ce que je l'avais chargé de me rapporter; le comptoir était fort dépourvu, et, au lieu d'une valeur de 2,000 francs, je dus me contenter de 5 à 600 francs en or, argent et ambre. Dans ma position, cette circonstance n'était pas indifférente; mais j'avais tant d'autres motifs d'être satisfait, que je n'y prêtai qu'une attention médiocre.

La nouvelle de l'arrivée du fils de Barka était l'événement du jour et m'absorbait entièrement. Barka, déjà suspect à mes yeux par des précédents fort tristes, était, dans ma pensée, le complice des Bambaras et le dernier auquel j'aurais songé. Cette démarche, affirmée par Bayédy de la manière la plus positive, venait donc donner un démenti à mes appréciations. Il me semblait évident, en effet, qu'un homme qui prenait un si vif intérêt à ma situation ne pouvait être accusé de l'avoir ménagée lui-même. Il avait été convenu entre Bayédy et lui qu'un de mes hommes et un captif de Maka se joindraient à son fils, et que tous les trois iraient présenter au roi une nouvelle protestation contre son manque de foi.

Venaient ensuite les commentaires recueillis dans la route. J'étais le sujet de toutes les conversations. Dans tous les villages on s'entretenait du *blanc*, et chaque Bambara expliquait à sa façon les causes de mes contrariétés. Généralement on attribuait la conduite de Mamady aux influences des *mauvaises n'hommes* du pays, fomentées par les gens de Souraké et par mon déserteur de Sandioro. Je ne songeais plus depuis quatre mois à ce malheureux qui paraissait s'être fait justice en s'éloignant de moi. De fait, sa désertion m'avait rendu service, et je ne m'étais jamais aperçu de son absence sans m'en réjouir ; c'était un voleur, une mauvaise tête et un débauché, et il n'en fallait pas tant pour m'attirer mille désagréments.

De toutes les accusations de sortiléges dont j'étais l'objet, celle des grigris empoisonnés avait la plus grande vogue et passait pour la plus sérieuse ; on y croyait à peu près partout. Mais le grief le plus considérable et qui avait pareillement été accepté comme un fait authentique, était la fable du Poulh du Massina inventée par mon déserteur. Dans quelques villages, Bayédy avait bien aussi entendu dire que le *blanc* n'était pas *bon*, ce qui signifiait qu'il ne donnait pas assez.

M. Hecquard, par une attention que je ne saurais trop apprécier, avait remis à Bayédy un gros paquet de journaux un peu vieux, mais qui ne me firent pas moins le plus grand plaisir. Je les lus avec avidité sans rien oublier, même les annonces. Tout cela m'était cher. N'était-ce pas mon pays qui déroulait sous mes yeux, à 900 lieues de distance, ses agitations politiques, sa littérature, ses beaux-arts, son industrie, ses produits nouveaux et jusqu'à ses ébouriffantes réclames promettant 100,000 francs à celui qui prouvera que l'eau de Lob ne fait pas pousser les cheveux à la minute ? Les colonnes consacrées à la politique étaient remplies par les déplorables scènes de pillage et de meurtre qui venaient d'ensanglanter plusieurs départements, à l'occasion de la cherté des grains.

Je ne pus m'empêcher de faire la remarque que je me trouvais dans un pays en proie au même fléau, et que, parmi les sauvages qui en étaient frappés, pas un ne songeait à s'en prendre à son voisin de la mauvaise récolte de son champ. Pourquoi donc, chez les nations civilisées, les hommes sont-ils rendus responsables des calamités qui affligent la société et dont la cause remonte à une volonté immuable contre laquelle les passions, les vengeances ne peuvent rien?

Certes les sauvages qui m'entourent ne valent pas mes compatriotes, et cependant ils montrent plus de raison. Au lieu de tuer et de piller les Kourbaris qui les oppriment, ils ne voient dans la disette qui leur fait souffrir la faim que l'accomplissement d'un décret d'en haut... et ils sont irréligieux! Mais aussi, personne ne leur crie à toute heure qu'ils sont nés libres, et que l'homme libre ne doit pas souffrir; ils ne lisent pas de journaux où on leur parle de leurs droits toujours, de leurs devoirs jamais; on ne leur apprend pas que les riches et les puissants sont des vampires qui sucent le plus pur de leur sang.

Je vis encore dans ces journaux poindre à l'horizon le terrible ouragan qui devait embraser le monde. Je vis les provinces parcourues par des agitateurs dont le plus gros grief était l'ennui de voir leur pays calme. Mes préoccupations se trouvèrent détournées de leur cours par ces lectures, et j'oubliai ma triste situation pour ne songer qu'à la France inquiète, agitée et, chose facile à prévoir par celui que n'égarait pas le mouvement de l'opinion, grosse d'une révolution. Oh! que l'homme qui le premier a dit aux masses qu'elles étaient faites pour se conduire elles-mêmes a dit une parole impie!

Mes bonnes impressions durèrent peu. Je trouvai à Maka et à ses fils un air si peu franc, si embarrassé, que je n'osai plus croire à ma délivrance. Mon sort dépendait de cet homme, et jusque-là je n'étais pas payé pour croire à son dévouement. Depuis deux jours que Bayédy était de retour, Maka n'avait pas encore mis à ma disposition l'homme que Barka lui avait fait demander; de plus, par un empressement de mauvais présage, il m'envoyait du monde pour me construire une case. Les Bambaras sont gens peu laborieux, et ils n'eussent pas manqué l'occasion de s'épargner du travail si j'avais dû quitter prochainement leur pays. Cet empressement me rendit triste; certes je n'aimais pas la cohabitation des araignées et des cent-pieds, mais j'eusse consenti à la subir encore, fût-ce quinze jours, fût-ce même un mois, à la condition d'être libre ensuite.

En causant avec Bayédy, j'appris de lui une anecdote assez piquante de son voyage. M. Hecquard lui avait remis pour moi un sac de café non grillé. Un Kourbari, fort en peine de savoir ce qu'était cette graine et pensant qu'elle pouvait être précieuse, imagina de lui en dérober une partie. Le larcin commis, il s'agissait d'en profiter, et là-dessus le larron consulta tout le village. Comment préparer cette graine? à quelle sauce la mettre? quel assaisonnement lui donner? Sera-ce du poisson, de la viande ou du lait? On la goûta, elle fut trouvée médiocrement bonne.

Si le Kourbari avait eu, comme Domitien, un sénat à ses ordres, nul doute qu'il ne l'eût consulté; mais il n'en avait pas, et il lui fallut s'en rapporter à sa ménagère. Celle-ci, moins embarrassée, se dit tout simplement : le mil est une graine, le maïs aussi, et pour les manger il suffit de les piler et de les cuire; faisons de même pour cette graine des blancs. On pila mon café, qui ne se laissa pas piler facilement, à la grande surprise de la cuisinière; on le mit dans un pot de terre avec du sel, et quand il eut bouilli raisonnablement, on l'assaisonna avec du lait aigre.

On devine la surprise des gourmands de l'endroit que le voleur avait conviés. Les blancs ont décidément un singulier goût! se dirent-ils en se séparant. On en jasa, on se moqua beaucoup du Kourbari, et ce fut ainsi que mon nègre eut connaissance du fait.

Les Maures continuaient à nous menacer. Dans la matinée du 20, le *tamala* fit entendre ses sons graves, et tout le jour je vis passer des défenseurs de la patrie qui ne paraissaient pas, cette justice leur est due, courir d'une très-fière tournure au secours de leurs pénates. On prétend qu'ils se cachent dans les herbes, se roulent dans la poussière et fatiguent leurs chevaux afin de faire croire, à leur retour, qu'ils ont accompli des prouesses.

Les mines étaient longues à Foutobi; les femmes pleuraient, les enfants criaient, et à travers les portes entre-bâillées des cases, je vis plus d'un guerrier caché. Je pris, à tout événement, mes dispositions de défense; mais, cette fois, je ne permis pas à mes hommes d'aller courir les champs; car, en cas d'attaque sérieuse, mon quartier devait être nécessairement le plus menacé. Le soir mit fin à l'anxiété générale. Les Maures, disaient les Bambaras, n'avaient pas osé affronter leur colère.

Maka se décida enfin à envoyer un de ses hommes à Koghé; je lui adjoignis Bayédy et un autre de mes laptots parlant bambara; et le 21 juillet, l'ambassade partit. Plût à Dieu, pensai-je en la voyant s'éloigner, plût à Dieu qu'elle revienne bientôt et m'apporte une bonne nouvelle.

Pour stimuler le zèle de Maka, je lui avais promis un beau présent s'il obtenait que je poursuivisse ma route, et j'avais fait une semblable promesse à celui de ses gens qu'il avait chargé de la négociation.

La veille, on était venu m'annoncer que cet affreux Kandia avait résolu, dans une orgie, de me forcer à payer grassement ma subsistance. Pour atteindre ce but, il avait, disait-on, donné l'ordre de placer des factionnaires à l'entrée du village, afin d'en éloigner mes pourvoyeurs habituels. Je constatai en effet que ce jour-là on ne m'apporta pas de lait, et à mes hommes pas de mil. Aux plaintes que j'adressai immédiatement à Maka, il fit répondre que ce rapport était faux. C'était toujours la même tactique : hypocrisie et lâcheté.

Pauvres nègres du Kaarta, vous auriez bien des raisons de faire votre 93 ; et vous restez paisibles ! vous ne murmurez pas ! Comme des agneaux dociles, vous vous laissez opprimer par ces lâches Kourbaris, la honte de votre pays ! Ce ne sera pas moi qui vous conseillerai la révolte ; mais si jamais, à l'exemple de vos voisins du Ségo, vous chassez vos odieux maîtres, j'applaudirai de toute ma force à cette juste exécution. Tant que les Kourbaris seront au Kaarta, ils feront obstacle au développement de nos relations et nous barreront les routes du pays ; tant qu'ils gouverneront le Kaarta, rien de bien ne sera possible et aucune tentative de civilisation réalisable. Les Kourbaris méprisent l'étude et professent ouvertement l'impiété ; ils disent, comme disaient nos philosophes du xviiie siècle, que la religion est faite pour les vieilles femmes et les imbéciles. Lâches, ignorants, orgueilleux, insolents et impies, tels ils sont et tels ils demeureront. Plusieurs fois, en voyant des livres étalés dans ma case, ils me disaient, d'un air ridiculement dédaigneux, qu'un Kourbari en savait toujours assez quand il pouvait envoyer une balle à la tête d'un ennemi.

« Oui, leur répliquai-je, mais c'est quand il est mort. »

Le soleil s'était levé pour la septième fois depuis le départ de la députation envoyée à Mamady. Mon espoir allait faiblissant, les hypocrisies de Maka n'étaient pas faites pour l'entretenir. Ma situation matérielle s'était améliorée, j'avais une case plus propre, un auvent commode et spacieux ; mais le village était établi dans un terrain déprimé où stationnaient les eaux pluviales, et quelque précaution que je prisse, mon habitation était toujours inondée quand il pleuvait. Cette circonstance m'inquiétait ; car, tôt ou tard, ma santé devait se ressentir des influences auxquelles je me trouvais exposé.

Malgré les protestations de Maka, qui criait à la calomnie chaque fois que je me plaignais des embarras qu'on me suscitait dans nos marchés, j'avais la conviction que c'était lui qui nous forçait à payer un prix exorbitant les objets de première nécessité. Depuis plusieurs jours j'étais privé de lait; on faisait à mes nègres des conditions inacceptables pour m'en fournir, et il en était de même du mil, des poules et des autres denrées.

Un jour entre autres, au moment où mon trucheman venait d'acheter un bœuf, des hommes du village appelèrent à l'écart le Diavandou qui le conduisait, et après avoir eu ensemble un long entretien, le marchand emmena son bœuf en annonçant que le marché était rompu. Vainement mes nègres, au désespoir de voir la bête leur échapper, essayèrent-ils de combattre la résolution du Diavandou, il fut inébranlable, et à bout de raison, car les offres les plus séduisantes lui étaient faites, il finit par avouer qu'on l'avait menacé de toute la colère de Maka, s'il nous vendait son bœuf.

Par la suite, ces sortes d'aventures devinrent assez fréquentes, et quand elles arrivaient, j'étais sûr de remarquer autour de mon logis une plus grande affluence de flâneurs qui m'examinaient d'un air goguenard. J'ai su depuis que ces imbéciles se réunissaient ainsi afin de voir, idée bien étrange assurément, quelle mine avait un blanc qui *n'avait pas mangé.*

Le 28 juillet, mes hommes arrivèrent de Koghé. On a beau être préparé à une mauvaise nouvelle, toujours on conserve un rayon d'espoir, rayon caché, ignoré, auquel on ne songe et qui ne se montre qu'en s'éteignant. C'est le sort d'un condamné à mort qui a vu son pourvoi rejeté; il espère encore; il lui reste un je ne sais quoi qui lui parle de la grandeur de Dieu et lui crie qu'il n'y a d'irréparable que la mort. Je me disais donc que j'étais résigné et que je n'attendais rien de bon de mon ambassade au roi; et pourtant je ne pus me défendre d'un violent saisissement quand on m'apprit que ma requête était rejetée.

Il était dit que dans mon voyage je n'aurais que des déceptions!

« Désormais, m'écriai-je en me redressant, je veux être sourd à toute parole d'espérance; je veux être impassible comme le roc battu par la tempête; je veux me rire de tous ces bruits menteurs qui ne sont bons qu'à me faire trouver mes chaînes plus lourdes et mon sort plus amer! »

Pour la sixième fois je démolis mes châteaux imaginaires; je passai l'éponge sur des plans qui m'étaient pourtant bien chers, et je m'inclinai devant l'arrêt de la puissance invisible dont les Kourbaris n'étaient que l'instrument.

Ce qui m'étonnait dans ma situation, c'était d'avoir su me faire

une existence honorable; car, malgré tout, on me respectait, et rien
du dehors ne venait me rappeler que j'étais le jouet de ces gens-là.
Le rôle de martyr séduit, entraîne, grandit le courage; mais le rôle
de dupe rend timide, presque honteux. Parfois je me demandais si
ce n'était pas un châtiment infligé à mon orgueil; si je n'avais pas
mis trop d'empressement à chanter victoire, et si mon outrecuidance
n'avait pas effarouché quelque ombrageuse susceptibilité. On devient
superstitieux quand le malheur vous frappe.

Et sait-on quelle singulière raison le roi donnait à son refus? Il
craignait que mes chevaux et mes ânes ne broutassent le mil et le
maïs en traversant les sentiers de la route. Il avait daigné ajouter que c'était avec un profond sentiment de regret qu'il m'avait
arrêté; mais qu'on lui avait forcé la main. Enfin, sa dernière parole
avait été que Barka m'enverrait prendre dès que les eaux me permettraient de voyager, c'est-à-dire au mois d'octobre ou de novembre.

La mauvaise fortune engendre le soupçon et souvent aussi l'injustice. J'avais beau repousser la pensée que mes propres hommes n'é-
taient pas étrangers à ce qui m'arrivait; toujours elle revenait. Il me
semblait que s'ils avaient eu un intérêt égal au mien, ils auraient pu,
mieux qu'ils ne l'avaient fait, chatouiller la cupidité de Mamady. Malheureusement nos intérêts n'étaient pas les mêmes; mes nègres dési-
raient le retour à Bakel à cause du bon couscouss et du repos, surtout à cause des décomptes qui leur étaient dus.

Le lendemain je reçus la visite de Bouô. Me voyant une mine assez
sèche et s'étant informé de la manière dont on m'avait rendu compte
de l'entrevue de mes hommes avec Mamady, il s'écria :

« On ne t'a pas tout dit; le roi a répondu qu'à l'arrivée de Barka,
on examinerait de nouveau la question de ton passage. Tu as donc tort
de désespérer.

— N'est-ce que cela? répondis-je à Bouô. Je conçois que mes hommes
se soient abstenus de mentionner ce détail; évidemment ils n'y ont pas
cru et ont pensé que je n'y croirais pas plus qu'eux, pas plus que toi-
même. Si les Kourbaris avaient voulu me laisser passer, ils ne m'auraient pas arrêté. »

Bouô ne répliqua rien.

Il venait de me quitter quand le bruit d'une dispute m'attira hors
de l'enclos de mon habitation. J'accourus, pensant que ce pouvaient
être mes nègres; mais ils n'étaient pour rien dans l'affaire. C'était une
rixe de Bambaras, et j'y assistai par curiosité. Un homme d'un village

des environs avait eu antérieurement des démêlés avec un habitant de notre bourgade au sujet d'une femme. Ayant eu l'imprudence de reparaître à Foutobi, il fut assailli par une douzaine d'hommes. On l'abattit, on le traîna, on le lia de cordes, on le frappa de coups de poing et de coups de bâton, et, pour terminer, on lui enfonça la tête dans le sable en le forçant à ouvrir les yeux et la bouche. Le malheureux reçut cette correction avec courage; chaque habitant du village était devenu un ennemi pour lui et ajoutait ses poings, ses pieds et son bâton à ceux des premiers assaillants. Cette solidarité avait quelque chose de si lâche que je ne pus me retenir et apostrophai durement cette troupe de brutes; ils me répondirent naturellement que cela ne me regardait pas.

C'était ignoble : sans même s'informer de la cause de la dispute, tout individu attiré par le bruit contribuait à la correction et y prenait part en furieux. J'allais m'éloigner, dégoûté d'un pareil spectacle, quand tout à coup la scène changea. Les battants ne s'accordèrent pas; les uns voulaient continuer, les autres voulaient s'arrêter et attacher le pauvre diable. Il résulta de cette dissidence qu'ils tournèrent contre eux-mêmes leur propre fureur, et que les coups de poing et les coups de bâton tombèrent drus comme grêle sur les têtes et les épaules. La mêlée devint générale; on frappait pour frapper; il n'y avait plus de distinction de parti; ceux qui étaient du même avis se battaient entre eux avec autant de furie que s'ils eussent été d'un avis contraire.

En ce moment, le vieux forgeron, notre hôte, apparut armé du manche court et gros d'une houe, et frappa à bras raccourcis sur la tête des combattants. Son intervention mit fin à la lutte; il délia le patient, qui se retira clopin-clopant, ensanglanté et respirant à peine.

CHAPITRE XXIX.

Le 1er du mois d'août, je fus pris par une violente fièvre que suivit bientôt un délire affreux. C'était prévu ; la mauvaise nourriture, l'eau qui envahissait ma case et y stationnait, et par-dessus tout les contrariétés qui m'avaient assailli, devaient inévitablement produire ce fâcheux résultat. Quatre jours après, je me portais à merveille ; les maladies durent peu dans ce pays, je crois l'avoir dit déjà.

Un matin, à ma très-grande surprise, Maka m'envoya un homme qui allait partir pour Bakel et voulait bien se charger de mes lettres ; mais il ne pouvait se mettre en route, m'apprit-il, que dans quatre jours, par la raison qu'il lui fallait en attendre un qui fût favorable aux entreprises.

Il y a chez les Bambaras des jours fastes et des jours néfastes. On ne les compte pas sur la semaine, mais sur le mois : ainsi ce n'est ni le vendredi, ni le lundi qui sont jours néfastes, mais les 3ᵉ, 6ᵉ, 7ᵉ, 9ᵉ, 16ᵉ, etc., de la lune. Les jours heureux sont les jours pairs, moins ceux où figurent le chiffre 6, et les jours impairs où se rencontre le chiffre 5; le premier jour de la lune est aussi jour heureux. Les Bambaras attachent une grande importance à observer rigoureusement cette coutume superstitieuse.

Ils divisent le temps en années, en lunes, en semaines et en jours. Ils comptent leurs années par le nombre de saisons pluvieuses et les désignent sous un nom particulier rappelant un événement remarquable qui a eu lieu pendant son cours. On dit l'année de la mort de Garan, deux années avant la guerre de Ségo; on dira, sans aucun doute, l'année où le *blanc* est venu à Foutobi. L'année se partage en lunes, les lunes en semaines; les jours, qu'ils nomment des soleils, se divisent en matin, milieu du jour et soir, ou bien encore en indiquant la place du soleil par rapport à l'horizon.

Quoique n'ayant pas de calendrier ni aucune autre méthode artificielle pour mesurer le temps, ils connaissent exactement les jours de la semaine; elle commence par le vendredi, le jour saint des mahométans. Voici les noms des jours dans les deux idiomes du Kaarta et du Ségo :

	KAARTA.	SÉGO.
Vendredi.....	Ghidiouma	Aldzouma
Samedi	Sibiri	Alsandou
Dimanche....	Kari	Alaàdi
Lundi.......	Inntiné	Anntiné
Mardi	Talata	Atalata
Mercredi.....	Araba	Adarba
Jeudi	Alkomisa......	Alkamisi

L'initiale *a* ou *al*, particulière à l'idiome du Ségo, semble être l'article arabe *el*.

J'ai assisté à un sacrifice à *Bouri*. Ma présence, ce qui m'a fort étonné, n'a causé ni mécontentement ni embarras. Il est vrai qu'il s'agissait d'un simple *Bouri* de village, évidemment *sans crédit* (expression locale) et qui ne méritait pas grands égards. Ce *Bouri*, invisible comme tous ses confrères, était renfermé dans une calebasse d'une malpropreté repoussante. On consultait l'oracle pour un vieillard malade qui assistait lui-même à la cérémonie. Il s'agissait de savoir non si le vieillard guérirait, mais si son père, mort depuis longues années, ne lui avait pas jeté quelque mauvais sort pour se venger de la négligence de ce fils ingrat qui n'avait pas porté à son père mort sa substance journalière, ainsi que le prescrit l'usage. Le sacrificateur était un jeune Kalangou qui *opérait* dépouillé de sa *doloké*.

Au moment où je parus, six petits poulets, dont le plus fort n'avait pas quinze jours, gisaient égorgés sur le sable; le sacrifice continua par des poules plus âgées. L'assistance était nombreuse et recueillie. Déjà on en avait immolé un certain nombre sans succès pour la solution cherchée, quand, saisi d'une idée généreuse, un des assistants offrit sa *doloké* au Bouri. L'intérêt redoubla, et bientôt, aux acclamations de la foule, l'oracle manifesta sa décision en permettant à une poule de mourir étendue sur le dos. Le vieil orphelin, convaincu qu'il avait manqué à tous ses devoirs, s'éloigna confus, mais en jurant devant l'assemblée que le soir même il allait porter sur la tombe de son père un couscouss assez copieux pour réparer ses négligences antérieures. Je parlerai bientôt de cette coutume des nègres.

Le 8 août, l'homme de Maka partit pour Bakel. La fièvre, qui, depuis quelques jours, me traitait fort brutalement, m'empêcha de faire un rapport au gouverneur du Sénégal et de profiter, autant que je l'eusse désiré, du bon vouloir de Maka et de son complaisant messager. Je demandai brièvement, par la plume de M. Panet, Barka tout de suite, et, s'il était possible, une chaloupe rendue à Makana pour le 15 octobre, époque à laquelle j'espérais y arriver. L'état de ma santé et l'insuffisance croissante de mes ressources m'avaient fait renoncer à la continuation de mon voyage, dans le cas, fort douteux d'ailleurs, où la permission m'en serait ultérieurement donnée.

Nous eûmes, le 13 août, à Foutobi, un spectacle rempli d'intérêt : c'était un passage de sauterelles; l'horizon en était littéralement obscurci. La nuée mit plus de vingt minutes à traverser le village, allant dans la direction du vent. Les Bambaras, en proie à la plus indicible terreur, se précipitèrent à leurs champs, afin de conjurer la dévastation qui les menaçait, et par leurs cris et l'agitation de leurs pagnes, ils réussirent à éloigner ce terrible ennemi de leurs récoltes. Comme en Égypte, les sauterelles ravagent les moissons de l'Afrique centrale et sont l'effroi des cultivateurs.

Les Bambaras ramassent ces insectes et les mangent. Ce mets me tenta peu, quoiqu'il parût être fort apprécié autour de moi. Le vieux Niany vint m'en offrir une grande calebasse et s'en retourna très-surpris de voir son présent dédaigné. Les Bamboukiés et beaucoup d'autres peuples se nourrissent également de sauterelles. C'est même, dans certaines contrées, un plat très-recherché, à en juger du moins par l'anecdote suivante, racontée par un de mes nègres qui dit en avoir été témoin.

— Il se trouvait sur les bords de la Cazamance, dans le pays des Diolas (1), et accompagnait un traitant de Saint-Louis. Ces Diolas ont pour nourriture ordinaire le poisson de leur rivière, qui en fournit en abon - dance ; mais leurs mets de prédilection sont le chien et les sauterelles. Le traitant en question était amené près d'un chef pour les besoins de son commerce.

Voulant honorer son hôte d'une manière particulière, celui-ci fit tuer un chien, le fit assaisonner d'une garniture de sauterelles bouillies, et, d'un air de satisfaction, fit signe à son convive stupéfait de prendre part à ce gala. Le chef diola trouvait cette cuisine excellente, et le traitant, comme on se le figure sans doute, la trouvait exécrable. La situation de ce dernier était fort comique, car il avait grand'faim, et son amphitryon, qui prenait pour de la discrétion son peu d'empressement à faire honneur au festin, insistait très-vivement pour qu'il mangeât davantage. Pendant ce temps, l'infortuné Sénégalais voyait d'un œil d'envie ses nègres attaquer vigoureusement un excellent couscouss au porc, qu'on leur avait abandonné comme indigne d'un palais délicat.

A propos de sauterelles, un *dioula* de passage me communique deux traditions indigènes passées à l'état de croyance populaire et jouissant d'un grand crédit au Kaarta ; voici la première :

Non loin du village de Biriga, dans le sud-est du Kaarta, il y a, me dit-il, une haute montagne qui sert de demeure à une immense quantité de sauterelles de la grande espèce, placées sous la direction d'un homme initié aux mystères des sciences occultes. Le père et la mère de ces insectes ont au moins la taille d'un homme. Ces sauterelles servent d'auxiliaires aux Bambaras ; lorsqu'ils ont éprouvé une défaite ou lorsque le roi a une vengeance particulière à exercer, le chef des sauterelles envoie leurs colonnes dans les pays qui ont encouru la colère du roi. L'expédition dure sept ans. Elle a pour mission de ne pas laisser pousser une tige de mil ni un brin d'herbe pendant toute la durée de cette période. Sa rentrée à la montagne est toujours marquée par un événement tragique, comme la mort du roi ou d'un chef considérable ;

(1) C'est un nom de peuple, qu'il ne faut pas confondre avec *dioula*, mot soninké signifiant marchand.

aussi les Bambaras n'usent-ils qu'à la dernière extrémité de cette vengeance dont ils sont victimes eux-mêmes.

L'homme qui commande ces insectes doit passer, après leur sortie et avant leur rentrée, sept jours caché au fond d'une forêt. Au moment de leur départ, il se tient au bas de la montagne, le corps enduit d'une préparation particulière. Les sauterelles s'arrêtent sur lui, et c'est en mangeant de cette préparation qu'elles sont informées de la destination qu'elles doivent suivre.

On comprend que les nègres aient essayé d'expliquer par des raisons surnaturelles un fléau qui les frappe trop souvent, et qu'ils en aient attribué la cause à la vengeance d'un ennemi; mais ce qu'on conçoit moins, c'est la raison de la fable suivante, la seconde des traditions que m'apprit le *dioula* :

Dans le nord-est du Kaarta, il existe un village occupé par des femmes de très-petite taille, vivant maritalement avec des chiens plus gros que des bœufs. Cette singulière république dévore les étrangers qui s'aventurent sur son territoire. Les femmes, malgré leur petitesse, sont fort jolies ; elles vont rôder aux alentours, et, par des enchantements irrésistibles, attirent les voyageurs dans leur domaine. Les époux paraissent bientôt, et les imprudents sont mangés. Les femmes prennent aussi part à la curée, et c'est à l'aide de cette nourriture qu'elles acquièrent la propriété de reproduire des êtres semblables à elles.

Il y a là une réminiscence des sirènes et des pygmées, et l'on comprendrait, à la rigueur, que les nègres aient ajouté à des fragments de la mythologie antique quelque invention de leur esprit. Ce qui surprend, c'est qu'ils croient à l'existence de ce peuple, et qu'ils n'en parlent jamais qu'avec les signes de la plus invincible terreur; ils vont même jusqu'à citer les noms des victimes.

Ces détails paraîtront peut-être puériles; je les ai recueillis néanmoins, ainsi que d'autres tout aussi absurdes. L'histoire des Africains est tellement confuse, que rien de ce qui peut mettre sur la voie d'une classification méthodique des peuples ne doit être négligé. Le rapprochement des langues ne suffit plus pour rétablir des rapports; car ces langues ont subi et subissent tous les jours des altérations considérables. Il ne reste alors que les légendes, les croyances populaires, les usages et les superstitions : précieusement conservés dans la mémoire des naturels, elles forment, pour ainsi parler, les archives historiques de la nation et constituent les seuls documents à consulter par ceux qui veulent s'occuper de l'histoire des nègres.

Je ne prétends pas dire que l'étude des langues ne soit pas aussi un excellent guide; mais elle est entourée de plus de difficultés et exige beaucoup plus de travail. Somme toute, les recherches de ce genre sont bien négligées, et on ne conçoit pas que parmi tant de jeunes hommes instruits et intelligents qui viennent au Sénégal, il ne s'en trouve pas quelques-uns qui emploient leurs loisirs à recueillir des vocabulaires ou au moins des légendes.

Les Bambaras paraissent respecter la vieillesse encore plus que les autres nègres. On nomme, au Kaarta, les vieillards *baba* ou *papa*, mot simple existant dans toutes les langues, et l'un des premiers que Dieu met dans la bouche des enfants. Les cheveux blancs y jouissent d'une grande vénération, on va même jusqu'à leur rendre une sorte de culte. Une homme âgé voyagerait dans toute l'Afrique, non-seulement avec une sécurité parfaite, mais, d'après ce que je vois et entends, il y trouverait toutes les douceurs qu'il est permis d'espérer au milieu de ces populations barbares. Dans toutes les questions qui me concernent, on commence par demander à mes hommes si je suis un *papa*, et la réponse faite, les questionneurs semblent moins bien disposés.

J'ai fait à Foutobi la connaissance d'une femme arabe; elle était remplie de soins pour moi : c'était elle qui me fournissait du lait, en dépit des chicanes que lui suscitaient journellement les Bambaras pour cette attention. Fathma, c'est ainsi qu'elle se nommait, était veuve d'un prince des Oulad-M'barek réfugié à Foutobi. Elle semblait excessivement bonne, d'une grande réserve et d'une discrétion qui me frappa, car ce n'est pas l'usage des personnes de sa nation. Les Maures, en effet, surpassent encore les nègres dans la déplorable habitude de demander l'aumône.

Parmi les nombreux enfants de Fathma se trouvaient deux petites filles, jolies toutes deux, surtout l'aînée; celle-ci, âgée d'environ douze ans, eût en tout pays passé pour une beauté, en dépit de la couleur foncée de sa peau, et du *henné* et du *koheul* dont elle était déjà barbouillée. Ces enfants allaient nues, selon la mode des Arabes du désert, mode étrange pour un peuple qui suit la religion de Mahomet et conserve avec respect les traditions de ses aïeux. L'aînée des filles de Fathma m'avait pris en grande amitié et venait chaque jour me faire une longue visite. Sa nudité me choquait; mais il y avait en elle une pudeur si chaste, que je craignais d'en ternir la pureté en lui offrant une pièce d'étoffe pour se voiler.

Fathma m'apprit une particularité que j'ignorais sur les mœurs de sa nation ; elle concerne les femmes, et la facilité avec laquelle on les répudie. Toutefois, ce ne fut pas cela qui causa ma surprise, car je me rendais parfaitement compte de l'empressement que pouvait mettre un homme à échanger une vieille femme contre une jeune. Ce qui m'étonna, ce fut d'apprendre que la répudiation, loin d'être pour la femme un sujet de confusion, était au contraire un honneur, une gloire même. Les femmes du Sahhrà s'adressent en manière d'injures, et ce n'est pas la moindre, le reproche de n'avoir eu qu'un mari :

« Tu n'es qu'une femme de rien, sans beauté et sans mérite ; les hommes t'ont dédaignée, et un seul a voulu de toi. »

Fatbma n'était pas dans ce cas, et l'examen de ses enfants prouvait suffisamment qu'elle avait été très-recherchée, sans qu'il fût besoin de l'apprendre à tout venant, ainsi qu'elle le faisait, sans doute par vanterie. Elle était d'une tendresse rare pour ses enfants. J'ai dit déjà combien les femmes de l'Afrique sont sobres de ces formes caressantes dont les Européennes se montrent au contraire si prodigues. Cela tient évidemment à la vie sauvage des familles, et on en retrouve d'autres traces, je demande pardon du rapprochement, dans les mœurs des animaux domestiques. Le chien, par exemple, ce compagnon fidèle de l'homme, surtout de l'homme des champs, est en Afrique, même quand il est tout petit, d'un naturel hargneux et sauvage.

De temps à autre paraissaient dans ma retraite des voyageurs arabes ou nègres, qui venaient, presque toujours dans un but d'intérêt, rendre leurs devoirs au *captif blanc*. Ces visites me causaient en général de grands ennuis ; mais il en était quelques-unes dont je tirais parti en faisant causer les visiteurs. Je suis parvenu ainsi à me procurer d'utiles renseignements sur l'intérieur de l'Afrique.

Les questions que j'adressais le plus ordinairement avaient rapport aux facilités que pourrait rencontrer un Européen parcourant les contrées au delà de Ségo ; je me considérais comme suffisamment éclairé sur la route qui conduit à cette ville.

Les réponses recueillies sur cet important objet ont été unanimes pour affirmer qu'un Européen ne courrait pas plus de dangers sur les routes de Djenné, de Tombouktou et du Haoussa, qu'en allant de Bakel à Sénou-Débou. Et il faut convenir que l'opinion des naturels en cette matière vaut bien celle des personnes qui se forment la leur sur les *on dit* les plus vulgaires. Ceux qui m'ont donné ces renseignements sont en effet très-compétents, car ils ont habité Tombouktou, et plusieurs l'habitaient encore trois semaines avant de causer avec moi.

« Pourquoi, me disaient-ils, les *blancs* seraient-ils plus mal accueil-

lis dans cette ville que les autres hommes qui ne sont pas mahométans? Les chrétiens, parmi nous, sont bien plus respectés que les juifs
(*yéhoudy*), et la ville de Tombouktou est remplie de juifs. »

Cet argument est sans réplique, et je me demande comment, en
France, nous avons pu accepter, d'une manière si absolue, la conviction
que les Européens ne pouvaient pas visiter Tombouktou.

Ici, je dois rectifier l'orthographe du nom de cette ville. Deux marabouts du Ghioliba qui l'ont souvent visitée, et un marabout qui y
demeure, ont écrit ce nom devant moi et n'ont mis ni *kha*, ni *qâf*,
ni *kef;* ils se sont même récrié beaucoup quand j'ai écrit en arabe
Tombouktou, et se sont empressés d'effacer le *mim* et le *kef*. Voici
comment ils l'ont écrit : *Touboutou* et *Tounboutou*. Plus tard, un
Arabe a écrit le même nom *T'inbouktou;* mais outre qu'il y a accord
sur la lettre *noun*, il semblerait évident que l'orthographe nationale
(*Touboutou*) dût être préférée à une orthographe étrangère.

Je reviens au voyage de Tombouktou (que je continue à écrire selon
l'usage vulgaire) et aux sources qui ont pu répandre parmi nous l'opinion que cette ville était inaccessible aux blancs. Je ne vois que l'assassinat du major Laing; mais ce n'est pas à Tombouktou qu'il a été
accompli. Caillié nous dit que le major n'a eu rien à craindre dans la
ville, et qu'on l'y laissait même librement prier en chrétien. Quant à
Caillié, il ne peut rien nous apprendre en ce qui le concerne, puisque
la supercherie à laquelle il avait eu recours n'a pas été soupçonnée
dans cette localité. Les dangers à redouter en voyageant sur le Ghioliba
viennent particulièrement des farouches sectaires du Massina et des
tribus d'Arabes nomades (les *Touareug* par exemple) rôdant sur les
chemins que suivent les caravanes, comme des vautours et des chacals;
mais ces maraudeurs du désert n'en veulent pas plus aux *nassârâ*
qu'aux *moumenyn* ou aux *kâferyn;* leurs ennemis sont tous ceux qui
possèdent quelque chose, et même ceux qui ne possèdent rien; car ils
en font des esclaves.

Voici au reste un développement encore plus précis de cette opinion
des naturels; il est fourni par un marabout de Tombouktou qui me
parle de Laing et de Caillié, et ne laisse aucun doute dans mon esprit.

« Si tu te fixais à Tombouktou pour faire le commerce, me dit-il,
les autres marchands seraient jaloux de toi et te tourmenteraient;
mais je te garantis que tu pourrais y séjourner plusieurs mois sans
aucune crainte, et que ta qualité de chrétien te serait au contraire une
protection. »

J'insisterai d'une manière particulière sur ce point : que la religion, loin d'être un obstacle, est une facilité; et je prendrai mes exemples dans Mungo-Park, Clapperton et Lander.

Denham, mourant de soif au désert, dans une retraite de l'armée du cheik du Bornou, est sauvé de la mort par la courte harangue d'un chef :

« Dira-t-on, s'écria-t-il, que de bons musulmans auront laissé périr, dans cette journée malheureuse, le seul chrétien qui les ait suivis ? »

Denham, abandonné, fut placé sur un cheval et dut son salut à ce mouvement de sympathie manifesté en faveur de sa croyance.

Je citerai encore le passage suivant de Caillié, qui a rapport à l'assassinat du major Laing.

« Le major, voyant qu'il n'y avait rien à obtenir de ces fanatiques (les Foulhas ou Poulhs du Massina), choisit la route d'El-Araouan, où il espérait se joindre à une caravane de marchands maures qui portaient du sel à Sansanding; mais, hélas! après avoir marché cinq jours au nord de Tombouktou, la caravane qu'il avait rejointe rencontra Cheik-Hamet-Ould-Habib, vieillard fanatique, chef de la tribu des Zaouâts, qui erre dans le désert de ce nom. Cheik-Hamet arrêta le major sous prétexte qu'il était entré sur son territoire sans sa permission; ensuite il voulut l'obliger de reconnaître Mahomet pour le prophète de Dieu; il exigea même qu'il fît le salam. Laing, trop confiant dans la protection du pacha de Tripoli, qui l'avait recommandé à tous les cheiks du désert, refusa d'obéir à Cheik-Hamet, qui n'en réitéra que plus vivement ses instances pour qu'il se fît musulman. Laing fut inébranlable et préféra mourir plutôt que de se soumettre, résolution qui fit perdre au monde un des plus habiles voyageurs et fit un martyr de plus pour la science.

» Un Maure de la suite des Zaouâts, à qui celui-ci avait donné l'ordre de tuer le chrétien, regarda le cheik avec horreur et refusa d'exécuter cet ordre.

« Quoi! lui dit-il, tu veux que j'assassine le premier chrétien qui soit » venu ici et qui ne nous a fait aucun mal? Que d'autres s'en char- » gent; je ne veux pas me reprocher sa mort; tue-le toi-même. »

« Cette réponse suspendit un instant l'arrêt fatal prononcé contre Laing; on agita quelque temps devant lui et avec chaleur la question de sa vie ou de sa mort : celle-ci fut décidée. Des esclaves noirs furent appelés, et on les chargea de l'affreux ministère que le Maure avait si généreusement repoussé. Aussitôt ils s'emparèrent du patient; l'un d'eux lui jeta son turban autour du cou et l'étrangla sur-le-champ, en tirant d'un côté pendant que son camarade tirait de l'autre. Infortuné Laing!... son corps fut jeté dans le désert et devint la pâture des corbeaux et des vautours, seuls oiseaux qui habitent ces lieux désolés où la mort seule se charge de les nourrir (1). »

On le voit, la qualité de chrétien n'est pas un obstacle pour voyager dans l'intérieur de l'Afrique ; Denham lui a dû la vie, et Laing, dont le martyre est rehaussé par le refus d'abjurer sa croyance, lui eût aussi dû la vie si le cheik son bourreau eût été moins cupide. D'ailleurs, l'abjuration du major ne l'eût vraisemblablement pas sauvé ; il serait devenu le jouet de ces barbares, et sa mort n'eût été que retardée. Les Massiniens seuls sont donc à redouter ; mais on peut aisément éviter le Massina. Quant aux *Touareug*, ils sont redoutables aux musulmans eux-mêmes et n'épargnent personne.

Parmi les modes bizarres qui exercent leur despotique empire sur les habitants de ces contrées, il en est une dont je n'ai pas encore parlé ; elle concerne la coiffure. Rien de grotesque comme les coiffures des Bambaras des deux sexes ; ils en possèdent des variétés infinies, qui toutes disputent entre elles le prix du genre. Il y en a tant que je renonce à les décrire. Chez nous, où la coiffure emploie un nombre fort raisonnable d'industriels et où elle tient une bonne place dans la parure, on voit quelquefois des tortures acceptées courageusement par les fanatiques de la mode, et leur tête demeurer plus ou moins longtemps au pouvoir d'un artiste élégant et presque toujours bel esprit. Mais chez les nègres, ce n'est une heure, ce n'est pas cinq heures que la tête du coquet ou de la coquette est exploitée par l'artiste indigène ; c'est un jour, deux jours, souvent trois. Je demandais un soir des nouvelles de la fille de Fathma que je n'avais pas aperçue depuis plusieurs jours. On me répondit qu'on lui *faisait* la tête. Quand je la revis, elle possédait en effet une tête remarquablement travaillée et qui lui donnait l'air d'un écouvillon ; chaque cheveu avait été certainement touché, graissé et tordu au moins dix fois.

Le costume des hommes est assez semblable à celui des gens de Kaour. Au lieu du vaste *coussab* qui donne tant de majesté, le peuple porte le *boubou*, petite tunique qui s'arrête à une certaine distance au-dessus du genou et qui n'a pas d'ampleur. Cette tunique est teinte en

---

(1) *Journal d'un voyage à Tombouktou*, par René Caillié, t. II, pages 349-351.

rouille, en indigo, ou a gardé la couleur du coton brut. Les chefs seuls font usage du coussab en calicot blanc, jaune ou bleu, et quelquefois en pagne du pays. La couleur la plus aimée des Bambaras est le jaune; après c'est le bleu-clair ; on voit aussi des coussabs mi-partie bleu-clair et bleu-foncé.

Les hommes portent ordinairement sur la tête des bonnets en coton blanc à pointes relevées, piqués à l'aiguille avec du coton de couleur tranchante, ou bien encore des bonnets d'une forme particulière au pays, qu'on pourrait comparer à un bonnet de police extrêmement bas qui serait orné par le haut de petites floches ; ces bonnets sont aussi en coton. On porte encore le vaste chapeau de paille surmonté d'une touffe également en paille, mais coloriée et formant une espèce de balai.

La chaussure comporte la sandale vulgaire, des babouches dans lesquelles on n'introduit jamais le talon, et des bottines en maroquin mi-partie jaune et rouge, avec broderies de laine de couleur vive figurant des cocardes, des macarons et d'autres ornements. L'industrie des *garankiés* étant la plus perfectionnée du pays, c'est la chaussure qui présente le plus grand intérêt à l'observateur. J'ai remarqué aussi une certaine chaussure de femme qui est digne d'une description détaillée : c'est d'abord une semelle épaisse de trois centimètres au moins, faite de morceaux de cuir liés ensemble; cette semelle est évidée à l'endroit correspondant à la cambrure du pied. En dessus, et tout près du talon, sont établies de chaque côté deux larges bandes de cuir ornementées de dessins et de carreaux coloriés de diverses nuances, et portant en relief, l'une la figure d'un animal, l'autre un gros bouton recouvert de drap écarlate mêlé de torsades de cuir et de paille; ces deux bandes sont projetées en avant et viennent se réunir en formant voûte à la partie de la semelle que doivent occuper les orteils. Au point de réunion se trouve une attache dont la longueur est calculée sur l'épaisseur du pied ; elle est solidement fixée à la semelle et doit être placée entre les deux premiers orteils quand le pied est introduit sous la voûte. Enfin, par-dessus cette attache et comme pour la dissimuler, s'élève un nouvel ornement, qui n'a pas moins de 5 centimètres en hauteur, formé de plusieurs disques de différents diamètres superposés; l'un est en drap rouge, l'autre en ébène, et le dernier en drap mêlé de tresses de paille. Cet embellissement complète la chaussure, véritable chef-d'œuvre de la cordonnerie bambara.

Le costume des femmes n'est remarquable que par l'association très-fréquente des couleurs bleu-foncé et bleu-clair de leurs boubous. Elles portent, comme les hommes, trois tresses de cheveux qui forment une sorte d'encadrement à leur visage. Elles n'abusent ni des verroteries, ni de l'ambre ; mais il n'en est pas de même de la mousseline, dont elles se couvrent avec une profusion extrême.

Mes jours passaient malgré mes regrets, malgré le souvenir, toujours présent à ma pensée, des déceptions qui avaient marqué mes pas au Kaarta. L'homme s'habitue à tout, excepté au remords et au déshonneur, et on a raison de dire : vouloir, c'est pouvoir. J'avais voulu être résigné et accepter courageusement ma situation, et j'y étais parvenu. Au demeurant, ma vie était là ce qu'elle eût été ailleurs, et j'y aurais trouvé de l'originalité, même une sorte de charme, si trop souvent je n'eusse fait la réflexion qu'au lieu d'hiverner captif à Foutobi, dans une hutte de paille, j'aurais pu reposer en liberté ma tête sous le toit d'une des spacieuses maisons de Djenné ou de Ségo.

L'ordinaire était fade et se reproduisait invariablement chaque jour : le matin, des galettes de mil cuites dans la poêle et assaisonnées de lait ; le soir, du lait accompagné de galettes de mil. Par extra, une maigre poule, un morceau de bœuf, des œufs, peu frais généralement, ou une perdrix coriace tuée par moi quand la fièvre me le permettait. L'eau était potable et je l'aurais bue avec plaisir, n'eût été la crainte de gagner le ver de Guinée, maladie ridicule et tellement commune en cette saison, qu'on ne rencontrait pas un habitant sur trois qui ne fût *vêtu de feuillage.* L'existence matérielle n'était donc pas absolument douce ; cependant on pouvait s'y faire. Il en était de même de la vie morale : je vivais dans le passé et surtout dans l'avenir ; l'espérance me souriait quelquefois, et l'étude achevait d'alléger le poids de la journée. L'ennui, ce ver rongeur de l'esprit, n'avait pas encore franchi le seuil de ma cabane.

Je n'avais rien négligé, du reste, pour adoucir mon existence, et l'emploi de mon temps était méthodiquement réglé. La nécessité rend industrieux ; j'étais effrayé de penser que j'avais douze heures à dormir dans une case humide, en la compagnie des crapauds, que mes hommes ne voulaient pas tuer par esprit de religion. Je m'ingéniai ; je fis venir de la cire, pris du coton à un tisserand, et, les manches retroussées, je me mis à fabriquer de la bougie. Les premières n'étaient pas fameuses ; mais, à force de tâtonner, je parvins à mieux faire, et, grâce à mon industrie, je pus veiller quatre ou cinq heures à la bougie. J'avais bien la compagnie désagréable des moustique et des chauves-souris, mais je la préférais à celle des crapauds. Les habitants étaient moins industrieux que moi ; ils s'éclairaient tout bonnement avec une poignée de paille qu'ils renouvelaient jusqu'à ce qu'ils n'eussent plus besoin de lumière. Au reste, ils éprouvent rarement ce besoin. Leurs soirées se passent autour d'un grand feu qui sert à la fois à les chauffer, à préparer leur repas et à les retenir pour causer.

J'avais aussi mon parc et mon belvéder ; c'était une colline dominant l'espace, la même d'où j'avais aperçu Bayédy arrivant. Depuis ce temps, j'aimais à regarder du côté du sud ; mon œil inquiet plongeait dans les touffes d'arbustes qui bornaient l'horizon, et si parfois une ombre humaine s'y dessinait, mon imagination s'exaltait et me montrait un sauveur dans l'homme qui s'avançait. Tous les soirs, après mon dîner, j'allais sur ma colline ; c'était une amie, la confidente de mes pensées, de mes rêves et de mes espérances. Lorsque le disque du soleil avait éteint ses feux sous les monts bleus et rouges découpant au couchant leurs contours incertains, je descendais au village, lentement et avec un soupir de regret ; car, j'avais beau m'en défendre, j'attendais ; qui?... je ne savais ; mais j'attendais, et si j'étais plus triste en descendant de ma colline, c'est que mon attente était trompée.

Les Maures étaient partis. Ces brigands, si terribles aux Bambaras, avaient fui devant les moustiques et la pluie. Le pays en était débarrassé jusqu'après les récoltes. Au Kaarta, il n'y a pas, à proprement dire, de moments de répit. Après un fléau vient un autre fléau ; après les Maures viennent les sauterelles qui ravagent les moissons, les moustiques qui privent de sommeil, et les serpents qui donnent la mort. Les cases, les champs, les bois, les chemins sont remplis de ces reptiles ; plus d'une fois j'en ai aperçu dans ma propre case, suspendus par la queue au chaume de mon toit et se balançant sur ma tête. J'ai vu un homme mordu par un de ces serpents ; il se roulait en proie à d'affreuses douleurs ; le neuvième jour il mourait.

La fièvre avait réglé sa marche ; elle suivait invariablement sa période septennaire : vésicatoire, sulfate de quinine, rien n'y faisait. Du reste, c'était la saison, et les naturels n'en étaient pas plus exempts que moi. Ils la traitent au moyen d'une tisane composée avec des écorces très-amères arrachées à deux arbres qu'ils nomment *diounféra* et *kolabéfera*.

CHAPITRE XXX.

Histoire des Bamanaos (les Bambaras). — Fondation des royaumes du Ségo et du Kaarta. — Liste chronologique des rois du Kaarta. — Expulsion des Bambaras du royaume de Ségo. — Légende sur cette révolution.

Il est temps de coordonner les matériaux que j'ai recueillis dans le Kaarta. Je les dois en grande partie à Bouô, mon informateur habituel, dont j'ai pu à loisir apprécier le talent d'historien. Ils ont été néanmoins contrôlés; et sans s'être entendues, les personnes appelées à les juger en ont affirmé l'exactitude dans leurs points principaux.

Je commence par la partie historique.

Les Bamanaos (1), il y a un grand nombre d'années, étaient établis dans le pays de Torone (2), situé dans l'est du Ségo actuel, à la distance d'environ une lune de marche. Ils vivaient en état permanent d'hostilité avec les habitants d'un district du voisinage qu'on nommait

---

(1) Faire sentir légèrement l'*a* ; au singulier Bamana. C'est le nom que les Bambaras se donnent eux-mêmes.

(2) J'emploie ici l'*e* muet, parce que la lettre *n* doit faire sentir légèrement, au contraire de l'usage ordinaire qui veut que les consonnes se prononcent fortement.

Torongo (1). Un jour, à la suite d'un combat meurtrier, les Bamanaos vaincus se virent contraints d'abandonner le pays de leurs ancêtres.

Le roi de Torone ayant été tué dans le combat, l'émigration se trouvait conduite par ses deux fils nommés Baramangolo et Niangolo. Ils marchèrent vers le couchant pendant une lune, et parvinrent sur les bords d'une *grande eau* (2), à une ville considérable dans laquelle ils résolurent de demander l'hospitalité; mais craignant que leur nombre n'éveillât la défiance des habitants et ne les portât à leur refuser un asile, ils convinrent de se séparer : Baramangolo, l'aîné, resta avec plus de la moitié des hommes libres et des captifs; Niangolo, le cadet, poursuivit sa route vers le sud, accompagné du reste des émigrants.

En ce temps-là, le royaume de Ségo appartenait à la tribu des Boirey, de la nation des Soninkiés, puissante alors et formant dans ces contrées de riches colonies de marchands. La ville où les deux frères venaient de se quitter était Ségo-Sikoro, capitale du royaume.

Baramangolo envoya demander au roi l'autorisation de s'arrêter dans sa capitale. Le roi la lui accorda, mais à la condition qu'il irait s'installer dans un quartier séparé qui lui fut assigné. Pendant plusieurs années, les Bamanaos et les Boirey vécurent en paix. Le commerce, surtout le commerce des esclaves, fournissait amplement aux habitants de Ségo les moyens de bien traiter leurs hôtes, qui, de leur côté, semblaient avoir accepté sans arrière-pensée leur condition de réfugiés.

Des bruits de guerre changèrent la situation des deux peuples. Plus commerçants que soldats, les Boirey avaient, dès le principe, reconnu le parti qu'ils pouvaient tirer de leurs nouveaux alliés, très-habiles dans l'art de la guerre. Quelques avantages remportés par les Bamanaos sur les ennemis des Boirey leur avaient même donné une certaine prépondérance dans les affaires du pays; mais les Boirey, loin de s'en inquiéter, s'en étaient montrés satisfaits. En effet, pouvant désormais se reposer sur d'autres de la défense du territoire, ils allaient jouir de l'entière liberté de se livrer à leurs goûts exclusivement commerciaux.

(1) Le nom du peuple qui occupait ce pays ne s'est pas conservé dans la mémoire de Bouô; mais je suis porté à penser qu'il était de race foulh. La conformité de nom entre Torone et Torongo (cette désinence *go* étant synonyme de pays) m'a frappé; mais je n'ai pu obtenir aucun éclaircissement sur ce point.

(2) Le *Ghiolibâ*. *Ghi* veut dire eau, et *bâ* grand. Les nègres emploient fréquemment cette désignation pour distinguer les grands cours d'eau des petits; mais ils la restreignent, dans le Soudan, au fleuve que nous nommons *Niger*.

Baramangolo sut profiter de cette position; et sans troubler en rien
la bonne harmonie qui régnait entre le roi et lui, il l'amena douce
ment, mais sûrement, à se dessaisir en sa faveur de la souveraineté
du Ségo. Deux ans seulement après son arrivée, Baramangolo était so-
lennellement reconnu roi du pays, et recevait l'abdication du chef des
Boirey et de sa dynastie au profit de la sienne.

Nous avons vu qu'au moment où son frère envoyait une députation
à Ségo, Niangolo traversait la *grande eau* et s'avançait vers le sud.

Ayant marché une demi-lune, il reconnut, non loin de la ville de
Baïko (1), un endroit qui lui sembla propice à un bon établissement. Il
s'y arrêta en effet, et y fit construire un *tata*.

La ville de Baïko était, comme Ségo, une ville de commerce occupée
par une autre tribu de Soninkiés (le nom est oublié), plus jaloux
que ceux de Ségo de leurs droits souverains. Ils virent donc avec inquiétude une colonie d'étrangers s'établir auprès d'eux, et firent plusieurs tentatives pour les éloigner; mais la solidité du *tata* de Niangolo
ayant rendu leurs efforts infructueux, ils se résignèrent à subir son
voisinage. Au reste, les Bamanaos semblaient disposés à vivre en paix
avec leurs voisins, et d'ailleurs leur petit nombre ne pouvait pas éveiller
de bien sérieuses appréhensions. Les relations les plus pacifiques ne
tardèrent pas à exister entre les deux peuples.

Un incident vint brusquement en changer la nature. Des dioulas
conduisant une nombreuse caravane d'esclaves s'étaient arrêtés à Baïko
pour attendre plusieurs autres caravanes avec lesquelles la première
arrivée comptait faire le voyage à la côte ; l'attente dura quelque temps.

Parmi les esclaves qui composaient cette *coffle*, la plus grande partie
étaient des Bamanaos de Torone tombés, dans la lutte qui avait déterminé la fuite de leurs chefs, au pouvoir du vainqueur. Ils ne doutèrent
pas que s'ils parvenaient à recouvrer leur liberté, Niangolo, proscrit et
faible, ne les accueillit avec joie. Dans cette pensée, ils attendirent
l'arrivée des caravanes en retard, et quand elles les eurent rejoints, ils
envoyèrent demander des secours au prince bamana, afin de massacrer
leurs conducteurs, pour ensuite se joindre à lui et chasser les Soninkié
du pays. Niangolo répondit qu'il n'était pas un assassin ; mais que s'ils
parvenaient à briser leurs fers, ils seraient les bienvenus dans son
tata.

---

(1) Je pense qu'il s'agit de Bamakou. Les deux premières syllabes *Bama* rappellent le nom des émigrés; la troisième, *kou* ou *gou*, veut dire pays, terre.

Forts de cette assurance, ils se révoltèrent, tuèrent leurs gardes et s'enfuirent vers la forteresse du chef bamana, qui se referma sur eux. En vain les habitants de Baïko réclamèrent-ils contre la conduite de Niangolo, en vain insistèrent-ils sur les pertes immenses qu'ils allaient supporter, sur la violation manifeste des traités de mutuelle amitié qui les unissaient, Niangolo fut inébranlable.

« Jamais, répondit-il, un Bamana n'a abandonné celui qui lui a demandé asile; Niangolo fera comme ses pères. »

Les Soninkiés se retirèrent et coururent s'enfermer dans leur ville, saisis de crainte en songeant aux suites de cet incident qui donnait à leurs voisins une force toute-puissante.

Ces craintes étaient fondées. Niangolo se prévalut bientôt de sa force pour contraindre ses voisins à lui payer un tribut annuel; puis de protecteur il devint maître, et, comme son frère à Ségo, reçut l'abdication du chef des Soninkiés de Baïko. Cette révolution se fit sans ébranlement; car, de même que leurs compatriotes de Ségo, les gens de Baïko acceptèrent avec une douce résignation le rôle secondaire de marchands.

Une année à peine s'était écoulée lorsque Niangolo, abandonnant la ville qui venait de se donner à lui (1), alla s'établir avec une partie des Soninkiés, ses nouveaux sujets, dans un district qui avait pour capitale une ville du nom de Kéniédougou. Ce pays était situé au nord-ouest de Baïko, à une distance de sept à huit soleils (jours), et se trouvait à une distance égale du grand fleuve.

La nouvelle colonie de Kéniédougou s'étendit par la conquête, et les successeurs de Niangolo la portèrent à la plus haute prospérité.

Il en fut de même de l'établissement de Ségo fondé par Baramangolo.

Beaucoup d'années passèrent ainsi. La richesse des colonies bamanaos du Soudan occidental allait toujours croissant; celle de Kéniédougou surtout était citée dans toute l'Afrique pour sa splendeur.

Le bruit de cette prospérité fatigua le successeur de Baramangolo qui régnait à Ségo. Jaloux d'entendre constamment vanter des rivaux,

---

(1) On ne me fait pas connaître les causes de cet abandon; la chronique ne les a pas conservées. J'ignore donc si c'est une expulsion par les armes, ou simplement, comme le pense mon informateur, le désir d'aller chercher une terre plus productive.

il résolut de les chasser de la contrée, sans s'inquiéter de la commune origine qui l'unissait à eux.

Tighitong, roi de Ségo, arrière-petit-fils de Baramangolo à la sixième génération, quitta sa capitale dans ce dessein abominable et vint avec une nombreuse armée camper à portée de flèche de Kéniédougou. Ce royaume était alors gouverné par Fouloukoro, descendant de Niangolo au même degré que Tighitong descendait du fondateur du royaume de Ségo. Le roi de Kéniédougou marcha sur l'armée assaillante et livra, sous les murs de sa ville, une longue et meurtrière bataille dans laquelle il trouva la mort et ses troupes une défaite complète.

Les débris de l'armée de Fouloukoro, ralliés par son frère Sébamana, s'enfuirent vers le couchant avec les femmes et les vieillards. Ils parvinrent en assez peu de marches dans un pays montagneux nommé Kaarta, qui avait pour habitants plusieurs tribus de Soninkiés : c'étaient des Kaartas-*fis* (noirs) des Kaartas-*diés* (blancs), des Diafouns ou Diafounous, des Souroumas, des Kagnéramés, des Diavaras, des Sagonés et des Diounis; on y trouvait aussi, mais en petit nombre, des Diavandous ou Diagoranis, Foulhs d'origine.

Toutes ces tribus étaient divisées, et le pays, par suite de la prétention de chacune d'elles à la souveraineté, était livré à la plus complète anarchie.

Il y avait bien, à la vérité, une ligue récemment formée à l'instigation d'un vieillard (les vieillards jouent un grand rôle dans l'histoire des nègres); mais elle avait eu pour unique résultat de grouper en deux camps rivaux les tribus dissidentes. Le vieillard avait prédit l'arrivée d'une troupe de bannis qui chasseraient les habitants et les accableraient de persécutions s'ils ne se réunissaient pour délivrer la patrie commune de l'invasion de cet ennemi.

Quatre tribus, ayant les Kaartas à leur tête, avaient cédé aux conseils du vieillard et s'étaient liguées pour combattre les aventuriers dont la venue était prédite; trois autres, sous la direction des Diavaras, avaient refusé de s'unir à cette ligue défensive.

Quand Sébamana parut sur la frontière du Kaarta, les deux armées allaient en venir aux mains. Les Diavaras, qui nourrissaient une haine profonde contre les Kaartas, accoururent vers le chef bamana et lui offrirent de le seconder pour chasser du pays les coalisés et le partager ensuite avec lui. Ils s'engageaient d'ailleurs à le reconnaître pour chef, à la condition qu'il épargnerait les marabouts et les deux tribus qui s'étaient jointes à eux.

Les Bamanaos ayant accepté ces conditions, attendirent sur le territoire des Diavaras le moment favorable à l'attaque; mais déjà les coalisés étaient en marche pour les assaillir. Profitant d'une nuit noire,
et croyant n'avoir affaire qu'aux Diavaras, ils tombèrent à l'improviste
sur le camp de Sébamana. Le choc fut terrible; car les Bamanaos n'y
voyant pas dans l'obscurité (1), les Diavaras le reçurent seuls; ils allaient être enfoncés, et leurs nouveaux alliés sans défense auraient
vraisemblablement tous succombé, quand Sébamana cria d'allumer des
torches. Les Diavaras suivirent le conseil avec empressement, et, pour
produire une plus belle lueur, mirent le feu à leur propre village.
Éclairés comme en plein jour, les Bamanaos fondirent sur les assaillants
et les taillèrent en pièces. Le soleil, en se levant, assura la victoire
aux proscrits et leur montra le sol couvert de morts appartenant presque tous aux coalisés.

Treize jours après cette terrible bataille, les quatre tribus liguées
vinrent demander la paix à Sébamana. Elle leur fut accordée; mais
les Bamanaos les écrasèrent de tant de contributions et poussèrent si
loin contre eux les exactions et les violences, qu'ils furent forcés d'aller
chercher dans un autre pays une existence meilleure. Les Diavaras
furent épargnés par les vainqueurs, reconnaissants du concours
qu'ils en avaient reçu.

Il y a une autre version sur la prise de possession du Kaarta; elle
ne s'applique qu'à la manière dont les Diavaras entrèrent en arrangement avec les gens de Sébamana; la voici: Le vieillard qui avait prédit l'arrivée d'une armée de bannis avait particulièrement recommandé
de ne pas leur offrir de bœufs, mais seulement des vaches.

« Si vous leur offrez des bœufs, avait-il dit, ils seront les maîtres
de votre pays, quoi que vous puissiez faire; et le mieux, si vous oubliez ce conseil, sera, pour vous épargner de plus grands maux, de
leur en offrir vous-mêmes le commandement. »

La prédiction fut oubliée, et le couscouss fait au bœuf était déjà
consommé quand un vieux Diavara rappela tout à coup à ses com-

(1) Singulière allégation que j'ai trouvée répandue dans tout le pays. J'ai cherché à m'en rendre compte, et particulièrement à m'assurer si les Bambaras n'étaient
pas atteints, d'une manière permanente, d'héméralopie, affection que j'ai remarquée souvent sous les tropiques sur des matelots; mais je n'ai rien vu chez les
Bambaras qui pût me confirmer dans cette opinion. C'est pourtant une croyance
populaire accréditée.

pagnons les paroles prophétiques du vieillard. Saisis de crainte, ils firent alors la proposition qu'on connaît.

Telle est l'histoire de l'occupation du Ségo et du Kaarta par les Bambaras. On trouve encore aujourd'hui, dans le Kaarta, des Diavaras, des Diafouns et des Diagoranis disséminés dans les villages. Quant aux Kaartas-*fis* et aux Kaartas-*diés*, expulsés par les Bambaras, ils habitent actuellement : les premiers, un pays situé dans le sud-est de Lakhamané, et les seconds, un pays au nord-est de Foutobi. Les marabouts soninkiés, respectés par les vainqueurs, portent le titre de *sila* ou de *kagniékouna*. Ils sont les seuls au Kaarta qui sachent lire et écrire, et servent de secrétaire au roi et aux princes. Le nom de *sila*, donné aux marabouts soninkiés par les Bambaras, me rappelle que les Foulhs ont donné aux leurs le nom de *sternô*, et les Malinkiés de la Gambie, celui de *buschrinn*. Il est bon de se rappeler aussi que les Bambaras appellent les Soninkiés des *Markha*. Je ne saurais trop répéter de se tenir en défiance contre tous les noms qu'on rencontre en Afrique et qui, bien que dissemblables, désignent souvent la même tribu, la même condition et le même lieu.

Voici une liste chronologique des successeurs de Sébamana, avec la durée de leur règne. D'après ce document, la fondation du royaume de Kaarta par les Bambaras remonterait à 96 ans (en 1850) :

1754. Sébamana, fondateur du royaume de Kaarta, règne 4 ans.
1758. Bonodian, son fils, règne   3 —
1761. Sérabouô, père du roi actuel.   27 —
1788. Daizé, frère du précédent.   12 —
1800. Mousoukorabo, id.   8 —
1808. Tigbikoro, id.   3 —
1811. Saraba, id.   4 —
1815. Maudibà, fils de Sérabouô,   17 —
1832. Garan,   id.   11 —
1843. Mamady,   id.   roi actuel, règne depuis   7 —

Mungo-Park, qui voyageait en 1796, a eu une entrevue avec le roi Daizé. C'est une preuve que le renseignement de Bouô n'est pas sans valeur.

Les peuples du nom de Kaartas-*fis* et de Kaartas-*diés* semblent être les premiers établis dans le pays; mais je n'ai pu découvrir si c'étaient eux qui lui avaient donné leur nom, ou si, au contraire, ils avaient adopté le sien en mémoire de leur conquête. L'addition des mots *fi* ou *fin* (1) et *dié* indique des nuances de couleur qui se remarquent très-réquemment parmi les noirs de l'Afrique, chez les Soninkiés et les Malinkiés aussi bien que chez les Foulhas.

Les Bambaras appellent encore le Kaarta le *Sounsana*. Les compagnons de Sébamana le nommèrent ainsi en souvenir de *Sounsian*, frère de leur chef, qui mourut dans le combat de nuit livré par les Kaartas.

Le Kaarta embrasse en étendue une superficie de 300 kilomètres environ de l'est à l'ouest, et de 170 du nord au sud. Ses limites géographiques sont : au nord, la partie du désert occupée par les Oulàd-M'barek ; à l'est, le Massina, la petite république de Ghiangounté et le Ségo ; au sud, le Foulahdougou et le Kasson ; et à l'ouest, le Gangara, une portion du Kasson et la partie du désert fréquentée par les Dowiches.

Nous avons laissé le roi Tighitong vainqueur de ses compatriotes de Kéniédougou. Après avoir mis dans cette place une forte garnison, il retourna à Ségo, suivi d'un nombreux butin et d'une immense quantité de captifs ; mais il ne survécut pas longtemps à cette triste prouesse. Sa mort eut lieu l'année suivante, et le gouvernement passa à son fils Dékoro.

Les premiers temps de son règne furent marqués par des crimes, et son nom était déjà en exécration dans la contrée, lorsque, nouveau Néron, il imagina de monstrueux spectacles pour réveiller ses émotions blasées.

Un soi-disant prophète avait annoncé que les murailles arrosées de sang humain et contenant des cadavres dans leurs fondations, seraient imprenables ; mais jusqu'alors on s'était borné à sacrifier dans ce but un jeune homme et une jeune fille, auxquels on joignait un âne ou un bœuf.

Dékoro voulut surpasser ses pères. Un jour donc il fit assembler les esclaves et les hommes libres, et leur annonça qu'ils allaient voir un grand spectacle. Deux cents jeunes filles, autant de jeunes garçons, des ânes et des bœufs avaient été amenés autour de l'estrade royale établie sous le *tabba* en dehors de la ville. A un signe du roi, une troupe d'égorgeurs, choisis dans sa garde particulière, s'élança sur les victimes, et près de la moitié des jeunes filles, parées comme aux jours de grandes fêtes, tombèrent spontanément sous leurs coups. Des

---

(1) En faisant légèrement sentir la lettre *n* et allongeant beaucoup la voyelle *i* ; d'où nous avons fait *fing*, *bà-fing*, le fleuve noir.

avaux préparatoires avaient été faits pour la construction d'un mur d'enceinte, et de profondes excavations attendaient les matériaux. Les cadavres sanglants furent jetés dans les tranchées, et la foule qui assistait à ce déplorable forfait fut saisie d'une si grande horreur qu'elle demeura comme paralysée. Les égorgeurs profitèrent de cette stupeur pour remplir leur office; déjà ces monstres et leurs aides, transformés en terrassiers, jetaient les cadavres au fond des excavations et les recouvraient de terre et de pierres ; déjà l'exécrable Dékoro, promenant sur le peuple un regard méprisant et railleur, donnait l'ordre de continuer le massacre, quand la foule, ivre de rage, se précipita sur lui. En un instant il fut mis en pièces et les lambeaux de son corps foulés aux pieds ou jetés aux chiens. La vengeance du peuple ne s'arrêta pas à cette exécution ; elle s'étendit sur les membres de la famille de Dékoro, qui furent impitoyablement massacrés, à l'exception d'un seul, du nom de Bouò, qu'on épargna à cause du bien qu'il avait fait.

Cette justice accomplie, les esclaves et le peuple donnèrent le gouvernement aux *Diaras*, tribu intermédiaire, affranchie depuis seulement quelques années, et qui occupait un rang très-inférieur dans la nation. De là vient l'opinion, accréditée dans le pays, que le Ségo est gouverné par les anciens esclaves des Kourbaris, et le mépris que ceux-ci affectent pour les Diaras, qu'ils continuent à appeler leurs esclaves.

Cette révolution eut lieu deux ans après l'avénement de Dékoro et trois ans après l'expulsion des Bambaras du pays de Kéniédougou, par conséquent vers l'année 1757.

On raconte qu'autrefois, quand les Diaras venaient à perdre leur roi, ils envoyaient un message à celui du Kaarta pour lui dire ces paroles :

« Notre roi est parti pauvre ; il n'avait pas de cheval, pas de fusil, de lance ni de flèches, pas de captifs et pas de troupeaux; nous sommes restés pauvres et sans défense. Préparez nos métiers de tisserands, nos haches de bûcherons et nos pioches de cultivateurs ; car nous avons reconnu nos torts et nous voulons les expier en nous soumettant à nos maîtres. »

Cet ironique message était le cri de guerre des Diaras et le présage certain d'une terrible invasion. Ils honoraient ainsi la mort de leur roi en ruinant et massacrant les descendants de leurs anciens persécuteurs. Cette coutume a cessé d'être suivie depuis une vingtaine d'années.

Il y a sur la révolution du Ségo une légende que j'ai recueillie également; la vérité historique y est légèrement altérée et les licences poétiques des bardes nègres y ont confondu en un seul les deux événements, distincts dans le document qui précède, de la venue des Bambaras au Kaarta et de leur expulsion du pays de Ségo. Le tour original de cette légende, les détails évidemment d'imagination qui y figurent, m'ont fait penser qu'elle devait être reproduite; la voici :

En ce temps-là, il y avait un roi de Ségo devenu célèbre par ses richesses et par sa méchanceté. Un jour où le soleil était caché sous les nuages, il réunit autour de lui ses captifs plus nombreux que la plus grande armée qu'on ait jamais vue.

« Je suis *fort*, j'ai beaucoup de *bien* et je suis un grand guerrier, leur dit-il; aucun des rois de la contrée ne conduit mieux que moi un cheval indompté; nul n'a élevé son nom aussi haut; j'ai gagné des batailles; j'ai soumis des peuples redoutables ; j'ai conquis beaucoup de pays, et j'ai conduit, liés de cordes comme des captifs vulgaires, les rois qui avaient osé opposer leurs faibles armes aux bons fusils de mes soldats, à leurs lances pointues, et à leurs flèches, dont le poison noircit le fer. Aujourd'hui, je suis las de ces choses ; les coursiers aux naseaux enflammés, à la bouche écumante sous le mors qui ne peut les retenir, me semblent des jouets d'enfants ; les cris des mourants, les gémissements des prisonniers conduits en esclavage ne font plus palpiter mon cœur; la flamme qui monte au ciel du milieu des villes conquises ne m'arrache plus un sourire. Il me faut des émotions nouvelles, car je m'ennuie. Captifs, votre roi s'ennuie! Il s'ennuie, parce que tout ce qu'il a fait jusqu'à ce jour ressemble à ce qu'ont fait les hommes. Demain, quand les premiers feux du soleil doreront les rives de la grande eau, réunissez-vous tous dans la plaine aux baobabs, et vous verrez quelque chose que vous n'avez pas encore vu, et que jamais personne n'aura vu avant vous. »

Ainsi parla le roi, et le lendemain, longtemps avant l'instant fixé, une foule immense couvrait la plaine.

« Que va-t-il faire? disait-on en s'entretenant à voix basse.

» Ce que personne n'a fait encore; ce qu'aucun roi n'a fait avant lui?

» Mais jusqu'ici ils n'ont fait que du mal; ils ont volé, brûlé et tué, et leurs esclaves donnent leur vie tous les jours pour satisfaire leurs criminels plaisirs. Lui-même les a tous surpassés dans ces assauts d'horrible vanité; car les esclaves sont des richesses, et les tuer pour se divertir, c'est se montrer généreux et prodigue. »

Les sons mélodieux du balafo, des flûtes en bambou et des guitares aux grelots d'argent, le ronflement grave du tamtam et les chants louangeurs du griot annoncèrent l'arrivée de Dékoro. Bientôt il parut dans sa gloire, montant un cheval blanc, son cheval des batailles, tout chargé de grigris; sa tête était ornée du bonnet souverain que ses aïeux avaient usé dans cent combats; les larges plis de sa doloké de soie bleue brodée d'or disparaissaient sous les cordons qui tenaient ses grigris et ses armes; en ses mains luisait un fusil garni d'or, qui jamais n'avait manqué son but.

Les princes, les chefs de captifs, les forgerons et les griots en habits de fête l'accompagnaient à cheval; sa garde fidèle l'entourait.

Quand il eut pris place sous le *tabba*, il ordonna que les esclaves des deux sexes passassent devant lui. Ils reçurent chacun six coudées de riche étoffe; puis, sous la conduite des *sofas* (1), ils allèrent se ranger autour de la ville, de manière à en envelopper l'enceinte. Le défilé fini, le roi commanda que chaque esclave se bandât les yeux. Cet ordre produisit un tel saisissement, qu'il se fit tout à coup dans cette masse murmurante un silence si profond qu'on eût pu entendre distinctement les moucherons voler et les herbes bouger dans la plaine. Partagés entre la joie et la crainte, les esclaves placèrent leur bandeau, sous la surveillance des sofas, qui s'assurèrent qu'aucun d'eux ne pouvait voir.

On avait préparé, plusieurs jours auparavant, des tranchées autour de la ville. La terre avait été rejetée de chaque côté; près des terres se trouvaient déposés des pierres et du sable; enfin les eaux du Ghiolibà, momentanément détournées de leur cours, formaient une multitude de ruisseaux qui serpentaient au milieu de ces travaux ébauchés.

Dès qu'on eut annoncé au roi que ses ordres étaient exécutés, le tamtam battit, et des hérauts à cheval coururent avertir le peuple que le roi, voulant lui ménager une surprise, avait eu recours à ce moyen. Ils recommandaient qu'on observât le plus grand silence, que personne ne bougeât et que chacun gardât son bandeau sous peine de mort. En ce moment une horreur instinctive gonfla les veines des captifs et souleva leur poitrine oppressée par la crainte.

Les soldats du roi choisirent dans cette foule ceux qu'ils jugèrent propres à l'horrible travail commandé pour divertir leur maître ; ils les

---

(1) C'est le nom des gardes particuliers de princes bambaras.

trainaient vers la tranchée, les égorgeaient, et couvraient leurs corps de terre et de cailloux; quelquefois même, pour terminer plus vite, il les y précipitaient vivants, et les écrasaient sous les pierres. Le soleil avait à peine parcouru le tiers de sa course que la muraille était élevée; elle était haute de vingt coudées et renfermait soixante-mille captifs.

Le roi permit alors aux esclaves d'enlever leur bandeau. Leurs yeux, voilés pendant quatre heures, pouvaient difficilement supporter la lumière du jour; longtemps ils regardèrent sans voir, mais inquiets, troublés, saisis d'une irrésistible terreur; car ils avaient entendu un grand remuement d'hommes, de pierres et de terre, et beaucoup d'entre eux avaient cru distinguer, du milieu de ce tumulte, des bruits étranges, des murmures sourds et des plaintes étouffées, mêlés à des rires et à des bravos.

« Eh bien! cria le roi, ne voyez-vous pas cette muraille que ma volonté vient d'élever? Quoi! vous êtes muets; vous êtes aveugles! vous ne courbez pas vos fronts pour saluer en moi votre dieu et votre maître? Vous vous taisez! vous n'avez donc plus de langue pour chanter mes louanges? Avec du sable, des pierres et quelques calebasses d'eau, je viens de bâtir en trois fois moins de temps que l'oiseau n'en prend pour construire sa case de brins de paille, une muraille haute de vingt coudées! »

Après ce discours il se fit un sourd murmure parmi les captifs, et bientôt un cri d'horreur s'échappa de leur sein : ils venaient de s'apercevoir du vide de leurs rangs. De sinistres pensées saisirent leur esprit; mais ils n'osaient croire aux atrocités qu'ils soupçonnaient. Il s'était passé des choses horriblement étranges; mais quelles choses? Et d'où venait ce vide immense?

Leur doute ne fut que passager : rapide comme la nuée, la vérité parcourut bientôt leurs lignes éclaircies; car l'un d'entre eux avait tout vu et venait de le dire à ses frères. A cette affreuse révélation, leurs figures s'assombrirent, leurs yeux lancèrent des éclairs, leurs dents claquèrent dans leur bouche.

Le soir, quand ils furent rentrés, ils formèrent la résolution de se rendre maîtres du roi et de lui faire expier ses crimes dans les tortures. Il y avait un captif qui jouissait de sa confiance; ce fut à lui qu'ils s'adressèrent :

« Si tu parviens à nous livrer ton maître, nous te ferons roi à sa place, » lui dirent-ils.

Le captif convint avec eux que le lendemain, dès que le roi serait dans son bain, il irait les avertir.

Le lendemain, en effet, le roi alla au bain selon son habitude; il donna ses vêtements à son captif, et entra dans sa grande calebasse de bois noir. Aussitôt il fut entouré d'un groupe d'esclaves, et celui qui avait vu les scènes d'horreur de la veille lui parla ainsi:

« Roi de Ségo! tu es le plus fort des rois de l'Afrique; tu as gagné des batailles, tu as dompté des coursiers indomptables, tu es le plus brave des guerriers du pays; nul autre n'est plus riche que toi; nul autre ne possède plus de captifs, plus de troupeaux, plus de marchandises précieuses; tes femmes sont belles; tes enfants sont déjà braves comme leur père et beaux comme leurs mères. Hier, tu nous as fait voir toute l'étendue de ta puissance: tu nous as montré que, semblable au dieu des *silas* (des marabouts), tu pouvais accomplir des prodiges. Nous avons vu ton ouvrage terminé; mais nous ne l'avons pas vu faire. Roi de Ségo! nous sommes de pauvres captifs, soumis à nos maîtres, zélés à les servir et empressés à leur plaire. Nous aussi nous voulons te donner un spectacle; nous aussi, nous allons te montrer des choses que tu n'as jamais vues. »

En ce moment parurent les femmes et les enfants du roi, liés de cordes et conduits par une troupe de captifs couverts du sang des gardes qu'ils venaient de massacrer. Le roi voulut sortir de son bain et appeler à son aide; mais il ne vit autour de lui que des figures animées par la haine, et des bras vigoureux qui le forcèrent à rester accroupi dans sa longue calebasse de bois noir. La case où le roi prenait ses bains ouvrait sur une immense cour.

« Roi de Ségo! reprit le chef des conjurés, ne trouves-tu pas qu'il manque un ornement à cette cour? Tu as mis, pour bâtir ta grande muraille, la troisième partie de la course du soleil; il nous faudra moins de temps pour bâtir une tour au milieu de cette place. »

Des captifs creusaient un trou large et profond; d'autres apportaient des pierres, du sable, de la terre et de l'eau.

« Voilà le travail qui commence, continua le captif; regarde, roi de Ségo, tu verras de tes yeux! »

Les cadavres des femmes et des enfants du roi, entassés les uns sur les autres, eurent bientôt formé une tour qui dépassait soixante coudées.

Le roi, toujours maintenu dans sa baignoire par les bras robustes des captifs, la tête tournée vers ce spectacle horrible, avait tout vu sans proférer une parole, sans pousser une plainte; sa figure n'avait pas exprimé la moindre émotion, et n'eût été la fixité de son regard et la sueur glacée qui coulait sur son corps, on l'aurait cru insensible à ce qui se passait.

« Ce n'est pas fini, roi de Ségo! poursuivit l'impitoyable captif ; nous avons besoin de savoir quel est le meilleur vent pour ensemencer nos terres et sous quel souffle heureux nos épis de maïs prennent leurs belles couleurs dorées; nous avons besoin de connaître le moment où la brise du désert va souffler sa poussière brûlante sur nos troupeaux et dans nos cases. Tes trésors vont fournir une longue planche d'or que nous placerons au sommet de la tour, puis... nous y poserons une chose qui tourne. »

En achevant ces mots, la figure du captif avait une expression de joie si féroce que le roi trembla. On apporta des clous et un arbre d'or pointu par un bout. A un signe, le roi fut étendu sur la planche, couché sur le dos; à un autre signe, les clous s'enfoncèrent dans ses mains et dans ses pieds.

« Eh bien ! roi de Ségo, tes souhaits vont être exaucés ; tes regards ne plongeront plus sur cette foule humaine que tu méprisais; ils seront désormais tournés vers le ciel, et tu n'auras d'autres rivaux en puissance que les oiseaux aux longs ongles de fer, qui battent l'air de leurs grandes ailes grises. »

A ces dernières paroles, de nouveaux clous s'enfoncèrent dans les cuisses et dans la poitrine du roi; on entra ensuite la pointe du bâton d'or dans ses chairs palpitantes ; puis un appareil de cordes et de grands arbres l'éleva au sommet de la tour.

On entendit alors, tout autour de la ville, un formidable cri suivi d'applaudissements et de battements de mains, qui paraissaient sortir des profondeurs de la terre: c'étaient les captifs de la muraille qui se réjouissaient dans leur sépulcre du châtiment de leur bourreau.

Quand justice fut faite, le captif qui avait livré son maître se présenta pour recevoir le prix de sa trahison.

« Misérable ! lui cria-t-on, as-tu bien pu croire que nous donnerions le pouvoir à un traître? Serpent qui as mordu le sein qui t'a nourri, tu seras écrasé comme un reptile, et ton souffle n'empoisonnera plus l'air que nous respirons! Ton corps sera privé de sépulture et deviendra la proie des bêtes féroces. »

On le tua et on traîna son cadavre en dehors des murailles.

Les conjurés se réunirent ensuite pour choisir un successeur au roi qu'ils venaient d'immoler. D'un accord unanime, leur choix tomba sur celui qui, en dirigeant leur vengeance, les avait délivrés d'une odieuse tyrannie.

Il restait encore dans le pays des princes de la famille royale. Les esclaves les épargnèrent et le nouveau roi se contenta de les bannir. Ces princes, au nombre de trente-trois, quittèrent la ville, montés sur leurs chevaux de guerre et munis chacun d'un *bouss* rempli d'or. Accompagnés d'une vingtaine de forgerons et de griots restés fidèles à leur mauvaise fortune, ils se dirigèrent sur la ville de Kiridion, peu éloignée de Ségo, et en occupèrent immédiatement le *tata*. Mais le voisinage des princes bannis ne pouvant convenir aux captifs affranchis, ils les firent sommer de s'éloigner. Dans l'espérance de gagner du temps, et croyant que ce n'était qu'une révolte passagère, les princes déclarèrent qu'ils demeureraient là jusqu'à ce qu'ils eussent assez de forces pour châtier leurs esclaves et ressaisir le pouvoir. Le nouveau roi répondit à cette menace par l'envoi d'une armée qui s'empara de Kiridion, en chassa les princes et les conduisit hors du territoire, mais sans leur faire de mal.

Ils parvinrent ainsi au village de Diokha, dans le Kaarta. L'armée de Ségo les quitta alors, et le chef, en se séparant d'eux, leur dit que s'ils revenaient encore dans le pays, on les tuerait sans pitié.

Aussitôt qu'on eut appris au Kaarta l'arrivée des princes bambaras, les Diavaras, les Diounis et les Diavandous vinrent à eux avec l'intention de leur offrir le gouvernement du pays qu'ils n'étaient pas assez forts pour conserver. Les Diounis leur ayant demandé qui d'entre eux était le roi, ils répondirent qu'ils étaient tous égaux, et que si on voulait leur abandonner le gouvernement du Kaarta, ils donneraient en récompense tout l'or que renfermait leur *bouss*.

Les trois tribus acceptèrent, et choisirent pour roi le plus âgé des princes; les autres reçurent le commandement des villages. Parmi eux il s'en trouvait un du nom d'Amoul-Bousséif, homme avare et défiant qui ne voulut pas livrer son or. Ses compagnons le raillèrent de son avarice et lui déclarèrent que puisqu'il refusait de courir les mêmes chances qu'eux, il ne devait pas prétendre aux mêmes avantages; que par conséquent il serait à tout jamais, lui et ses successeurs, déchus de commandement. L'avare Bousséif se soumit à ces conditions, pourvu qu'on lui laissât son or. Il l'employa à acheter des captifs, des chevaux et des troupeaux, et devint chef de la tribu des *Kagoros*, chargée encore aujourd'hui de la culture des terres et de l'élève du bétail.

CHAPITRE XXXI.

Gouvernement. — Division en tribus et en sous-tribus. — Assemblées nationales. — Divertissement de la lutte. — Justice. — Corporations. — Revenus. — Cérémonies des funérailles et de la reconnaissance du roi. — Mêmes cérémonies dans les familles. — Funérailles de quelques autres peuples de l'Afrique.

Le pouvoir souverain, au Kaarta, est exercé par un chef qui prend le titre de *fama ;* mais il est d'usage de l'appeler plus communément par son nom. Ainsi, au lieu de dire le *fama*, comme on dit l'*almamy*, le *tounka*, le *damel*, on dit : Maudibâ, Garan, Mamady.

Le gouvernement est une monarchie absolue, très-légèrement tempérée par un simulacre de représentation nationale dont je parlerai tout à l'heure. Il est héréditaire en ligne collatérale et non en ligne directe ; en d'autres termes, c'est le frère qui succède au frère. L'ordre de succession est établi par priorité d'âge.

Lorsque la ligne des frères est épuisée, on a recours à la ligne descendante, mais en choisissant dans tous les descendants des rois qui ont occupé le trône. On classe encore ceux-ci par priorité d'âge, sans avoir égard à l'ordre dans lequel leur père a régné. Par suite à cette règle, il est extrêmement rare de voir un fils succéder à son père.

Les rois sont exclusivement choisis dans la tribu des Kourbaris, la tribu noble du Kaarta. Cette tribu se divise en plusieurs sous-tribus, et c'est à l'une d'elles, du nom de *Massassis*, qu'appartient en particulier le droit de régner. On désigne indifféremment les princes sous les noms de *Kourbaris*, *Koulbalis* ou *Massassis*. La sous-tribu des Massassis forment cinq branches :

Les Danibas;

Les Manas;

Les Mòn-Sirrés (c'est la branche du roi actuel);

Les Siras

Et les Bakars.

La tribu la plus puissante après celle des Kourbaris est la tribu des *Diaras*. On sait déjà qu'ils règnent à Ségo et qu'ils se sont affranchis, par la révolte de la domination des Kourbaris. On sait encore que ceux-ci ne pardonnent pas aux Diaras leur expulsion du royaume de Ségo, et qu'ils se vengent de leur défaite en les appelant des esclaves révoltés. Les Diaras ont deux sous-tribus :

Les Fissankas

Et les Barlakaos.

Il y a encore deux autres tribus d'hommes libres; mais elles ont peu d'importance dans l'État, en raison de leur faiblesse numérique ; ce sont :

Les Konorés

Et les Dambalés.

Ces deux tribus n'ont pas de sous-tribus.

A l'exception des Kourbaris qui conservent leur nom, synonyme dans le pays de seigneur ou de gentilhomme, les individus des autres tribus sont désignés par le nom commun de *foron*, qui signifie homme libre. On désigne encore ces individus par le nom du chef de leur tribu ; ainsi, on dit indifféremment un *Diara* ou un *Kounté*, un *Konoré* ou un *Kalangou*. Kounté et Kalangou étaient les chefs de ces deux tribus.

Dans les formules de salut, il est d'usage de dire simplement le nom de la tribu, s'il s'agit d'un *Kourbari;* et simplement *foron* quand c'est un homme libre. On ne se dit pas autre chose en s'abordant; et ce seul mot, prononcé d'une certaine façon, signifie toutes les politesses possibles.

Il est bon de ne pas perdre de vue que si tous les *princes* sont *Kourbaris*, tous les Kourbaris ne sont pas princes; il n'y a de princes que les *Massassis*. Malgré cette restriction, le nombre en est encore considérable. Les Kourbaris sont très-fiers de leur noblesse et parlent des autres tribus avec un grand dédain.

Les princes commandent généralement les villages : c'est la seule prérogative qui leur appartienne en propre; mais ils n'ont pas, à beaucoup près, autant d'influence dans les conseils du roi que les chefs de captifs et les forgerons. A moins qu'ils ne soient frères du roi, ils ne commandent pas les armées, et leur rôle est réduit à celui d'officier subalterne. Le seul privilége dont ils jouissent est que le butin qu'ils font, eux ou leurs captifs, leur est dévolu sans partage.

Les princesses ne s'allient jamais avec les Massassis ; elles se marient avec des chefs étrangers ou des tributaires. Le roi et les Massassis épousent des princesses étrangères, des femmes libres et même des captives. Les fils d'un roi nés de mères esclaves jouissent des mêmes droits que les autres enfants.

L'héritier présomptif est une espèce de grand connétable ; il est aussi le chef de la noblesse, et sert d'intermédiaire entre elle et le roi pour régler les contestations.

A l'époque des fêtes du *Bairam*, tous les Kourbaris se réunissent autour du souverain. Les Diavaras et les Kagoros (c'est la tribu de Soninkiés qui a eu pour chef le prince de Ségo qui n'avait pas voulu donner son or) envoient également des députations. A cette représentation de la noblesse et des tributaires se joignent les chefs de captifs, dignité qui semble correspondre à celle de général chez les peuples civilisés. Ces trois ordres forment des espèces d'états ou de parlements qui traitent des affaires du pays; ils ont le droit de représentation, mais ils n'en usent qu'avec une grande modération. Le roi, comme cela a lieu dans les États soumis au régime parlementaire, est tenu à prononcer un discours d'ouverture dans lequel il explique la situation des affaires publiques, et proteste de son zèle pour maintenir l'ordre au dedans et faire respecter au dehors l'honneur de la nation. Les hommes libres et les corporations ne sont point représentés à ces assemblées.

Tout kafirs qu'ils sont, les Bambaras ne s'en montrent pas moins très-respectueux à l'égard des marabouts. Ainsi, pour les fêtes du Bairam, les marabouts sarracolés, autrement dit les *silas*, se réunissent aussi à Koghé et adressent des prières au ciel pour la conservation de la vie du roi et la splendeur de son règne. L'usage veut que de riches présents soient, dans cette circonstance, offerts aux *silas* par le souverain.

Les prières dites et l'assemblée dissoute, chacun se livre à la danse; c'est alors, non-seulement une récréation extrêmement agréable au monarque et à ses sujets, mais aussi une cérémonie officielle. Les Kourbaris tirent leur bonnet, par respect pour leur roi, et exécutent individuellement une danse de caractère dans le genre de celles que j'ai décrites déjà. Les Diavaras et les Kagoros succèdent aux Kourbaris et exécutent la même danse en tirant leur *doloké;* viennent enfin les captifs, qui, pour mieux honorer leur roi, ne gardent pour tout vêtement qu'une ceinture étroite (la feuille de vigne du pays), et qui renchérissent, par des poses plus extravagantes encore, sur les balancés et les entrechats de leurs prédécesseurs. Ces danses officielles sont suivies de réjouissances générales, comme courses, joutes, luttes et fantasias à cheval, le tout entremêlé de galas et de copieuses libations de *dolo.*

Le divertissement de la lutte a été décrit par Mungo-Park; je vais lui en emprunter le récit :

« Le *m'obering* ou combat à la lutte, dit Park, est un amusement dont on jouit souvent dans tous les pays mandingues. Les spectateurs forment un grand cercle autour des lutteurs, qui sont toujours des hommes jeunes, agiles, robustes, et sans doute accoutumés dès l'enfance à cet exercice. Ils n'ont d'autres vêtements qu'une paire de caleçons courts, et avant de combattre ils oignent leur corps avec de l'huile ou du beurre végétal (1). Ceux que je vis s'approchèrent l'un de l'autre, s'évitèrent, étendirent un bras pendant longtemps; enfin l'un d'eux s'élança et saisit son adversaire par le genou. Ils montrèrent tous les deux beaucoup d'intelligence et de jugement, mais la force triompha. Je crois que très-peu d'Européens auraient été en état de se mesurer avec le vainqueur. Il est nécessaire de remarquer que les combattants étaient animés par la musique d'un tambour dont la cadence réglait assez bien leurs mouvements (2). »

Il décrit ensuite une danse et parle des grelots que les nègres se placent au cou, aux jambes et aux bras. J'avais oublié de mentionner ce goût bizarre des Africains; les chefs mêmes ne dédaignent pas de se parer avec cet objet, qui sert chez nous aux chiens et aux ânes.

Voici un autre détail de Park que j'avais également oublié de noter :

« ... Celui qui battait cet instrument (le tambour) se servait d'une

---

(1) Je n'ai pas vu l'arbre à beurre dans le Kaarta.

(2) Mungo-Park, *Voyage dans l'intérieur de l'Afrique,* tome Ier, page 62.

baguette crochue qu'il tenait dans sa main droite, et de temps en temps il employait la main gauche à amortir le son, afin de varier la musique. Dans ces assemblées (les luttes et les danses), le tambour sert aussi à maintenir l'ordre parmi les spectateurs, et pour cela on lui fait imiter le son de certaines phrases mandingues. Par exemple, avant de commencer la lutte, on le frappe de manière que l'assemblée s'imagine entendre les mots *ali bre si*, c'est-à-dire asseyez-vous tous ; et à l'instant tous les spectateurs s'asseyent. Au moment où les combattants s'avancent l'un vers l'autre, le tambour dit *amouta*, *amouta*, saisissez-vous (1). »

Dans l'intervalle des sessions, dont la durée n'est guère que de trente jours par an, le roi a un conseil privé, composé de ses chefs de captifs. C'est avec ce conseil qu'il expédie les affaires courantes ne permettant pas d'ajournement, et qu'il instruit celles qui doivent être soumises aux délibérations des trois ordres. Le roi a aussi, me dit-on, pour conseiller intime une vieille femme qui se tient toujours près de lui ; suivant ce que j'ai cru découvrir, cette vieille serait une sorte de sibylle communiquant ses inspirations au monarque. Je présume qu'on a voulu me parler de la prêtresse du Bouri.

Il existe une sorte d'état civil des Massassis. Lorsqu'ils naissent, leur père est tenu d'en faire la déclaration au roi et à ses frères. La déclaration est consignée sur un registre tenu par le *sila* qui remplit auprès du roi l'office de secrétaire.

Le droit de haute justice n'appartient qu'au roi. L'héritier présomptif peut cependant l'exercer, mais seulement par délégation ; et cet exercice est limité, dans tous les cas, aux pays soumis à son commandement.

Les autres Massassis n'ont que le droit de moyenne et de basse justice. S'ils outre-passent leurs pouvoirs en cette matière, le roi, qui est très-jaloux de sa prérogative, les punit d'une amende de onze captifs par chaque exécution à mort. La même amende est payée pour un meurtre accompli par un Massassi, soit par vengeance, soit dans une querelle. Ordinairement les Massassis se cotisent pour acquitter l'amende de leur collègue. Quand il s'agit d'une condamnation à mort prononcée par un Massassi, le roi remet quelquefois l'amende ; mais c'est seulement dans le cas où le crime puni comporte évidemment la peine capitale.

Les formes de procédure sont rapides. Le roi a pour assesseurs ses

(1) Mungo-Park, *Voyage dans l'intérieur de l'Afrique*, tome 1er, page 63.

chefs de captifs, et, après une instruction sommaire, il juge et prononce la sentence; elle est exécutée immédiatement. L'accusé n'a pas de défenseur.

Les crimes entraînant la peine de mort, et par suite soumis à la juridiction royale, sont : le vol, le meurtre, l'adultère. Pour ce dernier crime, les deux coupables sont exécutés s'ils ne sont pas Massassis. Si, au contraire, ils appartiennent à cette famille, la femme est acquittée; mais l'homme est déchu de tout droit au commandement, et ses biens sont confisqués.

Ces lois sévères n'empêchent pas les Bambaras d'être des voleurs très-impudents et de se livrer au libertinage le plus éhonté.

Les Massassis et les forgerons sont affranchis de la peine de mort. Pour les uns comme pour les autres, cette peine est remplacée par le bannissement, la confiscation des biens et même la flagellation publique. Il est cependant un cas, un seul, où cette immunité est retirée aux forgerons : c'est le cas de flagrant délit d'adultère avec une femme de Massassi ou une femme d'une caste étrangère. La loi est inexorable pour ce fait, et la sentence de mort est prononcée.

L'esprit superstitieux des Bambaras attribue de grandes calamités à la promiscuité des castes, et c'est pour les conjurer que la loi se montre si sévère. Il résulterait, croient-ils, de ces relations insolites un monstre qui causerait la ruine du pays.

Il y au Kaarta trois castes, savoir : les forgerons, *noumous;* les ouvriers en cuir, *guanguis* ou *garankiés;* et les griots, *dialis.* Les individus qui les composent sont libres. Chacune de ces castes a son chef.

Le chef des *noumous* couronne les rois et rend la justice pour les délits commis par ceux de sa caste, comme le font les Massassis pour les autres Bambaras; c'est-à-dire qu'il ne juge pas les prévenus ayant encouru la peine capitale. Dans les jugements portant condamnation à l'amende, la moitié appartient au roi, l'autre moitié au chef des *noumous.* Le droit de justice n'est pas dévolu aux deux autres chefs de castes.

Les griots n'ont pas de pouvoir, mais ils ont beaucoup d'influence. Ostensiblement, ce sont les derniers du peuple; la connaissance du Bouri leur est interdite, ainsi que le droit de le consulter ou de le faire consulter.

Les tisserands, les pasteurs, les cultivateurs ne sont pas réunis en castes, et leur industrie n'est pas exercée par des hommes spéciaux.

Tous les habitants y concourent également, les hommes libres comme les captifs. Généralement les tisserands sont des captifs, car la tisseranderie est l'industrie la moins estimée.

Je viens de me servir du mot *caste* pour désigner la réunion des individus composant les trois professions reconnues au Kaarta; mais il est nécessaire de faire remarquer que ce sont moins des castes comme celles de l'Inde, que des corporations et des maîtrises comme au moyen âge en Europe. A part l'interdiction absolue de s'allier avec les personnes d'une corporation différente, ces individus se confondent dans la masse de la nation par l'exercice des deux professions honorées, les armes et l'agriculture. En effet, tous les hommes établis dans le pays prenant une part égale à la défense du territoire et à la production alimentaire, il en résulte que le travail normal des corporations n'entraîne, pour ceux qui les composent, ni mépris ni dédain.

Les Bambaras, particulièrement les Kourbaris, méprisent beaucoup le commerce, et le secours qu'ils trouvent pour cet objet dans l'entremise des Sarracolés leur fait une obligation de les ménager. Ce sont les juifs du Kaarta.

La désobéissance, les coups et blessures, mais seulement avec armes ; les injures et menaces faites à un prince, constituent des délits justiciables, selon le cas, soit des Massassis, soit du chef des *noumous ;* ils sont punis par l'amende et par des châtiments corporels. On est frappé de coups de bâton pour bien peu de chose au Kaarta, et les Massassis tout comme les autres.

Il y a une manière de droit d'asile consacré par l'usage, et qui s'acquiert d'une singulière façon. Une fois la sentence prononcée, si le condamné parvient à *cracher* sur un prince, non-seulement sa personne est sacrée, mais elle est *nourrie, logée,* etc., par le grand seigneur qui a eu l'imprudence de se tenir à portée de cet étrange projectile. J'ai pensé à une plaisanterie de fort mauvais goût quand on m'a fourni ce détail; mais il m'a été confirmé par tant de gens, que je me suis vu forcé d'y croire.

Le vol, chez les Bambaras, est considéré comme le plus grand des crimes; mais il trouve son impunité dans l'exorbitant châtiment que la loi inflige au voleur. La partie la plus nombreuse et la plus voleuse étant représentée par des captifs, le maître du voleur et le volé ont un intérêt égal à arrêter les poursuites, et transigent presque toujours. En effet, le maître, dans le cas où la loi est appliquée, perd son esclave, et le volé, son bien; car les objets dérobés sont de plein droit confisqués au profit du roi; et même, dans le cas où le volé consentirait à perdre son bien, à la condition de voir punir l'auteur du crime commis à son préjudice, il deviendrait, de la part du propriétaire du supplicié, surtout s'il était Massassi, l'objet de tant de vexations, qu'il en serait promptement au regret d'avoir préféré la morale publique à son intérêt.

Autrefois la loi était plus sévère qu'aujourd'hui, et on en éludait beaucoup moins l'application. La restitution d'abord était permise, et de plus, le voleur subissait d'affreuses mutilations avant d'avoir la tête tranchée : on lui coupait le nez, les oreilles et les bras. On m'a même cité des rois qui se bornaient à infliger ce supplice aux voleurs, et les renvoyaient ensuite. C'était, sans contredit, pire que la mort; car, si le voleur ne mourait pas de ses blessures, il mourait de faim; la pitié, dans tous les pays, la Chine exceptée, étant muette pour les voleurs.

Aujourd'hui, on se contente de trancher la tête. Le condamné, étroitement garotté et soigneusement bâillonné, pour l'empêcher de cracher, est conduit par le bourreau au lieu ordinaire des exécutions: c'est le marché, selon la coutume des Arabes. Arrivé là, il est étendu sur le dos, et on lui coupe la gorge avec un couteau bien aiguisé. Il est enjoint au bourreau de se hâter dans l'accomplissement de son office, et de ne pas faire souffrir inutilement la victime. Après la décapitation, on lui ouvre le ventre, et le corps reste exposé jusqu'à ce que les *boukis* (les loups, les chacals et les hyènes) en aient fait leur pâture. Les vêtements et les armes du supplicié appartiennent au bourreau. Les exécutions ne sont jamais annoncées d'avance; on en compte, terme moyen, une quinzaine par an.

Lorsque le condamné est un homme libre ou un *wouloussou* (1), son maître ou ses parents obtiennent presque toujours la permission d'enlever son corps et de lui donner la sépulture.

Les revenus de l'État comprennent :

1º Le butin fait à la guerre ou dans les razzias; la moitié appartient de droit au roi, excepté quand il est fait par des Massassis ou par leurs captifs;

2º Les tributs ou coutumes payées par les peuples voisins pour solder,

_____

(1) On nomme ainsi une certaine catégorie d'esclaves, les *esclaves de case*, les *domestici* des Romains.

soit la neutralité des Bambaras, soit leur coopération effective. Les pays qui leur paient tribut sont : le Galam, le Kasson, le Bondou, le Bambouk, le Bouré, le Balyah, le Foulbadou. Ces coutumes sont acquittées en or, en esclaves ou en chevaux;

3° Le droit de péage des caravanes qui traversent le Kaarta, fixé, me dit-on, au dixième de la valeur des marchandises transportées. L'élévation excessive de ce droit ferme, pour ainsi dire, les routes du Kaarta aux *dioulas* et rend ce revenu presque nul;

4° Les tailles levées arbitrairement par le roi sur ses vassaux et ses hommes libres;

5° Le produit des amendes et des confiscations;

6° Enfin, des dîmes en nature prélevées chaque année sur le travail des corporations. Les forgerons sont tenus de fournir, par an, vingt houes pour la culture et autant de lames de poignard, sans compter d'autres objets de leur industrie; les garankiés doivent offrir des chaussures, des sacs, des gibernes, des selles, etc.

Ce dernier revenu constitue l'impôt régulier, et s'étend même aux industries exercées par des étrangers : ainsi les *laobés* fournissent des calebasses et des mortiers; les pasteurs foulhs ou les Diagoranis, des bœufs et des moutons.

Tous ces revenus, réguliers ou éventuels, s'ajoutent aux valeurs du trésor public, composé des économies faites par les rois précédents sur leur liste civile et de leurs biens personnels. Les biens des rois du Kaarta font retour au trésor le jour même de leur avénement; il ne leur est permis de disposer que de leurs bœufs.

La principale source de la richesse des Bambaras est donc la guerre, je veux dire la maraude et le vol à main armée. On conçoit dès lors combien ils doivent être redoutables, surtout si l'on tient compte de la position topographique de leur pays, qui n'a pour voisins que des États faibles et désunis.

Quand un roi meurt, le chef des captifs prend le commandement du *tata;* il en fait fermer la grande porte et veille à ce qu'aucune communication n'ait lieu avec le dehors. L'événement est annoncé dans la ville par deux coups de tamala; des courriers sont expédiés aux frères du défunt. On creuse une fosse dans la case où le roi est mort, et on y dépose son corps sur un lit de feuillage. Il est défendu de pleurer.

Le chef des captifs mande ensuite les femmes du mort et leur ordonne de lui remettre les objets précieux dont elles se paraient; il en demeure responsable jusqu'à l'arrivée de l'héritier présomptif.

Celui-ci est reçu par le chef des captifs et conduit immédiatement au lieu où le corps a été déposé. L'identité étant reconnue, tous deux se rendent à la case où ont été placées les parures des femmes; l'héritier se borne ce jour-là à les reconnaître, après quoi la case est refermée et la clef laissée encore au chef des captifs.

Le peuple est alors informé de la mort du roi par des espèces de hérauts d'armes qui parcourent la ville à cheval en criant des mots équivalant à ceux-ci, qu'on a dit longtemps parmi nous : « Le roi est mort; vive le roi! » Chaque habitant, noble ou libre, tributaire ou captif, est tenu de venir faire son offrande au mort. Cette coutume est passée dans les mœurs du peuple à tel point que tous, riches ou pauvres, se font un point d'honneur de n'y pas manquer. On apporte des chevaux, des armes, des bœufs, des moutons, du mil, du dolo; les plus pauvres donnent des pagnes. Les objets non comestibles sont remis à l'héritier du pouvoir; les bœufs, les moutons, et, en général, ce qui se mange et se boit, est réservé pour le repas des funérailles.

Dès que le corps est convenablement lavé et enseveli, on procède à l'inhumation. Elle a lieu à l'intérieur du *tata*, soit dans une case, soit en plein air; ordinairement on choisit l'endroit où le défunt se tenait de préférence. Si on a fait choix d'une case, on en mure la porte. Dans tous les cas, on mure celle du *tata* et on en ouvre une autre. Après l'inhumation, trois bœufs blancs sont égorgés sur la tombe, et les Massassis, les hommes libres et les étrangers admis à la solennité, viennent y décharger leurs armes.

Pareille cérémonie se produit au dehors. On établit à cet effet, près de la porte extérieure, une imitation de tombeau destinée à recevoir les hommages des hommes du commun et des captifs.

A partir du moment où le corps est enseveli, il est permis de pleurer, et les femmes ne s'en font pas faute, mais seulement dans l'intérieur du *tata*. On pleure, on crie, on tire des coups de fusil; les femmes du roi se déchirent la poitrine et s'arrachent les cheveux; les griots disent en chantant l'oraison funèbre du mort. Cette désolation d'apparat dure sept jours. A l'extérieur, au contraire, on se livre à la joie la plus folle; et les repas, les danses, les fantasias rendent hommage d'une manière bien différente à la mémoire du roi mort.

Le septième jour de deuil étant terminé, on s'essuie les yeux. La porte du *tata*, restée close depuis l'inhumation, s'ouvre avec fracas, et douze coups de tamala annoncent qu'on va procéder à la reconnaissance du nouveau souverain. Le chef des captifs, qui a conservé ses fonctions de maître des cérémonies, vient alors offrir au futur roi, en présence des Massassis, des chefs secondaires de captifs et des autres personnages considérables du pays, les richesses de son prédécesseur, parmi lesquelles se trouvent les joyaux récemment enlevés à ses femmes. La présentation est accompagnée de discours qui vantent la bonne administration du défunt. Elle a lieu avec l'assistance des *sofas*, le visage voilé, afin sans doute de ne pas être éblouis par l'éclat des trésors étalés sous leurs yeux. Ces trésors sont contenus dans des *bouss* posés sur la peau des bœufs qui ont servi au sacrifice.

Quand toutes les richesses ont été reconnues, palpées et comptées, on les remporte, à l'exception des parures des femmes. Ces malheureuses, présentes à l'inventaire, attendent avec anxiété que le nouveau monarque ait décidé de leur sort. Il fait son choix enfin; celles qui n'y sont pas comprises (naturellement les plus laides et les plus vieilles) sont dépossédées de leurs bijoux et vendues à la criée; mais leur existence n'en est pas moins assurée pour cela, car c'est un honneur de succéder au roi, et fussent-elles laides comme les sept péchés et vieilles comme Hérode, elles trouvent toujours des acheteurs. On m'assure qu'il n'est pas d'exemple qu'une femme de roi ait été délaissée. Les heureuses reçoivent de leur nouvel époux les bijoux dont elles se paraient sous l'ancien, et pour mieux se les attacher, il y joint souvent quelques-uns de ceux qui ont appartenu à leurs compagnes moins favorisées.

Le matin de ce jour on a sacrifié encore un bœuf blanc dont on a conservé la peau. Lorsque le démembrement des bijoux et des femmes est terminé, on étend cette peau sur le sol, et on place par-dessus une peau de mouton blanc spécialement affectée aux grandes solennités; sur cette dernière, qui est ornée de grigris, on fait asseoir le souverain qu'on va consacrer. Ce soin appartient au chef des *noumous*, assisté de quatre de ses plus vigoureux ouvriers.

A un signe, ils saisissent les quatre coins de la peau de bœuf et élèvent le prince par trois fois, ainsi que les Francs nos ancêtres élevaient leurs rois sur le pavois. A la troisième fois, les forgerons déposent doucement à terre l'élu des Bambaras, et leur chef lui parle en ces termes :

« Avant d'accepter le pouvoir, tu dois connaître quatre choses : la première, que tu es notre maître et que nos têtes t'appartiennent; la seconde, que tu dois nous traiter comme tes pères nous ont traités; la troisième, que tu dois faire respecter les lois et protéger la nation contre ses ennemis; la quatrième, qu'il te faut gagner la faveur que tu reçois en te signalant dans une expédition de guerre. »

Le prince répond en protestant de son dévouement, jure d'observer les lois, de demeurer toujours digne de commander à la nation, et de se couvrir de gloire dans la première année de son règne. Alors le chef des captifs s'approche, dépose sur la peau de mouton une manière de chaise en cuir, ouvrage des Maures, y fait asseoir le roi et lui place sur la tête une pièce d'étoffe de soie rouge richement brodée d'or et décorée de nombreux grigris; les forgerons lui mettent aux oreilles de très-lourds anneaux d'or ciselés, entremêlés de morceaux d'écarlate; puis, aux poignets, d'énormes bracelets d'argent, héritage des premiers rois. Ces trois choses constituent le costume royal et ne sortent jamais de la famille des Massassis.

Autrefois, la peau sur laquelle le roi était assis posait sur le corps tout sanglant du bœuf égorgé, et c'était ce corps même qui servait de pavois.

Après cette cérémonie, qu'on pourrait appeler le sacre des souverains du Kaarta, l'armée défile, et chaque guerrier, en passant devant la nouvelle majesté, décharge son fusil à ses pieds. Lorsque le défilé est terminé, le chef supérieur des captifs vient présenter individuellement au monarque les chefs des compagnies. On passe ensuite aux réjouissances publiques, qui durent également sept jours, comme les fêtes des funérailles.

Il arrive quelque chose d'analogue dans les familles, quand le chef vient à trépasser; mais nécessairement il y a moins de pompe. Si c'est un guerrier moissonné au champ d'honneur, nous avons déjà vu que trois coups de feu en frappaient la nouvelle dans l'air. Si, au contraire, ce n'est qu'une mort vulgaire sur le *tara*, par vieillesse ou par maladie, les pleurs, qui dans ce cas sont très-permis, l'annoncent aux habitants.

Lorsque le corps est au pouvoir des parents, on appelle, selon le sexe du défunt, trois vieux hommes ou trois vieilles femmes : l'un lave le corps, un autre le frotte, et le troisième l'essuie. Ce triple office ne peut être rempli que par trois vieillards et les plus âgés du village; ce n'est pas une profession, mais une charge de la vieillesse, très-douce d'ailleurs, car elle est grassement rémunérée. Quand le corps est lavé, chaque femme, fille, nièce, petite-fille ou petite-nièce du mort ou de la morte, apporte une pagne. On en prend trois pour envelopper le corps, et le surplus, divisé en trois lots, est remis aux vieillards.

Cela fait, les captifs, ou, si le défunt n'est point riche, les parents, conduisent le mort au lieu où il doit être enterré; c'est un endroit choisi arbitrairement (car les Bambaras n'ont point de cimetière), où l'on a creusé une fosse profonde, garnie de branches d'arbres et de feuillage. Au moment où le corps sort de la case, les pleurs et les cris redoublent, et l'on tire des coups de fusil. Le cortége se met en marche, et arrivé au lieu de la sépulture, il y a encore redoublement de pleurs et de cris; les griots et les proches parents chantent les louanges du mort.

Avant de le descendre dans la fosse, on y place du couscouss et une poule cuite. Lorsque l'inhumation est accomplie, les parents se penchent sur le bord et adressent au mort des paroles du genre de celles-ci :

« O N... (on dit toujours le nom)! vois comme nous te traitons bien, et toujours nous ferons ainsi. Chaque jour tu auras du bon couscouss; chaque jour nous viendrons causer avec toi, et nous informer de tes besoins. Agis de même avec nous, ô N...! et si tu es satisfait de nos soins, fais que nos troupeaux se multiplient et que nos récoltes soient abondantes. »

Après, on jette de la terre sur la tombe et on danse en pleurant tout autour. Le cortége retourne ensuite à la case du défunt pour procéder à la reconnaissance du nouveau chef de famille : c'est toujours le fils aîné qui est investi de ce titre.

On fait le dénombrement des femmes, des captifs, des biens meubles et immeubles. Le fils aîné hérite de tout, même des femmes de son père; les autres frères et les femmes n'héritent jamais de rien. Les femmes du père deviennent les femmes du fils, excepté toutefois sa propre mère, ou les laides, qu'il lui est aussi permis de vendre, ainsi que cela se fait pour les rois. Ce récolement terminé, vient le repas des funérailles. On tue un ou plusieurs bœufs, on fait du *dolo* et l'on boit et mange le plus longtemps possible. Les griots chantent encore, d'abord les louanges du mort, ensuite celles du vivant.

Les Bambaras ont beaucoup de respect pour leurs morts; ce respect se manifeste par des sacrifices, des offrandes, des prières, même par des signes extérieurs de déférence; hommages dont les Kourbaris, entre autres, sont peu prodigues. Je me rappelle avoir vu Mon-Sirré, le chef de Kaïndara, se découvrir en passant devant le tombeau de son père, tandis qu'il ne se découvrait jamais devant un vivant, fût-ce un vieillard de sa famille.

Les sépultures, pour les personnes de distinction, sont recouvertes d'un terrassement en saillie soigneusement entretenu. Quelquefois, quand il s'agit d'un chef de village, ce *tumulus* est élevé en dehors de la porte de son *tata;* c'est ainsi que le père de Môn-Sirré avait été inhumé.

On indique encore les sépultures par une pierre haute de 50 à 60 centimètres, placée verticalement du côté de la tête. Pour les simples *forons* et les captifs, les endroits consacrés à l'inhumation sont indifféremment la cour des cases, les champs, les bords des chemins; j'ai même vu des tombes sur les places ou se donnaient les *tamtams*.

Les offrandes et les sacrifices faits aux morts sont proportionnés à la fortune de l'héritier. C'est un devoir sacré, et les plus pauvres ne peuvent s'en abstenir. Les animaux choisis dans cette occasion sont le plus souvent des poules ; mais quand il s'agit d'une famille riche, on ajoute aux poules des bœufs et des moutons. On porte aussi fréquemment du couscouss et d'autres aliments sur les tombes. La chair des victimes est abandonnée aux pauvres, mais à la condition qu'ils porteront au mort, lorsqu'elle sera cuite, la viande jugée nécessaire à sa consommation d'un jour.

Lorsqu'un Kourbari meurt dans un combat, on enveloppe son corps dans des peaux de bœuf et on le porte à son village. Pour venger sa mort, on massacre tous les hommes pris dans le combat, n'épargnant que les jeunes gens au-dessous de quinze ans. C'est le seul cas où l'on offre des victimes humaines.

On lira peut-être avec intérêt, à propos des funérailles des Bambaras, — dont la célébration, excepté dans ce dernier cas, n'a rien de cruel, — quelques détails empruntés au voyageur anglais Bowditch, sur la même cérémonie chez les Achantis ; mais je dois prévenir qu'ils sont horribles.

Après avoir décrit les préludes de la cérémonie, tous plus affreux les uns que les autres, Bowditch continue :

« Enfin, le tambour annonça le moment du sacrifice. Loin qu'on manquât d'exécuteurs, on disputait à qui remplirait cet office; et ce qu'il y avait de remarquable, c'était l'indifférence avec laquelle la pauvre créature regardait ce qui se passait, malgré les souffrances que devait lui causer le couteau qui lui traversait les joues. On abattit d'abord la main droite de la victime, et, après l'avoir couchée par terre, on lui coupa ou plutôt on lui scia la tête, opération prolongée avec une cruauté que je n'ose appeler volontaire. Douze autres malheureux furent traînés au même endroit, pour mourir de la même manière; nous parvînmes alors à percer la foule et nous nous retirâmes pour n'en pas voir davantage. D'autres sacrifices eurent lieu dans le bosquet où le corps du défunt avait été enterré, et ce furent principalement des femmes qui y furent immolées. Il est d'usage aussi de *mouiller* le tombeau du sang d'un homme libre jouissant de quelque considération. Toutes les personnes attachées à la famille étant présentes, un esclave s'approche par derrière d'un de ces hommes libres, lui assène sur la tête un coup violent et lui fait une profonde blessure à la nuque; on le roule aussitôt par-dessus le cadavre du défunt, et à l'instant même on remplit la fosse. Il y eut à cette occasion, à Assafou, une espèce de carnaval qui dura plusieurs jours et qui se passa en décharge de mousquets, en chants, en orgies et en danses; les chefs s'y montraient généralement tous les soirs (1). »

Voici encore sur le même sujet des détails concernant les funérailles d'une peuplade établie sur les bords de la Casamance; ils sont beaucoup moins horribles que ceux qu'on vient de lire. Je les tiens d'un nègre voyageur qui m'assure en avoir été témoin. D'après des explications recueillies ultérieurement, il s'agirait des *Zolas* ou *Biafaras*.

Ces barbares ont un langage particulier, des habitudes bizarres, des mœurs sauvages. Ils n'ont point de religion, ne pratiquent aucun culte, et, chose étrange, ne reconnaissent un Dieu que pour l'insulter. Cette connaissance d'un seul Dieu, invisible, tout-puissant, habitant le ciel, leur a été donnée sans doute par les nègres musulmans qui ont eu des rapports avec eux.

Quand une personne de leur nation est morte, on transporte son corps en dehors du village; les guerriers se séparent en deux troupes et s'adressent les questions suivantes :

« Pourquoi nous a-t-il quittés? ·

— C'est Dieu qui l'a voulu.

— N'était-il pas bien parmi nous?

— C'est Dieu qui l'a appelé.

— N'avait-il pas une épouse, un champ, une case, des bestiaux?

— C'est Dieu qui l'a voulu — répond toujours l'autre troupe.

— Dieu est injuste; guerre à Dieu! » s'écrient les interrogateurs; et ils lancent leurs flèches et tirent leurs fusils vers le ciel. Quelques flèches et quelques balles retombant sur la terre atteignent les guer-

---

(1) Bowditch, cité dans Thomas Fowel Buxton, p. 259-260.

riers ; alors ils entrent dans une rage insensée et livrent un véritable combat à la puissance invisible qui semble répondre à leurs coups. Ils prononcent d'horribles imprécations, et, parvenus au paroxysme de la colère, finissent par s'entre-tuer à coups de flèches et à coups de fusil.

Après ce combat qui dure plusieurs heures, le mort ou les morts sont placés sur les branches de certains arbres (1), dans une position horizontale, couverts de leurs armes et de leurs vêtements les plus riches.

Ces mêmes *Zolas* (que les nègres appellent *Diolas*) vendent leurs propres enfants. Ils se liment les dents incisives de manière à leur donner la forme des dents des mammifères carnassiers ; et ce n'est pas par un caprice de la mode qu'ils se soumettent à cette mutilation, mais pour ajouter une arme de plus aux armes naturelles qu'ils ont déjà. La dent du *Zola* joue un grand rôle dans le combat, et c'est, me dit-on, une chose terrible à voir que ces hommes se déchirant le visage avec les dents, comme de vraies bêtes féroces.

(1) Il ne faut pas confondre cette sépulture avec celle qui est réservée aux griots dans les mêmes contrées ; on place ceux-ci, après leur mort, dans le creux des baobabs, et tout debout.

CHAPITRE XXXII.

———

La croyance générale des Bambaras est la même que celle des autres nègres qui ont eu des relations avec les Arabes; mais ils ne suivent pas, comme eux, les pratiques imposées aux vrais *moumenyn*. Ainsi, ils ne font pas le Ramadan, et s'ils fêtent le Baïram, c'est plutôt comme une fête civile que comme une fête religieuse. Les Bambaras ne se divisent pas moins entre eux en croyants et en *kafirs*.

Je ne saurais dire avec exactitude ce qu'ils entendent par kafirs. Aux yeux d'un bon musulman, ils le sont tous, et ceux qui prient plus encore peut-être que ceux qui ne prient point. Dans leurs prières, en effet, ils ne se tournent pas vers l'Orient et ne font pas d'ablutions, deux choses prescrites par le rit; ensuite ils se découvrent et offrent des sacrifices, ce qui n'est pas écrit. Mes nègres, qui se piquent d'une grande orthodoxie, en étaient très-froissés et s'écriaient, de l'air de gens qui voient consommer un acte d'idolâtrie : « Quels barbares ! » ou bien encore, en s'adressant à moi : « Que dis-tu de ces abominations? »

Je crois cependant avoir découvert que les Bambaras nommaient kafirs ceux qui ne prient pas Dieu et les ancêtres, et entendent la vie comme Sakha. A ce compte, tous les Kourbaris sont des kafirs, car jamais je n'en ai vu un prier.

Les Bambaras croient à l'existence d'un Dieu unique qu'ils nomment *Nallah* (évidemment Allah). Il est le créateur du monde et des hommes. Il tonne dans les airs pour foudroyer les méchants; il est invisible ; il voit avec satisfaction les hommes qui font le bien, et les récompense, après leur mort, par une longue vie et des joies indicibles. C'est *Nallah* qui est le dispensateur des avantages personnels, tels que la force, le courage et la beauté; c'est encore lui qui rend les terres fécondes et multiplie les animaux qui nourrissent l'homme. Il aime à voir les hommes lui adresser des prières, et les secourt dans les dangers, les maladies et les disettes. Ce Dieu suprême habite le ciel bien au dessus des nuages.

Outre cette divinité supérieure, les Bambaras croient à l'existence de *Bouri*, divinité subalterne dont j'ai fait connaître l'histoire, donné les attributs et indiqué les fonctions.

Méprisant l'étude avec affectation, ils ne possèdent, en fait de connaissances religieuses, que quelques bribes dérobées aux musulmans qu'ils ont entendus causer. Ils ont la notion d'Adam et d'Ève (Adama et Aoua) ; parlent du jugement dernier, et croient au diable qui punit les méchants. Ils connaissent la malédiction adressée à Cham par Noé, et racontent tout au long les causes qui l'ont provoquée.

« Ceux de ta race erreront comme des bannis sur une terre infertile et sans ombre; le soleil brûlera leur peau et la rendra noire comme la plume du corbeau; ils seront éternellement soumis aux autres hommes. »

Voilà comme ils formulent la malédiction de Noé, et la conséquence qu'ils en tirent est que les blancs doivent être leurs maîtres. J'ai trouvé cette tradition accréditée en ces termes et avec cette même interprétation chez des nègres de diverses nations.

La seule pratique religieuse que j'aie vu faire aux Bambaras est une prière adressée simultanément à Dieu et aux mânes des ancêtres.

Je me souviens d'avoir un jour surpris Niany remplissant ce devoir de dévotion. Je ne pus rien voir, car le bonhomme se cachait de moi;

mais M. Panet, qui l'intimidait moins, fut plus heureux, et parvint à recueillir jusqu'au moindre mot de son entretien avec ses ancêtres.

Le vieillard était à genoux à la porte de l'enceinte extérieure ; il avait la tête découverte, tenait d'une main une poule, de l'autre un couteau, et disait à haute voix :

« Mon père et ma mère accomplissaient un sacrifice pareil à celui que je vais t'offrir aujourd'hui, ô mon Dieu ! Toujours tu as exaucé leurs prières, et depuis que le sable couvre leurs os, j'ai pu moi-même me convaincre que tu avais conservé au fils la bienveillance que tu accordais au père en récompense de ses sacrifices et de ses prières. Puisse-t-il en être de même en ce jour, ô mon Dieu ! »

Le vieillard se leva, regarda le ciel ; puis, se remettant à genoux, continua :

« Mon père, ma mère, du fond des ténèbres de votre tombe, écoutez la voix de votre fils suppliant. Joignez-vous à vos frères, à vos sœurs, à vos pères, à vos mères, aux pères et aux mères de vos pères, et tous ensemble intercédez pour moi auprès de Dieu, afin que je n'aie pas dans ma famille un mauvais fils ou une mauvaise fille, un mauvais gendre ou une mauvaise bru. Intercédez aussi, ô mes pères et mes mères ! pour que ni moi ni mes enfants ne recevions dans nos cases, en leur donnant le titre d'épouses, des femmes d'un caractère méchant ; pour que mes enfants me conservent leur amour et qu'eux-mêmes ne perdent pas l'amour de leurs fils et de leurs filles. Demandez encore à Dieu, ô mes pères et mes mères endormis dans les profondeurs de vos tombeaux, qu'il éloigne de moi et de mes enfants toute personne nuisible et malintentionnée ; et suppliez-le surtout de faire prospérer mes travaux et de m'accorder une riche moisson pour me nourrir et nourrir ma famille. »

Cette prière finie, Niany se releva, regarda encore le ciel en remuant les lèvres, coupa le cou à sa poule, en fit couler le sang de chaque côté de la porte, et la porta ensuite à ses femmes, qui la firent cuire immédiatement. Lorsqu'elle fut cuite, il la divisa avec ses mains en autant de portions que sa famille comptait de membres, et les leur distribua pour être mangés ; ce qu'ils firent aussitôt.

Un autre jour je vis encore Niany se préparer à quelque pratique semblable, et j'envoyai un homme pour me rendre compte de ce qui se passerait. Niany alla au même endroit avec une calebasse de mil cuit. Il se découvrit encore, s'agenouilla de même et dit cette prière :

« Je te recommande, ô mon Dieu ! mon fils aîné, absent pour nos besoins à tous. Accompagne-le dans son voyage, et accorde-lui la grâce d'obtenir ce qu'il est allé chercher. Éloigne de lui les méchants, et préserve-le de tout malheur, afin qu'il puisse franchir une nouvelle fois cette porte par où il est sorti et devant laquelle je suis agenouillé. Je t'implore, ô Dieu! pour que tu le rendes à mon amour et à celui de sa mère, de ses frères et de ses sœurs. »

Le vieillard répandit ensuite le mil aux mêmes endroits où le sang de la poule avait été versé.

Il y a dans cette superstition, dans ces prières et dans ces sacrifices, quelque chose d'extrêmement doux. C'est l'invocation des saints dans les prières catholiques, l'*animas evocare* des anciens, la croyance à la vie future. Leur respect pour la vieillesse les a conduits sans doute à accorder la béatification aux vieillards de leur famille, et leur amour l'a consacrée. Remarquons qu'ils ne s'adressent qu'aux mânes de leurs ancêtres, et jamais aux mânes de leurs enfants ou de leurs frères. La coutume de porter à manger aux morts est encore une reconnaissance tacite de la vie éternelle et de l'immortalité de l'âme que, dans leur ignorance, ils confondent avec le corps. Indépendamment de ces invocations et de ces sacrifices, ils offrent à Dieu et aux ancêtres, pour les rendre favorables aux récoltes et à la reproduction des troupeaux, du lait, de jeunes animaux, ordinairement les premiers-nés des mères, et les prémices des moissons.

Il est fâcheux toutefois que des pratiques si délicatement religieuses et peu éloignées au fond de celles de la vraie religion, soient entachées d'autres pratiques empruntées au plus grossier fétichisme.

Ce même Niany, d'une foi si robuste en la toute-puissance de Dieu, si confiant dans l'intercession de ses aïeux, rendait à son Bouri les mêmes respects et lui adressait peut-être les mêmes prières.

Un soir, je le vis sortir de sa poche un objet enveloppé d'un chiffon sale et tout souillé de sang coagulé. Il se plaça à la porte de sa case, se découvrit, s'agenouilla exactement comme il l'avait fait en s'adressant à Dieu et aux mânes de son père, et, prosterné devant son Bouri, récita une longue prière. J'avais envoyé des hommes rôder autour de lui afin de saisir les paroles qu'il prononcerait; mais il parlait si bas qu'on ne put les distinguer. Il prit ensuite du mil préparé dans du lait et le fit couler devant le fétiche.

Ces pratiques m'amènent à parler des usages religieux que suivent d'autres peuples de l'Afrique. J'emprunte à Oldendorp le passage suivant sur les nègres de la Guinée. Il m'a paru d'autant plus intéressant qu'il s'accorde en beaucoup de points avec ce que je viens de rapporter sur les Bambaras.

« Les demandes qu'ils adressent à Dieu ont pour objet la santé, la force, l'adresse, des saisons favorables, une abondante récolte, la victoire sur leurs ennemis, et autres choses de ce genre. Lorsqu'il y a une grande sécheresse, les wawas, la tête et le corps couverts de feuilles, viennent en lugubre procession devant la maison du shambeo, où le dieu qu'on adore est un tigre. Là, avec des cris et des lamentations, ils lui représentent leur détresse et le danger où ils sont de mourir de faim s'il reste sourd à leurs prières et ne leur envoie bientôt de la pluie (1). Chez les Loangos, dans de semblables occasions, on amène devant le temple une offrande de bétail. Cette offrande a été faite avec les cérémonies d'usage. Le prêtre, qui se mêle aussi de la pratique des enchantements, engage le peuple à retourner en toute hâte au village, pour éviter d'être surpris par la pluie. Les Watjas adressent leurs prières à la nouvelle lune, pour qu'elle leur donne la force nécessaire dans leurs travaux; et les Aminas vont jusqu'à demander à leurs dieux de payer leurs dettes.

» Les sacrifices, qui, chez ces peuples, forment la partie la plus importante du culte, se célèbrent toujours dans des lieux saints et par l'intermédiaire de personnes consacrées. Les lieux saints sont ceux où une de leurs divinités réside, soit sous une forme visible, soit à l'état invisible. Ce sont, en général, d'anciens édifices, des collines, des arbres remarquables par leur vétusté, par leur hauteur ou leur grosseur. Ils ont aussi des bois sacrés où quelque divinité est supposée faire son séjour et où nul homme, s'il n'est sorcier ou prêtre, ne se hasarderait à pénétrer.

» Les offrandes des nègres consistent en bœufs, vaches, moutons, chèvres, oiseaux de basse-cour, huile de palmier, eau-de-vie, ignames, etc. Quelques nations offrent aussi des sacrifices humains. Dans les occasions de réjouissances, ils offrent des animaux blancs; dans les circonstances malheureuses, ils en choisissent de noirs. Quelques-uns de leurs sacrifices se font à des époques qui reviennent périodiquement, d'autres sont déterminés par les événements : un individu en offrira à l'occasion d'une maladie; une nation, à l'occasion d'une guerre, d'une

(1) C'est exactement ce qu'ont fait les habitants de Foutobi en me priant d'intercéder auprès de la pluie. Ce n'est pas la première fois que je signale des rapprochements entre les Bambaras et les nègres de certaines nations de la Guinée.

sécheresse. Au reste, tous les sacrifices n'ont pas pour objet d'obtenir les faveurs de la divinité; on en offre aussi en témoignage de gratitude des bienfaits reçus. On fait enfin des offrandes en mémoire des morts (1). »

Les Bambaras ont remarqué plusieurs constellations auxquelles ils ont donné des noms. Leur retour périodique au-dessus de l'horizon, après le coucher du soleil, ne leur a pas non plus échappé. Ce retour, suivant eux, indique les saisons, et ils attribuent aux circonstances qui l'accompagnent, des influences sur les faits relatifs à l'agriculture.

Les Pléiades portent le nom de *gnougnou-gnougnou*. Elles annoncent au laboureur l'époque des semailles. Si leur apparition est immédiatement suivie de pluie ou accompagnée d'un vent fort, cela veut dire qu'il faut ensemencer les terres sans délai.

Cassiopée se nomme *fâali-dolo*. Lorsqu'elle reparaît accompagnée de pluie et de vent d'ouest-sud-ouest, elle annonce une bonne récolte. Si, au contraire, elle n'est pas accompagnée de pluie, c'est le signe d'une mauvaise récolte, quelquefois même d'une disette et d'une épidémie.

La grande Ours est appelée *gniamou-dolo*, mot à mot l'*étoile chameau*. Quand elle se montre la tête en haut et les pieds en bas, s'il vente de l'ouest, c'est signe de grandes pluies pendant l'année. La tête du chameau, ce sont les trois étoiles de la queue; les pieds, les quatre étoiles du corps ou du Chariot.

Ils ont encore, m'a-t-on dit, remarqué d'autres constellations; mais mon informateur n'a pu me les faire connaître.

Ces remarques dénotent une aptitude d'observations contrastant avec l'indifférence stupide de certains nègres mahométans qui, sous prétexte que c'est une impiété de chercher à pénétrer les mystères de la création, croupissent dans une ignorance absolue des faits naturels les plus saisissants.

Les étoiles ne servent pas aux Bambaras à s'orienter dans leur marche. Ils ne voyagent, du reste, jamais la nuit, par la raison (qu'on me donna encore à l'occasion de ce document) qu'ils ne voient pas après le soleil couché.

Ils appellent le tonnerre sankalma, la *voix de la pluie*. Les Arabes disent *kelm Allah*, la *voix de Dieu*. Bien qu'il soit extrêmement fré-

(1) *Histoire naturelle de l'homme*, par J.-C. Pritchard, t. II, p. 320-322.

quent, ils en ont toujours grand effroi. On a déjà vu qu'ils le consi-
déraient comme une manifestation de la colère de Dieu.

Le mariage, chez les Bambaras, diffère peu du mariage des Yoloffs;
je crois néanmoins devoir en faire connaître les particularités.

Les hommes font leurs demandes par l'entremise d'un griot ou d'un
forgeron. On accorde toujours ces sortes de demandes; mais cela se
borne à autoriser le jeune homme à faire sa cour à la femme qu'il
désire épouser. Possesseur de cette permission, le futur envoie quatre
pagnes blanches et se présente ensuite. S'il persiste dans ses projets,
il offre, au bout de quelques jours, une ou plusieurs captives à sa future. Ce second cadeau a quelque chose de plus sérieux que le premier; c'est une manière de fiançailles, ou plutôt de denier à Dieu qui
donne à la demande en mariage une sanction; mais cependant il
n'y a pas encore d'engagement irrévocablement pris. Après cet envoi,
le jeune homme s'abstient de toute visite pendant deux jours. Si la
jeune fille garde les captives, il considère que sa proposition est agréée
et lui envoie des vêtements : c'est la corbeille. Quand les choses en sont
à ce point, une rupture serait au moins aussi discourtoise que chez nous,
et il est extrêmement rare qu'elle ait lieu. Le griot ou le forgeron
(la mère du jeune homme n'intervient pas encore) s'entend alors avec
la jeune fille sur le jour où elle sera remise à son futur époux. Ce
point réglé, on fait les invitations, et le jour convenu, la jeune fille
est conduite processionnellement, par ses compagnes et ses parents
suivis des invités, à la case du jeune homme. Le cortége s'arrête à
quelque distance; un griot, accompagné des amis de la future, s'a-
vance, s'adresse à la mère et lui dit :

« Nous t'amenons la femme de ton fils; consent-il à la recevoir et
à la nourrir? »

La mère dit oui, et la jeune fille, restée en arrière, est amenée au
milieu des chants, des cris et au bruit des instruments. Il n'y a ni
cérémonie religieuse, ni serment prononcé. Le *oui* de la mère est la
seule consécration de l'engagement, que le fils confirme en offrant un
bœuf à la mère de sa femme, et à celle-ci une nouvelle captive. On
danse, on chante, on boit et on mange jusqu'au milieu de la nuit.
De grand matin, les amies de la mariée et les griots viennent troubler
le nouveau couple. Un griot à cheval saisit les pagnes des noces et les
promène dans le village en annonçant le mariage.

Le mari a le droit de renvoyer sa femme ce jour-là s'il le veut; il
rentre alors en possession des objets qu'il a donnés; mais cette manière

d'agir est bien peu usitée, et, à moins de motifs graves, la répudiation n'est jamais aussi rapprochée du mariage.

La polygamie est permise selon la loi mahométane, c'est-à-dire qu'un homme peut prendre autant de femmes qu'il le désire, à la seule condition de les nourrir.

Les Bambaras, comme les autres nègres, ne sont ni galants ni complaisants avec leurs femmes, et les traitent en servantes. Mais celles-ci savent se venger des dédains de leurs maris, et pour de belles pagnes, pour un collier de verre, elles ne se feraient pas faute de manquer à l'obligation fondamentale du contrat tacite qui les lie. Il faut dire aussi que, malgré leurs airs d'Othello et les rigueurs de la loi sur l'adultère, les Bambaras de toutes les conditions (je n'en excepte pas les Kourbaris) se montrent aussi peu éloignés que possible de trafiquer de leurs femmes quand ils y trouvent un beau profit.

En Afrique, les filles sont nubiles de bonne heure. Il n'est pas rare de les voir se marier dès l'âge de douze ans. Les femmes ne sont pas très-fécondes, et les exemples d'avortements et d'enfants morts-nés, sans être fréquents, se produisent encore assez souvent. On m'a néanmoins cité des femmes qui avaient donné le jour à trois, même à quatre enfants viables.

Les accouchements sont ordinairement peu laborieux. Quand ils sont difficiles, on fait venir des espèces de matrones dont l'office se borne à quelques simagrées qui rappellent les passes des magnétiseurs, et à de petits crachements dont elles aspergent la malade, particulièrement à la figure. Les nègres tiennent beaucoup à ce détail. Dans les mêmes circonstances, on a recours aux *silas* (aux marabouts); mais ils se tiennent en dehors, reproduisant avec un admirable sang-froid, sur la toiture de la case, les passes et les expectorations des matrones. Ce n'est que dans les cas tout à fait graves qu'ils entrent chez la femme en couches et l'assistent effectivement ; ils vont alors jusqu'à aider l'accouchement en introduisant les mains; mais cette intervention est de la dernière rareté, les négresses montrant une invincible répugnance à s'y soumettre.

La mortalité des femmes est d'ailleurs bien peu commune. Bouó, dans un village de sept cents à huit cents âmes, n'en a vu mourir que *trois* en quarante ans.

Après la délivrance, l'accouchée demeure quelques jours sur sa natte; mais jamais plus de sept. Il est mieux de vaquer le jour même aux travaux du ménage ; mais chez les Bambaras, il ne semble pas que cette coutume, imposée par l'orgueil à la nature, soit très-suivie. Les soins médicaux, quand ils sont nécessaires, sont donnés par des matrones, sortes de sages-femmes empiriques. La nourriture, qui doit toujours être préparée par deux jeunes filles choisies par la malade, se compose invariablement de sanglet au lait.

La durée ordinaire de la lactation est de quatre ans pour une fille et de trois ans pour un garçon. Ces nombres m'ont paru tellement exagérés, que je me suis adressé à bien des femmes avant de les écrire; mais toutes me les ont confirmés. Cependant, s'il se déclare une nou-velle grossesse durant cette période, la mère sèvre son enfant; on le nourrit alors avec du lait et du mil. Grâce à la polygamie, les mères remplissent le plus souvent dans leur entier les devoirs prescrits par l'usage.

La naissance d'un enfant donne lieu à une fête de famille qui s'an-nonce par le sacrifice d'un bœuf ou d'un mouton à la porte de la case de la mère. On fait ensuite le *déga :* c'est un composé de mil et de lait préparé pour la circonstance.

La première opération subie par l'enfant est d'avoir la tête rasée ; on dépose ses cheveux au-dessus du *déga.* Chaque convive appuie la main droite sur le bord de la callebasse qui contient ce mets, et un des griots prononce des paroles qui sont tout à la fois l'horoscope de l'enfant et des prières pour son bonheur. Cela fait, on danse en rond autour de la calebasse ; après, on en retire les cheveux et on les re-met à la mère pour être conservés.

Ces préliminaires terminés, on fait à l'enfant, au moyen d'un poi-gnard, les marques particulières à sa nation. On a vu que chez les Bambaras, c'étaient trois incisions sur chaque joue. Le griot qui préside à la fête prend ensuite l'enfant dans ses bras, le promène autour de la compagnie, lui crache trois ou quatre fois au visage, lui crie des paroles dans l'oreille, puis le remet au père, à qui est réservé le soin de lui donner un nom. Ce nom est souvent emprunté à quelque particularité locale, accidentelle ou personnelle : ainsi il y a déjà au Kaarta un cer-tain nombre de petits *Arfnel*, c'est ainsi qu'on prononce généralement mon nom; il y a aussi des *Pnet*, des *Osmnn* (c'est le nom de mon domestique). Lorsque le père a fait son choix, il rend l'enfant au griot chargé spécialement d'apprendre au marmot le nom qu'il doit porter. A cet effet, le griot faisant un cornet de ses deux mains, les approche de l'oreille du nouveau-né et lui crie par trois fois de toute la force de ses poumons : « Tu t'appelleras N... » Ces cris sauvages, accueillis,

comme on le pense sans doute, par le pauvre enfant avec une épou
vantable explosion de douleur, terminent la cérémonie.

Le père partage lui-même le *déga* entre les assistants, en y ajoutant
des portions de l'animal égorgé à cette occasion.

Le cordon ombilical est placé, dès qu'il est sec, au cou de l'enfant,
dans un petit sachet de pagne. C'est pour lui un *grigri* très-précieux.

J'ai oublié de donner en leur lieu quelques particularités relatives
aux aptitudes physiques des Bambaras. Ils sont actifs, marchent vite et
supportent assez bien les privations.

Les hommes et les femmes vivent vieux; on m'a cité plusieurs cen-
tenaires. J'ai fait encore une remarque qui ne manque pas d'intérêt :
c'est qu'on n'y voit pas d'individus contrefaits. Cette remarque, au
reste, ne doit pas être restreinte au Kaarta, car je l'ai faite aussi dans
les autres parties de l'Afrique que j'ai parcourues.

Je ne me suis pas aperçu que les Bambaras aient le goût de la
chasse; on trouve cependant dans leur pays des éléphants, des lions,
des panthères, des hyènes, diverses espèces de chats sauvages, des chacals, des loups, des sangliers, des autruches, des singes et plusieurs
familles d'antilopes.

L'histoire naturelle ajouterait à cette nomenclature une riche variété
d'oiseaux, des lézards de cent espèces différentes, et des serpents à
foison.

Une chose qui m'a fort surpris et que j'allais oublier de rapporter,
c'est que les Bambaras élèvent des chapons. Pour des gens qui se
nourrissent des aliments les plus grossiers, cette recherche est extraordinaire. Leurs basses-cours, véritable luxe pour eux, sont généralement assez bien garnies. On y remarque des autruches, des pintades
et des poules. Si ce n'est au cas où ils offrent des sacrifices à Bouri ou
à leurs aïeux, leur ordinaire ne se ressent guère de cette ressource;
mais il n'en est pas de même des Kourharis, qui fréquemment y ont
recours, et sans bourse délier, bien entendu.

CHAPITRE XXXIII.

Industrie. — Comment on fabrique la poudre. — Tannerie. — Mégisserie. — Cordonnerie. — Travail des métaux. — Tissus. — Teinture. — Des matières tinctoriales et de leur préparation. — Industrie des abeilles; miel et cire. — Agriculture. — Semailles; récoltes; produits. — Comment on conserve les grains.

Si l'on a calomnié le caractère des Bambaras, on a singulièrement, en revanche, exagéré leurs talents industrieux. J'ai assisté à la fabrication de leur poudre, vantée par tous les nègres du Sénégal, et je n'ai pas eu le courage de leur en faire compliment. Sans doute tout est relatif; mais encore, pour louer et admirer, faut-il avoir quelque motif. On va juger.

Pour faire leur poudre, les Bambaras prennent les jeunes branches d'un arbuste nommé *darsé,* qu'ils réduisent en charbon; ils pilent ce charbon et le mêlent à de la poudre ordinaire dans la proportion des trois quarts : telle est la fabrication. On conviendra qu'elle est peu savante, et que la poudre ainsi faite doit ressembler, par ses qualités, au vin et au lait que l'on vend à Paris.

J'ai essayé de faire comprendre aux Bambaras qu'ils se donnaient là une peine plus qu'inutile; car la poudre telle qu'ils la recevaient des

Anglais ou des Français ne valait absolument rien après ce mélange, et qu'ils avaient beau en mettre dans leurs fusils une quantité quatre fois plus forte, ils ne pouvaient jamais obtenir le même effet qu'avec la poudre pure en quantité quatre fois plus faible; mes explications ont été perdues. Ils tiennent énormément, au reste, à passer pour des hommes entendus sur les choses de la guerre, et leur amour-propre n'a pu consentir à avouer qu'ils n'y entendaient rien.

Un Bambara frappé de mon peu d'enthousiasme, m'appela à l'écart pour me dire que ce n'était pas de cette manière que s'y prenaient les bons faiseurs :

« Ils mêlent, me dit-il, du soufre au *darsé*.

— Fort bien, répondis-je à cet habile homme; mais n'ajoutent-ils pas encore quelque chose ? »

Et je lui donnai du mieux que je pus une description du salpêtre. Jamais il n'avait entendu parler de rien de semblable.

Je maintiens donc que les Bambaras ont bien usurpé leur renommée bonne et mauvaise. Ils ne sont ni braves ni cruels, et, en dépit de leurs prétentions, ils sont, en industrie, bien peu supérieurs aux autres nègres. Ils n'ont dans ce genre qu'un seul mérite, c'est de faire des chaussures fort originales et de travailler avec assez de goût les ouvrages en cuir; mais si l'on considère cette industrie au point de vue de la prospérité nationale, on sera bien désenchanté. En effet, on trouve à peine dans le Kaarta un habitant sur cinq cents qui porte des sandales, et une habitante sur deux mille qui fasse usage de l'élégante chaussure à semelle de deux pouces d'épaisseur que j'ai décrite au chapitre XXIX.

Outre les ouvrages en cuir et la poudre, les Bambaras fabriquent encore des armes blanches et, ceci me réconcilie quelque peu avec eux, ils savent leur donner une trempe passable. Leurs forgerons, formés à l'école des Maures, travaillent aussi les métaux précieux; ils confectionnent avec l'or indigène des bracelets, des bagues et des boucles d'oreilles. Ce dernier ornement est porté par les chefs et paraît être une marque distinctive de leur dignité. Les Bambaras emploient aussi à la confection des objets d'orfèvrerie, l'argent, le cuivre et même le fer. L'argent en pièces de 5 francs et le cuivre en lingots proviennent de nos comptoirs, le fer est indigène. On m'a dit qu'il existait autrefois dans le Kaarta une mine de cuivre rouge, mais je n'ai pu vérifier cette assertion.

Une des industries les plus répandues en Afrique et à laquelle les Bambaras prennent part non moins que les autres nègres, c'est la fabrication des tissus de coton. Les femmes, avant de filer, placent le fruit du cotonnier, par petites quantités à la fois, sur une pierre unie ou sur un morceau de bois; elles en font sortir les graines avec une baguette de bois ou de fer, et filent ensuite le coton à la quenouille. Le fil n'est pas fin, mais il est bien tordu et fait une étoffe qui dure longtemps.

Ce sont les hommes qui tissent. Leur métier est établi sur les mêmes principes que celui dont on se sert en France; mais ce métier est si étroit que l'étoffe qui en sort a rarement plus de 9 centimètres de largeur. La navette a la forme des navettes européennes; cependant, le fil étant plus gros, sa chambre est nécessairement plus grande.

J'ai déjà décrit un haut-fourneau et quelques-unes des principales opérations qui se rattachent à la fonte du minerai de fer. Les hauts-fourneaux du Kaarta me paraissent plus perfectionnés qu'au Bondou. D'abord, on ne les démolit pas, comme cela se pratique en ce pays, et ensuite on établit à la base un certain nombre de tubes d'argile pour le passage de l'air. C'est par ces tubes que le feu est introduit; on les retire au fur et à mesure que la combustion intérieure s'est développée. J'ai vu des hauts-fourneaux ceints de lianes en plusieurs endroits, afin d'empêcher la chaleur de les faire éclater. Cette précaution dénote une certaine prévoyance, remarquable surtout en ce qu'elle est peu commune chez les nègres.

On fait aussi au Kaarta du savon et des peignes. Le savon est préparé avec un mélange de cendres lavées et de pistaches de terre; les peignes sont confectionnés tantôt avec la peau des hérissons, tantôt avec des morceaux de bois dur taillés en pointes et réunis sur le même plan au moyen d'un fil de coton. Ces derniers sont les plus communs et imitent à peu près nos grossiers peignes de buis.

Voilà finalement à quoi se bornent les produits enfantés par le génie des Bambaras.

Je ne sache pas qu'on se soit beaucoup occupé de matières tinctoriales au Sénégal. Ma moisson en renseignements de cette nature n'est pas aussi belle qu'elle l'eût été si des accidents ne s'en étaient mêlés. Je vais néanmoins donner sans fausse honte le peu que j'ai recueilli; j'expliquerai tout à l'heure pourquoi je n'ai rien à mettre à l'appui de mes dires et pourquoi ils sont si incomplets.

Il y a d'abord l'indigo, croissant spontanément dans toute la Sénégambie. Pour teindre en cette couleur, la plus commune de celles dont les nègres font usage, on pile dans un mortier de bois des feuilles fraîchement enlevées à l'arbuste; on les façonne en boule et on les jette dans une grande jarre de terre au milieu d'une lessive de cendres de *tiridiomé* (1). Quelquefois on ajoute de l'urine à ces cendres; on laisse deux jours au moins le tissu plongé dans cette préparation. Les femmes sont exclusivement chargées de l'opération, mais à la condition qu'elles ne seront pas alors à leurs jours périodiquement critiques, un préjugé ou une observation, j'ignore lequel des deux, attribuant à cet état la propriété de faire tourner la teinture.

On rencontre dans toute la Sénégambie et le Soudan occidental une variété de gros mil, le *sorghum rubens* des botanistes. A la partie vaginale de la feuille se trouve déposée une matière colorante rouge-groseille, servant principalement à teindre les cuirs. Voici comment on procède pour la préparation de cette teinture : on prend des tiges de petit mil, on les fait sécher au soleil et on y met le feu. Les cendres provenant de cette combustion sont placées dans un vase à double fond percé de trous, ou dans toute autre capacité disposée pour la distillation ; l'eau jetée sur ces cendres est soigneusement conservée. Il ne faut pas confondre les tiges du petit mil avec les tiges du gros : ce sont ces dernières qui fournissent la matière colorante. Elle est recueillie au moment où le sorghum atteint sa maturité; on la trouve, en quantité plus ou moins grande, à la partie interne de la naissance des feuilles, au renflement des nœuds; on arrache ces feuilles, on les casse en petits fragments et on les fait macérer soit dans l'eau, soit dans la bouche. On pétrit ensuite ces fragments avec beaucoup de précautions, afin d'éviter la perte du principe colorant, et on en forme des boules de petite dimension. Ces boules sont ensuite délayées dans une faible quantité de la lessive des cendres du petit mil.

Telle est la préparation. La couleur ainsi obtenue ne manque pas d'éclat; mais elle est fort inférieure au carmin ; elle est très-durable, particulièrement quand elle est appliquée sur les cuirs. On ne l'emploie guère d'ailleurs que dans ce cas, les étoffes rouges ne servant qu'aux habits de mascarades. Avant de teindre les cuirs, on les frotte de beurre et on les lave à l'eau chaude.

Voici maintenant une couleur jaune empruntée, comme la couleur groseille, au règne végétal. On prend les jeunes branches d'un arbre à petites feuilles du genre mimosa, nommé *galama* en bambara et *kodioli* en foulah. Ces branches, coupées avec leurs feuilles, sont séchées à l'ombre, puis soumises à l'ébullition dans une petite quantité

(1) Nom d'un arbre de la famille des mimosées.

d'eau. Le jaune obtenu ainsi est sans éclat, tirant sur le rouille ; mais en y ajoutant une pincée d'une substance blanchâtre qui est très-abondante dans le Sahhrâ, et que les Maures vendent à vil prix, on obtient un ton plus vif qui ne le cède en rien à nos plus beaux jaunes. La matière dont je parle, ressemblant à des cendres végétales autant qu'à un produit minéral, porte en arabe le nom de *cheb*, et en bambara celui de *ierlé*. On se la procure en creusant la terre dans certaines parties des oasis.

Cette préparation tinctoriale de *galama* et de *ierlé* sert plus spéciale-ment aux cuirs. Pour les étoffes, on n'emploie guère que la dissolu-tion du galama ; on y plonge les tissus, et on les y laisse environ une heure. Il arrive souvent qu'on pratique sur ces étoffes des rosaces, des carrés et des raies. Cette disposition, toute particulière au Kaarta, ré-sulte de l'emploi d'une terre vaseuse recueillie dans certains cours d'eau. Ces dessins, de couleur brun-noir, résistent longtemps au la-vage ; on les applique à froid lorsque l'étoffe est teinte en jaune.

Je citerai à cette occasion un autre procédé de dessin fort original en usage pour les étoffes teintes en indigo. Avant de les plonger dans la teinture, on place sur toute l'étendue de la pièce, et dans un ordre symétrique, des noyaux de tamarin ou de cotonnier, et on les noue solidement dans la pièce ; on enveloppe, en outre, pour mieux les pré-server de l'action de l'indigo, les parties recouvrant les grains avec des petits morceaux d'étoffe en double ou triple pli, qu'on lie également avec force. D'autres fois on se borne à disposer simplement dans l'é-toffe des nœuds en forme de croix ou de losanges ; ces nœuds sont dé-faits quand la pièce est teinte, et il en résulte des parties ménagées en bleu très-clair émaillant les tissus et leur donnant un air de fabrique qui ne manque ni de goût ni d'agrément.

Le *kodioll*, qui fournit la couleur jaune, est très-commun dans le Fouta. Son bois, d'une grande dureté, sert à faire des pirogues ; les cendres provenant de sa combustion, très-riches en carbonate de soude, sont avantageusement employées dans la fabrication du savon.

J'ai annoncé, dans ce chapitre, que mes documents sur les matières végétales se trouvaient diminués par suite d'un accident, et j'ai promis d'en donner l'explication ; la voici :

J'avais recueilli un herbier et des notes étendues sur les végétaux utiles à l'industrie et à la médecine, et je les avais déposés avec beau-coup de soin dans une caisse en bois de chêne. Caisse, plantes, notes, tout a été détruit par les termites. J'avais aussi une collection de fruits.

accompagnée de descriptions détaillées, qui a été pareillement anéantie par ces terribles insectes. On ne saurait se figurer la rapidité avec laquelle s'est accomplie cette destruction. Il y avait à peine huit jours que j'avais visité ma caisse, et ce court intervalle avait suffi aux termites pour percer à jour, déchiqueter et taillader, comme avec des instruments d'acier, une caisse en chêne de plus d'un centimètre d'épaisseur, couverte d'une toile à voile goudronnée et peinte. J'ai remarqué dans cette circonstance que les larves de ces odieux insectes recherchaient le froid et l'humidité, et fuyaient au contraire la chaleur et la sécheresse.

Il y a encore une autre couleur à l'usage des Bambaras, la couleur noire; mais sa préparation est si naïve, que je la donne plutôt comme un renseignement curieux que comme une indication utile. On plonge dans de l'eau pendant plusieurs jours du fer mêlé à du charbon, et on y ajoute la matière adhérente à la partie des pots exposée au feu; pour donner du brillant à la couleur, on y met de la gomme.

J'ai cherché à obtenir des éclaircissements sur cet arbre dont l'écorce fournit une magnifique couleur jaune empruntant au lavage un éclat plus vif et plus brillant encore, ainsi que sur un autre arbre dont le bois même donne une couleur rivalisant avec le carmin. La découverte de ces deux matières tinctoriales a été faite en l'année 1787, par des Anglais, et depuis cette époque toutes les recherches pour retrouver les arbres en question ont été infructueuses.

On ne saurait trop appeler l'attention sur l'intérêt qui s'attache à la recherche de ces précieuses matières, et c'est dans ce but que je vais transcrire littéralement une note que je trouve dans le livre intéressant de sir Fowel Buxton, que j'ai déjà eu occasion de citer :

« Parmi des bûches de chauffage apportées à Liverpool par des bâtiments négriers, le hasard a fait découvrir plusieurs espèces de bois de la plus grande beauté. M. Clarkson, dans son ouvrage intitulé : *Impolitique de la traite*, rapporte à ce sujet l'anecdote suivante. Après avoir parlé de l'arbre à tulipe et d'autres trouvés de cette manière, il ajoute : « A peu près à la même époque où ce bois fut découvert
» (en 1787), un autre bâtiment, appartenant au même port, apporta un
» échantillon d'une écorce d'arbre qui donnait une admirable couleur
» jaune, bien supérieure à tous les jaunes connus ici depuis longtemps.
» Voici comment on en vint à découvrir les propriétés de cette écorce.
» Un particulier résidant sur la côte donna l'ordre à ses gens de couper
» du bois pour construire une cabane; il les regardait travailler, et pen-

» dant l'opération, quelques gouttes d'un liquide jaillirent de l'écorce,
» et, tombant sur une de ses manchettes, y laissèrent une tache jaune. Il
» crut qu'elle disparaîtrait au lavage ; mais en remettant la même che-
» mise, il remarqua que la tache, loin d'avoir disparu, était plus bril-
» lante et plus belle qu'auparavant, et que chaque lavage ne servait
» qu'à en augmenter l'éclat. Enchanté de cette découverte, dont il
» sentait l'importance pour les fabriques de l'Angleterre et pour la-
» quelle il avait été même offert une prime considérable, il envoya,
» comme spécimen l'écorce dont on vient de parler. Malheureuse-
» ment cet homme est mort depuis, et l'on espère peu retrouver
» le même arbre, à moins qu'un accident semblable ne le fasse dé-
» couvrir ou qu'un changement ne s'opère dans nos rapports commer-
» ciaux avec l'Afrique. Je vais maintenant parler d'un autre bois
» précieux dont la découverte, dans la même année, fut, comme celle
» de tous les autres, l'effet du hasard. Un bâtiment chargé de bois
» de teinture et appartenant au même port déchargeait sa cargaison ;
» parmi les bûches on en aperçut une dont la couleur l'emportait
» tellement sur celle des autres, que celui qui l'avait remarquée soup-
» çonna qu'elle pouvait bien être d'une espèce différente, quoiqu'il fût
» clair que les naturels, en lui donnant les mêmes dimensions et en
» l'apportant à bord en même temps et pêle-mêle avec les autres, n'y
» avaient-soupçonné aucune différence. On en débita la moitié pour
» faire des expériences, et on obtint une couleur qui rivalisait avec
» le carmin ; ce bois fut jugé d'un si grand prix pour la teinture,
» que dès ce moment même il y eut offre de 60 guinées par tonneau
» pour tout ce qu'on pourrait s'en procurer. L'autre moitié de cette
» bûche a été depuis renvoyée à la côte comme modèle, avec ordre
» d'expédier tout ce qu'on pourrait rassembler de cette espèce de bois ;
» mais, en raison des circonstances que l'on a rapportées, il est dou-
» teux que l'on puisse mettre la main sur le même arbre. » (Page 9
de l'ouvrage cité (1).)

Espérons que le doute exprimé par M. Clarkson cessera de subsister
quand on aura compris au Sénégal que l'industrie, en Afrique comme
partout, est la voie la plus sûre pour conduire à la prospérité.

J'ai souvent remarqué, sur les routes et autour des villages, des dépôts de miel sauvage placés presque toujours dans les fentes des
baobabs ; mais au Kaarta, où les habitants font de l'hydromel leur

(1) *De la traite des esclaves en Afrique*, par sir Th. Powel Buxton, p. 364-365.

boisson favorite, j'ai constaté au moins l'intention de tirer parti de l'industrie des abeilles. Ainsi j'ai aperçu des ruches en plusieurs lieux, et notamment à Foutobi et à Koghé. Il est vrai, et cela ne doit pas surprendre, que les tentatives des Bambaras pour discipliner les abeilles n'ont pas été couronnées de résultats aussi satisfaisants que dans les pays de l'Europe où le miel et la cire sont l'objet d'un commerce lucratif; mais néanmoins on doit faire connaître leurs efforts.

Les baobabs, qui sont très-abondants dans la plaine de Koghé, possèdent un grand nombre de ces ruches : ce sont des paniers coniques, tronqués au sommet, que terminent une demi-calebasse percée d'un petit trou ou un disque de paille également percé au centre ; c'est par cette ouverture que les abeilles entrent et sortent. On place ces paniers horizontalement sur les branches jugées les plus propres à les recevoir.

Il y a deux manières de récolter le miel naturel : la première consiste à faire monter sur l'arbre un homme frotté de beurre des pieds à la tête. Il enlève pièce à pièce les rayons de miel, repoussant de son mieux, avec sa main restée libre, l'approche des abeilles qui, malgré l'enduit dont il est couvert, parviennent presque toujours à l'atteindre. Le second moyen, beaucoup moins dangereux pour ceux qui s'en servent, comporte l'emploi de torches enflammées. L'homme chargé de la récolte monte sur l'arbre comme dans le premier cas, et présente successivement ses torches allumées à l'ouverture des cellules. La fumée chasse les abeilles ou les fait périr, et le miel reste au pouvoir du nègre.

On a recours au même procédé pour s'emparer du miel et de la cire formés dans les ruches. On amène celles-ci sur le sol au moyen de cordes, et c'est là qu'on disperse ou détruit les abeilles à l'aide des torches enflammées.

Au Kaarta, l'agriculture n'est pas développée en raison de la facilité apparente des travaux. Elle y est néanmoins très-honorée, et le grand seigneur manie la houe comme le plus humble esclave; il ne dédaigne même pas d'arracher de ses illustres mains la mauvaise herbe qui se mêle au bon grain.

Les travaux de culture sont d'une extrême simplicité. Vers la fin de mai, alors que l'étoile chameau commence à se lever la tête en haut (1), les habitants brûlent les herbes sauvages et les tronçons de

---

(1) On sait déjà que les Bambaras nomment ainsi la grande Ourse. La tête du chameau comprend les trois étoiles de la queue.

mil de la dernière année. Après cette opération, faite autant par paresse que par ignorance d'un autre procédé pour débarrasser les terres du chaume qui les couvrent, ils se contentent de biner légèrement la place où ils doivent jeter la semence. Je crois pouvoir avancer hardiment qu'ils ne se doutent pas des propriétés fécondantes de cette incinération.

Le seul outil employé pour l'agriculture est une sorte de houe ou d'hilaire (1) semblable à celle dont on se sert dans les autres parties de la Sénégambie. Ils font avec cet instrument des trous peu profonds, mais disposés avec une certaine symétrie, et ils y placent un nombre de graines qui varie suivant l'espèce : cinq ou six pour le gros mil, deux pour le maïs, les arachides et les haricots, et une quinzaine pour le petit mil.

Lorsque les pluies ont arrosé la terre et fait sortir le germe, les cultivateurs binent à l'entour, et ils répètent ce travail tous les jours, jusqu'à ce que la plante soit parvenue à une hauteur convenable. En même temps ils se livrent à un sarclage minutieux, et ils le renouvellent tant que les mauvaises herbes peuvent nuire au développement de la végétation.

La récolte du maïs et du petit mil a lieu le troisième mois après les semailles; celle du gros mil, le cinquième mois; les haricots mettent un peu moins de temps que le gros mil; les arachides, plus lentes à mûrir, restent en terre quelquefois jusqu'à sept mois. On ne fait au Kaarta qu'une récolte par an. La double récolte n'a lieu que sur les bords des grands cours d'eau. Là, l'humidité des terrains voisins des rives et de ceux que l'eau découvre dans son retrait périodique, permet deux semailles.

Au reste, en examinant la constitution du sol dans le Kaarta, on comprend jusqu'à un certain point la raison de l'infériorité relative de son agriculture. On y trouve à peu près partout une épaisse couche de sable brun ou rougeâtre. Ce sable, enlevé par le mouvement des eaux pluviales aux roches qui garnissent les montagnes, s'arrête sur les collines et dans les plaines, et y forme une espèce de croûte. Je crois qu'en attaquant la terre autrement qu'avec une binette à manche

---

(1) Instrument de fer dont le tranchant, d'environ 10 pouces de longueur, figure une hirondelle ou le dos d'un croissant fixé par son milieu concave à l'extrémité d'un manche de bois.

court, remuée par des bras paresseux, on obtiendrait de meilleurs produits.

J'ai vu le travail des agriculteurs bambaras, et je l'ai suivi depuis le premier coup de pioche jusqu'au moment de la récolte. C'est grand'pitié de voir la nonchalance que mettent ces nègres à préparer leurs terrains.

Autour des cases, les tiges de mil et de maïs atteignent des proportions considérables; vingt pas plus loin, elles languissent et croissent faiblement. Les Bambaras sont restés sans yeux pour voir cette différence et sans esprit pour en rechercher la raison; et chaque année pourtant le même fait se produit. Je le leur ai montré moi-même, et je les ai fait causer; ils m'ont dit comme disent tous les nègres :

« L'homme ne peut rien à cela. »

J'ai insisté; je leur ai expliqué que les abords de leur case servaient de dépôt à toutes sortes de débris de végétaux, d'animaux, de vieux vêtements, de vieilles nattes, et que c'étaient tous ces objets qui, en pourrissant dans la terre, lui donnaient une fécondité particulière. Ils ne m'ont pas compris. Je leur ai aussi expliqué qu'en remuant la terre à une plus grande profondeur, ils atteindraient des couches plus propices à la végétation, parce qu'elles seraient moins sèches et contiendraient moins de sable; j'ai encore perdu ma peine. Ils connaissent cependant le fumier, car je l'ai vu employer par eux-mêmes pour le tabac et les oignons.

Les produits obtenus par la culture sont : quatre variétés de gros mil; une de petit mil; deux de maïs; deux de haricots, une rouge à grains très-gros, une blanche assez petite; du riz qui vient admirablement dans les terrains déprimés; deux variétés d'*arachis hypogea*, d'abord celle que tout le monde connaît, et une autre dont la gousse ne contient qu'une seule graine. Cette dernière, dont la partie herbacée est d'une grande ressource dans le pays comme plante fourragère, est une papilionacée à fleur bleue qui rappelle la légumineuse de jardin connue sous le nom de *pois lupin*; son fruit hypogé est sphérique, sa grosseur est à peu près celle du pois chiche; sa gousse, blanche et charnue, tient, comme l'arachis ordinaire, à des filaments tubulaires très-déliés et très-ramifiés. Cette graine, connue dans le pays sous le nom de *niébé-bambara*, contient très-peu d'huile, est riche en fécule et a le goût d'un haricot. J'ai, en outre, entendu parler d'une autre graine oléagineuse comestible nommée *béné*, qui sert aussi à la fabrication du savon; mais je n'ai vu ni la graine ni la plante.

Les quatre variétés de gros mil ou *sorghum* comprennent :

1° L'*amar-boubou*, le *féla* des Yoloffs. Graines chamois avec glumes rougeâtres tirant sur le rouille; en grappes; tige très-sucrée. Ce *sorghum* est le plus estimé pour la nourriture des hommes.

4° Le *sobéné-dié*, *féla-bou-rker* des Yoloffs. Graines blanches avec glumes noires quand il est coupé à parfaite maturité, glumes noirâtres et même blanches lorsqu'il est coupé auparavant; en grappes; tige peu sucrée.

3° Le *sobéné-blé*, *féla-bou-khang* des Yoloffs. Graines rouge-orangé avec glumes rougeâtres; en grappes; tige peu sucrée.

4° Le *fara-ouoro*, *kortiano* des Yoloffs (*sorghum rubens*). Graines plus petites que celles des trois variétés qui précèdent, blanches, mais d'un blanc moins mat que le *sobéné-dié;* glumes rouge-ponceau vif; tige excessivement sucrée. Les grappes ainsi que la tige sont plus faibles que dans les autres espèces. La tige de ce *sorghum* parvient néanmoins à une hauteur de plus de trois mètres : c'est cette tige qui fournit une matière colorante.

Des deux variétés de maïs, l'une est dorée, l'autre ponceau; mais cette dernière ne contient pas de matière colorante.

Tout le monde connaît le *guiar niaitt* des Yoloffs (*sorghum vulgare*), ou petit mil. Il est en épis et ne forme qu'une variété; la graine est contenue dans une espèce d'alvéole comme la graine de maïs; ce sorghum ressemble au roseau.

Les récoltes sont généralement conservées au Kaarta de la même manière que dans les autres pays. J'ai remarqué cependant un mode particulier de conservation et d'emmagasinement qui mérite une description. On dispose les grains sur des nattes ou des paillassons circulaires, munis d'un petit rebord et couvert de menue paille. Le diamètre de ces paillassons varie de façon qu'ils forment, par leur superposition, une grande urne d'une figure qui est loin de manquer de goût. Un couvercle, façonné comme celui des urnes cinéraires de l'antiquité, complète la ressemblance; mais il est en paille, et est plein au lieu d'être creux. Pour la consommation, on enlève ce couvercle et on saisit un des paillassons; on replace ensuite le couvercle, mais rarement on replace le paillasson, ce qui soumet la figure à une forme incessamment changeante. On prétend que c'est le meilleur mode de conserver le grain et de le soustraire aux attaques des rats et des insectes.

Pour battre leurs grains, les Bambaras se servent non d'un bâton brisé, mais d'une branche d'arbre pourvue d'une portion du tronc, de telle sorte que cette portion forme avec la branche un angle très-ouvert. C'est cette partie, laissée longue et large, et préalablement aplatie, qui sert de fléau.

CHAPITRE XXXIV.

Mort d'un enfant par suite de la morsure d'un serpent. — Traitement du père Niany contre ces accidents. — Incident à propos d'un bœuf volé. — Le Bouri intervient; succès de son intervention. — Averse de grêle. — La fête du Bairam à Foutobi. — J'envoie un de mes hommes au roi. — Détails sur le différend *diavara*. — Le roi refuse encore de me laisser partir. — Le *bourou*; danse improvisée. — Des instruments de musique en usage au Kaarta.

———

J'ai vu mourir un petit enfant de la morsure d'un serpent; la pauvre créature était hideuse et gonflée comme un ballon. Sa mère l'avait déposée au milieu d'un champ de mil qu'elle sarclait. Un serpent vint et mordit l'enfant. A ses cris la mère se méprit et lui offrit le sein; mais bientôt l'enflure se manifesta, et vingt-quatre heures après il avait cessé de vivre.

Ces serpents ont 50 centimètres de longueur sur 4 centimètres environ de diamètre; leur dos est gris, avec des anneaux noirs très-marqués, faisant le tour du corps. Ils ont le ventre blanc, la tête plate, arrondie à l'extrémité; la partie voisine de la queue est recouverte en dessus d'un appendice formé d'une succession d'écailles verticales, occupant le quart de la longueur du reptile; la queue est d'un diamètre beaucoup plus faible que le corps. Ils affectionnent les abords des villages et montrent une prédilection marquée pour la toiture des cases. Ceux que j'avais vus plusieurs fois dans la mienne étaient de la même espèce.

Quelques jours après la mort de l'enfant, une femme de la maison était encore mordue, à deux pas de ma case, par un serpent semblable. Le vieux Niany fut mandé et accourut aussitôt. Je ne le savais pas versé dans les sciences médicales; mais, à voir la confiance qu'il inspirait, je compris de suite qu'il n'en était plus à son coup d'essai.

Sa médication consista d'abord en gestes ridicules et en paroles incohérentes prononcées avec une extrême volubilité; après quoi il sortit de dessous son boubou une petite corne renfermant un onguent noir et gras. La blessée, qui paraissait fort calme, fit elle-même son pansement et étala l'onguent sur sa plaie; elle y ajouta une racine pilée que le bonhomme tira d'une autre corne. Quand la femme eut fini, vint le tour de Niany : il marmotta encore des paroles, passa les doigts dans ses oreilles, en retira une matière qui paraissait y exister en abondance, et l'étendit avec précaution par-dessus l'onguent. La femme se releva ensuite et retourna à son travail.

J'assistai à ce pansement avec un intérêt très-vif, car d'un moment à l'autre je pouvais me trouver dans le même cas. Aussi ne manquai-je pas d'envoyer demander fréquemment des nouvelles de la malade. On me répondait toujours qu'elle allait bien, et le surlendemain on vint m'annoncer qu'elle était radicalement guérie; elle n'avait eu ni enflure, ni douleur, et n'avait pas cessé un instant de vaquer aux travaux de son ménage.

Le serpent qui l'avait mordue était pourtant de la même espèce que celui dont la piqûre avait causé la mort de l'enfant. J'ai vu et tenu en mes mains les deux serpents; j'ai vu la femme montrant sa blessure saignante; j'ai vu appliquer le remède et l'ai fidèlement décrit. Faut-il croire à la vertu des grigris et à l'omniscience de l'Esculape de Foutobi, ou bien faut-il donner une inorthodoxe extension à l'aphorisme : c'est la foi qui sauve?

Toujours fut-il que je pris la ferme résolution de me confier sans hésiter, le cas échéant pour moi, aux savantes mains du vieux Niany.

En allant le féliciter de sa cure merveilleuse, je lui reparlai de la mort du petit enfant qu'il avait traité par les mêmes moyens. On n'a sans doute pas oublié la singulière logique à l'usage du forgeron :

« Cela n'est pas étonnant du tout, me dit-il ; mon remède ne guérit que ceux qui y croient, et ce petit enfant n'y a pas cru. »

Maka, devenu tout à fait gracieux, me fit annoncer, le 30 août, qu'il était appelé à Koghé. J'ai parlé ailleurs des Diavaras, de leur position au Kaarta, de leurs efforts pour échapper à l'autorité des Bambaras, et de la révélation faite à Mamady de leurs intentions insurrectionnelles. Maka voulut bien m'apprendre que son départ avait pour motif l'exécution de certains projets de razzias formés par le roi contre ces ingrats vassaux.

On choisit d'ordinaire le moment des récoltes pour ces expéditions ; de cette manière, le châtiment est toujours efficace ; car, si les habitants parviennent à se soustraire par la fuite à l'esclavage ou à la mort, leurs moissons sont détruites et la misère les frappe.

Ces confidences, qu'à coup sûr Maka ne me devait pas, montraient des intentions manifestes d'établir avec moi des rapports plus intimes, ou tout au moins cachaient quelque dessein... peut-être encore une fille à doter. La veille déjà il m'avait fait dire d'être moins généreux et de repousser sans pitié les mendiants.

« Si tu continues à donner comme ça, il ne te restera plus rien... »

J'avais achevé sa phrase par les mots « *à me donner,* » plaisanterie que son messager avait trouvée très-fine.

La journée du 31 août fut marquée par un événement. J'avais acheté un bœuf, et comme il était tard, je l'avais fait placer jusqu'au lendemain dans le parc du village. Deux heures s'étaient à peine écoulées qu'on venait m'annoncer sa disparition. Il faisait nuit noire, et rien, par conséquent, n'était moins facile que de suivre la piste du déserteur.

Je fus surpris d'apprendre cette nouvelle, mais je le fus plus encore d'apprendre que c'était Maka, l'invisible Maka, Maka l'héritier présomptif, qui était venu, oubliant ses grandeurs et exposant sa précieuse vie, l'annoncer en personne à mes nègres. Je les grondai de ne m'avoir pas prévenu assez tôt pour que je pusse chercher à découvrir ce personnage mystérieux, fût-ce en me cachant, fût-ce en me montrant à lui tout à coup, comme un écolier farceur. J'aurais surtout voulu voir la mine qu'il eût faite en voyant... qu'il était vu.

La fuite de mon bœuf fit événement à Foutobi. On s'en entretenait comme on eût fait en France de l'enlèvement d'une actrice ou d'un puisatier enseveli sous un éboulement. Maka avait envoyé à sa poursuite dix hommes et moi quatre, une véritable expédition; mais, malgré tout, je n'en attendais pas grand succès. Maka jurait à qui voulait l'entendre qu'il ne serait pas dit, dans sa province, qu'une bête confiée à sa garde avait été perdue pour son véritable maître. Tout cela m'amusait assez.

Deux jours se passèrent pourtant sans nouvelles du fugitif. Mes hommes avaient suivi ses traces jusqu'au village d'où il venait, découverte qui me confirma dans certain soupçon que sa fuite avait été aidée. La perte était plus cruelle qu'on ne croit : avoir savouré en pensée rosbifs et biftecks, avoir eu en ses mains cette douce réalité, et n'avoir fait qu'un rêve! Au lieu des riantes promesses de maints festins brillants, revenir au millet, à cette odieuse graine que les serins eux-mêmes dédaigneraient si on leur en servait à tous les repas! C'était triste.

Le départ de Maka n'eut pas lieu. Après avoir vainement tenté la traversée des torrents qui sillonnaient la route, il avait été forcé de revenir. On était à l'époque des récoltes. Les Bambaras, réduits depuis quatre mois à manger des sauterelles, des herbes et autres denrées de ce genre, s'arrachaient avec une avidité brutale les prémices de la moisson. Ce n'étaient autour de moi que disputes et combats pour la propriété d'un coin de champ ou la possession d'un épis de maïs. Il n'y a pas, au Kaarta, de limites aux propriétés, et les prétendants trop nombreux s'accordaient bien rarement.

Grâce à mon *sucreton* (c'est le nom d'une étoffe), à mes grelots et à mes miroirs, j'avais pu traverser cette période de famine sans de grandes privations; mais, j'y pense encore avec terreur, que serais-je devenu sans ces précieux bimbelots? Que seraient devenus mes douze faméliques? Souvent j'étais obligé d'envoyer à 15 lieues pour acheter du mil. Il faut leur rendre cette justice, mes commis voyageurs revenaient rarement les mains vides, car la faim les rendaient éloquents; ils savaient surtout pousser habilement leurs clients à « *faire dos de velours et ventre de son.* » Quels niais que ces Bambaras!

Il y avait six jours que mon bœuf avait disparu, et je n'y pensais plus, quand je vis Bouó arriver tout radieux :

« Eh bien! tu sais sans doute la nouvelle, me dit-il.

— Je ne sais rien, répliquai-je.

— Mais l'affaire va être *mise* au Bouri; Maka en a donné hier l'ordre formel.

— L'affaire?..

— Comment, tu as donc oublié?... mais c'est le bœuf! »

Un rire fort inconvenant, j'en conviens, mais que je ne pus retenir, accueillit cette confidence de mon ami Bouó; il ne s'en fâcha pas et se contenta de répliquer en hochant la tête :

— Tu as tort de rire, car le Bouri qu'on va consulter est bien malin; d'ailleurs, tu verras... »

Voici comment on *met* au Bouri un objet que l'on suppose volé. On annonce d'abord avec solennité, par la voie du tamtam, dans tous les villages environnants, qu'on va recourir à l'oracle pour connaître la vérité. Si cette criée ne détermine pas la restitution — on restitue presque toujours, me dit-on, — la personne lésée se présente au Bouri avec la victime de son choix. Le sacrificateur saisit l'animal et l'égorge au-dessus de la calebasse sacrée, de manière à ce qu'elle soit arrosée de sang.

« Meurent le voleur et tous les membres de sa famille jusqu'à la quatrième génération, comme meurt cet animal! s'écrie-t-il. Bouri, qui sais le passé, le présent et l'avenir; Bouri, qui ne trompes jamais, qui n'as jamais commis une injustice, exauce mes vœux!.... »

On a remarqué, m'assure-t-on, qu'il était sans exemple que la mort du voleur ou d'un membre de sa famille ne suivît bientôt cette terrible évocation. Je me garderai assurément d'affirmer une semblable allégation; mais ce qui est pour moi une certitude acquise, c'est la profonde terreur que cette cérémonie inspire.

En voici au surplus la preuve : deux jours après sa visite, Bouó me rapportait triomphalement ce que j'avais donné pour acheter le bœuf. Du plus loin qu'il m'aperçut, il faisait sonner les pièces de 5 fr.

« Tu vois! me dit-il. Compte si tu as le nombre de pièces, et regarde si ce sont les mêmes. »

Je fis amende honorable et convins volontiers que j'avais porté un jugement téméraire sur cette respectable divinité. Bouó, que le succès rendit plus communicatif encore que d'habitude, ne m'épargna aucun détail : d'abord on n'avait pas eu besoin de s'adresser au Bouri; au premier avertissement du tamtam, le chef du village suspecté était accouru précipitamment supplier Maka d'attendre jusqu'au lendemain pour réaliser sa menace. La nuit suivante, la somme était mystérieusement déposée sur le *tara* de Bouó.

Cet argument était sans réplique, aussi me bornai-je à féliciter le fils de Maka de posséder dans sa patrie une semblable institution. J'ajoutai même, en empochant les pièces de 5 francs — le drôle croyait peut-être que j'allais les lui laisser, — qu'elle excitait vivement mon admiration, et que j'étais convaincu que le roi des blancs de France la paierait bien cher s'il pouvait l'établir dans ses États.

Cet incident vint à propos faire diversion aux contrariétés que m'avait causées ce jour même la mort d'un de mes deux derniers chevaux. Selon toute probabilité, il était mort de la morsure d'un serpent. Il avait à une de ses jambes de derrière un gonflement considérable remontant jusqu'à l'aine. Les vétérinaires de l'endroit accomplirent, au moyen d'un fer rouge, un certain nombre de piqûres le long du membre malade ; il en sortit un liquide incolore, et un quart d'heure après le cheval mourait.

Lorsque les Bambaras se ruèrent sur son cadavre, ils trouvèrent sa chair si noire, que beaucoup d'entre eux renoncèrent à en prendre. La couleur noire, d'après leurs observations, est un indice certain d'empoisonnement ou de l'inoculation du venin d'un serpent.

La mort de ce cheval me contrariait vivement, car il m'était impossible de songer à le remplacer au Kaarta. Tout barbares que sont les Bambaras, ils sont encore assez civilisés en commerce, grâce à leurs relations avec les Sarracolés, pour comprendre que tout marchand d'esprit doit décupler, centupler même la valeur de la chose qui lui est demandée. Mais je m'étais promis qu'ils en seraient pour leurs espérances, et, dussé-je prendre M. Panet en croupe, que je ne me remonterais pas chez eux.

Les Massassis ont des chevaux blancs, de jolie taille et de race assez pure, mais ils ne s'en dessaisiraient qu'à la condition de faire un riche bénéfice. Quant aux autres, ce sont d'affreux produits près desquels les rosses de notre pays seraient des Bucéphales. Toutefois, malgré leur chétive apparence, les chevaux d'Afrique supportent la fatigue et marchent assez bien.

Le 8 septembre, il fit un violent orage qui se termina par une forte averse de grêle. Ce phénomène, très-rare dans les régions équinoxiales, ne l'est pas en Sénégambie, et si je tiens compte des déclarations des habitants du Kaarta, il serait même en cette saison assez fréquent dans leur pays. On m'assura aussi qu'au mois de décembre il gelait presque toujours, ce qui serait plus extraordinaire encore ; car Foutobi est par 15° de latitude (1).

(1) On trouvera au 2ᵉ volume, au chapitre qui traite de la météorologie, des détails particuliers sur ce phénomène.

Le 12, c'était la fête du Bairam, appelée par les nègres du Sénégal
fête de *kori*, du nom du mois où elle a lieu. Cette fête, qui est la pâ-
ques des musulmans, en ce sens qu'elle clôt le carême du Ramadan,
arrive le premier jour de la lune du mois de chaoûâl des Arabes, correspondant au mois de kori des Yoloffs. Elle n'a point au Kaarta la
solennité qu'elle aurait dans un pays musulman; néanmoins les Bambaras la chôment comme de vrais croyants, et l'apparition de la lune,
impatiemment attendue par la population, est saluée par les démonstrations d'une allégresse par trop bruyante. On se pare de ses habits
les plus magnifiques, on tire des coups de fusil, on fait des tamtams,
des galas, et sous prétexte de se visiter, on va déployer son luxe. C'est
le Longchamps des nègres.

Ma case ne désemplit pas de tout le jour. Les filles de Maka
vinrent étaler à mes yeux leurs splendides parures où brillaient, à
côté du clou de girofle culinaire, l'or pur des contrées qui les
ont vues naître, le corail disputé par les Génois aux flots qui
baignent l'antique Carthage, et l'ambre arraché aux bords qu'arro-
sent les eaux rapides de la Vistule et du Niémen. Ce fastueux assem-
blage, ce grotesque mélange, réalisant assez exactement l'image d'un
caléidoscope, se complétait de grelots comme ceux qui tintent au cou
des carlins, et de mes fameux miroirs à boîtiers de cuivre, devenus
clairs comme l'or par les soins des coquettes.

Je passai quelques bons moments à voir ces filles éblouissantes,
sonnantes, *cliquetantes*, car leurs chevilles, chargées d'anneaux de
tous les métaux connus, retentissaient comme des armes qui s'entre-
choquent. Mais ce qui m'amusait le plus dans cette exposition uni-
verselle, c'étaient mes miroirs; et je gage qu'on ne devinera jamais
où ils étaient placés ces miroirs... Au beau milieu de leur dos, pendus
à des ficelles et le boîtier ouvert! Une glace sur un dos noir! L'idée
était originale et l'effet pittoresque, surtout en plein soleil d'Afrique.

« Quelle étrange sorcellerie, disaient les Bambaras en clignant de
l'œil, voilà le dos des filles de Maka qui est devenu un soleil! »

Mes hommes, jaloux de paraître à la fête avec éclat, fourbirent leurs
armes et allèrent aussi faire leurs visites. Je reçus de Maka des compliments sans nombre sur leur air martial et la beauté de leurs boubous de mousseline. Le soir il y eut grand tamtam devant ma case.

J'avais fourni pour la circonstance ma tente ornée de tous ses
agréments, objet d'orgueil pour mes nègres et d'admiration pour la
population. Mes nègres en faisaient les honneurs de bonne grâce et

donnaient aux curieux des explications parfois très-drôles sur son installation et la manière de s'en servir. Il faut croire que l'admiration fut bien vive, car, séance tenante, on m'offrit une princesse en échange de ma tente. Quand je dis qu'on m'offrit une princesse, je veux dire qu'on m'offrit de l'épouser, ce qui au fond revient au même. En effet, au Kaarta, le mariage étant un marché, et le mari un acheteur, et les princesses s'y vendant nécessairement plus cher que de simples mortelles, cela prouvait que ma maison de coutil avait été trouvée d'une grande valeur. Cette noble alliance toutefois ne me tenta guère et je gardai ma tente.

Depuis quelques jours je m'étais repris à songer de nouveau à mon départ. Le 1er octobre approchait; c'était le moment de regagner Bakel et d'essayer, par le Kasson ou le Bambouk, à continuer ma course vers l'intérieur. Profitant donc de l'allégresse générale, j'envoyai, le 13 septembre, demander à Maka la permission de faire partir un homme pour Koghé, afin d'obtenir du roi l'autorisation de m'en aller. Les eaux avaient diminué et les mils étaient coupés, ou du moins allaient bientôt l'être.

Bouô, qui se trouvait chez moi dans cet instant, me donna de très-mauvais renseignements sur les chemins. Les eaux et les hautes herbes ne me permettraient pas, disait-il, de voyager avant deux mois. Il me signalait le marigot de Kouniakary comme le principal obstacle de la route : large, encaissé, d'un courant rapide, il fallait le traverser dix ou douze fois. Dans ces nombreux passages, avec des moyens insuffisants, les bagages courraient de grands risques. Il y avait ensuite les herbes. Au dire de Bouô, qui prétendait tenir ces renseignements de bonne source, elles avaient envahi les sentiers et étaient parvenues à une hauteur de 15 à 18 pieds. A l'en croire, il eût fallu, pour se diriger au travers de cet océan de ronces, de lianes et de graminées sauvages, accomplir une navigation *hauturière,* et ne marcher que *l'astrolabe* et la boussole à la main. Je répondis en prenant un de mes plus grands airs, que les *toubabos* (les blancs) ne connaissent pas d'obstacles, qu'ils méprisent les herbes et se jouent des torrents.

Je passai une partie de la journée du 24 à causer politique avec Bouô. J'appris de lui le sujet de la querelle qui divisait les Bambaras et les Diavaras ; et, grâce aux longs détails qu'il me donna, je pouvais me vanter de posséder à fond la question *diavara.*

Le bruit du jour était que les Diavaras avaient tué un des frères de Mamady, et que les Maures avaient fait irruption dans leur pays, détruit leur principal village et enlevé ou tué cent quarante personnes.

On sait déjà ce que sont les Diavaras et comment ils offrirent aux *Bamanaos* fugitifs une assistance qui devint décisive pour les rendre maîtres du Kaarta. Après avoir expulsé les autres tribus soninkièses, les Bambaras désignèrent aux Diavaras les provinces du Nord-Est. La condition de ce dernier peuple fut aussi douce qu'elle pouvait l'être. Ils étaient venus librement offrir foi et hommage aux étrangers; ceux-ci n'en abusèrent pas; ils se contentèrent de la reconnaissance solennelle de leur droit de suzeraineté.

Les Diavaras se divisent en deux sous-tribus, les Sagonès et les Daboras. Sous le roi Siraboué, un chef dabora tua un homme de son village qui s'était rendu coupable d'un crime. Suivant la loi, la peine capitale ne pouvant être appliquée que par le roi, la mort du Dabora constituait une infraction grave. Plainte ayant été portée devant Siraboué de cet empiétement à ses prérogatives, il condamna à l'amende le chef qui s'en était rendu coupable. Celui-ci ayant formellement refusé de subir sa condamnation, le roi envoya une armée pour lui couper la tête, saisir tous les habitants notables et les conduire à sa résidence; les Sagonès avaient pris parti contre leurs compatriotes et s'étaient unis aux Bambaras. Se voyant sans appui, les Daboras se hâtèrent d'envoyer une ambassade à Siraboué pour demander grâce; mais il ne voulut rien entendre.

Les parlementaires daboras furent gardés jusqu'au retour de l'armée. Le roi réunit alors ses troupes, et quand tout le monde eut pris place, il fit signe à un de ses captifs de plonger la main dans un bouss de cuir qui était à ses côtés. Le captif en sortit la tête ensanglantée du chef dabora, la saisit par les cheveux et l'éleva en la tenant exposée aux regards de l'assemblée :

« Vous voyez que je sais punir, dit le roi; que cet exemple vous serve de leçon. Je ne veux autour de moi que des sujets et des vassaux soumis. Si mes lois ne vous conviennent pas, je vous permets de sortir du pays; mais que ceux qui resteront regardent bien cette tête sanglante; j'en jure par les os de mes pères, ils auront le même sort que celui qui hier encore l'agitait pour me braver! »

Les Daboras, après cette harangue, furent s'établir presque tous dans le Bondou et le Ségo; mais les Sagonès demeurèrent.

Cet événement se passait il y avait environ soixante-dix ans, et rien de grave n'était venu, depuis ce temps-là, troubler l'accord des Bambaras et des Diavaras. Ces derniers ne payaient pas plus de tribut que les hommes libres, et à l'exception du contingent qu'ils étaient tenus de fournir pour la guerre, ils jouissaient d'une entière liberté. Mais des idées d'indépendance s'étaient répandues parmi eux, et déjà, sous le roi Garan, elles s'étaient manifestées assez ouvertement pour le mécontenter. Il avait été alors sérieusement question de les punir, et si Maka n'eût interposé sa médiation en faisant valoir les services rendus autrefois par leurs pères, Garan ne leur aurait point fait grâce.

Les torts, selon du moins l'auteur de ce récit, étaient donc du côté des Diavaras, lorsqu'un des fils de Mamady, fort mauvais sujet, dit-on, tua un Diavara dans une dispute. Ce meurtre excita parmi les compatriotes du mort de vives récriminations. Maka et ses adhérents, poursuivant leur politique conciliante, prirent parti pour les Diavaras et demandèrent avec instance au roi le châtiment de son fils. Mamady céda, et son fils fut exilé, conformément à la loi; mais cette satisfaction ne calma pas les Diavaras, et à quelque temps de là ils insultaient un des fils de Maka leur protecteur, et s'emparaient du cheval qu'il montait.

Le meurtre d'un frère du roi, dont le bruit venait de se répandre, accrut la colère des Bambaras contre leurs vassaux. D'un autre côté, leur conduite peu convenable à l'égard du fils de leur plus zélé défenseur devait vraisemblablement avoir pour effet d'aliéner les dispositions favorables qu'il leur avait montrées jusqu'alors.

C'était pour régler cette affaire que Maka avait déjà été appelé à Koghé. Bouó m'apprit qu'il allait se remettre en route le lendemain, et qu'il consentait à recevoir dans sa suite un de mes hommes, ainsi que je le lui avais demandé, pour réclamer au roi l'autorisation de me laisser partir. Je désignai un nègre intelligent pour cette mission délicate, et je me promis bien cette fois d'attendre son retour avec patience. J'en étais à mon quatrième mois de captivité; c'était déjà bien long!

Je me réveillai, le 10 octobre, avec des idées tristes. Bouó, que je voyais tous les jours depuis le départ de son père, évitait de me parler de ma requête au roi et semblait pressé de détourner ma pensée de ce sujet. D'un autre côté, le courrier que j'avais expédié à Bakel le 8 août n'était pas encore arrivé, et je n'avais aucune nouvelle de Barka; cela m'inquiétait; j'y voyais une sorte d'intention de ne me pas répondre, et j'en attribuais le motif à quelque difficulté imprévue : aux Maures, aux Ghihimakhas, aux gens de Goutubé. Peut-être, me disais-je, attend-on à Bakel, avant de me répondre, que le pays soit calme.

Le soir, à l'heure de ma promenade, l'homme que j'avais envoyé au roi arriva. Depuis trois jours je l'attendais avec une impatience mal contenue; cependant je n'allai pas au-devant de lui; je ne fis pas un mouvement pour m'en rapprocher. Un pressentiment secret me disait que je saurais toujours assez tôt ce qu'il allait m'apprendre.

Je ne me trompais pas, c'était une mauvaise nouvelle que mon messager m'apportait : un refus formel de me laisser partir. En arrivant à Koghé, il avait trouvé le roi à la veille de suivre son expédition contre les Diavaras, et Mamady avait d'abord refusé de le voir. Le départ de l'armée ayant été remis, le roi, cédant, me dit-il, aux instances de Maka, s'était décidé à l'entendre. Pour m'épargner la honte d'un pénible aveu, j'avais donné l'ordre à mon nègre de se borner à saluer le roi, et de lui dire que les mils étant coupés et les eaux retirées, je l'informais de mon prochain départ pour Bakel. Mamady avait répondu avec hauteur que je ne partirais pas avant la venue de Barka. Cette réponse était prévue, et conformément à mes instructions, mon nègre répliqua sur le même ton, que les blancs n'étaient pas aux ordres de Barka.

Les captifs du roi s'irritèrent de la repartie et apostrophèrent mon homme de la façon la plus véhémente; peu s'en fallut même, m'apprit-il, qu'emportés par leur zèle, ils ne le massacrassent. Mamady soutint ses captifs et laissa tomber ces paroles superbes :

« Dis à ton blanc que je commande dans mon pays, et qu'il obéisse à mes volontés. »

Et sur ce les captifs avaient chassé à coups de nerfs de bœuf mon fidèle messager, qui se disposait à répondre.

Ainsi s'était terminée l'entrevue. Maka, dont la conduite cauteleuse ne se dément jamais dans les grandes circonstances, et qui, présent à la scène, n'avait pas élevé la voix en ma faveur, s'était borné à dire à mon nègre en manière de condoléance :

« Je savais bien, moi, que le roi ne lui aurait pas permis de partir. »

J'avais appris, peu de temps auparavant, que l'intention du roi avait été primitivement de me faire dévaliser au coin d'un bois et égorger ensuite, afin d'éviter toute explication embarrassante. Quoique les choses n'eussent pas été parfaitement approfondies, il paraissait à peu près certain que l'honnête Bakari, chez qui j'avais éprouvé tant de désagréments, s'était montré très-empressé à exécuter cet ordre de son souverain. On se rappelle l'arrivée à Kaïndara d'une troupe d'hommes à cheval envoyée par ce même Bakari, pour soi-disant m'escorter jusqu'à Koghé. C'était cette troupe, dont une faible partie seulement s'était montrée, qui avait été chargée de me *tomber dessus* au milieu de la route, ainsi que le traduisait mon interprète dans un langage plus expressif qu'élégant. Comment ce projet n'avait-il pas été exécuté, c'est ce que j'ignorais complétement. La seule chose qu'on voulait bien m'apprendre, c'est qu'il avait rencontré un très-énergique opposant dans la personne de Maka, de ce même Maka dont la conduite était devenue depuis si remplie de contradictions et d'incohérences.

Mon messager me donnait en même temps des nouvelles des Diavaras. Maka, blessé par la conduite de ce peuple, lui avait retiré sa protection. A ce sujet il s'était passé un incident qui mérite d'être cité.

Dans le palabre officiel, Mamady-*Kandia*, ainsi nommé à cause de son long cou (1), après avoir reçu de son frère la promesse d'abandonner les Diavaras, voulut exiger un serment à l'appui de sa déclaration. Un Massassi protesta aussitôt contre cette exigence.

« La parole de Maka, notre aîné, doit suffire, s'écria-t-il, et c'est nous faire injure à tous que de vouloir l'appuyer d'un serment! »

Il paraît, du reste, que l'observance rigoureuse de leur parole n'est pas rare entre nègres; mais il n'en est pas de même avec les blancs et avec les Maures. Dans ce cas, il est très-licite de manquer à ses engagements et de se parjurer. Ainsi, en ce qui me touche, la conduite de Mamady n'a été jugée coupable que parce qu'il avait trompé Barka; quant à moi, c'était œuvre pie, et personne n'y trouvait à redire.

J'avais aperçu, le jour de la fête du Bairam, un instrument de musique qui m'avait semblé fort original, et j'avais dès le lendemain prié Bouô de me le procurer. Mon désir se bornait à le posséder seulement quelques instants; mais non à faire connaissance avec l'instrumentiste, et moins encore avec un corps de musiciens au grand complet. Soit orgueil, soit simplement envie de me plaire, Bouô outrepassa mon attente, et, par une singulière coïncidence, choisit, pour m'envoyer sa musique, le jour même où j'apprenais le refus de Mamady. De même qu'un colonel faisant les honneurs de la musique de son régiment, Bouô me présenta les musiciens de son père, et me fit régaler, par son ordre, d'une symphonie exécutée par six tamtams de la grande espèce et huit formidables trompes faites avec des dents d'éléphant.

C'est ce dernier instrument qui avait excité ma curiosité. Il a la

---

(1) Les nègres ont généralement, outre leur nom, un surnom ou *kontong*. Le kontong des Massassis, et particulièrement de leur roi, remarquable, paraîtrait-il, par les dimensions extraordinaires de son cou, est *Kandia*, signifiant grand cou.

forme d'une corne de bœuf et une longueur de 60 à 65 centimètres ; son diamètre au gros bout est de 16 centimètres, et au petit bout, de 7. L'intérieur est formé par une dent d'éléphant recouverte d'une enveloppe de bois, laquelle est à son tour couverte par un morceau de peau de vache blanche. L'instrument possède une embouchure latérale placée près du petit bout, et un trou, recouvert d'une peau mince, pratiqué près du gros. Ce trou sert à varier les sons. Le musicien se borne à aspirer et expirer alternativement, et il souffle avec une force telle que la sueur, au bout de très-peu de temps, ruisselle sur sa face gonflée par ses efforts. Il faut avoir de fiers poumons pour rugir dans cette trompe barbare ; ce ne sont pas en effet des sons, mais de vrais rugissements qui s'en échappent. L'instrument porte le nom harmonieux de *bourou*, qui imite assez fidèlement le bruit qu'il fait, et en est sans doute l'onomatopée. Il a principalement pour objet d'exciter les guerriers au combat.

Pour une oreille européenne, une musique semblable est l'abomination de la désolation ; mais au Kaarta il n'en est pas ainsi, et je vis de tous les coins du village courir des danseurs et des danseuses, comme autrefois couraient les animaux aux accords de la lyre d'Orphée. Que les mânes de ces bêtes me pardonnent cette comparaison !

A l'instant, le village prit un air de fête ; les travaux s'arrêtèrent les femmes se couvrirent à la hâte de leurs pagnes de mousseline, ceignirent leur front de bandeaux de corail-piment (1), de clous de girofle et de haricots rouges ; les jeunes gens dérobèrent à leur mère, pour frotter leurs bras et leurs jambes, le beurre destiné au couscouss du lendemain ; ils saisirent leurs armes et mirent leur boubou de fête.

Bientôt les danses se forment ; les danseuses s'élancent ; les bourous résonnent à renverser les cases du vieux forgeron.

La seule remarque que ce bal improvisé me permit de faire, c'est que danseurs et danseuses étaient tenus de sourire en dansant. On se représente sans doute l'étrange physionomie que donne un sourire forcé, et je vis de si déplaisantes mines de danseuses, que je me hâtai de remercier Bouô, et me sauvai sur ma colline.

Le lendemain, le chef des musiciens venait me rappeler qu'il avait, la veille, exécuté en mon honneur un de ses meilleurs morceaux.

_____

(1) C'est le nom donné par les commerçants du Sénégal à une variété de corail, dont les tuyaux sont contournés capricieusement et figurent un tronc d'arbre en miniature, dont on aurait coupé les branches par le haut.

Outre le bourou, les instruments de musique des Bambaras sont : le balafo, l'instrument des rois et des grands seigneurs, que je me souviens d'avoir décrit; le tamtam et les castagnettes en fer, dont j'ai également parlé; une espèce de harpe que je n'ai pas vue; la flûte en bambou, qui ressemble plutôt à une clarinette ou à un flageolet; le violon; enfin la guitare à trois cordes, avec ou sans grelots et morceaux de fer-blanc. Les joueurs de ce dernier instrument portent à l'indicateur de la main droite un morceau de corne aiguisé comme une griffe, et c'est avec cette griffe qu'ils raclent les cordes de leur guitare; quelquefois c'est avec l'ongle même, qu'ils ont dans ce but laissé croître.

Il y avait au même temps à Foutobi un bateleur de passage. C'était un danseur et un diseur de bons mots, dont le mérite mettait tout le pays en émoi. J'appréciai peu ses bons mots et goûtai modérément son talent d'acrobate. Il paraît que l'Afrique barbare possède, comme l'Europe, ses saltimbanques ambulants; mais il y a cette différence qu'en Afrique le métier est meilleur, car le diseur de bons mots fit une riche collecte.

J'appris à quelques jours de là que le bruit courait qu'une armée de Poulhs du Massina était en marche pour convertir les Bambaras du Kaarta. Ces nouvelles me causaient ordinairement peu d'impression. Il m'arrivait cependant de me demander ce que je deviendrais, le cas échéant, moi et mes onze nègres, entre les Poulhs et les Bambaras : les premiers, selon toute vraisemblance, ne seraient pas de zélés protecteurs, et quant aux seconds, il ne m'était guère permis de croire à la chaleur de leurs sympathies pour moi.

Cette nouvelle, qui parcourait les villages depuis six mois, finira bien un jour ou l'autre par se réaliser. Ce serait un véritable malheur pour notre colonie du Sénégal; car son commerce et sa situation politique seraient frappés par cette conquête, non-seulement à Bakel, mais aux escales et à Saint-Louis. Nous avons assez déjà des Poulhs du Fouta (1).

(1) Les dernières nouvelles du Sénégal annoncent précisément l'invasion du Kaarta par un sectaire du Massina. L'énergique intervention du gouverneur actuel, M. le commandant Faidherbe, conjurera, je n'en doute pas, les dangers que je pressentais alors.

CHAPITRE XXXV.

Le 3 octobre, je reçus enfin des lettres de Bakel; elles étaient de la plus désespérante nullité, et m'eussent causé une vive déception si je n'avais été préparé à tout par le triste résultat de mes dernières négociations avec Mamady. Quoi qu'il en soit, j'éprouvai un violent dépit en voyant que rien de ce que je désirais n'était prêt à se réaliser. Ainsi Barka, le seul être au monde qui pouvait me sortir de là, avait répondu qu'il aviserait; et il n'avait pas bougé. Cette tiédeur m'indiguait; il me semblait qu'on eût pu contraindre ce nègre impertinent, qui se prélassait dans sa vaniteuse importance, à venir immédiatement à mon secours; mais évidemment il avait expliqué à sa façon la situation dans laquelle je me trouvais, et peut-être n'y avait-on vu qu'une mystification méritée. J'étais donc aux ordres de Barka; c'était de lui que je dépendais; en d'autres termes, j'étais *son captif*, ainsi que le disaient autour de moi mes nègres.

Les lettres qui me parvinrent m'apportèrent néanmoins quelques consolations. On se rappelle que j'avais écrit de Koghé au directeur de la compagnie pour lui offrir, en paiement des marchandises que Mamady avait exigées, une délégation sur mes appointements et sur ceux de M. Panet. Le conseil d'administration de la compagnie, mu par un sentiment dont le souvenir me sera toujours doux, avait fourni les objets sans accepter les délégations, et m'avait, en outre, ouvert un crédit de 5,000 francs; de plus, le gouverneur, s'associant à cet acte sympathique, m'annonçait qu'indépendamment de ce secours, il donnait des ordres pour que de l'ambre et de l'argent, d'une valeur de 1,500 francs, fussent également mis à ma disposition. J'avais besoin de ces témoignages d'intérêt pour supporter les contrariétés qui m'accablaient.

L'armée chargée d'exterminer les Diavaras n'était pas encore partie; mais les nouvelles qu'on me donnait tous les jours annonçait qu'elle se formait et allait bientôt entrer en campagne. On m'apprenait aussi que le roi du Kaarta avait le dessein d'abandonner Koghé pour aller s'établir, près le pays des Diavaras, à un endroit nommé Kiughi. On attribuait cette détermination à l'infertilité des terrains qui entourent Koghé.

Quinze nouveaux jours passèrent; octobre s'avançait, et ma position ne changeait point. Je luttais de toute ma force contre le découragement; cent projets enfantés par le désespoir s'agitaient dans ma tête; j'avais la fièvre assez régulièrement tous les sept jours; j'étais menacé par la dyssenterie, et l'impatience, l'inquiétude, l'incertitude de l'avenir ajoutaient leur fardeau de soucis et d'ennuis aux souffrances physiques de ces maladies. A part cela, ma vie coulait doucement; les Bambaras, accoutumés à me voir, me laissaient tranquillement habiter ma case et me promener aux environs. Ils avaient aussi perdu l'habitude de me faire entendre des paroles du genre de celles-ci, qu'ils ne m'épargnaient pas dans les premiers temps de ma captivité :

« C'est cette nuit qu'on va t'assassiner; » — ou bien encore — « les Kourbaris ont décidé ce matin qu'ils te laisseraient mourir de faim. »

Maka arriva le 18 octobre pour repartir le 21; il venait réunir son contingent. Durant ce court séjour, j'eus avec lui une contestation qui faillit avoir des suites graves; voici à quelle occasion : Un de mes hommes s'était adressé à moi pour que je l'aidasse à racheter son frère, esclave dans les environs de Makana. Rien de plus juste assurément, et je m'étais de tout cœur associé à cette généreuse intention. Pour la réaliser, mon homme imagina de marchander un des esclaves de Maka, sans doute dans l'espoir de faire un meilleur marché avec lui qu'avec un autre. J'ignorais cette circonstance, et je fus étrangement surpris quand Maka m'envoya dire que l'esclave que *j'avais* marchandé était à ma disposition, et qu'il m'en demandait le prix convenu. Chez les nègres, c'est le chef qui a la responsabilité des actes de ses hommes, et c'est avec lui seul qu'on traite; c'était donc moi qui achetais l'esclave.

La position était délicate : avoir tant fait pour laisser aux Bambaras une bonne opinion des blancs, et finir par me poser chez eux en marchand d'esclaves! Cela ne pouvait être, et quoi qu'il arrivât, je ne voulus pas accepter un pareil rôle. Je fis expliquer à Maka les choses telles qu'elles s'étaient passées, et refusai formellement l'esclave qu'il m'envoyait. Vingt minutes après, l'esclave reparaissait et Maka me faisait dire, par deux de ses principaux captifs, qu'*entre gens de qualité* tout marché était sacré, et que par conséquent j'eusse à lui remettre le prix de la marchandise que j'avais achetée.

« Les blancs n'achètent pas d'esclaves et trouvent ce commerce abominable, répondis-je. Je ne veux pas de celui-ci, et je vous défie tous de me forcer à le recevoir. »

Non seulement Maka céda, mais il me fit, en très-bons termes, exprimer ses regrets de l'incident qui venait de nous diviser.

Ce triomphe me fit plaisir. Et il était plus grand qu'on ne pense; car de tous les démêlés qu'on peut avoir avec les nègres, il n'en est pas de plus dangereux que ceux qui ont l'intérêt pour motif.

Le lendemain, Maka partit avec tout son monde, ne laissant au village que les femmes et les vieillards. En homme de prévoyance (on se rappelle peut-être qu'il possédait à un haut point cette vertu), il avait pris le soin de diriger ses trésors et ses troupeaux sur un village éloigné de Foutobi d'une distance de 10 lieues. Le lait étant un des principaux éléments de notre alimentation, on comprend que la sollicitude du père de famille ne pouvait être de mon goût; aussi m'empressai-je de réclamer contre cette mesure, et je vis avec satisfaction ma réclamation couronnée d'un plein succès. Maka, se rendant à mes désirs, consentit à m'instituer le gardeur de ses deux meilleures vaches, à un prix assez raisonnable que je m'engageai à payer. Cette marque de confiance me toucha.

Le départ de Maka me laissait seigneur et maître à Foutobi; car, avec mes onze hommes, je formais la seule force vive du pays. L'occasion semblait belle pour tenter une évasion, et naturellement j'en eus la fantaisie. Je me représentais surtout avec une joie infinie la stupéfaction de mes geôliers quand, à leur retour de la guerre, ils s'apercevraient que leur prisonnier avait décampé; mais il fallait bien des choses pour que ce projet réussît. D'abord, il fallait être sûr de mes hommes, non pour un coup de main dans un moment suprême, je n'avais pas le droit de douter de leur dévouement pour cela; mais compter sur leur docilité durant dix ou douze jours de marche sans couscouss, c'était une autre affaire; il fallait ensuite renoncer à mes bagages qui renfermaient encore des valeurs d'un certain prix, et me résigner à en consommer moi-même la destruction. En outre, j'avais 100 lieues à faire pour sortir du Kaarta, et si les villages du centre étaient dégarnis de monde, il n'en était plus ainsi sans doute de ceux de la frontière. Rien donc n'était plus incertain que la réussite d'une telle entreprise, et, dans le cas probable d'un insuccès, je n'imaginais pas de plus grande humiliation que d'être arrêté, comme un captif vulgaire, en flagrant délit de désertion.

Oh! si l'occasion s'était présentée cinq mois auparavant, alors que je croyais n'avoir qu'à vendre chèrement ma vie aux Bambaras, alors que j'avais devant moi le temps et une saison propice, alors que je n'étais pas épuisé par les maladies! Si même il n'y eût eu qu'un passage à forcer, un coup de main à tenter, un jour de péril à braver!...

Je repoussai donc cette séduisante tentation, et renonçai à me voir le héros d'une série d'aventures qui devaient assurément offrir plus d'une péripétie, et vers lesquelles m'entraînait la pente de mon esprit; mais j'avais, avant tout, une mission à remplir, et il me semblait que c'eût été mal la comprendre que de me précipiter tête baissée dans cette route hasardeuse, quand rien dans ma situation n'était absolument désespéré.

Ce qui me détermina aussi pour cette prosaïque résolution, ce furent les 10,000 francs de valeurs qui me restaient. A quoi bon, me disais-je, sacrifier ces objets, et ne vaut-il pas mieux essayer à tout prix de les conserver, afin de pouvoir dire un jour : J'ai été pendant quatre mois, six mois, dix mois, que sais-je? captif des Bambaras; ma vie, celle de mes nègres ont été en leurs mains; pendant ce temps, mes bagages, dont leur cupidité centuplait la valeur, ont excité leur convoitise à toute heure du jour et de la nuit; et j'ai rapporté de chez

UNE ARMÉE BAMBARA EN MARCHE.

T. I, p. 483.

eux ma vie, la vie de mes hommes, mes armes et, chose plus extraordinaire encore, mes bagages intacts ?

La Providence est grande! Après tout, pensais-je, d'une manière ou d'une autre, il faudra bien que cette situation ait une fin!

J'employai la journée du 21 octobre à voir passer l'armée. Les soldats marchaient, avec un certain ordre, par petits détachements de vingt à trente hommes, et, toute prévention à part, n'avaient pas trop mauvais air. Les chefs étaient à cheval, ainsi que leurs griots et leurs forgerons; le reste, formant la force principale, était à pied. Les fantassins portaient leur bagage sur la tête : il consistait en vivres et en grigris de toutes figures et de tout poids. On sait aujourd'hui que le nègre puise son courage et sa force dans son sac de grigris, et qu'un nègre sans grigris est un triste guerrier.

Mes hommes, abondamment pourvus de ces talismans précieux, firent plus d'un heureux en les prêtant. Je contribuai aussi de la même manière au bonheur de quelques hommes du village; et peu s'en fallut que je ne me créasse, par ce moyen, un genre d'industrie fort lucratif; mais la conscience timorée d'un de mes nègres en décida autrement. Le niais! (car il eût profité comme moi de mes succès) n'alla-t-il pas sournoisement révéler aux Bambaras qu'il ne sortait de ma fabrique que de faux grigris, et que les versets écrits de ma main n'étaient pas selon Mahomet! Il est vrai que je mettais ordinairement sur mes amulettes des personnalités peu flatteuses pour le porteur.

Il y a deux sortes de grigris : les uns (ce sont les plus estimés) sont écrits par les marabouts; les autres sont des objets grossiers, tels que des racines, des coquilles, des cornes, des pierres, des dents, des morceaux de peau séchée. Les premiers se vendent cher, et les Bambaras n'en ont guère. Les seconds, qu'on peut facilement se procurer, composent d'une manière presque exclusive la charge du soldat; l'un des plus recherchés est la racine d'un certain arbust : il préserve des balles.

Les fantassins bambaras sont armés d'un fusil à un coup, communément de fabrique anglaise, et d'ordinaire en fort mauvais état. Il est impossible, quelque imagination qu'on y mette, de se faire une juste idée de la manière dont ils traitent leurs armes. D'abord, ce sont les canons et les batteries condamnées à n'être jamais démontées, et par conséquent à n'être jamais bien nettoyées; le canon est joint au bois par des cercles de fer, quelquefois en grand nombre; la poignée de l'arme est également garnie dans toute son étendue d'une épaisse feuille de fer. En second lieu, et cela arrive fort souvent, on ajuste par-dessus cette feuille, pour plus de solidité, des morceaux de cuir de vache. Enfin, il n'est pas rare de voir au canon même une pièce, une vraie pièce, comme on en mettrait à un soulier, excepté qu'elle est en fer, fixée avec des clous; elle bouche un trou ou une déchirure produite par la sortie anormale du projectile (les canons sont souvent bouchés), ou par une explosion (le cas est encore commun) déterminée par une trop forte charge. Chaque fusil possède son grigri préservateur.

L'huile étant complétement inconnue dans le Kaarta, on se sert de graisse, et de la plus grossière de toutes les graisses, pour entretenir ces armes, qu'on charge d'un demi-litre de mauvaise poudre et de quatre ou cinq balles.

En voyant défiler ces hommes si singulièrement armés, je me suis rappelé le langage d'un membre du parlement anglais, je crois, répondant à une interpellation sur les dangers d'armer certains peuples barbares :

« Ne vous inquiétez pas, disait-il avec conviction, ces armes ne font de mal qu'à ceux qui s'en servent. »

Ce fut assurément l'idée qui me vint en regardant les fusils des Bambaras.

Je n'ai pas fait la même remarque dans les autres pays nègres; au bas du fleuve, dans le Fouta, le Galam et le Bondou, les fusils sont en meilleur état.

Il faut qu'il s'en fasse en Afrique une terrible importation. C'est aujourd'hui l'arme du nègre, et il n'est pas rare de voir, particulièrement au Kaarta, les chefs posséder dans leur demeure un véritable arsenal. Quand Mungo-Park, il y a cinquante ans, parcourait les mêmes contrées, les nègres connaissaient à peine le fusil, et leurs armes ordinaires étaient la lance et la flèche. Dans ce temps-là, l'habileté des archers mandingues était si remarquable, « qu'ils tuaient, dit Mungo, à une distance étonnante, un lézard sur un arbre ou tout autre objet aussi peu volumineux; ils tuaient de même des poules de Guinée, des perdrix, des pigeons, mais jamais au vol. »

L'arc et la lance sont actuellement réservés aux peuples qui ne sont pas assez riches pour se procurer des fusils. Le Bambouk oriental, le Foulbadou et les pays qui s'étendent le plus au levant et au sud de ces États, ont seuls conservé aujourd'hui l'usage de ces armes primitives. Les flèches sont empoisonnées pour la guerre. « Le poison qui sert à cet effet, nous apprend encore Mungo-Park, se tire d'un arbuste appelé koua (espèce d'*échites*), très-commun dans les bois. Les feuilles de cet arbuste, bouillies avec une petite quantité d'eau, rendent un jus noir dans lequel les nègres trempent un fil de coton; ils attachent ce fil autour de la flèche, de manière qu'il est presque impossible, lorsque celle-ci est entrée plus avant que les barbelures, de l'arracher sans laisser dans la plaie la pointe de fer et le fil empoisonné. »

Outre le fusil, beaucoup de soldats bambaras sont armés d'une hache de guerre destinée à briser les forteresses.

Quelques soldats, captifs eux-mêmes, marchent suivis de leurs captifs, pauvres jeunes garçons amaigris par le jeûne, que les chefs ont abandonnés à leurs esclaves, en retour d'un plus riche butin. Ces jeunes garçons, dédaignés, à cause de leur faiblesse, des maîtres de leurs maîtres, suivent respectueusement ceux-ci et portent leurs armes et leur bagage.

Les armées bambaras sont en grande partie composées de captifs. Les hommes libres n'y figurent qu'en nombre relativement très-petit; ce sont eux qui, avec les Kourbaris, forment la cavalerie.

Les captifs sont organisés en quatre corps d'armée :

Le premier corps, commandé par Moussablé, est composé des *sofas* (1). Les sofas se recrutent parmi les enfants pris à la guerre et forment, comme on l'a vu, la garde particulière du roi et sa meilleure troupe. Dans l'attaque d'une ville, seule circonstance où les Bambaras observent un ordre de combat, les sofas ont le poste d'honneur. Ils sont chargés d'attaquer la porte de la forteresse, et entrent les premiers dans la place. Cette troupe est très-nombreuse; elle forme le centre ou corps de bataille. On sait qu'il est impossible d'obtenir des Africains une évaluation numérique quelconque, à plus forte raison quand il s'agit de forces militaires.

Le deuxième corps est commandé par N'golo, qui est en même temps le chef supérieur de l'armée. Ce corps, composé de *wouloussous* (2), forme l'aile gauche, et porte le nom de *nouman-boulou* (3), qu'on donne également aux hommes qui en font partie.

---

(1) Ce mot, d'après les renseignements que j'ai pu recueillir, semble être synonyme de page ou de garde du corps; ce sont les sofas qui approchent la personne du roi et qui l'accompagnent aux armées.

(2) Esclaves d'une condition supérieure, nés dans le pays et faisant partie du domaine ou de la case.

(3) *Nouman*, gauche; *boulou*, main.

Le troisième corps est placé sous le commandement de Diamanto ; il reçoit dans ses rangs des *wouloussous* et des *sann-dion* (1). On désigne ce corps et les hommes qui le composent par le nom de *ki-nin-boulou* (2) ; il forme l'aile droite.

Le quatrième corps comprend les vétérans ou vieux captifs ; il forme la réserve ; son chef se nomme Tomba. Les hommes de ce quatrième corps portent la désignation de *ton-koro-boulou* (3).

Lorsque l'armée doit entrer en campagne, les Massassis se rendent à Koghé, accompagnés de leurs captifs et des hommes libres de leur village. Ces derniers marchent également suivis de leurs captifs. Dans les expéditions militaires, il y a toujours beaucoup de monde ; l'espérance de faire du butin y attire tous les hommes en état de porter les armes. Au Kaarta, on va en expédition comme on va ailleurs en partie de plaisir, et il est assez dans l'usage de trafiquer à l'avance de la part de captifs qu'on compte rapporter de sa campagne. Cette confiance en soi est du reste dans le caractère des nègres, qui tous, à quelque nation qu'ils appartiennent, sont très-enclins à vendre la peau de l'ours qui n'est pas tué. Ils ont beau se tromper dans leurs calculs vantards, à toute nouvelle expédition leur confiance est la même.

Les Massassis et les hommes libres sont généralement montés. On les répartit dans les quatre corps de l'armée, et ils en forment, non la cavalerie, mais la chevalerie, s'il est permis de parler ainsi ; en d'autres termes, ils sont, dans les troupes bambaras, ce qu'était autrefois la noblesse dans nos armées. Par leur annexion à chaque corps d'armée, les Massassis et les forons sont placés sous les ordres des chefs de corps.

La hiérarchie des grades est assez mal établie dans les armées du Kaarta. La charge de chef de captifs est héréditaire par ligne collatérale, et c'est cette perpétuité de fonctions dans une même famille qui donne tant de puissance à ceux qui les remplissent. Ils ont pour lieutenants leurs frères, et pour troisièmes officiers leurs fils. A la mort d'un chef de captifs, son frère puîné lui succède, de la même manière qu'un roi succède à un roi.

Les chefs de captifs sont donc de très-grands personnages, de véritables généraux en chef exerçant, en raison de leurs fonctions, une influence considérable sur le roi et sa famille.

(1) Mot à mot, *acheté esclave* ; ce sont des esclaves ordinaires.
(2) *Kinin*, droite ; *boulou*, main.
(3) *Ton* ou *dion*, esclave ; *koro*, vieux ; *boulou*, main.

En l'absence du roi, qui marche ordinairement à la tête de l'armée, les hommes sont commandés par un de ses frères. Celui-ci a pour lieutenants les chefs de captifs, mais ils ne lui obéissent qu'en ce qui concerne les mouvements généraux. Ces chefs conservent toujours le droit de discipline intérieure de leur colonne, prérogative dont ils se montrent très-jaloux, et qui engendre souvent des conflits. Les autres Massassis commandent des corps de partisans ou des colonnes opérant isolément; mais ils ne commandent jamais en chef quand l'armée est rassemblée.

Les Bambaras n'ont point de chant de guerre à proprement parler; mais, avant d'engager l'action, l'armée fait halte, et les griots préparent les courages en rappelant les hauts faits des guerriers de la nation. Ces chants, répétés par tous les griots de l'armée, comportent l'accompagnement de la guitare nationale; il est d'usage d'y intercaler les strophes de circonstance réclamées par la présence de tel ou tel rejeton d'un guerrier trépassé. J'ai traduit le plus littéralement possible le chant suivant :

« Voici le jour venu où vous pourrez réjouir vos pères dans leur tombe en imitant leurs actions héroïques. Parez-vous de vos grigris qui rendent invulnérables, et montez vos chevaux impétueux.

» La tombe est froide aux pères qui ont des enfants sans courage. La vaillance du fils, au contraire, pénètre comme une douce chaleur dans le *sélé* (tombeau) de l'ancêtre et réchauffe ses os refroidis.

» Les noms de vos pères sont demeurés parmi nous comme d'éternels souvenirs. Faites qu'en ce jour les vôtres deviennent aussi la lumière du brave.

» Marchez au combat le front levé et la main ferme. Que les rois vaincus viennent implorer votre clémence. Trempez vos mains dans le sang des ennemis, et que la terre s'arrose des pleurs que votre victoire fera rouler des yeux des mères.

» Mais n'oubliez pas que, l'ennemi vaincu, ses armes et son cheval sont la récompense du guerrier. Que de nombreux captifs, richesse du Bamana, suivent donc vos pas triomphants et fassent bondir d'aise vos femmes qui pleurent en attendant votre retour.

» Vos fidèles Dialis seront plus fiers de recevoir en ce jour de leurs maîtres généreux des dolokés et des coulcis souillés du sang des ennemis et de la poussière du champ de bataille, que des pagnes neuves brillant d'une vive fraîcheur. La gloire du maître est celle du captif.

» Marchez donc au combat, Bamanaos invincibles! Que chacun de vous aspire à l'honneur d'être proclamé le plus vaillant, celui devant qui tous les autres voilent leur face de la pagne des femmes. Il n'y a qu'une vie pour les faibles ; mais l'homme brave ne meurt jamais ; son souvenir est l'héritage de sa nation. »

Les Bambaras sont d'une discrétion remarquable sur les mouvements de leurs armées. Les rassemblements se font assez rapidement, et les hommes se mettent en marche presque toujours sans savoir où ils vont.

Les bagages de l'armée ne comportent que les outils indispensables pour construire les camps du roi, et de grandes calebasses de bois destinées à porter la terre et l'eau nécessaires à ces travaux. Les femmes ne suivent pas les armées ; il n'y a que quelques pileuses attachées à chaque détachement.

La hache est considérée comme une arme d'honneur. On la nomme *soukala*. Comme les haches ne sont employées qu'à l'attaque des places, le roi les distribue lui-même aux plus braves. La distribution des *soukalas* est faite aux *sofas*, avant le départ de l'armée, et donne lieu à une fête militaire.

On ne voit dans cette nomenclature qu'une troupe véritablement permanente ; ce sont les sofas, qui appartiennent au roi et se recrutent parmi les enfants pris dans les expéditions, et parmi ceux des hommes qui composent cette milice. Cette troupe, qui a quelque rapport avec les janissaires et les mamelucks, n'est point soldée ; mais elle reçoit des terres, à la condition de les mettre en rapport et d'en tirer sa subsistance. A la guerre, chaque sofa est tenu de se pourvoir de munitions et de vivres. Quant à ses armes, c'est, le plus souvent, le roi qui les lui donne. Le don d'un fusil est le prix du premier prisonnier fait par un sofa. Le roi, en outre, accorde des gratifications à ceux qui se sont distingués ; les actions d'éclat sont récompensées par des captifs, quelquefois par des chevaux. Malgré tous ces avantages, la condition des sofas est inférieure à celle des *wouloussous*, dont nous allons parler bientôt. Le butin de guerre fait par les sofas est divisé en deux parts : la première appartient au roi ; la seconde, au chef du corps.

La nomination du chef des sofas était autrefois marquée par une cérémonie dans laquelle le burlesque se mêlait au tragique. On conduisait le nouveau dignitaire devant une nombreuse assemblée que présidait le roi ; rendu là, on lui liait les bras derrière le dos, à la hauteur du poignet, de manière à ce qu'il n'eût de libre que le mouvement des doigts ; après quoi, un homme placé derrière lui approchait et éloignait alternativement de ses mains attachées, une calebasse remplie de grains de maïs. Cet exercice, qui égayait beaucoup l'assemblée et qu'on prenait plaisir à prolonger en brusquant le mouvement de va-et-vient, ne se terminait que quand le patient était parvenu à plonger ses doigts dans la calebasse. Le nombre de grains qu'il avait pu, en une seule fois, saisir de cette façon, était remis par lui-même au roi, qui les comptait et les faisait ensuite déposer dans un coffre fermé dont il gardait la clef.

Chaque année, au jour correspondant à celui de l'avénement du chef des sofas, le roi retirait un de ces grains. Quand il était arrivé au dernier, il convoquait encore une assemblée et y mandait le chef qui y était conduit processionnellement comme au jour de sa gloire. Là, l'infortuné sofa était impitoyablement étranglé; puis, séance tenante, on procédait de la même manière à l'élection de son successeur.

Cette terrible situation était adoucie par l'impunité absolue dont jouissait le sofa durant son règne. On lui remettait toutes ses fautes en attendant l'heure fatale qui, pour lui, sonnait toujours trop tôt; car, même sans tenir compte de l'émotion qui devait nécessairement agiter le patient, il ne lui était guère facile, gêné comme il l'était, de saisir un grand nombre de grains dans la sinistre calebasse.

Il existe au Kaarta deux catégories d'esclaves:

La première comprend un choix d'esclaves nés dans le pays, à quelque condition qu'ils appartiennent; on les désigne par le nom de *wouloussous*.

La seconde, les prisonniers faits à la guerre, les esclaves achetés ou échangés, et ceux donnés en coutume; ils portent le nom de *sanndion*.

Les *wouloussous* sont enfants de la famille et prennent leur part du bien-être de leurs maîtres; leurs chaînes sont douces; ce sont les οἰκέται des Lacédémoniens. Ils ne peuvent être vendus; ils ne peuvent, dans aucun cas, servir à acquitter les dettes de leur maître. Ils jouissent de la moitié du fruit de leur travail; ils possèdent en propriété des cases, des captifs et des terres. Lorsqu'ils sont en état d'aller à la guerre, le premier prisonnier qu'ils font est remis à leur maître, qui, en retour, leur donne un fusil; quelquefois même un cheval. Les autres prises appartiennent partie à leur maître, partie à eux. Le partage est quelque peu laissé à la volonté du maître; mais l'usage faisant une loi à celui-ci de se montrer généreux envers ses wouloussous, il n'est pas rare de le voir leur abandonner la moitié du butin qu'ils ont fait.

Lorsqu'un wouloussou est pris dans un combat, son maître est tenu à le racheter; c'est encore un usage passé dans les mœurs des Bambaras, et il en est bien peu qui s'en affranchissent.

Les *sann-dion*, les ειλῶται des Spartiates, sont loin de jouir d'une condition aussi douce; non que leurs maîtres les maltraitent pour le plaisir de le faire, je ne l'ai jamais vu; mais parce que ces captifs, achetés et revendus sans cesse, deviennent *ipso facto* une sorte de monnaie courante. Ce sont les *sann-dion* qu'on échange, qu'on donne en cadeau, en amende, en un mot, dont on trafique comme on le ferait pour une tête de bétail ou pour un sac de grain. Ce continuel changement de maître, les longues marches, les précautions et quelquefois les cruautés auxquelles on a recours pour prévenir leur évasion, sont de rudes épreuves pour ces malheureux; c'est alors qu'ils souffrent, et que leurs souffrances sont dignes de pitié. Mais quand ils sont établis à poste fixe, s'ils ne donnent aucun signe d'insoumission, s'ils ne montrent aucune velléité de chercher à recouvrer leur liberté, ils ont une existence facile; ils peuvent même s'élever à la condition de wouloussou lorsqu'ils se sont fait remarquer par leur bonne conduite.

De tous les peuples de l'Afrique que j'ai vus, aucun ne m'a semblé prendre plus de soin de ses esclaves que les Bambaras; et cependant, malgré cette sollicitude, que je dois constater pour rester dans la vérité, il n'en est pas moins certain que, même dans le Kaarta, les *sann-dion* sont mal vêtus, mal nourris, travaillent beaucoup et portent sur leur personne des traces visibles de jeûnes forcés et de mauvais traitements; et dans les autres pays, leur condition est bien plus dure encore.

La faculté laissée aux *sann-dion* de parvenir au rang d'esclaves de case est un stimulant énergique pour les maintenir dans la voie de l'honnêteté et de la soumission. Le produit de leur travail appartient à leurs maîtres, sauf la restriction qui va suivre; ils cultivent leurs champs, gardent leurs troupeaux, font de la toile de coton, en un mot sont employés à tous les travaux pénibles. Il est toutefois un travail qu'un esclave mâle ne consentira jamais à faire : c'est de piler le couscouss et de le préparer. On pourra l'accabler de coups, toujours il résistera; c'est pour lui une question d'honneur.

Il existe au Kaarta, en faveur des esclaves, un usage tout à la fois paternel et bienveillant, qu'il me semble important de signaler, car je le crois peu connu en Europe; il consiste à les affranchir deux jours

de la semaine, le lundi et le vendredi, de l'obligation de travailler pour
leurs maîtres; on va même plus loin, on leur abandonne en toute
propriété, mais seulement le vendredi, le lait des troupeaux confiés à
leur garde; et ce droit leur est tellement reconnu, qu'ils peuvent
vendre ce lait, même à leurs maîtres. On aime à constater de semblables usages.

A propos de cette coutume, voici un rapprochement intéressant entre
les Bambaras et les Aminas, peuple de la côte d'Or. Je le trouve men-
tionné dans l'ouvrage du docteur Pritchard que j'ai déjà cité :

« Il faut dire à l'honneur des Bliakejas, qui sont les prêtres de Kara-
bani et de Sokko, qu'ils ne se contentent pas, comme tant d'autres, de
recommander des sacrifices et des offrandes dont une partie leur revient; mais qu'ils s'occupent sérieusement de l'instruction religieuse du
peuple et prennent soin de lui enseigner la manière de prier. Les
nègres viennent les trouver dans ce but, soit séparément, soit plusieurs
ensemble, et, s'agenouillant avec eux, ils adressent à leur dieu, qu'ils
nomment Tshukka, des prières par lesquelles ils lui demandent d'é-
loigner d'eux le fléau de la guerre, de les préserver de la captivité et
d'éloigner les autres malheurs dont ils peuvent être menacés. Les
prêtres exigent d'eux *l'engagement qu'ils traiteront doucement leurs
esclaves, et qu'ils leur accorderont deux jours par semaine pour s'occuper de leurs propres affaires* (1). »

Voilà un rapport digne d'attention, entre deux peuples fort éloignés
l'un de l'autre et dont la langue, les mœurs, la religion sont tout à
fait dissemblables. Mais ce n'est pas le seul; nous en avons déjà cité
un autre à propos du Bouri, et en voici un troisième dans les noms
mêmes : *Karabanis, Karabaris, Sokko,* par exemple, cités aussi par
Oldendorp, ne semblent-ils pas se rapprocher beaucoup de *Kourbaris*
et de *Sukkos?* Ce dernier nom était celui d'une tribu de Soninkiés qui
occupait le Kaarta avant la venue des Diavaras et des Kaartas.

C'est une voie que j'indique; elle n'a pas été explorée encore et peut
conduire à des résultats précieux. L'étude des rapports, des langues,
des coutumes et des superstitions ne saurait, je ne crains pas de le
répéter, être trop recommandée ; elle seule peut servir de fil conducteur à travers ce labyrinthe qu'on appelle l'histoire des nègres.

Au Kaarta, les esclaves ne peuvent se marier qu'entre eux ; ce qui
veut dire (car cette proposition a besoin d'être expliquée), qu'un

---

(1) Oldendorp, cité dans Pritchard, p. 330, t. II.

homme esclave ne peut épouser qu'une femme esclave; mais il n'en est plus ainsi pour les femmes. Elles peuvent se marier avec des hommes libres, avec des Kourbaris, et même avec le roi, ainsi que nous l'avons vu.

Les Bambaras vendent leurs esclaves en Gambie, à Ségo, à Djenné; ils les vendent aussi aux Maures et aux nations de leur voisinage; ils les vendent encore au Rio-Nûnez et au Rio-Pongo. Rarement ils descendent plus au sud, mais cela arrive cependant quelquefois, car le nègre qui m'a donné ce détail, un Soninkié, avait conduit, en 1846, cent esclaves au cap Monte. Il avait mis soixante jours pour parcourir cette distance, traversant le Bambouk et le Fouta-Djallon. Les captifs vendus par les Bambaras appartiennent à toutes les nations de la Sénégambie et du Soudan; ce sont les Soninkiés établis au Kaarta qui se chargent de cette opération.

Il est certains cas où les Bambaras tuent leurs prisonniers en état de porter les armes : c'est d'abord quand un Massassi de quelque importance a péri dans la bataille; on immole alors à ses mânes tous les guerriers et les jeunes gens de plus de quatorze ans qui ont été pris; on massacre également les prisonniers quand ce sont des Maures ou des tributaires révoltés. Toutefois, à l'exception des Maures, envers lesquels les Bambaras se montrent impitoyables, le roi et les chefs de corps d'armée, particulièrement intéressés à la conservation des prisonniers, les épargnent le plus souvent.

On m'avait d'abord dit qu'après le combat on divisait les prisonniers en trois parts : la première comprenait les vieillards des deux sexes; la seconde, les hommes robustes; et la troisième, les femmes, les jeunes garçons, les jeunes filles et les enfants. On tuait les premiers comme inutiles, les seconds comme dangereux, et on ne gardait que les troisièmes. Cette assertion n'a pas été confirmée, et je la crois contraire aux mœurs des Bambaras et plus encore à leurs intérêts. Il est cependant positif qu'il y a des massacres dans d'autres cas que ceux qu'on m'a indiqués; mais je crois pouvoir affirmer que ces exécutions sont extrêmement rares.

Quand l'arrêt de mort des prisonniers a été prononcé, on les exécute immédiatement, sur le champ de bataille même, ou sur la place principale du village saccagé. C'est le bourreau (les Bambaras en ont toujours un à la suite de leurs armées) qui est chargé de cette triste besogne; le genre de mort est la décapitation, de la même manière que chez les Arabes. Le bourreau reçoit pour salaire le dixième des prisonniers; il va sans dire qu'il ne leur coupe pas la tête, et qu'il ne s'adjuge ni les plus vieux, ni les plus faibles. Après l'exécution, on change les têtes des victimes. Je ne m'explique pas dans quel but, et personne n'a pu me le dire.

J'ai demandé plusieurs fois si les Bambaras consentiraient à prendre un engagement pour servir les blancs dans leurs colonies d'Amérique. Bouô, que j'ai particulièrement interrogé sur cet objet, après s'être bien rendu compte des conditions de l'émigration des travailleurs, m'a répondu par un long signe de tête négatif.

Si jamais nous voulons essayer de ce moyen pour recruter des tra-vailleurs, je pense qu'il faudra au préalable créer des centres d'exploitation agricole. Nous nous mettrions ainsi en rapport de travail avec les nègres, et une fois qu'ils sauraient bien ce que nous voulons d'eux, une fois qu'ils auraient éprouvé notre fidélité à tenir nos promesses, ils pourraient peut-être abandonner leur patrie pour un salaire plus élevé. Mais ne nous faisons pas d'illusions, ce résultat n'est rien moins que prochain. Tant que le nègre n'aura pas été transformé ou plutôt régénéré, il ne se résignera pas à abdiquer sa qualité d'homme libre, avec tous les avantages qu'il en retire, pour s'engager dans une entreprise où il sera tenu à un travail quotidien. Dans l'état actuel des choses, il n'y a donc pas d'espoir de parvenir, autrement que par l'achat ou le *rachat*, à posséder des travailleurs africains.

La question des cultures en Afrique, sur laquelle je reviendrai, se lie, comme on le voit, à une autre question bien sérieuse : celle de la culture de nos colonies d'Amérique; et c'est un motif de plus pour y porter toute son attention.

Un homme de Djenné m'a assuré qu'on pourrait amener les gens de son pays et ceux du Ségo à souscrire un semblable engagement. Je ne puis ni affirmer, ni infirmer le dire de cet homme, et je me borne simplement à le reproduire. Du reste, nous avons le temps de méditer là-dessus; car nous sommes loin d'être en mesure de traiter, même indirectement, avec les habitants des bords du Ghioliba.

CHAPITRE XXXVI.

J'avais depuis longtemps renoncé à tenir au courant le nécrologe de mes roussins. La tâche eût été fatigante, car la mort avait sévi bien cruellement contre ces pauvres compagnons de mon voyage. En entrant dans le Kaarta, je possédais, y compris les montures particulières de plusieurs de mes hommes, dix-sept baudets dont l'indiscipline égalait la vigueur. Cinq mois après, hélas! il ne m'en restait que deux, à la démarche chancelante, à la tête basse, à l'air piteux.

Cette mortalité m'avait fort préoccupé pendant un temps, et je ne me trouvais pas satisfait de l'explication que m'en donnaient mes nè- gres fatalistes.

« C'est Dieu qui l'a voulu, » disaient-ils avec un soupir; car ils avaient pour ces animaux un amour presque fraternel.

Moi, je n'allais pas chercher si loin les causes qui avaient abrégé la vie de mes bêtes de charge; j'accusais tout simplement les Bambaras d'avoir favorisé l'accomplissement de cette prétendue volonté du dieu de mes nègres; mais rien ne vint justifier mes soupçons.

J'avais entendu dire, au moment où l'armée passait, que le roi, repoussant avec mépris les offres pacifiques des Diavaras, persistait à vouloir des têtes. Le *Kandia* n'avait guère de mémoire; car, si peu qu'il en eût eu, il se fût souvenu de l'humiliant *fiasco* que, quelques mois auparavant, les Kassonkiés infligeaient à son outrecuidance; et je faisais tout bas des vœux pour que pareille chose lui arrivât encore. La nouvelle du jour concordait assez avec mes souhaits : Mamady, devenu moins féroce, consentait à accorder la paix à ses vassaux, moyennant des chevaux et des captifs.

Je prenais, je ne sais pourquoi, intérêt à ce démêlé. Au fait, il fallait bien penser à quelque chose; et il eût été difficile de ne pas occuper mon esprit d'un sujet qui absorbait toutes les pensées autour de moi.

J'ai déjà dit un mot des cadeaux et des ennuis qui attendent ceux qui ont l'imprudence d'en accepter. Depuis quelques jours, j'étais particulièrement assiégé par des gens qui voulaient m'en faire malgré moi. Il en résultait de petites scènes d'intérieur passablement désagréables. Une surtout eut quelque retentissement dans le village.

L'une des femmes de Maka, après quatre heures de palabres pour me faire accepter des poules et des œufs, prit le parti de les abandonner dans ma case. Elle s'éloigna ensuite, mais ne partit pas, attendant dans les environs de ma demeure la surprise qu'elle avait sans doute voulu se ménager; à aucun prix elle n'avait consenti à vendre ces denrées, il importe de se le rappeler. Pour en finir, je fis estimer son offrande et lui en envoyai au moins trois fois la valeur. Jamais je n'ai vu une femme si furieuse; elle accabla mon domestique et moi des invectives les plus grossières, et se disposait à le battre, ce qui eût été fort dangereux pour lui, si l'on n'a pas oublié le « *ne touchez pas aux femmes des Kourbaris,* » quand d'autres femmes vinrent mettre un terme à ses emportements.

Journellement ces tracasseries se produisaient, et j'avais bien de la peine à m'y soustraire. Dans le commencement de mon séjour à Foutobi, les habitants avaient imaginé une petite variante que voici. Sachant que j'aimais à recueillir toute sorte d'objets, c'était à qui m'apporterait quelque chose. On fit ainsi passer sous mes yeux un choix bien original d'objets de collection. Pendant un temps, ce fut une procession continuelle de gens qui, sous prétexte d'apporter des curiosités au *blanc*, s'éternisaient dans ma case : les uns m'offraient une sauterelle sans pattes, une noix de *gourou*, une pierre roulée, un papillon maculé par les doigts des enfants, et qui n'était pas complet ; une vieille paire de culottes, un bonnet graisseux, une courroie de sandale ; on vint même jusqu'à m'offrir, comme objet de collection, un morceau de cuivre dérobé à mes instruments. Les femmes m'envoyaient aussi, toujours comme article de curiosité, des ragoûts indigènes préparés par leurs mains ; Dieu sait quels abominables mets ! J'avais fini par faire publier au tamtam que je ne voulais plus de curiosités, et je renonçai tout à fait à enrichir à Foutobi mon musée bambara.

Ils inventèrent alors un autre moyen de s'introduire près de moi ; on me faisait dire qu'un homme venant ou de Makana, ou de Bakel, ou de Ségo, avait des nouvelles importantes à me communiquer ; et, à l'aide de ce faux passeport, j'étais assommé pendant deux heures par un fâcheux qui terminait sa visite en me demandant un cadeau.

Je m'étais d'abord trouvé très-malheureux de ces obsessions ; mais j'avais fini par m'y faire, et même par sortir d'embarras d'une manière victorieuse. Ainsi, quand j'étais d'humeur plaisante, ce qui arrivait bien quelquefois, je saisissais avec empressement la main qu'on me tendait et je la pressais avec force, en feignant de croire à une ouverture d'amitié ; le demandeur ne se rebutait pas, et moi pas davantage ; plus la main était tendue, plus fortement elle était pressée ; puis des serrements de main je passais aux tapes sur le dos, sur les joues, sur le ventre, façons du plus haut goût en matière de tendresse ; si cela ne suffisait pas encore, j'imprimais au bras de l'intrépide mendiant un balancement si saccadé et si prolongé, que force lui était bien enfin d'abandonner la partie. Ici les rieurs étaient pour moi, et le malheureux, couvert de huées, allait cacher sa confusion dans la foule. Eh bien ! on aura peut-être de la peine à le croire, ces petites humiliations infligées publiquement ne me faisaient aucun tort, et le puni lui-même ne m'en gardait pas rancune : nouvelle preuve de l'excellent naturel du nègre.

Foutobi, vers ce temps, fut mis en grand émoi par un acrobate venu du Foulhadougou «pour montrer ses talents au blanc.» Cet artiste, beaucoup plus intéressant que le diseur de bons mots qui l'avait précédé, m'apprit « que la nouvelle de mon séjour au Kaarta était parvenue dans son pays, et que sur les rapports avantageux qui lui avaient été faits de ma *générosité,* ils s'était mis en route pour venir charmer mes loisirs. » Que dire de ce discours stéréotypé sur ceux des charlatans de notre pays et à l'usage, paraîtrait-il, des *Bilboquets* des cinq parties du monde ?

L'art de cet acrobate ambulant consistait à danser sur des échasses, affublé d'un costume grotesque et le visage couvert d'un masque de coton rouge bordé de cauris.

C'est chose assez bizarre de retrouver au milieu de l'Afrique, entre les mains des bateleurs nègres, ces ingénieux véhicules inventés par les habitants des pays où la constitution des terrains rend presque impossible la marche des piétons. L'idée première de ces échasses ne se trouverait-elle pas aussi, en Afrique, dans des motifs d'utilité ? Le fait est que les épines y abondent, et qu'il faut que les nègres aient l'épiderme fièrement dur pour ne pas être incommodés de leurs piqûres. Quoi qu'il en soit, ce bateleur, grimpé sur des échasses et exécutant ainsi les danses de sa nation, me rappela les Basques ou prétendus Basques qui parcourent la France pour y montrer l'appareil de locomotion de leur pays et leur habileté à s'en servir.

Voici encore un renseignement utile au commerce, que je livre aux méditations des droguistes et des apothicaires. En partant de France, je m'étais muni d'une certaine quantité de bois de réglisse, dans l'innocente intention de faire du *coco,* boisson rafraîchissante très-aimée des gamins ; mais comme je ne veux pas me donner les gants d'une si grande découverte, je dirai tout franchement que je n'avais songé qu'à moi, et que si, par accident, j'avais appelé les habitants à prendre part aux douceurs du *coco,* jamais il ne m'était venu à l'esprit d'en faire une spéculation. La disparition de mes menues marchandises d'échange en décida autrement.

A bout de ressources pour approvisionner ma table, mon domestique songea au bois de réglisse, dont il restait un plein sac ; un jour il en présenta à une négresse qui vendait des poules, un petit bâton en lui vantant son goût agréable et ses propriétés infaillibles pour guérir les rhumes de cerveau. Le succès fut complet ; la négresse, qui précisément était enrhumée (on s'enrhume au Kaarta comme ailleurs), goûta le bois et le trouva si bon qu'elle abandonna sans marchander une poule et une grande calebasse de mil contre deux morceaux de bois de

UN SALTIMBANQUE NÈGRE.

réglisse qui n'étaient pas plus gros qu'un crayon. Il paraît que la guérison fut radicale; car, depuis ce temps, on me demanda cette marchandise de tous côtés, et grâce à cette précieuse denrée, l'abondance
régna sur ma table.

C'est là, sans contredit, une bien belle découverte, et faite par hasard, comme toutes les découvertes du monde. On peut facilement
gagner à ce commerce, et sans beaucoup de risques, dix mille pour
cent au moins.

Le 2 du mois de novembre, j'ai revu le buveur Sakha, le premier
chef bambara rencontré sur ma route; sa longue figure n'avait rien
perdu de son air hébété. Il semblait seulement avoir oublié dans
les joies de l'ivresse le moment du départ, car depuis dix grands jours
l'armée était passée. Sakha m'annonça que non-seulement Barka ne
s'était point encore mis en route à son départ, mais qu'il n'était
nullement question de son voyage. La nouvelle était triste, et néanmoins elle ne m'étonnait pas.

J'ai revu aussi, le même jour, Mamady-Sirré, l'homme de Tinntila;
mais les renseignements qu'il me donna ne concordaient nullement
avec les nouvelles portées par Sakha. Selon la version de Mamady,
le fils de Barka était en route pour venir me chercher; et de
plus, il prétendait tenir de bonne source qu'un bateau à vapeur
avait conduit à Makana des blancs et des matériaux pour y construire
un établissement. Je n'avais accordé qu'une médiocre créance aux
dires de Mamady; mais lui-même se chargea bientôt de donner une
certitude à mes doutes sur la véracité de ses communications. Peu
soucieux d'affronter une nouvelle fois mes refus, il me demanda un
cadeau; évidemment c'était le salaire des espérances qu'il croyait m'a-
voir données. Je ne fus pas sa dupe, et il se retira encore les mains
vides.

Cinq jours après le départ de ces deux chefs, je recevais la
visite d'un Bambara arrivant de Koghé, qui prétendait avoir entendu
dire, par des gens de Kouniakary, que le fils de Barka y était avec
une caravane, et qu'il n'attendait plus que son père pour se rendre avec
lui à Foutobi. Pour tout salaire, je fis jeter à la porte ce colporteur de
bruits mensongers. Si Barka ou son fils eût été à Kouniakary, je l'aurais su par Bouô qui venait tous les jours me voir; et il m'affirmait,
au contraire, qu'aucun membre de la famille de Barka ne songeait à
moi et encore moins à venir me délivrer.

Tout cela était triste; je ne recevais plus de lettres de Bakel ni de

Saint-Louis. Je ne savais quand et comment je sortirais de cet affreux pays ; il y avait des moments où l'espoir m'abandonnait tout à fait et où je regrettais amèrement de n'avoir pas cherché, quoi qu'il pût arriver, à me faire jour de vive force.

Le 8 novembre, on m'apprit que la division s'était mise dans le camp des Diavaras et que l'un des partis était rentré dans les bonnes grâces de Mamady, en abandonnant à ses vengeances l'autre parti. Ce procédé était bien *sarracolé*.

J'ai déjà eu occasion de dire que le sel au Kaarta était excessivement rare. Le seul qu'on s'y procure est apporté par des marchands maures qui parcourent les villages nègres, comme les marchands de toile et les marchands d'images parcourent nos campagnes. Les Bambaras ne semblaient pas souffrir de cette privation ; mais mes hommes et moi en souffrions au delà de toute expression. Je tenais le sel dans une caisse dont je gardais la clef, et je m'en étais établi le distributeur ; mais j'avais beau mettre toute la parcimonie possible dans ma distribution, la provision s'épuisait bientôt, et je me trouvais réduit aux expédients pour la renouveler.

Ce jour-là, j'envoyai deux de mes hommes les plus habiles, avec mission de m'en rapporter à quelque prix que ce fût. Après trois jours de course, ils ne purent en trouver qu'un morceau de 4 ou 5 livres, que le propriétaire ne voulut échanger que contre un esclave, et que par conséquent je dus lui laisser. Je ne me décourageai pas et renvoyai de nouveau mes émissaires battre la campagne. Il ne leur fallut rien moins qu'une semaine de visites domiciliaires pour découvrir ce qu'ils cherchaient ; ils m'en rapportèrent 3 livres, qu'ils avaient payées un fusil à deux coups, c'est-à-dire 60 francs, et ce n'était pas cher... pour le Kaarta.

Je ne crois pas avoir dit encore comment se font les marchés dans ce pays-là. Voici : on se munit d'un miroir, d'une aiguille, d'un collier de verre, d'un fusil ou de tout autre objet, et s'adressant au vendeur, on lui parle à peu près en ces termes :

« Holà, mon cher ! te plairait-il me donner pour une aiguille de lait, pour un miroir de beurre, pour un collier de poulet, etc., etc. ? »

Revenons au sel. Lorsqu'il arriva, mes hommes se jetèrent dessus, et j'eus toutes les peines du monde à le leur arracher des mains : ils le croquaient comme du sucre. Les Bambaras attribuent au sel la propriété de donner de la force à ceux qui en font usage, et disent, en manière de proverbe, pour désigner un homme vigoureux : « C'est un mangeur de sel. »

Comme les Africains aiment la flatterie et l'adulation, et on ne saurait dire ce qu'ils préfèrent ou de flatter ou d'être flattés! J'avais toujours cru que la courtisanerie appartenait en propre aux peuples civilisés, et que c'était un vice inhérent à la civilisation; mais j'ai bien modifié cette manière de voir en vivant en Afrique. J'ai trouvé, en effet, chez tous ses habitants, Maures, Foulhs, Soninkiés, Yoloffs, Malinkiés, les plus sauvages de tous, l'usage de cette langue menteuse; et elle m'a paru être encore plus perfectionnée que dans les pays de l'Europe où elle est le plus en honneur.

Je reçus vers le soir la visite d'un Maure qui s'attacha à moi en m'accablant de louanges exagérées. Voyant que j'y étais insensible, il changea de sujet, et se prit à débiter sur Mamady les choses les plus gracieuses :

« Tu verras, tu verras, quand il t'aura envoyé le riche présent qu'il te destine, que c'est un prince généreux. »

Ennuyé par ces flagorneries, j'interrompis l'honnête apologiste et lui demandai brusquement combien il voulait pour ce qu'il me disait. Il sourit et me montra sa culotte usée par un long service. Je chargeai un de mes nègres de lui traduire en substance la fable du Renard et du Corbeau.

« De quelle couleur sont les corbeaux dans ton pays? — lui dis-je, quand il eut écouté ma fable.

— Noirs, me répondit-il.

— Eh bien! ils sont noirs aussi dans le mien; retourne donc vers Mamady, ses Massassis et tous tes princes, qui ont la couleur du corbeau; mais quant aux blancs, ils ne lâchent pas leurs gigots. »

J'avais été obligé de substituer un gigot au fromage, denrée alimentaire inconnue en Afrique.

La nouvelle du 10 novembre était que les Maures avaient saccagé un village tout près de Foutobi. Six habitants avaient été tués et onze faits esclaves. On pleurait la mort d'un des enfants du chef qui se trouvait dans ce village.

A propos de cette invasion, le vieux Niany me conta l'anecdote suivante :

« Il y a trois ans, les Maures vinrent, au milieu de la nuit, s'abattre sur Foutobi. Réveillés par cette brusque attaque, les habitants s'armèrent à la hâte, parvinrent à repousser les assaillants, et reprirent un grand nombre de têtes de bétail que ceux-ci avaient enlevées à un camp de Diavandous établi aux environs (je fais remarquer en passant que cette dernière partie du récit est sujette à caution ; mais cela ne fait rien à l'anecdote).

« En fuyant, un des Maures s'égara et tomba entre les mains des Bambaras. Grande joie à Foutobi ! car, ses habitants en conviennent eux-mêmes, il est rare qu'ils prennent des Maures en vie. Chacun présenta son plan de torture : les uns voulaient le faire mourir sous le bâton ; les autres, le lier à un bûcher de bois vert, et le faire griller à petit feu ; d'autres, lui crever les yeux, lui couper le nez et l'attacher ensuite à un arbre du bois voisin. Le chef, qui est bien malin, objecte mon conteur, réclama le silence et se fit apporter, au profond étonnement de ses administrés, un bouss rempli de mil et un autre de lait. Il les présenta au Maure étroitement garotté, et lui dit :

« Tu dois avoir faim et soif, car tu as fait une longue marche pour
» venir ici, et tu vas marcher longtemps encore pour rejoindre tes
» amis. »

» Le Maure ouvrait des yeux où se peignaient la surprise et l'espoir. Le chef ordonna qu'on lui attachât les deux bouss sur le dos, puis il reprit :

« Tu vas donc être libre ; mais auparavant tu vas me laisser tes
» deux bras, afin que, quand tu reviendras parmi nous, tu n'aies l'envie
» ni de nous voler ni de nous tuer. »

» Les habitants de Foutobi s'empressèrent de remplir les désirs de leur chef, et le malheureux Maure, après avoir eu les deux bras coupés avec un poignard, fut conduit hors du village au milieu des huées et des rires. »

Le 15 novembre, vers le milieu du jour, mes hommes vinrent d'un air heureux me conduire un captif de Maka chargé, de la part de son maître, de me faire une communication importante. Les communications importantes des Massassis avaient eu jusqu'alors pour moi un résultat onéreux, et depuis longtemps je ne montrais plus d'empressement à les recevoir ; mais, dans cette circonstance, mes hommes avaient l'air si parfaitement satisfaits, que je me pressai plus que de coutume. Le message, en effet, était très-important ; mais restait à savoir s'il avait le cachet de vérité que mes nègres se plaisaient à lui trouver : Maka me faisait dire que si Barka n'était point arrivé au 10 de la lune (nous étions au 1er), le roi me donnerait un guide et une escorte pour me ramener à Bakel. Maka, ému de mes souffrances, ajoutait le messager, avait tellement tourmenté son frère pour me rendre à la liberté, que celui-ci n'avait pu lui refuser davantage la grâce qu'il demandait.

Cette nouvelle arriva dans un mauvais moment; j'étais si profondément abattu par la maladie, que j'y fis à peine attention. On m'avait tant de fois leurré de l'espoir du départ; on avait fait courir sur ce sujet tant de faux bruits, que je m'étais fait une loi de ne plus rien croire. La fièvre alors ne me laissait que deux ou trois jours de calme par semaine; j'étais à bout de courage.

Mes hommes, ne comprenant rien à mon indifférence, m'en firent l'observation.

« J'attends, leur dis-je, afin de savoir ce que va me coûter le message de Maka. »

Mais, contrairement à cette préoccupation de mon esprit, le captif se retira sans rien demander. Fallait-il donc enfin croire à ma délivrance?

Malgré tous mes efforts pour repousser ce consolant espoir, je ne sus résister au charme qu'il faisait naître en moi, et je m'abandonnai encore, avec une joie puérile, aux doux fantômes de mon imagination incorrigible.

Le soir, j'étais assez fort pour faire ma promenade accoutumée; je hâtai mon dîner pour courir plus vite sur ma colline. J'ai dit déjà combien j'aimais ce lieu désert. Sans doute j'y ressentais plus vivement qu'ailleurs la tristesse de ma situation, mais aussi j'y vivais plus avec moi-même, plus avec Dieu surtout, que l'homme toujours recherche à ses moments de détresse. Cette butte de sable aride était devenue mon chez moi; je prenais intérêt à tout ce qui se passait sur ses versants stériles; et, comme un maître qui compte les bourgeons de sa vigne préférée et en suit les phases avec amour, de même je comptais les buissons jaunissants de ma colline, ses touffes d'herbe d'où la verdure fuyait, ses fleurs rares étiolées en naissant, et ses pierres déplacées par les pluies de la nuit. J'examinais tout avec sollicitude: lo vautour dans l'air, le pas de la gazelle, le nid de l'oiseau, le travail des fourmis ailées. Là, tout parlait à mon cœur, car c'était là seulement qu'il se déployait. Et, chose qui me touchait à m'humecter les yeux, les Bambaras, ces hommes grossiers, respectaient d'instinct ma retraite et ne la troublaient pas.

J'avais donc repris mes compas et ma truelle fantastiques, et, avec une confiance que le passé aurait pourtant bien dû détruire, je rebâtissais de nouveaux châteaux en Espagne. La route de l'inconnu s'ouvrait encore devant moi avec ses sites élyséens et ses palais de fées hantés par des génies, et au delà, la France, cette belle France qu'on aime tant quand on craint de ne la plus revoir.

Tout à coup l'impatience me pressa de son aiguillon; j'interrogeai mes nègres; je fis revenir le messager de Maka, je lui fis redire vingt fois de suite les paroles que son maître l'avait chargé de me porter. Je me souviens que j'oubliai ma fièvre et ma faiblesse, et que si l'on m'eût dit de partir tout de suite, j'aurais trouvé la force de parcourir à pied les 130 lieues qui me séparaient de Bakel.

Sous l'impression de ces douces pensées, la nuit me sembla courte. Le lendemain m'apportait le plus intolérable des ennuis : dès l'aube, je fus harcelé par la troupe des fâcheux et des mendiants qui revenaient de la guerre. Le Kandia, en belle humeur, avait pardonné aux Diavaras, moyennant un tribut de deux cent cinquante captifs; et ses bandes désappointées, car elles n'avaient pu rien piller, essayaient de se rattraper sur moi de l'insuccès de leur campagne. Je demeurai sans entrailles pour ces guerriers malheureux, et mes cantines restèrent closes.

Parmi ces ennuyeuses visites, une pourtant m'ennuya moins que les autres; j'ajouterai qu'elle me causa une surprise agréable, car je la désirais depuis longtemps. Disons bien vite que c'est un *Kandia* (1) qui me fit cette visite, un vrai Kandia bravant pour moi la terrible promesse qui n'annonce rien moins que la mort à ceux qui l'auront transgressée.

Je puis partir maintenant, m'écriai-je avec enthousiasme, mon voyage au Kaarta n'aura pas été sans fruit; car il m'est permis d'apprendre à mes concitoyens ce que c'est qu'un Kandia !

Celui que j'avais sous les yeux n'occupait, me dit-on, que le sixième rang dans l'ordre de la succession au trône fraternel; et cependant il était poussif comme un vieux cheval et parcheminé comme une momie; ses jambes grêles chancelaient sous le poids d'un torse disloqué, surmonté d'un cou d'une longueur surnaturelle. L'individu complet était d'une taille qui mesurait 5 pieds 10 pouces; il semblait transparent à force d'être maigre; il était cassé, voûté et anguleux. J'entendais dire que c'était un jouvenceau auprès de son royal frère. Somme toute, c'était une fort vilaine chose à voir, et je compris pourquoi les Bambaras se montraient si sobres de ces exhibitions.

Je fis bon accueil à l'héritier des Kandias et nous causâmes. Il se nommait Bandiougou; et avait, m'apprit-il, un de ses fils qui honorait, à Saint-Louis, le pantalon garance du fantassin français. C'était toute

---

(1) Surnom faisant, comme on le sait, allusion au long et maigre cou des **Kourbaris.**

une histoire que l'enrôlement de ce fils de grand seigneur dans les rangs de notre armée. Fait captif dans une razzia de Maures, ce rejeton de vingt rois fut conduit à Bakel, et, comme il était doué d'une taille avantageuse, l'agent de la compagnie l'acheta pour en faire un guerrier; mais la blouse de guinée à collet rouge et les exigences du port d'arme déplurent au jeune Bandiougou. La nostalgie le saisit, et bientôt, regrettant amèrement sa liberté et le bon air de ses montagnes, il s'abandonna au noir chagrin. A cette terrifiante nouvelle, les Kandias s'émurent et adressèrent une supplique à l'agent de la compagnie; mais, hélas! ce fut en vain.

Après m'avoir entretenu de son fils, le prince Bandiougou passa à mes ânes, dont la fin malheureuse l'avait touché. Il me demanda des détails sur leur mort et plaignit leur sort, comme l'eût fait le plus tendre des pères. Pauvres bêtes! disait-il en soupirant; puis il interrompait ses lamentations sur mes roussins pour s'apitoyer sur moi.

« Comment vas-tu faire? comment vas-tu faire pour t'en aller? répétait-il.

—Sensible Bandiougou, m'écriai-je à mon tour ; je vois à tes discours que tu portes un véritable amour à ces intelligents animaux, et si, comme je viens de l'apprendre, leur éducation occupe tes loisirs, tu me rendras le plus heureux des hommes en me vendant à bon marché quelques-uns de tes élèves; je les traiterai avec douceur, et chaque jour, je t'en donne l'assurance, ils auront à discrétion du mil de première qualité. »

Le prince, flatté de ma proposition, répondit qu'il serait heureux de traiter avec moi; il m'énuméra avec complaisance ses richesses en roussins, et alla même, je crois, jusqu'à me les nommer par leur nom; mais le prix ne me convint pas et le marché en resta là. Pour deux ânes il me demandait 100 *gourdes* (500 fr.), c'est-à-dire le prix de huit ânes ordinaires; c'était payer bien cher la faveur de posséder des baudets élevés par un *prince*.

Ce mot de gourde (pièce de 5 fr.) me rappelle une grosse naïveté d'un de mes nègres. J'avais lu, avant mon départ de France, dans un voyageur anglais dont le nom m'échappe, qu'il avait échangé des schellings neufs avec presque autant d'avantage que des piastres espagnoles ternies par une longue circulation. Je me munis donc, mettant à profit ce que j'avais lu, de pièces de 1 fr. et de 50 c. fraîchement frappées, et je vis avec plaisir que leur éclat et la netteté de leur dessin produisaient sur les nègres du Kaarta un effet pareil à celui qui avait été constaté par le voyageur anglais dans une autre partie de l'Afrique.

Mon homme, le même qui avait divulgué que mes grigris n'étaient pas de bon aloi, poussé par je ne sais quel besoin de se donner de l'importance, expliqua aux habitants que ces pièces ne valaient que la cinquième ou la dixième partie d'une gourde, et qu'ils étaient des niais de croire que leur éclat et leur fraîcheur ajoutaient à leur valeur. À partir de ce moment, on ne voulut plus entendre parler de mes petites pièces, et pour le moindre achat je fus obligé d'en compter cinq ou dix, en un mot, de me conformer à l'usage des nègres, qui ne reconnaissent d'autre unité monétaire que celle de la gourde. C'est le cas de dire qu'on n'est jamais trahi que par les siens.

Le jour où Bandiougou vint me visiter, je fus témoin d'une scène de famille qui peut donner une idée de la douceur des mœurs patriarcales des nègres. Par un contre-sens que je n'ai pas pu me faire expliquer, le patriarche n'était pas un homme, mais une femme, qui à la place du père, mort depuis longtemps, exerçait dans la famille l'autorité souveraine.

Il s'agissait d'une fille qui avait une inclination, et c'est chose si rare chez les nègres, que je me sentis pris tout d'abord d'une vive sympathie pour la malheureuse. Il faut en effet se rappeler, à propos de cette anecdote, qu'en Afrique le mariage est une vente, et que les pères et les mères choisissent eux-mêmes des époux à leurs filles, non comme chez nous, dans l'intérêt de celles-ci, mais dans des vues toutes personnelles et par des motifs cupides. On ne connaît en Afrique ni mariage de raison, ni mariage de convenance; les parents spéculent sur les agréments physiques de leurs enfants, et souvent, il faut le dire pour être vrai, ils sont aidés dans ce honteux trafic par leurs filles, mettant elles-mêmes un prix à leur beauté et se livrant à qui le paie.

Bref, cette fille aimait, elle aimait un pauvre diable qui n'avait ni captifs ni troupeaux à donner en échange de l'amour qu'il avait inspiré, et qu'il partageait, autre rareté. La mère, ayant eu connaissance des sentiments de sa fille, ne se borna pas à les désapprouver, c'eût été trop simple, elle prit une branche d'arbre et se mit à la châtier avec une fureur indicible. Le bruit de cette brutale correction m'amena sur le lieu de la scène juste au moment où un fils de cette femme, grand garçon de vingt-cinq ans, adressait un mot de grâce en faveur de sa sœur. Il était assis à la manière des nègres et avait jeté de sa place, avec la nonchalance habituelle à ceux de sa race, cette parole de pardon à sa mère. On ne peut imaginer la rage et l'exaspération de cette furie en l'entendant ; elle cessa de frapper sa fille, dont les bras, les épaules et la tête portaient l'empreinte de sa violence, saisit, au lieu de la branche d'arbre, qu'elle trouva trop petite, une bûche de la grosseur de la cuisse, et asséna sur la tête de son fils un coup si violent que son visage vint frapper la terre. La vieille femme allait continuer, et vraisemblablement se serait de nouveau ruée sur sa fille, quand, aidé de quelques-uns de mes nègres, je lui arrachai sa bûche et la fis tenir jusqu'à ce que sa rage fût passée. Les habitants demeuraient témoins impassibles de cette exécution, et, chose plus étrange, la sœur et le frère n'avaient pas fait un pas pour fuir, et attendaient à la même place les nouveaux coups qu'il plairait à leur mère de leur porter.

Pour ceux qui trouvent que la fin justifie les moyens, cet exemple est concluant. Les familles nègres sont parfaitement administrées, et les enfants, grands et petits, obéissent à leurs parents avec la docilité et la terreur de l'esclave. On conçoit sans peine qu'avec de tels moyens d'action la subordination soit complète.

Si cet exemple ne suffisait pas pour montrer l'espèce de férocité qui s'est introduite dans les mœurs nègres avec le patriarcat, on pourrait en citer vingt autres qui ne présenteraient ni contre-sens ni anomalie. En effet, il est extrêmement rare dans la société nègre de voir la femme, même la mère, investie, non de l'autorité souveraine dans la maison, mais seulement respectée et écoutée de ses propres enfants. On voit à chaque instant le chef de la famille, le *patriarche*, usant de son droit illimité de justice, assommer, sous le plus frivole prétexte, ses femmes et ses enfants; et ce qui ne m'a pas médiocrement surpris dans l'administration de ces châtiments exorbitants, c'est la facilité, la docilité avec lesquelles ils sont reçus. On ne peut non plus se figurer à quels instruments le *patriarche* a recours pour infliger les corrections : pour lui, tout est bon, et à l'exclusion des instruments tranchants ou des armes à feu, que l'usage n'a pas encore tolérés, il lui est permis de se servir du premier objet qui tombe sous sa main : généralement c'est un bâton, mais d'une grosseur énorme, qu'il dirige à coups redoublés sur la tête. Il faut que les Bambaras aient le crâne bien dur; car je leur ai vu recevoir des coups qui me semblaient devoir assommer un bœuf, et qui n'arrachaient pas une plainte à ceux qui les recevaient.

CHAPITRE XXXVII.

La lune a huit jours, et c'est quand elle en aura dix que je dois être libre, si Barka n'est pas venu !

Depuis qu'on m'a donné cette nouvelle, je n'ai entendu parler ni de Mamady, ni de Maka, ni de Barka. Serait-ce donc encore un leurre ? me disais-je chaque matin à mon réveil, en supputant l'âge de la lune avec une impatience fébrile.

S'il me faut encore renoncer à cet espoir, où puiserai-je la force de supporter ce nouveau coup ? La fièvre et la dyssenterie continuaient à m'affaiblir, et je manquais de médicaments.

Le soir, ma promenade fut interrompue brusquement par des pleurs et des lamentations qui venaient du village. Je crus à une attaque de

Maures, et je courus précipitamment à ma case. Au lieu d'une razzia de M'barek, je vis une bande de femmes qui, au retour des champs, s'étaient trouvées subitement saisies d'une douleur commémorative, et avaient jugé à propos de la manifester d'une manière agréable aux mânes du trépassé, c'est-à-dire par des cris et des gémissements. Je trouvai la population du village en proie à des impressions très-diverses : les uns pleuraient, les autres riaient et se moquaient des pleureuses.

« Il y a trois ans que cet homme est mort, disaient les rieurs, et personne n'y pense plus. » D'autres, qui s'étaient spontanément associés aux gémissements et avaient couru grossir le chœur funèbre, retournaient à leurs travaux en apprenant le nom du décédé, et changeaient en huées leurs cris de deuil.

Le chef du village, le héros de l'anecdote qu'on m'a récemment racontée, vint me présenter un enfant nouveau-né, auquel il avait donné mon nom. Mes compatriotes pourront passer après moi, je suis assuré qu'en entendant appeler l'enfant du chef, ils n'auront aucune mauvaise pensée. Embarrassés dans la prononciation de toutes les lettres de mon nom, les nègres, par imitation de l'arabe, avaient pour habitude d'en supprimer tout bonnement les voyelles; le chef de Foutobi, au contraire, en avait ajouté, et de plus, avait déplacé les lettres : il avait nommé son fils *Arfouné*, dans la persuasion que ce mot reproduisait exactement mon nom. Je passai une heure à lui en épeler les lettres les unes après les autres, et je ne pus jamais l'amener à produire d'autre son que celui de ces trois syllabes. Il m'écoutait avec une attention soutenue et répondait : « C'est bien cela, » en redisant *Arfouné!* Il fallut bien renoncer à mon enseignement.

Le dixième jour de la lune arriva sans apporter de changement à ma situation. J'avais envoyé un homme à Maka pour lui rappeler sa promesse et lui demander des ânes; il ne m'en restait plus qu'un seul, son compagnon était mort la veille.

A l'occasion de cet événement, j'ai à raconter un épisode qui mit, au milieu de la nuit, tous les habitants sur pied. Après avoir pris les morceaux qui leur convenaient, les Bambaras avaient jeté hors du village les dépouilles de la bête. Les *boukis* (on sait que les nègres donnent indistinctement ce nom à tous les mammifères carnassiers), les boukis, dis-je, arrivèrent en foule pendant la nuit, et firent un si grand bruit qu'une femme en fut réveillée. La peur lui ayant fait perdre la tête, elle poussa le cri d'alarme : *Sourakés!* (les Maures). A ce cri, tout le monde se leva; on s'arma à la hâte, et l'on courut au lieu d'où il partait. Je courus comme les autres, car il s'agissait aussi pour moi de défendre mes biens et ma vie; mais la vieille femme ayant été interrogée, on ne tarda pas à connaître la véritable cause de la panique qu'elle avait provoquée. Chacun alors regagna sa case, excepté moi, qui résolus de faire quelques heures de faction, dans l'espoir d'envoyer une balle aux boukis; malheureusement mon attente se prolongea longtemps inutilement, et je finis par renoncer à mon dessein d'immoler une hyène aux mânes de mon âne.

Encore un nuage de sauterelles qui passe sur Foutobi; mais avec cette différence que celui-ci, loin d'être un fléau, est une manne tombée du ciel. Les mils et les maïs sont coupés, et les habitants, armés de calebasses, se précipitent sur le passage de ces insectes, afin d'en recueillir le plus grand nombre possible. Bien que j'en aie eu souvent l'occasion, je n'ai jamais eu le courage de me régaler d'un couscouss de sauterelles.

J'ai dit ailleurs que dans les croyances nègres, la tradition des possédés était précieusement gardée. Un soir, j'ai assisté à une cérémonie qui avait pour objet de chasser le diable du corps d'une femme. L'exorciseur était le vieux Niany, l'homme universel de Foutobi. Au premier bruit de cette nouvelle, la foule se porta à la case de la possédée, et je me mêlai à la foule, curieux de voir ce qui allait se passer. J'aperçus une malheureuse qui se roulait par terre dans d'affreuses convulsions, au milieu d'un cercle de curieux qui la laissaient s'ébattre en liberté, en devisant de ses mouvements, comme ils le faisaient naguère de l'acrobate ambulant. Il y eut sensation quand le forgeron parut, et le cercle se rompit pour le laisser passer; il s'approcha de la possédée, la toucha, prononça des paroles à voix basse, accompagnées de gestes particuliers, la leva et la coucha sur une natte. Presque aussitôt la femme se calma, et le père Niany, que ce triomphe ne semblait pas avoir rendu plus fier, se retira après lui avoir dit quelques mots à l'oreille; la foule s'écoula aussi sans manifester la moindre surprise d'un succès si complet et si vite obtenu. J'en conclus que ces sortes d'événements n'étaient pas rares, et que Niany avait une grande habileté pour chasser le démon du corps des femmes. Je ne saurais d'ailleurs dire ce qu'avait celle-là; mais au moment où je la vis, je la croyais simplement atteinte d'une attaque d'épilepsie, et je ne retrouvai pas dans les convulsions auxquelles elle était en proie les signes ordinaires de cet affreux mal.

A propos du diable, qui passe en Afrique pour se mêler beaucoup des affaires des hommes, mes nègres se mirent à me raconter toutes sortes d'histoires terribles qui leur étaient arrivées : il n'en était pas un qui n'eût eu quelque démêlé avec le diable ; tous l'avaient vu, et plusieurs avaient eu avec lui de longues conversations. Voici le singulier portrait qu'ils m'en firent : Le diable a les yeux rouges comme le soleil à son coucher, la figure à l'envers, par conséquent la face posée sur le dos ; sa bouche est à la place de l'oreille droite ; ses pieds sont également à l'envers, c'est-à-dire qu'il marche le talon en avant. Il n'est pas question, dans cette description, de cornes et de pieds fourchus. Les diables trouvent dans les lions de rudes adversaires, et toutes les fois qu'il y a conflit entre eux, le diable a toujours le rôle de nigaud : c'est lui qui est croqué.

Je reçus la visite d'un homme qui avait quitté Makana il n'y avait pas plus de dix jours ; il démentit de la manière la plus affirmative l'annonce du séjour de Barka, de son frère ou de son fils à Kouniakary. Cet homme me donna l'assurance que Barka ne songeait pas à moi, et que son frère Yassa et son fils Mamady étaient occupés à guerroyer contre les Kassonkiés. Excellents amis ! que je serais heureux de voir vos noires épaules caressées par une des belles branches de votre *tabba* !

Grande surprise et grande allégresse !!! Le 6 décembre, mon messager revient du village où se trouve le roi, et m'apprend que moyennant un cadeau fort modeste, je serai libre de partir. Depuis sept mois, que de promesses semblables qui n'ont pas été tenues ! que d'espérances qui sont mortes !

Je n'avais pas encore pu remplacer un seul de mes ânes. De temps à autre on venait m'en proposer ; mais c'était à des conditions si dures, que je trouvais du profit à brûler les bagages qu'ils devaient porter. Les Maures aussi s'en mêlaient. Je revis à Foutobi un dowiche que j'avais connu au Bondou en 1843 ; il vint renouveler connaissance avec moi, et me fit entendre des protestations d'amitié aussi sonores dans les termes que creuses dans les faits.

Cet *ami* eut l'audace de me demander 500 francs pour me *louer* quatre bœufs porteurs, tandis que le prix d'achat de ces animaux n'était que de 25 à 30 francs par tête. Pour les chevaux, c'était bien pire : on vint m'offrir une véritable rosse pour 2,000 francs

Cette difficulté de remplacer mes ânes et mes chevaux, difficulté que j'avais fort bien prévue, donnait une certaine force à mes soupçons sur la participation des Bambaras à la mort de mes bêtes; mais les recherches auxquelles mes hommes se livrèrent et les faits eux-mêmes vinrent les démentir. J'aurais été presque content d'ajouter à la charge déjà lourde des iniquités des Bambaras cette nouvelle scélératesse, et ce ne fut pas sans regret que je dus me rendre à l'évidence et les absoudre de cette noirceur. Mes roussins, en effet, avaient bien réellement succombé à une épizootie, et n'avaient fait que précéder dans la tombe leurs frères du village. Mon hôte Niany avait perdu tous les siens, et un autre homme de Foutobi, les trois quarts. Les Bambaras disaient, à propos de cette mortalité, qu'il en était de même certaines années; que la mort frappait d'abord les ânes, qu'elle s'étendait des ânes aux bœufs, des bœufs aux chevaux, et enfin des chevaux aux hommes. C'était peu consolant pour moi.

Le 7 décembre, j'envoyai au roi le présent qu'il m'avait demandé. Afin de l'éblouir et de me le rendre tout à fait favorable, je substituai à un modeste sabre d'infanterie qu'il réclamait, un sabre magnifique à fourreau de cuivre doré. Peut-être n'était-ce qu'un moyen d'obtenir un nouveau présent Cependant, celui de mes hommes qui m'avait transmis l'ultimatum de Mamady jurait par tous les prophètes qu'il répondait du succès de ce dernier effort. Dans cinq jours je devais savoir à quoi m'en tenir. Jusque-là je voulus être sobre de transports de joie et attendre avec calme la fin de cette négociation.

Un homme arrivant de Makana m'apprit, le 11 décembre, un bien affreux malheur. Il avait entendu dire à ce village que le gouverneur du Sénégal avait succombé à son retour de Bakel, et que le colonel Caille, qui l'accompagnait dans ce voyage, était également mort. Quand des nouvelles impressionnent vivement, on ne songe jamais assez qu'elles peuvent être erronées. Sans doute rien ne prouvait l'exactitude de cette information, et l'autorité d'un nègre était bien suspecte; mais on n'est pas le maître de ses impressions.

Ce malheur, hélas! n'était que trop certain; il me fut confirmé un mois plus tard. C'étaient bien M. de Grammont et M. Caille, tous deux mes compagnons de voyage de l'*Élan*, qui avaient succombé aux terribles fièvres du haut pays. Qui eût osé dire, treize mois auparavant, que ces deux officiers supérieurs, que je laissais pleins de santé à Saint-Louis, devaient mourir dans un voyage de quinze jours, dans un voyage où ils étaient bien couchés, bien nourris, bien abrités du soleil et de la pluie, en un mot, entourés de toutes les commodités de la vie; et que moi, après treize mois de courses en plein soleil, exposé aux pluies diluviennes de la mauvaise saison, sans abri, sans lit, sans vivres, miné par la fièvre et dévoré d'inquiétude, j'apprendrais leur mort, captif dans une bourgade nègre?

Après cela, pronostiquez l'avenir, et calculez les chances de durée de la vie humaine!

M. de Grammont était un officier distingué; il possédait surtout le talent bien rare de gagner l'affection de ceux qui l'approchaient. Dans mes relations avec lui, j'avais eu particulièrement l'occasion d'apprécier ses hautes qualités que rehaussaient encore des formes pleines d'aménité. C'était une grande perte pour la marine et pour la colonie. Et sa femme et ses enfants, qui l'avaient suivi dans ce pays maudit et qui ne devaient remporter que ses dépouilles mortelles!... Oh! qu'il y a de douleurs dans la vie!

Il y avait plus longtemps que je connaissais le colonel Caille. Lui aussi avait les belles qualités qui distinguent l'homme de cœur et de loyauté. M. Caille avait fait au Sénégal toute sa carrière militaire. Sergent en 1819, au fort de Bakel, quand le major Gray s'y trouvait, il mourait à quarante-six ans, lieutenant-colonel et officier de la Légion d'honneur, après avoir rendu d'éminents services au pays qu'il avait presque adopté.

Cette double mort me causa une douleur si grande, que je n'eus pas la force de me réjouir quand on vint m'annoncer ma délivrance; un crêpe funèbre couvrait mon cœur et retenait ses élans. Pourtant c'était bien vrai, le *Kandia* permettait mon départ; il était temps. J'allais sur mon huitième mois de captivité; un mois encore, et je doute que j'eusse pu profiter de ma liberté.

En faisant la revue de mes bagages, je vis que les termites n'avaient pas borné leurs dévastations à l'anéantissement de mon herbier; mais qu'elles avaient attaqué mes autres caisses et mes boîtes d'instruments. Tout avait été entamé par ces méchants insectes; mes cantines étaient perforées en maint endroit, et en d'autres elles étaient réduites à l'épaisseur d'une feuille de papier; le métal seul avait arrêté leurs ravages.

Les rats, qui pullulent à Foutobi et dont la chair sert à faire des ragoûts fort estimés des Bambaras, n'avaient pas été moins hostiles à mes bagages. Ces odieux rongeurs ne s'étaient pas contentés de la maigre pitance que leur fournissaient mes effets et les étoffes de l'expédition; ils ne s'étaient pas contentés de faire fréquemment disparaître une bonne portion des aliments destinés à mes repas, ils avaient encore voulu goûter à la chair de mes propres hommes. Plusieurs de ceux-ci avaient eu les pieds et les mains entamés par la dent de ces hôtes incommodes. Il faut avoir le sommeil dur pour se laisser traiter ainsi !

Les rats, à Foutobi, étaient si nombreux, qu'on les voyait en plein jour se promener dans les cases; ils étaient en outre d'une familiarité, je devrais dire d'une indiscrétion qui dépassait toute borne. En voici d'ailleurs un exemple. Un jour, on venait de servir mon dîner, un dîner extra, composé d'une poule au riz et de galettes de maïs. Je me promettais de déguster ce mets choisi en véritable gastronome, et, afin de ne pas être dérangé dans cette importante besogne, je sortis de ma case pour observer le ciel et les thermomètres du dehors. Mon absence n'avait pas duré une minute; en rentrant, je vis trois gros rats établis à ma place et faisant honneur à mon repas.

J'étais devenu si défiant, que par instants je n'osais croire au bonheur qui m'arrivait. Les *Kandias* m'avaient si souvent trompé! Cependant j'étais libre, disait-on autour de moi, et pour partir je n'attendais plus que Maka, qui devait me fournir un guide sûr.

« Qu'on le respecte comme moi-même, était censé dire le roi; et que ceux qui toucheront à un cheveu de sa tête soient bien avertis que je brûlerai leur village et les chasserai du pays. »

Maka arriva le 18 décembre. Son fils Bouô vint de sa part me transmettre tant de compliments, de flatteries et de protestations de dévouement, que je redoutai quelque piége. Il termina en demandant un salaire pour son père. C'était assurément chose due à l'homme qui m'avait laissé pendant sept mois manquer de tout à sa porte. Et cependant, tant il est vrai « que les borgnes sont rois au pays des aveugles, » il me fallut bien reconnaître que, comparaison faite entre lui et les autres Massassis, Maka était la perle des Kourbaris. Il aurait pu, en effet, rendre ma captivité bien autrement pénible et augmenter encore ma misère.

Au surplus, alors que tout était fini ou du moins que tout semblait fini et que je pouvais en raisonner de sang-froid, je ne savais dire en conscience si les Bambaras avaient plus mal agi avec moi que n'eussent agi d'autres peuples en pareille circonstance. Peut-être y avaient-ils mis moins de forme, et encore... Du reste, mes hommes avaient fini par s'aguerrir à ce genre de combat, et ils en étaient venus « à filer à retour, » comme on dit en marine, mes aiguilles, mes miroirs et mes coudées d'indienne.

J'avais obtenu aussi, grâce à leur fermeté et à leur habileté, un succès complet dans mes marchés d'ânes. Ayant formellement déclaré que je ne paierais pas ces animaux un prix supérieur à la valeur des charges qu'ils étaient appelés à porter, les vendeurs méditèrent cette raison, et, après s'être convaincus qu'elle était péremptoire, vinrent m'offrir leurs bêtes à un rabais considérable. J'en fis acheter six, qui devaient amplement suffire à transporter mes équipages.

Rien ne s'opposait donc plus à mon départ, et malgré les doutes qui venaient par instant gâter ma joie, je renaissais à l'espoir de revoir Bakel dans quinze jours.

Diverses causeries que j'avais eues avec mes nègres et avec M. Panet avaient répandu quelque lumière sur la conduite des Bambaras envers moi. Il n'en résulta toutefois que des hypothèses, mais des hypothèses tellement vraisemblables, qu'on pouvait presque les considérer comme des vérités. En coordonnant les remarques et les éclaircissements de chacun, j'étais arrivé aux explications suivantes :

A part quelques velléités de violence engendrées dans les orgies, la ligne politique invariablement suivie par les Bambaras à mon égard avait toujours repoussé le meurtre ou le vol. Mais cette mansuétude ne méritait en aucune façon ma reconnaissance. Ce n'était ni par humanité, ni par affection pour ma personne que les chefs bambaras n'avaient pas donné suite à leurs projets sinistres. La raison du respect qu'ils avaient eu pour ma vie se trouvait tout entière dans une sorte de point d'honneur qui préside aux rapports des nations nègres. Dire qu'on ne manque jamais en Afrique à l'observance de cette règle serait faire trop belle part à ses habitants ; mais aussi dire qu'ils y manquent toujours serait les calomnier. Les Bambaras avaient eu même quelque mérite à m'épargner, car ma qualité de blanc, tout en leur imposant un respect instinctif entretenu par mon attitude, ne laissait pas que de les embarrasser souvent. Il était à ma parfaite connaissance que plus d'une fois on avait agité la question de savoir si le principe de leur droit des gens, qui protège la vie d'un homme venu de confiance dans un pays, était applicable à un blanc ; ce qui revenait, en d'autres termes, à mettre en question qu'un *blanc* fût un *homme*.

C'était évidemment à mes richesses que les Bambaras en voulaient ; mais pour parvenir à les posséder sans violence il y avait bien des difficultés à vaincre. Leur première idée paraissait avoir été de me dresser un guet-apens dans leur pays ; mais comment faire croire qu'ils y eussent été étrangers ? Ils renoncèrent donc à ce moyen et se décidèrent vraisemblablement à partager mes dépouilles avec d'autres qui auraient accompli le crime sur un territoire neutre. De là l'embuscade des M'barek placés par eux sur la route que je devais suivre; de là encore les calomnies qu'ils propagèrent dans le Ségo et qui excitèrent contre moi la colère du roi de ce pays. Quand les chefs bambaras eurent préparé ces embûches, ils éprouvèrent sans doute de l'hésitation; on peut même admettre que quelques consciences timorées protestèrent; on peut encore admettre qu'il y eut pour l'exécution, comme à Kaïndara, discussion et défaut d'entente. Alors, sans doute, le point d'honneur prit le dessus, et je fus sauvé, c'est-à-dire arrêté et détenu jusqu'à nouvelle combinaison moins compromettante pour leur réputation. Il n'y avait dans tout cela qu'un défaut de savoir-faire, de la faiblesse, un peu de remords et beaucoup d'hypocrisie.

Restait à expliquer pourquoi ils m'empêchèrent de retourner à Bakel quand ils furent bien résolus à ne pas m'assassiner; c'était, en effet, le meilleur moyen d'expier leurs torts et d'imposer silence à toute interprétation défavorable à leur loyauté. Il est bien évident que leur obstination à me garder en captivité cachait une arrière-pensée; car il était impossible de se payer des grossières défaites auxquelles ils eurent recours, et qui toutes s'accordaient sur un point, à savoir que c'était dans mon intérêt qu'ils me gardaient prisonnier. Leur arrière-pensée était au reste facile à pénétrer, et de plus, certains mots et certaines indiscrétions établirent suffisamment ma conviction sur cet objet; la voici :

Il n'est pas un nègre qui ne sache qu'en Afrique la saison des pluies est excessivement dangereuse pour les Européens; les Bambaras pensèrent donc que je ne résisterais pas à cette épreuve. La hutte qu'ils m'avaient assignée pour demeure était établie au fond d'un ravin servant de réceptacle aux eaux versées par des collines élevées; il n'en fallait pas tant pour favoriser les effets déjà fort dangereux des pluies continues de la saison. Les Bambaras, et je dirai qu'ils ne s'en cachaient pas, se croyaient donc bien certains d'être promptement débarrassés de ma personne. Or, moi mort, mes bagages et mes hommes devenaient leur propriété, conformément aux lois de leur pays, qui désignent le chef de l'État comme l'héritier de ceux qui n'en ont pas. C'était là leur but; et toutes leurs menées, toutes leurs inventions y tendaient.

S'ils n'avaient pas eu cette pensée, à quoi bon les ajournements et les mensonges qu'ils opposèrent pendant deux mois à mes pressantes questions? Deux mois, en effet, suffisaient à leur comédie; passé ce temps, j'étais bloqué par le débordement des cours d'eau, et ils n'avaient plus besoin de se mettre en frais d'imagination pour me répondre. J'ajouterai encore à ces remarques la mauvaise humeur des chefs et du roi lorsque, après les pluies, j'adressai ma demande de départ; on se souvient que pour échapper à mes protestations, Mamady ne trouva d'autre argument qu'un refus insolent et brutal.

La magnanimité du *Kandia* s'expliquait aussi très-bien. D'abord une grande partie de mes valeurs étaient passées aux mains de ses sujets pour payer ma nourriture; puis étaient venus les cadeaux obligatoires et ceux qu'on m'arrachait par des importunités; puis les dots à fournir aux princes et aux princesses. Tout cela m'avait vite conduit à trouver le fond de mes sacs de voyage, de ceux du moins qui contenaient les objets propres aux petits échanges. Les Bambaras, en voyant vides la majeure partie de mes caisses, me crurent totalement ruiné, croyance pour moi très-salutaire, et que mes hommes s'empressèrent d'entretenir. Il leur devenait dès lors inutile de me garder.

Quant à Barka, il était évident qu'il avait favorisé les desseins des Bambaras, et que c'était entre eux chose convenue d'avance. Lui seul pouvait, par sa présence et son intervention, faire respecter les conventions qu'il avait stipulées en mon nom. Au contraire, il n'avait pas fait un mouvement, il n'avait pas essayé une seule démarche dans ce but. Tels étaient les éclaircissements que j'avais pu réunir. Beaucoup s'appuyaient sur des faits; les autres découlaient rigoureusement des déductions les plus logiques.

Maka se montra d'une facilité incroyable dans les arrangements relatifs à mon départ. Il reçut sans réclamation le cadeau que je lui envoyai, et me permit d'emmener Fathma la pileuse, cette femme qui m'avait été enlevée en passant à Foutobi. Moyennant une faible somme que je payai, il lui fut permis de me suivre, à la grande satisfaction de celui de mes hommes qu'elle avait choisi pour mari.

J'avais pour guide un fils de Maka, garçon très-sans gêne, mais qui rachetait ce défaut par des façons assez franches; c'était mon ancien ami de Koghé, celui qui avait une foi si robuste en mes talents d'Esculape, qu'il me croyait capable de guérir un malade sans même que je connusse son mal. Mais Éli était d'humeur changeante et son sans-gêne allait fort loin : il mettait les pieds dans mes assiettes, se mouchait sur mon pantalon et s'étendait sur ma couverture; en un mot, c'était un distrait de premier ordre, de plus, un distrait très-remuant; de telle sorte que j'en étais parfois à me demander si je devais beaucoup me féliciter de sa noble compagnie.

La journée du 18 décembre se passa en préparatifs de départ. Je fus forcé d'abandonner une partie de mes cantines, de mes caisses et de mes sacs; je fus aussi dans l'obligation de distribuer aux Bambaras des balles de plomb dont ils se souciaient peu, et du papier dont ils ne voulaient pas. Ce dernier article m'eût été d'une grande ressource dans les pays du Ghiolibâ.

Le soir, ma case et la vaste cour du forgeron furent envahies par la population, qui, sous prétexte de me dire adieu, venait se recommander à mes bontés. Quelque désir que j'en eusse, il m'était impossible de satisfaire tant de monde, et plus d'une bouche changea en imprécations les souhaits de bon voyage qu'elle disait vouloir m'adresser. Pour échapper à ces ennuis, je passai par une ouverture pratiquée dans l'enclos d'épines de ma demeure par les chèvres du père Niany, et je courus revoir une dernière fois ma colline et rendre grâces à Dieu de ma délivrance.

Le cœur de l'homme est bien incompréhensible à qui veut en sonder les mystères. J'étais heureux de partir; c'était, depuis sept mois, mon plus doux vœu; et pourtant j'éprouvai une peine réelle en regardant sur le sable l'empreinte de mes pas et en revoyant les objets que j'avais aimés.

En rentrant de ma promenade, cette passagère impression avait disparu; j'étais tout entier au bonheur d'être libre; j'avais foi et confiance en l'avenir, et les craintes de nouvelles tromperies avaient complétement disparu de mon esprit. Je trouvai ma case et la cour du forgeron à peu près évacuées; beaucoup de gens du village, impatientés de m'attendre, avaient pris le parti de se retirer; il ne restait plus que quelques intrépides qui néanmoins se laissèrent congédier sans résistance. Je passai la nuit dans une grande agitation : le soleil de demain, me disais-je, va donc me trouver libre! demain je quitterai ces lieux témoins de ma misère et de mes regrets! Puis, par un retour soudain, un nuage passait sur mon bonheur. Oui, je suis libre! m'écriais-je; mais, hélas! je ne suis pas libre de marcher en avant et d'aller découvrir des régions inconnues, but de ma souveraine ambition; ma liberté n'est qu'une délivrance; je suis délivré des Kourbaris, j'échappe aux serres de ces vautours à figure d'homme qui, par défaut d'audace, par peur, peur vague, indéfinie pour eux aussi bien que pour moi, n'ont pas osé dévorer mes entrailles! Cette tension d'esprit, cette surexcitation nerveuse me tint éveillé toute la nuit. Le lendemain j'avais une fièvre aiguë; c'était, pour un jour de départ, une bien malencontreuse compagne.

Contre mon attente, je ne reçus pas le matin autant de malédictions que j'en redoutais. Niany, mon vieux logeur, avec qui j'avais fini par faire bon ménage, fut au comble de la félicité en recevant un fusil et un sabre que depuis longtemps il convoitait; il me témoigna sa satisfaction en reproduisant, de la manière la plus fidèle, le salut que je lui avais enseigné un jour que j'étais d'humeur joviale. Le chef du village, père d'*Arfouné*, mon soi-disant homonyme, fut également ravi. Je n'oubliai pas non plus d'étendre mes largesses sur Bouô, mon informateur infatigable, ainsi que sur Fathma la Mauresque, qui m'avait approvisionné de lait pendant une grande partie de ma captivité. Les plus maussades furent les femmes, j'en demande pardon au beau sexe; quelques Kourbaris *à gros ventre*, style figuré, et particulièrement les chefs de captifs de Maka. Tous ces gens s'étaient imaginé que je les chargerais, eux et leurs captifs, d'ambre, de mousseline et de fusils à deux coups.

CHAPITRE XXXVIII.

Le 19 décembre 1847, à onze heures du matin, je fis route, me dirigeant vers le sud-ouest. Le pays était sans intérêt : sol sablonneux et coupé de faibles ondulations; végétation presque exclusivement composée de légumineuses en arbres, comme on en rencontre dans la plus grande partie des terrains de l'Afrique. En deux heures et demie j'arrivai au village de Koronga, situé dans une vallée resserrée entre deux montagnes.

C'était à ce village que je devais prendre Éli, et il avait été convenu entre nous qu'il serait prêt dès que je paraîtrais. Quant au captif que son père devait me donner, il n'était pas arrivé à Foutobi; et comme je ne voulais pas, à cause de lui, ajourner mon départ, je m'étais borné à prier Maka de le diriger sur mes traces s'il revenait assez à temps pour pouvoir m'être utile.

Malgré ses vives assurances, je n'avais jamais beaucoup compté sur les promesses d'Éli ; je ne fus donc pas très-surpris de le trouver assis sur une natte à la porte de son *tata*, fumant sa pipe comme un pacha. Il me reçut, du reste, fort gracieusement, et me conduisit à des cases qu'il avait fait préparer pour moi. Je lui rappelai que je n'étais pas venu à Koronga pour avoir l'avantage de fumer en sa compagnie, mais pour le prendre et continuer ma route ; en conséquence, que je le priais de monter à cheval et de me suivre. Sa réponse fut d'abord vague et embarrassée ; il se décida cependant à me dire qu'il n'était pas prêt, mais qu'il allait se préparer.

Je descendis de cheval de fort mauvaise humeur, et je m'installai dans ses cases. Avec les nègres on n'a jamais rien terminé. Grâce au caractère indécis d'Éli, j'étais en effet menacé de me trouver sans guide : l'un semblait vouloir manquer à sa parole, et l'autre, attardé par quelque orgie peut-être, ne se presserait vraisemblablement pas de me rejoindre.

Tout le jour fut employé en allées et en venues. Tantôt Éli était déterminé à me suivre ; l'instant d'après, il ne l'était plus. Parfois il trouvait mes ânes trop chargés et redoutait, à cause de cela, une longue absence ; une autre fois il exprimait la crainte de ne pas rencontrer d'eau dans la route, ou bien c'était son cheval qui était malade et que la marche fatiguerait. Bref, c'était un homme irrésolu et paresseux qui ne savait ce qu'il voulait.

Il y avait cependant un peu de vrai dans ses observations, c'est que le volumineux bagage de mes hommes donnait un excédant de charge à mes ânes ; mais, pour remédier à ce léger inconvénient, il ne fallait qu'un âne de renfort. Je me rendis à cette raison et chargeai mes hommes de l'acheter. Un nègre du village vint m'en proposer un à des conditions convenables, et le marché fut conclu ; Éli se montra même d'une confiance et d'une complaisance extrêmes dans cette transaction ; car il m'offrit de me prêter 30 fr. pour compléter la somme exigée par le marchand, somme qu'il m'eût été difficile de fournir sans me gêner beaucoup.

Les choses en étaient là quand je me jetai sur ma natte, fatigué par les taquineries de la journée et abattu par une fièvre qui ne m'avait pas quitté depuis le milieu de la nuit précédente. Nous devions partir le lendemain au jour, et il était bien convenu qu'Éli m'accompagnait.

A onze heures du soir, on vint me réveiller pour me dire qu'Éli, ayant encore changé de détermination, m'envoyait prévenir qu'il ne voyagerait pas avec moi et ne me prêterait pas d'argent.

Race maudite! m'écriai-je, quand donc cesserai-je de souffrir vos indignités? Si encore il avait plu à ce faquin de se décider six heures plus tôt, j'aurais eu le temps de faire prévenir Maka et de lui demander quelqu'un pour continuer mon voyage; mais à une pareille heure, au milieu de la nuit, comment songer à envoyer des hommes à Foutobi?

Le lendemain matin, à cinq heures, j'expédiai deux de mes nègres à Maka pour l'instruire de ce qui m'arrivait. A dix heures ils rentraient à Koronga, accompagnés d'une troupe de gens de Foutobi qui s'était croisée avec eux. Cette troupe avait pour chef l'un des principaux captifs de Maka, qui s'était posé comme mon ennemi particulier parce que je ne lui avais pas donné ce qu'il voulait avoir; elle se composait en outre de gens de mauvaise mine, qui me rappelèrent les plus intraitables demandeurs de Foutobi. Mes nègres paraissaient consternés.

Le personnage qui dirigeait cette bande de vauriens avait pour mission de m'arrêter. Il s'agissait de captifs qu'un de mes hommes s'était chargé de vendre pour le compte du roi Garan, il y avait vingt ans. On lui reprochait d'en avoir alors détourné un à son profit, et, sur la simple accusation d'un individu, médiocrement recommandable d'ailleurs, Maka exigeait que Fara, c'était le nom de mon homme, payât le captif, faute de quoi lui et moi resterions en gage. Cette manière de procéder était brutale et le jugement inique; mais que faire contre la force? Il y avait en outre, dans cette histoire de captifs, quelque chose de si absurde et de si invraisemblable, que ma première pensée fut que ce n'était qu'un prétexte pour continuer vis à-vis de moi le système de vexations auquel j'étais en butte depuis neuf mois. Pourquoi, en effet, avoir tant tardé à appeler cette cause? pourquoi avoir attendu que je fusse en route?

Fara voulut aller se défendre lui-même, et partit pour Foutobi avec l'ambassade dont faisait partie le réclamant, qui n'était que l'héritier des droits d'un individu mort depuis longtemps. Cet héritier, qui me faisait tout l'effet d'un fripon, se portait accusateur, bien qu'il déclarât lui-même n'avoir rien vu et tenir seulement le fait de son père. Fara, pour sa défense, invoquait le témoignage de la fille de Garan, et opposait ce témoin vivant aux allégations d'un homme mort. Il demandait instamment qu'on le confrontât avec elle, et rien n'était plus facile, puisqu'elle habitait Kouniakary où nous devions passer; mais le chef des captifs ne voulait pas de cet arrangement.

Le retour de Fara ne se fit pas attendre. Il m'apprit que Maka, cédant aux instances de son captif, avait déclaré qu'il ne pouvait ni juger l'affaire lui-même, ni autoriser qu'elle le fût à Kouniakary; et que, vu sa gravité et la complication des détails, il avait décidé qu'il appartenait au roi seul de prononcer en dernier ressort.

Le 21, de très-bonne heure, Maka m'envoya un de ses hommes pour me confirmer le jugement qu'il avait rendu la veille. Je venais de me concerter avec Fara; et bien convaincu, d'après ses propres assurances, que je pouvais le laisser au Kaarta sans danger pour sa vie, je me proposais d'abord de faire dire à Maka combien il serait absurde de me rendre responsable d'un méfait commis par un nègre dix-huit ans avant d'être à mon service, et ensuite de lui demander à pouvoir continuer ma route en lui abandonnant le prétendu coupable.

Cet incident renouvela toutes mes anxiétés. Je croyais à un coup monté, je croyais qu'on ne m'avait laissé faire ma première étape que pour m'enlever aux affections que j'avais conquises. En réalité, je me voyais dans une position mille fois plus triste qu'auparavant. A Foutobi, j'avais un asile où l'on ne venait pas m'ennuyer à plaisir, je pouvais me promener librement sans être entouré d'un cortége de gamins; tandis qu'à Koronga, la population, son chef en tête, ne quittait ni ma case ni ses abords; je ne pouvais pas voir, je ne pouvais pas respirer, parce que la foule me cachait la lumière et empêchait l'air d'arriver jusqu'à moi.

Si encore j'avais pu rembourser le prix de l'esclave! Mais comment y parvenir? Il ne me restait plus que de l'or, de l'ambre, des armes et des étoffes de prix; et je craignais avec raison, en montrant ces richesses, de donner l'éveil à la cupidité des Massassis et de me créer de nouveaux embarras.

Le soir, j'envoyai porter à Maka les propositions que j'avais arrêtées avec Fara. La réponse, que je reçus le lendemain, n'était pas bonne. Maka voulait bien accéder à mes offres, mais son chef de captifs et Bouô s'y étaient vivement opposés. Bouô, mon fidèle trucheman, mon zélé narrateur, le plus doux, le plus sentimental des Kourbaris! A qui donc se fier, grand Dieu? Quelle leçon, ou plutôt quelle désillusion! Moi qui l'avais classé si au-dessus de ses pareils! Lui qui m'avait fait des souhaits qui semblaient si sincères, qui m'avait donné de si sages avertissements sur ses compatriotes, il était devenu mon ennemi, et toutes ses caresses n'étaient qu'hypocrisie! C'était Bouô, me dirent mes hommes, qui soutenait avec le plus d'acharnement l'opinion du captif de son père.

« En arrêtant le blanc, objectait-il, il paiera pour son homme; au contraire, en laissant le blanc partir, son homme, qui n'a rien, ne paiera pas. »

Logique désespérante et qui pouvait bien être vraie.

Donnez donc pour vous faire des amis parmi les nègres, soyez grand et généreux, payez leurs bonnes grâces, mettez-vous à leur dévotion comme un laquais! Voyez comme ils sont reconnaissants! voyez comme ils sont dévoués!

Il y a bien longtemps que je le pense : mieux vaut cent fois être rude et brutal; au moins on sauve sa dignité et l'on n'aide pas à la dégradation de cette race si dégradée déjà! Puisse l'exemple de la défection de Bouô servir d'enseignement aux partisans des anciennes traditions du Sénégal!

Je trouvais quelque chose de si sot dans le rôle que cette canaille me faisait jouer, que je me pris encore à regretter ma prudence. Je ne pensais qu'à accabler d'outrages ces lâches Kourbaris, qu'à les pousser à bout, afin de les contraindre, à force d'insultes, à abandonner avec moi leur système de petites persécutions.

Je passai la nuit dans un violent délire. Le lendemain, un homme de Maka me rapportait qu'il y avait eu erreur la veille dans le compte-rendu du palabre, et qu'il n'était point vrai que son maître eût repoussé mes propositions relatives à Fara. C'étaient bien là ces Kourbaris qui n'avaient pas, même vis-à-vis de moi, le courage de leur opinion, de moi leur victime, de moi qui ne pouvais faire deux pas sans m'appuyer!

Maka me permettait donc de partir; il m'envoyait un guide et consentait à garder Fara; mais, au même moment, mes hommes m'appelaient à l'écart pour me dire que Maka et son monde avaient hautement exprimé qu'ils feraient chèrement payer à Fara, quand ils le tiendraient, certains propos malsonnants pour les Kandias que, dans la chaleur de sa défense, il avait laissé échapper. Ainsi il m'était impossible de profiter de la liberté qu'on m'octroyait; car je ne le pouvais qu'en abandonnant un de mes hommes aux mains de ces méchants. Il y avait de quoi devenir fou furieux avec de pareils coquins! .

Quand vint le soir, je me montrai peu endurant avec la bande de badauds qui, particulièrement à cette heure, affluait autour de moi. Je fis placer plusieurs de mes hommes armés de bâtons aux abords de ma case, et je les invitai à tenir la foule à distance, sans s'inquiéter des horions qu'ils se trouveraient indubitablement dans l'obligation de distribuer. Un individu, en dépit de leurs efforts, dépassa la limite qu'ils traçaient et vint s'asseoir tout près de moi, en ricanant et contrefaisant les plaintes que m'arrachait un accès de fièvre très-violent.

« Qu'est-ce que cet insolent, et pourquoi le laisses-tu là? dis-je à celui de mes hommes qui était le plus près de moi.

— Parbleu! que veux-tu que j'y fasse? C'est un Massassi.

— Ah! c'est un Massassi! » criai-je; et la fureur me donnant des forces, je me levai, arrachai le bâton de mon homme et en portai au drôle un coup si dur que je l'abattis comme une mouche. Le grand seigneur se releva furieux, et gagna, en gesticulant et en me menaçant, un groupe voisin où l'on paraissait très-mécontent de cette action. Je n'étais pas d'humeur à m'en tenir là, et échappant à mes hommes qui s'efforçaient de me retenir, je fonçai sur le groupe; mais il ne jugea pas à propos de m'attendre.

Mes nègres craignaient beaucoup les suites de cet exploit; moi, je ne regrettais qu'une chose, c'était de ne pas avoir pu bâtonner à mon aise toute cette *royale* canaille. Quelque temps après, Éli, qui me parlait à peine depuis toutes ces affaires, venait humblement me faire des excuses pour l'insolence de son parent.

Je n'avais plus rien à demander à Maka, puisqu'il m'avait accordé tout ce que je voulais et que ce n'était plus lui, mais moi qui mettais obstacle à mon départ. Force me fut donc de trouver la somme exigée pour acquitter le prix de l'esclave en litige; et j'y parvins, après bien des recherches, au moyen d'emprunts faits à mes nègres : c'était 75 francs. Un homme pour 75 francs! Ce n'était pas cher, chacun de mes ânes me coûtait près du double.

Le 24, à neuf heures du matin, mes hommes revinrent m'annoncer que Maka, pour une piastre de plus, dont il consentait à me faire crédit, me laisserait partir avec Fara. Dieu soit béni! m'écriai-je, voilà encore une affaire arrangée; mais ce n'est pas sans peine.

Le 24 étant jour néfaste, mon guide déclara qu'il ne partirait pas, et je dus contenir jusqu'au lendemain mon impatience de quitter Koronga.

Au jour nous partîmes enfin!

La route était au sud-ouest-quart-ouest. Nous cheminions à tra-

vers des montagnes d'ardoises et de schistes argileux, traversant fréquemment des torrents, desséchés pour la plupart, mais dont les bords
n'étaient pas moins très-incommodes à cause de leurs profondes
pentes. Je me reposai pendant deux heures au village de Diabé, et
j'arrivai à Bangassi à la nuit.

Cette première marche fut signalée par une nouvelle mésaventure
du père Ségo qui, ayant aussi perdu son âne, l'avait remplacé par un
animal d'un affreux caractère. Méconnaissant les soins paternels de
son maître, cette méchante bête s'emporta par deux fois. La première
n'avait pas eu de conséquences graves; mais, à la seconde, après
des ruades réitérées qui n'avaient pas ébranlé l'équilibre du bonhomme,
l'âne exaspéré se mit à décrire de tels zigzags, qu'il fallut bien enfin
que le père Ségo vidât les arçons, en dépit des efforts héroïques qu'il
faisait pour les conserver. Il tomba d'une manière extrêmement grotesque, la tête profondément enfoncée dans le sable. On se précipita à
son secours pour le dégager de cette position mal commode; mais
voici le plaisant de la chose : le vieux *garankié*, aigri par son accident, entra dans une violente colère contre ceux qui le secouraient, et
se mit à les battre, en les accusant d'avoir excité son âne à lui jouer ce
mauvais tour.

Je campai dans un site charmant, à l'entrée du village. Les vivres
étaient si rares à Bangassi, que j'eus toutes les peines du monde à y
acheter quelques *moules* de mil.

Le 26, je traversai un pays accidenté de défilés, de ravins et de
bois. Je couchai à Keinbé : c'est un grand village habité par des Soninkiés tributaires. On m'y traita en prince, et je trouvai que pour un
voyageur, les tributaires et les vassaux étaient une excellente invention. Je fus établi dans une case immense qui avait cinq portes et dont
l'intérieur était divisé en plusieurs compartiments; mes hommes firent
trois dîners, et moi, grâce à mon guide, je commandai en sultan et
usai largement de toutes les provisions des Sarracolés, le tout sans le
moindre scrupule, persuadé qu'ils sauraient se rattraper sur d'autres.

Le lendemain et le surlendemain, nous continuons à traverser des
villages, des ravins, des lits de torrents et un infernal cours d'eau, le
Kirigou, dont le lit escarpé nous fait, dans ces deux jours, accomplir
douze descentes et douze montées. La beauté du pays continue à me
charmer. Il y a véritablement en Afrique de bien beaux sites, et qui
pourraient avantageusement soutenir la comparaison avec les contrées
de l'Europe les plus pittoresques. Le pays est montueux et la végéta-

tion fraîche et verte, malgré la grande sécheresse. Il n'y manque qu'un
lac ou une rivière pour en faire une Suisse ou une Bretagne.

J'ai vu, pendant ces marches, un fort nombreux troupeaux de bœufs;
presque tous étaient rouges et blancs, et ils n'avaient point de bosse.
Je ne me rappelle plus où j'ai lu quelque chose sur ce sujet; mais ce
que je n'ai pas oublié, c'est qu'on recommandait de noter la couleur des
bœufs et leur conformation. On trouve dans la partie de l'Afrique que
j'ai parcourue le bœuf à bosse, connu sous le nom de *zébus;* ce bœuf est
remarquable par la loupe graisseuse qu'il porte sur le dos et dont
le poids s'élève jusqu'à 20 kilogrammes; l'espèce *zébus* n'est pas de
grande taille et est la plus commune. Il y a aussi le bœuf ordinaire,
sans bosse; celui-ci est également de petite taille. La couleur noire est
extrêmement rare dans les troupeaux.

J'ai trouvé aussi un monstrueux baobab dont le tronc, creusé par le
temps, servait d'habitation aux pasteurs. Il ne dépassait pas cependant
13 mètres de circonférence, ce qui est toujours fort éloigné des 120
pieds des anciens voyageurs.

Nous avons éprouvé, dans presque tous les villages de ces deux étapes,
de grandes difficultés pour nous procurer des vivres, et excepté à Taka,
qui est, comme Keinbé, un village de tributaires, mes hommes et moi
avons fait maigre chère. A Taka, un Massassi de passage nous y fit
traiter d'une manière splendide, en exigeant à notre profit un tribut
des vassaux de son roi; toutefois l'exploitation du vassal eut, dans cette
circonstance, quelque chose de peu drôle pour moi; car le Massassi
me fit payer les dépouilles du pauvre *Markha,* et largement, j'en ai
bonne souvenance.

Le 29, je me remis en route, en dépit des avertissements sans
nombre, qu'on ne m'épargna pas, sur les dangers du chemin : les
Maures sont en campagne, me disait-on, tuant, volant et brûlant. La
veille déjà, en me signalant leur présence dans le pays, on m'avait
fait prendre un sentier détourné qui m'avait causé mille fois plus
d'ennuis et d'embarras que l'obligation de soutenir un combat en
règle contre ces brigands du Sahhrà.

En approchant de Tinntila de fiévreuse mémoire, je fis rencontre d'une
bande de Massassis que je reçus avec des marques d'antipathie très
prononcées. De temps à autre je regardais à mes côtés pour voir s'il
ne se passait rien d'inquiétant dans les rangs de cette troupe de rou-
tiers qui suivait le même sentier que moi. Une telle compagnie, on
le comprend, était loin de m'être agréable; car à l'inquiétude qu'elle

me causait s'ajoutait mon invincible aversion pour les gens qui la composaient.

On me remit, en passant à Kouniakary, une lettre de M. Zéler qui me confirmait la triste nouvelle de la mort de M. de Grammont et de M. Caille. Cette lettre m'apprenait encore une autre mort, celle de M. Toolot, jeune officier d'artillerie qui n'avait fait qu'un court séjour à Bakel.

Vers deux heures du soir, la fièvre, comme une réminiscence fâcheuse de ce qui m'était arrivé aux mêmes lieux neuf mois auparavant, me saisit avec une violence extrême. Le délire me prit, et je me mis à lancer mon cheval au galop, chargeant au milieu des arbres d'un bois épais. Je ne sais ce qui serait advenu de cet exploit de don Quichotte, si je ne m'étais jeté contre un arbre. Le choc fut si rude, que l'arbre fut abattu et que cavalier et cheval roulèrent ensemble sur la poussière. On parvint à me découvrir et à me relever : j'étais sans connaissance, mais je n'avais, par bonheur, aucun mal; mon Bucéphale n'avait rien non plus. Quand j'eus repris mes sens, je remontai à cheval et continuai à marcher, gardé par deux de mes nègres qui m'aidaient de temps en temps à descendre pour reprendre haleine et vomir. Il va sans dire que, dans cette journée, je ne songeai pas plus aux Maures et aux Massassis que les personnes qui ont le mal de mer ne pensent à la tempête.

C'était à Ségala, demeure de l'ivrogne Sakha, que j'avais donné l'ordre d'arrêter. Quand j'arrivai à ce village, le dernier du Kaarta, la caravane y était depuis trois heures. Je trouvai une grande agitation parmi mes hommes, et au lieu du repos dont j'avais tant besoin, il me fallut entendre, de leur bouche, le récit circonstancié de ce qui s'était passé depuis qu'ils avaient atteint le village. Ce que je compris de plus clair dans leur long récit, c'est que Sakha avait défendu de nous donner de l'eau et de nous vendre des vivres.

En jetant un regard autour de moi, je vis en effet plus de deux cents individus armés qui entouraient mes hommes et mes bagages, gesticulant et vociférant comme des forcenés. Je gagnai clopin-clopant l'endroit où se trouvait mes nègres, et m'appuyant contre le mur d'une vieille case, je tâchai de faire tête à l'orage. Le mot qu'on criait le plus haut, c'était *toubabo* (le blanc).

J'appris enfin la cause de ce bruit : à mon premier passage, me dit-on, je n'avais été ni aimable ni généreux envers l'esclave de Sakha; et pour ce délit fort mal déterminé et dont je ne me souvenais plus, on exigeait un tribut de quinze pièces de guinées qu'il fallait livrer in-continent, sous peine d'être privé de nourriture.

J'étais hors d'état, physiquement et moralement, de prendre des me-sures pour faire cesser cette émeute. Je disais et faisais dire sur tous les tons qu'il m'était impossible de donner ce qu'on me demandait, par la raison fort simple que je n'avais pas de guinée. On me répondait : « Quinze pièces de guinées ou tu ne boiras et ne mangeras pas. » C'était pire que le *baston sabir* des anciens Algériens.

Je ne savais à qui m'adresser : au chef? il était ivre; et d'ailleurs il n'y avait plus de chef dans cette bagarre; c'étaient les valets qui com-mandaient. Je vois encore l'esclave de Sakha, qu'on remarquait à la tête de la troupe; sa figure respirait la haine et la férocité; et il répé-tait avec emphase que mon indifférence *avait fait saigner son cœur*, et qu'il allait faire *saigner le mien*. Je voulus en appeler à mon guide; il avait disparu. Je proposai d'envoyer à Bakel chercher les quinze pièces de guinées, on me refusa. Je proposai de donner autre chose, on me refusa encore.

Deux cents hommes bloquaient le lieu où nous étions, me cou-chaient en joue en manière de passe-temps, et ne laissaient rien approcher; je mourais de soif, et mes hommes, outre le besoin de boire qu'ils ressentaient aussi, avaient un appétit qu'expliquait très-bien dix longues heures de marche. Nous formions un petit groupe appuyé sur une case en ruines; la fièvre et les vomissements me re-prirent si fort que je ne pus tenir debout plus longtemps. J'entrai alors dans la case et me laissai tomber tout armé sur le sol; j'avais, avant de me retirer, chargé M. Panet de m'avertir immédiatement si la si-tuation menaçait de devenir plus grave.

On m'apprit le lendemain matin que mes hommes avaient passé la nuit en palabre pour calmer le courroux du captif, mais qu'il avait été impitoyable et leur avait obstinément refusé des vivres. J'entendais de la case où j'étais la scène qui continuait avec la même violence que la veille; on criait toujours *toubabo*, accompagné de mots qu'on me dit être des menaces de mort; le chef de captifs criait plus haut que les autres et voulait, avec sa bande, s'emparer de mes bagages. Vers dix heures du matin, je sortis et me trouvai face à face avec ce furieux, qui semblait bien résolu à mettre à exécution ses projets de pillage.

« Tu veux piller mes bagages, lui dis-je, eh bien! voici les clefs de mes caisses. »

Et je les lui présentai de la main gauche; puis, au moment où il s'avançait pour les saisir, je lui donnai un bon coup du pommeau de ma cravache sur les doigts, et replaçant les clefs dans ma poche, je lui dis :

« Viens les prendre! »

Cette réponse classique eut un succès complet. L'esclave recula, en entraînant avec lui sa bande, et tous ensemble allèrent à quelque distance se former en cercle et délibérer. Quant à nous, nous restâmes rangés devant nos bagages et nous attendîmes.

Après une délibération de deux heures, les Bambaras allèrent consulter leur chef. La décision de Sakha me fut favorable en ce sens qu'il renonça à son idée fixe de me faire trouver quinze pièces de guinée; mais, d'un autre côté, comme il était complétement ivre et que la nuit était venue, il me fallut attendre le lendemain pour régler ma rançon. Nous en étions à notre trente-sixième heure de jeûne, jeûne rigoureux et complet, que mes hommes, qui n'avaient pas la fièvre, supportaient moins patiemment que moi.

Ma dernière ressource était de mettre le feu à la case où j'avais fait placer les bagages, et de gagner la frontière en me faisant jour de vive force. L'un de mes nègres, Mody, vint même me proposer d'exécuter ce dessein; mais je voulus attendre, estimant qu'il n'était pas encore temps de prendre ce parti violent. Vers le milieu de la nuit, trompant la surveillance de nos gardes, mes nègres obtinrent de la compassion d'une bonne femme un bouc malade qu'ils s'empressèrent de préparer à leur mode. Je pris ma part de ce festin nocturne arrosé de mauvaise eau qu'ils étaient également parvenus à se procurer au puits du village.

J'étais du reste rassuré. Cet incident, à en juger par les phases qui l'avaient marqué, allait avoir la même terminaison que tous les autres.

Le jour suivant, il y eut de longs débats pour composer ma rançon. Une grande partie de la matinée fut employée en présentation d'objets, que Sakha et son esclave se faisaient un jeu de me renvoyer toujours. Enfin, à deux heures, l'affaire fut arrangée : un fusil, un sabre, des étoffes, de l'ambre, le meilleur de mes ânes, l'argent qui restait à mes hommes et quelques-uns de leurs vêtements de fête passèrent aux mains du maître et du valet. Les nègres chargés de montrer les articles au chef de Ségala m'ont rapporté que son esclave le poussait toujours à dire : « Ce n'est pas assez, » à chaque objet nouveau qu'on m'arrachait ainsi. « Encore, encore, faisait le maître; il faut que Sakha *salisse son nom* pour quelque chose qui en vaille la peine. »

Je cite ces paroles, parce qu'elles expriment que l'idée du juste et de l'injuste est connue des Massassis eux-mêmes, et qu'ils ne franchissent pas sans combat les limites qu'elle pose à leur conscience.

Le lendemain 31 décembre, j'abandonnai avant le jour le village de Sakha, et marchai à grands pas vers la frontière, éloignée seulement de deux heures. Il me tardait de quitter ce pays maudit et de mettre le temps et l'espace entre moi et cette exécrable race de Kandias.

On trouve fréquemment sur les routes de l'Afrique, et particulièrement dans le Kaarta, des épis de mil et de maïs, des touffes d'herbes, des fruits et de petites bottes d'arachis appendus à des perches placées au bord des chemins. J'avais oublié de signaler cette coutume, à la fois naïve et touchante, d'offrir à Dieu les plus beaux produits des récoltes, afin d'appeler ses faveurs sur les biens de la terre. Je me rappelle même que j'éprouvais toujours un regret en contemplant ces offrandes rustiques, celui de ne pas voir cet usage adopté par nos laborieux campagnards.

Quoi de mieux senti, en effet, de plus vrai surtout que cette pensée religieuse qui se traduit par un sacrifice? et quel sacrifice! un fruit, un épi, un bouquet, douces victimes empruntées à la terre, cette seconde mère de l'homme, féconde et prévoyante, qui le récompense de son labeur en le nourrissant. Il y a tout un charmant poëme religieux à faire sortir de cette part de Dieu, la première, la plus belle, offerte ainsi par un sauvage au maître de toutes choses, comme une expression symbolique de reconnaissance et d'amour.

Après Ségala je retrouvai encore le Kirigou, ce sinueux cours d'eau qui arrose en serpentant le Kaarta, et sur les bords duquel on fait aussi, comme sur les bords du Sénégal, deux récoltes par an; c'était la dix-huitième fois depuis Keinbé. A cette époque de l'année, il est desséché presque partout, à l'exception de ce dernier endroit où, pendant un instant, je crus que j'allais être forcé de recourir à la navigation en calebasse dont parle le docteur Dochard. J'y étais déterminé et, ne fût-ce que pour avoir le plaisir d'en raconter les impressions, je me préparais à me confier, moi et ma fortune, à cet esquif original, lorsqu'on m'amena une pirogue.

On lira sans doute avec intérêt cet épisode du voyageur anglais :

« Dès la pointe du jour, un naturel passa la rivière et fut au village indiqué; quelle fut la surprise de M. Dochard en voyant revenir son homme suivi de plusieurs naturels portant de très-grandes calebasses pour remplacer les canots dont ils n'ont pas l'habitude de se servir.

Ce ne fut pas sans difficulté ni même sans danger que ceux qui ne savaient pas nager, tels que M. Dochard, parvinrent à traverser la rivière avec ce faible secours. Elle avait 75 toises de large, et était profonde et rapide. Cette navigation extraordinaire est peu faite pour inspirer de la confiance. Quand ces calebasses sont remplies de ballots autant qu'elles en peuvent contenir, on les met sur l'eau; deux nageurs s'y jettent ensuite, et chacun d'eux prend la calebasse avec une main et la pousse en avant; mais celui qui ne sait pas nager est obligé de tenir la calebasse avec ses deux mains, en saisissant fortement cette *planche de naufrage*, pour ainsi dire, afin d'éviter d'enfoncer. Alors un nageur pousse la calebasse devant lui; et c'est ainsi que M. Dochard parvint sur l'autre rive, au grand divertissement des habitants du pays, toujours persuadés, comme le sont tous les Africains, que nous vivons dans l'eau, et qui sont étonnés de voir un blanc ne pas savoir nager (1). »

Le soir, en arrivant à la couchée, on m'apprit qu'une caravane avait été pillée deux jours auparavant par des M'barek sur la route que je devais suivre, et que plusieurs des hommes qui la composaient avaient été tués en essayant de défendre leurs marchandises. Et que m'importaient à moi ces sortes d'aventures? N'avais-je pas éprouvé au Kaarta tout ce qu'il y avait de plus pénible en ce genre?

Je partis donc le lendemain, bravant les M'barek et leurs embûches, et j'arrivai à Kanamakounou sans avoir rien vu; j'étais alors dans le Kasson, où les Maures ont le droit d'impunité plus encore que dans le Kaarta. A ce village je rencontrai une troupe de Massassis allant, me dit-on, châtier Barka pour un méfait que l'on ne put me préciser. C'était tomber de Charybde en Scylla; car Sambala, le joyeux frère de ma protégée Sadioba, m'eût plutôt livré que défendu.

La fièvre me retint trois jours à ce village; mais, heureusement, je n'eus pas de rapports avec les Massassis; j'avais du reste très-énergiquement exprimé ma volonté de ne pas les voir, et ils n'osèrent pas l'enfreindre.

Le 4 janvier 1848, je me remis en route. Les Massassis avaient renoncé à leurs projets et repris le chemin du Kaarta. A Koulou, je trouvai le Kolébiné impétueux comme un torrent, et il me fallut subir

(1) *Voyage dans l'Afrique occidentale* pendant les années 1818, 1819, 1820 et 1821, par le major William Gray et feu Dochard, chirurgien d'état-major; pages 144-146.

les exigences de la corporation des piroguiers, qui me traitèrent presque aussi mal que les portefaix de Marseille traitent les voyageurs. Le chef du village vint aussi, selon l'usage, m'exposer les embarras de sa position et chercher à m'apitoyer sur ses charges de famille; je le renvoyai avec une lettre de change tirée sur le pillard Sakha.

J'arrivai à la nuit au joli village de Diakalinn. Le sentiment pénible que me faisait éprouver le désastre de mes espérances ne m'empêcha pas de ressentir une joie vive en revoyant les eaux du Sénégal. C'était une impression analogue à celle qui saisit le marin quand il aperçoit la terre après une dangereuse traversée. Il y avait en effet dans ces eaux transparentes, courant se mêler aux eaux de l'Océan, quelque chose qui parlait de la patrie.

Le lendemain, de grand matin, je fus visiter les bords du fleuve. Assis sur le gazon, sous un des beaux arbres qui couronnent la falaise, j'adressai mes pensées aux flots qui passaient à mes pieds : « Allez, disais-je, allez, eaux limpides qui coulez vers le port; allez dire à mes compatriotes que vous m'avez aperçu rêvant tristement, à plus de 200 lieues de la ville qu'ils habitent. Dites-leur le hâle de mon visage et la maigreur de mon corps; parlez-leur des haillons qui me couvrent, de mes yeux caves et de la blancheur prématurée de mes cheveux; dites-leur mes efforts pour le succès de l'entreprise qu'ils avaient encouragée; mes regrets, ma confusion, ma douleur d'avoir été vaincu; mais n'oubliez pas d'ajouter que la lutte n'a pas été soutenue sans courage et sans persévérance. »

Depuis mon passage, Diakalinn était devenu un entrepôt de marchandises et la compagnie y entretenait un traitant nègre. J'appris de ce traitant que Makana possédait un comptoir flottant. Il m'annonça aussi qu'une caravane portant des effets de la compagnie avait été pillée tout récemment par les Maures, à 4 kilomètres de Somankidi, et m'engagea fortement à ne pas prendre cette route; mais j'étais si pressé que je ne tins aucun compte de ses avertissements. L'autre route eût, du reste, été longue et difficile, et peut-être ne l'eussé-je pas aussi heureusement parcourue que la route ordinaire : je ne vis, en effet, dans celle-ci que des épines, des oiseaux et quelques antilopes effrayées. A quatre heures du soir j'arrivais à Somankidi.

Je fus fort mal reçu à ce village, et sans la charité d'une femme nommée Bambi, dont j'ai gardé le nom avec plaisir, je n'aurais pu me procurer l'eau, le mil et le bois qui nous étaient indispensables.

A Somankidi, je retrouvai mon déserteur Sara-Kaméra, qui en était, me dit-on, à son dixième maître depuis sa désertion. Le malheureux avait été cruellement puni de ses méfaits : non-seulement il avait été promené, de village en village, la corde au cou et exposé en vente à tous les marchés, mais il portait encore les affreux stigmates de la lèpre d'Afrique, qu'il avait gagnée dans les bouges où l'on jette les captifs insoumis. Je voulus le ravoir afin de lui infliger un châtiment qui pût servir d'exemple à ceux qui, dans l'avenir, pourraient imiter sa conduite. On me répondit « non » avec une insolence que je n'avais jamais rencontrée au Kaarta. J'étais pourtant dans mon droit, car il existe des traités qui obligent les chefs noirs voisins de nos établissements à rendre les déserteurs, moyennant une prime de capture. Ce refus ne me surprit pas, du reste ; c'était un chef du Gangari qui me le faisait, et le Gangari obéit à Barka.

Le même jour je traversai le Sénégal, et le lendemain, à sept heures du soir, j'arrivai à Makana. J'eus encore, dans cette dernière marche, une fâcheuse aventure à enregistrer : deux de mes hommes, qui étaient allés chercher du lait, furent frappés et on leur enleva leurs cartouches. Ce qui paraîtra incroyable, c'est que dans les États de Barka, notre allié, et pour un fait accompli à 9 kilomètres d'un lieu où flotte notre pavillon, il me fallut recourir à mon guide bambara pour me faire rendre justice.

CHAPITRE XXXIX.

Ce fut le 8 janvier 1848 que je revis Makana. Il y avait plus d'un an que je n'avais mangé de pain et bu dans un verre, que je ne m'étais assis à une table en face d'un plat et d'une assiette. Ceux qui n'ont jamais été privés de ces vulgarités de la vie civilisée ne comprendront pas le bonheur que j'éprouvai en les retrouvant, en les retrouvant comme je les retrouvais, brusquement et sans y être préparé. C'est bien peu, en effet, que de boire de l'eau dans un verre et de manger du pain, et il n'est si pauvres gens de notre pays qui ne puissent se passer cette douceur; mais c'est précisément à cause de cela que la privation en est plus dure. Que de fois, après une longue journée de fatigue, j'ai été saisi d'amers regrets en songeant à ces méchantes auberges de campagne dont les enseignes, bizarres de goût et d'orthographe, égaient

le voyageur qui parcourt les routes de France! que de fois j'ai envié
le sort des hôtes accoutumés de ces réfectoires malplaisants!

Le lendemain de mon arrivée, Barka vint me voir. Je lui trouvai un
air étrange; il paraissait désappointé comme quelqu'un dont les combinaisons n'ont pas réussi. Si, en effet, et j'ai cent raisons de le croire,
il a trempé dans les machinations des Bambaras, ma vue ne devait
guère lui être agréable.

En arrivant à Makana, je n'avais pas de projet arrêté. J'allais d'a-
bord reprendre quelque force, puis après j'aviserais sur ce qu'il y
avait de mieux à faire. En tout cas, je n'avais pas renoncé à l'espoir
de recommencer mon voyage; je comptais suivre la route du Bambouk,
dont j'ai signalé ailleurs les inconvénients. Je n'ignorais pas qu'en
m'engageant dans cette voie je ne remplissais plus dans leur inté-
grité les conditions que je m'étais proposées; mais je n'avais plus le
choix des moyens, et, au demeurant, je pouvais parvenir au Ségo
tout aussi bien par le Bambouk et le Foulhadou que par le Kaarta. Je
n'aurais à regretter qu'une route plus courte et plus facile sous le
rapport topographique; mais l'expérience venait de me prouver que
cette route, au moins pour le moment, était impraticable.

La longue captivité que les Bambaras m'avaient fait subir et l'altération de ma santé, qui en était la conséquence, ne permirent pas
l'exécution de ce projet. Presque toutes mes marchandises étaient res-
tées en leur pouvoir, et à Bakel je ne pouvais pas les remplacer. Il
me fallait pourtant de nouvelles valeurs si je voulais entreprendre,
avec quelque chance de succès, la grande traversée de l'Afrique. D'un
autre côté, eussé-je possédé tout ce qu'il y avait dans les magasins de
Saint-Louis, j'étais trop faible pour m'engager dans un voyage de deux
ou trois ans. Ces considérations me forcèrent à changer mes plans.

Au lieu donc de recommencer un grand voyage, je ne songeai plus
qu'à utiliser, dans une exploration du Bambouk, les trois mois de l'année qui restaient avant les grandes chaleurs et les pluies. Je donnais
ainsi satisfaction à un de mes anciens projets, que je n'avais abandonné que parce que le temps m'avait manqué pour en préparer
l'exécution.

Je pris toutes les mesures convenables pour la réussite de cette nouvelle entreprise. Mes relations antérieures avec la famille de Barka
m'avaient appris qu'il ne fallait pas laisser de vague dans la stipulatio
des clauses d'un traité. Je passai avec un des frères de Barka une sorte
de convention par laquelle il fut stipulé que je paierais la somme de

500 francs si je parcourais dans le Bambouk une étendue de pays au moins égale à celle que pourrait parcourir un homme à cheval, marchant pendant quinze jours. La journée de marche est, pour un homme à cheval, de 12 à 13 lieues; cela faisait à peu près 200 lieues, et c'était suffisant pour bien connaître le Bambouk. Dans le cas où cette distance n'eût pas été franchie, je n'aurais rien dû.

La convention acceptée réciproquement dans un solennel palabre, je fis mes dispositions pour quitter Makana et aller à Bakel, distant de 20 lieues seulement. Je comptais y rencontrer plus de ressources et plus de facilités pour un prompt rétablissement. Je laissai à Makana mes ânes et mon matériel de campement.

Le 11 janvier 1848, j'arrivai au fort de Bakel. M. Zéler et M. Paul 'Holl, le nouveau commandant, que j'avais déjà vu à ce poste en 1843, s'empressèrent, par un accueil des plus bienveillants, de m'enlever jusqu'au souvenir de mes récentes misères. Je trouvai au fort, où je fus établi, toutes les douceurs de la vie, et à l'exception d'un lit, que je ne voulus pas accepter dans la crainte de troubler des habitudes acquises par quatorze mois de pratique, je n'avais rien à envier aux heureux de la terre. Je revins à Bakel par le fleuve, dans la chaloupe du comptoir. Parti le 10 à six heures du matin, je mouillais le grappin de la chaloupe au bas de la maison de M. Zéler, le lendemain matin à quatre heures.

Voici les villages que j'ai aperçus : sur la rive gauche, Saboukou, habité par des Laobés; Dougoukolé, Dialankani, Lanel-Koré, Lanel-Tougouné, Kabou, Ségala, Kotéra, Tafasirga et Goutubé, tous habités par des Sarrakolés; sur la rive droite, Gousséla, Kabou et Soulou.

Tous ces villages, notamment ceux de la rive gauche, possèdent un assez bon nombre de dattiers mêlés à des pandanées. La végétation de cette partie du fleuve est extrêmement fraîche et les beaux sites y sont nombreux.

Il existe à Lanel-Tougouné un banc de sable formant gué depuis le mois de janvier jusqu'au mois de juin; ce gué est très-fréquenté par les Maures, qui en profitent pour traverser le fleuve et venir piller les pays de la rive gauche.

Je n'ai pas compris dans cette nomenclature les villages des deux rives qui se trouvent placés entre la Falémé et Bakel. Dans la relation de mon voyage de 1843, j'en ai donné les noms et la description.

J'étais arrivé à Bakel avec l'espoir d'y rétablir ma santé et d'entreprendre ensuite la course au Bambouk, dont j'avais arrangé le plan avec un des frères de Barka; mais je ne tardai pas à m'apercevoir que la perfide influence de cette localité n'épargnait personne, pas même ceux qui pouvaient avoir à bon droit la prétention d'être acclimatés. J'avais en effet résisté aux fièvres intermittentes du Kaarta, et bien que souvent la période de rémittence n'eût été que de sept jours, elle avait néanmoins suffi à me rendre assez de force pour supporter l'accès suivant. A Bakel, au contraire, mes fièvres devinrent quotidiennes, et la dyssenterie, cette terrible maladie du fleuve, que j'avais eue déjà à différentes fois, prit un caractère inquiétant.

Je luttai deux mois contre ce double fléau. Ma faiblesse était extrême et chaque jour ajoutait à mon dépérissement. Nous étions au commencement de mars, il ne restait par conséquent qu'un mois de température supportable; période trop courte, même en supposant une guérison immédiate, pour reprendre les forces physiques que réclamait l'exploration d'un pays montagneux. La lutte dès lors devenait inutile, et je me décidai à retourner à Saint-Louis.

Pendant mon séjour à Bakel, j'ai vu encore un de ces événements qui font monter au visage le rouge de la honte. Les Ghibimakhas, en guerre avec le Tounka, sont venus, à portée de fusil du fort, massacrer cinq hommes du village. Ils tiraient sur des malheureux à la nage; et, sans s'inquiéter qu'ils étaient à deux pas d'un fort français, ils achevaient tranquillement d'égorger ceux qui n'avaient pas été mortellement atteints par leurs premiers coups. Ce fait s'est passé le 25 janvier 1848.

Voilà le respect qu'on porte dans le Galam au drapeau de la France; voilà la crainte qu'inspirent nos guerriers en *boubous!* On tira bien du fort quelques coups de canon; mais à quoi bon? Puis, n'était-ce pas s'exposer à tuer à la fois amis et ennemis? Ce qu'il eût fallu, c'était de lancer au pas de course sur ces brigands cinquante hommes solides et résolus; le fort n'avait en tout que trente-six hommes peu résolus et peu solides.

J'ai reçu aussi à Bakel des nouvelles du Kaarta. On annonçait la mort de Bandiougou, le Massassi qui était venu me voir à Foutobi. C'est jouer de malheur: le seul prétendant qui se montre esprit fort à l'endroit de la fatale prédiction faite à sa famille, est justement celui qui succombe! Cet événement est une bien fâcheuse coïncidence, et il ne manquera pas de défrayer les sottes superstitions des nombreux imbéciles qui croient à la prophétie. On annonçait encore que Mamady-Sirré s'était perdu dans une expédition contre les Maures; trente de ceux-ci, disait-on, avaient mis en déroute six cents Bambaras, et leur chef n'était pas retrouvé. Sans doute il est mal de faire de mauvais souhaits à son prochain; j'oserai dire, malgré cela, que si ce vilain nègre ne se retrouve pas, ce ne sera certes pas moi qui le pleurerai; il m'a fait assez de misères. On disait encore que les Poulhs du Massina avaient pénétré dans le Kaarta par le pays des Diafounous, et que le roi avait regagné précipitamment Koghé.

La petite vérole faisait d'affreux ravages autour de moi pendant que je souffrais de la dyssenterie et de la fièvre au fort de Bakel. Toutes les nuits, ce n'étaient que gémissements et pleurs de mères, car le fléau atteignait principalement les petits enfants. Il sévissait surtout d'une manière cruelle dans le Bondou. Un homme de ce pays s'écriait, en voyant quelques négrillons barbotant dans une mare : « Il y a donc encore des petits enfants sur la terre? » Ce pauvre homme en avait perdu huit dans l'espace de cinq jours.

Les marabouts passaient leur temps en prières et en fabrication de grigris pour conjurer la terrible épidémie; mais on eût dit qu'elle n'en dévorait que mieux ses victimes. On en comptait jusqu'à neuf par jour à Bakel, et la population ne dépasse pas mille âmes. Au nombre des morts se trouva Penda, ma belle visiteuse de Boulébané.

Ce malheur n'était pas le seul qui fût venu frapper la population. Les sauterelles avaient dévoré les moissons; la famine régnait déjà au Bondou et menaçait fortement le Galam.

Voici une remarque que j'ai faite à Bakel au mois de janvier : Par un temps calme, j'ai observé, non une fois, mais plusieurs, l'évitage d'un petit bâtiment à contre-courant. Je me trouvais sur la terrasse de la maison de la compagnie avec M. Zéler, qui me dit avoir souvent observé le même fait. Au bout de cinq ou six heures, le navire reprenait son évitage naturel au courant du fleuve. On compte, de l'embouchure du Sénégal à Bakel, près de 200 lieues. Je répète qu'il faisait calme, et à moins d'attribuer ce refoulement anormal d'une masse d'eau si considérable à des courants agissant, à une certaine profondeur, en direction inverse de ceux de la surface, ou encore à un vent violent régnant en aval et fort loin du point où je me trouvais, je ne sais à quelle explication m'arrêter. Serait-ce la marée? Mais refouler une masse d'eau de deux cents lieues, est-ce possible? Je livre le fait aux observateurs; quelle que soit sa cause, il est, je crois, digne de fixer leur attention.

En compulsant les archives du fort, je vis qu'on avait fait bien des tentatives pour ouvrir des relations avec le Ségo, et qu'aucune n'avait réussi. Cette découverte m'inspira la pensée de tenter un nouvel essai. Puisque la fatalité, pensé-je, m'a empêché de devenir moi-même le négociateur de cette alliance à laquelle les gouverneurs les plus remarquables attachaient tant de prix, qu'il ne soit pas dit que j'aurai négligé le seul moyen qui me reste de travailler à la réalisation de leur vœu et du mien. J'avais dans mes bagages un fort beau sabre; j'y ajoutai un collier d'ambre de prix; M. Zéler joignit à mon présent quelques pièces de belle étoffe, et j'expédiai le tout avec la lettre dont voici la traduction :

« Au puissant roi du Ségo, que Dieu protége.

» Louanges à Dieu! Il n'y a d'autre Dieu que Dieu, et tous les hommes sont ses fils!

» Cette lettre t'annonce que je me rendais dans ta ville pour te saluer et te porter des paroles amies de la part de mes maîtres (1) le roi des Français et le gouverneur qui le représente à Saint-Louis. Je te portais aussi des présents comme gage de l'amitié qu'ils désirent entretenir désormais avec toi. Mamady, roi du Kaarta, a arrêté ma marche et m'a forcé de revenir à Bakel d'où je t'écris.

» Il m'a été dit que tu ne voulais pas me recevoir chez toi. Je n'ai pas cru cela; car, d'après ce qu'on rapporte de ta justice et de ta sagesse, je ne puis penser que tu veuilles, à l'imitation de ton voisin Mamady, repousser les blancs de tes États et te priver des richesses qu'ils procurent à ceux qui se lient avec eux.

» J'avais beaucoup de bonnes choses à te dire. J'avais surtout à te parler des avantages que ton pays retirerait d'une alliance de commerce avec le Sénégal. Tu sais déjà que les marchandises des blancs sont indispensables à ton peuple, et tu es assez sage pour comprendre l'importance d'une réciprocité d'échanges fréquents entre les gens du Ségo et les blancs du Sénégal, qui possèdent des marchandises plus belles et moins chères que celles que tu reçois des autres points de l'Afrique.

» Je te dis ces choses dans ton intérêt. Réfléchis-y bien, et tu verras que mes propositions sont sages, et méritent d'être écoutées. Les blancs du Sénégal ne sont séparés de tes États que par la marche d'une lune,

_____

(1) *Mouldna*, mon maître; c'est la forme respectueuse des Arabes. Les nègres appellent le gouverneur *bouroum n'dar*, le maître de l'habitation ou de la ville.

dans un chemin dont la plus grande partie est soumise à ta puissance.

» Réponds à cette lettre. Dis-moi si je puis me rendre près de toi; dis-moi si tu es disposé à accueillir et à protéger les marchands que les blancs t'enverraient; dis-moi enfin si tu es disposé à former avec eux un traité de commerce pour l'échange de vos produits réciproques.

» Si tu consens à t'allier avec les Français, remets ta lettre à un de tes sujets de confiance qui s'entendra directement avec le gouverneur du Sénégal. Pour moi, je ne puis t'en dire plus long. N'écoute pas les mauvais conseils, et songe à ces deux choses : les blancs sont riches, les blancs sont forts. Toi surtout qui as des ennemis puissants, ne dédaigne pas ce dernier avertissement.

» Que Dieu t'accorde une longue vie et t'inspire de bons sentiments pour répondre à mon ouverture d'amitié. Je te recommande de garder secret le contenu de cette lettre.

» Je t'envoie, entre autres objets, un sabre, un collier d'ambre et une pièce de mousseline. C'est un petit présent que je te prie de recevoir comme gage de bonne amitié. »

Un *dioula* se chargea de porter ma lettre et mon présent, moyennant une récompense payable un quart au départ et les trois autres quarts au retour. J'augurai bien de cette démarche, et le succès a dépassé mes espérances; car j'ai appris, en France, qu'en réponse à ces ouvertures, et principalement en reconnaissance de mon présent, le roi du Ségo avait envoyé à Saint-Louis des ambassadeurs chargés de ses pouvoirs. J'ignore la suite de cette affaire. La lettre du roi du Ségo contenait un passage fort curieux, qui peint parfaitement le caractère de ces peuples demi-enfants, demi-barbares. Le bon roi, à qui l'âge avait enlevé certains attraits fort estimés des nègres, demandait au gouverneur, dans son royal message, un philtre pour se faire aimer.

Malgré les inconvénients qu'offrait la navigation du fleuve dans une légère embarcation, je m'embarquai, le 7 mars 1848, dans la chaloupe du fort, que M. Paul Holl voulut bien mettre à ma disposition. Mes hommes m'avaient construit une *tapade* en paille, destinée à m'abriter du soleil pendant le jour et de la rosée pendant la nuit. M. Paul Holl avait aussi contribué à mon bien-être en me procurant un matelas destiné à couvrir les bancs de la chaloupe. C'est là que j'allais passer douze jours, exposé à de nouvelles aventures ; car les Foulhs du Fouta ne sont jamais d'agréable rencontre, et les Maures Bracknass ne sont nos amis que quand ils sont les plus faibles.

Nous descendîmes le fleuve en compagnie des caïmans, des hippopotames et d'une assez grande quantité de troncs d'arbres et de débris de toute espèce entraînés par le courant. Le 8, pendant la nuit, la chaloupe reçut une espèce de chassé des hippopotames, qui peut-être ne pensaient qu'à folâtrer au clair de la lune. Je n'en eus pas moins plusieurs fois la crainte de voir la chaloupe brisée par le choc de ces lourds animaux; ils en étaient, par instants, si rapprochés, que nous étions atteints par l'eau qu'ils faisaient jaillir.

Le 9, nous aperçûmes dans une petite crique un colossal caïman; il était mort et portait les traces de nombreuses blessures d'arme à feu. Ce fut une bonne fortune pour mes hommes, qui le dépecèrent et embarquèrent dans la chaloupe toute sa chair, ne laissant sur la rive que le squelette et la peau. Il y avait à peine une heure que nous venions de nous remettre en route, quand nous vîmes plusieurs pirogues courir sur nous; elles étaient montées par des pêcheurs qui nous demandèrent précisément des nouvelles d'un caïman qu'ils avaient blessé l'avant-veille, et qu'ils cherchaient vainement depuis.

« Si vous ne l'avez pas rencontré, ajoutèrent-ils, nous allons nous en retourner; c'est qu'alors il ne sera pas mort, ainsi que nous le croyions.

— Vous auriez bien tort, crièrent mes nègres; car vous allez le trouver à deux pas d'ici, et ils indiquèrent l'endroit. Il est comme s'il venait d'être tué, et c'est une bien belle pièce. »

Les piroguiers reprirent courage et pagaillèrent vigoureusement pour remonter le courant, en nous accablant des témoignages de leur reconnaissance pour le service que nous leur rendions. Ce petit dialogue et l'air malin de mes nègres me divertirent beaucoup. Heureusement que le vent était bon, sans cela les *tioubalous* de la contrée (les pêcheurs) auraient bien certainement tenté de se venger de cette mystification. Nous mangeâmes du caïman pendant deux jours. C'est une chair assez délicate, qui tient à la fois du veau et du congre.

Nous atteignîmes le Fouta assez promptement. Les gués nombreux du fleuve forcèrent mes hommes à se mettre à l'eau plusieurs fois afin d'alléger la chaloupe. J'éprouve toujours de l'effroi quand je vois faire cette manœuvre; car, dans le temps des basses eaux, le fleuve donne asile à une grande quantité de caïmans. Du reste, les accidents de cette sorte sont rares, et grâce à leurs grigris, les nègres n'en ont aucune appréhension. A mesure que l'on descend, on remarque sur les rives des vols considérables de corneilles à ventre blanc; ces oiseaux indiquent le voisinage de la mer, comme les *fous*, les *frégates* et les goélands indiquent en mer le voisinage de la terre.

Je savais depuis longtemps que les gens du Fouta étaient insolents et méchants; mais jamais encore je n'avais éprouvé, comme dans cette traversée, jusqu'à quel point était poussé le mépris qu'ils portent aux blancs. Devant tous les villages où je passai, je fus accueilli par un concert d'injures et de malédictions qui semblait ne désirer qu'une occasion de se changer en voies de fait. Je n'étais pas en force pour répondre à ces insolences, et je pris pour règle d'éviter les villages et d'aller établir mon bivouac dans les lieux déserts hantés par les bêtes féroces. Je note avec satisfaction que celles-ci, dont j'allais pourtant troubler les habitudes, se montrèrent plus courtoises que les hommes et me laissèrent la tranquille possession de leurs repaires accoutumés. Je ne m'en réjouis pas toutefois autant qu'on pourrait le croire, car leur discrétion m'a privé de raconter quelque aventure terrible avec un lion ou une panthère. J'ai, en effet, le regret, presque la confusion de déclarer une nouvelle fois que, dans mes quinze mois passés au milieu de l'Afrique, je n'ai jamais vu un lion face à face, bien qu'ils soient aussi nombreux que les lièvres de nos pays.

Le 13, au-dessous de Kaédy, à un village dont j'ai oublié le nom, les provocations et les injures des Foulhs prirent une tournure si alarmante, que je fis dégager les fusils. Je croyais à une attaque, et malgré le désavantage de ma position, je me préparais à la soutenir; il n'y avait d'ailleurs pas moyen de faire autrement, car le chenal passait très-près du bord. Les gens qui s'y trouvaient rassemblés gesticulaient et parlaient avec force en agitant leurs fusils; ils se contentèrent de nous jeter des pierres.

A six heures du matin, le 14, nous traversions les passes difficiles de Gueldédiabé, au milieu desquelles on voit encore la chaudière du *Serpent*, qui en 1845 y fit explosion. Près du village, le passage est formé de roches et de bancs de sable. A peine étions-nous sortis de ces embarras que j'aperçus derrière un tertre, à demi-portée de pistolet, un groupe de gens qui nous couchaient en joue. Je fis aussitôt lever les rames et montrer les fusils; car, de même qu'au village proche de Kaédi, il n'était pas possible d'éviter ce passage. Les Foulhs, en nous voyant si bien préparés, hésitèrent un instant, puis se décidèrent à abaisser leurs armes. Je fis nager avec deux avirons seulement pour nous éloigner, et le reste de mes hommes se tint debout entre les bancs, le fusil à la main.

N'est-il pas surprenant que nous soyons exposés à de pareils désagréments sur un fleuve qui devrait nous appartenir? Mais ce qu'il y a de plus surprenant encore et qui devrait bien enfin faire ouvrir les yeux sur les procédés routiniers de nos commerçants du Sénégal, c'est que les Foulhs du Fouta nous menacent et nous attaquent avec notre poudre et nos fusils. Sans doute le commerce a ses exigences, mais la raison aussi a les siennes. Je livre cette simple réflexion aux méditations des hommes de bon sens.

Le soir de ce même jour, je voyais sur la rive droite un nombreux rassemblement de Braknass, venus de plusieurs camps établis dans les environs. Leurs appels et leurs protestations d'amitié ne me séduisirent pas, et nous passâmes devant eux plus préparés à nous défendre qu'à fraterniser, ainsi qu'ils nous y conviaient. Sur la rive opposée à ces camps maures il y avait des camps de Poulhs pasteurs, et c'était, sans aucun doute, la présence de ceux-ci dans ces parages qui y avait attiré les Braknass. Les vedettes poulhs veillaient aux abords des gués, prêtes à jeter le cri d'alarme pour avertir les gardes des troupeaux.

Depuis le 13, le courant avait sensiblement augmenté, et notre marche s'en ressentait. Pendant la journée du 15, nous parcourûmes, entre Alcibé et Kakett, des bords déserts; seulement, de temps à autre nous voyions se détacher, en blanc ou en brun, sur les monticules encore verts de la rive gauche, des groupes de bœufs broutant les dernières herbes de la saison. Les caïmans, les hippopotames et les singes abondaient. Le courant avait encore augmenté de vitesse, ce qui nous permit de ne pas trop nous plaindre des inconstances de la brise et des innombrables méandres qui tourmentent le cours du fleuve. Le flot était sensible. Vers quatre heures du soir, je mouillai près du bord, afin de procurer à mes hommes quelques heures de repos.

Nous repartîmes le 16, longtemps avant le jour, et nous passâmes sans les voir devant les villages qui se trouvent placés entre Kakett et Podor. A 9 heures du matin nous arrêtâmes devant cet ancien établissement français. Là les dangers de notre navigation étaient finis; nous n'avions plus à rencontrer que des Braknass et des Foulhs forcés à quelques procédés envers nous, à cause de leur commerce. Je m'informai avec empressement à Podor si les escales étaient ouvertes, et je fus très-désappointé en apprenant qu'elles ne l'étaient pas. Je comptais trouver à bord du bâtiment de guerre stationnaire au Coq, du pain et quelques vivres indispensables.

J'ai vu, le 13, à huit heures du soir, un météore extrêmement brillant qui s'est montré au-dessus et à l'est de la polaire. D'abord sous forme d'un globe lumineux dont le diamètre apparent était celui d'une orange ordinaire, il se dirigea vers l'occident, inclinant sur l'horizon de 30 à 40°; puis, après une course d'environ une seconde, il s'épancha en gerbes de feu et disparut.

Le 17 mars, à 10 heures du matin, j'arrivai à Dagana. Je ne puis dire la joie que je ressentis en pressant les mains des deux officiers qui s'y trouvaient détachés; l'un était M. Huot, sous-lieutenant au 3ᵉ régiment de marine; l'autre, M. Vivien, chirurgien de marine de troisième classe. J'avais déjà, depuis mon retour du Kaarta, éprouvé à Bakel ces douces impressions; mais, pour me servir du langage des nègres, ce n'étaient pas des blancs de France que j'y avais rencontrés, tandis que ceux de Dagana étaient bien nés sur la terre de la patrie, et, de plus, il n'y avait que peu de temps qu'ils l'avaient quittée. Jamais je ne les avais vus, et pourtant je fus avec eux comme je l'aurais été avec des amis de vingt ans. Que de choses nous nous dîmes! car eux aussi partageaient le plaisir qu'ils me causaient, et s'empressaient de répondre à la masse de questions que je leur adressais. J'ai religieusement gardé le souvenir de cette première journée d'épanchement; jamais je ne l'oublierai, jamais je n'oublierai le bien que m'a fait ce cordial et fraternel accueil!

Le 18 à midi je quittais Dagana, et le 20, à quatre heures et demie du matin, j'amarrais ma chaloupe à Saint-Louis, au quai de la direction du port. Dès que parurent les premières lueurs du soleil, je sortis de l'incommode habitation dans laquelle je venais de passer treize longs jours, et je m'acheminai vers la place, interrogeant tout le monde, embrassant, avec des transports indicibles, tous ceux que j'avais un peu connus. Peut-être ne comprendra-t-on pas ce délire; car c'était du délire que d'imposer ainsi mes tendresses à des gens qui me connaissaient à peine. Qu'on songe cependant à cette vie déparée de toute affection, à cette vie d'angoisses, à cette vie contre nature que je venais de mener pendant quinze mois, et l'on ne sera plus surpris de ce luxe d'épanchements, tout excentrique, tout inusité qu'il paraisse.

J'ai dit une vie contre nature. Oui, et je le dis encore. Il faut avoir vécu de cette existence-là pour la connaître.

Ce n'est pas la vie du soldat à la guerre, qui brave mille fois la mort en un jour : le soldat a des compagnons qui partagent ses périls; il a des amis qui retrempent son courage et dont la gaîté l'aide à supporter ses misères. Faut-il le dire? il a des témoins qui le voient souffrir et qui rediront sa gloire et sa mort s'il succombe.

Ce n'est pas non plus la vie du marin qui traverse les mers, livré aux privations les plus pénibles, sous des climats meurtriers, au milieu des tempêtes. Non; car le marin n'est pas seul.

On savait tout cela à Saint-Louis. Aussi ce fut à qui m'accueillerait; on me combla de témoignages de bienveillance, on m'accabla de soins et de prévenances. Le gouverneur, M. le capitaine de vaisseau Baudin; le commandant du détachement du 3ᵉ de marine, M. le chef de bataillon Bertin du Château; tous, magistrats, officiers, négociants, s'empressèrent de me faire oublier mes tribulations. Ils firent plus encore : ils voulurent fêter mon retour.

Le commandant du Château, le procureur du roi M. de Percin, le pharmacien en chef de la marine M. Fontaine, se mirent à la tête d'une souscription pour m'offrir un banquet. Je les remercie ici du fond du cœur, ainsi que tous ceux qui se sont associés à ce témoignage d'estime et d'affection dont la pensée me fut mille fois plus douce que la réalité. Ils le savent, j'ai fait tous mes efforts pour les détourner d'une ovation dont je me trouvais si peu digne; mais ils l'ont voulu. Au banquet, M. du Château, qui le présidait, m'adressa des paroles empreintes de la sympathie la plus vive. J'y répondis par un engagement solennel de recommencer mon œuvre aussitôt que j'en aurais la force

Je n'ai pas pu tenir ma promesse. J'ai tout tenté, j'ai tout fait pour être fidèle à cet engagement de ma conscience, et je n'ai pas réussi. En France, j'ai demandé par trois fois, comme une grâce, comme une récompense, de retourner en Afrique; et par trois fois j'ai été refusé.

Je reprends mon récit. Ma santé avait trop souffert pour que je pusse remonter le fleuve ainsi que j'en avais le projet. Les médecins s'y opposèrent et déclarèrent en outre que je ne pourrais me rétablir qu'en France.

J'obéis aux médecins. Le 18 avril, je pris passage sur le brick *la Jeune Elvina;* le 6 mai, nous recevions aux Açores un violent coup de vent; le 17, nous étions en vue de Belle-Ile, et le 20, nous mouillions à Saint-Nazaire, à l'embouchure de la Loire. La *Jeune Elvina* avait pour capitaine M. Guiot et pour armateur M. Lecour, de Nantes : le premier fut plein d'attentions pour moi pendant la traversée; et le second, par un accueil chaleureux et cordial, me montra qu'en France comme au Sénégal on savait trouver quelque mérite à la course aventureuse que je venais d'accomplir.

M. Léopold Panet m'accompagnait. Il avait partagé mes fatigues, il était juste qu'il partageât aussi les joies d'une vie plus douce. C'était d'ailleurs un devoir pour moi de lui donner cette marque d'intérêt, et il la méritait par son énergie, son courage et son dévouement à l'expédition. En arrivant à Paris, je m'empressai de faire valoir auprès du gouvernement les titres qu'il avait acquis à l'obtention d'une récompense, et j'eus le bonheur de voir mes faibles recommandations comptées pour quelque chose (1).

Lorsque je quittai le Sénégal, on y avait connaissance d'un mouvement à Paris. Ce n'était qu'une rumeur sourde, un bruit vague que n'appuyait aucun fait. On craignait, mais en définitive on ne savait rien de précis.

A Saint-Nazaire, j'appris la révolution. Un pressentiment m'avertit que je n'aurais pas personnellement à m'en réjouir.

En juin, j'arrivai à Paris. C'était le bon temps des manifestations, et dans le trajet du chemin de fer d'Orléans à la rue Notre-Dame-des-Victoires, j'eus tout le loisir d'en apercevoir : elles me firent frissonner de dégoût. Je venais du milieu de l'Afrique, je ne pouvais être, par conséquent, acclimaté à cette température révolutionnaire.

C'était pour moi un nouveau monde ; je ne reconnaissais plus Paris. Au lieu de ce mouvement normal d'une population calme, occupée à ses affaires ou à ses plaisirs, mon œil curieux n'apercevait que des visages consternés. Les seuls qui me paraissaient heureux étaient des visages de brigands. Je vois encore ces hommes à sinistre figure, à longue barbe, à cravate et à ceinture rouges, le corps ceint d'un grand sabre, galopant à cheval dans les rues ; je vois encore ces bandes d'ouvriers débraillés, hurlant des chansons soi-disant patriotiques avec un accent aviné.

Je doutais d'être dans mon bon sens ; je croyais à un retour de fièvre d'Afrique ; je me croyais le jouet d'une hallucination.

C'était bien la réalité pourtant !

Quelques semaines après le mouvement de juin éclatait, et tout fiévreux, tout dyssentérique que j'étais, il me fallut prendre un mousquet et me mettre à la disposition du maire de mon arrondissement.

(1) M. Léopold Panet a été nommé chevalier de la Légion d'honneur le 11 novembre 1848, par arrêté du président du conseil chargé du pouvoir exécutif.

Que dirai-je maintenant? Je ne m'étais fait aucune illusion sur mes mérites; je savais que j'avais rempli ma mission en conscience, et que bien qu'elle n'eût pas eu le résultat que je m'étais proposé, j'en rapportais néanmoins quelques matériaux intéressants.

FIN DU PREMIER VOLUME.

PARIS. — IMPRIMERIE CENTRALE DE NAPOLÉON CHAIX ET Cᵉ, RUE BERGÈRE, 20.

TABLE DES MATIÈRES.

rive. droite. — Je suis forcé de renoncer à ce voyage. — Remarque sur le type foulha à propos d'un jeune homme du Fouta-Djallon. — Une chasse dans le Bondou. — Retour à Sénou-Débou. — Les enchantements d'Abder-raman. 113

CHAPITRE XXIII.

CHAPITRE XXIV.

CHAPITRE XXV.

CHAPITRE XXVI.

CHAPITRE XXVII.

CHAPITRE XXVIII.

CHAPITRE XXXIX.